Arbeitsmarktsoziologie

Martin Abraham · Thomas Hinz
(Hrsg.)

Arbeitsmarktsoziologie

Probleme, Theorien, empirische Befunde

3., überarbeitete und erweiterte Auflage

 Springer VS

Herausgeber
Martin Abraham
Friedrich-Alexander Universität
Erlangen-Nürnberg
Nürnberg, Deutschland

Thomas Hinz
Universität Konstanz
Konstanz, Deutschland

ISBN 978-3-658-02255-6   ISBN 978-3-658-02256-3   (eBook)
https://doi.org/10.1007/978-3-658-02256-3

Die Deutsche Nationalbibliothek verzeichnet diese Publikation in der Deutschen National-
bibliografie; detaillierte bibliografische Daten sind im Internet über http://dnb.d-nb.de abrufbar.

Springer VS

Verantwortlich im Verlag: Cori Antonia Mackrodt

Gedruckt auf säurefreiem und chlorfrei gebleichtem Papier

Springer VS ist ein Imprint der eingetragenen Gesellschaft Springer Fachmedien Wiesbaden GmbH
und ist ein Teil von Springer Nature
Die Anschrift der Gesellschaft ist: Abraham-Lincoln-Str. 46, 65189 Wiesbaden, Germany

Inhaltsverzeichnis

Vorwort zur dritten Auflage

Dem Arbeitsmarkt kommt in unserer Gesellschaft eine zentrale Rolle zu, da Arbeit sowohl die Grundlage für die Lebenschancen des Einzelnen als auch den zentralen Input für das Wirtschaftsgeschehen darstellt. Die Erforschung des Arbeitsmarktgeschehens ist dabei ein interdisziplinäres Unterfangen, bei dem die Soziologie wertvolle Perspektiven einbringen kann. Dies betrifft insbesondere die Rolle des Arbeitsmarktes für die Entstehung sozialer Ungleichheit in modernen Gesellschaften. Von dem zentralen Beitrag der Soziologie zu diesen und anderen Fragen rund um den Arbeitsmarkt sind wir auch dreizehn Jahre nach dem erstmaligen Erscheinen der *Arbeitsmarktsoziologie* überzeugt.

Die vorliegende dritte Auflage wurde komplett überarbeitet und um einige Kapitel erweitert. Wir bedanken uns bei Springer VS für die Ermutigung zu diesem Schritt und hoffen natürlich, dass auch die Neuauflage die Diskussion um die soziologischen Perspektiven auf den Arbeitsmarkt anregen kann.

Das Werk hat – ganz beabsichtigt – einen Hybridcharakter zwischen Lehr- und Handbuch. Zum einen wurde das Buch in den vergangenen Jahren erfolgreich in der Lehre in Bachelor- und Masterprogrammen eingesetzt. Darüber hinaus sollen die einzelnen Kapitel einen schnellen Überblick über zentrale Themenfelder für das Fachpublikum bieten. Wie die häufige Zitation einzelner Kapitel der älteren Auflagen zeigt, wurde dies auch bereits in der Vergangenheit genutzt und honoriert. Natürlich hoffen wir, dass dieser *dual-use*-Charakter auch für die Neuauflage erhalten bleibt.

Die Herausgeber bedanken sich herzlich bei allen Autorinnen und Autoren, die ihre Texte überarbeiteten bzw. neue Beiträge lieferten, für die sehr gute und geduldige Zusammenarbeit. An der Fertigstellung der Manuskripte haben an der

Universität Konstanz Lisa Neubauer, Lea Rittsteiger und Franziska Weeber mit-
gearbeitet. Ihnen und vor allem Petra Quintini, die das Projekt über die ganze Zeit
mit Übersicht koordinierte sowie auf Genauigkeit und Verständlichkeit achtete,
gilt unser großer Dank. Alle verbliebenen Unzulänglichkeiten verantworten die
Herausgeber.

Nürnberg und Konstanz, Januar 2018

Martin Abraham und Thomas Hinz

Wozu Arbeitsmarktsoziologie?

1

Martin Abraham und Thomas Hinz

Betrachtet man die Entwicklung moderner Gesellschaften, so hat sich insbesondere Ende des 19. und im Laufe des 20. Jahrhunderts die Art und Weise, wie Menschen ihren Lebensunterhalt verdienen, drastisch geändert. Noch zu Beginn des 20. Jahrhunderts war circa ein Drittel der Erwerbstätigen beruflich Selbstständige, die im Rahmen eines eigenen – meist sehr kleinen – Betriebs oder durch Ausübung eines Gewerbes auf eigene Rechnung ihr Haushaltseinkommen sicherten. Dieser Anteil fiel vor allem im 20. Jahrhundert deutlich und liegt heute in Deutschland bei etwa 10 Prozent, während circa 90 Prozent aller Erwerbstätigen einer abhängigen Beschäftigung für einen Arbeitgeber nachgehen. Die Ursachen dieser Entwicklung sind vielfältig und hängen eng mit der Differenzierung moderner Gesellschaften in Teilsysteme, mit Prozessen der Arbeitsteilung und der Ausbildung des Wohlfahrtsstaates zusammen.

Eine zentrale Folge dieser Entwicklung ist die zunehmende Bedeutung von *Arbeitsmärkten* in modernen Gesellschaften. Der Zustand des Arbeitsmarktes bestimmt maßgeblich, wer – und zu welchem Anteil – am wirtschaftlichen Wohlstand einer Gesellschaft teilhaben kann. Insbesondere Erwerbslosigkeit beeinträchtigt das individuelle Einkommen, das Versorgungsniveau der Haushalte und schmälert soziale Anerkennung der vom Arbeitsmarkt ausgeschlossenen Personen. Probleme des Arbeitsmarktes – wie die Erwerbslosigkeit, die meist über die registrierte Arbeitslosigkeit erfasst wird – üben daher immer auch Druck auf die gesamte Gesellschaft aus. In der alten Bundesrepublik entwickelte sich die Arbeitslosigkeit nach 1949 zunächst nach oben, da die Vertriebenen und Kriegsheimkehrer auf den Arbeitsmarkt drängten. Im Zuge des Wirtschaftswunders kam es jedoch zügig zu Vollbeschäftigung und seit Anfang der 1960er Jahre zur Anwerbung von Gastar-

© Springer Fachmedien Wiesbaden GmbH, ein Teil von Springer Nature 2018
M. Abraham und T. Hinz (Hrsg.), *Arbeitsmarktsoziologie*,
https://doi.org/10.1007/978-3-658-02256-3_1

beitern. In einer kurzen Rezession Mitte der 1960er Jahre und der Ölkrise 1973/74 machte die Bundesrepublik erstmals wieder Bekanntschaft mit dem Phänomen der Massenarbeitslosigkeit. Seit Beginn der 1980er Jahre baute sich in Deutschland der Sockel an Arbeitslosigkeit in Schüben immer weiter auf und erreichte nach der Wiedervereinigung und dem konjunkturellen Einbruch 2002/2003 über fünf Millionen arbeitslos gemeldete Personen. Hohe Arbeitslosigkeitsquoten sind vor allem wegen der Einnahmeausfälle der Sozialversicherungen ein zentrales Problem für die soziale Sicherung insgesamt. Konsequenterweise war und ist der Abbau der Arbeitslosigkeit in Deutschland wie in allen westlichen Industrienationen eines der wichtigsten politischen Ziele in den letzten Dekaden. Beispielsweise erhob Gerhard Schröder im Wahlkampf zur Bundestagswahl 1998 die Reduzierung der Arbeitslosigkeit zum entscheidenden Erfolgskriterium seiner Politik, und die Hartz-Reformen seiner zweiten Legislaturperiode waren Ausdruck des zunehmenden gesellschaftlichen, sozial-, wirtschafts- und finanzpolitischen Drucks, der sich aus der anhaltend hohen oder gar steigenden Zahl Arbeitsloser ergab. Inzwischen ist weitgehend unstrittig, dass diese Reformen zu einer Senkung der Arbeitslosenzahlen beigetragen haben. In Kombination mit einer anhaltend guten Konjunktur hat sich die Anzahl gemeldeter Arbeitsloser im Jahresschnitt 2017 auf unter 2,5 Millionen reduziert, die Arbeitslosenquote ist auf unter 6 Prozent gesunken.

Trotz dieser Entwicklungen gibt es eine anhaltende Debatte um die Hartz-Reformen bzw. die Ausgestaltung der sozialen Absicherung für erwerbslose Personen. Dies resultiert aus dem Umstand, dass die Bedeutung des Arbeitsmarktes für moderne Gesellschaften sich nicht in dem Problem erschöpft, *wie viele* Menschen einen Arbeitsplatz erhalten. Mindestens ebenso bedeutsam ist die Frage, *wer welche* Arbeit zu welchen Konditionen bekommt. Eine Arbeitslosenquote von zwölf Prozent kann bei hoher Arbeitsmarktfluktuation und kurzen individuellen Arbeitslosigkeitsperioden die Lasten der Arbeitslosigkeit auf viele Schultern verteilen oder aber zur dauerhaften Benachteiligung einer bestimmten Bevölkerungsgruppe führen, während die Mehrheit in stabilen Arbeitsverhältnissen beschäftigt ist. Die Brisanz der aktuellen Arbeitsmarktsituation in Deutschland (und anderen westlichen Industrienationen) besteht darin, dass eher der zweite Fall die Realität abbildet. Zudem können bestimmte Personengruppen gezwungen sein eine Arbeit anzunehmen, die nicht ihrer Qualifikation oder ihren Wünschen bezüglich des Arbeitszeitumfanges entspricht.

Wie vor allem die soziologische Arbeitsmarktforschung gezeigt hat, sind Arbeitsmärkte in hohem Maß „Maschinen der Ungleichheitsproduktion". Es sind immer wieder die gleichen Bevölkerungsgruppen, die höhere Arbeitslosigkeitsrisiken, geringere Löhne oder schlechtere Karriereaussichten aufweisen. Diese Ungleichheitslagen haben wiederum gesellschaftliche Auswirkungen jenseits des

Arbeitsmarktes, da durch die schlechten Erwerbsaussichten die Integration ganzer Bevölkerungsgruppen in die Gesellschaft gefährdet wird.

Vor diesem Hintergrund scheint die Möglichkeit, diese Probleme durch eine geeignete Steuerung des Arbeitsmarktes in den Griff zu bekommen, besonders attraktiv zu sein. Dazu müssen die sozialen und ökonomischen Prozesse, welche beispielsweise zu Arbeitslosigkeit oder zu geringen Löhnen führen, erkannt und verstanden werden. Die interdisziplinäre Arbeitsmarkttheorie stellt eine Vielzahl von Modellen zur Verfügung, die Ansatzpunkte für eine derartige Steuerung bereitstellen können. Allerdings müssen diese Vorhersagen und Empfehlungen immer wieder überprüft werden, eine Aufgabe, die die empirische Arbeitsmarktforschung immer wieder vor neue Herausforderungen stellt. Die Schwierigkeit, Effekte von arbeitsmarktpolitischen Maßnahmen *ex ante* abzuschätzen hängt dabei unter anderem mit dem Umstand zusammen, dass sie nicht „nur" in ein klar definiertes Marktgeschehen eingreifen, sondern durch die komplexe Einbettung des Arbeitsmarktes in gesamtgesellschaftliche Zusammenhänge beeinflusst werden. Gerade hier kann die *Arbeitsmarktsoziologie* wichtige Dienste leisten, da sie die Einbettung von Arbeitsmärkten in soziale, institutionelle und kulturelle Zusammenhänge thematisiert. Diese sind eben keine „normalen" Märkte, sondern besitzen besondere Eigenschaften, denen theoretisch und praktisch Rechnung getragen werden muss. Besonders deutlich kann dies am Beispiel der Verknüpfung zwischen Bildungssystem und Arbeitsmarkt verdeutlicht werden. Im Bildungssystem erwerben die zukünftigen Arbeitnehmer Fähigkeiten, die später ihre Produktivität (und damit den Lohn) wesentlich mitbestimmen. Gleichzeitig werden im Bildungssystem bereits die Grundlagen für zukünftige Ungleichheiten gelegt, da die Chancen des Bildungserwerbs wiederum in erheblichem Maß sozial selektiv geprägt sind. Dies führt dann wiederum zu einer intergenerationalen Reproduktion von Ungleichheit, da sich schlechte Arbeitsmarktchancen der Eltern in eine Benachteiligung der Kinder im Bildungssystem übersetzen. Ein weiteres Beispiel besteht in der immer wieder berichteten Lohndifferenz zwischen Männern und Frauen. Die unterschiedliche Entlohnung nach Geschlecht – Frauen erhalten einen im Durchschnitt um etwa 20 Prozent geringeren Lohn für ihre Erwerbstätigkeit als Männer – spiegelt soziale Prozesse der Berufswahl, der Familienbildung, der Arbeitsteilung innerhalb von Haushalten und der gesellschaftlichen „Wertigkeit" von nach Geschlecht segregierten Tätigkeiten wider.

Diese beiden Beispiele zeigen, dass für die Analyse der Funktionsweise moderner Arbeitsmärkte deren Verknüpfung mit anderen gesellschaftlichen Teilbereichen wie dem Bildungssystem, den Familien oder den Werten und Normen beachtet werden muss. Darüber hinaus sind Arbeitsmärkte selbst soziale Strukturen: Arbeitsplätze werden häufig über soziale Kontakte gesucht und gefunden, die

Arbeitsleistung wird in Organisationen und damit in sozialen und institutionellen Strukturen erbracht, und für die Durchsetzung von Interessen werden Gruppen und Koalitionen wie zum Beispiel Gewerkschaften gebildet. Dies alles führt nicht zu einer grundsätzlichen Aufhebung der Marktlogik für den Tausch von Lohn gegen Arbeit, wohl aber zu teilweise erheblichen Abweichungen vom Modell des perfekten Marktes. Die Arbeitsmarktsoziologie thematisiert diese Besonderheiten und stellt damit eine notwendige Ergänzung der ökonomischen Arbeitsmarkttheorie dar. Damit ist die Arbeitsmarktforschung ein interdisziplinäres Unterfangen, das auf Beiträge verschiedener Disziplinen wie der Ökonomik, der Politikwissenschaft, der Psychologie und eben auch der Soziologie angewiesen ist. Insofern sollte dieses Buch nicht als Alternative zu einem der anderen fachspezifischen Zugänge zum Arbeitsmarkt, sondern als Beschreibung des Beitrags der Soziologie zu dem umfassenderen Feld der Arbeitsmarktforschung verstanden werden.

Auch die dritte, vollständige überarbeitete Auflage dieses Buches orientiert sich an dieser Zielsetzung. Neben der Überarbeitung und Aktualisierung bereits existierender Abschnitte wurden etliche neue Themenkreise aufgenommen. Im folgenden Kapitel von *Thomas Hinz und Martin Abraham* werden die wichtigsten *theoretischen Grundlagen* beschrieben, die in der Arbeitsmarktforschung zum Einsatz kommen (Kapitel 2). Diese Einführung macht deutlich, dass die Interdisziplinarität auch nicht vor der Theoriebildung und -entwicklung Halt gemacht hat. Ökonomische Theorien versuchen zunehmend, die Abweichungen vom perfekten Markt in Arbeitsmärkten zu berücksichtigen, während ursprünglich soziologische Theorien zunehmend nach der Bedeutung sozialer und institutioneller Strukturen für die Marktlogik fragen. Mit diesem Theoriekapitel sollen die Grundlagen für die weiteren problemzentrierten Abschnitte gelegt werden.

Die folgenden drei Kapitel konzentrieren sich auf die zentralen Prozesse des Arbeitsmarktes: Einstieg, Mobilität und Austritt. Im Beitrag von *Hans Dietrich und Martin Abraham* werden zunächst *Eintritte in die Berufsausbildung und den Arbeitsmarkt* beleuchtet (Kapitel 3). Sie sind für die soziologische Ungleichheitsforschung und die ökonomischen Analysen gleichermaßen bedeutsam. Dies liegt an dem Umstand, dass die Art und Weise des (Nicht-)Eintritts in erheblichem Maß über die Chancen eines Erwerbstätigen im weiteren Lebensverlauf entscheidet. Der Eintritt in den Arbeitsmarkt ist in besonderer Weise von vorgängiger Bildung und Ausbildung abhängig. In Deutschland ist dieser Zusammenhang besonders ausgeprägt, da typischerweise nach einer schulischen Ausbildung ein Beruf auf Ausbildungsstellen in Betrieben (kombiniert mit einem Besuch in Berufsschulen) erlernt wird. Empirisch zeigt sich, dass die weiteren Beschäftigungschancen der in den Arbeitsmarkt eintretenden Personen in hohem Maße von einer erfolgreichen Berufsausbildung abhängen. Durch die Verzahnung von Bildung, Ausbildung und den ersten Beschäftigungsverhältnissen kristallisiert sich auch eine dauerhafte Benachteiligung bestimmter Bevölkerungsgruppen heraus, das Arbeitslosigkeitsrisiko erhält so eine Sozialstruktur. Der Beitrag von *Sonja Pointner und Thomas Hinz* stellt *Mobilitätsprozesse* in den Mittelpunkt (Kapitel 4). Die beruflichen Positionen, welche im Arbeitsmarkt erreicht werden, bestimmen maßgeblich die Klassen- und Schichtzugehörigkeit. Der Beitrag zeigt im Verweis auf die wesentlichen empirischen Mobilitätsanalysen, wie Gesellschaften durch offene und geschlossene Mobilitätschancen zwischen Klassen und Schichten gekennzeichnet sind. Das Ergebnis dieser Mobilitätsprozesse wird in hohem Maße von ungewollten Austritten aus dem Arbeitsmarkt bestimmt. *Wolfgang Ludwig-Mayerhofer* erörtert die Frage, wer mit einer erhöhten Wahrscheinlichkeit mit *Arbeitslosigkeit* konfrontiert ist und warum (Kapitel 5). Wie bereits angedeutet zeigen die empirischen Befunde, dass vor allem der dauerhafte Ausschluss vom Arbeitsmarkt bestimmte Gruppen in besonderem Maß betrifft: unqualifizierte und ältere Arbeitnehmer, Migranten und Frauen. Arbeitslosigkeit ist auch in dynamischer Perspektive zu sehen. Sie tritt gerade bei diesen Gruppen gehäuft im Lebensverlauf auf und zeigt nachhaltige Auswirkungen auf die Einkommenssituation der betroffenen Haushalte und steht in Wechselwirkung mit gesundheitlichen Aspekten. Der Beitrag diskutiert auch die derzeit besonders umstrittenen Regelungen der Arbeitsmarktpolitik. Dass der Zugang zum Arbeitsmarkt sowie die weiteren Mobilitätschancen der Erwerbstätigen in erheblichem Maß strukturiert sind, ist vor allem auch das Resultat einer weitgehenden Institutionalisierung von Arbeitsverhältnissen.

Die folgenden sieben Kapitel thematisieren – auf der Basis der bisher diskutierten Theorien und grundlegender Prozesse – ausgewählte Probleme und Fragen der Arbeitsmarktsoziologie. In Kapitel 6 wird dem Umstand Rechnung getragen, dass der Arbeitsmarkt nicht ohne die Berücksichtigung des betrieblichen Kontextes zu verstehen ist. In Betrieben fallen Entscheidungen über Lohnstrukturen, über Rekrutierungen, Aufstiege und Entlassungen. In den Betrieben werden je nach Verhandlungsmacht von Arbeitgebern und Arbeitnehmern Verteilungsprozesse geregelt. Der Beitrag von *Olaf Struck* zeigt die Bedeutung von *Betrieben* für den Arbeitsmarkt. Betriebe stellen den Ort dar, in dem der Tausch von „Lohn gegen Arbeit" tatsächlich vollzogen wird. Die institutionellen und sozialen Strukturen in diesen Betrieben beeinflussen dabei nicht nur die Ergebnisse dieses kontinuierlichen Tauschprozesses, sondern regeln und strukturieren auch die Zugänge zum Arbeitsmarkt im Allgemeinen und zu bestimmten Karrierepfaden im Speziellen. Auch hier zeigt sich, dass diese Organisationsstrukturen starke Einflüsse auf die individuellen Positionierungschancen und damit die Ungleichheitsstruktur des Arbeitsmarktes besitzen.

In dem in dieser Auflage neu aufgenommenen Kapitel 7 von *Martin Abraham, Andreas Damelang und Andreas Haupt* wird die Bedeutung von *Berufen* diskutiert, die in den letzten Jahren gerade in der Soziologie zunehmende Aufmerksamkeit erfahren haben. Bereits in Kapitel 3 über die Arbeitsmarkteintritte wurde deutlich, dass die berufliche Qualifizierung eine zentrale Bedeutung für die Erwerbschancen von Jugendlichen besitzt. Darüber hinaus zeigt sich, dass auch im weiteren Erwerbsverlauf berufliche Qualifikationen in hohem Maße Einkommens- und Erwerbschancen bestimmen. Insbesondere Berufswechsel stellen mitunter starke Hürden für die Arbeitnehmer dar, die sich hierdurch Änderungen auf dem Arbeitsmarkt nur schlecht anpassen können. Dass Berufe derart starke sozial strukturierende Wirkung entfalten, hängt damit zusammen, dass sie als Institutionen betrachtet werden können, das heißt als Regeln, die den Erwerb von Humankapital und dessen Verwertung auf dem Arbeitsmarkt bestimmen. Diese Regeln können zu Benachteiligung bestimmter Gruppen wie zum Beispiel Migranten führen, die aufgrund „falscher" beruflicher Qualifikationen schlechtere Positionierungen hinnehmen müssen.

In dem neuen Kapitel 8 von *Markus Gangl* werden die Mechanismen der *Lohnbildung* auf dem Arbeitsmarkt beleuchtet. Das Kapitel vermittelt einen Überblick über die wesentlichen sozialwissenschaftlichen Theorien der Lohnbildung in Arbeitsmärkten. Durch die Unterscheidung zwischen Theorien der Lohnbildung auf Wettbewerbsmärkten, Modellen der Lohnbildung bei beschränktem Wettbewerb, sowie organisationsseitigen und institutionellen Theorien der Lohnbildung wird eine integrierende Darstellung ökonomischer, soziologischer und institutioneller Theorietraditionen angestrebt. Das Interesse an der Lohnbildung richtet sich jedoch genuin soziologisch auf die Erklärung der Existenz einer Lohnverteilung, ihrer Form und ihrer Veränderung. Das Kapitel schließt daher mit einer Bestandsaufnahme der aktuellen empirischen Literatur zur Bedeutung der verschiedenen Einflussfaktoren für die in der Bundesrepublik und anderen westlichen Gesellschaften deutlich ansteigende Lohnungleichheit.

Die bisherigen Kapitel machten bereits deutlich, dass der Lohn in hohem Maße (aber nicht ausschließlich) von der Bildung und Qualifikation der Arbeitnehmer abhängt. Allerdings ist der Erwerb von Qualifikationen mit dem Eintritt in den Arbeitsmarkt nicht abgeschlossen. Die Bedeutung lebenslanger *Qualifikationsprozesse* auf dem Arbeitsmarkt wird von *Rolf Becker* diskutiert (Kapitel 9). Die präsentierten Ergebnisse zur Ausbildung und Weiterbildung zeigen, dass sich die Hoffnung auf eine ungleichheitsreduzierende Wirkung dieser Instrumente nicht erfüllt hat. Weiterbildung nützt vor allem den bereits gut positionierten Arbeitnehmern, während Arbeitslose nur in sehr geringem Umfang davon profitieren. Die Ergebnisse dieses Forschungsstrangs haben auch dazu geführt, die Förderung von Aus- und Weiterbildung benachteiligter Gruppen auf dem Arbeitsmarkt in der politischen Diskussion neu zu überdenken.

Im Anschluss beschäftigen sich *Frank Kalter und Nadia Granato* mit den Folgen der Migration und der daraus resultierenden *ethnischen Ungleichheiten* auf dem Arbeitsmarkt (Kapitel 10). Es zeigt sich, dass diese Gruppe besonders geringe Chancen besitzt, sich auf dem deutschen Arbeitsmarkt erfolgreich zu platzieren. Dies resultiert unter anderem aus den schlechten Bildungschancen der Arbeitnehmer mit Migrationshintergrund vor dem Arbeitsmarkteintritt und verweist somit wieder auf die enge Verzahnung zwischen Bildung und Beschäftigung.

Die höchst unterschiedliche Wahrscheinlichkeit, auf bestimmte Arbeitsplätze zu gelangen, steht im Mittelpunkt des nächsten Beitrags. Dies kann vor allem am Beispiel der Frauen gezeigt werden und wird von *Juliane Achatz* in Kapitel 11 zur *Geschlechtersegregation* auf dem Arbeitsmarkt behandelt. Die umfangreichen Forschungsergebnisse zeigen, dass Frauen nicht nur vertikaler Ungleichheit auf dem Arbeitsmarkt unterworfen sind, sondern sich auch horizontal in bestimmten Sektoren und Berufen konzentrieren. Beide Beobachtungen stehen in engem Zusammenhang mit Familienprozessen, die segregierend und ungleichheitsbildend in den Arbeitsmarkt hinein wirken.

In dem komplett neu konzipierten Kapitel 12 beschäftigen sich *Christina Stecker und Sebastian Schnettler* mit dem Zusammenhang von Arbeitsmarkt und *demografischer Entwicklung*. Kern des Kapitels ist der Umstand, dass die Veränderungen der Bevölkerungsstruktur erhebliche Effekte für Wirtschaft und Arbeitsmarkt besitzen. Insbesondere die Veränderung der Altersstruktur hat deutliche Konsequenzen für die Karrierechancen einzelner Alterskohorten. Die wechselseitige Bedingtheit von demografischen Prozessen und dem Arbeitsmarkt, wie sie am Beispiel des Zusammenhangs von institutionellen Anreizwirkungen und der Altersstrukturierung veranschaulicht wird, bestätigt nochmals eindringlich, dass wirtschaftliche und soziale Prozesse nicht zu trennen sind und für ein hinreichendes Verständnis der Gesellschaft beide berücksichtigt werden müssen.

Diese Auflage wurde abschließend um einen neuen Beitrag von *Thomas Hinz* zu den empirischen *Methoden der Arbeitsmarktforschung* ergänzt (Kapitel 13). Dies resultiert aus dem Umstand, dass die Arbeitsmarktsoziologie in diesem Band als empirische Disziplin verstanden wird, die insbesondere durch die Anwendung quantitativer Methoden die Zusammenhänge, Prozesse und kausalen Mechanismen hinter einzelnen Phänomenen erklären möchte. Das Kapitel gibt einen Überblick über die wichtigsten Forschungsdesigns, bedeutende Datenquellen sowie die Bandbreite der eingesetzten Analysemethoden. Letztere werden insbesondere im Hinblick auf die Identifizierung kausaler Effekte diskutiert. Das Kapitel ist nicht als Ersatz für ein Methodenlehrbuch gedacht, sondern soll dem Leser als Leitfa-

den und Orientierung durch die Methodenvielfalt der empirischen Arbeitsmarktforschung dienen.

In den Beiträgen wird jeweils versucht, die zentralen Fragen des jeweiligen For-
schungsfeldes zu skizzieren, die wichtigsten theoretischen Positionen zu erörtern
und die empirischen Befunde zusammenfassend darzulegen. Natürlich können
weder die einzelnen Beiträge noch der vorliegende Band insgesamt den Anspruch
erheben, die Arbeitsmarktforschung umfassend und endgültig abzudecken. Die
Themen der Beiträge und die in den einzelnen Abschnitten behandelten Inhalte
müssen als Auswahl begriffen werden, die notwendigerweise einzelne Bereiche
vernachlässigt. Doch die Autoren haben die Hoffnung, mit der vorgenommenen
Auswahl einen übersichtlichen ersten Zugang zum Feld der Arbeitsmarktsoziologie anbieten zu können, der sich in der Lehre und auch in der öffentlichen Diskussion über Arbeitsmarktprozesse als hilfreich erweist.

Theorien des Arbeitsmarktes

2

Thomas Hinz und Martin Abraham[1]

2.1 Einleitung

Die Arbeitsmarktforschung wird vor allem von zwei Disziplinen betrieben: der Ökonomik und der Soziologie. Für die *Ökonomik* stellt der Arbeitsmarkt neben dem Güter- und dem Kapitalmarkt einen von drei Teilmärkten eines Wirtschaftssystems dar. Die Funktionsweise dieser drei Teilmärkte wird grundsätzlich als identisch betrachtet und kann daher im Rahmen eines integrierten theoretischen Modells analysiert werden. In der Regel zielen ökonomische Analysen auf die Erklärung von Makrozuständen des Arbeitsmarktes, wie beispielsweise die Entstehung von Arbeitslosigkeit in einer Volkswirtschaft. Die offensichtliche Abweichung der Arbeitsmarktwirklichkeit von den reinen theoretischen Modellen führte zu verschiedenen Weiterentwicklungen, etwa bei der Berücksichtigung von asymmetrischen Informationen der Akteure.

Die *Soziologie* betrachtet Arbeitsmärkte dagegen als ein Subsystem der Gesellschaft, das in institutionelle und soziale Rahmenbedingungen eingebettet ist.[2]

---

1   Wir danken Johannes Berger, Hermann Gartner, Leo Kaas, Marc Keuschnigg, Gerhard Krug und Andreas Haupt für hilfreiche Kommentare und Anmerkungen.

2   Auch für die Politikwissenschaft sind Arbeitsmärkte ein wichtiges Untersuchungsfeld. Dabei geht es vor allem um die politische Ausgestaltung der institutionellen Regelungen des Arbeitsmarktes und ihre Auswirkungen. Beispielsweise wird die Arbeitsmarktpolitik verschiedener Länder miteinander verglichen. Wir gehen auf einige Ergebnisse im Abschnitt 2.6 zu Institutionen näher ein. Einschlägige Beiträge aus der Politikwissenschaft stammen etwa von Scharpf und Schmidt (2000), Martin und Swank (2004), Armingeon (2007) und Clasen et al. (2016).

© Springer Fachmedien Wiesbaden GmbH, ein Teil von Springer Nature 2018
M. Abraham und T. Hinz (Hrsg.), *Arbeitsmarktsoziologie*,
https://doi.org/10.1007/978-3-658-02256-3_2

Der Arbeitsmarkt steht in wechselseitigen Beziehungen und Abhängigkeiten zu anderen gesellschaftlichen Bereichen, etwa zu sozialen Normen und Werten, dem Rechtssystem einer Gesellschaft, der Herrschafts- und Machtverteilung und dem Geschlechterverhältnis. Wir finden neue Jobs über unsere sozialen Beziehungen, Unternehmen vergeben offene Stellen vorwiegend an interne Bewerber, Gewerkschaften bestimmen die Lohnhöhe oder der Staat schafft subventionierte Niedriglohnarbeitsplätze. Neben dem zentralen Problem der Arbeitsmarktforschung, nämlich der Frage nach der Allokation von Arbeit (wer bekommt wann welche Arbeit zu welchen Konditionen), ist aus dem *soziologischen* Blickwinkel vor allem die Rolle der Arbeitsmarktinstitutionen und ihrer Entstehung sowie die sozialen Beziehungen der Akteure untereinander von Interesse. Beide Disziplinen interessiert bei der Analyse von Arbeitsmarktprozessen die soziale Ungleichheit und ihre Legitimität: Wie entstehen Unterschiede zwischen Bevölkerungsgruppen in Bezug auf den Zugang und die Entlohnung von Arbeit?

In Ökonomik und Soziologie wird die Herausbildung eines umfassenden und institutionalisierten Arbeitsmarktes als ein Kennzeichen moderner Gesellschaften gesehen, die vor allem durch eine fortschreitende *Arbeitsteilung* getrieben wird. Die Arbeitsteilung innerhalb und zwischen Volkswirtschaften leitet sich aus einer effizienteren Produktion ab (Pareto 1971 [1906]; Smith 1983 [1776]; Ricardo 1994 [1821]) und ist mit weitreichenden sozialen Folgen verbunden (Durkheim 1893). Gesellschaften mit entwickelten Arbeitsmärkten sind durch funktionale Differenzierung und komplexere Formen sozialer Integration gekennzeichnet, beispielsweise durch aufeinander bezogene *Berufsrollen* (Parsons 1951). Neben ihren ökonomischen Vorteilen ist die Ausübung dieser Berufsrollen für die soziale und personale Identität bedeutsam. So lassen sich bei Personen, die nicht mehr am Arbeitsmarkt teilnehmen, oft Erscheinungen sozialer Desintegration feststellen (vgl. Jahoda et al. 1982 [1933]; Tazelaar 1990; Paul und Moser 2015).

Aus unserer Sicht konkurrieren die ökonomische und die soziologische Sichtweise nicht, sondern ergänzen sich überwiegend. Kein Ökonom würde durch soziale und institutionelle Faktoren hervorgerufene Ungleichheitsprozesse leugnen, so wie Soziologen die Idee der gegenseitigen Abhängigkeit von Arbeits- und Güterbeziehungsweise Kapitalmärkten kaum ablehnen werden. Kontrovers diskutiert wurde in der Vergangenheit jedoch der geeignete theoretische Zugang zu diesen Problemen: Im Rahmen ökonomischer Ansätze wurde davon ausgegangen, dass trotz der institutionellen und sozialen Determinanten der Arbeitsmarkt im Prinzip wie jeder andere Markt funktioniert – was dies genau bedeutet, werden wir im folgenden Abschnitt sehen. Die Vertreter soziologischer Ansätze plädierten für eine Analyse struktureller Mechanismen der gesellschaftlichen Arbeitsteilung, von Normen und Rollen sowie für eine Analyse der Bedeutung von Institutionen und der gesellschaftlichen Prozesse ihrer Entstehung. Ökonomen beschäftigen sich heute zunehmend mehr mit soziologischen Themen wie der geschlechtsspezifischen Arbeitsteilung, während Soziologen das Marktmodell in soziale Strukturen „einbetten" (Granovetter 1985). Die folgende Einführung der wichtigsten Theorien des Arbeitsmarktes ist daher nicht am Disziplinengegensatz orientiert, sondern nach ökonomischen und sozialen Mechanismen gegliedert, welche Arbeitsmarktzustände und -prozesse beeinflussen und steuern können. Dabei handelt es sich zunächst um drei vor allem in der ökonomischen Diskussion verbreitete Konzepte. Am klassischen Marktmodell setzen Überlegungen zur Wirkung von *Konkurrenzmechanismen* im Arbeitsmarkt an (Abschnitt 2.2). Verschiedene Ergänzungen und Varianten dieses einflussreichen Modells bestimmen die weitere ökonomisch ausgerichtete Argumentation: Zunächst geht es um die Rolle von *Information und Präferenzen* (Abschnitt 2.3), anschließend um die herausragende Bedeutung von *Qualifikation und Wissen* (Abschnitt 2.4). Hierunter fassen wir die theoretischen Ansätze, welche mit dem Konzept des Humankapitals argumentieren. Es folgen drei Abschnitte, die sich mit stärker soziologisch geprägten Theorien auseinandersetzen. Die Akteure auf dem Arbeitsmarkt werden nach ihren *Machtressourcen* unterschieden, welche Einfluss auf das Tauschergebnis nehmen (Abschnitt 2.5). Anschließend thematisieren wir die Einbettung der Austauschprozesse in ein Geflecht aus formellen Regeln und informellen Normen. Wir betrachten also *Institutionen*, deren Entstehung und Veränderung als soziologisch zu rekonstruierende gesellschaftliche Prozesse aufgefasst werden (Abschnitt 2.6). Schließlich beschäftigen wir uns mit der Tatsache, dass in der Regel nur ein kleiner Ausschnitt der Akteure des Arbeitsmarktes miteinander interagiert. Die *sozialen Beziehungen* zwischen den Arbeitsmarktteilnehmern und ihre Struktur haben große Bedeutung für die Arbeitsmarktergebnisse (Abschnitt 2.7). Die beiden Parteien eines Arbeitsvertrags, Arbeitgeber und Arbeitnehmer, stehen sich nicht abstrakt und ohne soziale Bezüge gegenüber: Sie handeln in und durch *Organisationen* (Abschnitt 2.8). Deren Berücksichtigung in der Arbeitsmarktforschung unterstreicht nochmals die Zusammenarbeit von ökonomischer und soziologischer Arbeitsmarktforschung.

2.2 Konkurrenz und Markt

In der wissenschaftlichen und der politischen Diskussion wird das Zusammenspiel von Arbeitgebern und Arbeitnehmern als Arbeits*markt* bezeichnet. Aber was ist überhaupt ein Markt und was unterscheidet den Arbeitsmarkt von anderen Märkten? Als Markt kann man einen Ort bezeichnen, an dem Güter oder Dienstleistungen gehandelt werden, an dem also die Anbieter eines Gutes mit den Nachfragern

zusammenkommen, um einen Tausch zu vereinbaren. In modernen, kapitalistischen Gesellschaften wird das angebotene Gut in der Regel gegen Geld getauscht,
da der Tausch durch die beliebige Teilbarkeit und Übertragbarkeit dieses Tausch-
mediums erheblich erleichtert wird (vgl. bereits Weber 1980 [1922] oder Simmel
1989 [1900]). Für die Entwicklung von sozialwissenschaftlichen und ökonomischen Theorien über diesen Prozess war es nun ein wesentlicher Schritt, Märkte
nicht mehr als an einen physischen gebundenen Ort zu betrachten, sondern als
abstrakten Raum, in dem sich Anbieter und Nachfrager treffen (Swedberg 1994).
Wir abstrahieren also – zumindest in einem ersten Schritt – von einer ganzen
Reihe von spezifischen Gegebenheiten, in denen sich Anbieter und Nachfrager
befinden. Ein zentrales Merkmal von Märkten ist in der Regel die *Konkurrenz*
zwischen den Akteuren um knappe Ressourcen. Da wir nicht beliebig viele Autos
kaufen können, werden wir versuchen, für das verfügbare Geld ein Fahrzeug zu
bekommen, das unseren Bedürfnissen am ehesten entspricht. Die Automobilher-
steller, die uns ihre Entwicklungen verkaufen wollen, stehen untereinander in einer
Konkurrenzsituation, da sie jeweils versuchen müssen, unsere Bedürfnisse besser
zu befriedigen als die anderen Hersteller.

Was bedeutet dies nun für die Konzeption von Arbeitsmärkten? Auch hier gibt
es Konkurrenz sowohl zwischen Anbietern von Arbeit (den Arbeitnehmern) einerseits und den Nachfragern von Arbeit (den Arbeitgebern) andererseits.[3] Allerdings
besitzen die Tauschgüter auf diesem Markt gewisse Besonderheiten im Vergleich
zu „normalen" Gütermärkten. Getauscht wird nicht Arbeit als Gut, dessen Menge
von vornherein exakt bestimmt werden kann. Stattdessen verkauft der Arbeitnehmer Verfügungsrechte über seine Arbeitskraft an den Arbeitgeber. Damit wird
ein Autoritätsverhältnis begründet, da der Arbeitgeber dem Arbeitnehmer ständig
neue Anweisungen im Hinblick auf die Arbeitsinhalte geben kann (Simon 1951).
Die übertragenen Verfügungsrechte sind jedoch nicht unbegrenzt, sondern werden durch gesetzliche und vertragliche Regelungen in Bezug auf Inhalte und den
zeitlichen Umfang eingeschränkt. Im Gegenzug erhält der Arbeitnehmer vom
Arbeitgeber eine Kompensation, die nicht nur den monetären Lohn, sondern auch
eine Reihe von weiteren Leistungen umfassen kann (sogenannte nicht-monetäre
Arbeitsplatzeigenschaften, vgl. Franz 2013, S. 50f.). Dazu zählen beispielsweise

---

3   Hier ist die deutsche Terminologie etwas verwirrend: Der Begriff des Arbeit„neh-
     mers" könnte implizieren, dass dieser als Nachfrager auftritt, während der Arbeit„ge-
     ber" Arbeit anbietet. Es hilft hier sich vor Augen zu führen, dass der Anbieter eines
     Gutes dieses besitzen muss. Da der Arbeitnehmer zumindest grundsätzlich Herr über
     seine Arbeitskraft ist, kann er diese anbieten oder auch nicht. Umgekehrt erstattet der
     Nachfrager dem Anbieter den Warenpreis, also hier den Lohn, der durch den Arbeit-
     geber gezahlt wird.

die sicherheitstechnische Ausstattung des Arbeitsplatzes, die Möglichkeit, einen Dienstwagen auch privat zu nutzen, die in Aussicht gestellte Karriere oder das gute Arbeitsklima.

Wie kann nun ein derartiger Arbeitsmarkt theoretisch erfasst und in ein theoretisches Modell überführt werden? Bei der ökonomischen Analyse des Arbeitsmarktes wird letztlich fast immer auf ein Grundmodell zurückgegriffen, welches als *neoklassisches Modell* bezeichnet wird. Dieser Ansatz beruht auf der zentralen Idee, dass Märkte mit bestimmten Eigenschaften immer ein *Gleichgewicht* erreichen, also Angebot und Nachfrage durch den Preismechanismus bei konstanten Randbedingungen in Übereinstimmung gebracht werden. Das Modell beruht auf den folgenden abstrakten Grundannahmen (Stinchcombe 1974, S. 124; Schasse 1991, S. 28; Boeri und van Ours 2013, Kap. 1):

1. Auf dem Arbeitsmarkt handeln rationale, vollständig informierte Akteure mit eindeutig definierten Präferenzen. Die Arbeitnehmer maximieren ihren Nutzen, der von Konsum und Freizeit abhängt, und die Unternehmer ihren Gewinn.[4] Diese Prämisse bildet den handlungstheoretischen Kern des ökonomischen Basismodells.

2. Betrachtet wird ein perfekter Markt mit ausreichend vielen Anbietern und Nachfragern, sodass die Akteure unter vollständiger Konkurrenz agieren. Dies bedeutet, dass kein Akteur den Gleichgewichtspreis für Arbeit oder ein anderes Marktgut durch die Veränderung des eigenen Verhaltens beeinflussen kann. Ausgeschlossen werden somit beispielsweise Monopolsituationen, in denen der Monopolist den Preis eines Gutes bestimmt.

3. Das hierbei getauschte Gut „Arbeit" ist homogen und beliebig teilbar, das heißt es wird davon ausgegangen, dass alle Arbeitnehmer bezüglich ihrer Fähigkeiten und der geleisteten Arbeit gleich sind und zudem die Unternehmer jederzeit beliebig hohe Teile einer vollen Arbeitskraft „einkaufen" können.

---

4 „Präferenzen" geben an, welche Güterbündel gegenüber anderen bevorzugt werden. Sie werden im Rahmen von Theorien zielgerichteten Verhaltens von den Akteuren eindeutig benannt und in eine widerspruchsfreie Rangordnung gebracht. Werden den einzelnen Zielen Werte zugeordnet, die diese Rangfolge abbilden, so spricht man von einer Nutzenfunktion. Meist wird in der Ökonomik von einem ordinalen Nutzen ausgegangen. In der Wohlfahrtstheorie und der SEU-Theorie (*Subjective Expected Utility*-Theorie) wird die Existenz einer kardinalen Nutzenfunktion angenommen, d. h. die Akteure sind in der Lage anzugeben, um welchen relativen Wert ein Zielzustand besser oder schlechter als ein anderer ist (für weitere Details vgl. Büschges et al. 1998; Voss und Abraham 2000 sowie Kap. 6).

4. Alle Preise – und somit auch die Löhne – sind vollkommen flexibel. Dies bedeutet
unter anderem, dass sich eine Veränderung von Arbeitsnachfrage und -angebot unmittelbar in einer Änderung des Lohnniveaus auf dem Arbeitsmarkt niederschlägt.
5. Die Akteure haben keine Präferenzen für bestimmte Tauschpartner.
6. Es existieren keine institutionellen oder kulturellen Beschränkungen. Damit werden
Arbeitsverhältnisse auf Tauschakte reduziert, in denen Güter ohne Transaktionskosten und simultan (d. h. ohne Vorausleistungen) getauscht werden. Dies bedeutet für
die Analyse von Arbeitsmärkten implizit auch, dass die Arbeitnehmer vollkommen
mobil sind und mithin keine Transaktionskosten etwa durch Umzüge oder Arbeitsplatzwechsel auftreten.

Existieren in der ganzen Volkswirtschaft nur Märkte mit diesen Eigenschaften,
so kann formal nachgewiesen werden, dass es zu einer vollkommenen Markträumung und einer effizienten Allokation von Ressourcen kommt: Das von den
Arbeitnehmern angebotene Arbeitsvolumen entspricht der von den Unternehmern
nachgefragten Menge an Arbeit, die angebotenen Güter entsprechen den nachgefragten Gütern, der Geldmarkt ist ausgeglichen etc. Nach diesem Modell existiert
somit keine unfreiwillige Arbeitslosigkeit. Ändern sich durch externe Bedingungen die Parameter (wie zum Beispiel die Produktivität der Arbeitnehmer durch
technischen Fortschritt), so wird der Arbeitsmarkt durch eine Veränderung des
Lohnsatzes sofort wieder ein neues Gleichgewicht finden. Des Weiteren erhält jeder Arbeitnehmer einen Reallohn, der seiner *Grenzproduktivität* entspricht. Diese
ist die zusätzliche Menge produzierter Güter oder Dienstleistungen, wenn eine
Einheit mehr Arbeit eingesetzt wird. Da im Basismodell die Arbeitnehmer bezüglich ihrer Produktivität homogen sind, erhalten hier auch alle den gleichen Lohn.

Offensichtlich weicht dieses Modell erheblich von der Realität ab. Empirisch
sind Arbeitsmärkte in keiner Weise perfekte Märkte im Sinne der neoklassischen
Ökonomik. Es ist darüber hinaus fraglich, ob solche perfekten Märkte überhaupt
existieren. Allerdings kann die dargestellte Modellvorstellung dazu genutzt werden, Aussagen darüber zu treffen, wie ein reibungslos funktionierender Markt be-
schaffen sein sollte. Eine derartige Analyse konzentriert sich auf die Bedingungen,
die den Tausch auf der Makroebene beeinflussen, wie beispielsweise die Einführung gesetzlich fixierte Mindestlöhne. Nach den Modellanalysen wäre bei einer
solchen Einführung mit einem Rückgang der Arbeitsnachfrage zu rechnen. Wenn
es belastbare, empirische Ergebnisse gibt, die dieser Prognose widersprechen, ist
dies oft für die Weiterentwicklung der Theorie und der jeweiligen Modelle stimu-
lierend. So zeigen etwa Katz und Krueger (1992), dass Firmen im Niedriglohnbereich in bestimmten Bundesstaaten der USA ihre Beschäftigung erhöht haben,
nachdem der gesetzliche Mindestlohn erhöht wurde. Die Autoren erklären dies

mit möglichen Substitutionseffekten: Teilzeitkräfte werden durch Vollzeitkräfte ersetzt. Außerdem verweisen sie auf ein bestehendes Monopson (also ein lokales Monopol bei der Nachfrage nach Arbeit) im untersuchten Niedriglohnsektor (*fast food*), als dessen Folge bei der Erhöhung von Mindestlöhnen auch die Beschäftigung erhöht werden könnte. Empirisch scheint die Einführung des Mindestlohns in Deutschland zu Beginn 2015 mit sehr geringen Beschäftigungseffekten, aber spürbaren Lohnsteigerungen einherzugehen (Bellmann et al. 2016; Bossler und Gerner 2016).

Obwohl das neoklassische Basismodell grundsätzlich ein großes Analysepotenzial besitzt, sind mit dieser Art von Argumentation zwei Hauptprobleme verbunden. Erstens will diese ökonomische Theorie des Marktes, auch unter Berücksichtigung der Abweichungen vom perfekten Markt, in erster Linie nur *Makrophänomene* wie Arbeitslosigkeit oder Lohnstrukturen erklären. Die Theorie ist jedoch in dieser einfachen Form nicht in der Lage, Aussagen über individuelle Lebenslagen oder soziale Ungleichheit zu treffen. Dies liegt vor allem in dem Umstand begründet, dass die Arbeitnehmer hinsichtlich ihrer Produktivität als homogen gelten. Theorien, welche die Unterschiedlichkeit der Arbeitsmarktteilnehmer explizit berücksichtigen, werden wir weiter unten ausführlich diskutieren. Zweitens führt das hohe Abstraktionsniveau des neoklassischen Modells zu Problemen, falls Faktoren vernachlässigt werden, die ebenfalls Ursachen der betrachteten Makrophänomene sein können. In diesem Fall kann der Forscher einem Fehlschluss erliegen, da er beispielsweise die Arbeitslosigkeit dem starren Lohnniveau zuschreibt, obwohl hierfür andere, bisher nicht betrachtete Mechanismen verantwortlich sind (zu verschiedenen Ursachen der Arbeitslosigkeit: Blanchard 2006). Der zweite Kritikpunkt hat zusammen mit den bereits erwähnten abweichenden empirischen Ergebnissen zu einer Vielzahl von Modifikationen des Modells geführt, die vor allem die Rolle der Informationsverteilung auf dem (Arbeits-)Markt betrachten. Diese Modifikationen wurden in der Ökonomik entwickelt, in der Soziologie wurden einzelne dieser Modifikationen produktiv aufgegriffen (etwa zu den Suchtheorien).

2.3 Information und Präferenzen

Das neoklassische Basismodell des Arbeitsmarktes kommt zum Ergebnis, dass die „unsichtbare Hand" des Wettbewerbs (Smith 1983 [1776]) zu optimalen Allokationsergebnissen führt – solange die „richtigen" Rahmenbedingungen das freie Spiel der Marktkräfte zulassen. Unerwünschte Zustände auf dem Arbeitsmarkt, wie unfreiwillige Arbeitslosigkeit, werden durch verschiedene Formen des Marktversagens, oft durch Einschränkungen des freien Wettbewerbs erklärt. Problematisch wird diese Argumentation vor allem, wenn nicht die institutionellen Rahmenbedingungen die Ursachen für die unerwünschten Zustände sind, sondern die *Verhaltensannahmen* des Basismodells nicht zutreffen.

Betrachtet man den handlungstheoretischen Kern des diskutierten Modells, so wird schnell deutlich, dass hier zwei grundsätzliche Probleme im Hinblick auf (a) den *Informationsstand* der Akteure und (b) die *Präferenzen*, die dem Handeln zu Grunde liegen auftauchen. Für den Informationsstand wird angenommen, dass alle Akteure – Arbeitgeber wie Arbeitnehmer – über ihre eigenen Akteurseigenschaften und Handlungen sowie über die Preise zu allen Zeitpunkten vollständig informiert sind (*Annahme der vollständigen Information*). Über die Ziele und Wünsche der Akteure wird erstens angenommen, dass sie ihren Nutzen maximieren, zweitens lassen sich nutzenstiftende Güter monetär bewerten (*vollständige [ökonomische] Rationalität*). Obwohl die Ökonomik durchaus die Bedeutung nicht-monetär bewertbarer Nutzenargumente anerkennt, wird meist davon ausgegangen, dass die Arbeitnehmer sich vornehmlich für die Relation des Lohns zur eingesetzten Arbeitszeit interessieren, während die Unternehmer nur am Gewinn interessiert sind. Dass die Annahmen über den Informationsstand und die Präferenzen stark von der Wirklichkeit abstrahieren, ist offensichtlich und führte zu einer Reihe von Modellmodifikationen, die von der Prämisse der vollständigen Information als auch der Annahme vollständiger Rationalität abweichen. Relativ früh wurden Vorschläge entwickelt, mit denen die unvollständige Information der Akteure in das Basismodell integriert werden sollen. Wie für viele andere Erweiterungen eines abstrakten Marktmodells wird hier implizit die realistische Annahme eingeführt, dass reale Personen als Arbeitskräfte mit Arbeitgebern (langfristige) Arbeitsverträge abschließen und damit die Arbeitnehmer bestimmten Arbeitsplätzen zugeordnet werden. Dies eröffnet nun die Möglichkeit, Überlegungen über die Informationsstände dieser Akteure zu verschiedenen Zeitpunkten anzustellen. Es werden hier zwei unterschiedliche Situationen unterschieden: unvollständige Information *vor* dem Abschluss des Arbeitsverhältnisses und *während* des Arbeitsverhältnisses selbst.

Im ersten Fall sind sich die Akteure bereits vor dem Abschluss eines Arbeitsverhältnisses im Unklaren, welche Konsequenzen dies später für sie haben wird. Der Arbeitgeber weiß beispielsweise nicht genau darüber Bescheid, welche Fähigkeiten der neu einzustellende Arbeitnehmer wirklich mitbringt, während der Arbeitnehmer über die Eigenschaften des neuen Arbeitsplatzes oder die Karriereaussichten unvollständig informiert ist. Diese Unsicherheit wirkt sich auf die Qualität des *matching* aus, das heißt auf die Art und Weise, wie Arbeitgeber und Arbeitnehmer zueinander passen. Daher werden diese Theorievarianten meist *Such-*

und matching-Theorien genannt. In der Arbeitsmarktökonomik sind inzwischen nicht länger das neoklassische Modell, sondern die Such- und *matching*-Theorien Standard (Mortensen und Pissarides 1994; Pissarides 2000; vgl. hierzu auch die Übersicht in Gartner 2012), vor allem auch, weil es Erklärungen von Arbeitslosigkeit liefert. Im Rahmen der Such- und *matching*-Theorien wird zunächst von der Annahme abgewichen, dass ein Zusammenkommen von Arbeitgeber und Arbeitnehmer ohne Zeitverzug und ohne Kosten (also ohne Friktionen) stattfindet. Dies bedeutet, dass die Akteure ihre Partner suchen müssen, wobei diese Suche Kosten in Form von Zeit, Geld und anderen Ressourcen verursacht und das Ergebnis dieser Bemühungen den Akteuren *ex ante* nicht bekannt ist.

Die *Suchtheorie* beleuchtet nun die Frage, wie sich rationale Akteure in dieser Situation verhalten werden. Es gibt inzwischen viele Varianten dieser Theorie, die hier nur in ihren Grundzügen skizziert werden kann.[5]

> Das von den Akteuren zu lösende Problem kann wie folgt charakterisiert werden: Nehmen wir an, ein Arbeitsuchender steht vor einer Lostrommel, in der eine Anzahl von Losen (die offenen Arbeitsplätze) liegen. Die Lose unterscheiden sich im Hinblick auf den „Gewinn", das heißt der Arbeitsplatzsuchende kann bessere und schlechtere Lohnangebote erhalten. Der Akteur muss für jedes Los, das er der Trommel entnimmt, einen Betrag bezahlen – dies entspricht den Suchkosten, die im Falle eines arbeitslosen Arbeitsplatzsuchers zum Beispiel dem entgangenen Lohn in der Suchperiode entsprechen. Zieht er neue Lose, so verfallen die alten Gewinne, einmal abgesagte Arbeitsangebote sind also verloren. Die Frage lautet nun: Wann soll er aufhören Lose zu kaufen und einen Gewinn – das heißt einen Arbeitsplatz – akzeptieren? Um eine Antwort auf dieses Problem geben zu können, muss der Akteur über ein Entscheidungskriterium verfügen, wann er die Suche abbrechen soll. Dies kann er nur, wenn er zumindest ungefähr weiß, welchen Lohn er erwarten kann. Daher nehmen Suchtheorien in der Regel an, dass der Suchende darüber informiert ist, wie viele Lose mit welchen Gewinnen in der Trommel vorhanden sind, das heißt er kennt die Lohnverteilung auf dem Arbeitsmarkt. Damit kann er vor jeder Losentnahme abschätzen, mit welcher Wahrscheinlichkeit er ein Lohnangebot bestimmter Höhe erhält. Der Suchende muss nun nach jeder Losentnahme entscheiden, ob er das Angebot annehmen will oder er ein neues Los kaufen soll. Dafür vergleicht er die Kosten des nächsten Suchschrittes mit einem Erwartungswert des Gewinns, den er

---

5   Die folgende Ausführung beschreibt das sogenannte sequenzielle Suchmodell, d. h. nach jedem Suchschritt entscheidet der Arbeitssuchende erneut über die Fortsetzung der Suche (vgl. für derartige Modelle Barron 1975; Lippmann und McCall 1976; für eine Übersicht verschiedener Modelle vgl. Cahuc et al. 2014, Kap. 5).

aufgrund seines Wissens über die in der Lostrommel existierenden Angebote bildet. Übersteigen die Kosten diesen Erwartungswert, so nimmt er das aktuelle Angebot an, erwartet er dagegen, dass das zukünftige Angebot seine Kosten mehr als wettmacht, so sucht er weiter.

Einige Implikationen des Modells liegen sofort auf der Hand. Je höher beispielsweise die Suchkosten sind, desto kürzer ist die Suchdauer und desto geringer wird das akzeptierte Lohnniveau sein. Darüber hinaus ist das Modell in der Lage, ein gewisses Ausmaß an Arbeitslosigkeit zu erklären.[6] Dazu wird angenommen, dass die Suche aus der Arbeitslosigkeit heraus effizienter als aus einem bestehenden Arbeitsverhältnis durchgeführt wird, da dem Suchenden mehr Zeit zur Verfügung steht und die Suche mit größerem Aufwand betrieben werden kann. Je geringer nun die Suchkosten in Form entgangenen Lohns sind, desto länger werden die Akteure suchen und desto höher wird die freiwillige Arbeitslosigkeit in einer Volkswirtschaft sein. Die Suchkosten bestimmen sich dabei nicht nur nach dem entgangenen Lohn in einer Suchperiode, sondern auch durch staatliche Transferzahlungen wie das Arbeitslosengeld oder die Sozialhilfe (siehe hierzu Gangl 2004). Darüber hinaus kann gezeigt werden, dass ein gewisses Ausmaß an Arbeitslosigkeit, die durch Suchprozesse bestimmt ist (friktionelle Arbeitslosigkeit), effizient ist. Würde jeder Arbeitssuchende den erstbesten Arbeitsplatz annehmen, führte dies nicht zu einer optimalen Passung zwischen Angebot und Nachfrage: Viele Arbeitsplätze wären durch überqualifizierte Arbeitnehmer besetzt, die auf anderen Arbeitsplätzen gebraucht würden (vgl. Acemoglu und Shimer 2000). Eine weitere Schlussfolgerung der Suchmodelle enthält eine Antwort auf die drängende Frage der Arbeitsmarktforschung nach den Ursachen für Lohnunterschiede. Es kann durch Suchfriktionen zu Lohnunterschieden bei sonst identischen Arbeitskräften kommen.

Dies rückt eine weitere Theorievariante in den Blick, in der es um die optimale Zuordnung (*matching*) der offenen Arbeitsplätze (beziehungsweise Arbeitgeber) zu den „richtigen" Arbeitnehmern geht. Dabei kann die skizzierte Suchtheorie um zwei Elemente erweitert werden: Erstens kann auch der Arbeitgeber auf die Arbeitsmarktlage und die Suchprozesse auf dem Arbeitsmarkt reagieren, indem er zum Beispiel den Lohn einer Stelle, die er längere Zeit nicht besetzen kann, erhöht. In welchem Ausmaß er dies tut und Löhne damit flexibel sind, wird auch die Erfolgswahrscheinlichkeit des Suchprozesses und damit die Höhe der friktionellen Arbeitslosigkeit bestimmen (Mortensen 1976). Zweitens kann man davon

---

6   Freiwillige Arbeitslosigkeit existiert im neoklassischen Basismodell, da es Personen gibt, die beim gegebenen Marktlohn gar keine Arbeit anbieten wollen. Diejenigen, die zum Marktlohn arbeiten wollen, finden auch Beschäftigung (z. B. Friedman 1977).

ausgehen, dass das *matching* nie perfekt sein wird und die Akteure daher einen Anreiz besitzen können, das Arbeitsverhältnis wieder aufzulösen. Dies führt zu Kündigungen und Entlassungen, die durch unvollständige Informationen der Vertragsparteien vor Abschluss des Arbeitsverhältnisses entstehen (vgl. Jovanovic 1979). Allerdings sind die Akteure in der Lage, mit zunehmender Dauer die Qualität des Arbeitsverhältnisses besser einzuschätzen. Schlechte Zuordnungen werden daher im Laufe der Zeit mit hoher Wahrscheinlichkeit wieder gelöst, während gute Zuordnungen überleben. Dieser Umstand trägt mit dazu bei, dass ältere Arbeitnehmer eine geringere Kündigungsneigung und höhere Löhne aufweisen.[7] Such- und *matching*-Theorien sind also insbesondere in der Lage, Mobilität auf dem Arbeitsmarkt zu analysieren. Diese Mobilität ergibt sich aus einem Optimierungsverhalten bei unvollständiger Information, die vor allem zu Beginn einer Arbeitsbeziehung und auf beiden Seiten des Arbeitsmarktes betrachtet wird. Auch die Wechsel in und aus Arbeitslosigkeit sind insbesondere mit den Suchtheorien zu erklären.

Eine weitere zentrale Quelle der Unsicherheit resultiert aus der Möglichkeit des Vertragspartners, die Bedingungen und Eigenschaften des Arbeitsverhältnisses *nach dessen Abschluss* gezielt zu beeinflussen. Das Arbeitsverhältnis wird hier als strategische Situation begriffen, in der jeder Akteur versuchen kann, seinen Nutzen auch auf Kosten des Partners zu maximieren. Dieses Verhalten wird häufig opportunistisches Verhalten genannt (Williamson et al. 1975) und führt dazu, dass die Vorteile, die eigentlich aus dem Tauschverhältnis zwischen Arbeitnehmer und Arbeitgeber resultieren sollten, nicht erreicht werden. In der Literatur hat sich hierfür der Begriff des *shirking*[8] etabliert, die meisten dieser *shirking*-Modelle konzentrieren sich hierbei auf das opportunistische Verhalten des Arbeitnehmers, indem angenommen wird, dass dieser seine Arbeitsleistung variieren kann (Thurow 1983, S. 201). Dies wird zum Problem, da der Arbeitgeber in aller Regel nicht in der Lage ist, die Arbeitsleistung des Arbeitnehmers vollständig zu überwachen und zu messen. Opportunistisches Verhalten des Arbeitnehmers kann sich in unterschiedlicher Art und Weise äußern: ungerechtfertigte Krankmeldung, Zurückhalten der Arbeitsleistung am Arbeitsplatz (Bummelei), mangelnde Kooperation mit anderen Arbeitnehmern und vieles mehr. Allerdings kann sich auch der Arbeitgeber opportunistisch verhalten, indem er gegen explizite oder implizite Vereinbarungen

---

7　Allerdings lassen sich hier – wie häufig in der Arbeitsmarkttheorie – alternative Erklärungen anführen, wie etwa institutionelle Regelungen, welche die Entlassung älterer Arbeitnehmer erheblich einschränken.

8　*Shirking* kann übersetzt werden mit „Bummeln" oder „Blaumachen" und bezeichnet allgemein die mangelhafte Erfüllung der Vertragspflichten durch einen der Vertragspartner.

mit dem Arbeitnehmer verstößt. Dazu gehören etwa die Einhaltung von Arbeitsschutzstandards, das Versprechen auf langfristige Beschäftigung oder bestimmte Arbeitsinhalte, Erfolgsbeteiligung in Abhängigkeit vom Abteilungs- oder Unternehmenserfolg, das Angebot von Weiterbildung oder die adäquate Ausstattung des Arbeitsplatzes. Auch hier gilt, dass der Arbeitnehmer als Vertragspartner während des laufenden Arbeitsverhältnisses nicht weiß, ob der Arbeitgeber diese Vereinbarungen einhält. Entweder sind die entsprechenden Merkmale für ihn nur schlecht beobachtbar – zum Beispiel der Umfang der Arbeitsschutzmaßnahmen – oder er kann sie selbst bei einem Verstoß nur schwer einklagen. Insbesondere der Umstand, dass Arbeitsverhältnisse im hohen Umfang auf *impliziten, das heißt nicht vertraglich fixierten Vereinbarungen* beruhen (Schrüfer 1988; Fabel 1990), bringt ein hohes Maß an opportunistischem Anreiz für die Partner mit sich. Weder kann der Arbeitgeber die Höchstleistung des Arbeitnehmers einklagen, noch kann der Arbeitnehmer eine Kündigung vollkommen ausschließen oder eine Beförderung gerichtlich durchsetzen.

Dieses Konzept, das sowohl in der Arbeitsmarkt- als auch der Organisationstheorie[9] eine Rolle spielt, stellt nun die Basis für eine Reihe von theoretischen Modellen dar, die auf folgenden Überlegungen aufbauen: Erstens wird davon ausgegangen, dass die Akteure das mit dem *shirking* verbundene Problem auch lösen wollen. Geben beide ihren Anreizen zu opportunistischem Verhalten nach, so stellt sich ein für beide Akteure ineffizientes Ergebnis ein: Es wird eine schlechte Arbeitsleistung gegen eine unbefriedigende Gegenleistung des Arbeitgebers getauscht.[10] Zweitens wird dann nach einer Lösung gesucht, die ein effizientes Ergebnis sicherstellt. Drittens kann danach gefragt werden, welche Konsequenzen diese Lösungen für den Arbeitsmarkt insgesamt besitzen. Dabei zeigt sich in aller Regel, dass die eingesetzten Lösungsmechanismen zu einer besonderen Bindung und damit zu einer geringeren Mobilität der Vertragspartner führen. Dies kann dazu genutzt werden, um ein gewisses Maß an Arbeitslosigkeit auf dem Arbeitsmarkt zu erklären (vgl. zum Beispiel Azariadis 1975; Akerlof und Yellen 1990). Die einzelnen Modelle unterscheiden sich nun vor allem im Hinblick auf die Mechanismen, die zur Verhinderung opportunistischen Verhaltens eingesetzt werden.

Aus arbeitsmarkttheoretischer Sicht sind vor allem Modelle interessant, die durch eine vom markträumenden Lohn abweichende Entlohnung das kooperative Verhalten des Arbeitnehmers sicherstellen. Im Rahmen von *Effizienzlohnmodel-*

---

9   Zum *shirking* in der Organisationstheorie vgl. zum Beispiel Miller 1992; Abraham 1996; Abraham und Büschges 2004.

10 Dieser Umstand kann unter Rückgriff auf die Spieltheorie als sogenanntes Gefangenendilemma modelliert werden (vgl. Schrüfer 1988; Miller 1992).

len wird davon ausgegangen, dass Arbeitnehmer einen Lohn über dem aktuellen Marktwert erhalten und dafür im Gegenzug ihre Produktivität steigern. Begründet werden kann dies mit der Drohung, bei Entdeckung unkooperativen Verhaltens den Arbeitnehmer zu entlassen, der dann mit hoher Wahrscheinlichkeit arbeitslos wird (Shapiro und Stiglitz 1984). Das Arbeitslosigkeitsrisiko ergibt sich daraus, dass die hohen Löhne eine Markträumung verhindern und damit Arbeitslosigkeit produzieren, welche von Arbeitgebern zwar nicht intendiert wird, jedoch in ihrem Interesse liegt (Stiglitz 1976; Malcomson 1981; Akerlof und Yellen 1990; für einen Überblick vgl. Franz 2013, Kap. 8.5).[11] Eine weitere Lösungsalternative für *shirking*-Probleme stellen *Senioritätslöhne* dar (vgl. Lazear 1981). Grundgedanke dieses Ansatzes ist, den Lohn über die Lebensarbeitszeit eines Arbeitnehmers umzuverteilen. Bei der Einstellung erhalten Arbeitnehmer weniger als den von ihnen erwirtschafteten Marktwert, während die so eingesparten Beträge später ausgezahlt werden und der Lohn dann über dem individuellen Marktlohn liegt. Arbeitnehmer, die ihr Arbeitsverhältnis wechseln oder durch den Arbeitgeber entlassen werden, verlieren die anfangs „eingezahlten" Beträge. Hierdurch entsteht ein Anreiz, das Arbeitsverhältnis langfristig aufrechtzuerhalten.

All diesen Modellen[12] gemeinsam ist der Umstand, dass die Wirkung entscheidend von der Entdeckungswahrscheinlichkeit des *shirking* und dessen Ahndung durch Entlassung abhängt. Doch ergeben sich gerade hier Probleme, diese Voraussetzungen zu realisieren: Zum einen ist die Überwachung des Arbeitnehmers in vielen Situationen schwierig, zum anderen kann sich *shirking* auch in einem Umfang äußern, der den Arbeitgeber noch nicht zur Entlassung berechtigt (wie zum Beispiel im Falle der „inneren Kündigung", die eine geringe Arbeitsmotivation von Arbeitnehmern beschreibt). Zudem sind die empirischen Ergebnisse zur Wirksamkeit dieser Mechanismen für den deutschen Arbeitsmarkt uneinheitlich (vgl. zum Beispiel Bellmann 1986; Blien und Rudolph 1989).

Lösungen der *shirking*-Probleme sind jedoch keinesfalls nur auf die Lohngestaltung beschränkt, sondern umfassen eine Vielzahl von möglichen Mechanismen institutioneller und organisatorischer Art (für einen Überblick vgl. Schrüfer 1988; Abraham 1996, S. 22-53). Von besonderer Bedeutung ist aus soziologischer Sicht die Idee, dass Arbeitsverhältnisse soziale, auf Dauerhaftigkeit ausgerichtete Tauschverhältnisse dar-

---

11   Eine eher psychologische Variante der Effizienzlohntheorie geht dagegen davon aus, dass ein höherer Lohn eine Verpflichtung des Arbeitnehmers auslöst, dieses „Geschenk" mit höherer Leistung zu erwidern (vgl. hierzu Akerlof 1980; Camerer 1988).

12   Für weitere Varianten derartiger Modelle vergleiche Lazear 1979; Carmichael 1983; Blien 1986.

stellen (Abraham 1996, Kap. I). Die Dauerhaftigkeit ergibt sich aus institutionellen Rahmenbedingungen – wie etwa der rechtlichen Regulierung der Entlassungsmöglichkeiten – und spezifischen Investitionen der Partner in ihr Tauschverhältnis, insbesondere in Form von Humankapital (hierzu im nächsten Abschnitt noch mehr). Dies erlaubt den Akteuren, sich gegenseitig für gegenwärtiges opportunistisches Verhalten in der Zukunft zu bestrafen, indem ebenfalls opportunistisch gehandelt wird. Ein Arbeitgeber, der implizite Karriereversprechen nicht einhält, muss damit rechnen, dass der Arbeitnehmer zukünftig eine geringere Leistung erbringt (und umgekehrt).[13] Man kann wahrscheinlich zu Recht annehmen, dass der größte Teil an *shirking*-Problemen in Arbeitsverhältnissen durch diesen Mechanismus verhindert wird (Miller 1992, insbes. Kap. 9). Dies lässt sich unter anderem daran erkennen, dass die Arbeitsverhältnisse in modernen Gesellschaften sowohl relativ stabil sind (Auer und Cazes 2000; Struck und Köhler 2004) als auch im Schnitt eine hohe Produktivität aufweisen. Allerdings haben die beschriebenen Mechanismen zur Vermeidung von *shirking* auch ihre Grenzen. Deutlich wird dies am Beispiel der „inneren Kündigung" bei Arbeitnehmern, die trotz hoher Unzufriedenheit mit dem Arbeitsplatz nicht wechseln können oder wollen (z. B. Faller 1991). Diese Form des *shirking* kommt besonders häufig am Ende eines Arbeitslebens vor, wenn auf zukünftige Belohnung gerichtete Anreizsysteme keine Wirkung mehr entfalten können.

Wie bisher deutlich wurde, stellt die Annahme der vollständigen Information der Akteure einen wesentlichen Grund für fehlerhafte Vorhersagen des Basismodells dar. Während dies schon früh erkannt wurde und zu den geschilderten Modifikationen des Basismodells führte, wurde ein weiteres Defizit des neoklassischen Handlungsmodells erst wesentlich später thematisiert. Dabei handelt es sich um die *Präferenzen* der Akteure und insbesondere der Arbeitnehmer, die im Basismodell lediglich an zwei Dingen interessiert sind: ihrem absoluten Einkommen und ihrer Freizeit. Arbeitnehmer wiegen im Rahmen des Basismodells diese beiden Faktoren gegeneinander ab und versuchen, eine für ihre Bedürfnisse optimale Kombination zu erzielen. Das Arbeitsangebot kann bei steigendem Lohn zu- oder abnehmen, je nachdem ob der Einkommenseffekt oder der Substitutionseffekt größer ist. Daher lässt sich erklären, warum zum Beispielbei empirisch bei hohen Löhnen das Arbeitsangebot mit steigendem Lohn abnehmen kann, weil dann typischerweise der Einkommenseffekt überwiegt. Sinkt der Lohn, werden die Arbeit-

---

13   Dies kann spieltheoretisch als wiederholtes Gefangenendilemma modelliert werden (vgl. Axelrod 1987; Taylor 1987; Miller 1992). Ein derartiges Modell zeigt nicht nur, dass Kooperation unter rationalen, eigeninteressierten Akteuren möglich ist, sondern auch, welche Bedingungen dies gestatten.

nehmer je nach Verhältnis von Einkommens- und Substitutionseffekt mehr oder weniger Arbeit anbieten.[14]

Diese Annahmen stehen im Gegensatz zu frühen Befunden aus der Organisationsforschung, wonach die Arbeitsleistung und das Arbeitsangebot in hohem Maß durch die soziale Situation beeinflusst werden, in der sich der Arbeitnehmer befindet.[15] Diese Erkenntnis schlug sich jedoch erst sehr spät – unter anderem in Form der weiter unten besprochenen Netzwerk- und Sozialkapitaltheorien – in der Arbeitsmarkttheorie nieder. Besonderes Interesse verdient der Effekt der sozialen Situation auf die Präferenzen der Akteure. Die folgende Darstellung zweier Argumentationsstränge zeigt jedoch, dass das Basismodell um zentrale soziologische Kategorien – Status und Gerechtigkeit – erweitert werden kann und die Ökonomik sehr produktiv mit diesen soziologischen Konzepten umgeht (Rebitzer und Taylor 2011).

Es kann inzwischen als gut dokumentierter und bestätigter Befund gelten, dass Menschen zumindest in gewissen Situationen ein Interesse an einer gerechten Verteilung von Gütern besitzen. So zeigen zahlreiche experimentelle Befunde, dass die Probanden bereit sind, auf Gewinn zu verzichten oder höhere Verluste in Kauf zu nehmen, wenn dadurch eine als ungerecht empfundene Aufteilung eines Gewinns verhindert werden kann (zum Beispiel Ockenfels 1999). Erste Bemühungen, diese Erkenntnis in arbeitsmarkttheoretische Modelle zu integrieren, stellten *fair-wage*-Modelle dar, die als Variante der oben bereits behandelten Effizienzlohntheorie interpretiert werden können (vgl. insbesondere Akerlof und Yellen 1990). Grundgedanke des *fair wage* ist die Annahme, dass die Arbeitnehmer eine Vorstellung davon haben, wie hoch ein als gerecht empfundener (Mindest-)Lohn ausfällt. Sinkt ihr tatsächlicher Lohn unter diese Schwelle, werden sie die Arbeitsleistung und/oder das Arbeitsangebot reduzieren. Da diese Vorstellung des fairen Lohns wesentlich inflexibler ist als die tatsächliche Schwankung der Preise in einer Volkswirtschaft, kann dies zu ineffizienter Arbeitslosigkeit führen (Akerlof und Yellen 1990, S. 281). Arbeitsverhältnisse können somit als Verhandlungssituationen betrachtet werden, in denen das Verhandlungsergebnis von Reziprozitätsnormen gesteuert wird (Akerlof 1982). Diese Funktion sozialer Normen für Arbeitgeber-Arbeitnehmer-Beziehungen hat insbesondere Akerlof (1980) herausgearbeitet. Ausgehend von der Be-

---

14 Bei Einkommen nahe dem Existenzminimum führt ein sinkender Lohn zu Mehrarbeit, bei sehr hohem Einkommen führt steigender Lohn nicht zu höherer Aktivität im Arbeitsmarkt.

15 Berühmt wurden insbesondere die Befunde der *human-relations*-Forschung, die einen Zusammenhang zwischen der Bewertung der Arbeitssituation und der Arbeitsleistung nachwiesen (für einen Überblick z. B. Gellermann 1972).

obachtung, dass Arbeitnehmer in bestimmten Situationen auch mehr als die vom Arbeitgeber geforderte Produktivität erbringen (Homans 1954), entwickelt er die Vorstellung reziproken Austausches von „Geschenken" in Arbeitsverhältnissen. Im Gegenzug für die höhere Leistung erwartet der Arbeitnehmer aufgrund einer impliziten Vereinbarung einen gerechten Lohn vom Arbeitgeber.

> „In return the workers expect to be treated ‚fairly' by the firm. The conception of fair treatment has been the subject of considerable work by social psychologists and sociologists. For the most part it is not based on absolute standards, but, rather, on comparison of one's own situation with that of other persons" (Akerlof 1980, S. 552).

Das „Geschenk" des Arbeitgebers bestimmt sich demnach nach den Standards, die durch einen Vergleich mit anderen Akteuren festgelegt werden. Das Verhalten von Arbeitnehmern, die mehr als die vorgeschriebene Leistung erbringen, wird in diesem Konzept durch die Existenz von Arbeitsnormen erklärt, welche die Vorstellung einer – relativ zu anderen Akteuren – fairen Behandlung beinhalten. Experimentelle Ergebnisse derartiger Verhandlungsspiele legen nahe, dass Reziprozitätsnormen tatsächlich in der Lage sind, einerseits den Wettbewerb auf Arbeitsmärkten zu begrenzen, andererseits eine höhere Leistungsbereitschaft der Arbeitnehmer hervorzurufen (Fehr et al. 1998; Cohn et al. 2014).

Während diese Modelle Lohnstrukturen erklären können, bei denen Gerechtigkeitsnormen die Entlohnung nach Produktivität überlagern, liegt der gravierende Nachteil vor allem in der unspezifizierten und beschränkten Konzeption des *fair-wage*. In den zitierten Verhandlungsmodellen wird angenommen, dass sich die Norm der Reziprozität auf das Verhältnis zwischen Arbeitgeber und Arbeitnehmer bezieht, die sich über die gerechte Aufteilung der aus dem Arbeitsverhältnis resultierenden Gewinne verständigen müssen. Dies vernachlässigt jedoch Effekte, die aus Prozessen des *sozialen Vergleichs* der Arbeitnehmer untereinander resultieren. So legen eine Reihe neuerer Befunde über subjektive Einkommensgerechtigkeit nahe, dass Kriterien wie Schulbildung, Beruf, Geschlecht oder Familienstatus jenseits der tatsächlichen Leistungsfähigkeit für die Bewertung gerechter Einkommen eine Rolle spielen (Jasso und Rossi 1977; Liebig 2002; Auspurg et al. 2017).

Betonen die bisherigen Arbeiten über die Bedeutung des sozialen Vergleichs zwischen Arbeitnehmern eher Gerechtigkeitsnormen, hat Robert H. Frank eine Argumentation vorgelegt, mit der die Rolle von *Statusprozessen* auf dem Arbeitsmarkt hervorgehoben wird (vgl. Frank 1985a, 1985b). Seine Theorie beruht im Wesentlichen auf dem neoklassischen Basismodell, von dem er jedoch in zwei zentralen Punkten abweicht: Erstens wird Arbeit nicht mehr als homogen betrachtet, sondern die Arbeitnehmer weisen eine unterschiedlich hohe Produktivität auf. Zweitens besitzen die Arbeitnehmer nicht nur Interesse an ihrem absoluten Einkommen und ihrer Freizeit, sondern auch an ihrem Status relativ zu anderen Arbeitnehmern im Betrieb. Der individuelle Status ist dabei definiert durch die relative Produktivität der Arbeitnehmer, produktivere Arbeitnehmer haben demnach einen höheren Status als weniger produktive (vgl. ähnlich Blau 1963, S. 121-143). Da ein niedriger Status von Arbeitnehmern als unangenehm empfunden wird, besitzen die Arbeitnehmer in diesem Modell den Anreiz, sich Betriebe zu suchen, in denen sie einen höheren Status besitzen. Eine derartige Abwanderung würde jedoch dazu führen, dass die leistungsfähigeren Arbeitnehmer an Status verlieren, da sich Status ja nur aus der relativen Position in einer Statushierarchie ergibt, die ohne die leistungsschwächeren Kollegen nicht existieren würde. Dies führt zur Begründung eines Marktes für Status, in dem die Arbeitgeber den statusniedrigeren Arbeitnehmern einen Lohn anbieten, der etwas über ihrer Produktivität liegt und die statushöheren Arbeitnehmer dafür etwas unter ihrer Produktivität entlohnen. Letztere akzeptieren diese Lohnprofile, da so die statusniedrigeren Kollegen im Betrieb gehalten werden. Mit diesem Modell kann erstens erklärt werden, warum die realen Lohnunterschiede auf dem Arbeitsmarkt geringer sind, als die Produktivitätsunterschiede dies nach dem neoklassischen Basismodell eigentlich nahe legen würden (Frank 1985a). Zweitens argumentiert Frank, dass erst aufgrund des Wettbewerbs um Status staatliche Arbeitsmarktregulierungen effizient werden, die anders nicht im Rahmen des ökonomischen Modells begründbar wären.[16] Drittens kann gezeigt werden, dass die Arbeitgeber diesen Wettbewerb um Status nutzen können, um die Leistungsfähigkeit ihrer Mitarbeiter zu erhöhen und so die *shirking*-Probleme zu lösen (Abraham 1996).

Trotz dieser Ansätze kann festgehalten werden, dass die Rolle von Normen, Status und Gerechtigkeit für die Funktionsweise des Arbeitsmarktes immer noch zu wenig thematisiert wurde. In der Ökonomik wird dieses Defizit gesehen und auch in der Modellbildung aufgegriffen. So integrieren Gary S. Becker und Kevin M. Murphy (2000) in ihrem Werk *Social Economics* die sozialen Rahmenbedingungen, welche die Präferenzen und Werte beeinflussen, in die Modelllogik. Dabei geht etwa die Bewertung durch sozial bedeutsame Andere in die eigene Nutzen-

---

16 So argumentiert Frank (1985a, 1985b), dass beispielsweise gesetzliche Vorschriften über Sicherheitsstandards am Arbeitsplatz dann effiziente institutionelle Regelungen darstellen, wenn Arbeitnehmer aufgrund ihres Interesses für Status miteinander konkurrieren. Die Akteure müssen durch ihr starkes Interesse an Status auf diese Sicherheit verzichten, um durch ein so erzielbares höheres Einkommen im Vergleich zu ihrem Nachbarn besser abzuschneiden. Weil dies alle Arbeitnehmer tun werden, kann keiner einen Statusvorteil durch den Tausch von Lohn gegen Arbeitsschutzmaßnahmen erreichen, aber alle sind einem erhöhten Risiko am Arbeitsplatz ausgesetzt.

funktion ein. Die sozialen Rahmenbedingungen – beispielsweise die Statusverteilung in einem Unternehmen oder die berufliche Segregation – sind dabei selbst
das Ergebnis von Interaktionsprozessen. Innerhalb der Ökonomik haben sich in
den letzten Jahrzehnten verstärkt verhaltensorientierte Ansätze (*behavorial economics*) etabliert. Die neue Ausrichtung der Ökonomik an der Erforschung des tatsächlichen Verhaltens der Arbeitsmarktakteure kommt in gewisser Weise einem
Paradigmenwechsel gleich. Im Bereich der empirischen Arbeitsmarktforschung
gibt es zunehmend auch experimentelle Untersuchungen für die verhaltenstheo-
retische Ökonomik (z. B. Fehr et al. 1998; Kube et al. 2012; Altmann et al. 2015).

2.4   Qualifikation und Fähigkeiten

Ein zentraler Einwand gegen das neoklassische Basismodell und viele seiner Modifikationen richtete sich gegen die Annahme, dass die Arbeitskräfte homogen
seien, sich also die Arbeitnehmer untereinander im Hinblick auf ihre Produktivität auf einem gegebenen Arbeitsplatz nicht unterscheiden. Eine derartig abstrakte
Annahme erlaubt zwar die einfache Modellierung von allgemeinen (Gleichge-
wichts-)Prozessen auf dem Arbeitsmarkt, verstellt jedoch den Blick auf Ungleichheitsprozesse: Wie kommt es zu Lohnunterschieden? Warum nehmen bestimmte
Gruppen von Arbeitnehmern (zum Beispiel Männer) im Schnitt strukturell höhere
Positionen ein (vertikale Arbeitsmarktsegregation)? Warum ergreifen Frauen bestimmte, in der Regel schlechter bezahlte Berufe bei gleichem Ausbildungsniveau
(horizontale Segregation)? Erhalten alle Arbeitnehmer mit gleicher Produktivität tatsächlich denselben Lohn? Gibt es Diskriminierung? Für diese und andere
Fragen dieser Art ist es notwendig, mit der Analyse einen Schritt früher als bisher
anzusetzen. Die Arbeitnehmer und ihre Eigenschaften werden nun nicht mehr als
gegeben angenommen, sondern es muss danach gefragt werden, warum und mit
welchen Eigenschaften Personen überhaupt ihre Arbeitskraft anbieten.

Diese Fragen werden durch die vor allem auf Gary S. Becker zurückgehende
Humankapitaltheorie behandelt, die wohl zu den wichtigsten Weiterentwicklungen des neoklassischen Modells zählt (Becker 1962, 1993). Allerdings muss gleich
zu Beginn darauf verwiesen werden, dass es „die" Humankapitaltheorie eigentlich
nicht gibt, sondern diese vielmehr aus einer Vielzahl von zum Teil relativ lose
verknüpften Modellen besteht (Ott 1998, S. 73). Der Kern all dieser Modelle ist
jedoch die Idee, dass die Produktivität und damit der Wert des Arbeitnehmers
auf dem Arbeitsmarkt durch sein Wissen und seine Fähigkeiten bestimmt werden.
Diese können jedoch nicht als gegeben betrachtet werden, sondern müssen von
dem Arbeitnehmer unter Kosten erworben werden. Diese Kosten sind nicht nur

monetärer Art, sondern umfassen vor allem die eingesetzte Zeit (in der zum Beispiel kein Geld verdient wird) sowie die intellektuelle Anstrengung. Allgemeine Bildung und berufliche Qualifikationen werden damit zu Kapitalgütern, in die ein Akteur investieren kann. In einem ersten Schritt zielt die Analyse nun darauf ab, herauszufinden, unter welchen Bedingungen ein rationaler Akteur wie viel Humankapital nachfragen wird. Das humankapitaltheoretische Kernmodell basiert dabei auf den folgenden Annahmen:

1. Der Akteur ist vollständig rational, das heißt er wägt die Investitionskosten und den späteren Nutzen des Humankapitals ab und investiert so lange wie der Nutzen die Kosten übersteigt. Da der Nutzen sich erst in der Zukunft aus der Verwertung des Wissens auf dem Arbeitsmarkt ergibt, wird diesbezüglich in der Regel angenommen, dass der Akteur sein Lebenseinkommen maximieren will. Aufgrund seiner vollständigen Rationalität kann er dieses abschätzen, wobei der Grad der Unsicherheit hierüber grundsätzlich in das Modell integriert werden kann. Modellprognosen sind also auch bei unvollständigem Informationsstand der Akteure möglich.

2. Im Hinblick auf die Kosten wird zwar die Existenz nicht-monetärer Kosten durchaus anerkannt, die Analysen beschränken sich jedoch meist auf die Berücksichtigung monetärer Kosten oder solcher, die durch monetäre Preise ausgedrückt werden können. Konkret bedeutet dies, dass Bildungszeit in erster Linie durch das entgangene Einkommen Kosten verursacht (Opportunitätskosten).

3. Das Humankapital ist nach seinem Erwerb untrennbar mit dem Arbeitnehmer verbunden. Es unterliegt einerseits einer gewissen Abschreibungsrate, das heißt das Wissen veraltet mit der Zeit und verliert an Wert, andererseits erleichtert ein Grundbestand eine weitere Akkumulation von Humankapital.

4. Der Arbeitsmarkt, auf dem das Humankapital später eingesetzt wird, ist in der Regel ein perfekter Arbeitsmarkt im Sinne des neoklassischen Basismodells. Daher wird die Humankapitaltheorie häufig auch als Variante der (neoklassischen) ökonomischen Theorie bezeichnet.

Bildungsökonomische Modelle versuchen nun auf Basis dieser Annahmen ungleiche Bildungsinvestitionen zu erklären (für eine Übersicht vgl. Becker 1993; Hanushek und Welch 2006; Timmermann und Weiß 2015). Ungleiche Investitionen in Humankapital können in diesem Rahmen aus Unterschieden bei der Nachfrage nach Bildung und aus Unterschieden bei der späteren Verwertung auf dem Arbeitsmarkt resultieren. Der erste Erklärungstyp nimmt darauf Bezug, dass die Akteure unterschiedliche Ressourcen besitzen, die für Investitionen in Humankapital notwendig sind. Der typische Fall wäre hier die finanziellen Möglichkeiten einer Familie, Schulgeld oder Studiengebühren zu zahlen. Weiterhin spielen Motive des

Statuserhalts von Eltern zu ihren Kindern sowie eine größere Risikoaversion bei Haushalten mit geringeren Ressourcen eine wichtige Rolle bei der Nachfrage nach Bildung. Kinder aus armen Familien hätten deswegen geringere Bildungschancen und nehmen daher später schlechtere Arbeitsmarktpositionen ein (Boudon 1974; Breen und Goldthorpe 1997).[17] Interessant ist auch, etwa in Anbetracht der enorm hohen Kosten für eine Universitätsausbildung in den USA, dass die Nachfrage nach Bildung von Bedingungen auf dem Finanzmarkt abhängt (Schnitzlein 2016).

Im Hinblick auf den Arbeitsmarkt ist der zweite Fall interessanter, in dem die Akteure unterschiedliche Verwertungschancen des Humankapitals auf dem Arbeitsmarkt antizipieren und deshalb vorausgreifend weniger in Humankapital investieren. „Unterschiedliche Verwertungschancen" bedeuten dabei, dass Akteure beziehungsweise Akteursgruppen mit identischer Humankapitalausstattung ein unterschiedlich hohes Lebenseinkommen erwarten können. Da aber die Höhe des Lebenseinkommens die Rendite für die Humankapitalinvestition darstellt, werden Akteure mit einem geringeren erwarteten Lebenseinkommen auch weniger in Humankapital investieren. Unterschiede der erwarteten Rendite ergeben sich nun im Wesentlichen aus zwei Faktoren: Ausfallzeiten durch Erwerbsunterbrechungen sowie Diskriminierungsprozessen.

Ausfallzeiten durch Erwerbsunterbrechungen werden von Humankapitaltheoretikern insbesondere für die Analyse geschlechtsspezifischer Ungleichheiten auf dem Arbeitsmarkt herangezogen. Hierfür wird angenommen, dass Frauen aufgrund der Geburt von Kindern und der darauf folgenden Erziehungszeit mit höherer Wahrscheinlichkeit Erwerbsunterbrechungen ohne Einkommen aufweisen werden. Da Frauen dies wissen, werden sie *ex ante* bei der Bildungsentscheidung eine kürzere Lebensarbeitszeit und damit ein geringeres Lebenseinkommen zu Grunde legen. Frauen investieren gemäß diesem Argument weniger in Bildung, weil sie aufgrund von Ausfallzeiten bezogen auf ihr gesamtes Arbeitsleben mit einer geringeren Bildungsrendite rechnen müssen. Aus dieser geringeren Bildung resultiert dann die im Schnitt schlechtere strukturelle Positionierung der Frauen auf dem Arbeitsmarkt. Allerdings muss auch innerhalb des Modells die Ausfallzeit nicht als gegeben angenommen werden. Betreuungsmöglichkeiten für Kleinkinder sollten sowohl die Bildungsnachfrage als auch die Arbeitsmarktpositionierung und -teilnahme von Frauen erhöhen. Ergebnisse aus international vergleichenden Untersuchungen legen nahe, dass dies einen Effekt hat (Schulze Buschoff 1999).

---

17   Dies korrespondiert mit der klassischen Beobachtung der *Status-Attainment*-Forschung, dass der Berufsstatus des Vaters den Berufsstatus des Sohnes signifikant beeinflusst (Blau und Duncan 1967; für eine kritische Übersicht: Kristen 1999).

Obwohl dieses Modell eine in sich schlüssige Erklärung durch die Verbindung von Bildungsnachfrage und Arbeitsangebot liefert, gibt es erhebliche Kritik an diesem Ansatz (vgl. zum Beispiel Ben-Porath 1982; Pies und Leschke 1998). Diese richtet sich vor allem gegen die Grundannahme des Modells, dass die Akteure ihr Lebenseinkommen maximieren. Frauen, die sich von vornherein auf die Familie „spezialisieren" wollen, werden sicher weniger Bildung nachfragen. Ob allerdings Frauen, die grundsätzlich auch nach der Geburt arbeiten wollen, sich durch (unsichere) Ausfallzeiten vom Bildungserwerb abschrecken lassen, kann wohl als zweifelhaft gelten.

Ähnlich wie die Ausfallzeiten wirkt auch die Lohndiskriminierung auf die Bildungsnachfrage. Dies kann am *Diskriminierungsmodell* (Becker 1957) gut verdeutlicht werden: Nehmen wir an, Arbeitgeber sind willens und in der Lage, Ausländern trotz gleicher Produktivität in höheren Positionen weniger zu zahlen als ihren einheimischen Kollegen. Wenn dies ein zeitlich stabiler Zustand ist, der von Ausländern bereits im Bildungsprozess erkannt wird, werden diese mit einer geringeren Rendite rechnen und daher weniger in Bildung investieren. Diskriminierungsprozesse führen also über die jeweilige ungleiche Behandlung (hier die unterschiedliche Bezahlung) hinaus zu einer Verstärkung der Ungleichheit, wenn die Akteure diese Behandlung antizipieren und deswegen geringere Investitionen tätigen.

Ein zentrales Argument gegen dieses „einfache" Diskriminierungsmodell lässt sich jedoch bereits aus dem neoklassischen Basismodell ableiten. In annähernd perfekten Märkten wird ein Zustand, in dem eine Gruppe von Arbeitnehmern unter ihrem Wert entlohnt wird, instabil sein, da andere Arbeitgeber diese mit höheren Löhnen abwerben können und davon profitieren werden. Dies gilt jedoch nicht für das Modell der *statistischen Diskriminierung* (Phelps 1972; Arrow 1973), in dem die Arbeitgeber über die Produktivität eines neu einzustellenden Arbeitnehmers unvollständig informiert sind. Allerdings haben sie Erwartungen über die durchschnittliche Produktivität unterschiedlicher Gruppen von Arbeitnehmern, wie etwa Ausländern, Frauen, Hauptschülern etc. Die Zugehörigkeit eines potenziellen Arbeitnehmers zu einer Gruppe wird nun als Signal für die Produktivität dieses Individuums verwendet, indem diesem der Gruppenmittelwert zugeschrieben wird. Hat nun eine bestimmte Gruppe aufgrund beliebiger Umstände eine geringere Produktivität, so wird jedem Mitglied dieser Gruppe unabhängig von seiner tatsächlichen Leistungsfähigkeit diese Produktivität zugeschrieben. Negative Diskriminierung tritt auf, falls potenzielle Arbeitnehmer leistungsfähiger sind als angenommen (falls Mitglieder bestimmter Gruppen in Wirklichkeit weniger leistungsfähig sind, als ihr Gruppenmittel suggeriert, spricht man von positiver Diskriminierung). Auch hier gilt wiederum, dass die geringere Entlohnung zu einem geringeren Anreiz führt, in Humankapital zu investieren. Dies resultiert tatsächlich in einer im Schnitt geringeren Produktivität dieser Gruppe, damit handelt es sich also um einen sich selbst verstärkenden Effekt.

Inwieweit Diskriminierungsprozesse auf dem Arbeitsmarkt tatsächlich wirksam sind, ist eine immer noch strittige Frage, die in verschiedenen Beiträgen in diesem Band wieder aufgegriffen wird. An dieser Stelle soll nur kurz auf die Möglichkeit der Messung von Lohndiskriminierung eingegangen werden. Die Tatsache, dass bestimmte Gruppen auf dem Arbeitsmarkt – beispielsweise Frauen – unterdurchschnittliche Löhne erzielen, kann nicht als Beweis für die Existenz von Diskriminierungsprozessen dienen. Diskriminierung liegt ja nur vor, wenn zwei Arbeitnehmer aufgrund von Eigenschaften, die ihre Produktivität nicht beeinflussen, unterschiedliche Löhne erhalten. Jedoch kann fast immer davon ausgegangen werden, dass die beobachteten Gruppen eine im Schnitt unterschiedliche Humankapitalausstattung und damit unterschiedliche Produktivität besitzen. Um diese in empirischen Untersuchungen zu kontrollieren, wird häufig die von Mincer entwickelte Einkommensfunktion herangezogen (Mincer 1974). Der Bruttostundenlohn eines Arbeitenden hängt im Wesentlichen von dessen Produktivität ab. Bestimmungsgründe für die Produktivität sind Humankapitalvariablen wie Schulbildung, Berufsbildung und Berufserfahrung. Mit einem Regressionsmodell wird nun geschätzt, welcher Anteil des Lohnunterschieds zwischen den Individuen durch das Humankapital erklärt werden kann. Geschätzt wird der Stundenlohn Y_h eines Arbeitnehmers, wobei dieser in logarithmierter Form in die Gleichung eingeht, um die rechtsschiefe Verteilung von Löhnen (das heißt es gibt eher wenige sehr hohe Einkommen) auf dem Arbeitsmarkt abzubilden. Zudem erleichtert dies die Interpretation der Koeffizienten, da diese so annäherungsweise als prozentuale Effekte auf das Einkommen interpretiert werden können. Empirisch geschätzt wird in der Regel eine aus einem theoretischen Humankapitalmodell ableitbare Regressionsgleichung:

$$ln(Y_h) = b_0 + b_1 EDUC + b_2 EXP + b_3 EXP^2 \text{ [18]}$$

Als unabhängige Humankapitalvariablen dienen die Jahre der Schulbildung (*EDUC*) sowie die Berufserfahrung, gemessen in Jahren an ausgeübter Tätigkeit (*EXP*). Da nicht anzunehmen ist, dass die Produktivität ständig mit der Berufserfahrung steigt, sondern sich irgendwann ein Sättigungseffekt einstellt, wird dieser nichtlineare Zusammenhang durch die quadrierte Berufserfahrung (*EXP²*) berücksichtigt. Die ge-

---

18   Aus theoretischen Gründen werden für die Regressionskoeffizienten folgende Vorzeichen erwartet: $b_1 > 0$, $b_2 > 0$ und $b_3 < 0$.

schätzten Koeffizienten für b_1, b_2 und b_3 lassen sich ungefähr als prozentuale Veränderung des Lohns interpretieren, wenn sich die unabhängigen Variablen um eine Einheit erhöhen. Ein Koeffizient für b_1 von +0,07 besagt, dass pro zusätzlichem Bildungsjahr der Lohn um etwa sieben Prozent höher ausfällt.[19] Unter der Annahme, dass diese Variablen die Produktivität hinreichend gut abbilden, wäre der nicht erklärte Rest auf Diskriminierungsprozesse zurückzuführen. Die Kritik an diesem Vorgehen liegt auf der Hand: Die Produktivität eines Arbeitnehmers wird im Modell nur durch Ausbildung und Berufserfahrung bestimmt, eine Reihe weiterer Variablen wie die Arbeitsplatzeigenschaften oder seine physische Konstitution wird in einer Residual- oder Störgröße zusammengefasst. Trotz dieser Probleme wurde das Verfahren häufig angewendet, um die Lohnunterschiede zwischen verschiedenen Gruppen in Ausstattungs- und Diskriminierungseffekte zu zerlegen (vgl. zum Beispiel Diekmann et al. 1993; Hinz und Auspurg 2010; Hirsch et al. 2010). Allerdings entfernt sich die Diskriminierungsforschung immer mehr von diesem „Residualmodell" und verwendet experimentelle Designs (Keuschnigg und Wolbring 2016).

Neben der Analyse sozialer Ungleichheit hat die Humankapitaltheorie auch zentrale Beiträge zum Verständnis der Arbeitsmarktmobilität und der Beschäftigungsstabilität geliefert. Die Humankapitaltheorie geht davon aus, dass das Humankapital eines Arbeitnehmers keine feste Größe darstellt, sondern durch Investitionen erhöht werden kann. Da eine derartige Erhöhung zu einer steigenden individuellen Produktivität führt, nehmen die aus dem Arbeitsverhältnis erzielbaren Tauschgewinne zu. Erhalten beide Akteure einen Anteil an diesem Gewinn – durch steigenden Lohn und höheren Unternehmensgewinn – so sind Humankapitalinvestitionen für beide Seiten vorteilhaft (Becker 1962). Ein Arbeitnehmer wird solange in sein Humankapital investieren, bis sein Lebenseinkommen maximiert wird. Die Investitionen erfolgen unter der Annahme, dass Arbeitnehmer (zumindest näherungsweise) über zukünftige Einkommenschancen informiert sind.

Wie die Diskussion um den Charakter des Arbeitsverhältnisses jedoch zeigte, sind Investitionen in das Humankapital des Arbeitnehmers durch den Arbeitgeber nicht einfach zu realisieren (Acemoglu und Pischke 1998). Dies liegt an dem Umstand, dass der Investor grundsätzlich durch die andere Vertragspartei „erpressbar" wird, wenn die Investitionen nicht auf andere Arbeitsverhältnisse übertragen werden können. Aus diesem Grund wird der Arbeitgeber weniger bereit sein, in das allgemein verwertbare Humankapital des Arbeitnehmers (*allgemeines Humankapital* wie zum Beispiel Schreib- und Lesefähigkeit) zu investieren. Letzterer erhielte damit höhere Verwertungschancen auf dem Arbeitsmarkt und könnte

---

19   Für weitere Details: Diekmann et al. 1993; Diekmann und Engelhardt 1994.

durch Abwanderung bei einem anderen Arbeitgeber einen höheren Lohn erzielen.
Dagegen wird der Arbeitnehmer nicht ohne Weiteres in Humankapital investieren,
das seine Produktivität nur in dem Betrieb des derzeitigen Arbeitgebers erhöht.
Derartiges *betriebsspezifisches Humankapital* bindet ihn an den jeweiligen Arbeitgeber und verschlechtert somit seine Verhandlungsposition in dem bestehenden Arbeitsverhältnis (Becker 1993, S. 29-50; Robbers 1993).

Die Lösung dieses Dilemmas besteht in der Regel aus zwei Komponenten, mit
deren Hilfe die sich aus der Humankapitalinvestition ergebenden Abhängigkeiten
gleich verteilt werden und so kein Akteur aufgrund seiner Investitionen von dem
jeweils anderen erpresst werden kann. Dies wird erstens durch eine Teilung der Investitionskosten ermöglicht (Hashimoto 1981). Empirisch ist zu beobachten, dass
sowohl bei allgemeinem als auch spezifischem Humankapital der Arbeitgeber die
monetären Kosten – zum Beispiel in Form von Schulungskosten oder Arbeitsaus-
fallzeiten – übernimmt, während der Arbeitnehmer den Zeit- und Lernaufwand
tragen muss. Zweitens sollten sowohl Investitionen in allgemeines wie auch in spezifisches Humankapital erfolgen, damit beide Seiten für den Fall einer Auflösung
Kosten hinnehmen müssten. Dies wird erleichtert durch den Umstand, dass jeder
Job einen mehr oder weniger hohen Anteil an spezifischem Humankapital – etwa
in Form von Wissen über informelle Strukturen, den Arbeitsablauf oder die Kollegen – mit sich bringt (Williamson et al. 1975).

Da sich Humankapitalinvestitionen nur langfristig rechnen, hat ein derartiges
Arrangement eine stabilisierende Wirkung auf das Arbeitsverhältnis. Dieser positive Zusammenhang zwischen Humankapital und Beschäftigungsstabilität wird
noch verstärkt durch den Umstand, dass entsprechende Investitionen umso ertrag-
reicher sind, je höher die allgemeinen Eingangsqualifikationen der Arbeitnehmer –
zum Beispiel in Form von formalen Bildungsabschlüssen – ausfallen. Höhere generelle Qualifikationen eines Arbeitnehmers führen jedoch zu höheren Kosten bei
der Suche, Auswahl und dem Ausfall der Arbeitskraft bei einem späteren Wechsel
zu einem anderen Arbeitgeber.[20] Diese Kosten wirken mit steigendem Humankapital verstärkt als Auflösungsbarriere im Arbeitsverhältnis. Dass mit höherem
allgemeinen und spezifischen Humankapital ein geringes Arbeitslosigkeitsrisiko
und damit eine höhere Beschäftigungsstabilität einhergeht, ist empirisch gut dokumentiert (vgl. etwa Schasse 1991; Abraham 2004; Erlinghagen 2004, S. 183ff.;
Bennet 2012; siehe auch Kap. 5 in diesem Band).

---

[20]   Bei höheren Qualifikationen ist der potenzielle Bewerberkreis kleiner, die Qualifika-
       tionen sind oft aufwändiger zu messen (beispielsweise in einem *assessment center*),
       und bei Ausfall ist ein Ersatz schwieriger einzuarbeiten als bei Arbeitsplätzen, auf
       denen geringere Qualifikationen nötig sind.

Die Bedeutung der Humankapitaltheorie für die moderne Arbeitsmarktforschung ist kaum hoch genug einzuschätzen und die Möglichkeiten der Anwendung auf unterschiedliche Probleme können hier bestenfalls angedeutet werden. Ein relevantes Problem ist allerdings, dass die tatsächliche Produktivität eines (potenziellen) Arbeitnehmers nicht direkt beobachtbar ist. Auch der Humankapitalansatz sieht sich also mit unvollständiger und asymmetrischer Information konfrontiert. Im Rahmen des *signaling*-Ansatzes (Spence 1973) wird in solchen Fällen auf möglichst verlässliche „Signale" zurückgegriffen, wie sie durch formale Bildungsabschlüsse bereitgestellt werden. Insbesondere in Wirtschaftsbereichen, in denen die *individuelle* Produktivität schwer messbar ist und (später behandelte) Professionalisierungsprozesse den Zugang zu Positionen regeln, erscheint die Humankapitaltheorie zur Erklärung von Arbeitsmarktprozessen eher unzureichend.

Die Humankapitaltheorie und ihre Varianten beschäftigen sich vor allem mit dem Verhalten der Arbeitnehmer und ihrer Bildungsnachfrage. Arbeitgeber können gegebenenfalls auch in dieses Humankapital investieren, aber im Kern trifft die Theorie Aussagen über das Arbeitsangebot der Arbeitnehmer. Allerdings warf die seit den 1990er Jahren zunehmende Automatisierung und Digitalisierung die Frage auf, wie sich Arbeitgeber verhalten, wenn neue Technologien bestimmte Aufgaben – insbesondere standardisierbare Routinetätigkeiten – übernehmen können (Acemoglu 2002). Der sogenannte *task-based approach* nimmt diese Nachfrageseite in den Blick (Autor et al. 2003; Autor et al. 2006; Acemoglu und Autor 2011). Der Kerngedanke beruht auf der Unterscheidung zwischen *skills*, also Fähigkeiten der Arbeitnehmer, und *tasks*, also den Aufgaben die in einem gegebenen Produktionsprozess ausgeführt werden müssen. Komplexere *tasks* erfordern höherwertige *skills*, die Arbeitnehmer unterscheiden sich bezüglich ihrer *skill levels*. Es wird angenommen, dass Arbeitnehmer mit höherwertigen Fähigkeiten komplexere Aufgaben mit einer höheren Produktivität ausführen. Das wesentliche Argument beruht nun auf der Annahme, dass (bestimmte) *tasks* durch neue Technologien übernommen werden können, dies betrifft vor allem stark standardisierte und routinierte Tätigkeiten, die mittlere *skill levels* voraussetzen. Dagegen können sowohl komplexe Tätigkeiten wie zum Beispiel Forschung und Entwicklung als auch schlecht standardisierbare manuelle Tätigkeiten wie zum Beispiel Bedienung in Restaurants nicht so einfach durch Informationstechnologie und Automatisierung verdrängt werden. Die Arbeitgeber erhalten somit die Möglichkeit, insbesondere Arbeitnehmer auf mittlerem *skill level* durch Kapital – also Investition in Technologie und Maschinen – zu ersetzen. Gleichzeitig werden Arbeitnehmer, deren *skills* nicht mehr nachgefragt werden, gezwungen in die oberen oder – aufgrund fehlender Qualifikationen realistischer Weise eher – unteren *task* Ebenen zu wechseln. Dies führt zu der theoretischen Vorhersage, dass die neuen Informationstechnologien zu einer Lohnspreizung beitragen, da vor allem die mittleren Qualifikationsebenen zunehmend in schlechter bezahlte Jobs gezwungen werden (für empirische Studien siehe z. B. Autor und Handel 2013; King et al. 2017). Inwieweit diese Vorhersagen zutreffen, wird in einem eigenen Kapitel dieses Bandes (siehe Kap. 8) ausführlicher besprochen.

Neben der Humankapitaltheorie und der *signaling*-Theorie gibt es noch weitere ökonomische Ansätze, welche die Unterschiedlichkeit der Menschen bezüglich ihrer Fähigkeiten und Fertigkeiten explizit berücksichtigen und zur Erklärung von Ungleichheiten – etwa der unterschiedlichen Entlohnung – heranziehen. So ist die Verteilung der Löhne in allen Volkswirtschaften mehr oder weniger rechtsschief. Am Arbeitsmarkt erzielt die Mehrheit der Arbeitnehmer eher geringe Löhne und nur wenige Personen erhalten sehr hohe Lohneinkommen. Wie kommt es zu diesem Muster, in dem Ungleichheiten am Arbeitsmarkt einfach und eindrucksvoll abgebildet werden? Sherwin Rosen (1981) erklärt die extrem hohen Spitzeneinkommen mit der „Ökonomik der Superstars". Die Leistungen einzelner Sportler, Showstars oder Schauspieler werden durch Massenmedien an sehr viele Konsumenten verbreitet; mit zu vernachlässigendem Kostenaufwand können die Leistungen der „Superstars" kopiert werden. Die Chancen als „Superstar" entdeckt zu werden sind gering, während die Einkommenschancen nach einer Entdeckung sehr groß sind. Es reichen wenige „Superstars", um einen sehr großen Markt zu bedienen. Es wirken mithin Effekte, die mit der Größe des über Medien erreichbaren Marktes erklärt werden. Die besonders hohen Einkommen von Managern werden dadurch verständlich, dass ihre Entscheidungen die Eigenschaft von lokalen öffentlichen Gütern aufweisen. In Betrieben hängt der gesamte Ressourceneinsatz von den im Management getroffenen Richtungsentscheidungen ab. Geringe Unterschiede in den Managementfähigkeiten haben große Auswirkungen auf den gesamten Betrieb. Als Folge kommt es zu einem Bieterwettbewerb der Betriebe um die fähigsten Manager, die dadurch ihre Einkommen in die Höhe schrauben (Rosen 1992).[21]

---

21 Schließlich kann die Zuweisung von unterschiedlich talentierten Personen auf Jobs mit unterschiedlichen Lohnprofilen auch als Selektionsprozess modelliert werden. Grundannahme ist, dass die individuellen Lohnchancen als Produkt verschiedener Eigenschaften (oder Talente) aufzufassen sind. Je nachdem, um welchen Job es sich handelt, fällt die Produktivität der einzelnen Arbeitnehmer unterschiedlich aus, weil sie spezielle Stärken (und Schwächen) aufweisen. Nach dem sogenannten *Roy*-Modell (vgl. Neal und Rosen 2000) läuft das *matching* von Personen und Jobs als Sortierprozess. Sind bei Personen die Lohnchancen in verschiedenen Jobs positiv korreliert (ein Arbeitnehmer hat Stärken in allen Jobs), dann sortieren sich Personen und Jobs „hierarchisch", das heißt die besonders fähigen Personen nehmen diejenigen Jobs an,

Die hier angedeuteten Ergänzungen des Humankapitalmodells, welche die Heterogenität von Arbeitnehmern und Jobs berücksichtigen, werden ergänzt von Überlegungen zu der Rolle der Heterogenität von Arbeitgebern im Arbeitsmarkt. In Abschnitt 2.8 werden Unternehmen genauer thematisiert, an dieser Stelle soll aber bereits auf die Herausbildung von sogenannten Teilarbeitsmärkten hingewiesen werden. Auch die Nachfrageseite des Arbeitsmarktes ist im Hinblick auf seine Qualifikationsanforderungen heterogen. Je nach nachgefragten Fähigkeiten gibt es unterschiedliche Marktsegmente, die mehr oder weniger gut voneinander abgeschirmt sind. Diese sogenannte *Arbeitsmarktsegmentation* (Edwards et al. 1975; Sengenberger 1978) kann *innerhalb von Betrieben* auftreten, indem stabile (hochqualifizierte) Stammbelegschaften von einer schnell wechselnden (weniger qualifizierten) Randbelegschaft unterschieden werden. Darüber hinaus lassen sich Arbeitsmarktsegmentierungen auch auf *Branchenebene* oder noch allgemeiner nach *Sektoren* finden. Nach dem Konzept der *dualen Ökonomie* (Averitt 1968) bestehen zwei Sektoren: Im *Kernsektor* finden sich die Unternehmen mit hoher Macht auf Produktmärkten, in der *Peripherie* sind diejenigen Firmen angesiedelt, die diesbezüglich wenig Macht besitzen. Unternehmen des Kernsektors sind in den Schlüsselindustrien angesiedelt, in denen auf internationaler Ebene Wettbewerbsfähigkeit wichtig ist. Mit der Teilung in zwei Produktmarktsegmente korreliert eine Teilung des Arbeitsmarktes: Im primären Kernsegment werden Jobs mit hohen Qualifikationsanforderungen, stabilen Beschäftigungschancen und hohen Löhnen angeboten, im sekundären Segment (Peripherie) findet sich schlechter bezahlte und instabile sowie niedrig qualifizierte Beschäftigung.

2.5   Macht

Die folgenden, stärker soziologisch ausgerichteten Perspektiven setzen an den offensichtlichen Abweichungen der Arbeitsmarktrealität von der modellhaften Vorstellung eines Marktes an, auf dem Arbeitskraft gegen Lohn getauscht und dabei die Preisbildung durch Angebot und Nachfrage bestimmt wird. Solche Theorien untersuchen beispielsweise, welche Konsequenzen sich aus gegensätzlichen Interessen und Machtdifferenzialen der am Markttausch beteiligten Akteure ergeben. Wie kann angesichts dieser Interessenlage ein System von *industrial relations* von Arbeitgeberverbänden und Gewerkschaften entstehen? Wie lassen sich systemati-

---

bei denen die Lohnvarianz am höchsten ausfällt. Im Fall einer negativen Korrelation (eine Person ist in einem Job besser und im anderen Job schlechter) verläuft der Selektionsprozess nach „komparativen Vorteilen" (Willis und Rosen 1979).

sche Ungleichheiten im Hinblick auf die Ergebnisse von Arbeitsmarktprozessen –
beispielsweise bei der Entlohnung und den Karrierechancen – erklären?

Obwohl Macht in vielen soziologischen Ansätzen eine zentrale Rolle spielt ist
der Begriff selbst schwierig abzugrenzen. Am häufigsten wird noch immer auf
Max Webers klassische Definition zurückgegriffen, demnach Macht die Chance
bedeutet, „innerhalb einer sozialen Beziehung den eigenen Willen auch gegen Wi-
derstreben durchzusetzen, gleichviel worauf diese Chance beruht." (Weber 1980
[1922], S. 28, § 16). Diese Definition verweist bereits auf den Umstand, dass Macht
vor allem bei Interessensgegensätzen zwischen verschiedenen Akteuren zum Tragen kommt. Quellen der Macht können je nach Kontext sehr unterschiedlich sein,
für alle gilt jedoch, dass der Mächtige Ressourcen kontrolliert, die für die weniger
mächtige Partei wichtig sind. Dabei gilt, dass das Ausmaß der Macht unter anderem davon abhängt, in welchem Umfang ein Akteur Alternativen besitzt, die
entsprechende Ressource anderweitig zu erhalten. Im extremen Fall des Monopols kontrolliert ein Akteur eine bestimmte Ressource vollständig und kann daher
weitgehend seine Preisvorstellungen durchsetzen, da die Nachfrager der Ressource
keine Alternative besitzen. In der soziologischen Theorie findet sich nun häufig die
Annahme, dass strukturelle Positionen in der Gesellschaft mit mehr oder weniger
Kontrolle über Ressourcen verknüpft sind (Coleman 1990). Akteure, die aufgrund
ihrer Position mehr Ressourcen kontrollieren, können daher ihre Position festigen
und die Ungleichheiten von Chancen weiter verstärken. Wir betrachten im Folgenden zwei dieser strukturellen Quellen von Macht: *Klassenunterschiede*, wie sie
sich im Produktionsprozess herausbilden, und *soziale Zuschreibungen*, etwa qua
Geschlecht und ethnische Zugehörigkeit, welche mit unterschiedlichen Wertig-
keiten innerhalb der Arbeitsmarktteilnehmer verbunden sind.

Der Arbeitsvertrag wird zwischen zwei Parteien abgeschlossen, die keineswegs
über gleiche Macht verfügen müssen. Veranschaulichen kann man dies mit der
Frage nach dem Arbeitsangebot: Während wir bislang davon ausgingen, dass die
Arbeitskraftanbieter – ob Haushalte oder Individuen – die Entscheidung zu arbeiten in Abhängigkeit von Lohnhöhe, Opportunitätskosten entgangener Freizeit und
der Höhe eventueller Lohnersatzleistungen treffen, betonen konfliktsoziologische
Überlegungen den *Zwangscharakter der Arbeitsmarktteilnahme*. Arbeiter (oder
bislang: die Arbeitnehmer) besitzen nicht mehr als ihre Arbeitskraft und sind gezwungen, diese zur Erhaltung ihrer Existenz zu Markte zu tragen (Berger 2004).
Die Macht der Arbeitgeber kann nun einerseits daraus resultieren, dass ein Überangebot an Arbeitskräften herrscht und Arbeitgeber deswegen die Bedingungen
des Arbeitsvertrages weitgehend bestimmen können. Zweitens gibt es jedoch auch
eine sehr grundsätzliche Alternative für die Arbeitgeber, da sie bei gegebenen
Löhnen in einem Rationalisierungsprozess Maschinen statt menschlicher Arbeit

einsetzen können. Dies gibt ihnen einen strukturellen Vorteil gegenüber den Arbeitnehmern, die eben keine Alternative zu abhängiger Erwerbstätigkeit haben.

Der erste, der dieses grundsätzliche Machtungleichgewicht zwischen Arbeitgeber und Arbeitnehmer thematisierte, war Karl Marx (1974 [1867]). Nach seiner Vorstellung sind in kapitalistischen Gesellschaften die Arbeitgeber (die Kapitalisten) allerdings in einer Machtposition, da sie die Verfügungsgewalt über die Produktionsmittel haben. Ihnen stehen die Arbeiter gegenüber, die nur ihre Arbeitskraft verkaufen können, wofür sie als Gegenleistung Lohn erhalten, der sie in die Lage bringt, ihre Arbeitskraft zu reproduzieren. Hat der Arbeiter seine Arbeitskraft dem Kapitalisten übereignet, muss er mehr Warenwert schaffen, als es erforderlich wäre, um seinen Lohn zu finanzieren. Die Differenz zwischen beiden ist der *Mehrwert*, der den Unternehmerprofit speist und dazu beiträgt, dass der Kapitalist weiteres Kapital akkumulieren kann.[22] Der Kern des Machtunterschiedes zwischen Kapitalisten und Arbeitern beruht bei Marx also darauf, dass die einen über Kapital verfügen, die anderen nicht (siehe nochmals Berger 2004). Diejenigen, die Verfügungsgewalt über die Produktionsmittel haben, haben damit auch die Macht über lebendige Arbeit und können sich daher den Mehrwert aneignen. Zusätzlich bestehen ein Überangebot von Arbeitskräften und die Möglichkeit weiterer Rationalisierung. Allerdings zeigte die historische Entwicklung, dass es zumindest in bestimmten Qualifikationssegmenten durchaus Arbeitskräfteknappheit geben kann. Zudem stößt auch die Rationalisierung in bestimmten Bereichen an ihre Grenzen, und sie schafft durch die Nachfrage nach entsprechender Technologie neue, höherwertige Arbeitsplätze. Daher wurde früh versucht, die analytische Beschreibung dieser Klassenlage in der zeitgenössischen Soziologie zu modifizieren und zu erweitern. So schlägt Erik Olin Wright (1997) ein um *skills* (Fähigkeiten) und *authority* (Leitungsfunktionen) erweitertes Kategoriensystem vor. Innerhalb der Klasse der Arbeiter kommt es mit sich fortentwickelnder Technologie und komplexeren Produktionsprozessen zu einer Differenzierung von besonderen Fähigkeiten und zu einer von den Produktionsmittelbesitzern an das Management delegierten Leitungsfunktion. Aus beiden Faktoren lassen sich differenzierte Interessenlagen innerhalb der Arbeiterklasse ableiten. Fachliche Expertise ist für viele Produktionsprozesse unverzichtbar, die Entwicklung dieser Expertise ist an das zuvor diskutierte Humankapital – und insbesondere das spezifische Humankapital – gebunden. Die Kapitaleigner müssen darauf reagieren, dass die gut und spezifisch für ihr Produktionskapital ausgebildeten Arbeitskräfte für die Produktivität und die Gewinnerzielung der Unternehmen besonders wichtig sind. Arbeitskräfte, die über *skills* verfügen, müssen an die Betriebe, in denen sie

---

22   Wir danken Hermann Gartner und Johannes Berger für Formulierungsvorschläge.

ihre Fähigkeiten einsetzen, gebunden werden. Solche Experten verfügen also über mehr Macht als Arbeiter ohne Fachwissen. Experten haben in Streiksituationen ein deutlich erkennbares Drohpotenzial.[23] Genauso ergeben sich durch die Delegation von *authority* an Manager Verschiebungen der Machtverhältnisse zwischen „Arbeit" und „Kapital", aber auch innerhalb der Arbeiterklasse.[24]

Ein Verdienst des marxistischen Ansatzes besteht darin, den Einfluss von Macht in Arbeitsmärkten überhaupt zu thematisieren. Die Alternativlosigkeit der Arbeiter, sich ausbeuten zu lassen, muss jedoch keineswegs mit den Begrifflichkeiten der marxistischen Theorie beschrieben werden. Die Arbeitsmarktlage, die in marxistischen Ansätzen einen gesellschaftlichen Grundkonflikt abbildet, ist letztlich durch (lokale) Monopolstellungen der Arbeitgeber zu charakterisieren. Außerdem wird der Zwang zur Arbeitsmarktteilnahme durch sozialstaatliche Leistungen relativiert. Empirische Analysen des Arbeitsmarktes auf der Grundlage der marxistischen Begrifflichkeiten bestehen vor allem in der Beschreibung der erwähnten, komplexeren Klassenlagen (McCall 2001). Neuere Arbeiten erklären die Machtunterschiede im kapitalistischen Arbeitsmarkt – unter Verweis auf Colemans Analyse von Wettbewerbstauschsystemen (Coleman 1990) – als Referenzfall durch Gelegenheiten zum *rent seeking* (Sørensen 2000). Damit ist gemeint, dass Arbeitgeber und Arbeitnehmer versuchen, die Knappheit von Jobs bzw. Arbeitskräften durch institutionelle Eingriffe zu erzeugen und damit zusätzliche Renten zu erzielen. Dies sind Zahlungen, die sich lediglich aus der Position im Arbeitsmarkt ergeben und die unabhängig von den gezeigten Leistungen sind. Ein typisches Beispiel sind berufliche Schließungsprozesse, durch die eine Berufsgruppe die Anzahl von „zugelassenen" Arbeitnehmern beschränken und damit die Löhne erhöhen kann (Weeden 2002; siehe Kap. 7 in diesem Band).

---

23 Besonders deutlich wird dies am Beispiel der Fluglotsen, die durch ihr hohes spezifisches Fachwissen und ihre lange Ausbildungszeit praktisch nicht zu ersetzen sind – und natürlich viele andere wirtschaftliche Bereiche im Fall eines Streiks lahmlegen. Diese Machtstellung kann durch die Arbeitnehmer in verschiedenster Art und Weise genutzt werden (vgl. hierzu zum Beispiel Milgrom und Roberts 1992, S. 179-181).

24 Es bestehen hier Parallelen zur Diskussion über Effizienzlöhne und zum Prinzipal-Agenten-Problem (Laffont und Martimont 2002). Wegen der speziellen Fähigkeiten von Arbeitnehmern (*skills*) können sie vergleichsweise höhere Löhne erzielen und wegen der Delegation von Entscheidungsmacht (*authority*) entsteht zwischen Kapitaleignern und Management eine Agentenbeziehung mit typischen Eigenschaften und Problemen wie *hidden information* und *hidden action* (Arrow 1985).

Die Machtposition der Arbeiter gegenüber der Kapitalseite verbessert sich aus der Sicht der einzelnen Arbeiter durch eine kollektive Interessenvertretung (Freeman und Medoff 1984). Wenn die Arbeiter ihre Interessen in *Gewerkschaften* organisieren, dann können sie zunächst durch eine glaubwürdige Streikdrohung das Machtgefälle verschieben, außerdem verringern sich die Lohnunterschiede zwischen den Arbeitnehmern. Der Gewerkschaft kommt zum einen die Funktion zu, *innerhalb* von Betrieben die Interessen der Beschäftigten gegenüber der Kapitalseite zu bündeln; in Deutschland geschieht dies durch Betriebsräte. Zum anderen wird mit der *Branchengewerkschaft* eine betriebsübergreifende wirtschaftspolitische Wirkung entfaltet. Gewerkschaften treten hier als kollektive Tarifparteien auf und sind durch die Tarifpolitik daran beteiligt, dass Produktivitätssteigerungen auch zu Lohnsteigerungen führen. Im Hinblick auf den Arbeitsmarkt greifen Gewerkschaften damit in die Lohnsetzung (den Preisbildungsmechanismus) ein. Die durch die Gewerkschaft vertretenen Beschäftigten sollen bessergestellt werden, als wenn sie ohne gemeinsame Interessenvertretung auftreten. Die Belange von nicht-beschäftigten Anbietern von Arbeitskraft werden dabei vernachlässigt (vgl. zum Beispiel Lindbeck und Snower 1986).

Zwei Entwicklungen wurden in den letzten Jahrzehnten intensiv debattiert, wenn von der Verschiebung der Machtverhältnisse im Arbeitsmarkt die Rede war. Zum einen geht es um *technologische Veränderungen* und ihre Auswirkungen auf die Qualifikations- und Lohnstruktur im Arbeitsmarkt (Krueger 1993; Überblick bei Morris und Western 1999), zum anderen haben sich die Produktionsbedingungen im Zuge von *Globalisierungsprozessen* verändert – mit Rückwirkungen auf die Machtverhältnisse. Die Gemeinsamkeit beider Entwicklungen liegt in dem Umstand, dass bestimmte Gruppen auf dem (nationalen) Arbeitsmarkt leichter ersetzt werden können, entweder durch andere Arbeitskräfte oder durch Kapital. Dies reduziert die Marktmacht der betroffenen Gruppen und sollte sich mittelfristig in schlechteren Löhnen und Arbeitsmarktchancen niederschlagen. Die Entwicklungen im Bereich der Mikroelektronik und der Informationstechnologie wurden in der deutschen Industriesoziologie zunächst als Abkehr von der Entqualifizierung (Braverman 1974) und unter dem Stichwort vom „Ende der Arbeitsteilung" diskutiert (für die internationale Diskussion: Piore und Sabel 1984; ansonsten: Kern und Schumann 1986). Die Kernbelegschaften der Unternehmen sind angesichts der technologischen Entwicklungen immer besser qualifiziert, sie können ihre vorteilhafte Position gegenüber den Randbelegschaften weiter stärken. In vielen Unternehmen haben gering qualifizierte Personen im Zuge der technologischen Entwicklung keine (oder wesentlich eingeschränktere) Arbeitsmöglichkeiten.

Die zweite gesellschaftliche Entwicklung, welche die Machtverhältnisse im Arbeitsmarkt in den letzten Jahrzehnten beeinflusst hat, ist mit dem Begriff der Globalisierung umschrieben. Durch den Abbau von Handelsschranken und eine fortschreitende Marktintegration, begleitet durch die stärkere Ausrichtung der Unternehmen an Kapitalmärkten, haben sich nicht nur die entsprechenden Produkt- und Kapitalmärkte, sondern auch die Arbeitsmärkte internationalisiert (Wood 1998). Unternehmen können sich vermehrt auch bei der Erstellung von Dienst- leistungen – etwa bei Softwareprodukten – auf eine (vergleichsweise neue) inter- nationale Arbeitsteilung stützen. Dabei sinkt die relative Macht der einheimischen Beschäftigten gegenüber den Kapitaleignern, was von Phänomenen wie *down si- zing* oder *jobless growth* begleitet wird (vgl. Osterman et al. 2001). Gleichzeitig geraten die sozialen Sicherungssysteme, welche den Zwangscharakter der Arbeits- marktteilnahme aufheben konnten und damit die Machtverhältnisse im Arbeits- markt zugunsten der Beschäftigten verschoben haben, in immer größere Finan- zierungskrisen (Sinn 1997). Im Arbeitsmarkt beobachtet man eine Zunahme von „atypischen" Arbeitsverhältnissen (Scheinselbstständigkeit, befristete Arbeits- verträge, Leiharbeit etc.) sowie einer anhaltend hohen Arbeitslosigkeit, die auch gut qualifizierte Personen treffen kann (Schupp et al. 1998; Wagner 2000). Diese Entwicklung wird durch eine politische Machtkonstellation verstärkt. Die Arbeits- marktpolitik orientiert sich typischerweise am sogenannten Medianwähler, der noch einen besonders gut gesicherten Normalarbeitsplatz hat. Da die politischen Akteure Konflikte mit dem Medianwähler scheuen, werden Arbeitsmarktrefor- men durchgesetzt, die den Medianwähler nicht schlechter stellen. Man erleichtert prekäre Formen der Beschäftigung wie Zeitarbeit und befristete Beschäftigung. In gewisser Weise spiegelt sich das Insider-Outsider-Problem in der Arbeitsmarkt- politik (Saint-Paul 2002; Boeri und Garibaldi 2007).[25]

Die kollektive Interessenvertretung wird auf beiden Seiten des Arbeitsmarktes durch die Internationalisierung beeinträchtigt: Innerhalb der Arbeitgeber differen- zieren sich Unternehmen, die auf internationalen Märkten agieren, und solche, die ausschließlich regionale und lokale Märkte bedienen. Ein Interessenszusammen- schluss der Unternehmen ist dadurch schwieriger geworden. Das Gleiche gilt für die Beschäftigten von unterschiedlichen Unternehmenstypen. Auch bei ihnen ist die gebündelte Interessenvertretung auf überbetrieblicher und nationaler Ebene komplexer geworden, was sich in sinkenden Mitgliederzahlen bei den Gewerk- schaften niederschlägt (Schroeder 2003).

Machtunterschiede im Arbeitsmarkt ergeben sich nicht nur aus Klassenlagen und Monopolstellungen, sondern beruhen auch auf sozialen Zuschreibungen oder

---

25   Erneut gilt der Dank Hermann Gartner für diesen Hinweis.

Stereotypisierungen. Diese werden zu einer Machtquelle, wenn damit einer Akteursgruppe soziale Positionen mit schlechterer Ressourcenkontrolle zugewiesen werden. Die empirisch oft untersuchte und belegte Schlechterstellung von Frauen kann hier als ein typisches Beispiel angeführt werden. Bislang haben wir die unterschiedliche Ausstattung der Geschlechter mit Humankapital oder die unterschiedlichen Präferenzen von Männern und Frauen als Ursachen für ungleiche Arbeitsmarktergebnisse kennen gelernt. Unklar blieb jedoch, welche Ursachen diese Unterschiede begründen. Eine Möglichkeit ist die Wirksamkeit *sozialer Definitionsprozesse*, man spricht von einem „kulturellen System der Zweigeschlechtlichkeit" (Hageman-White 1984) oder von *status construction* (Ridgeway 1997). In verschiedenen sozialen Kontexten des Arbeitsmarktes (bei der Berufswahl, bei der Einstellung, bei der Entscheidung über Beförderungen und auch der Interaktion am Arbeitsplatz) wird je nach Geschlechtszugehörigkeit ein bestimmtes Verhalten zugeschrieben und erwartet. Die feministische Arbeitsmarktforschung spricht beispielsweise von *gendered organizations* (Acker 1990), wenn in der Gesellschaft vorherrschende Vorstellungen zur unterschiedlichen Wertigkeit von Frauen- und Männerarbeit die Strukturen und Strategien von Arbeitsorganisationen prägen. Im gesamten Arbeitsmarkt lässt sich eine gesellschaftliche Entwertung der überwiegend von Frauen ausgeübten Berufe feststellen (Steinberg 1990). Theoretisch lässt sich dies mit der Annahme fassen, dass die mit höherem Status versehenen männlichen Teilnehmer am Arbeitsmarkt die Statusunterschiede erhalten wollen und bei einer zunehmenden Feminisierung von Berufsfeldern mit Abwanderung reagieren (Reskin 1988). Ähnlich wird bei der Untersuchung von „Heiratsprämien" (Korenman und Neumark 1992; Loh 1996) davon ausgegangen, dass verheiratete Männer die Rolle der *breadwinner* ausfüllen und Frauen die typischen Zuverdiener sind. Dies führt einigen (allerdings umstrittenen) Analysen zu Folge zu einem *marriage wage premium* für Männer (z. B. Hersch und Stratton 2000) bzw. zu einer *motherhood wage penalty* für Frauen (Budig und England 2001). Auch in mikrosoziologischer Perspektive wird die Geschlechterdifferenz thematisiert (Ridgeway 1997): In Abhängigkeit vom jeweiligen Arbeitsumfeld (etwa nach der Geschlechterkomposition der Arbeitsgruppe oder den Dyaden von Vorgesetzten und untergebenen Beschäftigten) kann die Geschlechtszugehörigkeit ungleiche Arbeitsmarktergebnisse zumindest teilweise erklären (Allmendinger und Podsiadlowski 2001).

Wichtig ist jedoch auch zu bedenken, dass die Machtkonstellationen in einer Gesellschaft sozialem Wandel unterworfen sind. Dies gilt insbesondere für Machtunterschiede nach Geschlecht, wie beispielsweise die stark gestiegene Bildungs- und Erwerbsbeteiligung von Frauen in den letzten Jahrzehnten deutlich macht. Die Arbeitsmarktforschung thematisiert dies etwa, wenn die gemeinsamen Entscheidungen von Paaren darüber, wie Erwerbs- und Hausarbeit aufgeteilt werden soll, wer für die Kinderbetreuung zuständig ist etc., untersucht werden. In vielen Arbeitsbereichen ist eine Angleichung zu beobachten, etwa im Hinblick auf den Lohn, die Ausbildungschancen und das Arbeitslosigkeitsrisiko (Blau und Kahn 1997; Geissler und Oechsle 2000). In den Haushalten hat sich allerdings an der geschlechtsspezifischen Arbeitsteilung kaum etwas geändert (vgl. hierzu zum Beispiel Peuckert 1999, S. 214ff.).

> Nicht nur Geschlecht ist als Zuschreibungskriterium im Arbeitsmarkt bedeutsam: So spielt die ethnische Zugehörigkeit eine wichtige Rolle bei vielen Allokationsprozessen. Für den Arbeitsmarkt der USA existieren unzählige Studien, die für Arbeitsmarktteilnehmer aus unterschiedlichen ethnischen Gruppen Benachteiligungen im Arbeitsmarkt feststellen (vgl. z. B. Huffman und Cohen 2004; Tomaskovic-Devey et al. 2006). Die Argumentation ist hier ähnlich wie bei der geschlechtsspezifischen Betrachtung. Die Zugehörigkeit zu einer ethnischen Gruppe ist mit Zuschreibungen verbunden, welche eine soziale Wertigkeit begründen. Für den deutschen Arbeitsmarkt gibt es ebenfalls eine Reihe von empirischen Untersuchungen, die Benachteiligungen für Migranten feststellen (zum Beispiel Granato und Kalter 2001; Kalter et al. 2011; Damelang und Abraham 2016; siehe auch Kap. 10 in diesem Band). Im Hinblick auf die soziologischen Aspekte ist bei der Untersuchung von Ungleichheit und Zuschreibungsprozessen immer von Bedeutung, welche „Differenz" (Geschlecht, ethnische Gruppe oder soziale Klasse) in welchem konkreten Kontext aktiviert wird. Beispielsweise können die Machtunterschiede zwischen Angehörigen verschiedener ethnischer Gruppen bezogen auf die Unternehmen, welche diese Arbeitskräfte beschäftigen, verschwindend gering ausfallen. Gleichzeitig können die Unternehmen mit gleichen Chancen für „Inländer" und „Ausländer" sich von anderen Unternehmen dadurch unterscheiden, dass sie in Niedriglohnsektoren der Wirtschaft tätig sind.

Klasse, Geschlecht und ethnische Zugehörigkeit sind neben weiteren Faktoren wie dem Alter oder den (später behandelten) Netzwerkbeziehungen für ungleiche Chancen der Arbeitsmarktteilnehmer verantwortlich (McCall 2001). Bei der Begründung von Machtunterschieden aufgrund der Klassenzugehörigkeit wird der grundsätzliche Interessengegensatz von Kapital und Arbeit als Ausgangspunkt der Argumentation zu Grunde gelegt. Die Differenzierung (oder Segmentation) des Arbeitsmarktes nach Qualifikation verweist auf Machtunterschiede *innerhalb* der Arbeiterklasse. Die Kategorien von Geschlecht und ethnischer Gruppenzugehörigkeit stehen für soziale Definitionsprozesse, die in sozialen Beziehungen allgemein und auch im Arbeitsmarkt eine wichtige Quelle für ungleiche Macht darstellen.

2.6   Institutionen und Normen des Arbeitsmarktes

Ein zentrales Merkmal moderner Gesellschaften ist die umfangreiche Herausbildung von Institutionen, also allgemeinen Regelsystemen, welche die Rahmenbedingungen, unter denen etwa der Austausch im Arbeitsmarkt stattfindet, festlegen. Die Festlegung und Änderung von Rahmenbedingungen geschieht dabei
in politischen Prozessen, welche die Arbeitsmarktpolitik gestalten. So wurden in
Deutschland etwa durch die Hartz-Reformen ganz wesentliche Institutionen des
Arbeitsmarktes verändert (siehe etwa Kap. 5 in diesem Band). Die Geltung der Institutionen wird allgemein durch Anreize – das heißt Belohnungen oder Bestrafun-
gen – sichergestellt (North 1990, S. 3). Institutionen können eingesetzt werden, um
durch die Steuerung des Verhaltens von Akteuren bestimmte Probleme zu lösen.
Beispielsweise steht jede Gesellschaft vor dem Problem, dass eine gewisse Infrastruktur wie Straßen, Brücken, eine Kanalisation oder Schulen für alle vorteilhaft
wäre. Allerdings kann die Produktion nicht einfach den einzelnen Akteuren überlassen werden, da diese sich an der Erstellung nicht hinreichend beteiligen würden
oder diese Güter in einer Art realisiert werden würden, die für die Allgemeinheit
nicht optimal ist. Daher haben Gemeinwesen schon sehr früh das Steuerwesen als
Institution etabliert, mit dem die Akteure zur Finanzierung bestimmter Kollektiv-
güter gezwungen werden.

Wie entstehen nun aber die Institutionen? Zu dieser Frage gibt es keine allgemein
akzeptierte Antwort, es lassen sich jedoch zwei Richtungen der Diskussion benennen.
Die obige Argumentation verweist darauf, dass Institutionen vor allem als effiziente
Lösungen von Kollektivgut- und anderen gesellschaftlichen Problemen erklärt werden können. Insofern würden rationale Akteure der Einrichtung einer Institution zustimmen, sofern sie sicher sein können, dass die Kosten hierfür von allen Beteiligten
getragen werden. Mit dieser Argumentationslinie verbunden sind die Ansätze der Institutionenökonomie, zu denen man die Transaktionskostentheorie (Williamson 1975,
1985), die Theorie der Eigentumsrechte (Demsetz 1967; Alchian und Demsetz 1972)
und die Prinzipal-Agenten-Theorie (Arrow 1985) zählt. Die Transaktionskostentheorie geht davon aus, dass die Arbeitsbeziehung durch Transaktionskosten *ex ante* und
ex post gekennzeichnet ist. Darunter fallen alle Kosten, die zum Abschluss und zur
Überwachung eines Arbeitsvertrags anfallen. Die Theorie der Eigentumsrechte ist
für den Arbeitsmarkt insofern relevant, als durch die rechtlichen Regelungen darüber,
wem ein durch den Einsatz des Produktionsfaktors Arbeit erzielter Unternehmensgewinn gehört, Anreizstrukturen gestaltet werden. Die Prinzipal-Agenten-Theorie
besagt, dass vor allem Informationsprobleme bezüglich der wahren Leistungsbereitschaft der Arbeitnehmer, wie wir sie bereits diskutiert haben, durch geeignete Insti-

tutionen zu begegnen ist. Den drei Ansätzen ist gemeinsam, dass sie zunächst in der ökonomischen Forschung entwickelt wurden und erst durch Erweiterungen zur sozialen und temporalen Einbettung von Verträgen stärker in soziologischen Forschungen Eingang fanden. Auf der anderen Seite gibt es eine Reihe von theoretischen Arbeiten, welche Institutionen als Ergebnis politisch-ökonomischer Aushandlungen (Acemoglu et al. 2005) oder als Produkt gesellschaftlich-historischer Prozesse begreifen, die nicht unbedingt von Effizienz getrieben werden müssen (Scott 1995). Ansätze der *political economy* betonen dabei die Ausrichtung der Institutionen an den Interessen der Wähler bzw. der politischen Akteure. In Institutionen drücken sich Werte und normative Vorstellungen aus, welche in Gesellschaften unabhängig vom Wirtschaftssystem und vor allem im Zusammenhang mit politischen Machtfragen entstanden sind. Institutionen sind durch eine historische Pfadabhängigkeit gekennzeichnet, das heißt eine einmal getroffene Festlegung beeinflusst gegenwärtige und zukünftige Optionen, die Institutionen zu ändern (Putnam 1993a). Neue Institutionen befinden sich mit älteren in der Konkurrenz um gesellschaftliche Legitimität.[26] In diesem Prozess können Institutionen auch genutzt werden, um Machtpositionen zu begründen und zu verfestigen. In dieser Argumentationslinie können bestimmte Akteursgruppen bei der Gründung einer Institution die Regeln zu ihren Gunsten beeinflussen und so von der Institution besonders profitieren. In der Realität sind beide Fälle – Effizienzgewinne und Machteinflüsse – bei der Gründung und Entwicklung von Institutionen zu beobachten. Dies gilt insbesondere für die langfristige Entwicklung von Institutionen, die eine Eigendynamik erlangen können, sobald sie etabliert sind. Sie scheinen in der gesellschaftlichen und politischen Auseinandersetzung nur schwer (radikal) veränderbar zu sein. Gleichwohl zeichnen sich Institutionen dadurch aus, dass sie fortwährend in vielen kleinen Schritten reformiert und neu ausgedeutet werden. In diesem Prozess spielen sowohl Machtprozesse als auch Effizienzerwägungen eine bedeutende Rolle.

Nicht nur für die Arbeitsmarktforschung ist die Frage zentral, unter welchen Bedingungen Institutionen ihre gewünschte Wirkung entfalten – und was sie sonst noch für Effekte mit sich bringen. Das theoretische Kernmodell ist dabei relativ einfach: Ist die Einhaltung einer institutionellen Regelung mit Belohnungen verbunden und/oder der Verstoß mit einer Sanktion, so müssen Akteure abwägen,

---

26   In diesem Zusammenhang sind auch Überlegungen zu erwähnen, wonach das Marktgeschehen selbst durch soziale Konstruktionsprozesse und politische Entscheidungen bestimmt wird. Arbeiten aus der *New Economic Sociology* behaupten etwa, dass die Funktionsweise des ökonomischen Tausches von den sozialen Interaktionen abhängt (Abolafia 1996). Neil Fligstein (2001) betont insbesondere die Rolle des politischen Systems bei der Etablierung und Veränderung von Märkten.

ob ein Verstoß gegen die institutionelle Regel sich trotz der zu erwarteten Kosten lohnt. Da jedoch aus rechtsstaatlichen und normativen Gründen nicht für jeden Verstoß prohibitiv hohe Strafen auferlegt werden können, stellt sich bei der Ausgestaltung der Institution das zentrale Problem, wie hoch die Anreize sein müssen, um eine bestimmte Verhaltensweise hervorzurufen. Darüber hinaus können Institutionen auch unvorhergesehene Effekte hervorrufen, indem die Akteure nach ungewollten Vermeidungs- und Ausweichoptionen suchen. Daher ist die empirische Evaluierung von institutionellen Regelungen im Hinblick auf die Wirksamkeit eine wichtige Aufgabe gerade auch im Feld der Arbeitsmarktforschung. Von zentraler Bedeutung ist in Deutschland das Institut für Arbeitsmarkt und Berufsforschung (IAB) der Bundesagentur für Arbeit, deren in § 280 SGB III festgelegte Aufgabe „die Untersuchung der Wirkungen der Arbeitsförderung" ist.

Mit Blick auf den Arbeitsmarkt sind nun eigentlich alle Institutionen relevant, die die Austauschprozesse auf dem Arbeitsmarkt beeinflussen. Dabei handelt es sich um Teile des Rechtssystems als auch des Sozialsystems – hier insbesondere auch die Ausstattung der Arbeitsmarktakteure mit sozialen Grundrechten. Wir werden im Folgenden einige zentrale Arbeitsmarktinstitutionen beispielhaft diskutieren. Eine zentrale Rolle nimmt sicher das geltende Arbeitsrecht ein, in der unter anderem die Beziehung zwischen Arbeitgeber und Arbeitnehmer grundsätzlich geregelt sind (individuelles Arbeitsrecht). Obwohl im politischen Prozess immer wieder versucht wurde, ein zentrales Arbeitsgesetzbuch in Deutschland zu schaffen, sind die entsprechenden gesetzlichen Regelungen auf sehr unterschiedliche Rechtsquellen verstreut (für eine Übersicht z. B. Waltermann und Söllner 2014). Die einschlägigen rechtlichen Rahmenbedingungen erscheinen unüberschaubar und komplex, sie werden in Gesetzgebungsverfahren, der Rechtspraxis und der Rechtsprechung kontinuierlich interpretiert und damit auch geändert. Zum Arbeitsrecht zählen etwa die Kündigungsschutzgesetze und die Arbeitsschutzgesetze, welche den Möglichkeitsraum bei der freien Gestaltung von Arbeitsverträgen einschränken. Die konkreten Anwendungsbedingungen der Gesetze werden je nach Stärke des Betriebsrats, der konjunkturellen Lage oder den Interpretationen der Arbeitsgerichte gesetzt und gestaltet. Eine der größeren Änderungen der letzten Jahre war hier sicherlich die – umstrittene – Einführung des Mindestlohns in Deutschland, an der sich die Probleme der Gestaltung von Institutionen gut verdeutlichen lassen. Inhaltlich handelt es sich um eine Regel, die Arbeitgeber zwingt, eine bestimmte Untergrenze bei den Stundenlöhnen nicht zu unterschreiten. Ziel der Regelung war, solche Arbeitsverhältnisse zu verhindern, von deren Erträgen die Arbeitnehmer ihren Lebensunterhalt nicht bestreiten können und daher auf weitere staatliche Unterstützung angewiesen sind. Allerdings wurde immer wieder argumentiert, dass damit der Wettbewerb reguliert und Arbeitsplätze vernichtet würden. Welche dieser Effekte eintritt und ob der Nutzen überwiegt ist eine – in Teilen immer noch strittige – Frage, die nur durch entsprechende empirische Evaluationen beantwortet werden kann.[27]

Ein weiterer bedeutender Teil des Arbeitsrechts stellt die Regelung der Beziehung zwischen den kollektiven Vertretern der Arbeitgeber (Verbände) und der Arbeitnehmer (Gewerkschaften) dar (kollektives Arbeitsrecht). In deren Zentrum steht wiederum die Tarifautonomie (die Tarifhoheit liegt bei Arbeitgeberverbänden und Branchengewerkschaften) und die Flächentarifverträge (das Verhandlungsergebnis kann im Geltungsbereich des Tarifvertrags als allgemein gültig erklärt werden). In beiden Institutionen sind kollektive Interessenvertretungsansprüche geregelt, die das für Deutschland typische System industrieller Beziehungen kennzeichnen. Mit diesen Institutionen werden Marktmechanismen bewusst außer Kraft gesetzt. Um den Bestand dieser Institutionen zu sichern, ist auf Arbeitgeber- wie auf der Arbeitnehmerseite die Bereitschaft zu kompensatorischer Umverteilung nötig. Die Arbeitsmarktforschung beschäftigt sich beispielsweise damit, ob bei zunehmendem internationalen Wettbewerb diese nationalen Institutionen Bestand haben, wie sie sich anpassen beziehungsweise durch internationale Institutionen ergänzt oder ersetzt werden (vgl. die Beiträge in Schmid 1994; Berger und Dore 1996; Scharpf und Schmidt 2000).

Zu den arbeitsmarktrelevanten Institutionen zählen weiterhin die Regelungen über Lohnersatzleistungen und Ausbildungsgänge sowie die Übergangsbestimmungen für den Ruhe- und Vorruhestand. Es ist offensichtlich, dass diese Rahmenbedingungen die Arbeitsmarktprozesse maßgeblich beeinflussen können. Sie definieren – wie im letzten Abschnitt argumentiert – zu welchen Bedingungen die Ware *Arbeitskraft* gehandelt werden kann. In den Institutionen kommen damit auch gesellschaftliche Wertvorstellungen zum Ausdruck – etwa wenn man festlegt, ob und wann werdende Mütter unter Fortzahlung des Lohns freizustellen sind, oder wenn gesetzlich geregelt ist, dass behinderte Menschen mit einer gewissen Quote an der Gesamtmitarbeiterzahl zu beschäftigen sind.

Aber nicht nur die formale Rechtsetzung durch gesetzgebende Körperschaften bestimmt die institutionelle Rahmung von Arbeitsmärkten. Es existieren in Unter-

---

27   Inzwischen liegen die ersten empirischen Ergebnisse zur Wirkung des am 1.1.2015 eingeführten Mindestlohns vor. Es zeigt sich, dass die negative Beschäftigungswirkung des Mindestlohns sehr gering ausfällt (Bossler und Gerner 2016) und die Betriebe den zusätzlichen Kostendruck durch alternative Personalstrategien kompensieren können (Bellmann et al. 2016). Insgesamt lässt sich zudem die politisch gewollte Lohnerhöhung nachweisen, allerdings führte dies in nur begrenztem Maße dazu, dass Niedriglohnbezieher auf den zusätzlichen Bezug von Arbeitslosengeld II verzichten konnten (Bruckmeyer und Wiemers 2016).

nehmen und in der Gesellschaft informelle Normen über ein angemessenes und zu erwartendes Verhalten. Beispielsweise sind die Vorstellungen darüber, wie sich Arbeitsmarktakteure unabhängig von ihrer Qualifikation am Arbeitsplatz gegenüber Kollegen und Vorgesetzten zu benehmen haben, welche Gesprächsthemen in welchen Situationen adäquat erscheinen, im Hinblick auf den beruflichen Erfolg nicht zu vernachlässigen. Die Grenzen zwischen informellen und formellen Normen sind dabei oft fließend, allerdings decken sich informelle und formelle Normen meist. Konflikte entstehen jedoch, falls formelle und informelle Regelungen in Widerspruch zueinander geraten. Beispielsweise definiert die Betriebszugehörigkeitsdauer informelle und formelle Anspruchsrechte, mit denen Konkurrenzprinzipien des Arbeitsmarktes aufgehoben werden. Sollte in Unternehmen dagegen verstoßen werden (falls etwa Neueinsteiger zu schnell nach oben gelangen), sind sinkende Motivation und Zufriedenheit der „alt eingesessenen" Stelleninhaber die möglichen Folgen. Ein weiteres Beispiel für soziologisch zu interpretierende Normen sind die schon erwähnten betrieblichen Entlohnungsschemata. Unabhängig von ihrer ökonomischen Logik gelten Entlohnungssysteme in Betrieben als akzeptabel oder demotivierend, als gerecht oder ungerecht.

Wie weitreichend normative Regelungen auf dem Arbeitsmarkt gehen können kann sehr gut an dem Begriff des „Normalarbeitsverhältnisses" demonstriert werden. Dieser drückt aus, dass es einen üblichen Standard für die Ausgestaltung von Arbeitsverhältnissen gibt. Üblicherweise wird darunter ein unbefristeter Arbeitsvertrag mit Vollzeit, einem (mindestens) tarifvertraglich fixierten Arbeitsentgelt, einer typischen sozialversicherungsrechtlichen Absicherung sowie der Weisungsabhängigkeit vom Arbeitgeber bezeichnet (Hoffmann und Walwei 1998; Bosch 2013). Allerdings handelt es sich dabei um keine Legaldefinition, sondern um ein allgemeines Leitbild, wie ein typisches Arbeitsverhältnis in Deutschland ausgestaltet werden *sollte*. Alle anderen Arbeitsverhältnisse (befristet, Leiharbeit, Teilzeit etc.) werden daher als atypische Arbeitsverhältnisse bezeichnet. Somit handelt es sich bei dem Konstrukt des Normalarbeitsverhältnisses auch um eine normative Vorstellung, die in der Gesellschaft verankert ist und die typische Mindesterwartung zumindest von Arbeitnehmern an ihr Arbeitsverhältnis beschreibt. Dass diese normative Erwartung einige Kraft entfaltet, zeigt sich an dem Umstand, dass Arbeitgeber davon abweichende Anstellungsverhältnisse typischerweise gegenüber der Umwelt und der eigenen Belegschaft begründen und die Politik immer wieder versucht, den Umfang atypischer Arbeitsverhältnisse einzuschränken.

Das *allgemeine Schul- und Ausbildungssystem* einer Gesellschaft kann ebenfalls als eine zentrale, arbeitsmarktrelevante Institution angesehen werden: Es wird eine allgemein gültige Vorstellung davon geschaffen und durchgesetzt, ab welchem Lebensalter Kinder die Schule besuchen, wie lange sie mindestens zur

Schule gehen müssen, welche Inhalte dort auf welche Weise vermittelt werden. Bildungs- und Ausbildungssysteme unterscheiden sich nach Allmendinger (1989) hinsichtlich der Standardisierung (inwieweit sind einheitliche Standards über Bildungs- und Ausbildungsinhalte vorhanden?) und Stratifizierung (wie viel Prozent einer Geburtskohorte erreichen den höchsten möglichen Abschluss?). Im Arbeitsmarkt wird etwa auf die institutionalisierte Sortierfunktion des Bildungssystems zurückgegriffen, wenn Schulabschlüsse zur Einstellungsvoraussetzung für Arbeitsplätze erklärt werden. Je weniger im Arbeitsmarkt auf die Vorselektion zurückgegriffen werden kann, desto wichtiger sind unternehmensspezifische Tests zur Qualifikationsermittlung. Auch die Möglichkeiten zur beruflichen *Weiterbildung* sind institutionalisiert, wenn gesetzliche Ansprüche auf Fortbildung bestehen und es eine staatlich geförderte (und geprüfte) Landschaft von Weiterbildungsträgern gibt. Dabei kommt in der gegenwärtigen Diskussion zur Leistungsfähigkeit der Schulen und Hochschulen und auch des Weiterbildungssektors die Frage auf, inwieweit die vermittelten Bildungsinhalte, die tatsächlich nachgewiesenen Basisfähigkeiten und das arbeitsmarktrelevante und nötige Wissen einander entsprechen.

Für die institutionelle Verknüpfung von Bildungssystem und Arbeitsmarkt sind insbesondere Regelungen der Verwertung von (Aus-)Bildungsabschlüssen relevant. Gerade in Deutschland finden sich eine Vielzahl von Regeln und informellen Erwartungen, welche Ausbildungsabschlüsse und Zertifikate Bewerber für eine bestimmte Arbeitsstelle benötigen. Solche Koppelungen können als *soziale Schließung* begriffen werden, die Max Weber (1980 [1922], S. 23) wie folgt definiert:

> „Eine soziale Beziehung [soll …] nach außen geschlossen [heißen], insoweit und in dem Grade, als ihr Sinngehalt oder ihre geltenden Ordnungen die Teilnahme ausschließen oder beschränken oder an Bedingungen knüpfen."

Es handelt sich somit um einen Mechanismus, der die Möglichkeiten, am „Wettbewerb" teilzunehmen, mehr oder weniger stark einschränkt. Das klassische Beispiel, um die Monopolisierung von Teilhabechancen am Arbeitsmarkt zu veranschaulichen, liefert die historische Entwicklung des Handwerks. Festgelegte Ausbildungsinhalte, Ausbildungswege und eine begrenzte Niederlassungsfreiheit führen dazu, dass – begründet durch die Forderung nach Qualitätssicherung der handwerklichen Tätigkeiten – Marktprinzipien ausgeblendet werden. Hier wird deutlich, dass in einem gesellschaftlichen Diskurs die positiven Seiten des Wettbewerbs abgewogen werden gegen negative Effekte, die zum Beispiel aus unvollständiger Information des Konsumenten resultieren. Welche Seite überwiegt, wird von der Gesellschaft immer wieder neu beantwortet. In der Soziologie werden solche Prozesse sozialer Schließung unter dem begrifflichen Phänomen der *Pro-*

fessionalisierung behandelt und in vielen Berufsfeldern moderner Gesellschaften untersucht (Abbott 1988; Weeden 2002). Typische Arbeitsmarktbereiche, in denen Professionalisierungstendenzen den Markt bestimmen, sind neben dem Handwerk das Gesundheits- und das Bildungssystem. Nur wer sich durch das Absolvieren standardisierter Ausbildungsgänge qualifiziert hat, kann als Krankenpfleger tätig werden oder sich um eine Professur im Hochschulsystem bewerben. Ebenso ist die deutsche Berufsausbildung („duales System") das Ergebnis von Professionalisierungsstrategien, gerät jedoch angesichts der schon erwähnten Tendenzen zunehmender Internationalisierung unter Veränderungsdruck (Culpepper und Finegold 1999). Im Hinblick auf Arbeitsmarktprozesse ist es entscheidend, ob die ausgeprägte *Beruflichkeit* des deutschen Arbeitsmarktes in ihren institutionellen Formen an Bedeutung verliert. Wäre dies der Fall – etwa bei einem Rückzug der Betriebe aus der im Arbeitsmarkt übertragbaren Berufsausbildung –, dann würde die spezifische Komponente des Humankapitals *(on-the-job-training)* wichtiger werden.

Schließlich können die einzelnen institutionellen Regelungen aus dem Rechtssystem und dem Ausbildungssystem in „Systemlogiken" zusammengefasst werden. Anders ausgedrückt: Die Regelungen in den Unternehmen, die allgemeinen Gesetze, die Ausprägung sozialer Schutzrechte und die Organisation von Bildung und Ausbildung sind „überdeterminiert", sie sind aufeinander bezogen und nicht isoliert zu ändern. Die vergleichende soziologische Arbeitsmarktforschung kann hier auf Arbeiten zu unterschiedlichen wohlfahrtsstaatlichen Arrangements oder Regimes zurückgreifen. Dabei geht es um empirisch entwickelte und theoretisch ausgedeutete *Typen von Wohlfahrtsstaaten*, die angesichts der bereits erwähnten Globalisierungsprozesse ihre Eigenheiten bewahren oder sich einander angleichen.

Am bekanntesten sind die Arbeiten von Gøsta Esping-Andersen mit seinen „drei Welten des Kapitalismus" (1990). Es werden ein konservatives, ein sozialdemokratisches und ein liberales Modell des Kapitalismus unterschieden. Im konservativen Modell, dem beispielsweise Deutschland und Frankreich zugerechnet werden, sind traditional ausgerichtete korporative Akteure (Verbände, Gewerkschaften) für die Arbeitsmarktprozesse besonders wichtig. Zur Absicherung von Arbeitsmarktrisiken spielt die Familie (mit einem geschlechtsspezifischen Modell der Arbeitsteilung) eine zentrale Rolle. Im sozialdemokratischen Modell – die skandinavischen Staaten gelten hier als typische Vertreter – sind die sozialen Grundrechte stärker ausgeprägt, es bestehen also soziale Ansprüche gegenüber dem Staat, welcher mit aktiver Arbeitsmarktpolitik und mit einem großen öffentlichen Sektor jenseits der gesetzgeberischen Rahmensetzung den Arbeitsmarkt beeinflusst. Im liberalen Modell, dem die angelsächsischen Staaten zuzurechnen sind, ist der staatliche Einfluss auf den

Arbeitsmarkt demgegenüber kaum vorhanden. Soziale Leistungen werden nach individueller privater Absicherung und in Ergänzung nach Bedürftigkeit zugeteilt. Diese grobe Typenbildung ist in der einschlägigen Forschung nicht unumstritten und wurde im Hinblick auf andere Dimensionen – so etwa die Einbeziehung von Frauen in den Arbeitsmarkt – erweitert. In der Analyse von unterschiedlichen institutionellen Arrangements spricht man allgemein von *varieties of capitalism* (Hall und Soskice 2001) oder einer *institutional embeddedness* (Hollingsworth und Boyer 1997).

Die vergleichende Arbeitsmarktforschung thematisiert die Verschränktheit von Sozial- und Bildungspolitik, wenn *systemspezifische* Karriere- und Mobilitätsmuster identifiziert werden (Allmendinger und Hinz 1997; Shavit und Müller 1998; DiPrete 2002):[28] Bei standardisierter Ausbildung (wie im deutschen System der dualen Berufsausbildung) und immer noch stratifizierter Allgemeinbildung (wie im dreigliedrigen Schulsystem) sowie einer konservativen wohlfahrtsstaatlichen Orientierung sind relativ wenige Jobwechsel im Berufsverlauf zu erwarten. Der Eintritt in den Arbeitsmarkt erfolgt relativ spät, die Verrentung dagegen relativ früh. In institutionellen Umwelten, die sich durch ein weniger standardisiertes und stratifiziertes System verbunden mit einer residualen sozialen Absicherung kennzeichnen lassen, ist eine erhöhte Rate von Arbeitsplatzwechseln und von Aufstiegs- und Abstiegsmobilität zu erwarten. In einer Lebensverlaufsperspektive entstehen unterschiedliche Muster von institutionalisierten Phasen von Bildung, Erwerbs- und Familientätigkeit und Übergängen in den Ruhestand (Überblick bei Mayer und Schöplin 1989). Institutionen regeln die Eintritts- und Austrittsstellen von Arbeitsmarktteilnehmern, gewissermaßen die Übergänge in andere Lebensbereiche, sie ermöglichen und begrenzen die „Beweglichkeit" während der Arbeitsmarktteilnahme.

Mit Blick auf die Bedeutung von Institutionen im Arbeitsmarkt lässt sich zusammenfassen, dass formelle und informelle Regeln, welche sich zu institutionellen Arrangements verdichten, die Rahmenbedingungen festlegen, unter denen sich Arbeitskraftanbieter und Arbeitskraftnachfrager treffen. Die Arbeitsmarktforschung, die sich mit der Auswirkung von Institutionen auf Arbeitsmarktprozesse beschäftigt, hat keinen einheitlichen theoretischen Hintergrund. Die bisher geschilderte empirische Forschung vereint lediglich die Vorstellung, dass diese

---

28   In methodologischer Hinsicht sind solche Analysen mit dem Problem kleiner Fallzahlen verbunden. Aufgrund der wenigen zu vergleichenden Länder kann nicht identifiziert werden, ob empirische Unterschiede in den Mobilitätsmustern auf die Unterschiede im institutionellen System zurückzuführen sind. Man begnügt sich hier mit Plausibilitätsargumenten.

Rahmenbedingungen das „freie" Spiel der Marktkräfte beeinflussen. Die angesprochene international vergleichende Forschung kann dabei die Wirkungsweise der Institutionen gut veranschaulichen. Beispielsweise kann gezeigt werden, wie in Wirtschaftssystemen, die über eine schlechtere Absicherung gegen Arbeitslosigkeit verfügen, die Jobsuchdauern eher kurz und die Qualität der neu eingegangenen Arbeitsbeziehungen eher gering ausfallen (Lijphart 1999; Gangl 2003).

2.7 Soziale Netzwerke

Für die Ergebnisse von Arbeitsmarktprozessen ist es entscheidend, *wer mit wem* in Austauschbeziehung steht. Anders gesagt: Der Arbeitsmarkt besteht in weiten Teilen *nicht* aus *anonymen* Marktteilnehmern, sondern die *sozialen Netzwerke* in einer Gesellschaft (oder von Ausschnitten einer Gesellschaft) – das Geflecht von sozialen Beziehungen zwischen den Marktteilnehmern – beeinflussen die Tauschbeziehungen im Arbeitsmarkt.[29] Die sozialen Beziehungen einzelner Akteure und ihre Gesamtstruktur werden auch als *Sozialkapital* (Bourdieu 1983; Coleman 1988; Putnam 1993a, 1993b) bezeichnet – dahinter stehen verschiedene Konzepte, auf die in diesem Abschnitt noch genauer eingegangen wird.

Die sehr einflussreichen Arbeiten von Mark Granovetter (1973, 1985) legten die theoretischen Grundlagen für die Rolle sozialer Netzwerke bei der Jobsuche und bei der Rekrutierung von Mitarbeitern. Granovetter argumentiert unter Rückgriff auf seine theoretischen Vorstellungen zur Stärke schwacher Beziehungen (1973), dass *informelle* Kontakte die Ergebnisse bei der Jobsuche hinsichtlich der Qualität des gefundenen Arbeitsplatzes verbessern. Man erhält Informationen über freie Stellen durch die Einbindung in Netzwerke, wobei insbesondere solche Kontakte, die zu weiter entfernten Netzwerkabschnitten reichen, hilfreich sind. Solche Kontakte sind laut Granovetter häufig „schwache Beziehungen" – oder eben eher (entfernte) Bekannte (und nicht nahe Freunde). Starke Beziehungen zeichnen sich dagegen durch Redundanz aus: Die Freunde meiner Freunde sind mit höherer Wahrscheinlichkeit mir selbst bekannt und verfügen über ähnliche Informationen wie ich. Die Arbeiten von Granovetter haben viele weitere empirische Studien angeregt, deren Ergebnisse nicht eindeutig ausfallen (für einen Überblick vgl. Granovetter 1995; Mouw 2003). Vor allem bestimmte Aspekte einer neuen, über soziale Kontakte hergestellten Arbeitsbeziehung können auch schlechter aussehen als bei einer Jobsuche über formale Wege – etwa Ausschreibungen oder Blindbewerbun-

---

29 Marktbeziehungen sind demnach generell durch ihre soziale Einbettung und die Rollenstruktur der Marktteilnehmer gekennzeichnet (Granovetter 1985; White 2002).

gen. So fällt das Einstiegsgehalt von Hochschulabsolventen bei der Suche über Kontakte oftmals niedriger aus als bei der Suche über formale Wege. Erst im Laufe der Arbeitsmarktteilnahme zeigen sich positive Auswirkungen von Kontakten auf die Entlohnung (Rosenbaum et al. 1999).

Diese eher heterogenen Befunde haben eine Reihe von theoretischen Weiterentwicklungen angeregt, zu deren wichtigsten wahrscheinlich die Verbindung der in Kap. 2.2. diskutierten Suchmodelle mit der Netzwerktheorie gehört. Im Mittelpunkt steht dabei die Idee, dass Arbeitsplätze sowohl über soziale Netzwerke als auch über formelle Kanäle gesucht und gefunden werden können. Diese unterschiedlichen Kanäle können sowohl mit unterschiedlichen Lohnverteilungen der angebotenen Jobs als auch mit unterschiedlichen Suchdauern verbunden sein. Damit werden sie zu entscheidenden Ausgangsbedingungen für das Suchmodell (für einen Überblick Ioannides und Datcher Loury 2004). Nimmt man beispielweise an, dass über soziale Netzwerke schneller Arbeitsangebote generiert werden als über formale Kanäle, erhalten alle Personen Angebote aus sozialen Kontakten, aber nur wenige Angebote aus formellen Quellen. Da mehr Angebote einen höheren Lohn generieren ist die letzte Gruppe im Vorteil (Montgomery 1992). Nimmt man darüber hinaus an, dass schwache Kontakte bessere Angebote generieren, so werden dies die Arbeitssuchenden mit mehr schwachen Kontakten antizipieren und ihre Suchdauer erhöhen. Ebenfalls denkbar wäre, dass Netzwerke eine bessere Passung in Bezug auf nicht-monetäre Eigenschaften des Arbeitsplatzes liefern, für die dann gegebenenfalls geringerer Lohn akzeptiert wird (Franzen und Hangartner 2005). Die Verbindung mit der Suchtheorie führte somit zu einer differenzierten Betrachtungsweise: Netzwerke generieren nicht *per se* bessere Angebote, es kommt stattdessen sehr darauf an, welche konkreten Mechanismen durch die unterschiedlichen Suchkanäle oder unterschiedliche Netzwerkstrukturen wirken. Als Folge dieser theoretischen Erweiterung zeigten eine Reihe von Studien, dass Netzwerke nicht *per se* zu besseren Arbeitsplätzen und höheren Löhnen führen (vgl. z. B. Mouw 2003; Krug und Rebien 2012).

Unbestritten ist jedoch, dass die Jobsuche oder die Rekrutierung neuer Mitarbeiter aus Sicht der Unternehmen sehr häufig über bestehende soziale Kontakte abläuft. Die Qualität der so weiter verbreiteten Information ist aufgrund der sozialen Beziehungen im Netzwerk verlässlich (Petersen et al. 2000; Marsden 2001). Damit ist die Netzwerkstruktur für diesen Teilaspekt des Arbeitsmarktgeschehens bedeutsam.

Mit der Arbeit von Ronald Burt (1992) geraten neben den Arbeitsmarktprozessen *zwischen* Unternehmen auch die Karrierewege *innerhalb* von Organisationen ins Blickfeld. Die theoretische Kernidee von Burt lautet, dass nicht die Qualität der Bindung („stark" versus „schwach") für die einzelnen Akteure wichtig ist, sondern deren Positionierung in einem Geflecht sozialer Beziehungen. Die strukturelle Einbettung von einzelnen Akteuren ist durch deren direkte und indirekte Beziehungen definiert. Bestimmte Konstellationen sind nach Burt besonders vorteilhaft für einzelne Akteure. Insbesondere aus der Überbrückung zweier ansonsten unverbundener Netzwerkteile lassen sich für den Akteur, welcher die Brücke herstellt, Gewinne aus seiner Netzwerkposition ableiten. Er oder sie kann eine Art „Maklerprovision" (*brokerage*) realisieren. Burt bezeichnet solche Positionen im Netzwerk als Überbrücker „struktureller Löcher" (*structural holes*). Bei der empirischen Untersuchung von Managerkarrieren stellte sich heraus, dass Akteure in solchen strukturellen Löchern in der Tat besser abschnitten als anders im Netzwerk verbundene Personen. Allerdings zeigte Burt auch, dass der Ertrag einer Netzwerkposition davon abhängt, um welche fokalen Akteure es sich konkret handelt. Manager zu Beginn ihrer Karriere und weibliche Führungskräfte konnten nicht von der Position in einem strukturellen Loch profitieren, ihnen half hingegen ein enger Kontakt zu statushöheren Personen im Unternehmen (Burt 1998). Die Legitimität, welche man für eine Karriere im internen Arbeitsmarkt benötigt, mussten sich die beiden Personengruppen gleichsam von den statushöheren Unternehmensangehörigen ausleihen. An dieser Stelle kommen zusätzlich zu den strukturellen Bedingungen auch bereits erwähnte Prozesse sozialer Zuschreibung ins Spiel.

Bezüglich der Netzwerkposition einzelner Arbeitsmarktakteure sind die Konzepte struktureller Autonomie und sozialen Einflusses wichtig. *Strukturelle Autonomie* ist gegeben, wenn ein Akteur nicht abhängig ist von spezifischen Beziehungen, sondern zwischen verschiedenen gleichwertigen Beziehungen auswählen kann (Burt 1980). Je mehr verschiedenartige Beziehungen vorhanden sind, je weiter diese Beziehungen indirekt reichen und je weniger Personen die gleichen Beziehungen aufweisen, desto höher ist die strukturelle Autonomie eines Akteurs im Netzwerk. *Sozialer Einfluss* im Sinn der Netzwerktheorien ist abgeleitet durch die Beziehungen zu anderen Akteuren mit hohem sozialem Status (vgl. Podolny 1993; Marsden und Friedkin 1994). Für die Untersuchung von Arbeitsmarktprozessen ist es wichtig zu unterscheiden, ob positiv oder negativ verbundene Beziehungen betrachtet werden. Eine positiv verbundene Beziehung liegt vor, wenn sich beispielsweise Informationen oder Ressourcen zweier Akteure durch die Beziehung über einen dritten Akteur („kooperativ") zusammenfügen lassen. Ein Beispiel für eine positiv verknüpfte Beziehung im Arbeitsmarkt ist die Weitergabe von Informationen über freie Stellen (falls die Akteure nicht als Konkurrenten um die gleiche Stelle gelten). Eine negative Verbindung im Netzwerk lässt sich dadurch kennzeichnen, dass zwischen Akteuren eine Konkurrenzbeziehung besteht. Im akademischen Arbeitsmarkt ist etwa folgende Situation typisch: Eine Universität beruft A *oder* B auf die ausgeschriebene Professur, aber nicht beide. Im Fall der positiven Verknüpfung – also der Informationsweitergabe – erweist sich *struktu-relle Autonomie* als besonders hilfreich, im zweiten Fall der negativ verknüpften (Konkurrenz-)Beziehung dagegen *sozialer Einfluss*. Diese netzwerktheoretischen Konzeptionen machen es auch möglich, das diskutierte soziologische Phänomen von Macht alternativ zu fassen. Macht gründet netzwerktheoretisch auf struktureller Autonomie und auf sozialem Einfluss. Die strukturelle Autonomie der Kapitalseite stützt sich in bestimmten Arbeitsmarktlagen darauf, dass Unternehmen die Wahl zwischen mehreren potenziellen Arbeitskraftanbietern haben, die ihrerseits über weniger Optionen verfügen. Sozialer Einfluss von Beschäftigten ergibt sich daraus, dass sie Beziehungen zu anderen Netzwerkakteuren mit hohem Status besitzen, die bei der Positionierung auf dem Arbeitsmarkt behilflich sein können (Lin et al. 1981; Podolny 1993).

Soziale Netzwerke können nicht nur unter dem Aspekt ihrer Auswirkung für fokale Akteure, sondern auch in ihrer Gesamtstruktur betrachtet werden: Der Arbeitsmarkt stellt sich in dieser Sichtweise als ein Geflecht von miteinander verknüpften Akteuren dar, das aus einseitigen oder beidseitigen (gerichteten) Beziehungen mit unterschiedlichen Inhalten (beispielsweise die Kooperation am Arbeitsplatz, die Weitergabe von Informationen oder Freundschaften) besteht und in schwach oder gar nicht miteinander verknüpfte Teile (Cliquen) zerfällt, deren Mitglieder eng verbunden sind. Die Segmentation in verschiedene Teilarbeitsmärkte wird also durch untereinander unverbundene Netzausschnitte abgebildet. Im Hinblick auf den Informationsfluss über Vakanzen kann aus der Netzwerkstruktur beispielsweise die Geschwindigkeit, mit der sich diese Information verbreitet, abgeleitet werden. Aus der Forschung zu *small world networks* (Watts und Strogatz 1998; Barabási 2003) mit engen lokalen Verflechtungen und langen Brückenverbindungen in entfernte Teilnetzwerke ist bekannt, dass sie zu einer sehr schnellen Verbreitung von Information beitragen.

Die sozialen Beziehungen zwischen den Arbeitsmarktakteuren sind jedoch insbesondere bei der Betrachtung von *individuellen Karrieren* von großer Bedeutung. Wie schon in den Untersuchungen von Granovetter (1985) und Burt (1992) geht es um die Einbindung von Arbeitsmarktteilnehmern in Informations- und Unterstützungsnetzwerke. Die Netzwerkposition und die sich daraus ergebenden Chancen auf Information und Unterstützung werden in der soziologischen Diskussion mit dem Begriff des *Sozialkapitals* erfasst. Mit Sozialkapital werden je nach theoretischer Konzeption der Autoren verschiedenartige Phänomene bezeichnet, vereinfacht kann man Positionen unterscheiden, wonach Sozialkapital eine individuelle (Bourdieu 1983; Coleman 1988) oder kollektive Ressource bezeichnet (Putnam

1993a, 1993b). Bei der hier hauptsächlich betrachteten Netzwerkeinbindung handelt es sich wie bei Human- oder Finanzkapital um eine arbeitsmarktrelevante *individuelle Ressource*. Sozialkapital kann andere individuelle Ressourcen ersetzen (etwa wenn in neu gegründeten Unternehmen die günstige Mitarbeit von Familienangehörigen und Freunden ein geringes Eigenkapital ausgleichen hilft, vgl. Brüderl und Preisendörfer 1998; für Ostdeutschland: Hinz 1998, S. 163ff.; Abraham 2000), steht aber auch in Interaktionsbeziehungen mit den anderen Kapitalsorten (Coleman 1988). So hängt es von der Einbettung in soziale Netzwerke ab, ob erworbenes Humankapital möglichst produktiv eingesetzt werden kann. Eine hervorragende berufliche Qualifikation lässt sich in einem isolierten Kreis von Personen oder Unternehmen weniger gut einsetzen als in einem größeren Netzwerk. Es müssen hier aber nicht nur berufsbezogene Netzwerke von Bedeutung sein. Auch die Entwicklung und die Weiterentwicklung von Humankapital ist vom Sozialkapital abhängig – etwa von der in der Nachbarschaft zu mobilisierenden Hausaufgabenbetreuung oder später bei der Bewerbung für ein Graduiertenprogramm vom Empfehlungsschreiben eines Harvardprofessors. Zu unterscheiden ist weiterhin der bloße *Zugang* zu Netzwerken (man hat eine mehr oder weniger günstige Position) von der *Mobilisierung* von Unterstützungsleistungen (durch die Zugehörigkeit zu Netzwerken werden weitere Ressourcen erschlossen).

Nan Lin (1999) hat die einschlägigen Untersuchungen von Netzwerken in ihrer Wirkung auf Arbeitsmarktergebnisse, insbesondere den Statuserwerb (*status attainment*) zusammengefasst. Demnach zeigen sich bei allen Studien zum Netzwerkzugang und ebenso bei den Untersuchungen zur Mobilisierung von Ressourcen durchwegs positive Effekte auf arbeitsmarktrelevante abhängige Variablen wie eine erfolgreiche Jobsuche, das erzielte Einkommen und das erreichte Berufsprestige. Auch Überlegungen zum sozialen Einfluss, gemessen durch den Status der eingesetzten Kontaktpersonen, werden empirisch überwiegend bestätigt: Je höher der soziale Status der Kontaktperson, desto höher der Statusgewinn für die fokalen Akteure. Weniger eindeutig sind die empirischen Ergebnisse zur Bindungsstärke: Wie schon angedeutet, können „starke" Beziehungen mitunter hilfreicher sein als „schwache" Beziehungen (Podolny und Baron 1997) – vor allem wenn es um fokale Akteure geht, die selbst eher wenig Status und Legitimität aufbauen konnten. Weitere Anwendungsbeispiele für eine soziologische Arbeitsmarktforschung mit dem Schwerpunkt auf sozialen Netzwerken stellen Untersuchungen zu Kettenmigration (für Deutschland: Haug 2000), ethnischem Unternehmertum (Portes 1998) oder dem Mobilitätsverhalten von Arbeitslosen (Bähr und Abraham 2016) dar. Untersucht wurden in diesem Forschungsfeld beispielsweise der Zugang zu Krediten oder gegenseitige Hilfeleistungen.

Die Wirksamkeit sozialer Kontakte wird mit *Reziprozitätserwartungen* und mit *sozialer Balance* begründet. Man unterstützt sich in Netzwerken, weil man damit rechnen kann, dass einem selbst auch geholfen wird. Die Weitergabe von Informationen ist ein Nebenprodukt einer ohnehin bestehenden Beziehung und sie kann mit Statusgewinnen und sozialer Wertschätzung verbunden werden. Damit werden in das ökonomische Entscheidungs- und Optimierungsproblem der Arbeitsmarktteilnahme neben Einkommen und Freizeit auch soziale Motive wie Wertschätzung und Status einbezogen. Außerdem entwickeln sich in andauernden Austauschprozessen Vertrauensbeziehungen zwischen den im Netzwerk verbundenen Akteuren. Solche Beziehungen mit temporaler Einbettung sind zur Überwindung von Informations- und Opportunismusproblemen besonders wichtig (Uzzi 1996). Kritische Einwände werden im Hinblick auf diese kausalen Mechanismen formuliert. Der in vielen Studien nachgewiesene *Effekt* von sozialen Netzwerken ist – so die skeptischen Stimmen – möglicherweise auf bloße *Selektion* zurückzuführen: Nicht die sozialen Kontakte sind in einem solchen Fall hilfreich, sondern die untersuchten erfolgreichen Arbeitsmarktakteure kennen andere ebenfalls gut positionierte Akteure, eben weil sie selbst (aus anderen Gründen) erfolgreich sind (Mouw 2003).

In der empirischen Forschung zu sozialen Netzwerken dominieren bislang eher kleinräumige Untersuchungen zu lokal und fachlich begrenzten Arbeitsmärkten (Überblick bei Topa 2011). Die Erfassung von (egozentrierten) Netzwerkstrukturen in repräsentativen Arbeitsmarktsurveys ist noch nicht die Regel, jedoch finden sich sowohl im Sozio-oekonomischen Panel (SOEP) als auch im Panel Arbeitsmarkt und soziale Sicherung (PASS) des IAB inzwischen einfache Netzwerkmodule. Sehr ertragreich wurde die Theorie sozialer Netzwerke allerdings in der aktuellen Transformationsforschung in Osteuropa und Asien aufgenommen. Bei der Entstehung kapitalistischer Arbeitsmärkte spielt in den Übergangsgesellschaften des ehemaligen sozialistischen Staatenblocks die Positionierung in sozialen Netzwerken eine herausragende Rolle (für die ehemalige DDR: Kropp 1998; Völker und Flap 1999). Dies gilt auch für die sich schnell zu einem hybriden Kapitalismus entwickelnde Volksrepublik China (Bian 1997; Überblick bei Bian 2002).

Zusammenfassend kann man für die soziologischen Überlegungen zu sozialen Netzwerken festhalten, dass sie dann von besonderem Interesse sind, wenn erstens in Arbeitsmärkten *Informationsprobleme* zu beachten sind. Netzwerke bilden die Kanäle, in denen Informationen übertragen werden; bestimmten Netzwerkpositionen („Brücken" oder „strukturellen Löchern") kommt dabei große Bedeutung zu. Der Aspekt der Informationsqualität ist besonders hervorzuheben. Zweitens können Netzwerkstrukturen dazu dienen, den *sozialen Einfluss* von bestimmten Akteuren oder Normen auf andere Akteure zu erklären. Drittens kann das theoretische Konzept des sozialen Netzwerks dazu beitragen, das soziologische Phänomen *sozialer Schließung* zu verstehen. Vorteile und Nachteile von sozial geschlossenen oder offenen Systemen (oder Gruppen) lassen sich mit der Netzwerkperspektive rekonstruieren. Dabei ist es denkbar, dass eine individuell vorteilhafte Schließung von Netzwerken mit suboptimalen kollektiven Effekten einhergeht. Ein „selbstreferenzielles" Netzwerk aus Hochschullehrern etwa mag für die beteiligten Personen ein bequemer Weg sein, die eigene theoretische Position ohne Störungen weiter zu entwickeln und gelehrige Schülerinnen und Schüler mit Posten zu versorgen; für eine leistungsfähige Produktion wissenschaftlicher Erkenntnisse ist soziale Schließung unvorteilhaft, insbesondere falls die Umwelt durch neue Herausforderungen „unsicher" wird. In der empirischen Arbeitsmarktforschung ist die Berücksichtigung von Netzwerken – anders als bei Arbeiten zu Macht und Institutionen – noch nicht sehr weit verbreitet, jedoch nimmt die Anzahl der Arbeiten sowohl in der Ökonomik (z. B. Kramarz und Skans 2014; Cappellari und Tatsiramos 2015; Dustmann et al. 2016) wie in der Soziologie (z. B. Fernandez et al. 2000; Krug und Rebien 2012) ständig zu. Dies verweist auf den Umstand, dass die Sozialstruktur von Märkten und ihre Implikation für Tauschprozesse auch für eine moderne Arbeitsmarktforschung erhebliche Bedeutung besitzen.

2.8 Arbeitsorganisationen: Betrieb und Unternehmen

Bislang haben sich die diskutierten theoretischen Ansätze vor allem auf die Arbeitnehmer und deren Differenzierung konzentriert. Diese Arbeitnehmer mit unterschiedlichem Humankapital und unterschiedlicher sozialer Einbettung werden auf einem institutionell stark gerahmten Wettbewerbsmarkt von – bisher abstrakten – Arbeitgebern eingestellt. In diesem Kapitel soll es nun um Ansätze gehen, die sich mit der Frage beschäftigen, welche Rolle die spezifischen Eigenschaften der Arbeitgeber und deren Unterschiede für die Funktionsweise des Arbeitsmarktes spielen. Im Mittelpunkt steht dabei die Beobachtung, dass sich diese Arbeitsmarktprozesse nicht in einem abstrakten Markt abspielen, sondern an Arbeitsorganisationen – das heißt Unternehmen und Betriebe – gebunden sind (Coase 1937), in denen Arbeitsmarktteilnehmer eingestellt, in ihrer Leistung bewertet, entlohnt, befördert und gegebenenfalls auch entlassen werden. Die Forderung, Arbeitsmarktprozesse in ihrer *organisatorischen* Umgebung zu betrachten, ist mit dem Etikett des *new structuralism* (Baron und Bielby 1980) versehen. Demnach sind Organisationen maßgebliche soziale Kontexte, in denen die meisten Arbeitsmarktprozesse, die in diesem Band beschrieben werden, ablaufen.

Als Arbeitsorganisationen werden dabei alle Organisationen bezeichnet, deren Kernaufgaben durch abhängig beschäftigte Arbeitnehmer erledigt werden. Für die Arbeitsmarktforschung ist dabei die Unterscheidung zwischen Unternehmen und Betrieb besonders relevant. Unternehmen sind definiert als rechtliche Einheit, die auf der Basis von definierten Eigentumsrechten bestimmte Ziele verfolgt. Privatwirtschaftliche Unternehmen besitzen dabei in der Regel eine Gewinnerzielungsabsicht und agieren unter Wettbewerb, öffentliche Unternehmen werden durch die öffentliche Hand getragen und werden in der Regel zur Verwaltung und Durchsetzung öffentlicher Aufgaben eingesetzt. Während das Unternehmen vorwiegend eine rechtliche Konstruktion mit einer bestimmten Rechtsform – wie GmbH, Aktiengesellschaft etc. – darstellt, handelt es sich bei einem Betrieb um die konkrete physische Produktionsstätte, in der Arbeitnehmer ihren Arbeitsaufgaben nachgehen. Ein Unternehmen kann dabei mehrere Betriebe umfassen. Während Betriebe empirisch durch ihre Adresse oder in Deutschland die Betriebsnummer der Bundesagentur für Arbeit gut zu erfassen sind, ist dies für Unternehmen deutlich schwieriger.

Um zu verstehen, welche Rolle Arbeitsorganisationen für Arbeitsmarktprozesse spielen, ist es in einem ersten Schritt notwendig zu verstehen, wie Unternehmen und Betriebe die Arbeitsverhältnisse gestalten und wie die so entstehenden Organisationen funktionieren. Darauf aufbauend soll dann in einem zweiten Schritt die zentrale Konsequenz dieser Funktionsweise für den Arbeitsmarkt – Segmentation – diskutiert werden.

Wie bereits an anderer Stelle deutlich wurde, treten Unternehmen als Arbeitsnachfrager auf dem Arbeitsmarkt auf. Mit der Einstellung eines Arbeitnehmers entsteht ein Arbeitsverhältnis, das durch Rechte und Pflichten beider Parteien charakterisiert ist. Dabei entstehen eine Reihe von Problemen für den Arbeitgeber: Erstens muss er sicherstellen, dass der Arbeitnehmer tatsächlich die von ihm erwartete Leistung erbringt (Kontroll- und Überwachungsproblem). Zweitens muss die Arbeitsleistung zwischen verschiedenen, arbeitsteilig agierenden Arbeitnehmern koordiniert werden (Problem der Arbeitskoordination). Drittens ist es wenig effizient, ständig neue Arbeitnehmer einzustellen, da diese erneut eingearbeitet werden müssen. Langfristige Arbeitsverhältnisse haben den Vorteil, durch Investitionen in das Humankapital des Arbeitnehmers effizienter zu sein. Allerdings gehen diese Investitionen verloren, sobald das Arbeitsverhältnis aufgelöst wird (Stabilitätsproblem).

Insbesondere die bereits erwähnte Prinzipal-Agenten-Theorie thematisiert diese Probleme und deren Lösungen. Im Mittelpunkt der Betrachtung stehen hierbei zwei Akteure: ein Auftraggeber oder Vorgesetzter als „Prinzipal" einerseits und der Auftragnehmer oder Untergebene als „Agent" andererseits. Die Unbestimmtheit von Arbeitsverträgen und die Untrennbarkeit des Humankapitals von der Person des Arbeitnehmers begründen Handlungsspielräume der Akteure, deren opportunistische Nutzung als *shirking* bezeichnet wird: „Every employer of a person who will have the opportunity to serve his own interests at the cost of his employer faces the problem of fidelity. The employee may commit torts for which there are legal remedies […]. The employee may simply engage in nonfeasance: shirking or underperforming tasks which cannot be completely supervised" (Becker und Stigler 1974, S. 3).

Hieraus resultieren Spielräume des Agenten, die er nutzen kann, um seine Auftragsleistung schlecht oder unvollständig zu erfüllen. Dieses Verhalten äußert sich im Falle eines Arbeitsverhältnisses beispielsweise in unberechtigten Krankmeldungen, einem langsamen Arbeitstempo oder eben der ungenügenden Information des Vorgesetzten oder anderer Akteure in der Organisation. Damit ist die Beziehung zwischen Prinzipal und Agent durch eine grundlegende Informationsasymmetrie gekennzeichnet, da der Vorgesetzte den Untergebenen nicht vollständig überwachen kann.[30]

Für dieses bereits oben diskutierte Prinzipal-Agenten-Problem gibt es nun unterschiedliche Lösungsvorschläge (für eine Übersicht Abraham und Jungbauer-Gans 2015). Im Rahmen der Theorie wurde sich vor allem darauf konzentriert, das Problem durch die Koppelung von Arbeitsergebnis und Entlohnung zu lösen. Dies setzt allerdings voraus, dass das Ergebnis (d. h. die Produktivität des Arbeitnehmers) unmittelbar messbar ist und an den Lohn gekoppelt werden kann. Die einfachste praktische Umsetzung dieses Prinzips sind Stücklöhne: Hier ist die Entlohnung unmittelbar an das Arbeitsergebnis gekoppelt, sodass der Arbeitnehmer immer seinem Anstrengungsniveau entsprechend bezahlt wird. Hier wird allerdings auch deutlich, welche Grenzen dieser Lösungsmechanismus hat (zu den damit verbundenen Problemen vgl. z. B. Miller 1992, S. 123). Die direkte Messbarkeit der Produktivität ist aufgrund der Komplexität des Outputs oder der Produktionsbedingungen eher die Ausnahme als die Regel.

Die wohl grundlegendste Lösungsmöglichkeit besteht daher in der Einrichtung dauerhafter Arbeitsverhältnisse im Rahmen hierarchisch strukturierter Arbeitsorganisationen. Indem Arbeitnehmer langfristig angestellt werden, ist sowohl die Kontrolle besser zu gewährleisten (da langfristige Leistung besser beobachtbar ist) als auch die Arbeitskoordination oder das Stabilitätsproblem einfacher lösbar. Durch diese Langfristigkeit wird jedoch der Arbeitsmarkt ein Stück weit außer Kraft ge-

---

30 Diese Ausgangssituation kann mit Hilfe der Spieltheorie formal modelliert werden. Dort wird diese Konstellation als Vertrauensspiel (*trust game*) bezeichnet, vgl. hierzu z. B. Abraham und Jungbauer-Gans (2015).

setzt, da nun nicht mehr alle (qualifizierten) Arbeitnehmer zu jedem Zeitpunkt um die bereits besetzte Position konkurrieren können. Arbeitsorganisationen bauen somit Barrieren zum externen Arbeitsmarkt auf. Diese Struktur der Bündelung von mehreren, gewöhnlich langfristigen Arbeitsverhältnissen in hierarchischen Arbeitsorganisationen hat eine Reihe von Konsequenzen, die im Folgenden erläutert werden.

Eines der wichtigsten Konsequenzen der Existenz von Arbeitsorganisationen besteht in dem Umstand, dass sie Arbeitsmärkte *strukturieren* und *segmentieren*. Da der Tausch von Verfügungsrechten gegen Lohn (Simon 1951) in Organisationen in ein dauerhaftes Hierarchie- und Machtverhältnis „umgewandelt" wird, erhält der Arbeitsmarkt eine Struktur, die sich grundlegend von klassischen Märkten unterscheidet. Dies wird vor allem mit einer Reihe theoretischer Ansätze analysiert, die eine Unterscheidung von *externen* und den *internen Arbeitsmärkten* vornehmen (Doeringer und Piore 1971). Durch die Internalisierung des Interessensgegensatzes in Unternehmen wird aus anonymen und abstrakten Akteuren ein spezifisches an Organisationen gebundenes Problem, die Arbeitnehmer zu überwachen und zu motivieren. Neben der Disziplinierung durch die Entlassungsdrohung wird in internen Arbeitsmärkten ein organisationsbezogenes Anreizsystem etabliert, es werden *ports of entry* geschaffen, Karrierepfade angelegt und Karrierewege geplant, Quereinstiege verhindert und spezielle Lohnprofile geschaffen: Zu Beginn der Tätigkeit werden (zu) geringe und im weiteren Verlauf dann allmählich (zu) hohe Löhne (im Verhältnis der Entlohnung nach Produktivität) gezahlt.[31] Bei längerer Betriebszugehörigkeit ist ein Arbeitsplatzwechsel aus Sicht der Beschäftigten mit Lohneinbußen verbunden. Darüber hinaus können Segmente innerhalb des Unternehmens aufgebaut werden: Das Konzept des „dualen Arbeitsmarktes" beinhaltet die Annahme, dass es im Unternehmen ein „oberes", qualifiziertes Segment mit Karrieremöglichkeiten und ein „niedrigeres", vorwiegend unqualifiziertes gibt. In letzterem werden Arbeiten verrichtet, für die keine umfangreiche Humankapitalinvestition nötig ist, daher können Unternehmen insbesondere bei schlechter Auftragslage Personen in diesem Segment auch ohne Verluste wieder entlassen. Beide Segmente sind weitgehend voneinander getrennt, sodass die Platzierung im sekundären, unteren Segment keine Aufstiegschancen bietet und meist in einer Entlassung in die Arbeitslosigkeit endet.

Eng mit der Idee interner Arbeitsmärkte hängt die Vorstellung zusammen, die Löhne für geleistete Arbeit würden für die jeweiligen Arbeitsplätze von den Unternehmen ohne Berücksichtigung und Messung der individuellen Produktivität vorab gesetzt (Thurow 1975). Die Unternehmen legen dabei die Stellenstruktur und ein zugehöriges Lohnprofil fest. Eingestellt werden diejenigen Personen, bei

---

31   Vgl. die Ausführungen zu Senioritätslöhnen in Abschnitt 2.3.

denen ihre Bereitschaft und Fähigkeit, sich die erforderlichen betriebsspezifischen Qualifikationen anzueignen, am höchsten erscheint, wobei hier auf Signale (wie beispielsweise der Abschluss vorheriger Ausbildungen) oder die erwartete Lernbereitschaft und Lernfähigkeit (etwa bei der Bewertung von Austrittsrisiken) geachtet wird. Das konkrete *matching* von Beschäftigten und Arbeitsplatz wird so durch die Unternehmen, deren Stellenstruktur und Einstellungskriterien bestimmt. All dies führt nun zu der Schlussfolgerung, dass der Wettbewerbsmechanismus auf dem Arbeitsmarkt nur eingeschränkt vorhanden ist:

„Each internal labor market interacts on only a limited basis with the general, external labor market: Mobility into and out of the internal labor market is limited in practice, and the conditions in the outside market exert only a muffled influence on job assignments and compensation within the internal labor market. Rather than simply and directly reflecting general market conditions, an internal labor market largely operates according to its own administrative rules and shared understandings" (Milgrom und Roberts 1992, S. 359).

Dementsprechend können durch solche Ansätze größere Lohndifferenzen zwischen Arbeitnehmern, niedrige Mobilitätsraten oder unterschiedliche Arbeitslosigkeitsrisiken zwischen Arbeitnehmern in unterschiedlichen Segmenten erklärt werden. Etwa werden in größeren Unternehmen auch höhere Löhne gezahlt (Oi und Todd 1999).

Aufgrund der Abschottung vom externen Arbeitsmarkt rücken dann auch *innerbetriebliche Mobilitätsprozesse* in den Blick, die sowohl von Ökonomen wie auch Soziologen untersucht wurden. Dabei ist zwischen *Turniermodellen* und *Vakanzkettenmodellen* zu unterscheiden. Wettbewerbe um innerbetriebliche Aufstiege können wir uns ähnlich wie Sportturniere – etwa beim Tennis oder Golf – vorstellen. Die zu erreichenden Positionen oder Beförderungen entsprechen den vor Turnierbeginn gesetzten Preisgeldern, innerhalb der Betriebe also den Löhnen, welche innerhalb der Organisation fixiert sind. Die Preisgelder sind unabhängig davon, um wie viel der erfolgreiche Bewerber besser ist als der nicht zum Zug gekommene (Rosenbaum 1979; Lazear und Rosen 1981; McLaughlin 1988). Insbesondere dann, wenn die Leistung nur in einer Rangordnung, aber nicht auf einer Intervallskala zu messen ist, sind solche Turniere sinnvoll.[32] Das Konzept von Vakanzketten lässt sich mit Stellenbesetzungen veranschaulichen, bei denen der Aspirantenpool auf die Betriebsangehörigen (im weiteren Sinn: auf die Angehörigen eines geschlossenen sozialen Systems) begrenzt ist. Bei freiwerdenden Stellen durch Übertritte in den

---

32 Allerdings kritisiert beispielsweise Brüderl (1991), dass kaum empirisch testbare Hypothesen abzuleiten sind.

Ruhestand oder durch Betriebswechsel entstehen innerhalb von Betrieben Vakanzketten (White 1970; Sørensen 1977). Die Kernidee ist hier, dass eine individuelle
Aufstiegswahrscheinlichkeit aus den strukturellen Eigenschaften des Betriebs ableitbar ist. Interne Arbeitsmärkte schotten die Beschäftigung in den Betrieben vom
externen Arbeitsmarkt ab. Diese Verlagerung des Arbeitsmarktes in die Betriebe
hintergeht die Konkurrenzmechanismen einer „frei fluktuierenden" Arbeitskraft.
Ähnlich wird auch im *Insider-Outsider-Modell* (Lindbeck und Snower 1986) argumentiert. Die Insider nehmen Positionen ein, die wegen hoher Transaktionskosten
beim Wechsel des Arbeitsplatzes gegen externe Bewerber geschützt sind.

Schließlich lassen sich auch die Überlegungen zu sozialen Netzwerken auf Beziehungen innerhalb von Organisationen anwenden. Eine Reihe der berichteten
Forschungsergebnisse entstammen organisationsspezifischen Studien (Burt 1992).
Organisationen werden dabei als Geflecht von sozialen Beziehungen begriffen,
deren Struktur entscheidenden Einfluss auf den Arbeitsmarktprozess besitzt. Akteure in Organisationen sind aus diesem Blickwinkel einerseits durch formale,
hierarchische Strukturen, andererseits aber auch durch informelle Kontakte jenseits der formellen Hierarchien verbunden (Burt und Knez 1996; Lazega und Pattison 1999). Die eigene Positionierung und die Nutzung dieser Kontakte führen zu
Ressourcen wie Informationen über andere Jobs, interne Aufstiegsmöglichkeiten
und die informellen Erwartungen von Kollegen und Vorgesetzen. Unterschiede in
der Einbettung in intra- wie interorganisationale Netzwerke führen also zu unterschiedlichen Chancen und Möglichkeiten der Akteure im Hinblick auf Karriere-
oder Jobmobilität (Podolny und Baron 1997).

Wie bedeutsam die Rolle von Organisationen für Arbeitsmarktprozesse ist,
lässt sich auch an empirischen Ergebnissen der Arbeitsmarktforschung erkennen.
Einer der am besten bestätigten Befunde der empirischen Forschung ist, dass die
Beschäftigungsstabilität positiv mit der Betriebsgröße korreliert (Cramer 1986;
Schasse 1991; Bender et al. 2000; Abraham 2004). Ungleichheit auf dem Arbeitsmarkt im Hinblick auf Beschäftigungschancen und -stabilität hängt demnach entscheidend davon ab, wer Zugang zu welchen Arbeitsorganisationen hat. Darüber
hinaus tragen Organisationen zu Ungleichheit in Gesellschaften bei, da die damit
einhergehende Bündelung von Ressourcen Organisationen in die Lage versetzt,
ihre Ziele und Interessen besser zu erreichen als einzelne Individuen (Coleman
1990). Aus dieser Bündelung von ursprünglich individuellen Ressourcen resultiert
eine erhebliche Machtungleichheit zwischen Unternehmen und dem einzelnen
Arbeitnehmer. Diese aus einer ungleichen Ressourcenverteilung zwischen Organisationen und Individuen entstehende Machtdifferenz besteht nicht nur auf dem
Arbeitsmarkt, sondern ist generell ein Kennzeichen moderner kapitalistischer Gesellschaften (Coleman 1986). Die Entstehung und Existenz von großen Arbeits-

organisationen als Arbeitsnachfrager ist eine wesentliche Ursache für Machtungleichgewichte auf dem Arbeitsmarkt.

Als Fazit lässt sich festhalten, dass die gegenwärtige Arbeitsmarktforschung eine Vielzahl von theoretischen Instrumenten bereithält, um kollektive Arbeitsmarktprozesse und auch individuelle Konsequenzen zu analysieren. Wie schon in der Einleitung zu diesem Beitrag erwähnt wurde, sind ökonomische und soziologische Arbeitsmarkttheorien keine unversöhnlichen Positionen. Die besonderen Stärken des ökonomischen Marktmodells liegen darin, genaue und empirisch prüfbare Hypothesen zu Arbeitsmarktprozessen zu generieren. Die modernen ökonomischen Ansätze sind dabei keineswegs blind gegenüber soziologischen Phänomenen wie Macht oder Institutionen. Die soziologische Betrachtungsweise bringt eine breiter definierte Motivation zur Arbeitsmarktteilnahme ein, betont die Bedeutung von Institutionen sowie die Sozialstruktur des Marktes, also die strukturelle und temporale Einbettung der Arbeitsmarktakteure und deren Beziehungen. Dabei zeigt sich, dass trotz scheinbar nicht zu vereinbarender Grundannahmen verschiedener Theorien häufig sehr ähnliche Aussagen getroffen werden. Unterschiede ergeben sich dagegen im Hinblick auf die Erklärungsziele der einzelnen Theorien, die sich damit wohl eher ergänzen als widersprechen.

Literatur

Abbott, A. (1988). *The System of Professions: An Essay on the Division of Expert Labor.* Chicago: University of Chicago Press.

Abolafia, M. Y. (1996). *Making of Markets. Opportunism and Restraints on Wall Street.* Cambridge: Harvard University Press.

Abraham, M. (1996). *Betriebliche Sozialleistungen und die Regulierung individueller Arbeitsverhältnisse. Endogene Kooperation durch private Institutionen.* Frankfurt a. M.: Lang.

Abraham, M. (2000). Die Rolle des (Ehe-)Partners für kleine und mittlere Unternehmen. In D. Bögenhold (Hrsg.), *Kleine und mittlere Unternehmen im Strukturwandel – Arbeitsmarkt und Strukturpolitik* (S. 33-50). Frankfurt a. M.: Lang.

Abraham, M. (2004). Betriebliche Determinanten der Beschäftigungsstabilität. Wandel oder Stabilität. In O. Struck, & C. Köhler (Hrsg.), *Beschäftigungsstabilität im Wandel? Empirische Befunde und theoretische Erklärungen für West- und Ostdeutschland* (S. 107-124). München: Hampp.

Abraham, M., & Büschges, G. (2004). *Einführung in die Organisationssoziologie.* Wiesbaden: VS Verlag für Sozialwissenschaften (3. Aufl.).

Abraham, M., & Jungbauer-Gans, M. (2015). Herrschaft und Organisation. In N. Braun, & N. J. Saam (Hrsg.), *Handbuch Modellbildung und Simulation* (S. 797-821). Wiesbaden: Springer VS.

Acemoglu, D. (2002). Technical Change, Inequality, and the Labor Market. *Journal of Economic Literature, 40,* 7-72.

Acemoglu, D., & Autor, D. H. (2011). Skills, Tasks and Technologies: Implications for Employment and Earnings. In O. C. Ashenfelter, & D. Card (Hrsg.), *Handbook of Labor Economics. Vol. 4B* (S. 1043-1171). Amsterdam: Elsevier.

Acemoglu, D., & Pischke, J.-S. (1998). Why Do Firms Train? Theory and Evidence. *Quarterly Journal of Economics, 113,* 79-119.

Acemoglu, D., & Shimer, R. (2000). Productivity Gains from Unemployment Insurance. *European Economic Review, 44,* 1195-1224.

Acemoglu, D., Johnson, S., & Robinson, J. A. (2005). Institutions as a Fundamental Cause of Long-Run Growth. In P. Aghion, & S. N. Durlauf (Hrsg.), *Handbook of Economic Growth. Vol. 1A* (S. 385-472). Amsterdam: Elsevier.

Acker, J. (1990). Hierarchies, Jobs, Bodies: A Theory of Gendered Organizations. *Gender and Society, 4,* 139-158.

Akerlof, G. A. (1980). A Theory of Social Custom of Which Unemployment May Be One Consequence. *Quarterly Journal of Economics, 94,* 749-775.

Akerlof, G. A. (1982). Labor Contracts as Partial Gift Exchange. *Quarterly Journal of Economics, 97,* 543-569.

Akerlof, G. A., & Yellen, J. L. (1990). The Fair Wage-Effort Hypothesis and Unemployment. *Journal of Economics, 105,* 255-283.

Alchian, A. A., & Demsetz, H. (1972). Production, Information Costs, and Economic Organization. *American Economic Review, 52,* 777-795.

Allmendinger, J. (1989). *Career Mobility Dynamics: A Comparative Analysis of the United States, Norway, and West Germany.* Berlin: Max-Planck-Institut für Bildungsforschung.

Allmendinger, J., & Hinz, T. (1997). Mobilität und Lebensverlauf. Deutschland, Großbritannien und Schweden im Vergleich. In S. Hradil, & S. Immerfall (Hrsg.), *Die westeuropäischen Gesellschaften im Vergleich* (S. 247-285). Opladen: Leske + Budrich.

Allmendinger, J., & Podsiadlowski, A. (2001). Segregation in Organisationen und Arbeitsgruppen. In B. Heintz (Hrsg.), *Geschlechtersoziologie. Sonderheft 41 der Kölner Zeitschrift für Soziologie und Sozialpsychologie* (S. 276-307). Opladen: Westdeutscher Verlag.

Altmann, S., Falk, A., Jäger, S., & Zimmermann, F. (2015). *Learning about Job Search: A Field Experiment with Job Seekers in Germany* (CESifo Working Paper Series 5355). München: CESifo.

Armingeon, K. (2007). Active Labour Market Policy, International Organizations and Domestic Politics. *Journal of European Public Policy*, 14, 905-932.

Arrow, K. J. (1973). The Theory of Discrimination. In O. C. Ashenfelter, & A. Rees (Hrsg.), *Discrimination in Labor Markets* (S. 3-33). Princeton: Princeton University Press.

Arrow, K. J. (1985). The Economics of Agency. In J. W. Pratt, & R. J. Zeckhauser (Hrsg.), *Principals and Agents: The Structure of Business* (S. 37-51). Boston: Harvard Business School Press.

Auer, P., & Cazes, S. (2000). The Resilience of the Long-Term Employment Relationship: Evidence from the Industrialized Countries. *International Labour Review*, 139, 379-408.

Auspurg, K., Hinz, T., & Sauer, C. (2017). Why Should Women Get Less? Evidence on the Gender Pay Gap from Multifactorial Survey Experiments. *American Sociological Review*, 82, 179-210.

Autor, D. H., & Handel, M. J. (2013). Putting Tasks to the Test: Human Capital, Job Tasks, and Wages. *Journal of Labor Economics*, 31, S59-S96.

Autor, D. H., Levy, F., & Murnane, R. J. (2003). The Skill Content of Recent Technological Change: An Empirical Exploration. *Quarterly Journal of Economics*, 118, 1279-1333.

Autor, D. H., Katz, L. F., & Kearney, M. S. (2006). The Polarization of the U.S. Labor Market. *American Economic Review*, 96, 189-194.

Averitt, R. T. (1968). *The Dual Economy. The Dynamics of American Industry Structure.* New York: Norton.

Axelrod, R. M. (1987). *Die Evolution der Kooperation.* München: Oldenbourg.

Azariadis, C. (1975). Implicit Contracts and Underemployment Equilibria. *Journal of Political Economy*, 83, 1183-1202.

Bähr, S., & Abraham, M. (2016). The Role of Social Capital in the Job-Related Regional Mobility Decisions of Unemployed Individuals. *Social Networks*, 46, 44-59.

Barabási, A.-L. (2003). *Linked: The New Science of Networks.* New York: Perseus.

Baron, J. N., & Bielby, W. T. (1980). Bringing the Firms back in: Stratification, Segmentation, and the Organization of Work. *American Sociological Review*, 45, 737-765.

Barron, J. M. (1975). Search in the Labor Market and the Duration of Unemployment: Some Empirical Evidence. *American Economic Review*, 65, 934-942.

Becker, G. S. (1957). *The Economics of Discrimination.* Chicago: University of Chicago Press.

Becker, G. S. (1962). Investment in Human Capital: A Theoretical Analysis. *Journal of Political Economy*, 70, 9-49.

Becker, G. S. (1993). *Human Capital. A Theoretical and Empirical Analysis, with Special Reference to Education.* Chicago: University of Chicago Press (3. Aufl.).

Becker, G. S., & Murphy, K. M. (2000). *Social Economics. Market Behavior in a Social Environment*. Harvard: Belknap Press.

Becker, G. S., & Stigler, G. J. (1974). Law Enforcement, Malfeasance, and Compensation of Enforcers. *Journal of Legal Studies*, 3, 1-18.

Bellmann, L. (1986). *Senioritätsentlohnung, betriebliche Hierarchie und Arbeitsleistung. Eine theoretische und empirische Untersuchung zur Lohnstruktur*. Frankfurt a. M.: Campus.

Bellmann, L., Bossler, M., Dütsch, M., Gerner, H.-D., & Ohlert, C. (2016). *Folgen des Mindestlohns in Deutschland. Betriebe reagieren nur selten mit Entlassungen* (IAB-Kurzbericht 18/2016). Nürnberg: IAB.

Bender, S., Konietzka, D., & Sopp, P. (2000). Diskontinuität im Erwerbsverlauf und betrieblicher Kontext. *Kölner Zeitschrift für Soziologie und Sozialpsychologie*, 52, 475-499.

Bennett, J. (2012). Ungleichheiten auf dem Arbeitsmarkt aufgrund von Bildungsunterschieden und die Rolle der Arbeitsmarktderegulierung. *Zeitschrift für Sozialreform*, 58, 289-313.

Ben-Porath, Y. (1982). Economics and the Family – Match or Mismatch? A Review of Becker's A Treatise on the Family. *Journal of Economic Literature*, 20, 52-64.

Berger, J. (2004). „Über den Ursprung der Ungleichheit unter den Menschen". Zur Vergangenheit und Gegenwart einer soziologischen Schlüsselfrage. *Zeitschrift für Soziologie*, 33, 354-374.

Berger, S., & Dore, R. (Hrsg.). (1996). *National Diversity and Global Capitalism*. Ithaca: Cornell University Press.

Bian, Y. (1997). Bringing Strong Ties back in: Indirect Ties, Network Bridges, and Job Searches in China. *American Sociological Review*, 62, 366-385.

Bian, Y. (2002). Chinese Social Stratification and Social Mobility. *Annual Review of Sociology*, 28, 91-116.

Blanchard, O. (2006). European Unemployment: The Evolution of Facts and Ideas. *Economic Policy*, 21, 5-59.

Blau, F. D., & Kahn, L. M. (1997). Swimming Upstream: Trends in the Gender Wage Differential in the 1980s. *Journal of Labor Economics*, 15, 1-42.

Blau, P. M. (1963). *The Dynamics of Bureaucracy. A Study of Interpersonal Relations in Two Government Agencies*. Chicago: University of Chicago Press (2. Aufl.).

Blau, P. M., & Duncan, O. D. (1967). *The American Occupational Structure*. New York: Wiley.

Blien, U. (1986). *Unternehmensverhalten und Arbeitsmarktstruktur. Eine Systematik und Kritik wichtiger Beiträge zur Arbeitsmarkttheorie* (Beiträge zur Arbeitsmarkt- und Berufsforschung 103). Nürnberg: IAB.

Blien, U., & Rudolph, H. (1989). Einkommensentwicklung bei Betriebswechsel und Betriebsverbleib im Vergleich. Empirische Ergebnisse aus der Beschäftigtenstichprobe des IAB für die Gruppe der Arbeiter. *Mitteilungen aus der Arbeitsmarkt- und Berufsforschung*, 22, 553-567.

Boeri, T., & Garibaldi, P. (2007). Two Tier Reforms of Employment Protection: A Honeymoon Effect? *Economic Journal*, 117, F357-F385.

Boeri, T., & van Ours, J. (2013). *The Economics of Imperfect Labor Markets*. Princeton: Princeton University Press (2. Aufl.).

Bosch, G. (2013). Normalarbeitsverhältnis. In H. Hirsch-Kreinsen, & H. Minssen (Hrsg.), *Lexikon der Arbeits- und Industriesoziologie* (S. 376-384). Berlin: Nomos.

Bossler, M., & Gerner, H.-D. (2016). *Employment Effects of the New German Minimum Wage. Evidence from Establishment-Level Micro Data* (IAB-Discussion Paper 10). Nürnberg: IAB.

Boudon, R. (1974). *Education, Opportunity and Social Inequality. Changing Prospects in Western Society*. New York: Wiley.

Bourdieu, P. (1983). Ökonomisches Kapital, kulturelles Kapital, soziales Kapital. In R. Kreckel (Hrsg.), *Soziale Ungleichheiten. Sonderheft 2 der Sozialen Welt* (S. 183-198). Göttingen: Schwartz.

Braverman, H. (1974). *Labor and Monopoly Capital. The Degradation of Work in the Twentieth Century*. New York: Monthly Review Press.

Breen, R., & Goldthorpe, J. H. (1997). Explaining Educational Differentials. Towards a Formal Rational Action Theory. *Rationality and Society*, 9, 275-305.

Bruckmeier, K., & Wiemers, J. (2016). *Entwicklung der Zahl der Aufstocker nach Einführung des Mindestlohns im Jahr 2015* (IAB Aktuelle Berichte 10/2016). Nürnberg: IAB.

Brüderl, J. (1991). *Mobilitätsprozesse in Betrieben. Dynamische Modelle und empirische Befunde*. Frankfurt a. M.: Campus.

Brüderl, J., & Preisendörfer, P. (1998). Network Support and the Success of Newly Founded Businesses. *Small Business Economics*, 10, 213-225.

Budig, M. J., & England, P. (2001). The Wage Penalty for Motherhood. *American Sociological Review*, 66, 204-225.

Burt, R. S. (1980). Autonomy in a Social Topology. *American Journal of Sociology*, 85, 892-925.

Burt, R. S. (1992). *Structural Holes. The Social Structure of Competition*. Cambridge: Harvard University Press.

Burt, R. S. (1998). The Gender of Social Capital. *Rationality and Society*, 10, 5-46.

Burt, R. S., & Knez, M. (1996). Trust and Third-Party Gossip. In R. M. Kramer, & T. R. Tyler (Hrsg.), *Trust in Organizations. Frontiers in Theory and Research* (S. 68-89). London: Sage.

Büschges, G., Abraham, M., & Funk, W. (1998). *Grundzüge der Soziologie*. München: Oldenbourg (3. Aufl.).

Cahuc, P., Carcillo, S., & Zylberberg, A. (2014). *Labor Economics*. Cambridge: MIT Press (2. Aufl.).

Camerer, C. (1988). Gifts as Economic Signals and Social Symbols. *American Journal of Sociology*, 94, S180-S214.

Cappellari, L., & Tatsiramos, K. (2015). With a Little Help from My Friends? Quality of Social Networks, Job Finding and Job Match Quality. *European Economic Review*, 78, 55-75.

Carmichael, L. (1983). Firm-Specific Human Capital and Promotion Ladders. *The Bell Journal of Economics*, 14, 251-258.

Clasen, J., Clegg, D., & Goerne, A. (2016). Comparative Social Policy Analysis and Active Labour Market Policy: Putting Quality before Quantity. *Journal of Social Policy*, 45, 21-38.

Coase, R. H. (1937). The Nature of the Firm. *Economica*, 4, 386-405.

Cohn, A., Fehr, E., & Goette, L. (2014). Fair Wages and Effort Provision: Combining Evidence from a Choice Experiment and a Field Experiment. *Management Science*, 61, 1777-1794.

Coleman, J. S. (1986). *Die asymmetrische Gesellschaft. Vom Aufwachsen mit unpersönlichen Systemen*. Weinheim: Beltz.

Coleman, J. S. (1988). Social Capital in the Creation of Human Capital. *American Journal of Sociology*, 94, S95-S120.

Coleman, J. S. (1990). *Foundations of Social Theory*. Cambridge: Belknap Press.

Cramer, U. (1986). Zur Stabilität von Beschäftigung. Erste Ergebnisse der IAB-Stichprobe aus der Beschäftigtenstatistik. *Mitteilungen aus der Arbeitsmarkt- und Berufsforschung*, 19, 243-256.

Culpepper, P. D., & Finegold, D. (Hrsg.). (1999). *The German Skills Machine. Sustaining Comparative Advantage in a Global Economy*. New York: Berghahn.

Damelang, A., & Abraham, M. (2016). You Can Take Some of It with You! *Zeitschrift für Soziologie*, 45, 91-106.

Demsetz, H. (1967). Toward a Theory of Property Rights. *American Economic Review*, 57, 347-359.

Diekmann, A., & Engelhardt, H. (1994). Einkommensungleichheit zwischen Frauen und Männern. Eine ökonometrische Analyse der Schweizer Arbeitskräfteerhebung. *Schweizerische Zeitschrift für Volkswirtschaft und Statistik*, 131, 57-83.

Diekmann, A., Engelhardt, H., & Hartmann, P. (1993). Einkommensungleichheit in der Bundesrepublik Deutschland: Diskriminierung von Frauen und Ausländern? *Mitteilungen aus der Arbeitsmarkt- und Berufsforschung*, 26, 386-398.

DiPrete, T. A. (2002). Life Course Risks, Mobility Regimes, and Mobility Consequences: A Comparison of Sweden, Germany, and the United States. *American Journal of Sociology*, 108, 267-309.

Doeringer, P. B., & Piore, M. J. (1971). *Internal Labor Markets and Manpower Analysis*. Lexington: Heath.

Durkheim, É. (1893). *De la division du travail social*. Paris: Presses Universitaires.

Dustmann, C., Glitz, A., Schönberg, U., & Brücker, H. (2016). Referral-Based Job Search Networks. *Review of Economic Studies*, 83, 514-546.

Edwards, R. C., Reich, M., & Gordon, D. M. (1975). *Labor Market Segmentation*. Lexington: Heath.

Erlinghagen, M. (2004). *Die Restrukturierung des Arbeitsmarktes: Arbeitsmarktmobilität und Beschäftigungsstabilität im Zeitverlauf*. Wiesbaden: VS Verlag für Sozialwissenschaften.

Esping-Andersen, G. (1990). *The Three Worlds of Welfare Capitalism*. Princeton: Princeton University Press.

Fabel, O. (1990). *Insurance and Incentives in Labor Contracts. A Study in the Theory of Implicit Contracts*. Frankfurt a. M.: Hain.

Faller, M. (1991). *Innere Kündigung: Ursachen und Folgen*. München: Hampp.

Fehr, E., Kirchler, E., Weichbold, A., & Gächter, S. (1998). When Social Norms Overpower Competition: Gift Exchange in Experimental Labor Markets. *Journal of Labor Economics*, 16, 324-351.

Fernandez, R. M., Castilla, E. J., & Moore, P. (2000). Social Capital at Work: Networks and Employment at a Phone Center. *American Journal of Sociology*, 105, 1288-1356.

Fligstein, N. (2001). *The Architecture of Markets. An Economic Sociology of Twenty-First-Century Capitalist Societies.* Princeton: Princeton University Press.

Frank, R. H. (1985a). *Choosing the Right Pond: Human Behavior and the Quest for Status.* Oxford: Oxford University Press.

Frank, R. H. (1985b). The Demand for Unobservable and Other Nonpositional Goods. *American Economic Review*, 75, 101-116.

Franz, W. (2013). *Arbeitsmarktökonomik.* Berlin: Springer (8. Aufl.).

Franzen, A., & Hangartner, D. (2005). Soziale Netzwerke und beruflicher Erfolg. Eine Analyse des Arbeitsmarkteintritts von Hochschulabsolventen. *Kölner Zeitschrift für Soziologie und Sozialpsychologie*, 57, 443-465.

Freeman, R. B., & Medoff, J. L. (1984). *What Do Unions Do?* New York: Basic Books.

Friedman, M. (1977). *Inflation and Unemployment. The New Dimension of Politics.* London: Institute of Economic Affairs.

Gangl, M. (2003). *Unemployment Dynamics in the United States and West Germany. Economic Restructuring, Institutions and Labor Market Processes.* Heidelberg: Physica.

Gangl, M. (2004). Welfare States and the Scar Effects of Unemployment: A Comparative Analysis of the United States and West Germany. *American Journal of Sociology*, 109, 1319-1364.

Gartner, H. (2012). Makroökonomie des Arbeitsmarktes. Die Matchingtheorie und die Entwicklung der Arbeitslosigkeit in Deutschland. *Wirtschaftswissenschaftliches Studium*, 41, 84-91.

Geissler, B., & Oechsle, M. (2000). Die Modernisierung weiblicher Lebenslagen. *Aus Politik und Zeitgeschichte*, B 31-32, 11-17.

Gellermann, S. W. (1972). *Motivation und Leistung. Die Wechselwirkung von Umwelt und Bedürfnissen des Einzelnen auf Betriebsklima, Leistungssteigerung und Produktivität.* Düsseldorf: Econ (2. Aufl.).

Granato, N., & Kalter, F. (2001). Die Persistenz ethnischer Ungleichheit auf dem deutschen Arbeitsmarkt. Diskriminierung oder Unterinvestition in Humankapital? *Kölner Zeitschrift für Soziologie und Sozialpsychologie*, 53, 497-520.

Granovetter, M. S. (1973). The Strength of Weak Ties. *American Journal of Sociology*, 78, 1360-1380.

Granovetter, M. S. (1985). Economic Action and Social Structure: The Problem of Embeddedness. *American Journal of Sociology*, 91, 481-510.

Granovetter, M. S. (1995). *Getting a Job: A Study of Contacts and Careers.* Chicago: University of Chicago Press (2. Aufl.).

Hagemann-White, C. (1984). *Sozialisation: Weiblich – männlich?* Opladen: Leske + Budrich.

Hall, P. A., & Soskice, D. (Hrsg.). (2001). *Varieties of Capitalism. The Institutional Foundations of Comparative Advantage.* Oxford: Oxford University Press.

Hanushek, E. A., & Welch, F. (Hrsg.). (2006). *Handbook of the Economics of Education. Vol. 1.* Amsterdam: Elsevier.

Hashimoto, M. (1981). Firm-Specific Human Capital as a Shared Investment. *American Economic Review*, 71, 475-482.

Haug, S. (2000). *Soziales Kapital und Kettenmigration. Italienische Migranten in Deutschland.* Opladen: Leske + Budrich.

Hersch, J., & Stratton, L. S. (2000). Household Specialization and the Male Marriage Wage Premium. *Industrial and Labor Relations Review*, 54, 78-94.

Hinz, T. (1998). *Betriebsgründungen in Ostdeutschland*. Berlin: edition sigma.

Hinz, T., & Auspurg, K. (2010). Geschlechtsbezogene Diskriminierung bei der Entlohnung. In U. Hormel, & A. Scherr (Hrsg.), *Diskriminierung. Grundlagen und Forschungsergebnisse* (S. 135-149). Wiesbaden: VS Verlag für Sozialwissenschaften.

Hirsch, B., Schank, T., & Schnabel, C. (2010). Differences in Labor Supply to Monopsonistic Firms and the Gender Pay Gap: An Empirical Analysis Using Linked Employer–Employee Data from Germany. *Journal of Labor Economics*, 28, 291-330.

Hoffmann, E., & Walwei, U. (1998). Normalarbeitsverhältnis: ein Auslaufmodell? Überlegungen zu einem Erklärungsmodell für den Wandel der Beschäftigungsformen. *Mitteilungen aus der Arbeitsmarkt- und Berufsforschung*, 31, 409-425.

Hollingsworth, J. R., & Boyer, R. (Hrsg.). (1997). *Contemporary Capitalism. The Embeddedness of Institutions*. Cambridge: Cambridge University Press.

Homans, G. C. (1954). The Cash Posters: A Study of a Group of Working Girls. *American Sociological Review*, 19, 724-733.

Huffman, M. L., & Cohen, P. N. (2004). Racial Wage Inequality: Job Segregation and Devaluation across U.S. Labor Markets. *American Journal of Sociology*, 109, 902-936.

Ioannides, Y. M., & Datcher Loury, L. (2004). Job Information Networks, Neighborhood Effects, and Inequality. *Journal of Economic Literature*, 42, 1056-1093.

Jahoda, M., Lazarsfeld, P. F., & Zeisel, H. (1982 [1933]). *Die Arbeitslosen von Marienthal. Ein soziographischer Versuch über die Wirkungen langdauernder Arbeitslosigkeit*. Frankfurt a. M.: Suhrkamp.

Jasso, G., & Rossi, P. H. (1977). Distributive Justice and Earned Income. *American Sociological Review*, 42, 639-651.

Jovanovic, B. (1979). Job Matching and the Theory of Turnover. *Journal of Political Economy*, 87, 972-990.

Kalter, F., Granato, N., & Kristen, C. (2011). Die strukturelle Assimilation der zweiten Migrantengeneration in Deutschland: Eine Zerlegung gegenwärtiger Trends. In R. Becker (Hrsg.), *Integration durch Bildung. Bildungserwerb von jungen Migranten in Deutschland* (S. 257-288). Wiesbaden: VS Verlag für Sozialwissenschaften.

Katz, L. F., & Krueger, A. B. (1992). The Effect of the Minimum Wage on the Fast-Food Industry. *Industrial and Labor Relations Review*, 46, 6-21.

Kern, H., & Schumann, M. (1986). *Das Ende der Arbeitsteilung? Rationalisierung in der industriellen Produktion: Bestandsaufnahme, Trendbestimmung*. München: Beck (3. Aufl.).

Keuschnigg, M., & Wolbring, T. (2016). The Use of Field Experiments to Study Mechanisms of Discrimination. *Analyse & Kritik*, 38, 179-201.

King, J., Reichelt, M., & Huffman, M. L. (2017). Computerization and Wage Inequality between and within German Work Establishments. *Research in Social Stratification and Mobility*, 47, 67-77.

Korenman, S., & Neumark, D. (1992). Marriage, Motherhood, and Wages. *Journal of Human Resources*, 2, 233-255.

Kramarz, F., & Skans, O. N. (2014). When Strong Ties Are Strong: Networks and Youth Labour Market Entry. *Review of Economic Studies*, 81, 1164-1200.

Kristen, C. (1999). *Bildungsentscheidungen und Bildungsungleichheit – Ein Überblick über den Forschungsstand* (MZES Arbeitspapier 5). Mannheim: Mannheimer Zentrum für Europäische Sozialforschung.

Kropp, P. (1998). *Berufserfolg im Transformationsprozess* (Dissertation, Universiteit Utrecht).

Krueger, A. B. (1993). How Computers Have Changed the Wage Structure. Evidence from Microdata, 1984-1989. *Quarterly Journal of Economics*, 108, 33-60.

Krug, G., & Rebien, M. (2012). Network-Based Job Search. An Analysis of Monetary and Non-Monetary Labor Market Outcomes for the Low-Status Unemployed. *Zeitschrift für Soziologie*, 41, 316-333.

Kube S., Maréchal, M. A., & Puppe, C. (2012). The Currency of Reciprocity: Gift Exchange in the Workplace. *American Economic Review*, 102, 1644-1662.

Laffont, J.-J., & Martimort, D. (2002). *The Theory of Incentives. The Principal-Agent Model*. Princeton: Princeton University Press.

Lazear, E. P. (1979). Why is There Mandatory Retirement? *Journal of Political Economy*, 87, 1261-1284.

Lazear, E. P. (1981). Agency, Earnings Profiles, Productivity, and Hours Restrictions. *American Economic Review*, 71, 606-620.

Lazear, E. P., & Rosen, S. (1981). Rank-Order Tournaments as Optimum Labor Contracts. *Journal of Political Economy*, 89, 841-864.

Lazega, E., & Pattison, P. E. (1999). Multiplexity, Generalized Exchange and Cooperation in Organizations: A Case Study. *Social Networks*, 21, 67-90.

Liebig, S. (2002). Gerechtigkeit in Organisationen. Theoretische Überlegungen und empirische Ergebnisse zu einer Theorie korporativer Gerechtigkeit. In J. Allmendinger, & T. Hinz (Hrsg.), *Organisationssoziologie. Sonderheft 42 der Kölner Zeitschrift für Soziologie und Sozialpsychologie* (S. 151-187). Opladen: Westdeutscher Verlag.

Lijphart, A. (1999). *Patterns of Democracy. Government Forms and Performance in Thirty-Six Countries*. New Haven: Yale University Press.

Lin, N. (1999). Social Networks and Status Attainment. *Annual Review of Sociology*, 25, 467-487.

Lin, N., Ensel, W. M., & Vaughn, J. C. (1981). Social Resources and Strength of Ties: Structural Factors in Occupational Status Attainment. *American Sociological Review*, 46, 393-405.

Lindbeck, A., & Snower, D. J. (1986). Wage Setting, Unemployment and Insider-Outsider Relations. *American Economic Review*, 76, 235-239.

Lippman, S. A., & McCall, J. J. (1976). The Economics of Job Search: A Survey. *Economic Inquiry*, 14, 155-189 und 347-368.

Loh, E. S. (1996). Productivity Differences and the Marriage Wage Premium for White Males. *Journal of Human Resources*, 31, 566-589.

Malcomson, J. M. (1981). Unemployment and the Efficiency Wage Hypothesis. *Economic Journal*, 91, 848-866.

Marsden, P. V. (2001). Interpersonal Ties, Social Capital, and Employer Staffing Practices. In N. Lin, K. Cook, & R. S. Burt (Hrsg.), *Social Capital. Theory and Research* (S. 105-125). New York: De Gruyter.

Marsden, P. V., & Friedkin, N. E. (1994). Network Studies of Social Influence. In S. Wasserman, & J. Galaskiewicz (Hrsg.), *Advances in Social Network Analysis. Research in the Social and Behavioral Sciences* (S. 3-25). Thousand Oaks: Sage.

Martin, C. J., & Swank, D. (2004). Does the Organization of Capital Matter? Employers and Active Labor Market Policy at the National and Firm Levels. *American Political Science Review*, 98, 593-611.

Marx, K. (1974 [1867]). *Das Kapital. Kritik der politischen Ökonomie*. Band 23 der Marx-Engels Werkausgabe. Berlin: Dietz.

Mayer, K. U., & Schoepflin, U. (1989). The State and the Life Course. *Annual Review of Sociology*, 15, 187-209.

McCall, L. (2001). *Complex Inequality: Gender, Class, and Race in the New Economy*. New York: Routledge.

McLaughlin, K. J., (1988). Aspects of Tournament Models: A Survey. *Research in Labor Economics*, 9, 225-256.

Milgrom, P., & Roberts, J. (1992). *Economics, Organization and Management*. Englewood Cliffs: Prentice Hall.

Miller, G. J. (1992). *Managerial Dilemmas. The Political Economy of Hierarchy*. Cambridge: Cambridge University Press.

Mincer, J. (1974). *Schooling, Experience, and Earnings*. New York: National Bureau of Economic Research.

Montgomery, J. D. (1992). Job Search and Network Composition: Implications of the Strength-of-Weak-Ties Hypothesis. *American Sociological Review*, 57, 586-596.

Morris, M., & Western, B. (1999). Inequality in Earnings at the Close of the Twentieth Century. *Annual Review of Sociology*, 25, 623-657.

Mortensen, D. T. (1976). Job Matching under Imperfect Information. In O. C. Ashenfelter, & J. Blum (Hrsg.), *Evaluating the Labor-Market Effects of Social Programs* (S. 194-232). Princeton: Princeton University Press.

Mortensen, D. T., & Pissarides, C. A. (1994). Job Creation and Job Destruction in the Theory of Unemployment. *Review of Economic Studies*, 61, 397-415.

Mouw, T. (2003). Social Capital and Finding a Job: Do Contacts Matter? *American Sociological Review*, 68, 868-898.

Neal, D., & Rosen, S. (2000). Theories of the Distribution of Earnings. In A. B. Atkinson, & F. Bourguignon (Hrsg.), *Handbook of Income Distribution. Vol. 1* (S. 379-427). Amsterdam: Elsevier.

North, D. C. (1990). *Institutions, Institutional Change and Economic Performance*. Cambridge: Cambridge University Press.

Ockenfels, A. (1999). *Fairneß, Reziprozität und Eigennutz. Ökonomische Theorie und experimentelle Evidenz*. Tübingen: Mohr Siebeck.

Oi, W. Y., & Idson, T. L. (1999). Firm Size and Wages. In O. C. Ashenfelter, & D. Card (Hrsg.), *Handbook of Labor Economics. Vol. 3B* (S. 2165-2214). Amsterdam: Elsevier.

Osterman, P., Kochan, T. A., Locke, R. M., & Piore, M. J. (2001). *Working in America. A Blueprint for the New Labor Market*. Cambridge: MIT Press.

Ott, N. (1998). Der familienökonomische Ansatz von Gary S. Becker. In I. Pies, & M. Leschke (Hrsg.), *Gary Beckers ökonomischer Imperialismus* (S. 63-90). Tübingen: Mohr Siebeck.

Pareto, V. (1971 [1906]). *Manual of Political Economy* (Übers. der französischen Ausgabe von 1927 von A. S. Schwier. Hrsg. von A. S. Schwier, & A. N. Page). New York: Kelley.

Parsons, T. (1951). *The Social System*. New York: Free Press.

Paul, K. L., & Moser, K. (2015). Arbeitslosigkeit. In K. Moser (Hrsg.), *Wirtschaftspsychologie* (S. 263-281). Berlin: Springer (2. Aufl.).

Petersen, T., Saporta, I., & Seidel, M.-D. L. (2000). Offering a Job: Meritocracy and Social Networks. *American Journal of Sociology*, 106, 763-816.

Peuckert, R. (1999). *Familienformen im sozialen Wandel*. Opladen: Leske + Budrich (3. Aufl.).

Phelps, E. S. (1972). The Statistical Theory of Racism and Sexism. *American Economic Review*, 62, 659-661.

Pies, I., & Leschke, M. (Hrsg.). (1998). *Gary Beckers ökonomischer Imperialismus*. Tübingen: Mohr Siebeck.

Piore, M. J., & Sabel, C. F. (1984). *The Second Industrial Divide. Possibilities for Prosperity*. New York: Basic Books.

Pissarides, C. A. (2000). *Equilibrium Unemployment Theory*. Cambridge: MIT Press (2. Aufl.).

Podolny, J. M. (1993). A Status-Based Model of Market Competition. *American Journal of Sociology*, 98, 829-872.

Podolny, J. M., & Baron, J. N. (1997). Resources and Relationships: Social Networks and Mobility in the Workplace. *American Sociological Review*, 62, 673-693.

Portes, A. (1998). Social Capital: Its Origins and Applications in Modern Sociology. *Annual Review of Sociology*, 24, 1-24.

Putnam, R. D. (1993a). *Making Democracy Work. Civic Traditions in Modern Italy*. Princeton: Princeton University Press.

Putnam, R. D. (1993b). The Prosperous Community: Social Capital and Economic Growth. *American Prospect*, 13, 35-42.

Rebitzer, J. B., & Taylor, L. J. (2011). Extrinsic Rewards and Intrinsic Motives: Standard and Behavioral Approaches to Agency and Labor Markets. In D. Card, & O. C. Ashenfelter (Hrsg.), *Handbook of Labor Economics. Vol. 4B* (S. 701-772). Amsterdam: Elsevier.

Reskin, B. (1988). Bringing Men Back in: Sex Differentiation and the Devaluation of Women's Work. *Gender and Society*, 2, 58-81.

Ricardo, D. (1994 [1821]). *Über die Grundsätze der Politischen Ökonomie und der Besteuerung* (Übers. von G. Bondi. Hrsg. von H. D. Kurz unter Mitarb. von C. Gehrke). Marburg: Metropolis.

Ridgeway, C. L. (1997). Interaction and the Conservation of Gender Inequality: Considering Employment? *American Sociological Review*, 62, 218-235.

Robbers, T. (1993). *Investitionen in berufliches Humankapital und die Absicherung erwarteter Erträge: eine Analyse aus der Sicht neuerer ökonomischer Ansätze*. Bergisch Gladbach: Eul.

Rosen, S. (1981). The Economics of Superstars. *American Economic Review*, 71, 845-858.

Rosen, S. (1992). Contracts and the Market for Executives. In L. Werin, & H. Wijkander (Hrsg.), *Contract Economics* (S. 181-211). Oxford: Blackwell.

Rosenbaum, J. E. (1979). Tournament Mobility: Career Patterns in a Corporation. *Administrative Science Quarterly*, 24, 220-241.

Rosenbaum, J. E., DeLuca, S., Miller, S. R., & Roy, K. (1999). Pathways into Work: Short-and Long-Term Effects of Personal and Institutional Ties. *Sociology of Education*, 72, 179-196.

Saint-Paul, G. (2002). The Political Economy of Employment Protection. *Journal of Political Economy*, 110, 672-704.

Scharpf, F., & Schmidt, V. A. (2000). *Welfare and Work in the Open Economy. Bd. 1 und 2*. Oxford: Oxford University Press.

Schasse, U. (1991). *Betriebszugehörigkeitsdauer und Mobilität. Eine empirische Untersuchung zur Stabilität von Beschäftigungsverhältnissen*. Frankfurt a. M.: Campus.

Schmid, G. (Hrsg.). (1994). *Labor Market Institutions in Europe. A Socioeconomic Evaluation of Performance*. Armonk: Sharpe.

Schnitzlein, D. D. (2016). A New Look at Intergenerational Mobility in Germany Compared to the U.S. *Review of Income and Wealth*, 62, 650-667.

Schroeder, W. (2003). Der neue Arbeitsmarkt und der Wandel der Gewerkschaften. *Aus Politik und Zeitgeschichte*, 47-48, 6-13.

Schrüfer, K. (1988). *Ökonomische Analyse individueller Arbeitsverhältnisse*. Frankfurt a. M.: Campus.

Schulze Buschoff, K. (1999). *Teilzeitarbeit in Schweden, Großbritannien und Deutschland. Individuelle Dynamik und Haushaltskontext im Ländervergleich* (WZB Discussion Paper FS III 99-406). Berlin: WZB.

Schupp, J., Büchel, F., Diewald, M., & Habich, R. (Hrsg.). (1998). *Arbeitsmarktstatistik zwischen Realität und Fiktion*. Berlin: edition sigma.

Scott, W. R. (1995). *Institutions and Organizations*. Thousand Oaks: Sage.

Sengenberger, W. (Hrsg.). (1978). *Der gespaltene Arbeitsmarkt. Probleme der Arbeitsmarktsegmentation*. Frankfurt a. M.: Campus.

Shapiro, C., & Stiglitz, J. E. (1984). Equilibrium Unemployment as a Worker Discipline Device. *American Economic Review*, 74, 433-444.

Shavit, Y., & Müller, W. (Hrsg.). (1998). *From School to Work: A Comparative Study of Educational Qualifications and Occupational Destinations*. Oxford: Clarendon Press.

Simmel, G. (1989 [1900]). Philosophie des Geldes. In O. Rammstedt (Hrsg.), *Georg Simmel. Gesamtausgabe Band 6* (Hrsg. von D. P. Frisby, & K. C. Köhnke S. 7-723). Frankfurt a. M.: Suhrkamp.

Simon, H. A. (1951). A Formal Theory of the Employment Relationship. *Econometrica*, 19, 293-305.

Sinn, H.-W. (1997). The Selection Principle and Market Failure in Systems Competition. *Journal of Public Economics*, 66, 247-274.

Smith, A. (1983 [1776]). *Der Wohlstand der Nationen. Eine Untersuchung seiner Natur und seiner Ursachen*. München: dtv.

Sørensen, A. B. (1977). The Structure of Inequality and the Process of Attainment. *American Sociological Review*, 42, 965-978.

Sørensen, A. B. (2000). Toward a Sounder Basis for Class Analysis. *American Journal of Sociology*, 105, 1523-1558.

Spence, M. (1973). Job Market Signaling. *Quarterly Journal of Economics*, 87, 355-374.

Steinberg, R. (1990). Social Construction of Skill: Gender, Power, and Comparable Worth. *Work and Occupations*, 17, 449-482.

Stiglitz, J. E. (1976). The Efficiency Wage Hypothesis, Surplus Labour, and the Distribution of Income in L.D.C.s. *Oxford Economic Papers*, 28, 185-207.

Stinchcombe, A. L. (1974). *Creating Efficient Industrial Administrations*. New York: Academic Press.

Struck, O., & Köhler, C. (Hrsg.). (2004). *Beschäftigungsstabilität im Wandel? Empirische Befunde und theoretische Erklärungen für West- und Ostdeutschland*. München: Hampp.

Swedberg, R. (1994). Markets as Social Structures. In N. J. Smelser, & R. Swedberg (Hrsg.), *The Handbook of Economic Sociology* (S. 255-282). New York: Russel Sage Foundation.

Taylor, M. (1987). *The Possibility of Cooperation*. Cambridge: Cambridge University Press.

Tazelaar, F. (1990). Die Verarbeitung langfristiger Arbeitslosigkeit. In K.-D. Opp, & R. Wippler (Hrsg.), *Empirischer Theorienvergleich. Erklärungen sozialen Verhaltens in Problemsituationen* (S. 191-228). Opladen: Westdeutscher Verlag.

Thurow, L. C. (1975). *Generating Inequality. Mechanisms of Distribution in the U.S. Economy*. New York: Basic Books.

Thurow, L. C. (1983). *Dangerous Currents. The State of Economics*. New York: Random House.

Timmermann, D., & Weiß, M. (2015). Bildungsökonomie. In H. Reinders, H. Ditton, C. Gräsel, & B. Gniewosz (Hrsg.), *Empirische Bildungsforschung: Strukturen und Methoden* (S. 181-195). Wiesbaden: Springer VS (2. Aufl.).

Tomaskovic-Devey, D., Zimmer, C., Stainback, K., Robinson, C., Taylor, T., & McTague, T. (2006). Documenting Desegregation: Segregation in American Workplaces by Race, Ethnicity, and Sex, 1966–2003. *American Sociological Review*, 71, 565-588.

Topa, G. (2011). Labor Markets and Referrals. In J. Benhabib, A. Bisin, & M. O. Jackson (Hrsg.), *Handbook of Social Economics. Vol. 1B* (S. 1193-1221). Amsterdam: Elsevier.

Uzzi, B. (1996). The Sources and Consequences of Embeddedness for the Economic Performance of Organizations: The Network Effect. *American Sociological Review*, 61, 674-698.

Völker, B., & Flap, H. (1999). Getting Ahead in the GDR: Social Capital and Status Attainment under Communism. *Acta Sociologica*, 42, 17-34.

Voss, T., & Abraham, M. (2000). Rational Choice Theory in Sociology: A Survey. In S. R. Quah, & A. Sales (Hrsg.), *The International Handbook of Sociology* (S. 50-83). London: Sage.

Wagner, H. (Hrsg.). (2000). *Globalization and Unemployment*. Berlin: Springer.

Waltermann, R., & Söllner, A. (2014). *Arbeitsrecht*. München: Vahlen (17. Aufl.).

Watts, D. J., & Strogatz, S. H. (1998). Collective Dynamics of 'Small-World' Networks. *Nature*, 393, 440-442.

Weber, M. (1980 [1922]). *Wirtschaft und Gesellschaft. Grundriß der verstehenden Soziologie*. Tübingen: Mohr.

Weeden, K. (2002). Why Do Some Occupations Pay More than Others? Social Closure and Earnings Inequality in the United States. *American Journal of Sociology*, 108, 55-101.

White, H. (1970). *Chains of Opportunity. System Models of Mobility in Organizations*. Cambridge: Harvard University Press.

White, H. (2002). *Markets from Networks. Socioeconomic Models of Production*. Princeton: Princeton University Press.

Williamson, O. E. (1975). *Market and Hierarchies. Analysis and Antitrust Implications*. New York: Free Press.

Williamson, O. E. (1985). *The Economic Institutions of Capitalism*. New York: Free Press.

Williamson, O. E., Wachter, M. L., & Harris, J. E. (1975). Understanding the Employment Relation: The Analysis of Idiosyncratic Exchange. *The Bell Journal of Economics*, 6, 250-278.

Willis, R. J., & Rosen, S. (1979). Education and Self-Selection. *Journal of Political Economy*, 87, S7-S36.

Wood, A. (1998). Globalisation and the Rise in Labour Market Inequalities. *Economic Journal*, 108, 1463-1482.

Wright, E. O. (1997). *Class Counts. Comparative Studies in Class Analysis*. Cambridge: Cambridge University Press.

Übergänge in Ausbildung und Arbeitsmarkt

3

Hans Dietrich und Martin Abraham

3.1 Einleitung

„Unternehmen sucht qualifizierte Fachkraft, nicht älter als 25 Jahre, mit Berufs-
und Auslandserfahrung, möglichst promoviert": Mit derartig ironischen Beschreibungen charakterisieren Berufsanfänger häufig ihre Erfahrungen bei der Suche
nach einer ersten Stelle. Dahinter steht der Umstand, dass die Erstplatzierung auf
dem Arbeitsmarkt vielfach eine Herausforderung ist und in der Regel einen folgen-
reichen Schritt für die weitere Berufskarriere darstellt. Viele Befunde weisen darauf hin, dass die Qualität der ersten Stelle in hohem Maße mitentscheidet, welche
Berufs- und Karrierechancen ein Berufsanfänger haben wird. Wer in den ersten
Jahren einen stabilen Erwerbsverlauf vorweisen kann, hat auch im weiteren Leben eine höhere Chance, der Arbeitslosigkeit zu entgehen (Möller und Umkehrer
2015). Lehrlinge, die ihre Ausbildung in großen Betrieben oder bestimmten Branchen absolvieren, haben bessere Chancen, später in ein festes Arbeitsverhältnis
übernommen zu werden (Bellmann und Neubäumer 2001). Arbeitnehmer, die
schnell in den Genuss einer ersten Beförderung kommen, haben bessere Aussichten, im weiteren Karriereverlauf schneller und höher aufzusteigen (Rosenbaum
1984; Hurley und Sonnenfeld 1995).

Diese Befunde wären im Kontext der Arbeitsmarkt- und Ungleichheitsforschung wohl nur eine Randnotiz, wenn die Effekte zufällig oder noch besser meri-
tokratisch (das heißt nach Leistung) verteilt wären. Die Brisanz ergibt sich jedoch
erst daraus, dass die Ungleichheit hinsichtlich der beruflichen Erstplatzierung
systematisch durch Faktoren beeinflusst wird, die dem Arbeitsmarkt vorgelagert
sind. Insbesondere soziale Herkunft und die frühe Sortierfunktion des Bildungs-

© Springer Fachmedien Wiesbaden GmbH, ein Teil von Springer Nature 2018
M. Abraham und T. Hinz (Hrsg.), *Arbeitsmarktsoziologie*,
https://doi.org/10.1007/978-3-658-02256-3_3

systems führen zu typischen Mustern des Arbeitsmarkteintritts, die soziale Ungleichheit in den Arbeitsmarkt übertragen und verstärken (Weil und Lauterbach 2009, S. 333ff.).

Aus diesem Grunde ist es notwendig, den Arbeitsmarkteintritten in der Arbeitsmarktforschung besondere Beachtung zu schenken. Dabei wird unter Arbeitsmarkteintritt *die berufliche Erstplatzierung nach der Bildungs- und Ausbildungsphase* verstanden. Allerdings hängt das Ergebnis des Arbeitsmarkteintritts natürlich von der schulischen und beruflichen Qualifikation ab, die das Resultat vorangegangener Bildungsentscheidungen sind. Damit können Arbeitsmarkteintritte auch hinsichtlich des schulischen Qualifikationsniveaus unterschieden werden, das die Bewerber mitbringen. Für das deutsche Bildungssystem lassen sich typische Übergänge in das Erwerbssystem unterscheiden (sog. *pathways*, Ryan 2001), wie beispielsweise aus allgemeinbildenden Schulen über eine betriebliche oder berufliche Berufsausbildung in eine Erwerbstätigkeit (vgl. Konietzka 1999, 2001 bzw. Steinmann 2000) sowie Übergänge aus allgemeinbildenden Schulen über Fachhochschulen und Universitäten in das Erwerbsleben (vgl. Hillmert und Jacob 2002). Während Bildungsabgänger mit Hochschulabschluss vergleichsweise gute Arbeitsmarktaussichten besitzen, weisen diejenigen, die es nicht in eine dieser institutionalisierten Bahnen der Berufsausbildung schafften, das höchste Arbeitslosigkeitsrisiko und die schlechtesten Platzierungschancen auf. Dies macht bereits deutlich, dass die Chancen der Erstplatzierung auf dem Arbeitsmarkt nicht nur ungleich verteilt sind, sondern dass bereits der Zugang zur beruflichen Ausbildung für diese Chancen entscheidend ist.

Vor diesem Hintergrund werden in dem folgenden Beitrag in einem ersten Schritt der *Übergang von allgemeinbildenden Schulen in die berufliche Ausbildung* und in einem zweiten Schritt der *darauffolgende Übergang in den Arbeitsmarkt* beleuchtet.[1] Im Mittelpunkt steht die Frage, wie die dem Arbeitsmarkt vorgelagerten Faktoren – insbesondere (Bildungs-)Institutionen und sozialstrukturelle Unterschiede – zu Ungleichheiten bei der beruflichen Erstplatzierung führen. Entscheidend sind dabei die institutionellen Eigenschaften des jeweiligen Systems, in dem die Übergänge stattfinden. Daher werden wir in Abschnitt 3.2 kurz die generelle Struktur und empirischen Muster des Übergangs von der Schule in die berufliche Bildung und darauffolgend in den Arbeitsmarkt für Deutschland erläutern. In Abschnitt 3.3 steht der Übergang vom allgemeinbildenden Schulsystem in die berufliche Ausbildung im Mittelpunkt, während in Abschnitt 3.4 der Übergang der beruflichen Ausbildung in den Arbeitsmarkt, also die berufliche

---

1   Ausgeschlossen sind damit spätere Wiedereintritte in den Arbeitsmarkt, die unter anderem im Beitrag von Wolfgang Ludwig-Mayerhofer (Kap. 5) behandelt werden.

Erstplatzierung, diskutiert wird. Der Platzierungserfolg lässt sich hierbei auf ganz unterschiedlichen Dimensionen wie beruflicher Status, Einkommen, Ausbildungs-adäquanz oder der Arbeitsplatzsicherheit messen. Von besonderem Interesse ist die Frage, ob die Bildungsphase übergangslos in eine Erwerbstätigkeit mündet oder eine Phase der Arbeitslosigkeit folgt. In welchem Maße dies der Fall ist, wird vor allem unter dem Stichwort „Jugendarbeitslosigkeit" erfasst, da die Erstplatzie-rung vor allem in den frühen „jugendlichen" Lebensabschnitten stattfindet. Dies wird im Abschnitt 3.5 dargestellt. Das Kapitel schließt mit einem Fazit, in dem arbeitsmarktpolitische Implikationen diskutiert werden.

3.2 Arbeitsmarkteintritte: Generelle Strukturen und em-pirische Muster

Die Besonderheit des ersten Arbeitsmarkteintritts ergibt sich aus dem Umstand, dass in Deutschland – wie in allen modernen Industriegesellschaften – eine mehr oder wenige starke Verzahnung von Bildungssystem und Arbeitsmarkt existiert (vgl. zum Beispiel Allmendinger 1989; Estévez-Abe et al. 2001; Weil und Lauter-bach 2009; siehe hierzu auch Kap. 7 in diesem Band). Arbeitsmarkteintritte sind etwa in Deutschland stark institutionalisiert, die Bildungskarriere vor Arbeits-markteintritt hat nicht nur auf die berufliche Erstplatzierung, sondern auch auf den weiteren Erwerbsverlauf in hohem Maße Einfluss (Scherer 2004). Daher ist es für das Verständnis der Muster von Arbeitsmarkteintritten erforderlich, die institutio-nelle Struktur des vorgelagerten (Aus-)Bildungssystems mit zu berücksichtigen.

Grundsätzlich gilt für alle modernen Gesellschaften, dass Kinder und Jugend-liche zuerst eine Phase allgemeiner Bildung in einem institutionalisierten Schul-system durchlaufen. Dieses System ist im Detail sowohl international als auch innerhalb Deutschlands sehr unterschiedlich ausgestaltet (Bol und van de Wer-fhorst 2011), gemeinsam ist ihnen jedoch eine grundlegende hierarchische Struk-tur, die sich in Bildungsabschlüssen mit unterschiedlichem Niveau niederschlägt. In Deutschland drückt sich dies sehr vereinfacht in einem unteren (Hauptschule), mittleren (Realschule) und höheren (Gymnasium) Abschluss aus.[2] Generell wird Bildungssystemen eine ausgeprägte Sortierfunktion zugeschrieben (Spring 1976),

---

2   Neben diesen idealtypischen Schulformen gibt es eine Vielzahl von weiteren Schul-typen, deren Varianz vor allem durch die föderale Struktur des Bildungssystems be-einflusst wird. Die bildungspolitische Hoheit der Bundesländer hat insbesondere auch im Zuge der Wiedervereinigung zu einer inzwischen unüberschaubaren Vielfalt an Schulformen geführt. Für eine knappe allgemeine Übersicht vgl. zum Beispiel Ditton und Reinders (2015).

die sowohl den Bildungsverlauf im Schulsystem, als auch die Chancen der Schulabgänger in Ausbildung und Arbeitsmarkt steuert (Schneider und Tieben 2011).
 Beim Übergang von Bildung in den Arbeitsmarkt (sog. *school-to-work-tran-
sitions*) können im internationalen Vergleich idealtypisch zwei Modelle unterschieden werden. Das erste Modell beschreibt den Übergang von der Schule direkt in den Arbeitsmarkt, wobei in den Schulen auch bereits generelle berufliche
Ausbildungsinhalte vorwiegend theoretisch vermittelt werden. Die sich daran anschließende Aufnahme einer Beschäftigung macht dann eine umfangreiche (An-)
Lernphase im Betrieb (*training-on-the-job*) nötig. Von diesem Typus lässt sich
das insbesondere im deutschsprachigen Raum verbreitete Modell des Übergangs
von der allgemeinbildenden Schule in die betrieblich-schulische Ausbildung und
danach in eine Beschäftigung unterscheiden (Tessaring 1993). In diesem Rahmen
erlernen die Abgänger von allgemeinbildenden Schulen einen – meist gesetzlich
geregelten – Ausbildungsberuf. Im Gegensatz zu einem arbeitsplatzorientiertem
training-on-the-job wird hier in einem breiteren beruflichen Tätigkeitsfeld nach
einem bundesweit einheitlichen Curriculum ausgebildet und so die Einsetzbarkeit
in einem betriebsübergreifenden, berufsspezifischen Arbeitsmarkt ermöglicht.
 In Deutschland manifestiert sich dieses Modell in einer spezifischen Form,
der „dualen Berufsausbildung" (Ebner 2013). Darunter wird eine Form betrieblicher Ausbildung gefasst, bei der auf Basis bundesweit gültiger Regelungen (Be-
rufsbildungsgesetz bzw. Handwerksordnung) berufliche Abschlüsse durch eine
parallele Ausbildung im Betrieb und in einer Berufsschule erworben werden
(Lehrberufe). Diese in der Regel zwei- bis dreijährigen Ausbildungen verknüpfen
praktische und theoretische Kompetenzen und qualifizieren für ein breiteres Berufsfeld. Allerdings finden sich auch in Deutschland Abweichungen von diesem
Prinzip. Zum einen finden bestimmte Ausbildungen nur schulisch statt (zum Beispiel PhysiotherapeutIn), zum anderen stellt die tertiäre Hochschulausbildung ein
eigenes Segment dar, in dem die berufliche Ausbildung nicht direkt in Betriebe
integriert ist.
 Aus einer international vergleichenden Perspektive wird immer wieder die Frage diskutiert, inwieweit die duale Berufsausbildung (die außer in Deutschland vor
allem in Österreich, der Schweiz und den Niederlanden zu finden ist) dem direkt
in den Job mündenden System des *training-on-the-job* überlegen ist (Forster et al.
2016; Hanushek et al. 2017). Weitgehend Konsens ist, dass der Arbeitsmarkteintritt von Absolventen der betrieblichen Ausbildung unproblematischer verläuft als
Übergänge aus schulbasierten Systemen. Dies lässt sich zum Beispiel an dem Umstand erkennen, dass die Firmen in hohem Maße ihre Auszubildenden übernehmen
(vgl. hierzu Abschnitt 3.4.3) und die nicht übernommenen Jugendlichen aufgrund
ihrer breiten Ausbildung ohne Probleme auch in anderen Firmen mit einer ge-

wissen Arbeitserfahrung einsteigen können. Allerdings wird dabei vernachlässigt, dass diese Erfolgsquote mit Selektivität auf der vorherigen Stufe erkauft wird. Da Unternehmen nur den aus ihrer Sicht ausbildungsfähigen Jugendlichen einen Ausbildungsplatz anbieten (vgl. hierzu Kohlrausch und Solga 2012) und diese später eine überproportional gute Chance auf einen stabilen Arbeitsplatz haben, wird leistungsschwachen Jugendlichen der Zugang zum Ausbildungssystem verwehrt, wodurch sie dem erhöhten Risiko instabiler Erwerbskarrieren ausgesetzt sind. Darüber hinaus erschwert das institutionalisierte Berufssystem spätere Berufswechsel, da die Arbeitgeber nicht gewohnt sind, berufsfremde Arbeitnehmer auf dem Arbeitsplatz einzuarbeiten. Ob das duale System insgesamt besser abschneidet hängt somit von einer Reihe an Rahmenbedingungen ab, wie beispielsweise der Fähigkeit des allgemeinen Schulsystems, die Ausbildungsfähigkeit möglichst vieler Absolventen sicherzustellen oder der Art und Geschwindigkeit des technischen und ökonomischen Wandels. Letzterer beeinflusst, welchem Veränderungsdruck Berufe unterliegen und wie einmal erworbene berufliche Kompetenzen in Zukunft verwertet werden können.

Neben dem dualen, beruflichen Ausbildungssystem existiert als zweiter großer Block das tertiäre, hochschulische Bildungssystem. Das Studium an einer Hochschule oder Universität qualifiziert typischerweise für bestimmte berufliche Segmente, wobei die berufliche Spezialisierung je nach Studiengang und Disziplin sehr stark variieren kann. Auch hier kann man von einem zweistufigen Prozess des Übergangs ausgehen, der sich jedoch in den wirksamen Mechanismen etwas von der betrieblichen Ausbildung unterscheidet. Während bei der betrieblichen Ausbildung ein Ausbildungsmarkt existiert, bei dem Bewerber um die besten Betriebe und Arbeitgeber um die besten Bewerber konkurrieren, kommt bei der Vergabe von Studienplätzen den Hochschulen eine zentrale Rolle zu.

Die Höhe der Zugangshürde differiert je nach Studiengang und Hochschultyp. Die Selektionsmechanismen und die Konsequenzen zwischen der tertiären und der betrieblichen Ausbildung unterscheiden sich erheblich, sodass wir im Folgenden die Übergänge für beide Ausbildungsebenen getrennt diskutieren werden. Allerdings sind die beiden Bereiche nicht mehr so klar voneinander abzugrenzen wie dies lange Zeit der Fall war. So werden etwa in steigendem Umfang duale Studiengänge eingerichtet, die eine betriebliche Lehrausbildung mit dem Hochschulstudium verbinden (zum Beispiel Baethge und Wolter 2015). Weiterhin zeigt sich, dass mit der in Deutschland seit einiger Zeit zu beobachtenden Zunahme der Schulabsolventen mit Hochschulreife, diese Gruppe häufiger eine betriebliche Ausbildung aufnimmt (Bundesministerium für Bildung und Forschung 2017, S. 39). Im Folgenden orientieren wir uns an dem in Deutschland dominanten zweistufigen Übergang (erst von der Schule in die berufliche Ausbildung und dann in

den Arbeitsmarkt) und diskutieren die Mechanismen der Selektion für diese beiden Stufen, Ausbildungs- und Berufswahl einerseits und den eigentlichen Arbeitsmarkteintritt andererseits, getrennt.

Empirisch gestalten sich Übergänge aus Ausbildung in Beschäftigung und der
damit verbundene Einstieg in das Erwerbsleben in Deutschland als außerordentlich
heterogen. Das Alter beim Ersteintritt in das Erwerbsleben bewegt sich zwischen 15
und über 30 Jahren. Diese Altersspanne hängt zwar nicht ausschließlich, aber doch
wesentlich von der individuellen Bildungs- und Ausbildungsbiografie ab. Dem Eintritt in das Erwerbssystem unmittelbar nach Beendigung der Regelschulzeit kommt
auch für Jugendliche ohne beruflichen Abschluss eine immer geringere Bedeutung
zu. Über die Geburtskohorten hinweg zeigt sich, dass sich die Phase zwischen Schule und erster stabiler Erwerbstätigkeit in der Kohortenabfolge auch unter Kontrolle
der Ausbildungszeiten verlängert hat (siehe Konietzka 1999; Hillmert 2001; Jacob
2004; Thomas 2013). Ein Faktor für den verspäteten Eintritt in das Erwerbsleben ist
neben den zentralen und unmittelbaren Effekten der Bildungsexpansion und dem
damit verbundenen längeren Verbleib im Bildungs- und Ausbildungssystem auch der
sukzessive Erwerb mehrerer beruflicher Abschlüsse (Tessaring 1995; Jacob 2004;
Thomas 2013). Die grundsätzliche Logik und die daraus resultierenden Muster der
Ausbildungswahl im Allgemeinen sind Gegenstand des folgenden Abschnitts.

3.3   Berufs- und Ausbildungswahl: Theoretische Über-
legungen und empirische Befunde

Wie im vorherigen Abschnitt deutlich wurde, verläuft der Arbeitsmarkteintritt in
Deutschland in mehreren Schritten, deren Ausprägungen von dem gewählten Bil-
dungsweg abhängen. Im ersten Schritt haben die Akteure eine Bildungsentscheidung zu treffen, die weitreichende Auswirkungen für die spätere Positionierung
auf dem Arbeitsmarkt hat (siehe hierzu den nächsten Abschnitt). Im Folgenden
werden zuerst die theoretischen Grundlagen für die Berufs- und Ausbildungswahl
thematisiert, um daran anschließend die empirischen Befunde zu diskutieren.

3.3.1   Theoretische Überlegungen zur Berufs- und
Ausbildungswahl

Die Entscheidungssituation im Übergang vom allgemeinbildenden Schulsystem in
die berufliche Ausbildung kann idealtypisch in zwei grundlegende Schritte zerlegt
werden: Erstens können die Akteure in der Regel zwischen einem Eintritt in das

duale System, einem weiterführenden Schul- oder Hochschulbesuch oder einer Berufstätigkeit ohne weitere Ausbildung wählen. Hier handelt es sich vorwiegend um eine vertikale Dimension, das heißt die Akteure entscheiden sich für mehr oder weniger (Aus-)Bildung in einem hierarchisch geschichteten Ausbildungssystem. Treten die Akteure in das duale System ein, ist damit zweitens eine Entscheidung über einen zu erlernenden Beruf verbunden, die sowohl eine vertikale (da es Berufe mit anspruchsvollen und weniger anspruchsvollen Ausbildungen gibt, siehe hierzu Abschnitt 3.4) als auch eine horizontale Dimension (die Wahl zwischen gleichwertigen Berufen) besitzt. Die beiden Schritte – Bildungsentscheidung und Berufswahlentscheidung – werden im Folgenden nur zur besseren Darstellung getrennt, in der Realität handelt es sich meist um simultane, miteinander verknüpfte Entscheidungen. Beispielsweise können Jugendliche sich für bestimmte Ausbildungsberufe bewerben und im Falle eines Misserfolgs dann doch eine weiterführende Schule besuchen.

Als Basismodell für beide Entscheidungssituationen bietet sich in einem ersten Schritt ein humankapitaltheoretisches Modell an (vgl. hierzu Kapitel 2.3 in diesem Band). Dabei wird angenommen, dass die Erträge unterschiedlicher Bildungsentscheidungen auf Basis des zukünftig erwarteten Lebenseinkommens und der jeweiligen Bildungskosten verglichen werden. Gewählt wird die Alternative mit der höheren Rendite. Nun zeigt sich empirisch, dass höhere Bildung zu höheren Einkommen und auch zu höheren Renditen führt (vgl. zum Beispiel Orlowski und Riphahn 2011), das heißt grundsätzlich sollte jeder Akteur Interesse an höherer Bildung haben.[3] Will man nun Unterschiede zum Beispiel im Wahlverhalten zwischen dem dualen System und höherer Bildung erklären, so rücken vor allem die Kosten und die wahrgenommenen Risiken in den Mittelpunkt. Jugendliche können an den Ausbildungsanforderungen scheitern, deshalb sollten – wie in der *signaling*-Theorie angenommen – sich fähigere Jugendliche eher für die anspruchsvolleren Ausbildungen entscheiden. Darüber hinaus wird insbesondere im Rahmen soziologischer Modelle der Bildungswahl (Boudon 1974; Breen und Goldthorpe 1997; Kristen 1999) davon ausgegangen, dass die Herkunftshaushalte die auftretenden Kosten (das heißt insbesondere die Verdienstausfälle) unterschiedlich gut tragen können. Einkommensschwache Haushalte werden daher (Aus-)Bildungsgänge bevorzugen, die geringere Kosten verursachen. Da betriebliche Berufsausbildungen im dualen System erstens mit einer Ausbildungsvergütung verbunden

---

3   Allerdings ist natürlich nicht nur das Bildungsniveau, sondern auch das betreffende Arbeitsmarktsegment für die Rendite entscheidend. Beispielsweise können hochqualifizierte Facharbeiter mehr verdienen als Hochschulabgänger, die in sozialen Berufen arbeiten.

sind und zweitens früh im Lebensverlauf zu einem vollwertigen Einkommen führen, sollten aus theoretischer Perspektive einkommensschwache Haushalte für ihre Kinder eher Ausbildungen im dualen System bevorzugen. Dieser Effekt wird verstärkt, wenn man annimmt, dass in niedrigeren Schichten aufgrund von Informationsdefiziten der Nutzen höherer Bildung häufig unter- und die Risiken überschätzt werden (Boudon 1974).

Diese theoretische Argumentation lässt sich grundlegend auf jede Bildungsentscheidung anwenden, die mit unterschiedlichen Kosten und Erträgen verbunden ist. Betrachtet man nun innerhalb des dualen Systems die Berufswahl selbst, so trägt diese Argumentation solange wie sich die Erträge der Berufe unterscheiden und dies von den Akteuren auch wahrgenommen wird. Hier zeigt sich deutlich, dass das duale System in sich vertikal geschichtet ist und die unterschiedlichen Ausbildungssegmente zu stark unterschiedlichen Arbeitsmarktchancen führen (Protsch und Solga 2016).[4] Schwieriger wird der Fall, wenn die Entscheidung zwischen weitgehend gleichwertigen Berufen erklärt werden soll (zum Beispiel Schreiner oder Bäcker). Hier finden häufig Sozialisationstheorien Anwendung, die die Prägung von bestimmten Präferenzen in den Mittelpunkt stellen. Dabei wird in der Regel angenommen, dass die Ausbildung von Vorlieben durch das Elternhaus geprägt wird. Berufe, die die Eltern (häufig der Vater) ausüben, werden eher als Vorbild betrachtet, zudem besitzen die Kinder zu diesem Beruf bereits viele Informationen. Diese eigentlich alte Argumentationslinie zum Zusammenhang zwischen Herkunft, Beruf und Ungleichheit (vgl. Beck et al. 1979) wurde in jüngster Zeit im Rahmen des *micro-classes*-Ansatzes (Weeden und Grusky 2005) neu belebt. So zeigen Jonsson et al. (2009), dass in modernen Gesellschaften die sozialstrukturelle Position von Personen und damit die Ungleichheit durch den Beruf der Eltern bestimmt wird. Demnach vermitteln Eltern ihren Kindern spezifisches Wissen über den von ihnen ausgeübten Beruf, dieser Informationsvorteil in Kombination mit der Präferenz für den Statuserhalt führt dann überproportional häufig dazu, dass die Kinder den elterlichen Beruf oder das Berufsfeld anstreben. Ähnliche Befunde zeigt die Forschung über den Aufbau beruflicher Kompetenzen von Jugendlichen (Watermann und Baumert 2006). Eine Variante dieser Argumentation berücksichtigt dazu geschlechtsspezifische Muster – die Sichtweise auf

---

4   Ähnliches gilt für die Abwägung zwischen Studium und beruflicher Ausbildung, die sich hinsichtlich der Nutzen, Kosten und Risiken stark unterscheiden. Allerdings können Wandlungsprozesse diese Faktoren über die Zeit verschieben und so nicht nur die Bildungsentscheidungen, sondern unter Umständen auch das ganze institutionelle System beeinflussen (vgl. hierzu die Diskussion über die veränderte Attraktivität des dualen Systems durch die Tendenz zu höherer Bildung zum Beispiel bei Baethge und Wolter 2015).

geschlechtsspezifische Berufsfelder wird demnach davon geprägt, ob die Eltern (insbesondere die Mutter) geschlechtstypische Berufe ausüben (vgl. auch Kap. 11 in diesem Band).

Die bisherigen Ansätze stellen ausschließlich die Entscheidung der Jugendlichen für (Aus-)Bildung in den Mittelpunkt. Allerdings muss dieser Blickwinkel ergänzt werden durch Restriktionen, die sich durch das Verhalten der Bildungsträger – Schulen und/oder Betriebe – ergeben. Erstens ist der Zugang zu höherer Bildung durch gewisse Voraussetzungen wie insbesondere Schulnoten beschränkt. Sind diese zu schlecht, ist der Übertritt auf eine weiterführende Schule meist verwehrt. Zweitens beruht das duale System in hohem Maße auf Wettbewerb, wie im primären Arbeitsmarkt müssen sich die Jugendlichen bei Betrieben oder Schulen um Ausbildungsplätze bewerben. Die Entscheidung über die Vergabe liegt bei den Ausbildungsträgern, daher werden insbesondere schlechte Schüler ihre Ausbildungswünsche nicht unbedingt umsetzen können (z. B. Abraham und Arpagaus 2008).

Betrachtet man Veränderungen der genannten Bildungsentscheidungen in einer Gesellschaft über die Zeit hinweg, so hat sich das Konzept des Lebensverlaufs als besonders hilfreich erwiesen (Ludwig-Mayerhofer et al. 2011). Als Lebensverlauf wird dabei die zeitliche Abfolge von Phasen und Ereignissen im Leben von Individuen bezeichnet. Zentral ist dabei die Annahme, dass diese Abfolgen nicht willkürlich sind, sondern dass unsere Lebensverläufe durch Institutionen und gesellschaftliche Ereignisse geprägt werden (Mayer 1995). Aus dieser Sicht zeichnet sich der Übergang von der Schule in die Erwerbstätigkeit durch eine individuell unterschiedliche Abfolge von Statusphasen aus. Diese kann Ausbildungsphasen, mehr oder minder kurzfristige Erwerbsphasen (insbesondere Nebenjobs oder kurzfristige Beschäftigungsverhältnisse), Wehr- oder Zivildienst, Mutterschaft sowie Erziehungs- und Betreuungsphasen, Phasen der individuellen Orientierung oder der Arbeitslosigkeit umfassen. Dabei kann die zeitliche Lage und Dauer einzelner Übergangsphasen ebenso variieren wie die Art der Übergangsphasen, die die individuellen Verläufe in dieser Lebensphase bilden. Institutionen strukturieren sowohl die zeitliche Lage der Übertritte als auch die Chancen der Platzierung für unterschiedliche Akteursgruppen. Dies umfasst die Bildungsinstitutionen genauso wie die Institutionen des Arbeitsmarktes, die beispielsweise das Tarifsystem oder die Strukturierung des Arbeitsmarktes in verschiedene Segmente (Blossfeld und Mayer 1988) beinhalten. Die relevanten Institutionen können sich langfristig jedoch ändern und aufgrund des unterschiedlichen gesellschaftlichen Kontextes in verschiedenen Perioden und damit für unterschiedliche Geburtskohorten unterschiedliche Wirkung entfalten. Im Hinblick auf die hier interessierende Berufswahl bedeutet dies, dass das institutionalisierte Bildungssystem typische Übergangssituationen produziert, die üblicherweise mit einer bestimmten Altersphase einhergehen. Beispielsweise sind alle Absolventen der Hauptschulen nach den neunten Klassen im Alter von 14 bis 15 Jahren mit der Entscheidung konfrontiert, eine Ausbildungsstelle zu suchen oder eine weiterführende Schule zu besuchen. Welche empirischen Effekte derartige institutionelle Muster nach sich ziehen, wird im folgenden Abschnitt diskutiert.

3.3.2 Empirische Befunde zum Übergang in berufliche Bildung

Im Folgenden soll der inzwischen äußerst umfangreiche empirische Forschungsstand zum Übergang von Schule in die berufliche Bildung knapp skizziert werden. Hierbei blenden wir den Aspekt der vertikalen Bildungsentscheidung während des allgemeinbildenden Schulbesuchs weitgehend aus, da dies eher ein bildungs- als ein arbeitsmarktsoziologisches Thema darstellt (für weiterführende Information vgl. z. B. Becker 2000; Becker und Lauterbach 2010; Maaz und Nagy 2010). Eine wichtige Rahmenbedingung für die arbeitsmarktbezogene Übergangsforschung ist die Beobachtung, dass Abgänger aus allgemeinbildenden Schulen zunehmend häufiger über eine Hochschulzugangsberechtigung verfügen und daher eine geringere Nachfrage nach betrieblichen Ausbildungsplätzen aufweisen. Damit verändert sich auch die Qualifikationsstruktur der Bewerber um eine betriebliche Ausbildung.

Im Hinblick auf den Übergang von allgemeinbildenden Bildungsgängen in die Berufsbildung folgt aus dem Konzept des institutionell strukturierten Lebensverlaufs, dass die Berufswahl als ein dynamischer Prozess zu begreifen ist, dessen Verlauf von Pfadabhängigkeiten bezüglich früherer Ereignisse und den Einfluss struktureller Faktoren geprägt ist (Kleinert und Jacob 2012). Typischerweise beginnt die Betrachtung mit der Frage nach Berufswahlaspirationen, also der Ausbildung von Präferenzen für bestimmte Berufe oder Bildungswege. Aus der Literatur ist bekannt, dass Jugendliche unterschiedliche Wunschberufe haben und diese im Laufe der Ausbildungsplatzsuche auch verändern (z. B. Heckhausen und Tomasik 2002; Mortimer et al. 2002; Tomasik et al. 2009).

Die ersten Schritte in der Berufswahl erfolgen bei Jugendlichen, die eine betriebliche Berufsbildung absolvieren wollen, im schulischen Abschlussschuljahr (z. B. Heckhausen und Tomasik 2002; Herzog et al. 2003). Die Jugendlichen treten zunächst mit einer meist noch idealistisch geprägten Berufsaspiration (Eberhard und Ulrich 2006; Reißig et al. 2008) auf den Lehrstellenmarkt und werden mit Opportunitätsstrukturen wie Nachfrageüberhang oder Eintrittsbarrieren konfrontiert. Ist eine Bewerbung auf eine Stelle in einem bestimmten Beruf nicht erfolgreich, dann können die Jugendlichen ihren künftigen Ausbildungsplatz auch in anderen Berufen suchen. Damit wird die Berufswahl der Jugendlichen zu einem Prozess, der sich in seiner „heißen Phase" vor allem auf das letzte Schuljahr und den dort stattfindenden Bewerbungsprozess erstreckt (z. B. Gottfredson 1981 und 1996; Dickinson 1990; Super 1990; Heinz 2002). Heckhausen und Tomasik (2002) zeigen in ihrer Studie zur Berufsaspiration bei Realschülern im letzten Schuljahr, dass erstens die Jugendlichen ihre Aspiration an die Realität anpassen und ihre Traumberufe durch profanere Wunschberufe ersetzen. Zweitens wurde die Aspiration in den Monaten vor dem Übertritt an ihre schulischen Leistungen sowie die Anforderungen der Berufe, in der Regel nach unten, angepasst.

Ausgehend von der Ausbildung beruflicher Aspirationen richtet sich der Fokus auf die Realisierung (*attainment*) der Berufsaspirationen und den damit verbundenen Übertritt in den Ausbildungsmarkt. Dabei wird der Frage nachgegangen, ob die Schulabgänger eine Ausbildungsstelle bekommen und welche Qualität diese hat. Dieser Übergang geschieht auf einem Markt, auf dem Jugendliche um die besten Ausbildungsplätze und Betriebe um die besten Auszubildenden konkurrieren. Eine Reihe von Studien zeigt, dass bestimmte Fähigkeiten und Kompetenzen diesen Übergang beeinflussen. Arbeitgeber richten sich zwar nicht ausschließlich, jedoch auch nach den schulischen Leistungen und Noten (z. B. Abraham und Arpagaus 2008; Beicht et al. 2008). Allerdings kann ein Kontakt zur Arbeitswelt schon während der Schulzeit einen erfolgreichen Übergang fördern (Kohlrausch und Solga 2012). Darüber hinaus bestimmen eine Reihe von situativen Faktoren die Übergangs- und Erfolgswahrscheinlichkeit für die Ausbildungsplatzsuche. So führt eine schlechte konjunkturelle Lage zu einem geringeren Ausbildungsplatzangebot durch die Betriebe oder eine starke Schulabgangskohorte zu verstärkter Konkurrenz. Diese Knappheit führt dann auch dazu, dass sich die Jugendlichen mangels Alternativen für weiterführende Bildung entscheiden (Kleinert und Jacob 2013).

In Bezug auf geschlechtsspezifische Unterschiede gibt es inzwischen eine sehr umfangreiche Literatur, die dauerhafte Ausbildung von typischen Männer- und Frauenberufen belegt (siehe Kap. 11 in diesem Band sowie Boll et al. 2015). Eine Ursache hierfür liegt natürlich in dem Umstand, dass Jugendliche bereits bei der Ausbildungswahl geschlechtskonforme Berufe wählen (vgl. Bundesministerium für Bildung und Forschung 2016). Dies wird häufig mit Mechanismen geschlechtsspezifischer Sozialisation begründet (vgl. bereits Engelbrech 1987). Anhand von Schweizer Daten finden Buchmann und Kriesi (2012), dass geschlechterstereotype

elterliche Fähigkeitszuschreibungen die Wahl von Frauen- und Männerberufen beeinflussen. Zudem zeigt sich ein Einfluss von geschlechtstypischen Aspirationen
sowie institutionellen Zuweisungsprozessen aufgrund schulischer Qualifikationen.
Eine weitere Gruppe, die in den letzten Jahren zunehmend in den Mittelpunkt
der Bildungsforschung rückte, sind Migranten. Hier lässt sich festhalten, dass sowohl beim allgemeinen Bildungs- und Kompetenzerwerb (Stanat 2006) als auch
beim Übergang in die berufliche Ausbildung (Seibert et al. 2009; Hunkler 2010;
Granato et al. 2011) sowie in den Arbeitsmarkt selbst (Konietzka und Seibert 2003;
Seibert und Solga 2005; siehe hierzu auch Kap. 10 in diesem Band) für Migranten Nachteile bestehen, die sich jedoch gruppenspezifisch erheblich unterscheiden
können.

Für die Übergänge in den Hochschulbereich zeigt sich in den letzten Jahren
eine Zunahme von Jugendlichen, die in den tertiären Bildungssektor eintreten.
Inzwischen erwerben 53 Prozent einer Geburtskohorte die Hochschulreife (vgl.
Autorengruppe Bildungsberichterstattung 2016). Dementsprechend nahm die Zahl
der Studierenden bei zeitgleich sinkender Studienneigung zu.[5] Allerdings deuten
die vorliegenden Befunde darauf hin, dass sich die herkunftsspezifischen Unterschiede beim Übergang ins Studium tendenziell vergrößern (vgl. Mayer et al.
2007; Lörz und Schindler 2011; Lörz 2012; Schindler und Lörz 2012). Begründet
wird dies unter anderem durch eine zunehmende Sensitivität unterer Herkunfts-
schichten gegenüber den angenommenen Kosten und Risiken eines Studiums
(vgl. Hillmert und Jacob 2003; Becker und Hecken 2009) sowie der unterschiedlichen Bewertung von Erträgen und subjektiven Erfolgswahrscheinlichkeiten einer
Hochschulausbildung (vgl. Schindler und Lörz 2012). Insbesondere scheinen kor-
rekte Informationen über zukünftige (akademische) Berufsbilder die Aufnahme
eines Studiums zu befördern (Morgan et al. 2013b). Eine Reihe von Studien weisen
darüber hinaus auf soziale Ungleichheiten bei der Wahl eines Studienfaches hin
(Jacob und Klein 2013). Am deutlichsten treten diese für mit hohem Prestige und
Einkommenschancen verbundene Studienrichtungen wie Medizin und Rechts-
wissenschaft auf (vgl. Davies und Guppy 1997; Becker et al. 2010b). Während
Abiturienten aus akademisch gebildeten Familien überproportional in diesen Stu-
dienrichtungen vertreten sind, wählen Studienberechtigte aus weniger gebildeten
Elternhäusern eher ingenieurs- und wirtschaftswissenschaftliche Studiengänge.
Zudem lassen sich stark geschlechtsspezifische Muster der Studienwahl feststel-

---

5   Das Statistische Bundesamt berichtet einen Anstieg der Zahl der Studierenden von
    1.963.598 in 2004 auf 2.698.910 in 2014, das entspricht einem Anstieg um 37 Prozent
    (vgl. Statistisches Bundesamt 2015, S. 13). Bei der Bewertung dieser Zahlen ist jedoch
    auch ein deutlicher Anstieg ausländischer Studierender zu berücksichtigen.

len (Morgan et al. 2013a). Becker et al. (2010b) zeigen, dass für die Wahl eines Studienfaches ähnliche Mechanismen verantwortlich sind, wie für die Aufnahme eines Studiums selbst und kommen daher zu dem Schluss, dass sich Modelle klassenspezifischer Bildungsentscheidungen auch auf Ausbildungs- und Berufswahlentscheidungen übertragen lassen.

3.4 Eintritt in den Arbeitsmarkt: Theorien und Befunde

Wurde in den vorherigen Abschnitten der Übergang von Allgemeinbildung in berufliche Bildung aus theoretisch-konzeptioneller und empirischer Perspektive thematisiert, so werden in den nachfolgenden Abschnitten insbesondere Übergänge von (Aus-)Bildung in den Arbeitsmarkt Gegenstand der Darstellung sein. In der Literatur wird dieser Schritt vielfach als Erstplatzierung auf dem Arbeitsmarkt bezeichnet, im Kern geht es dabei um die Aufnahme einer Erwerbstätigkeit nach Beendigung des individuellen (Aus-)Bildungserwerbs. Die Abgrenzung birgt empirisch jedoch einige Probleme: Zum einen bleibt dabei der Umstand unberücksichtigt, dass vermutlich die Mehrzahl der jüngeren Bildungsabsolventen bereits im Rahmen von Praktika, Ferienarbeit oder studentischer Erwerbstätigkeit (Staneva 2015) erste Erwerbserfahrung erworben hat. Zum zweiten trifft die Vorstellung einer der Erwerbstätigkeit vorgelagerten abgeschlossenen Bildungsphase immer weniger zu. Bildung kann und wird in Form von Weiterqualifizierung oder Umschulungen im gesamten Erwerbsverlauf erworben. Wann der Erwerb formaler Bildung tatsächlich abgeschlossen ist, kann daher eigentlich nur im Nachhinein am Ende des Berufslebens bestimmt werden.

Trotz dieser Probleme zeigt sich empirisch natürlich, dass bestimmte Übergänge vom (Aus-)Bildungssystem in den Arbeitsmarkt besonders relevant sind und diese in der Regel in dem Altersfenster von 16 bis 28 Jahren stattfinden. Für Deutschland ist demzufolge nach wie vor von qualifikationsspezifischen Übergangsmodellen auszugehen, die sich auf jeweils spezifische Teilarbeitsmärkte beziehen. Vor diesem Hintergrund betrachten wir im Folgenden insbesondere den Übergang von Bildung in Beschäftigung einerseits nach Abschluss einer beruflichen Ausbildung in einen Betrieb (sog. Lehrausbildung) oder an einer beruflichen Schule (Berufsfachschule, Schulen des Gesundheitswesens) in Abschnitt 3.4.3 und andererseits an einer Hochschule (siehe 3.4.4). Daneben ist eine Gruppe junger Menschen zu beachten, die ohne abgeschlossene berufliche Bildung beziehungsweise ohne einen allgemeinbildenden Schulabschluss in den Arbeitsmarkt übergehen (siehe 3.4.2). Die theoretischen Grundlagen für diese empirischen Übergangsmuster werden im folgenden Abschnitt gelegt.

3.4.1 Theoretische Grundlagen des Arbeitsmarkteintritts

Aus theoretischer Sicht handelt es sich bei der Erstplatzierung auf dem Arbeitsmarkt um einen *matching*-Prozess wie jeden anderen, das heißt Arbeitnehmer und Arbeitgeber müssen für ein Arbeitsverhältnis zueinander finden. Im ersten Schritt lässt sich festhalten, dass die (Aus-)Bildung die Qualität der Arbeitsmarktplatzierung bestimmen wird. Dies liegt an dem Umstand, dass Humankapital die Produktivität erhöht und die Arbeitgeber auf dieses Humankapital angewiesen sind, da sie – anders als im neoklassischen Modell angenommen – nicht einfach einen Arbeitnehmer mit höherer Produktivität durch mehrere Arbeitnehmer mit niedriger Produktivität ersetzen können. Dies liegt unter Anderem am berufsspezifischen Humankapital, das durch eine entsprechende Ausbildung vermittelt wird. Dementsprechend werden Personen im Schnitt umso schneller in Arbeit kommen und umso bessere Jobs finden, je höher und passgenauer ihr Qualifikationsniveau ausfällt.

In einem zweiten Schritt muss berücksichtigt werden, dass dieser *matching*-Prozess – wie bereits in Kapitel 2.2 ausgeführt – mit Informationsproblemen behaftet ist, da der Arbeitgeber die Produktivität des Arbeitnehmers nicht kennt und diese aufgrund von indirekten Indikatoren wie zum Beispiel Bildung einschätzen muss. Vor diesem Hintergrund stellt sich die Frage, welche spezifischen Eigenschaften der erste Arbeitsmarkteintritt diesbezüglich mit sich bringt und welche Effekte dies nach sich zieht. Vergleicht man nun Personen, die das erste Mal in den Arbeitsmarkt eintreten, mit bereits länger Erwerbstätigen, so besitzen letztere einen entscheidenden Vorteil, da sie bereits über spezifische Berufserfahrung verfügen. Dies bedeutet zum einen, dass sie – entsprechend dem oben aufgeführten humankapitaltheoretischen Argument – über höhere Kompetenzen und damit über eine höhere Produktivität verfügen. Zum anderen können die Arbeitgeber bei der Einschätzung ihrer Produktivität auf diese bisherige Berufserfahrung zurückgreifen, während die Berufsanfänger nur ihre schulischen Zeugnisse vorweisen können. Dies führt zu der Vorhersage, dass erstens bereits Erwerbstätige schneller eine neue Arbeitsstelle finden sollten als Personen, die das erste Mal in den Arbeitsmarkt eintreten, und dass zweitens das *match* von Berufsanfängern aufgrund der höheren beidseitigen Unsicherheit schlechter ausfällt als bei bereits Erwerbstätigen. Dies führt zu dem Phänomen des *job hopping* oder *job shopping* zu Beginn der Erwerbskarriere (vgl. Johnson 1978; Franz 1982; Bellmann und Bender 1997), das heißt die schlechteren *matches* zu Beginn werden schnell als solche erkannt und zugunsten besserer Arbeitsverhältnisse aufgelöst. Typischerweise finden sich derartige dynamische Muster in den ersten Erwerbsjahren, bis dann ein stabileres Arbeitsverhältnis eingegangen wird (Clark und Summers 1982).

Diese Argumentation kann auch auf die Frage angewendet werden, welche Effekte durch das duale Ausbildungssystem in Deutschland zu erwarten sind. Da die berufliche Ausbildung zum Teil im Betrieb stattfindet, kann der Arbeitgeber zum einen die Produktivität des Auszubildenden über die Zeit hinweg beobachten. Für die Entscheidung über die Übernahme in eine Festanstellung hat der Arbeitgeber damit deutlich mehr Informationen als über externe Bewerber. Zum anderen wird durch die Ausbildung im Betrieb auch betriebsspezifisches Humankapital aufgebaut, das den Auszubildenden dann einen Produktivitätsvorteil gegenüber externen Bewerbern verschafft. Im Gegensatz zu Abgängern aus einer betrieblichen Lehrausbildung weisen Abgänger von schulischer beziehungsweise hochschulischer Berufsbildung dagegen nur begrenzt Berufserfahrung auf, die von Arbeitgebern belastbar wahrgenommen und bewertet werden kann. Dies kann zum Teil die deutlichen internationalen Unterschiede der Jugendarbeitslosigkeit in verschiedenen Ländern erklären, da insbesondere Länder mit betrieblichen Ausbildungssystemen hier typischerweise deutlich besser abschneiden.

Neben diesen skizzierten theoretischen Argumentationslinien aus der Such-, *matching*- und Humankapitaltheorie gibt es noch eine Reihe von weiteren Faktoren, die für eine Erklärung unterschiedlicher Positionierung beim Ersteintritt in den Arbeitsmarkt berücksichtigt werden müssen. Während bisher vor allem das Informationsdefizit des Arbeitgebers im Mittelpunkt stand, betonen sozialkapitaltheoretische Ansätze Informationsunterschiede zwischen den Arbeitnehmern. Hier wird in der Regel angenommen, dass neben der Qualifikation auch das Wissen um die Funktionsweise des Arbeitsmarktes und konkret um offene Stellen eine Rolle spielt. Da diese Information von der Art der sozialen Kontakte abhängt, rückt hier gerade für Berufsanfänger die soziale Positionierung des Elternhauses in den Blick: Je höher die sozialstrukturelle Position der Eltern, desto mehr Unterstützung kann bei der Suche nach einer Ausbildungsstelle oder einer festen Anstellung durch soziale Kontakte oder eigene Erfahrung geleistet werden. Da diese Mechanismen der intergenerationalen Mobilität (vgl. Blau und Duncan 1967; Müller et al. 1998) im folgenden Kapitel 4 im Mittelpunkt stehen, wird auf eine weitere Diskussion hier verzichtet. Dies gilt auch für demografische Kohorteneffekte, also die Frage, wie die Konkurrenz auf dem Arbeitsmarkt durch unterschiedlich starke Geburtskohorten ausgeprägt ist (siehe hierzu Kap. 12).

Eine besondere Bedeutung für den Arbeitsmarkteinstieg besitzen jedoch konjunkturelle Veränderungen beziehungsweise ökonomische Schocks. Empirisch gut bestätigt ist der Befund, dass bei nachlassender Konjunktur zuerst die Jugendarbeitslosigkeit steigt und dieser Anstieg im Vergleich zur gesamten Arbeitslosenquote auch höher ausfällt (Bell und Blanchflower 2011). Erklärt werden kann dies durch den Umstand, dass Arbeitgeber bei nachlassender Auftragslage zuerst auf

Neueinstellungen verzichten, dies trifft jedoch vor allem die Kohorten, die gerade auf den Arbeitsmarkt drängen (Kleinert und Jacob 2012, 2013; Dietrich 2013).

Wie bereits deutlich wurde, hängen die Möglichkeiten der beruflichen Erstplatzierung im hohen Maß von der vorher erreichten schulischen und beruflichen Qualifikation ab. Daher werden die empirischen Befunde hinsichtlich des Arbeitsmarkteintritts nach den wichtigsten Qualifikationsstufen im Folgenden getrennt referiert: Erst stehen die Arbeitsmarkteintritte ohne schulischen oder beruflichen Abschluss im Mittelpunkt (Abschnitt 3.4.2), dann wird der „Standardfall" des Übertritts mit einem qualifizierten Berufsabschluss im Rahmen des dualen Ausbildungssystems (Lehre) besprochen (Abschnitt 3.4.3). Ein Überblick über die Determinanten der Arbeitsmarktplatzierung von Hochschulabgängern schließt den empirischen Teil ab (Abschnitt 3.4.4).

3.4.2 Übergänge in Erwerbstätigkeit ohne berufliche Abschlüsse

Jungen Erwachsenen, die ohne schulischen Abschluss oder mit Sekundar-I-Niveau von Hauptschul- und Realschulabschluss das allgemeinbildende Schulsystem mit schwachem Abgangszeugnis verlassen haben, steht typischerweise auf dem Arbeitsmarkt nur ein begrenzter Ausschnitt von Tätigkeiten mit geringem Anforderungsniveau und Niedrigeinkommen offen. Dies gilt insbesondere für diejenigen, die im Anschluss keine Berufsausbildung annehmen oder abschließen konnten. Im weiteren Erwerbsverlauf weist diese Gruppe ein erhöhtes Risiko diskontinuierlicher Erwerbsverläufe und Beschäftigung auf niedrigem Einkommensniveau auf.[6] Der Anteil der Schulabgänger, die ohne Abschluss das allgemeinbildende Schulsystem verlassen haben, hat sich bis Mitte der 1980er Jahre deutlich rückläufig

---

6   Obgleich methodisch nicht einfach realisierbar, muss zumindest analytisch zwischen zwei Typen von Arbeitnehmern ohne berufliche Qualifikation unterschieden werden. Während im Folgenden vor allem die Gruppe jener im Mittelpunkt steht, die aus dem Bildungssystem ausgeschieden sind oder ausscheiden wollen, existieren auch noch Arbeitnehmer, die eine Erwerbstätigkeit vor beziehungsweise *während* einer (weiteren) allgemeinbildenden oder beruflichen *Bildungsphase* aufnehmen. Eine derartige Erwerbstätigkeit kann zum Beispiel in einer beruflichen Orientierung, der Überbrückung von Wartezeiten oder der Finanzierung des Lebensunterhaltes oder zusätzlichen Konsums motiviert sein. Die steigenden Zahlen erwerbstätiger Schüler und Studierenden belegen die zunehmende Bedeutung derartiger Erwerbsaktivitäten während der allgemeinbildenden Schulphase beziehungsweise der beruflichen Ausbildung insbesondere an beruflichen Schulen und Hochschulen (Kultusministerkonferenz 2001; Sackmann und Wingens 2001).

entwickelt. Im Nachgang der deutschen Einigung ist der Anteil wieder auf knapp zehn Prozent aller Absolventen angestiegen (Kultusministerkonferenz 2001, S. XI), um dann, etwa auch infolge der internationalen PISA-Diskussion und seiner bildungspolitischen Verarbeitung, auf derzeit knapp unter 6 Prozent zurückzugehen (OECD 2016, S. 40). Gleichzeitig hat sich die soziale Zusammensetzung dieser Gruppe mit Blick auf soziale Herkunft sowie Migrationshintergrund verändert und wurde dabei deutlich homogener (Solga 2005; Ramírez-Rodríguez und Dohmen 2010).[7]

Für die Gruppe der gering Qualifizierten verdichten sich die Befunde eines tendenziell längeren Verbleibs im Übergang von Bildung in Beschäftigung (Reinberg und Hummel 2002). In diesem Kontext haben insbesondere seit den 1990er Jahren Angebote der Berufsvorbereitung quantitativ an Bedeutung gewonnen. Diese Angebote von Schulen und insbesondere der Bundesagentur für Arbeit dienen der ergänzenden Qualifizierung im Nachgang zu defizitärer Schulbildung sowie zur beruflichen Orientierung ausbildungsloser Schulabgänger. Ziel dieser Angebote ist die Integration in Ausbildung beziehungsweise in ungelernte Arbeit (Dietrich 2008; Becker et al. 2010a; Popp et al. 2012; Plicht 2016). Der Mittelwert sowie die Streuung des Alters bis zum Eintritt in eine erste stabile Beschäftigung haben dabei seit den 1970er Jahren deutlich zugenommen (Mayer und Hillmert 2004; Lex und Zimmermann 2011). Diese Befunde können als Indikatoren für einen sich kontinuierlich schwieriger gestaltenden Prozess des Arbeitsmarkteintritts niedrig qualifizierter Jugendlicher interpretiert werden. Neben Veränderungen in der Erwerbslandschaft (vgl. Weidig et al. 1999) und den darauf aufbauenden Erklärungsansätzen einer sinkenden Nachfrage nach niedrig Qualifizierten spielt auch eine zentrale Rolle, dass dieser Personenkreis aufgrund seiner Selbsteinschätzung auf den Versuch, Qualifikationen zu erwerben, verzichtet (sog. Selbstselektion in Bildung, Solga 2005).

Für Jugendliche ohne oder mit unzureichenden allgemeinbildenden Abschlüssen sind Suchprozesse und Wartephasen auf dem Weg in Ausbildung und Beschäftigung in beachtlichem Umfang zu berücksichtigen. So werden für diese Gruppe neben berufsvorbereitenden Programmen auch Maßnahmen angeboten, die der beruflichen Orientierung, der Ausbildungsvorbereitung, der Vermittlung in Ausbildung oder eben auch der Integration in Beschäftigung dienen (Dietrich 2008). Inwieweit damit das primäre Ziel der Integration in berufliche Ausbildung erreicht, die Wartephase auf Ausbildung verlängert oder die Integration in Be-

---

7   Eigenständige und vielfach komplexe Übergangsmuster sind gleichermaßen für spezifische Migrantengruppen zu beobachten (Riphahn 1999; Diefenbach 2002; Kalter und Granato 2002; Seibert 2004). Siehe hierzu auch Kapitel 10 in diesem Band.

schäftigung mit einfachen Qualifikationsanforderungen ermöglicht wird, ist eine empirische und bislang noch wenig systematisch behandelte Fragestellung (siehe Popp et al. 2012; Plicht 2016). Allerdings zeigt sich, dass berufliche Mobilität nach dem Erwerbseinstieg dadurch gefördert wird, dass Jugendliche ihre erste Erwerbserfahrung vielfach im Rahmen von geringfügiger, Teilzeit- und befristeter Beschäftigung oder in einer Tätigkeit als freier Mitarbeiter erwerben (Bender und Dietrich 2001; Dietrich et al. 2017). Letztlich kann aus einer Verlaufsperspektive erst *ex post* bestimmt werden, inwieweit es sich bei der Aufnahme einer Erwerbstätigkeit bereits um den dauerhaften Einstieg in das Erwerbsleben oder um eine (weitere) Übergangsphase in eine verlängerte und möglicherweise unterbrochene Bildungsphase handelt.[8]

Übereinstimmend sind hingegen die empirischen Befunde, wonach Jugendliche ohne berufliche Abschlüsse – unabhängig vom erlangten Niveau der Allgemeinbildung – überwiegend in Formen atypischer Beschäftigung mit instabilen beziehungsweise befristeten Beschäftigungsverhältnissen einmünden (Giesecke und Groß 2002; Kim und Kurz 2003) und dabei einen geringen Berufsstatus erlangen (Solga 2002). McGinnity und Mertens (2004) zeigen auf, dass befristete Beschäftigungsverhältnisse mehrheitlich im Bereich der un- und angelernten Tätigkeiten zu finden sind. Nach Scherer (2004) erweist sich der Einstieg in atypische Beschäftigung jedoch nicht notwendigerweise als Stolperstein für den weiteren Erwerbsverlauf, sondern kann auch ein Sprungbrett bilden. Ebenso wie bei McGinnity und Mertens (2004) ist die Wirkung kontextspezifisch und qualifikationsabhängig. Allerdings besteht insbesondere bei Erwerbsanfängern ohne beruflichen Abschluss sowie beim Einstieg in segmentierte Teilarbeitsmärkte die Gefahr, dass atypische Beschäftigungsverhältnisse den Übergang in unbefristete Beschäftigung erschweren, da zum Beispiel Stigmatisierung oder geringe Humankapitalinvestitionen im Job einen Wechsel in stabile Arbeitsverhältnisse verhindern. Das Arbeitsmarktrisiko dieser Qualifikationsgruppe ist außerordentlich hoch und in den vergangenen Jahren weiter angestiegen (Quenzel und Hurrelmann 2010; Giesecke et al. 2015). Im Vergleich zu Bildungsabsolventen mit beruflichen Abschlüssen ist das Erwerbslosigkeitsrisiko junger Menschen ohne beruflichen Abschluss in Deutschland seit Jahren deutlich angestiegen. Rund zwei Drittel der im Jahr 2016 bei der Bundesagentur für Arbeit registrierten Arbeitslosen unter 25 Jahren verfügt über keinen beruflichen Abschluss (Bundesagentur für Arbeit 2016, S. 20). Eine besondere Herausforderung wird die Gruppe der Flüchtlinge darstellen, unter denen

---

8   Zur Begriffsklärung von „Einstiegsjobs" und „Übergangsjobs" siehe Konietzka (1999) sowie Hillmert (2001).

hohe Anteile an Personen ohne berufliche Ausbildung zu finden sind (Brücker et al. 2015).

3.4.3 Übergänge aus betrieblicher und schulischer Berufsausbildung

Die duale Ausbildung in Schule und Betrieb hat theoretisch wie praktisch eine Reihe von Vorteilen: Erstens wird durch die gegenseitige Erfahrung während des Ausbildungsverhältnisses unvollständige Information reduziert. So kann der ausbildende Betrieb die Produktivität seiner Auszubildenden besser einschätzen als die externer Bewerber, und andere Betriebe kennen wiederum die Produktivität des Auszubildenden nicht in dem Maße wie der ausbildende Betrieb. Zweitens wird durch die betriebliche Ausbildung trotz des allgemeinen Charakters dualer Berufsausbildung spezifisches Humankapital in Form von Wissen um betriebliche Abläufe aufgebaut. Dies verschafft den im Betrieb Ausgebildeten einen Produktivitätsvorteil gegenüber externen Bewerbern. Diese Effekte tragen zu den oben berichteten hohen Übernahmequoten betrieblich Ausgebildeter bei und führen im Vergleich zu Ländern ohne betriebliches Ausbildungssystem *ceteris paribus* zu geringen Arbeitslosenquoten im Jugendalter (siehe Abschnitt 3.5).

Allerdings lassen sich unterschiedliche Typen von Ausbildungen innerhalb des dualen Systems erkennen, die für die Auszubildenden unterschiedliche Chancen der Arbeitsmarktpositionierung mit sich bringen. Es lassen sich zwei Regimetypen betrieblicher Ausbildung unterscheiden (Ryan 2001; Wolter und Ryan 2011). Bei einem produktionsorientierten Ausbildungsregime (Lindley 1975) kompensieren die Erträge der Ausbildung, also die produktive Tätigkeit der Auszubildenden während der Ausbildungszeit, die Kosten, die dem Betrieb beispielsweise in Form von Unterweisung, Material und Ausbildungsvergütung entstehen. In diesem Fall erweist sich die Ausbildungsinvestition als kurzfristig und eine Übernahme nach Ausbildung ist kein zwingendes Element der betrieblichen Ausbildungslogik. Im investitionsorientierten Fall (Stevens 1994) übersteigen die Kosten der Ausbildung den produktiven Beitrag der Auszubildenden während der Trainingsphase. Erst bei Übernahme und Weiterbeschäftigung der betriebsspezifisch qualifizierten Ausbildungsabsolventen rechnet sich nach dieser Regimelogik die Kosten-Ertrags-Relation der einzelbetrieblichen Ausbildungsentscheidung. Betriebe versuchen demzufolge bei ihrer Ausbildungsentscheidung auch die Geschäftsentwicklung zu antizipieren, um die Kosten-Ertrags-Funktion realistisch abzuschätzen (Dietrich und Gerner 2007).

Für Absolventen einer dualen Berufsausbildung wird nach wie vor von einem lückenlosen Übergang aus Ausbildung in Erwerbstätigkeit als theoretischem Regelfall ausgegangen, da häufig die Auszubildenden von den Ausbildungsbetrieben übernommen werden. Noch zu Beginn der 2000er Jahre wurde von einer zunehmenden Entkoppelung von betrieblicher Ausbildung und Beschäftigung ausgegangen (Bellmann und Neubäumer 2001). Die betrieblichen Übernahmequoten waren zu diesem Zeitpunkt etwa auf Basis von IAB-Betriebspaneldaten langjährig auf rund 57 Prozent der Auszubildenden in den alten Bundesländern und 39 Prozent in den neuen Bundesländern zurückgegangen. Der jüngere Verlauf der Übernahmequote und deren erneuter Anstieg auf 68 Prozent im Jahr 2014 (siehe Dummert und Leber 2016) legen jedoch deutliche konjunkturelle und demografische Effekte als Ursache für diese schwankende Entwicklung nahe (Haas 2002). Demzufolge kann nach wie vor von einem engen Zusammenhang von betrieblicher Ausbildung und Beschäftigung ausgegangen werden.

Für die Übergänge *von der dualen Berufsausbildung in den Arbeitsmarkt* liegt inzwischen eine Vielzahl von Befunden vor. Insgesamt kann für Deutschland in diesem Qualifikationssegment von einem engen Zusammenhang zwischen dem erreichten Bildungsniveau und der beruflichen Platzierung beim Eintritt in das Erwerbsleben ausgegangen werden (u. a. Konietzka 1999; Steinmann 2000). Konietzka (1999) weist dabei für die Geburtskohorten 1919 bis 1961 eine durchgängig hohe und relativ stabile Passung von Ausbildungsabschluss und Beschäftigung nach, dies ist bei Männern noch stärker ausgeprägt als bei Frauen. Zu vergleichbaren Befunden kommt Hillmert (2001), wobei hier jedoch aufgezeigt wird, dass insbesondere der Zusammenhang zwischen Ausbildung und beruflicher Platzierung im ersten Job in der Kohortenabfolge schwächer wird. Der Zusammenhang zwischen Ausbildung und Arbeitsmarktpositionierung für die erste stabile Beschäftigung bewegt sich nach wie vor auf hohem Niveau. Buch und Wydra-Somaggio (2013) belegen für das Saarland den positiven Effekt von Schulabschlussniveau, Abschlussnoten und Beruf, in dem die betriebliche Ausbildung erworben wurde, auf die Verweildauer im ersten Job nach Ausbildung. Wie Brzinsky-Fay et al. (2016) zeigen, lassen sich allerdings inzwischen vielfältige Muster des Übergangs beobachten. Die direkte Übernahme nach der Ausbildung in ein Vollzeitverhältnis durch den auszubildenden Betrieb ist vor allem für männliche Auszubildende in Großbetrieben wahrscheinlich, während Frauen generell eine erhöhte Wahrscheinlichkeit einer Anschlussbeschäftigung in Teilzeit aufweisen. Im Hinblick auf die erzielten Löhne zeigt sich, dass nicht nur der Beruf, sondern auch die während der Ausbildung erzielten Schulnoten als Indikator für höheres Humankapital mit dem Einkommen des ersten Jobs korreliert (Wydra-Somaggio und Seibert 2010). Die Benachteiligung von Ausländern mit abgeschlossener Berufsausbildung im dualen System scheint sich in engen Grenzen zu halten und ist substanziell nur für die Gruppe der Türken zu finden (Damelang und Haas 2006).

Bezüglich des Übergangs *von rein schulischen Berufsausbildungen in den Arbeitsmarkt* liegen weit weniger Studien vor. Die meisten Befunde beziehen sich auf den Vergleich von dualen und schulischen Ausbildungsgängen und -systemen. Diese zeigen, dass in der Regel bei schulischen Berufsausbildungsgängen ein erhöhtes Risiko von Such- und Wartephasen nach Abschluss der Ausbildung zu beobachten ist, da die Passung der eher generell angelegten schulischen Ausbildungsgänge zu den einzelbetrieblichen Anforderungen weniger spezifisch ist, und sich auch eine betriebliche Übernahme nach schulischer Ausbildung logisch ausschließt. Demzufolge ist nach schulischen Ausbildungsgängen von Such- beziehungsweise Wartephasen für alle Absolventen auszugehen (vgl. Wolbers 2003; Forster et al. 2016; Hanushek et al. 2017). Allerdings scheinen sich die Unterschiede zwischen betrieblichen und schulischen Ausbildungsgängen zu nivellieren (Winkelmann 1996; Hall und Schade 2005). Hall verweist dabei auf geschlechtsspezifische Effekte, wonach die Nivellierungsthese eher bei Männern zutrifft, während bei Frauen infolge beruflicher Segmentation schulische Abschlüsse die günstigeren Karriereperspektiven eröffnen (Hall 2012, S. 294ff.). Für den weiteren Erwerbsverlauf finden sich ambivalente Befunde zum Zusammenhang zwischen der Institution der Ausbildung und dem Erwerbsverlauf beziehungsweise der Lohnbildung. Während Hanushek et al. (2017) auf Basis von PIAAC-Daten im internationalen Vergleich bei Erwerbstätigen mit schulischer Berufsausbildung im Vergleich zu betrieblich Qualifizierten die günstigeren Beschäftigungsperspektiven (Beschäftigungswahrscheinlichkeit, Einkommen) sehen, verweisen Forster et al. (2016) etwa auf die Verteilung von Humankapital, das mit spezifischen Bildungsgängen verknüpft ist.

Wenige und uneinheitliche Befunde liegen hinsichtlich der Effekte *weiterer Institutionen der beruflichen Bildung unterhalb der Hochschulebene* vor. Steinmann (2000) analysiert die erste Beschäftigung nicht nur von Absolventen der betrieblichen Lehre, sondern auch von Absolventen aus Berufsfachschulen und der Beamtenausbildung hinsichtlich der Adäquanz mit der vorausgegangenen Ausbildung. Sie kommt insgesamt zu einer hohen Übereinstimmung von Ausbildung und Beschäftigung für alle hier betrachteten Ausbildungsgänge, wobei sich der Zusammenhang in der Kohortenabfolge seit Ende des Zweiten Weltkriegs insgesamt abgeschwächt hat. Es zeigt sich zudem, dass insbesondere Frauen, die ihren beruflichen Abschluss in den Schulen des Gesundheitswesens oder im Rahmen einer Beamtenausbildung erworben haben, eine hohe Übereinstimmung zwischen Ausbildung und Beschäftigung aufweisen. Demgegenüber kommt Konietzka (1999) auf Basis von Zusammenhangsanalysen zwischen dem Ausbildungsberuf und der ersten beruflichen Tätigkeit bei Männern zu einem außerordentlich hohen Zusammenhang von Inhaltskongruenz und Statuskongruenz im Bereich der gewerblichen Lehre, während ein schwächerer Zusammenhang bei Fachschulen ausgewiesen wird. Die Befunde für Frauen entsprechen hingegen den Ergebnissen von Steinmann (2000).

3.4.4 Berufseinstieg nach dem Hochschulabschluss

Im Zuge der Bildungsexpansion wurde das Studienangebot an deutschen Fachhochschulen und Universitäten deutlich ausgebaut (Reinberg et al. 1995; Reinberg und Hummel 2002). Während der Anteil der Bevölkerung im erwerbsfähigen Alter ohne Berufsabschluss seit den 1970er Jahren bis zum Jahr 2012 nahezu kontinuierlich auf etwa 13 Prozent zurückgegangen und der Anteil mit Lehr- beziehungsweise Fachschulabschluss nach einer Phase der Bildungsexpansion bis in die 1980er Jahre mit einem Anteil von knapp 69 Prozent weitgehend stabil geblieben ist (OECD 2016).

Die Zahl der Akademiker hat sich in den letzten Jahren deutlich erhöht, ein akademischer Abschluss ist inzwischen nicht mehr das Privileg, wie dies früher der Fall war. Dies lässt sich bereits durch eine einfache Kohortenbetrachtung der Hochschulzugangsberechtigung zeigen: Während 2015 unter allen Personen, die älter als 65 Jahre waren, nur 16,5 Prozent eine (Fach-)Hochschulreife hatten, waren dies für die Alterskohorte der 25- bis 35-Jährigen 49,3 Prozent (Statistisches Bundesamt 2016, S. 78). Eine Folge dieser Entwicklung ist eine Studienanfängerquote, die trotz zeitlicher Schwankungen im Schnitt stark angestiegen ist.[9] Dementsprechend ist auch die Zahl derer, die einen ersten Studienabschluss erworben haben, zwischen 2001 und 2009 stark gestiegen und betrug 2014 fast 314.000 Personen (Autorengruppe Bildungsberichterstattung 2016, S. 132). Allerdings weist Deutschland im internationalen Vergleich nach wie vor nicht nur unterdurchschnittliche Anteile von Hochschulabsolventen in der Bevölkerung im erwerbsfähigen Alter auf, sondern auch der relative Anstieg der Akademikerzahl verlief

---

9   Laut Autorengruppe Bildungsberichterstattung (2016) stieg die Studienanfängerquote von 19,9 Prozent 1980 auf 28,9 Prozent 1990 an, flachte nach der Wiedervereinigung ab und stieg dann ab 2000 wieder steil an bis zu einer Quote von 58 Prozent im Jahr 2015. Geschlechtsspezifisch betrachtet lag die Studienquote von Frauen 1980 bei 16 Prozent, die der Männer bei 23 Prozent. Inzwischen übersteigt die weibliche Studienanfängerquote mit 60,3 Prozent für 2015 die der Männer mit 55,8 Prozent (Autorengruppe Bildungsberichterstattung 2016. S. 297). Allerdings ist zu bedenken, dass die Studierendenquoten je nach Berechnungsart beziehungsweise Populationsabgrenzung erheblich variieren können (siehe Scharfe 2010).

bislang deutlich langsamer als in vielen anderen OECD-Ländern (Schomburg und Teichler 2012; OECD 2016).[10] Dagegen stellt sich im nationalen (Reinberg und Schreyer 2003; Reinberg und Hummel 2005) wie auch im internationalen Vergleich die Arbeitsmarktsituation von Hochschulabsolventen in Deutschland als außerordentlich günstig dar (OECD 2004, 2016; Kühne 2009). Die qualifikationsspezifische Arbeitslosenquote für Hochschulabsolventen lag im Jahr 2015 bei etwa 2,5 Prozent (IAB 2015).

Der Übergang vom Studium an Fachhochschulen und Universitäten in die Erwerbstätigkeit ist seit den 1990er Jahren für Deutschland durch eine Fülle von Publikationen dokumentiert (Franzen 2002; Haug und Kropp 2002; Tieben 2016). So findet Burkhardt et al. (2000) für die 1990er Jahre 80 Absolventenstudien, die jedoch zumeist als Fallstudien für konkrete Hochschulen beziehungsweise für spezifische Fächer oder Studiengänge erstellt wurden. Systematische Studien für Deutschland liegen mit Holtkamp et al. (2000), Schomburg et al. (2001) sowie Briedis und Minks (2004) vor (für die Schweiz vgl. Franzen 2002). Mit der Bologna-Reform und der Umstellung der Studiengänge auf das Bachelor-/Mastersystem hat sich die Situation für die Übergangsforschung weiter verkompliziert, da der Arbeitsmarkteintritt sowohl nach dem Bachelor als auch nach dem Master stattfinden kann. Inzwischen liegen die ersten Datenbasen vor, die Aufschluss über die Übergänge im neuen System geben können, so beispielsweise das DZHW-Absolventenpanel (Fabian et al. 2016). Die Daten der Absolventenkohorte 2013 zeigen, dass die Mehrheit der Studierenden innerhalb der ersten 18 Monate nach dem Bachelorabschluss einen Masterabschluss anstrebt, wobei dabei substanzielle Unterschiede zwischen den Studiengängen an Fachhochschulen (44 Prozent) und den Universitäten (82 Prozent) bestehen (Fabian et al. 2016, S. X). Diese Zahlen zeigen deutlich, dass die ursprüngliche Idee, den BA-Abschluss als regulären Standardabschluss im tertiären Sektor zu etablieren, weitgehend gescheitert ist.

Der Übergang vom Studium in die Erwerbstätigkeit unterscheidet sich beachtlich nach Studienfach oder Region (Schomburg et al. 2001; Franzen 2002; Briedis und Minks 2004). Hinzu kommen die Studiendauer, sowie das Alter (Franzen 2002) oder das Geschlecht der Absolventen (Stief und Abele 2002). Eine reguläre Erwerbstätigkeit haben zwölf Monate nach Studienabschluss rund 50 Prozent der Universitäts- und 80 Prozent der Fachhochschulabsolventen aufgenommen (Brie-

---

10   Allerdings muss beim Vergleich internationaler Akademikerquoten mit bedacht werden, dass aufgrund unterschiedlicher Bildungssysteme gleichwertige Ausbildungen unterschiedlichen Sektoren zugeordnet werden können. Beispielsweise ist die duale Ausbildung zur Krankenschwester, die in Deutschland dem sekundären Sektor zugeordnet wird, in anderen Ländern als praktisch orientierter Studiengang dem tertiären Sektor zugeordnet.

dis und Minks 2004). Werk- und Honorartätigkeiten sowie Übergangsjobs kommen nur selten und meist unmittelbar nach dem Examen vor (Schomburg et al. 2001; Stief und Abele 2002; Briedis und Minks 2004). Gleichwohl sind beachtliche Unterschiede zwischen den Wirtschaftssektoren beziehungsweise den einzelnen Studiengängen zu beachten. Eine zweite Ausbildungsphase in Form eines Referendariats beziehungsweise einer obligatorischen zweiten Ausbildungsphase haben ein Jahr nach Abschluss des Studiums über 30 Prozent der Universitätsabsolventen aufgenommen. Etwa 20 Prozent der Absolventen haben eine weitere akademische Qualifizierung begonnen. Arbeitslosigkeit ist zumeist Sucharbeitslosigkeit und sinkt deutlich während der ersten zwölf Monate nach dem Abschluss. Den Befunden der DZHW-Absolventenstudie zufolge liegt der Arbeitslosenanteil zwölf Monate nach Studienabschluss bei Fachhochschulabsolventen und Universitätsabsolventen bei unter fünf Prozent (Briedis und Minks 2004). Nach Schomburg et al. (2001) beträgt die durchschnittliche Suchdauer von Hochschulabsolventen nach einer ersten Erwerbstätigkeit fünf Monate. Mit Einführung der Bachelor- und Masterstudiengänge haben sich wesentliche Muster des Übergangs fortgesetzt. Der jüngsten Analyse zur Arbeitsmarktsituation von Bachelor- und Masterabsolventen des Prüfungsjahrgangs 2013 zufolge münden Masterabsolventen von Fachhochschulen (FH) und Universitäten gleichermaßen in Erwerbstätigkeit ein. 18 Monate nach Abschluss sind 95 Prozent der FH-Masterabsolventen und 88 Prozent der Uni-Masterabsolventen überwiegend erwerbstätig, während dies lediglich bei 25 Prozent der Uni-Bachelorabsolventen der Fall ist. FH-Bachelorabsolventen weisen demgegenüber bereits eine erheblich höhere Arbeitsmarktorientierung auf, 65 Prozent des Prüfungsjahrgangs 2013 waren nach 18 Monaten bereits erwerbstätig. Erneut bestätigen sich deutliche geschlechts- und studienfachspezifische Übergangsquoten (Fabian et al. 2016).

Der Übergang von der Hochschule in die Beschäftigung erweist sich dabei vielfach als fließend. Briedis und Minks (2004) kommen auf Basis einer repräsentativen Befragung von Hochschulabsolventen des Prüfungsjahrgangs 2001 zu dem Ergebnis, dass Erwerbstätigkeit neben dem Studium weit verbreitet ist. 40 Prozent der Studierenden jobben bereits während des Studiums durchgängig. Neben dem Gelderwerb sehen die Studierenden die Möglichkeit, Praxiserfahrung zu sammeln und Kontakte zu künftigen Arbeitgebern zu knüpfen. Während vielfach auf eine positive Korrelation zwischen einer Erwerbstätigkeit neben dem Studium und der Studiendauer verwiesen wird (vgl. Franzen und Hecken 2002), verbessert eine studienbegleitende Erwerbstätigkeit den Übergangserfolg in Beschäftigung (Franzen und Hecken 2002; Haug und Kropp 2002; Briedis und Minks 2004; Staneva 2015).

Neben formellen Suchstrategien kommt beim Übergang vom Studium in die Erwerbstätigkeit der Suche über soziale Netzwerke eine wichtige Bedeutung zu

(Franzen 2002; Haug und Kropp 2002; Kratz et al. 2013). Nach Haug und Kropp (2002) nutzen Studienabsolventen zwar zu hohen Anteilen (80 Prozent) formelle Suchstrategien, greifen vielfach jedoch auch durch Inanspruchnahme sozialer Kontakte auf informelle Suchstrategien zurück (60 Prozent). Übereinstimmend wird sozialen Netzwerken beim Ersteintritt in den Arbeitsmarkt eine erhebliche Bedeutung zugemessen, wobei bezüglich der theoretisch vermuteten Wirkung sozialer Netzwerke auf die Qualität der Stelle (vgl. Preisendörfer und Voss 1988) bislang heterogene Befunde vorliegen (Haug und Kropp 2002). Bei Inanspruchnahme sozialer Netzwerke werden die Suchdauern verkürzt und insgesamt die Chancen auf einen direkten Übergang von der Hochschule in die Erwerbstätigkeit erhöht. Weniger eindeutig sind die Befunde zum Einfluss sozialer Netzwerke auf die Adäquanz der Stellenfindung. Während Franzen und Hangartner (2005, 2006) positive Netzwerkeffekte ausweisen, ergeben sich in der Studie von Weiss und Klein (2011) keine positiven Effekte auf die Adäquatheit der Stelle. Die Nutzung sozialer Netzwerke scheint das Risiko einer Überqualifikation vielmehr zu erhöhen, wobei die Art des in Anspruch genommenen sozialen Kapitals deutlich unterschiedlich zum Tragen kommt. Daraus schließen Weiss und Klein (2011), dass ein homogener Effekt von Sozialkapital auf Arbeitsmarkterträge bei Hochschulabsolventen nicht ersichtlich ist.

Im Hinblick auf die Qualität der Positionierung von Hochschulabgängern ist festzuhalten, dass die niedrige Arbeitslosenrate, hohe Löhne und höhere Bildungsrenditen (Orlowski und Riphahn 2011) auf eine sehr gute Verwertbarkeit der tertiären Bildung in Deutschland schließen lassen, die jedoch mit den Studiengängen variiert. Allerdings zeigt sich auch, dass das Ausmaß unterwertiger Beschäftigung unter den Akademikern seit Mitte der 80er Jahre gestiegen ist, bevor sich ab Mitte der 2000er Jahre ein leichter Rückgang einstellte (Rukwid 2012, S. 34). Kracke (2016) findet im Hinblick auf das Risiko der akademischen unterwertigen Beschäftigung zudem deutliche Effekte von Geschlecht, sozialer Bildungsherkunft und Migrationsstatus.

3.5   Jugendarbeitslosigkeit

Wie anhand der obigen Abschnitte deutlich wurde, ist der Übergang von Bildung in den Arbeitsmarkt eine spezifische Hürde, die nicht von allen Jugendlichen gleich gut gemeistert werden kann. Entscheidungen werden revidiert oder können nicht realisiert werden, und Alternativen stehen meist nicht zur Verfügung. Erwerbslosigkeit kann in dieser Phase demzufolge als Zustand der Suche oder des Wartens begriffen werden, bis eine Bildungs-, Ausbildungs- oder Beschäftigungsalternative wahrgenommen werden kann. Das Risiko Jüngerer erwerbslos zu werden ist demzufolge hoch, da in einer relativ kurzen Phase des Lebensverlaufs in der Regel eine Abfolge von Übergängen zwischen Verlassen der Schule und der Etablierung auf dem Arbeitsmarkt erfolgt. Da Übergänge von Schule oder beruflicher Bildung in Beschäftigung typischerweise im Jugendalter erfolgen, wird dies vielfach verkürzt mit dem Begriff Jugendarbeitslosigkeit verknüpft, obgleich im Zuge der Expansion des Bildungssystems mehr Übergänge bereits jenseits der statistischen Jugendgrenze im Alter von 25 Jahren zu beobachten sind.

Die Jugendarbeitslosigkeit in Europa hat mit der großen Rezession (ab 2009) zugenommen. Waren 2008 4,17 Mio. junge Menschen erwerbslos, so stieg dieser Wert laut dem Statistischen Amt der Europäischen Union (Eurostat) bis 2012 auf 5,58 Mio. an, um seitdem bis 2015 wieder auf 4,64 Mio. zurückzugehen.[11] Dabei sind erhebliche länderspezifische Unterschiede zu beachten: So waren in Deutschland laut Eurostat 2013 jahresdurchschnittlich 339 Tsd. (2008: 517,2 Tsd.) junge Menschen erwerbslos.[12] Da im Zuge der Rezession nicht nur die Zahl erwerbsloser Jugendlicher europaweit deutlich angestiegen, sondern auch die Zahl erwerbstätiger Jugendlicher länderspezifisch zum Teil deutlich zurückgegangen ist, sind die Erwerbslosenraten (als Anteil erwerbsloser Jugendlicher an der Summe von erwerbstätigen und erwerbslosen Jugendlichen) zwischen 2009 und 2013 in einigen EU-Ländern kurzfristig extrem angestiegen. Die Erwerbslosenrate Jugendlicher erreichte im Europa der 28 Mitgliedsstaaten 2013 mit 23 Prozent (Eurostat) einen vorläufigen Höchststand, Deutschland belegt dabei mit 7,9 Prozent derzeit den niedrigsten Wert. In einigen Mittelmeerländern stieg die Jugenderwerbslosigkeit besonders stark an (in Griechenland auf 58 Prozent, in Spanien auf 55 Prozent sowie in Italien auf 40 Prozent).[13]

Zur Konzentration von Erwerbslosigkeitsepisoden zu Beginn der Erwerbskarriere tragen eine Reihe von Mechanismen bei (siehe ausführlicher Dietrich 2015). Der Übergang von Bildung und Ausbildung in Beschäftigung erfolgt vielfach nicht friktionslos, Phasen der Sucharbeitslosigkeit nach Abschluss von Bildungsbeziehungsweise Ausbildungsphasen (friktionelle Arbeitslosigkeit) kommt hier eine wichtige, jedoch keineswegs ausschließliche Bedeutung zu (Sackmann 1998,

---

11   Diese und die folgenden Eurostat-Daten wurden am 28.07.2016 abgerufen und sind verfügbar auf http://appsso.eurostat.ec.europa.eu/nui/show.do?dataset=lfsa_pganws&lang=en

12   Die amtlichen Zahlen der Bundesagentur für Arbeit weisen für das Jahr 2008 339,8 Tsd. und für 2013 276,3 Tsd. junge Erwerbslose unter 25 Jahren aus.

13   Zur Erfassungslogik von Erwerbslosigkeit durch Eurostat und der Bundesagentur für Arbeit siehe Dietrich (2015).

S. 147). Die Einstiegsjobs in den Arbeitsmarkt für junge Erwachsene sind vielfach befristet oder anderweitig prekär ausgestaltet (zum Beispiel in Form von geringfügiger Beschäftigung, Leiharbeit, marginaler Selbständigkeit oder Scheinselbständigkeit, siehe Dietrich et al. 2017). Dies erhöht das Erwerbslosigkeitsrisiko nach Auslaufen der Verträge. Jugendliche beim Übergang von Bildung in den Arbeitsmarkt verfügen über geringere betriebliche beziehungsweise berufliche Erfahrung (Pastore 2014). Schließlich wird auf fehlende Senioritätsrechte verwiesen, die das Risiko junger Erwerbstätiger erhöhen, bei betrieblichen Freisetzungsprozessen schneller entlassen zu werden als ältere Beschäftigte (Buchholz und Kurz 2005).

Daneben gilt es weitere spezifische individuelle Faktoren zu berücksichtigen. Der Zusammenhang von psychischer Belastung beziehungsweise seelischer Gesundheit jugendlicher Menschen wurde als Risikofaktor für Erwerbslosigkeit bislang weitgehend vernachlässigt. Aktuellen Befunden zufolge weisen jugendliche Arbeitslose insbesondere im SGB II-Kontext verstärkt eine Beeinträchtigung ihrer seelischen Gesundheit auf (siehe Schubert et al. 2013; Reissner et al. 2011, 2014). Bislang liegen dazu auch im internationalen Vergleich nur wenige belastbare Befunde vor.

Im Kontext der deutschen Einigung wurde vorwiegend die regionale Strukturschwäche als Ursache von Erwerbslosigkeit im Jugendalter thematisiert, zudem wird insbesondere seit der Rezession infolge der „Lehman-Pleite" im Jahr 2008 der Konjunkturverlauf als Ursache von Jugendarbeitslosigkeit diskutiert. Beide Argumente verweisen auf makroökonomische Faktoren, wie das Wirtschaftswachstum, regionale Strukturschwächen oder demografische Faktoren (Geburtenrückgang oder Migration), die neben individuellen Faktoren zu berücksichtigen sind (Dietrich und Möller 2016). Der Zusammenhang von Wirtschaftswachstum und der Entwicklung von Jugendarbeitslosigkeit ist deutlich ausgeprägt, jedoch unterscheiden sich die Länder in den Wirkmechanismen (ebd. 2016). Auch bei Ländern mit vergleichsweise hohen Erwerbslosigkeitsraten junger Menschen wie den GIPS-Staaten (Griechenland, Italien, Portugal und Spanien) lassen sich länderspezifische Verläufe der Erwerbslosigkeit beobachten, die wesentlich mit der Variation länderspezifischer Institutionen des Bildungssystems oder des Arbeitsmarktes (wie zum Beispiel dem Kündigungsschutzrecht), aber auch mit wirtschaftsstrukturellen Defiziten zu erklären sind.

3.6   Zusammenfassung und Diskussion

Im Mittelpunkt dieses Beitrags standen einerseits der Übergang vom allgemeinen Schulsystem in die berufliche (Aus-)Bildung und andererseits der darauffolgende Eintritt in den Arbeitsmarkt in Form der beruflichen Erstplatzierung. Dabei wurde deutlich, dass dieser Übergang sowohl aus individueller Sicht als auch im Hinblick auf die Entwicklung der Arbeitsmarktsituation von entscheidender Bedeutung ist. Individuell verfestigen und verstärken sich ungleiche Chancen und Ergebnisse der sozialen Herkunft und des Bildungserwerbs und führen zu starken Pfadabhängigkeiten für die weitere Berufsbiografie. Dabei spielen institutionelle Schließungsprozesse eine zentrale Rolle, über die der berufliche und damit soziale Aufstieg ohne entsprechende schulische und berufliche Qualifikationen erheblich erschwert wird. Ein besonderes Problem stellen auch weiterhin die ohne beruflichen Abschluss in den Arbeitsmarkt neu eintretenden Jugendlichen dar. Ihre beruflichen Chancen werden sich relativ weiter verschlechtern.

Die wenigen verfügbaren und zum Teil heterogenen Befunde zur Wirkung von Instrumenten der aktiven Arbeitsmarktpolitik für junge Menschen zeigen jedoch, dass durch Maßnahmeförderung zwar Einfluss genommen werden kann, der Effekt jedoch eng begrenzt ist. Die Ursache hierfür wurde in der theoretischen wie empirischen Bestandsaufnahme bereits deutlich: Ist das Kind bereits in den „bildungsbiografischen Brunnen" gefallen, werden die Spielräume zu Korrekturen im weiteren Lebensverlauf immer geringer.

So kommen Caliendo und Schmidl (2016) in ihrer Bestandsaufnahme zur Wirkung arbeitsmarktpolitischer Instrumente für junge Menschen in Deutschland zum Befund, dass zwar nahezu alle Instrumente positive langfristige Integrationseffekte aufweisen, aber dennoch heterogene Wirkung zeigen. So erweisen sich berufsvorbereitende Angebote zwar mit Blick auf die Integration in Ausbildung als effektiv, weisen aber Schwächen bei der Integration in Beschäftigung auf. Öffentlich geförderte Beschäftigungsmaßnahmen scheinen insbesondere kurzfristig zu wirken und erweisen sich mit Blick auf längerfristige Beschäftigungsperspektiven als wenig erfolgreich. Weiterhin verweisen die Autoren darauf, dass insbesondere niedrig qualifizierte Jugendliche hier unzureichende Förderung bei ihrem Weg in Ausbildung und Beschäftigung erfahren. Analoge Befunde finden sich im internationalen Vergleich (siehe etwa Larsson 2003; Crépon und van den Berg 2016).

Defizite im Forschungsfeld lassen sich immer noch vor allem im Hinblick auf Zugänge und Effekte von schulischen Berufsausbildungen, die Effekte der Bologna-Reform mit den gestuften Bachelor- und Masterstudiengängen, die Mechanismen der Berufswahl sowie die Veränderung des berufsbildenden Systems und dessen Einbettung in die globalisierte Wirtschaft feststellen. Die in den letzten

Jahren erweiterte Datenlage – wie zum Beispiel das Nationale Bildungspanel, Erweiterungen des SOEP, die integrierten Erwerbsbiografien oder die PASS-Studie des IAB – lässt jedoch hoffen, dass diese weißen Flecken in Zukunft beseitigt werden können.

Literatur

Abraham, M., & Arpagaus, J. H. (2008). Wettbewerb, soziales Umfeld oder gezielte Lebensplanung? Determinanten der horizontalen Geschlechtersegregation auf dem Lehrstellenmarkt. *Soziale Welt, 59,* 205-226.

Allmendinger, J. (1989). Educational Systems and Labor Market Outcomes. *European Sociological Review, 5,* 231-250.

Autorengruppe Bildungsberichterstattung (Hrsg.). (2016). *Bildung in Deutschland 2016. Ein indikatorengestützter Bericht mit einer Analyse zu Bildung und Migration.* Bielefeld: Bertelsmann.

Baethge, M., & Wolter, A. (2015). The German Skill Formation Model in Transition: From Dual System of VET to Higher Education? *Journal for Labour Market Research, 48,* 97-112.

Beck, U., Brater, M., & Wegener, B. (1979). *Berufswahl und Berufszuweisung. Zur sozialen Verwandtschaft von Ausbildungsberufen.* Frankfurt a. M.: Campus.

Becker, R. (2000). Klassenlage und Bildungsentscheidungen. *Kölner Zeitschrift für Soziologie und Sozialpsychologie, 52,* 450-474.

Becker, R., & Hecken, A. E. (2009). Higher Education or Vocational Training? An Empirical Test of the Rational Action Model of Educational Choices Suggested by Breen and Goldthorpe and Esser. *Acta Sociologica, 52,* 25-45.

Becker, R., & Lauterbach, W. (2010). Bildung als Privileg – Ursachen, Mechanismen, Prozesse und Wirkungen. In R. Becker, & W. Lauterbach (Hrsg.), *Bildung als Privileg: Erklärungen und Befunde zu den Ursachen der Bildungsungleichheit* (S. 11-49). Wiesbaden: VS Verlag für Sozialwissenschaften.

Becker, C., Grebe, T., Lübbers, T., Popp, S., & Dietrich, H. (2010a). *Weiterführung der Begleitforschung zur Einstiegsqualifizierung (EQ)* (2. Zwischenbericht, im Auftrag des Bundesministeriums für Arbeit und Soziales). Berlin: BMAS.

Becker, R., Haunberger, S., & Schubert, F. (2010b). Studienfachwahl als Spezialfall der Ausbildungsentscheidung und Berufswahl. *Zeitschrift für ArbeitsmarktForschung, 42,* 292-310.

Beicht, U., Friedrich, M., & Ulrich, J. G. (2008). *Ausbildungschancen und Verbleib von Schulabsolventen. Berichte zur beruflichen Bildung.* Bonn: Bertelsmann.

Bell, D. N. F., & Blanchflower, D. G. (2011). Youth Unemployment in Europe and the United States. In Nordic Council of Ministers (Hrsg.), *Nordic Economic Policy Review: Labour Market Consequences of the Economic Crisis* (S. 11-37). Kopenhagen: Nordic Council of Ministers. http://dx.doi.org/10.6027/9789289330541-3-en.

Bellmann, L., & Bender, S. (1997). Die Analyse der Stabilität von Beschäftigungsverhältnissen bei Berufsanfängern. *Mitteilungen aus der Arbeitsmarkt- und Berufsforschung, 30,* 681-687.

Bellmann, L., & Neubäumer, R. (2001). Die Übernahme betrieblich Ausgebildeter – Theoretische Überlegungen und empirische Ergebnisse auf der Basis des IAB-Betriebspanels 1998. In Weizsäcker, R. K. (Hrsg.), *Bildung und Beschäftigung* (S. 179-212). Berlin: Duncker & Humblot.

Bender, S., & Dietrich, H. (2001). *Unterschiedliche Startbedingungen haben langfristige Folgen. Der Einmündungsverlauf der Geburtskohorten 1964 und 1971 in Ausbildung und Beschäftigung – Befunde aus einem IAB-Projekt* (IAB-Werkstattbericht, 11/2001). Nürnberg: IAB.

Blau, P. M., & Duncan, O. D. (1967). *The American Occupational Structure*. New York: Wiley.

Blossfeld, H.-P., & Mayer, K. U. (1988). Arbeitsmarktsegmentation in der Bundesrepublik Deutschland. Eine empirische Überprüfung von Segmentationstheorien aus der Perspektive des Lebenslaufs. *Kölner Zeitschrift für Soziologie und Sozialpsychologie, 40*, 262-283.

Bol, T., & van de Werfhorst, H. G., (2011). *Measuring Educational Institutional Diversity: External Differentiation, Vocational Orientation and Standardization* (AMCIS Working Paper 2011/1). Amsterdam: AMCIS.

Boll, C., Bublitz, E., & Hoffmann, M. (2015). *Geschlechtsspezifische Berufswahl: Literatur-und Datenüberblick zu Einflussfaktoren, Anhaltspunkten struktureller Benachteiligung und Abbruchkosten* (HWWI Policy Paper 90). Hamburg: HWWI.

Boudon, R. (1974). *Education, Opportunity, and Social Inequality. Changing Prospects in Western Society*. New York: Wiley.

Breen, R., & Goldthorpe, J. H. (1997). Explaining Educational Differentials: Towards a Formal Rational Action Theory. *Rationality and Society, 9*, 275-305.

Briedis, K., & Minks, K.-H. (2004). *Zwischen Hochschule und Arbeitsmarkt. Eine Befragung der Hochschulabsolventinnen und Hochschulabsolventen des Prüfungsjahres 2001*. Hannover: HIS.

Brücker, H., Hauptmann, A., & Trübswetter, P. (2015). *Asyl-und Flüchtlingsmigration in die EU und nach Deutschland* (Aktuelle Berichte des Instituts für Arbeitsmarkt- und Berufsforschung). Nürnberg: IAB.

Brzinsky-Fay, C., Ebner, C., & Seibert, H. (2016). Veränderte Kontinuität. Berufseinstiegsverläufe von Ausbildungsabsolventen in Westdeutschland seit den 1980er Jahren. *Kölner Zeitschrift für Soziologie und Sozialpsychologie, 68*, 229-258.

Buch, T., & Wydra-Somaggio, G. (2013). Die Beschäftigungsstabilität nach einer dualen Berufsausbildung: Wer startet erfolgreich in das Erwerbsleben? *Schmollers Jahrbuch, 133*, 409-438.

Buchholz, S., & Kurz, K. (2005). *Increasing Employment Instability Among Young People? Labor Market Entries and Early Careers in Germany Since the Mid-1980s* (flexCAREER Working Paper 3). Bamberg: Universität Bamberg.

Buchmann, M., & Kriesi, I. (2012). Geschlechtstypische Berufswahl: Begabungszuschreibungen, Aspirationen und Institutionen. In R. Becker, & H. Solga (Hrsg.), *Soziologische Bildungsforschung. Sonderheft 52 der Kölner Zeitschrift für Soziologie und Sozialpsychologie* (S. 256-280). Wiesbaden: Springer VS.

Bundesagentur für Arbeit (2016). *Analyse des Arbeits- und Ausbildungsstellenmarktes für unter 25-Jährige. Juni 2016*. Nürnberg: Bundesagentur für Arbeit.

Bundesministerium für Bildung und Forschung (Hrsg.). (2016). *Berufsbildungsbericht 2016*. Bonn: BMBF.

Bundesministerium für Bildung und Forschung (Hrsg.). (2017). *Berufsbildungsbericht 2017*. Bonn: BMBF.

Burkhardt, A., Schomburg, H., & Teichler, U. (2000). *Hochschulstudium und Beruf: Ergebnisse von Absolventenstudien*. Bonn: BMBF.

Caliendo, M., & Schmidl, R. (2016). Youth Unemployment and Active Labor Market Policies in Europe. *IZA Journal of Labor Policy*, 5(1). DOI 10.1186/s40173-015-0056-3.

Clark, K. B., & Summers, L. H. (1982). The Dynamics of Youth Unemployment. In R. B. Freeman, & D. A. Wise (Hrsg.), *The Youth Labor Market Problem: Its Nature, Causes and Consequences*. Chicago: University of Chicago Press.

Crépon, B., & van den Berg, G. J. (2016). Active Labor Market Policies. *Annual Review of Economics*, 8, 521-546.

Damelang, A., & Haas, A. (2006). *Arbeitsmarkteinstieg nach dualer Berufsausbildung – Migranten und Deutsche im Vergleich* (IAB Forschungsbericht 17/2006). Nürnberg: IAB.

Davies, S., & Guppy, N. (1997). Fields of Study, College Selectivity, and Student Inequalities in Higher Education. *Social Forces*, 75, 1417-1438.

Dickinson, J. (1990). Adolescent Representations of Socio-Economic Status. *British Journal of Developmental Psychology*, 8, 351-371.

Diefenbach, H. (2002). Bildungsbeteiligung und Berufseinmündung von Kindern und Jugendlichen aus Migrantenfamilien. Eine Fortschreibung der Daten des Sozio-Ökonomischen Panels (SOEP). In Sachverständigenkommission 11. Kinder- und Jugendbericht (Hrsg.), *Migration und die europäische Integration. Herausforderungen für die Kinder- und Jugendhilfe* (S. 9-70). Opladen: Leske + Budrich.

Dietrich, H. (2008). Theoretische Überlegungen und empirische Befunde zu berufsvorbereitenden Bildungsangeboten der BA. In D. Münk, J. Rützel, & C. Schmidt (Hrsg.), *Labyrinth Übergangssystem. Forschungserträge und Entwicklungsperspektiven der Benachteiligtenförderung zwischen Schule, Ausbildung, Arbeit und Beruf* (S. 68-92). Bonn: Pahl-Rugenstein.

Dietrich, H. (2013). Youth Unemployment in the Period 2001–2010 and the European Crisis. Looking at the Empirical Evidence. *Transfer: European Review of Labour and Research*, 19, 305-324.

Dietrich, H. (2015). *Jugendarbeitslosigkeit aus einer europäischen Perspektive. Theoretische Ansätze, empirische Konzepte und ausgewählte Befunde* (IAB-Discussion Paper 24/2015). Nürnberg: IAB.

Dietrich, H. (2017). Erwerbsarbeit und Arbeitslosigkeit Jugendlicher. In A. Lange, C. Steiner, S. Schutter, & H. Reiter (Hrsg.), *Handbuch Kindheits- und Jugendsoziologie*. Wiesbaden: Springer.

Dietrich, H., & Gerner, H.-D. (2007). The Determinants of Apprenticeship Training with Particular Reference to Business Expectations. *Zeitschrift für ArbeitsmarktForschung*, 40, 221-233.

Dietrich, H., & Möller, J. (2016). Youth Unemployment in Europe – Business Cycle and Institutional Effects. *International Economics and Economic Policy*, 13, 5-25.

Dietrich, H., Patzina, A., & Wank, R. (2017). *Scheinselbständigkeit in Deutschland – Rechtliche Grundlagen und empirische Befunde* (IAB-Bibliothek 364). Nürnberg: IAB.

Ditton, H., & Reinders, H. (2015). Überblick Bildungssystem. In H. Reinders, H. Ditton, C. Gräsel, & B. Gniewosz (Hrsg.), *Empirische Bildungsforschung. Strukturen und Methoden* (S. 155-165). Wiesbaden: Springer VS.

Dummert, S., & Leber, U. (2016). *Betriebliche Berufsausbildung und Weiterbildung in Deutschland*. Nürnberg: IAB.

Eberhard, V., & Ulrich, J. G. (2006). Schulische Vorbereitung und Ausbildungsreife. In V. Eberhard, A. Krewerth, & J. G. Ulrich (Hrsg.), *Mangelware Lehrstelle. Zur aktuellen Lage der Ausbildungsplatzbewerber in Deutschland* (S. 35-56). Bonn: Bundesinstitut für Berufsbildung.

Ebner, C. (2013). *Erfolgreich in den Arbeitsmarkt? Die duale Berufsausbildung im internationalen Vergleich*. Frankfurt a. M.: Campus.

Engelbrech, G. (1987). Erwerbsverhalten und Berufsverlauf von Frauen. Ergebnisse neuerer Untersuchungen im Überblick. *Mitteilungen aus der Arbeitsmarkt- und Berufsforschung*, 20, 181-196.

Estévez-Abe, M., Iversen, T., & Soskice, D. (2001). Social Protection and the Formation of Skills: A Reinterpretation of the Welfare State. In P. A. Hall, & D. Soskice (Hrsg.), *Varieties of Capitalism. The Institutional Foundations of Comparative Advantage* (S. 145-183). Oxford: Oxford University Press.

Fabian, G., Hillmann, J., Trennt, F., & Briedis, K. (2016). *Hochschulabschlüsse nach Bologna. Werdegänge der Bachelor und Masterabsolvent(inn)en des Prüfungsjahrgangs 2013* (Forum Hochschule 1/2016). Hannover: DZHW.

Forster, A. G., Bol, T., & van de Werfhorst, H. G. (2016). Vocational Education and Employment over the Life Cycle. *Sociological Science*, 3, 473-494.

Franz, W. (1982). *Youth Unemployment in the Federal Republic of Germany: Theory, Empirical Results, and Policy Implications. An Economic Analysis*. Tübingen: Mohr.

Franzen, A. (2002). *Der Einstieg in den Arbeitsmarkt von Schweizer Hochschulabsolvent/innen. Eine empirische Analyse der Absolventenbefragungen 1981 bis 2001*. Neuchâtel: Bundesamt für Statistik.

Franzen, A., & Hangartner, D. (2005). Soziale Netzwerke und beruflicher Erfolg. Eine Analyse des Arbeitsmarkteintritts von Hochschulabsolventen. *Kölner Zeitschrift für Soziologie und Sozialpsychologie*, 57, 443-465.

Franzen, A., & Hangartner, D. (2006). Social Networks and Labour Market Outcomes: The Non-Monetary Benefits of Social Capital. *European Sociological Review*, 22, 353-368.

Franzen, A., & Hecken, A. (2002). Studienmotivation, Erwerbspartizipation und der Einstieg in den Arbeitsmarkt. *Kölner Zeitschrift für Soziologie und Sozialpsychologie*, 54, 733-752.

Giesecke, J., & Groß, M. (2002). Befristete Beschäftigung: Chance oder Risiko? *Kölner Zeitschrift für Soziologie und Sozialpsychologie*, 54, 85-108.

Giesecke, J., Heisig, J. P., & Solga, H. (2015). Getting More Unequal: Rising Labor Market Inequalities among Low-Skilled Men in West Germany. *Research in Social Stratification and Mobility*, 39, 1-17.

Gottfredson, L. S. (1981). Circumscription and Compromise: A Developmental Theory of Occupational Aspirations. *Journal of Counseling Psychology*, 28, 545-579.

Gottfredson, L. S. (1996). Gottfredson's Theory of Circumscription and Compromise. In D. Brown, & L. Brooks (Hrsg.), *Career Choice and Development* (S. 179-232). San Francisco: Jossey-Bass (3 Aufl.).

Granato, M., Münk, D., & Weiß, R. (2011). Berufsbildungsforschung in der Einwanderungsgesellschaft. Entwicklung und Perspektiven. In M. Granato, D. Münk, & R. Weiß (Hrsg.), *Migration als Chance. Ein Beitrag der beruflichen Bildung* (S. 9-35). Bielefeld: Bertelsmann.

Haas, A. (2002). *Arbeitsplatzmobilität nach Abschluss einer dualen Berufsausbildung. Befunde aus der IAB-Historikdatei 1992 bis 1997* (IAB-Werkstattbericht 03/2002). Nürnberg: IAB.

Hall, A. (2012). Lohnen sich schulische und duale Ausbildung gleichermaßen? Bildungserträge von Frauen und Männern im Vergleich. In R. Becker, & H. Solga (Hrsg.), *Soziologische Bildungsforschung. Sonderheft 52 der Kölner Zeitschrift für Soziologie und Sozialpsychologie* (S. 281-301). Wiesbaden: Springer VS.

Hall, A., & Schade, H.-J. (2005). Welche Ausbildung schützt besser vor Erwerbslosigkeit? Der erste Blick kann täuschen! Duale Berufsausbildung und Berufsfachschulen im Vergleich. *Berufsbildung in Wissenschaft und Praxis, 34*, 23-26.

Hanushek, E. A., Schwerdt, G., Woessmann, L., & Zhang, L. (2017). General Education, Vocational Education, and Labor-Market Outcomes over the Lifecycle. *Journal of Human Resources, 52*, 48-87.

Haug, S., & Kropp, P. (2002). *Soziale Netzwerke und der Berufseinstieg von Akademikern. Eine Untersuchung ehemaliger Studierender an der Fakultät für Sozialwissenschaften und Philosophie in Leipzig* (Arbeitsbericht des Instituts für Soziologie 32). Leipzig: Institut für Soziologie der Universität Leipzig.

Heckhausen, J., & Tomasik, M. J. (2002). Get an Apprenticeship before School Is Out: How German Adolescents Adjust Vocational Aspirations When Getting Closer to a Developmental Deadline. *Journal of Vocational Behavior, 60*, 199-219.

Heinz, W. R. (2002). Transition Discontinuities and the Biographical Shaping of Early Work Careers. *Journal of Vocational Behavior, 60*, 220-240.

Herzog, W., Neuenschwander, M. P., & Wannack, E. (2003). Bei der Berufswahl benachteiligt? Strategien gegen strukturelle Benachteiligungen bei ausländischen Jugendlichen. *terra cognita, 2*, 30-34.

Hillmert, S. (2001). *Ausbildungssysteme und Arbeitsmarkt: Lebensverläufe in Großbritannien und Deutschland im Kohortenvergleich*. Wiesbaden: Westdeutscher Verlag.

Hillmert, S., & Jacob, M. (2002). *Soziale Ungleichheit beim Hochschulzugang: Wen führt das System der Berufsausbildung zur Universität, wen nicht ... und warum? Überlegungen aus einer humankapitaltheoretischen Perspektive* (Arbeitspapier 5 des Projekts Ausbildungs- und Berufsverläufe der Geburtskohorten 1964 und 1971 in Westdeutschland). Berlin: Max-Planck-Institut für Bildungsforschung.

Hillmert, S., & Jacob, M. (2003). Social Inequality in Higher Education. Is Vocational Training a Pathway Leading to or Away from University? *European Sociological Review, 19*, 319-334.

Holtkamp, R., Koller, P., & Minks, K.-H. (2000). *Hochschulabsolventen auf dem Weg in den Beruf. Eine Untersuchung des Berufsübergangs der Absolventenkohorten 1989, 1993 und 1997*. Hannover: HIS.

Hunkler, C. (2010). Ethnische Unterschiede beim Zugang zu Ausbildung und Erwerb von Ausbildungsabschlüssen. In B. Becker, & D. Reimer (Hrsg.), *Vom Kindergarten bis zur Hochschule. Die Generierung von ethnischen und sozialen Disparitäten in der Bildungsbiographie* (S. 213-250). Wiesbaden: Springer VS.

Hurley, A. E., & Sonnenfeld, J. A. (1995). Organizational Growth and Employee Advancement: Tracking the Opportunities. In M. London (Hrsg.), *Employees, Careers, and Job Creation. Developing Growth-Oriented Human Resource Strategies and Programs* (S. 31-48). San Francisco: Jossey-Bass.

IAB (2015). *Qualifikationsspezifische Arbeitslosenquoten* (Aktuelle Daten und Indikatoren 12/2015). Nürnberg: IAB.

Jacob, M. (2004). *Mehrfachausbildungen in Deutschland – Karriere, Collage, Kompensation?* Wiesbaden: VS Verlag für Sozialwissenschaften.

Jacob, M., & Klein, M. (2013). Der Einfluss der Bildungsherkunft auf den Berufseinstieg und die ersten Erwerbsjahre von Universitätsabsolventen. *Beiträge zur Hochschulforschung, 35*, 8-37.

Johnson, W. R. (1978). A Theory of Job Shopping. *Quarterly Journal of Economics, 92*, 261-277.

Jonsson, J. O., Grusky, D. B., Di Carlo, M., Pollak, R., & Brinton, M. C. (2009). Microclass Mobility: Social Reproduction in Four Countries. *American Journal of Sociology, 114*, 977-1036.

Kalter, F., & Granato, N. (2002). Demographic Change, Educational Expansion, and Structural Assimilation of Immigrants: The Case of Germany. *European Sociological Review, 18*, 199-216.

Kim, A., & Kurz, K. (2003). Prekäre Beschäftigung im Vereinigten Königreich und Deutschland. Welche Rolle spielen unterschiedliche institutionelle Kontexte? In W. Müller, & S. Scherer (Hrsg.), *Mehr Risiken – mehr Ungleichheit? Abbau des Wohlfahrtsstaates, Flexibilisierung der Arbeit und die Folgen* (S. 167-197). Frankfurt a. M.: Campus.

Kleinert, C., & Jacob, M. (2012). Strukturwandel des Übergangs in eine berufliche Ausbildung. In R. Becker, & H. Solga (Hrsg.), *Soziologische Bildungsforschung. Sonderheft 52 der Kölner Zeitschrift für Soziologie und Sozialpsychologie* (S. 211-233). Wiesbaden: Springer VS.

Kleinert, C., & Jacob, M. (2013). Demographic Changes, Labor Markets and Their Consequences on Post-School-Transitions in West Germany 1975–2005. *Research in Social Stratification and Mobility, 32*, 65-83.

Kohlrausch, B., & Solga, H. (2012). Übergänge in die Ausbildung: Welche Rolle spielt die Ausbildungsreife? *Zeitschrift für Erziehungswissenschaft, 15*, 753-773.

Konietzka, D. (1999). Berufliche Aus- und Fortbildung in der Lebenslaufperspektive. Ein Vergleich des Ausbildungsverhaltens sechs westdeutscher Geburtenkohorten. *Zeitschrift für Pädagogik, 45*, 807-831.

Konietzka, D. (2001). Hat sich das duale System in den neuen Ländern erfolgreich etabliert? Ausbildung, Arbeitslosigkeit und Berufseinstieg in Ost- und Westdeutschland in der Mitte der 1990er Jahre. *Kölner Zeitschrift für Soziologie und Sozialpsychologie, 53*, 50-75.

Konietzka, D., & Seibert, H. (2003). Deutsche und Ausländer an der „zweiten Schwelle". Eine vergleichende Analyse der Berufseinstiegskohorten 1976-1995 in Westdeutschland. *Zeitschrift für Pädagogik, 49*, 567-590.

Kracke, N. (2016). Unterwertige Beschäftigung von AkademikerInnen in Deutschland. *Soziale Welt, 67*, 177-204.

Kratz, F., Reimer, M., Felbinger, S., & Zhu, X. (2013). Stellenfindung und Arbeitgeberwechsel von Hochschulabsolventen: Eine ereignisanalytische Untersuchung der Beschäftigungsdauer beim ersten Arbeitgeber. *Beiträge zur Hochschulforschung, 35*, 38-56.

Kristen, C. (1999). *Bildungsentscheidungen und Bildungsungleichheit – ein Überblick über den Forschungsstand* (Arbeitspapier des Mannheimer Zentrums für Europäische Sozialforschung 5). Mannheim: MZES.

Kühne, M. (2009). *Berufserfolg von Akademikerinnen und Akademikern. Theoretische Grundlagen und empirische Analysen.* Wiesbaden: VS Verlag für Sozialwissenschaften.

Kultusministerkonferenz (2001). *Schüler, Klassen, Lehrer und Absolventen der Schulen 1991-2000.* Bonn: Kultusministerkonferenz.

Larsson, L. (2003). Evaluation of Swedish Youth Labor Market Programs. *Journal of Human Resources,* 38, 891-927.

Lex, T., & Zimmermann, J. (2011). Wege in Ausbildung. Befunde aus einer schrittweisen Betrachtung des Übergangsprozesses. *Zeitschrift für Erziehungswissenschaft,* 14, 603-627.

Lindley, R. M. (1975). The Demand for Apprentice Recruits by the Engineering Industry, 1951-71. *Scottish Journal of Political Economy,* 22, 1-24.

Lörz, M. (2012). Mechanismen sozialer Ungleichheit beim Übergang ins Studium: Prozesse der Status- und Kulturreproduktion. In R. Becker, & H. Solga (Hrsg.), *Soziologische Bildungsforschung. Sonderheft 52 der Kölner Zeitschrift für Soziologie und Sozialpsychologie* (S. 302-324). Wiesbaden: Springer VS.

Lörz, M., & Schindler, S. (2011). Bildungsexpansion und soziale Ungleichheit: Zunahme, Abnahme oder Persistenz ungleicher Chancenverhältnisse – eine Frage der Perspektive? *Zeitschrift für Soziologie,* 40, 458-477.

Ludwig-Mayerhofer, W., Solga, H., Leuze, K., Dombrowski, R., Künster, R., Ebralidze, E., ...Kühn, S. (2011). Vocational Education and Training and Transitions into the Labor Market. *Zeitschrift für Erziehungswissenschaft,* 14, 251-266.

Maaz, K., & Nagy, G. (2010). Der Übergang von der Grundschule in die weiterführenden Schulen des Sekundarschulsystems: Definition, Spezifikation und Quantifizierung primärer und sekundärer Herkunftseffekte. In J. Baumert, K. Maaz, & U. Trautwein (Hrsg.), *Bildungsentscheidungen. Sonderheft 12 der Zeitschrift für Erziehungswissenschaft* (S. 153-182). Wiesbaden: VS Verlag für Sozialwissenschaften.

Mayer, K. U. (1995). Gesellschaftlicher Wandel, Kohortenungleichheit und Lebensverläufe. In P. A. Berger, & P. Sopp (Hrsg.), *Sozialstruktur und Lebenslauf* (S. 27-47). Opladen: Leske + Budrich.

Mayer, K. U., & Hillmert, S. (2004). New Ways of Life or Old Rigidities? Changes in Social Structures and Life Courses and their Political Impact. In H. Kitschelt, & W. Streeck (Hrsg.), *Germany: Beyond the Stable State* (S. 73-94). London: Cass.

Mayer, K. U., Müller, W., & Pollak, R. (2007). Germany: Institutional Change and Inequalities of Access in Higher Education. In Y. Shavit, R. Arum, A. Gamoran, & G. Menahem (Hrsg.), *Stratification in Higher Education: A Comparative Study* (S. 240-265). Stanford: Stanford University Press.

McGinnity, F., & Mertens, A. (2004). Befristete Verträge und Berufseinstieg. In S. Hillmert, & K. U. Mayer (Hrsg.), *Geboren 1964 und 1971. Neuere Untersuchungen zu Ausbildungs- und Berufschancen in Westdeutschland* (S. 115-131). Wiesbaden: VS Verlag für Sozialwissenschaften.

Möller, J., & Umkehrer, M. (2015). Are There Long-Term Earnings Scars from Youth Unemployment in Germany? *Jahrbücher für Nationalökonomie und Statistik,* 235, 474-498.

Morgan, S. L., Gelbgiser, D., & Weeden, K. A. (2013a). Feeding the Pipeline: Gender, Occupational Plans, and College Major Selection. *Social Science Research,* 42, 989-1005.

Morgan, S. L., Leenman, T. S., Todd, J. J., & Weeden, K. A. (2013b). Occupational Plans, Beliefs about Educational Requirements, and Patterns of College Entry. *Sociology of Education*, 86, 197-217.

Mortimer, J. T., Zimmer-Gembeck, M. J., Holmes, M., & Shanahan, M. J. (2002). The Process of Occupational Decision Making: Patterns during the Transition to Adulthood. *Journal of Vocational Behavior*, 61, 439-465.

Müller, W., Steinmann, S., & Ell, R. (1998). Education and Labour Market Entry in Germany. In Y. Shavit, & W. Müller (Hrsg.), *From School to Work. A Comparative Study of Educational Qualifications and Occupational Destinations* (S. 143-188). Oxford: Clarendon Press.

OECD (2004). *Education at a Glance 2004* (OECD Indicators 2004). Paris: OECD.

OECD (2016). *Education at a Glance 2016* (OECD Indicators 2016). Paris: OECD.

Orlowski, R., & Riphahn, R. T. (2011). Lohnentwicklung im Lebenszyklus. Eine Analyse von Ausmaß, Begründung und Heterogenität von Lohnsteigerungen. *Zeitschrift für ArbeitsmarktForschung*, 44, 29-41.

Pastore, F. (2014). *The Youth Experience Gap: Explaining National Differences in the School-to-Work Transition*. Cham: Springer.

Plicht, H. (2016). Die ersten fünf Jahre nach einer berufsvorbereitenden Bildungsmaßnahme (BvB) – Befunde zum Übergang in Ausbildung und Beschäftigung. *Sozialer Fortschritt*, 65, 142-151.

Popp, S., Grebe, T., Becker, C., & Dietrich, H. (2012). *Weiterführung der Begleitforschung zur Einstiegsqualifizierung (EQ)* (Abschlussbericht, im Auftrag des Bundesministeriums für Arbeit und Soziales). Berlin: BMAS.

Preisendörfer, P., & Voss, T. (1988). Arbeitsmarkt und soziale Netzwerke: Die Bedeutung sozialer Kontakte beim Zugang zu Arbeitsplätzen. *Soziale Welt*, 39, 104-120.

Protsch, P., & Solga, H. (2016). The Social Stratification of the German VET System. *Journal of Education and Work*, 29, 637-661.

Quenzel, G., & Hurrelmann, K. (2010). Bildungsverlierer: Neue soziale Ungleichheiten in der Wissensgesellschaft. In G. Quenzel, & K. Hurrelmann (Hrsg.), *Bildungsverlierer. Neue Ungleichheiten* (S. 11-33). Wiesbaden: VS Verlag für Sozialwissenschaften.

Ramírez-Rodríguez, R., & Dohmen, D. (2010). Ethnisierung von geringer Bildung. In G. Quenzel, & K. Hurrelmann (Hrsg), *Bildungsverlierer: Neue Ungleichheiten* (S. 289-311). Wiesbaden: VS Verlag für Sozialwissenschaften.

Reinberg, A., & Hummel, M. (2002). Zur langfristigen Entwicklung des qualifikationsspezifischen Arbeitskräfteangebots und -bedarfs in Deutschland. Empirische Befunde und aktuelle Projektionsergebnisse. *Mitteilungen aus der Arbeitsmarkt- und Berufsforschung*, 35, 580-600.

Reinberg, A., & Hummel, M. (2005). *Vertrauter Befund: Höhere Bildung schützt auch in der Krise vor Arbeitslosigkeit* (IAB Kurzbericht 09/2005). Nürnberg: IAB.

Reinberg, A., & Schreyer, F. (2003). *Arbeitsmarkt für AkademikerInnen: Studieren lohnt sich auch in Zukunft* (IAB-Kurzbericht 20/2003). Nürnberg: IAB.

Reinberg, A., Fischer, G., & Tessaring, M. (1995). Auswirkungen der Bildungsexpansion auf die Erwerbs- und Nichterwerbstätigkeit. *Mitteilungen aus der Arbeitsmarkt- und Berufsforschung*, 28, 300-322.

Reißig, B., Gaupp, N., & Lex, T. (2008). Übergangswege von Hauptschulabsolventinnen und -absolventen aus der Schule in Ausbildung. In B. Reißig, N. Gaupp, & T. Lex (Hrsg.),

Hauptschüler auf dem Weg von der Schule in die Arbeitswelt (S. 58-81). München: Verlag Deutsches Jugendinstitut.

Reissner, V., Rosien, M., Jochheim, K., Kuhnigk, O., Dietrich, H., Hollederer, A., & Hebebrand, J. (2011). Psychiatric Disorders and Health Service Utilization in Unemployed Youth. *Journal of Public Health, 19*, 13-20.

Reissner, V., Mühe, B., Wellenbrock, S., Kuhnigk, O., Kis, B., Dietrich, H., & Hebebrand, J. (2014). DSM-IV-TR Axes-I and II Mental Disorders in a Representative and Referred Sample of Unemployed Youths – Results from a Psychiatric Liaison Service in a Job Centre. *European Psychiatry, 29*, 239-245.

Riphahn, R. T. (1999). *Residential Location and Youth Unemployment: The Economic Geography of School-to-Work Transitions* (IZA Discussion Paper 99). Bonn: IZA.

Rosenbaum, J. E. (1984). *Career Mobility in a Corporate Hierarchy*. New York: Academic Press.

Rukwid, R. (2012). *Grenzen der Bildungsexpansion? Ausbildungsinadäquate Beschäftigung von Ausbildungs-und Hochschulabsolventen in Deutschland* (Schriftenreihe des Promotionsschwerpunkts Globalisierung und Beschäftigung 37). Stuttgart-Hohenheim: Evangelisches Studienwerk.

Ryan, P. (2001): The School-to-Work-Transition: A Cross-National Perspective. *Journal of Economic Literature, 39*, 34-92.

Sackmann, R. (1998). *Konkurrierende Generationen auf dem Arbeitsmarkt. Altersstrukturierung in Arbeitsmarkt und Sozialpolitik*. Opladen: Westdeutscher Verlag.

Sackmann, R., & Wingens, M. (2001). Theoretische Konzepte des Lebenslaufs: Übergang, Sequenz und Verlauf. In R. Sackmann, & M. Wingens (Hrsg.), *Strukturen des Lebenslaufs: Übergang – Sequenz – Verlauf* (S. 17-50). Weinheim: Juventa.

Scharfe, S. (2010). Einfluss doppelter Abiturientenjahrgänge auf die Entwicklung der Studienanfängerquote. *Wirtschaft und Statistik, 6/2010*, 552-560.

Scherer, S. (2004). Stepping-Stones or Traps? The Consequences of Labour Market Entry Positions on Future Careers in West Germany, Great Britain and Italy. *Work, Employment and Society, 18*, 369-394.

Schindler, S., & Lörz, M. (2012). Mechanisms of Social Inequality Development: Primary and Secondary Effects in the Transition to Tertiary Education between 1976 and 2005. *European Sociological Review, 28*, 647-660.

Schneider, S. L., & Tieben, N. (2011). A Healthy Sorting Machine? Social Inequality in the Transition to Upper Secondary Education in Germany. *Oxford Review of Education, 37*, 139-166.

Schomburg, H., & Teichler, U. (2012). Hochschulabsolventen im internationalen Vergleich. In B. M. Kehm, H. Schomburg, & U. Teichler (Hrsg.), *Funktionswandel der Universitäten. Differenzierung, Internationalisierung, Relevanzsteigerung* (S. 75-90). Frankfurt a. M.: Campus.

Schomburg, H., Teichler, U., Doerry, M., & Mohr, J. (2001). *Erfolgreich von der Uni in den Job. Die große Absolventenstudie, Studienfächer im Vergleich, so klappt es mit dem Karrierestart*. Regensburg: Walhalla.

Schubert, M., Parthier, K., Kupka, P., Krüger, U., Holke, J., & Fuchs, P. (2013). *Menschen mit psychischen Störungen im SGB II* (IAB-Forschungsbericht 12/2013). Nürnberg: IAB (aktualisierte Fassung vom 4.11.2013).

Seibert, H. (2004). „Wer zu spät kommt…": Schulausbildung und der Erwerbseinstieg von Ausbildungsabsolventen ausländischer Herkunft in Deutschland. In S. Hillmert, & K. U. Mayer (Hrsg.), *Geboren 1964 und 1971. Neuere Untersuchungen zu Ausbildungs-und Berufschancen in Westdeutschland* (S. 91-114). Wiesbaden: VS Verlag für Sozialwissenschaften.

Seibert, H., & Solga, H. (2005). Gleiche Chancen dank einer abgeschlossenen Ausbildung? Zum Signalwert von Ausbildungsabschlüssen bei ausländischen und deutschen jungen Erwachsenen. *Zeitschrift für Soziologie, 34,* 364-382.

Seibert, H., Hupka-Brunner, S., & Imdorf, C. (2009). Wie Ausbildungssysteme Chancen verteilen. Berufsbildungschancen und ethnische Herkunft in Deutschland und der Schweiz unter Berücksichtigung des regionalen Verhältnisses von betrieblichen und schulischen Ausbildungen. *Kölner Zeitschrift für Soziologie und Sozialpsychologie, 61,* 595-620.

Solga, H. (2002). „Ausbildungslosigkeit" als soziales Stigma in Bildungsgesellschaften. Ein soziologischer Erklärungsbeitrag für die wachsenden Arbeitsmarktprobleme von gering qualifizierten Personen. *Kölner Zeitschrift für Soziologie und Sozialpsychologie, 54,* 476-505.

Solga, H. (2005). *Ohne Abschluss in die Bildungsgesellschaft. Die Erwerbschancen gering qualifizierter Personen aus soziologischer und ökonomischer Perspektive.* Opladen: Budrich.

Spring, J. (1976). *The Sorting Machine.* New York: McKay.

Stanat, P. (2006). Schulleistungen von Jugendlichen mit Migrationshintergrund: Die Rolle der Zusammensetzung der Schülerschaft. In J. Baumert, P. Stanat, & R. Watermann (Hrsg.), *Herkunftsbedingte Disparitäten im Bildungswesen: Vertiefende Analysen im Rahmen von PISA 2000* (S. 189-219). Wiesbaden: VS Verlag für Sozialwissenschaften.

Staneva, M. (2015). *Studieren und Arbeiten: Die Bedeutung der studentischen Erwerbstätigkeit für den Studienerfolg und den Übergang in den Arbeitsmarkt* (DIW Roundup 70). Berlin: DIW.

Statistisches Bundesamt (2015). *Bildung und Kultur. Studierende an Hochschulen. Wintersemester 2014/2015* (Fachserie 11 Reihe 4.1). Wiesbaden: Statistisches Bundesamt. https://www.destatis.de/DE/Publikationen/Thematisch/BildungForschungKultur/Hochschulen/StudierendeHochschulenEndg2110410157004.pdf?__blob=publicationFile, abgerufen am 15.08.2017.

Statistisches Bundesamt (2016). *Statistisches Jahrbuch 2015.* Wiesbaden: Statistisches Bundesamt.

Steinmann, S. (2000). *Bildung, Ausbildung und Arbeitsmarktchancen in Deutschland. Eine Studie zum Wandel der Übergänge von der Schule in das Erwerbsleben.* Opladen: Leske + Budrich.

Stevens, M. (1994). An Investment Model for the Supply of Training by Employers. *The Economic Journal, 104,* 556-570.

Stief, M., & Abele, A. E. (2002). Berufsstart – Sozialwissenschaftler und Sozialwissenschaftlerinnen im Vergleich mit anderen Fächern: Befunde aus einer Langzeitstudie. *Sozialwissenschaften und Berufspraxis, 25,* 85-98.

Super, D. E. (1990). A Life-Span, Life-Space Approach to Career Development. In D. Brown, & L. Brooks (Hrsg.), *Career Choice and Development: Applying Contemporary Theories to Practice* (S. 197-262). San Francisco: Jossey-Bass (2. Aufl.).

Tessaring, M. (1993). Das duale System der Berufsausbildung in Deutschland: Attraktivität und Beschäftigungsperspektiven. *Mitteilungen aus der Arbeitsmarkt- und Berufsforschung, 26*, 131-161.

Tessaring, M. (1995). Übergänge ins Beschäftigungssystem und Fachkräftenachfrage. In G. Westhoff (Hrsg.), *Übergänge von der Ausbildung in den Beruf: Die Situation an der zweiten Schwelle in der Mitte der neunziger Jahre* (S. 81-92). Bielefeld: Bertelsmann.

Thomas, M. (2013). *Mehrfachausbildungen: Wer sie macht und was sie bringen: Befunde der LifE-Studie.* Wiesbaden: VS Verlag für Sozialwissenschaften.

Tieben, N. (2016). Verbleib und Berufsstatus von Studienabbrecherinnen und Studienabbrechern mit und ohne vorherige Berufsausbildung – Ergebnisse aus dem Nationalen Bildungspanel (NEPS). In Bundesinstitut für Berufsbildung (Hrsg.), *Datenreport zum Berufsbildungsbericht 2016. Informationen und Analysen zur Entwicklung der beruflichen Bildung* (S. 409-416). Bonn: Bundesinstitut für Berufsbildung.

Tomasik, M. J., Hardy, S., Haase, C. M., & Heckhausen, J. (2009). Adaptive Adjustment of Vocational Aspirations among German Youths during the Transition from School to Work. *Journal of Vocational Behavior, 74*, 38-46.

Watermann, R., & Baumert, J. (2006). Entwicklung eines Strukturmodells zum Zusammenhang zwischen sozialer Herkunft und fachlichen und überfachlichen Kompetenzen: Befunde national und international vergleichender Analysen. In J. Baumert, P. Stanat, & R. Watermann (Hrsg.), *Herkunftsbedingte Disparitäten im Bildungswesen: Vertiefende Analysen im Rahmen von PISA 2000* (S. 61-94). Wiesbaden: VS Verlag für Sozialwissenschaften.

Weeden, K. A., & Grusky, D. B. (2005). The Case for a New Class Map. *American Journal of Sociology, 111*, 141-212.

Weidig, I., Hofer, P., & Wolff, H. (1999). *Arbeitslandschaft 2010 nach Tätigkeiten und Tätigkeitsniveau* (Beiträge zur Arbeitsmarkt- und Berufsforschung 227). Nürnberg: IAB

Weil, M., & Lauterbach, W. (2009). Von der Schule in den Beruf. In R. Becker (Hrsg.), *Lehrbuch der Bildungssoziologie* (S. 321-356). Wiesbaden: VS Verlag für Sozialwissenschaften.

Weiss, F., & Klein, M. (2011). Soziale Netzwerke und Jobfindung von Hochschulabsolventen – Die Bedeutung des Netzwerktyps für monetäre Arbeitsmarkterträge und Ausbildungsadäquatheit. *Zeitschrift für Soziologie, 40*, 228-245.

Winkelmann, R. (1996). Employment Prospects and Skill Acquisition of Apprenticeship-Trained Workers in Germany. *Industrial and Labor Relations Review, 49*, 658-672.

Wolbers, M. H. J. (2003). Job Mismatches and Their Labour–Market Effects among School–Leavers in Europe. *European Sociological Review, 19*, 249-266.

Wolter, S. C., & P. Ryan (2011). Apprenticeship. In E. A. Hanushek, S. Machin, & L. Woessmann (Hrsg.), *Handbook of the Economics of Education. Vol. 3* (S. 521-276). San Diego: Elsevier.

Wydra-Somaggio, G., & Seibert, H. (2010). Signalwirkung von Lehrabschlüssen. Einkommensunterschiede von Ausbildungsabsolventen beim Berufseinstieg. *Sozialer Fortschritt, 59*, 296-305.

Soziale Mobilität im Arbeitsmarkt 4

Thomas Hinz und Sonja Pointner[1]

4.1 Einleitung

Arbeitsmarktprozesse sind immer mit der Mobilität von Arbeitsmarktteilnehmern verbunden. Nach ihrem Arbeitsmarkteintritt wechseln Menschen zwischen verschiedenen Positionen, Berufen und Betrieben. Sie steigen möglicherweise nach einer gewissen Zeit der Arbeitsmarktteilnahme freiwillig oder unfreiwillig aus einer kontinuierlichen Erwerbskarriere aus oder durchlaufen ihre berufliche Laufbahn bis zum Ruhestand ohne Unterbrechungen. „Mobilität" bezieht sich dabei auf Veränderungen in der Zeit, also zwischen mindestens zwei Messpunkten und zwischen einer Ausgangs- und einer Zielposition. Die sinnvolle Bestimmung von Ausgangs- und Zielpositionen und ihrer Dynamik ist insbesondere in der Soziologie sozialer Ungleichheit seit Jahrzehnten ein zentrales Thema. Dabei werden zumeist kategoriale Messungen der Ausgangs- und Zielpositionen verwendet, weil diese im Generationenvergleich und auch im Vergleich unterschiedlicher Gesellschaften relativ leicht zu bestimmen sind. Die Forschungsfragen lauten dann: Von welcher Schicht, von welcher Klasse aus steigt man auf oder ab? Oder sind nur Bewegungen auf der gleichen Hierarchiestufe möglich? Inwieweit sind Auf- und Abstiegsprozesse von den gegebenen gesellschaftlichen Strukturen abhängig? Kann man durch eigene Anstrengung aufsteigen? Sind umgekehrt Abstiegsprozesse individuellem Versagen zuzuschreiben? Werden Aufstiege durch Institutionen wie das Bildungssystem erleichtert oder eher verhindert? Führen Mobilitätsbarrieren

1   Die Autoren danken Walter Müller, Karin Kurz, Johannes Berger, Martin Abraham, Katrin Auspurg und Claudia Diehl für hilfreiche Kommentare und Hinweise.

zu Unzufriedenheit und Umwälzungen? Die Offenheit oder Geschlossenheit von Gesellschaften wird häufig an den Chancen auf soziale Mobilität im Arbeitsmarkt festgemacht. Die Chancen können dabei eher gleich oder ungleich verteilt sein. Damit ist auch klar, dass die untersuchten Aspekte vornehmlich auf der Makroebene von Gesellschaften und ihren Arbeitsmärkten zu verorten sind. Welche Strukturen des Bildungssystems und des Arbeitsmarktes sind mit sozialer Mobilität in welcher Weise verbunden?

In diesem Kapitel wird speziell die *soziale* Mobilität, also die Mobilität zwischen verschiedenen sozioökonomischen Positionen im Arbeitsmarkt, im Mittelpunkt stehen. Wir sprechen im Hinblick auf diese Positionen nachfolgend von *Klassen*, worunter in der aktuellen Mobilitätsforschung in erster Linie eine mehr oder weniger differenzierte Gruppierung von beruflichen Positionen (also: Berufsklassen) verstanden werden. Da die Einkommenserzielung und das soziale Ansehen ganz wesentlich durch diese Berufsklassen im Arbeitsmarkt geprägt werden (siehe Kap. 7 in diesem Band) und der große Teil der einschlägigen Literatur Wechsel zwischen Berufsklassen untersucht, stellen wir nachfolgend die *soziale* Mobilität zwischen diesen beruflichen Positionen in den Mittelpunkt und verzichten weitgehend auf die Betrachtung von Einkommensmobilität. Dies ist auch dadurch begründet, dass insbesondere im Vergleich von Generationen Einkommensmobilität oft nicht verlässlich bestimmt werden kann, weil schlicht die Daten über die Arbeitsmarkteinkommen der Eltern- und Großelterngenerationen fehlen. Weiterhin werden in diesem Kapitel eine ganze Reihe von Aspekten, die mit sozialer Mobilität zwischen beruflichen Positionen zusammenhängen, ausgespart, so etwa regionale Mobilität (also der Wohnortwechsel im Lebensverlauf), Familienbildungsprozesse (zum Beispiel Aufstiegs- und Abstiegsmobilität durch Heirat bzw. Elternschaft), Übergänge in Arbeitslosigkeit und Nichterwerbstätigkeit, Auswirkungen von Arbeitslosigkeit auf Mobilität (siehe Kap. 5 in diesem Band). Die innerbetriebliche Mobilität wird nur insofern angesprochen, als es um mögliche Wechsel von Berufsklassen geht. Die Steuerung innerbetrieblicher Mobilität durch Personal- und Betriebsratspolitik und die Rekrutierung neuer Mitarbeiter in Betrieben werden hingegen an anderer Stelle behandelt (siehe dazu Kap. 6 in diesem Band). Durch die stark gestiegene Erwerbsbeteiligung von Frauen sind weiterhin neue Fragen der Mobilitätsforschung entstanden, etwa nach der möglichen Abwärtsmobilität von Frauen nach einer familienbedingten Erwerbsunterbrechung. Geschlechtsspezifische Aspekte von Mobilität werden zwar thematisiert, sie sind jedoch nicht im speziellen Fokus dieses Kapitels (siehe hierzu Kap. 11 in diesem Band). Die Arbeitsmarktchancen von Zuwanderern und Prozesse ethnischer Ungleichheit werden ebenfalls in einem eigenen Kapitel beleuchtet (siehe Kap. 10 in diesem Band). Die Zusammenhänge von Mobilitätschancen und demografischer

Entwicklung, etwa wenn die Karrierechancen geburtenstarker Jahrgänge thematisiert werden, sind ebenfalls Gegenstand eines eigenen Kapitels (siehe Kap. 12 in diesem Band).

Was ist nun unter *sozialer Mobilität* zu verstehen? Welche Facetten unterscheidet man? Zunächst stellt sich bei der Untersuchung von sozialer Mobilität die konzeptuelle Frage, ob die Bewegung im Arbeitsmarkt ein *individuelles* oder ein *kollektives* Phänomen darstellt. *Individuelle Mobilität* liegt vor, wenn Individuen in Bezug auf ihre Mobilitätschancen betrachtet werden. *Kollektive Mobilität* ist durch eine gemeinsame Veränderung der beruflichen Situation ganzer Gruppen gekennzeichnet, etwa als die Angehörigen der ehemaligen staatlichen Eliten der DDR nach der deutschen Wiedervereinigung ihre beruflichen Positionen verloren. Hierbei handelt es sich also um eine Veränderung für größere Gruppen bis hin zu ganzen Gesellschaftsschichten. Die Unterscheidung geht auf die Arbeiten von Pitirim Sorokin (1959 [1927]) zurück. Die enormen sozialen Veränderungen in der amerikanischen Gesellschaft zu Anfang des 20. Jahrhunderts bildeten den Hintergrund für seine Abhandlung über soziale Mobilität. Von Sorokin stammt auch die ebenfalls bis heute gebräuchliche Unterscheidung von *horizontaler* und *vertikaler* Mobilität (Richtung der Mobilität). Horizontale Mobilität bezeichnet Wechsel von Positionen, ohne dass damit eine größere Veränderung im Ansehen, im Einkommen oder hinsichtlich der beruflichen Position verbunden wäre. Wechsel des Arbeitgebers mit Beibehaltung des gleichen oder eines ähnlichen Berufs mit ähnlicher Entlohnung wären hierfür als Beispiel zu nennen. Mit vertikaler Mobilität sind alle Prozesse gemeint, in denen die Positionen sich hinsichtlich Klassenlage, Prestige oder sozioökonomischen Status verändern. Eine weitere Unterscheidung bezieht sich auf die Dimensionen *inter-* und *intragenerational*. Die Forschung zur Arbeitsmarktmobilität unterscheidet danach, ob die Mobilität hinsichtlich der *sozialen Herkunft* im Generationenübergang betrachtet wird oder ob die *Karrieremobilität* im Lebensverlauf im Mittelpunkt steht, also etwa nach Abschluss einer Berufsausbildung und dem Eintritt ins Erwerbsleben. Im ersten Fall spricht man von *intergenerationaler* Mobilität, im zweiten Fall von *intragenerationaler* Mobilität. Bei intergenerationaler Mobilität vergleicht man die beruflichen Positionen mit den beruflichen Positionen der jeweiligen Eltern (und manchmal auch Großeltern). Die intragenerationale Mobilität bezieht sich auf die Bildungs- und Berufskarriere innerhalb einer Generation. Betrachtet werden die unterschiedliche Anzahl von Jobwechseln oder die Wechsel von Berufsklassen – im Sinne von Auf- und Abstiegsmobilität. Im Weiteren wird in der Literatur die Gesamtmobilität häufig auch in die Komponenten *strukturelle* und *zirkuläre* Mobilität (auch *exchange mobility* oder *pure mobility*) unterschieden (Yasuda 1964). Strukturelle Mobilität ist dabei eine durch strukturellen Wandel zustande kommende, gleichsam erzwungene Mobilität wie etwa beim sektoralen Wandel von der Landwirtschaft zur Industrie und zu Dienstleistungen. Zirkuläre Mobilität bezieht sich dagegen auf die Offenheit des gesellschaftlichen Positionsgefüges und meint den Positionentausch von Individuen zwischen Statuskategorien, der nicht durch strukturelle Veränderungen erzwungen ist. Man unterscheidet entsprechend zwischen *absoluten* Mobilitätsraten (alle Wechsel von beruflichen Positionen gemessen an den möglichen Wechseln) und *relativen* Mobilitätsraten (die Chancen von bestimmten Klassenlagen in eine Zielklasse zu wechseln, gemessen an den Chancen aus anderen Klassenlagen in diese Zielklasse zu wechseln). Bei der relativen Mobilitätsrate handelt es sich um die um die strukturelle Mobilität bereinigte (kohortenspezifische) Wechselrate.

Der rapide soziale Wandel der vergangenen Jahrzehnte lässt die Frage aufkommen, wie sich die sozialen Mobilitätschancen entwickelt haben. Beispielhafte Fragestellungen lauten: Sind durch die Expansion des tertiären Sektors, die zu einer Vielfalt an neuen Leitungstätigkeiten geführt hat, Abschwächungen traditioneller Klassenstrukturen sichtbar? Hat die Ausweitung von weiterführenden Bildungsabschlüssen dazu geführt, dass Mobilitätschancen zugenommen haben? Oder sind die Mobilitätschancen davon unberührt geblieben?

Im Beitrag werden zunächst die grundlegenden (theoretischen) Konzepte von Klassen und Klassenwechseln erläutert (Abschnitt 4.2). Anschließend werden die wichtigsten Ergebnisse zur soziologischen Mobilitätsforschung in inter- und intragenerationaler Perspektive skizziert (Abschnitt 4.3). Schließlich wird ein Fazit gezogen (Abschnitt 4.4).

4.2   Theoretische Konzepte sozialer Mobilität

Theorien in der Soziologie sollen Mikrofundierungen für Makrophänome liefern, also Erklärungen für Phänomene wie die soziale Mobilität in inter- und intragenerationaler Perspektive bereitstellen. Hierbei geraten dann insbesondere auch theoretische Modelle in den Blick, die sich mit Fragen des Bildungserwerbs und der intergenerationalen Vererbung von Bildung beschäftigen: Bildung, Erwerbstätigkeit und Mobilität sind im Arbeitsmarkt schließlich eng miteinander verbunden (siehe dazu Kap. 3 in diesem Band). Somit halten die vielen auch an anderer Stelle dieses Bands berichteten Theorieangebote Erklärungsvorschläge für soziale Mobilität bereit, insbesondere etwa die Human- und Sozialkapitalansätze (siehe etwa Kap. 2 in diesem Band). In diesem Kapitel geht es speziell um den Zusammenhang von individueller und kollektiver Mobilität und die institutionellen Kontexte, in denen Mobilitätsprozesse stattfinden. Nachstehend werden, dem historischen Verlauf folgend, Theorien gesellschaftlicher Entwicklung der Soziologie aufgeführt, in denen kollektive Mobilitätsprozesse Gegenstand sind.

4.2.1   Klassische (kollektive) Mobilitätsansätze

In der Geschichte der Soziologie dominiert zunächst die Perspektive auf die Mobilität von Kollektiven, also die Mobilität von sozialen Großgruppen. Den Ideen von Karl Marx (1969 [1859]) zufolge ist Mobilität vor allem die Bewegung sozialer Klassen.[2] Klassen sind dabei definiert durch ihre Stellung im Produktionsprozess auf der jeweiligen historischen Entwicklungsstufe, im Kapitalismus durch den Besitz oder Nicht-Besitz von Produktionsmitteln (wobei in den Frühphasen des Kapitalismus laut Marx mehrere Klassen existiert haben). Die individuelle Mobilität von einer Klasse in die andere Klasse ist zwar möglich (so erbt etwa ein Handwerksgeselle durch die Heirat mit der Tochter seines Meisters dessen Betrieb), sie ist aber wegen der antagonistischen Klasseninteressen unwahrscheinlich und für den Verlauf des durch den Klassengegensatz bedingten sozialen Wandels unbedeutend. Gesellschaftliche (und damit von Einzelindividuen unabhängige) Prozesse führen den Überlegungen von Marx zufolge dazu, dass soziale Klassen kollektive Mobilität zeigen. Die kapitalistische Entwicklung verursache eine fortgesetzte Verelendung des Proletariats, Zwischenklassen verschwänden und stiegen ab. Die Klassengegensätze verschärften sich mit der Folge einer Umwälzung der gesellschaftlichen Verhältnisse hin zu einer dichotomen Zuspitzung der Klassenlage mit wenigen Kapitalisten und einer zahlenmäßigen Mehrheit des Proletariats. Insbesondere im traditionellen Mittelstand wären kollektive Mobilitätsprozesse zu verzeichnen. Die traditionalen Handwerker und Händler könnten dem verstärkten Wettbewerb nicht mehr Stand halten und erlebten ebenfalls eine kollektive Mobilität nach unten. Die beobachteten Mobilitätsprozesse gehen hier auf umfassende soziale Trends zurück, es handelt sich laut Theodor Geiger (1932) um „kategorische" Positionswechsel, eingebettet in epochalen sozialen Wandel, die nichts mit „individuellen" Wechseln zu tun haben. Veränderungen treten zumeist bei wirtschaftsbasierter Schrumpfung von bestimmten Berufsgruppen auf und beim Anwachsen anderer Berufssparten im Rahmen eines größeren Wandels.[3]

---

2   Für eine systematische Herausarbeitung der Marxschen Klassentheorie siehe Dahrendorf (1957).

3   Hierbei spricht man auch von Abstoßeffekten bestimmter Berufsgruppen (z. B. Landwirte) und Sogeffekten, wenn diese zahlenmäßig expandieren (Geißler 2014).

Die von Karl Marx behaupteten kollektiven Mobilitätsprozesse haben sich bekanntermaßen nicht wie von ihm prognostiziert entwickelt. Die Klassenstruktur der Industriegesellschaften hat sich keineswegs antagonistisch zugespitzt, sondern vielmehr ausdifferenziert. Sie ist damit immer mehr von individuellen Mobilitätsprozessen gekennzeichnet, die allerdings auch systematischen Mustern folgen können. Vor allem innerhalb derjenigen Klasse, die über keine Produktionsmittel verfügt, sind weitere stabile Klassenpositionen entstanden. Der technische Fortschritt im Zuge der weiteren Entwicklung des Kapitalismus und der Bedarf an ausdifferenzierten (Arbeits-)Organisationen führten zu einer immer größeren Bedeutung der individuellen (beruflichen) Bildung und Qualifikation. So sind mit der Ausbreitung von Kapitalgesellschaften Manager auf den Plan getreten, die im Dienste der Kapitalbesitzer mit Autorität über die einfachen Beschäftigten ausgestattet sind. Außerdem finden sich technokratische Experten und Angehörige von Professionen, die mit ihrem Fachwissen eine gefragte Ressource bereitstellen (Wright 1997; siehe auch Abschnitt 4.2.2). Auch die politische Organisation des Klassengegensatzes hat in den kapitalistischen Ländern nicht zu revolutionären Umwälzungen geführt, sondern eher zu einer Beteiligung der Arbeiterklasse an den Produktivitätsfortschritten. Die Klassenlagen entwickelten sich demnach also differenzierter und sind an berufliche (professionelle) Funktionen geknüpft und damit durch mehr oder weniger wichtige Ressourcen gekennzeichnet, die in den Produktionsprozess eingebracht werden. Daraus lassen sich unterschiedliche Machtpotenziale ableiten, ablesbar etwa durch die am Arbeitsmarkt erzielbaren Erwerbseinkommen. Mobilität zwischen Klassenlagen geht daher auch mit Einkommensmobilität einher.

Mit einem anderen Klassenbegriff wird man bei Max Weber konfrontiert, der sich ein halbes Jahrhundert später als Karl Marx mit klassenbezogener Mobilität beschäftigte. Die Klassenlage ergibt sich bei ihm nicht zwangsläufig oder eindeutig aus der Stellung im Produktionsprozess, sondern in Zusammenwirkung mit den umfassenden Lebensbedingungen und -chancen. Sie ist die Chance der Güterversorgung, der äußeren Lebensumstände und des inneren Lebensschicksals des Menschen (Weber 1980 [1922]). Zwar sieht Weber die Klassenlage selbst auch im ökonomischen Bereich (Besitz- und Erwerbsklassen) begründet – Klassenlage ist Marktlage – aber die Lebensweise, Denkart, das Ansehen und weitere individuelle Merkmale (und als Folge deren Einschätzung, die *ständische Ehre*) folgen nicht unbedingt der daraus begründeten Stellung. Max Weber entwickelte eine Typologie, welche die Struktur der Gesellschaft umfassender als in der Marxschen Dichotomie beschreiben sollte: Mit der Abgrenzung von Klassen (die in der Wirtschaft wurzeln), Ständen (Art der Lebensführung, Prestige, Ehre) und Parteien (Interessen, Macht) wird Ungleichheit vielschichtig. Die Dimensionen sozialer Ungleichheit beziehen sich bei Weber also vor allem auf Klasse und Stand. Inter-

essenkonflikte im Zuge dieser Ungleichheit sind bei Weber nicht unbedingt antagonistisch oder als organisierter Interessenkampf zu verstehen. Handlungsanstöße
können vielfältig und unsortiert sein, vor allem, weil das Handeln nicht direkt aus
ökonomischen Bedingungen ableitbar ist. Weber zufolge existieren eine Vielzahl
unterschiedlicher Besitz- und Erwerbsklassen, diese Vielfalt wird zu vier sozialen
Klassen (Arbeiterklasse, Kleinbürgertum, „Intelligenz" und die durch Besitz Privilegierten) gebündelt, innerhalb derer (intragenerationale und intergenerationale) Mobilität leicht, dazwischen aber kaum möglich erscheint. Klassen allein sind
keine Gemeinschaften, nur mögliche Grundlagen eines Gemeinschaftshandelns,
zum Beispiel wenn Ursachen und Auswirkungen einer gemeinsamen Klassenlage
ersichtlich sind. Allerdings ergibt sich auch bei den Klassen im Sinne Webers eine
hierarchische Abstufung. Bestimmte berufliche Tätigkeiten sind beispielsweise
mit hohem Prestige verbunden.

Die Vorstellung von sozialer Anerkennung, die sich aus der Ausübung von Berufen ergibt, ist für die spätere soziologische Mobilitätsforschung von zentraler
Bedeutung. Die Möglichkeit, angesehene Berufe auszuüben, ist an das Durchlaufen bestimmter Ausbildungen (etwa im Handwerk oder in akademischen Berufsfeldern) gebunden (siehe Kap. 7 in diesem Band). So ist es absolut zwingend, bei
der Untersuchung von Mobilitätschancen insbesondere die Rolle von Bildung und
Ausbildung genauer zu betrachten. Wenn bereits der Zugang zu Ausbildungswegen
auf bestimmte Personenkreise und Angehörige bestimmter Schichten beschränkt
ist, dann sind auch die allgemeinen Mobilitätschancen gering.

Eine dritte, inzwischen ebenfalls klassische Perspektive, hält die *funktionalistische Schichtungstheorie* bereit. Ihr zufolge wird nun die Bildung als zentrale
Schaltstelle für Mobilitätsprozesse betrachtet (Davis und Moore 1945). Der Erwerb von Bildung dient diesem Theoriemodell nach als Schlüssel für die Ausübung unterschiedlich angesehener und entlohnter Berufstätigkeiten. Die Abstufung der beruflichen Tätigkeiten, also die Schichtung einer Gesellschaft, ist diesem
Theorieansatz nach mit ihrer (funktionalen) Bedeutung zu erklären. Ohne Differenzierung im Ansehen und in der Entlohnung sind für die besonders wichtigen
beruflichen Positionen die am besten geeigneten Personen nicht zu mobilisieren.
Im Schul- und Ausbildungssystem werden Bildungsqualifikationen an Individuen
nach erbrachter Leistung vergeben – mit der Konsequenz, dass für die nach Leistungsanforderungen geschichteten beruflichen Positionen auch geeignete Personen zur Verfügung stehen, die wegen der besseren Entlohnung auch bereit sind,
sich entsprechend zu qualifizieren. Das Durchlaufen des Bildungssystems führt
diesem Ansatz nach zu einer *meritokratischen* Auswahl von Berufseinsteigern.
Die weitere Karriereentwicklung ist dann ebenfalls von den nachgewiesenen und
den erwartbaren Leistungen abhängig. Berufliche Mobilität ist in diesem Modell

nicht determiniert durch die sozialen Ausgangspositionen der Individuen, sehr wohl aber durch Bildungs- und Ausbildungsabschlüsse, welche als Fähigkeits- und Leistungsausweis gelten.

Das Mobilitätsmodell der funktionalistischen Schichtungstheorie, wonach letztlich alle dort landen, wo sie gemäß ihrer Fähigkeiten auch hingehören, traf in der soziologischen Arbeitsmarktforschung auf Skepsis – zu deutlich waren die vielen empirischen Belege von relativ starren intra- und intergenerationalen Mobilitätsbarrieren, die bei vorrangiger Wirkung von eigenen Fähigkeiten keine Rolle spielen sollten. Die Abhängigkeit der Mobilitätschancen von den jeweiligen Ausgangspositionen zeigt sich bereits im Bildungssystem, also beim Besuch von Schulen und Universitäten, und ebenso bei beruflichen Auf- und Abstiegen im späteren Karriereverlauf. Aber auch die Annahme, dass die in ihrer Funktionalität zentralen und zugleich besonders hohe Anforderungen voraussetzenden Positionen für die Gesellschaft auch am besten entlohnt werden, ist nicht unumstritten. Für Unterschiede in der monetären Entlohnung sind offenbar auch andere Faktoren als die funktionale Bedeutung der ausgeübten beruflichen Tätigkeiten und die Knappheit von Personal wichtig, etwa auch Prozesse sozialer Schließung in Berufen bzw. *rent seeking* (Sørensen 2000; siehe Kap. 8 in diesem Band). In jüngerer Zeit wurden jedoch auch empirische Studien vorgelegt, die eine stärker meritokratische Öffnung von Mobilitätschancen gerade für jüngere Geburtskohorten belegen (etwa Breen und Jonsson 2007; Müller und Pollak 2015). Wir diskutieren die Frage des Abbaus von Mobilitätsbarrieren in den folgenden Abschnitten.

In der Soziologie wurden in Abgrenzung zur funktionalistischen Schichtungstheorie überwiegend Mobilitätskonzepte weiterentwickelt, welche die *konflikttheoretischen* Ideen in der Tradition von Karl Marx und Max Weber fortführen. Die Bildung und der Bildungserwerb erscheinen im Lichte der Konflikttheorie ebenfalls als zentrale Komponenten. Das Bildungssystem vermittelt – aus Sicht der Konflikttheorie – je nach Art des Schulbesuchs weniger produktivitätsrelevante Fähigkeiten, sondern eher einen unterschiedlichen kulturellen Status, Privatschulen beispielsweise einen elitären Status, der sich von den vermittelten Werten oder dem Vokabular in einer öffentlichen Schule abhebt (Collins 1971, S. 1010f.; Bourdieu und Passeron 1977). Arbeitgeber verwenden demzufolge den Bildungsabschluss als Signal für die Statuskultur und rekrutieren Arbeitnehmer danach. Die erreichte Bildung ist für die Akteure auch ein Ausgangspunkt für soziale Schließung. So ging Weber etwa davon aus, dass Universitätsabsolventen versuchen, Positionen für ihresgleichen zu monopolisieren und die Nachfrage bürokratischer Organisationen nach hochqualifizierten, professionell geschulten Arbeitnehmern dadurch geprägt wird (Weber 1980 [1922]). In Bezug auf das Bildungssystem ist daher zu betonen, dass bereits Bildungsabschlüsse als ein Instrument sozialer

Schließung wirken können. Dies gilt oft auch intergenerational, etwa wenn der Erwerb der Bildungsabschlüsse der Kinder von den Bildungsabschlüssen der Eltern abhängt. Eine solche Weitergabe von höherer Bildung findet sich vor allem in den professionellen Berufen, besonders bei Anwälten und Ärzten. Gemäß der konflikttheoretischen Überlegungen ist dann auch die Mobilität im späteren Karriereverlauf abhängig von Bildungszertifikaten sowie den beruflichen Einstiegspositionen – und zu einem gewissen Anteil losgelöst von gezeigter Leistung und tatsächlichen Fähigkeiten. Dem Bildungs- und Ausbildungssystem kommt in der konflikttheoretischen Argumentation vor allem die Funktion zu, soziale Ungleichheit in der intergenerationalen Perspektive zu reproduzieren und zu legitimieren.

4.2.2 Neuere Ansätze zur sozialen Mobilität

Der über lange Zeit einflussreichste (moderne) Ansatz sozialer Mobilität ist das *status attainment* Modell von Peter Blau und Otis Dudley Duncan (1967). Die beiden Autoren untersuchten damit vertikale, aber *graduelle* Mobilitätsprozesse in den USA, und zwar inter- wie intragenerational. Mit gradueller Mobilität ist gemeint, dass die individuelle Bewegung zwischen beruflichen Positionen in vertikaler Hinsicht auf einer Intervallskala messbar ist, etwa mittels des Berufsprestigeindex, wie er von Treiman (1977) vorgeschlagen wurde. Laut Blau und Duncan (1967) gibt es drei wesentliche Mobilitätsstufen, die Menschen in modernen Gesellschaften durchlaufen: zunächst den Eintritt in die Schule und den damit verbundenen Erwerb von Bildungsqualifikationen, dann den Eintritt ins Berufsleben und die Akkumulation von beruflichen Qualifikationen und schließlich den Übergang von der ersten beruflichen Stellung zu weiteren Positionen. Der Erwerb von beruflichem Status geht im Wesentlichen auf diese erste berufliche Positionierung zurück, die abhängig ist von den eigenen Bildungsabschlüssen, welche wiederum von der sozialen Herkunft (intergenerational) (mit-)beeinflusst sind (siehe dazu auch Kap. 3 in diesem Band). Das Modell ist hinsichtlich der theoretischen Einordnung zwischen Funktionalismus und Konflikttheorie offen, es wurde vornehmlich jedoch mit marktliberalen Hypothesen verbunden. Mit dem gestiegenen Bedarf an Qualifikationen lösen sich demnach Mobilitätschancen immer mehr von der sozialen Herkunft und die eigenen Bildungsanstrengungen und Leistungen werden für die Mobilitätschancen entsprechend wichtiger. Soweit steht das Modell in der Tradition der funktionalistischen Schichtungstheorie. Allerdings lässt sich das *status attainment* Modell auch in konflikttheoretischer Hinsicht deuten, wenn eine im Zeitverlauf abnehmende Bedeutung der Herkunftseffekte nicht feststellbar ist.

In der Tradition von Karl Marx steht Erik Olin Wright, der keine graduellen Bestimmungen von beruflicher Positionierung, sondern kategoriale Klasseneinteilungen zur Bestimmung von Ausgangs- und Zielpositionen vornimmt. Er geht davon aus, dass sich Klassen durch Ausbeutungsbeziehungen definieren. Sobald aus der Konstellation der Klassen zueinander Unterschiede in der Verteilung der produktiven Vermögenswerte (*property*) resultieren (wie im sich entwickelnden Kapitalismus des 19. und 20. Jahrhunderts), versuchen die bevorzugten (ausbeutenden) Klassen ihren Vermögensvorsprung zu erhalten: „The rich are rich *because* the poor are poor" (Wright 1989, S. 8; Hervorhebung der Autoren). Aber nicht nur die Verfügungsmacht über produktives Vermögen schafft die Grundlage für Klassenunterschiede, sondern auch die unterschiedliche Ausstattung mit Organisationsmacht und Weisungsbefugnissen (*authority*) sowie mit beruflichen Qualifikationen und Expertenwissen (*skills*). Die Kapitalisten verschaffen innerhalb der Gruppe der abhängig Beschäftigten den Personen mit nachgefragtem Expertenwissen besondere Weisungsbefugnisse und Organisationsmacht, die sie möglichst im Interesse der Kapitalisten einsetzen sollen. Wright entwirft also eine Kategorie, die sich von der Arbeiterklasse dahingehend unterscheidet, dass sie sich durch eigene Macht- und Kontrollbefugnisse beziehungsweise durch Expertise einer totalen Kontrolle der Kapitalisten entzieht. Durch die höhere Qualifikation und Autorität, die sich in Weisungsbefugnisse ummünzen, ergeben sich Freiräume in der Arbeitsausführung für Mitglieder dieser Klasse. Kollektive Mobilitätsprozesse ergeben sich nach Wright aus der Veränderung von Ausbeutungsbeziehungen. In dem Maße, in dem berufliche Fähigkeiten und Expertenwissen für den modernen Kapitalismus wichtiger werden, entstehen Möglichkeiten für Angehörige der Arbeiterklasse zum partiellen Aufstieg in diese wachsenden Funktionsklassen. Sie werden, sofern sie im Interesse der Kapitalisten handeln, auch zu Unterstützern und Profiteuren der Ausbeutung. Und in dem Maße, in dem die besitzenden Klassen ihre Kapitalrenditen maximieren, Arbeitsplätze in andere Länder verlagern oder durch Roboter ersetzen, werden Beschäftigte von Arbeitsplätzen mit geringen Qualifikationsanforderungen verstärkt in Arbeitslosigkeit gedrängt. In anderen Qualifikationssegmenten des Arbeitsmarktes sind allerdings auch relative Aufstiege für Experten – etwa in der Finanzbranche – möglich.

John Goldthorpe war für die Mobilitätsforschung seit seiner Studie zur sozialen Mobilität in Großbritannien (1980) sehr einflussreich. Sein Thema war die bereits mehrfach angesprochene Frage nach Offenheit oder Geschlossenheit von Gesellschaften in *intergenerationaler* Perspektive. Er verbindet in dem von ihm verwendeten Berufsklassenschema Annahmen von Marx und Weber. Er sieht dabei wie Weber Marktlage und Lebenschance gekoppelt, wobei er betont, dass die Lebenschancen nicht nur aus sozialen Positionen heraus entstehen, sondern insbesondere

Ergebnisse von Produktionsprozessen sind, so wie Marx dies angenommen hat. Neben den typischen Großunternehmern, bei denen Besitz und Tätigkeit in der Unternehmensführung zusammenfallen, gibt es Eigner von Kapitalgesellschaften bzw. Rentiers und Angehörige der *petty bourgeoisie*, worunter kleinere Unternehmer gezählt werden. Die Gruppe der abhängig Beschäftigten ist bei Goldthorpe wie bei Wright intern differenziert, sie werden unterschieden nach ihren spezifischen Fähigkeiten und Leistungen, die für ihren Arbeitgeber erbracht werden, sowie der Schwierigkeit für den Prinzipal (der Organisation), diese zu kontrollieren (Goldthorpe 2000, S. 218). Die Klassen der abhängig Beschäftigten ergeben sich für Goldthorpe aus zwei Regularien der Anstellungsmöglichkeit, einmal gibt es Akteure mit *labor contracts* sowie Akteure in einer *service relationship* (ebd., S. 166). Es gibt also verschiedene Arbeiterklassen (Facharbeiter, un-/angelernte Arbeiter) und ebenso verschiedene sogenannte Dienstklassen. Die Zuweisung in *Goldthorpe*-Klassen ist bedingt durch die Art der Qualifikation[4] und den Anstellungsvertrag. Im Hinblick auf die Prozesse sozialer Mobilität spielen bei Goldthorpe individuelle Aufstiegsmotivationen eine wichtige Rolle, man möchte zumindest den erreichten Status und damit die Klassenposition für sich und die eigenen Kinder erhalten, weil diese mit besseren oder schlechteren Lebenschancen einhergehen („Motiv des Statuserhalts"; Breen und Goldthorpe 1997).

Das von Goldthorpe konzipierte Klassenmodell wird nicht erst in jüngster Zeit wegen seiner mangelnden Relevanz für die Ausbildung von klassenspezifischen Einstellungen, Handlungsweisen und der alltäglichen Lebensführung kritisiert. Strukturierende Kräfte, durch die sich gesellschaftliche Milieus oder Subkulturen bilden, können laut Kritikern nicht durch eine Makroperspektive oder durch eine traditionelle Hierarchieordnung, wie in der Klassenanalyse üblich, erklärt werden. Prominente Anhänger dieser Position sind beispielsweise Clark und Lipset (1991) sowie Beck (1983).[5] David Grusky und Kim Weeden setzen der Idee der

---

4 Zur Erklärung der unterschiedlichen Nachfrage nach Qualifikationen greift Goldthorpe im Weiteren auf die Rational Choice Theorie zurück (Goldthorpe 2000, Kap. 9).

5 Zum Thema der beruflichen Mobilität wurde in den 1990er Jahren eine Auseinandersetzung der deutschen Soziologie ausgetragen. Die *Individualisierungsthese* von Ulrich Beck (1983) behauptet, dass die Zugehörigkeit zu Klassen und Schichten für die mögliche Gestaltung der eigenen Berufskarriere und für viele sozial bedeutsame Verhaltensweisen im Zuge der Nachkriegsprosperität weniger Bedeutung besitze als zu früheren Zeiten. Die individuellen Optionsräume seien unabhängig von der Klassen- oder Schichtzugehörigkeit größer geworden, so jedenfalls Ulrich Beck. Im Hinblick auf Einkommensmobilität habe es in Deutschland wie in anderen westlichen Gesellschaften einen „Fahrstuhleffekt" (für alle ging es nach oben) gegeben. Die Abstände der sozialen Ungleichheit seien damit erhalten geblieben, die soziale Prägekraft der Großgruppen, innerhalb derer und zwischen denen Mobilitätsprozesse stattfinden, sei

Großklassen (*big classes*, vornehmlich gebildet nach der rechtlichen Kategorie des Arbeitsvertrags), wie sie in Goldthorpes Klassenschema auftauchen, dagegen eine noch stärker an Max Weber angelehnte mehrdimensionale Konzeption von Mikroklassen (*micro classes*) entgegen (Grusky und Weeden 2006).[6] Solche Mikroklassen werden auf der Grundlage einer Kombination von Ausstattung (etwa Bildung), Arbeitsbedingungen und Belohnungen (vor allem Lohnzahlungen) gebildet. Sie decken sich damit vor allem mit unterschiedlichen Berufen (siehe Kap. 7 in diesem Band), gehen auf Prozesse sozialer Schließung zurück und sind durch berufsbezogene Werthaltungen und Berufsprestige gekennzeichnet. Im Hinblick auf intergenerationale Mobilität schreiben Jonsson et al. (2009, S. 983): „The children of carpenters, for example, may be especially likely to become carpenters because they are exposed to carpentry skills at home, socialized in ways that render them especially appreciative of carpentry as a vocation, and embedded in social networks that provide them with information about how to become carpenters and how to secure jobs in carpentry." Damit beanspruchen die Autoren die Mechanismen, die zur intergenerationalen Vererbung von Klassenzugehörigkeit beitragen, besser zu identifizieren, als die Anhänger der Großklassen. Anders ausgedrückt: Hinter einer möglichen Persistenz von Großklassenstrukturen verbergen sich soziale Prozesse auf der Ebene von Mikroklassen, bei denen die sozialisationsbedingte Weitergabe von Aspirationen und Fähigkeiten, Orientierungen und Werten innerhalb von (dichten) sozialen Netzwerken, beispielsweise im Familienkreis, im Mittelpunkt steht. Allerdings hat das Konzept mit nicht weniger als 126 Mikroklassen zur Beschreibung der US-amerikanischen Gesellschaft auch einige Kritik hervorgerufen – bei einer so feingliedrigen Aufschlüsselung drohe der Blick für die zentralen ungleichheitsgenerierenden Mechanismen verloren zu gehen (siehe für eine Kritik an den zu oberflächlichen Black-Box-Erklärungen über Klassenkonzepte etwa Hedström und Swedberg 1998).

In neueren Arbeiten zur intragenerationalen Klassenmobilität ist weiterhin von Bedeutung, dass die Mobilitätsprozesse systematisch auf institutionelle Umgebungen bezogen werden (etwa Gangl 2003, 2006). Die Arbeiten im Rahmen

---

dabei aber verloren gegangen. Sowohl Anhänger und Anwender der *Goldthorpe*-Klassen als auch Vertreter des Mikroklassenansatzes haben dieser Einschätzung widersprochen. Für Deutschland zeigen sich differenzierte Ergebnisse, keinesfalls haben sich für alle Erwerbstätigen die Optionsräume verbessert (Brückner und Mayer 2005; Kurz et al. 2006; vgl. Abschnitt 4.3.2).

6   Eine dritte Möglichkeit wären die bereits erwähnten *graduellen* Messungen. Dabei handelt es sich um Mobilitätsanalysen mit Blick auf ein einziges kontinuierliches Merkmal, wie Einkommen oder Berufsprestige (ISEI bzw. SIOPS), vgl. hierzu auch Abschnitt 4.3.1.

des GLOBALIFE-Projekts unter der Leitung von Hans-Peter Blossfeld können hier beispielhaft genannt werden (Blossfeld und Hofmeister 2006; Blossfeld et al. 2006). Es wird davon ausgegangen, dass institutionelle Strukturen die berufliche Mobilität in intragenerationaler Perspektive maßgeblich bestimmen. Dabei geht es um Institutionen wie das Bildungssystem oder die politische Ordnung, oder auch rechtliche Bestimmungen wie etwa den Kündigungsschutz. Wesentlich erscheint, dass durch spezifische formale rechtliche Vorgaben und Regelungen die Handlungshorizonte von Arbeitnehmern und Arbeitgebern begrenzt werden. Eine Änderung von grundlegenden Einrichtungen wie dem Schul- oder Berufsbildungssystem hätte etwa einen entscheidenden Effekt auf die Gesamtmobilität (Allmendinger 1989). Im Rahmen der Diskussion um Standardisierung und Stratifizierung des Bildungssystems (siehe hierzu auch Abschnitt 4.3) werden vor allem im internationalen Vergleich die Auswirkungen von Institutionen auf Mobilität deutlich.

Weitere theoretische Erklärungen für intragenerationale soziale Mobilität stammen aus mikroanalytischen Ansätzen zu Humankapital und Sozialkapital. Beide Kapitalien beeinflussen die soziale Mobilität im Karriereverlauf (siehe Kap. 2 in diesem Band). In der Perspektive der Humankapitaltheorie wird soziale Mobilität in Form von Einkommensverbesserungen über den Erwerbsverlauf untersucht und aus dem Blickwinkel von Theorien des Sozialkapitals in Form von Zugangschancen zu Jobs oder von Karrieremobilität in und zwischen Arbeitsorganisationen analysiert. Im Rahmen des Humankapitalansatzes nach Gary S. Becker (1962, 1975) investieren die Akteure gemäß ihrer Ertragserwartungen in ihre Schul- und Berufsbildung.[7] Die Ertragsrate (*rate of return*) hängt ab von der Anzahl der Ertragsperioden in Relation zur Anzahl der Investitionsperioden; die „Lebensspanne", die im Berufsleben verbracht wird, hat also entscheidenden Einfluss auf die Investitionshöhe (Becker 1975, S. 49). Berufliche Mobilität kann in humankapitaltheoretischer Hinsicht als Ergebnis von Bildungsinvestitionen begriffen werden, die Höhe des angesammelten Humankapitalstocks ist dieser Konzeption zufolge die wesentliche Determinante beruflicher Mobilität – je höher der erreichte schulische Bildungsabschluss und je höher die Investitionen in berufliche Weiterbildung (siehe Kap. 9 in diesem Band), um so höher sollte die Verortung im beruflichen Schichtsystem sein, da in diesem Ansatz steigendes Humankapital mit höherer Produktivität verbunden wird und die Möglichkeiten beruflichen Aufstiegs demgemäß größer sind.

---

7   Humankapitalinvestitionen beinhalten aber auch Investitionen in psychische Komponenten (wie etwa Selbstvertrauen oder Gesundheit).

Sozialkapital ist in jüngeren Ansätzen als ein weiterer zentraler Faktor für die soziale Mobilität hervorgehoben worden, den wir an dieser Stelle empirisch aber nicht weiter verfolgen werden, da ihr Anwendungsfeld eher im engen Bereich der Karrieremobilität liegt. Mit Sozialkapital sind jene Ressourcen gemeint, die Akteure ausschließlich aufgrund ihrer Kontakte zu anderen Personen haben (Franzen und Pointner 2007). Dies wird häufig als netzwerkbasierte Dimension des Sozialkapitals betrachtet, welche auch im Konzept von James Coleman angelegt ist:[8] Dort wird das Sozialkapital als Struktureigenschaft gefasst, es liegt in den Beziehungsstrukturen der Akteure und ist – wie andere Kapitalsorten auch – produktiv für die Erreichung bestimmter Ziele (Coleman 1990, S. 302; Überblick bei Flap und Völker 2013). Die Mobilität eines individuellen Akteurs kann demnach auch stark durch das spezifische Beziehungsgeflecht beeinflusst sein. Im Rahmen der Karrieremobilität erscheint es einleuchtend, dass sich persönliche Vorteile aus sozialen Beziehungen („Vitamin B") ergeben. Durch die Arbeiten von Granovetter (1973, 1983, 1995) wurde deutlich, dass die Einbettung in ein Beziehungsgeflecht sozialer Kontakte in hohem Maß für die Stellensuche genutzt wird. Bestehen Beziehungen in den Netzwerken vornehmlich zu statusgleichen Personen, ist Aufstiegsmobilität durch diese Netzwerkstrukturen kaum realisierbar. Vorteilhafte Netzwerkstrukturen sind dementsprechend heterogene Netzwerke (in Bezug auf individuelle Ressourcen wie Bildung, knappe und nicht-redundante Information etc.). Aber auch für die intergenerationale Mobilität und die Übertragung des Humankapitals der Eltern auf die Kinder ist Sozialkapital ein wesentlicher Faktor für die tatsächliche Weitergabe (Coleman 1988).

Ferner können Prozesse intragenerationaler Karrieremobilität noch mit Modellen der Jobsuchtheorien und *matching*-Theorien erklärt werden (Mortensen 1986). Etwa kommt es zu Beginn von individuellen Berufskarrieren zu Phasen des *job hopping*, also eines relativ häufigen Wechsels des Arbeitsgebers, weil Arbeitnehmer und Arbeitgeber bestehende *mismatches* wieder auflösen. Mit diesen Ansätzen sind jedoch keine Aussagen über Klassenwechsel verbunden. Daher werden sie im weiteren Kapitel wie die Human- und Sozialkapitaltheorie nicht weiter verfolgt.

---

8   Im Rahmen des Sozialkapitalansatzes gibt es diverse Definitionen und theoretische Abstufungen, für eine Übersicht siehe beispielsweise Lin et al. (2001) und Franzen und Pointner (2007).

4.3   Messung und empirische Befunde sozialer Mobilität

4.3.1   Messung sozialer Mobilität

Um Prozesse sozialer Mobilität im Arbeitsmarkt zu beobachten, müssen Ausgangs- und Zielzustände eindeutig definiert sein. In der Kombination von Klassen- und Schichtungsmodellen entwickelten Robert Erikson, John Goldthorpe und Lucienne Portocarero (1979) eine *Einteilung von Berufsklassen*, welche in modernen Gesellschaften die Positionen kennzeichnen, zwischen denen Mobilität stattfindet. In die sieben Grundkategorien (obere Dienstklasse, untere Dienstklasse, nicht-manuelle Berufe mit beschränkten Entscheidungsbefugnissen und Berufe mit gering qualifizierten Routinetätigkeiten, Selbstständige, Techniker, gelernte Arbeiter, ungelernte Arbeiter) gehen Art der Tätigkeit, die Stellung im Beruf, Weisungsbefugnisse und die Ausbildungsvoraussetzungen ein. Diese kategorialen Klassen, bekannt als das *Goldthorpe*-Schema (auch als EGP-Schema bezeichnet), wurden und werden sehr häufig zur Untersuchung von Mobilitätsmodellen in modernen Gesellschaften eingesetzt. Bei diesen weithin verwendeten EGP-Klassen handelt es sich also um ein mehrdimensionales Konzept. Eindimensional wird die Untersuchung von Mobilität, wenn – wie oben bereits angedeutet – lediglich ein Aspekt betrachtet wird, etwa das am Arbeitsmarkt erzielte Einkommen oder das Berufsprestige, gemessen mit einer Prestigeskala. Soziale Mobilität wird bei solchen Untersuchungen dann an Änderungen der Einkommens- oder Prestigeposition festgemacht (zur Einkommensmobilität: Solon 2002; Schnitzlein 2009). In der Literatur findet sich hierfür auch die Bezeichnung *graduelle* Mobilität. In der Mobilitätsforschung spielt die Prestigeskala der Berufe von Donald J. Treiman (1977) eine wichtige Rolle. Sie wird als *Standard Index of Occupational Prestige Scale* (SIOPS) bezeichnet. Weiterhin wird der *International Socio-Economic Index of Occupational Status* (ISEI; Ganzeboom et al. 1992) häufig herangezogen. Dieser Index berücksichtigt das Einkommen und das Bildungsniveau für unterschiedliche Berufe.

Wie bereits erwähnt, wurde in jüngster Zeit vor allem als Alternative zum EGP-Schema das Konzept der Mikroklassen vorgeschlagen, die Berufsfeldern (*occupations*) entsprechen. David Grusky und Gabriela Galescu legen für die Bildung von Mikroklassen zugrunde: „a grouping of technically similar jobs that is institutionalized in the labor market through such means as (a) an association or union, (b) licensing or certification requirements, or (c) widely diffused understandings … regarding efficient or otherwise preferred ways of organizing production and dividing labor" (Grusky und Galescu 2005, S. 66). Gewöhnlich werden in empirischen Untersuchungen schlicht die Berufe (etwa eine zweistellige ISCO-Kodierung) zur Einteilung in Mikroklassen herangezogen, wobei diese nicht zu kleinteilig werden soll. In der Untersuchung von Jonsson et al. (2009) verwenden die Autoren 82 Mikroklassen.

Nach der Messung von Ausgangs- und Zielposition (graduell oder kategorial) können die Übergänge zwischen diesen Positionen in unterschiedlicher Weise konzipiert werden. In der Mobilitätsforschung gibt es eine ganze Reihe von Modellen, die von Kreuztabellen und Pfadanalysen über log-lineare Modelle zu Übergangsraten und Sequenzanalysen führen. In diesem Kapitel geht es lediglich um die substanziellen Ergebnisse, nicht um eine Erläuterung der methodischen Vorgehensweise. Nähere Erläuterungen zu den Methoden finden sich in Kapitel 13 in diesem Band.

Die oben vorgestellten theoretischen Konzepte der Mobilität, die grundlegenden Begrifflichkeiten und Typologien bilden das Grundgerüst für das Gros der empirischen Studien. Soziale Mobilität wird übergreifend vor allem als „Begleiterscheinung der Industrialisierung" und als Merkmal „aller fortgeschrittenen modernen Industriegesellschaften" (Haller 1989, S. 15) im Gegensatz zu statischen, vorindustriellen Gesellschaften gesehen. Als Hauptursache der heutigen kollektiven wie individuellen Mobilitätsbewegungen können die Geschehnisse im Wirtschaftsleben (etwa Krisen, technologischer Wandel, wirtschaftliche Globalisierung) hervorgehoben werden.

Bevor einzelne Ergebnisse dargestellt werden, sei knapp die historische Entwicklung der soziologischen Mobilitätsforschung in Deutschland dargestellt. Nach 1945 wurde Mobilitätsforschung vornehmlich im Lichte von Schichtungstheorien betrieben (Bolte 1959). Dabei griff man auf die zitierten Arbeiten von Pitirim Sorokin (1959 [1927]) und Theodor Geiger (1932) sowie die funktionalistische Schichtungstheorie zurück. Soziale Mobilität wurde in der westdeutschen Nachkriegsgesellschaft meist in Zusammenhang mit (großem) gesellschaftlichem Wandel interpretiert. Von der Agrargesellschaft zur Industriegesellschaft und von dort zur Dienstleistungsgesellschaft – so lauteten die diskutierten Entwicklungslinien, welche mit erheblicher kollektiver Mobilität verbunden waren. Das soziologische Interesse an Mobilitätsforschung wurde durch die rasante ökonomische Entwicklung des Landes und die damals zu leistenden Aufgaben – etwa die Integration der Flüchtlinge oder die Anwerbung von Gastarbeitern – unterstützt. Doch die Analyse systematischer Zusammenhänge von Mobilität, Bildungssystem und Arbeitsmarkt war selten. Erst durch das Teilprojekt „Lebensverläufe und gesellschaftlicher Wandel" (1979) im Sonderforschungsbereich SFB 3 („Mikroanalytische Grundlagen der Gesellschaftspolitik") in Mannheim und Frankfurt wurde die soziologische Forschung zu Mobilitätsprozessen institutionalisiert und stärker an die ökonomische Arbeitsmarktforschung angebunden. Die dort angesiedelten Projekte führten die methodischen Standards in Deutschland ein und erprobten sie an entsprechenden Massendatensätzen. Wichtige Mobilitätsforscher, welche aus diesem Projektverbund hervorgingen, sind Walter Müller und Karl Ulrich Mayer. Walter Müller hat zusammen mit einer Vielzahl von Mitarbeiterinnen und Mitarbeitern im Rahmen des CASMIN-Projekts (*Comparative Analysis of Social Mobility in Industrial Nations*) die vergleichende Perspektive auf berufliche Mobilität zwischen Generationen und die Schlüsselrolle des Bildungssystems bei der Bestimmung der Offenheit und Geschlossenheit von Arbeitsmärkten hervorgehoben (Ishida et al. 1995). Am Max-Planck-Institut für Bildungsforschung in Berlin hat Karl Ulrich Mayer gemeinsam mit seinen Kolleginnen und Kollegen berufliche Mobilität in der Lebensverlaufsperspektive untersucht. Von herausragender Bedeutung ist die retrospektive und nach Kohorten gegliederte Erhebung der deutschen Lebensverlaufsstudie, die für sehr viele Publikationen der aktuelleren Mobilitätsstudien die Grundlage schuf (zur Methodik retrospektiver Studien: Brückner und Mayer 1998). Dabei ging es auch um Fragen, wie Prozesse beruflicher Mobilität mit anderen Ereignissen im Lebensverlauf und auch den sozialstaatlichen Institutionen zusammenhängen. Hervorzuheben ist, dass die Arbeitsgruppe von Karl Ulrich Mayer auch die Lebensverläufe der ostdeutschen Bevölkerung retrospektiv erfassen konnte (Mayer und Solga 1994). Im bereits erwähnten GLOBALIFE-Projekt konnten Hans-Peter Blossfeld und seine Mitarbeiterinnen und Mitarbeiter die Entwicklung von Karrieremobilität (Blossfeld et al. 2006; Blossfeld und Hofmeister 2006) im internationalen Vergleich untersuchen. In jüngster Zeit finden insbesondere Fragen der Destandardisierung und Prekarisierung von Berufskarrieren (Abstiegsmobilität, unsichere Beschäftigung) Aufmerksamkeit (Brückner und Mayer 2005; Erlinghagen 2005).

4.3.2 Untersuchungen zur intergenerationalen sozialen Mobilität

Vor dem Hintergrund einer erfolgreichen ökonomischen Entwicklung fand nach dem Zweiten Weltkrieg eine tiefgreifende Veränderung der Sozialstruktur statt, die überwiegend als Aufstiegsmobilität und als Ausdruck einer offenen Gesellschaft gedeutet wurde. Ein Hinweis hierfür ergibt sich bei Betrachtung der sektoralen Arbeitsmarktstruktur über einen längeren Zeitraum. Eine Umschichtung ist vor allem bei den Beschäftigten in der Landwirtschaft zu sehen: Im Jahr 1900 lag der Anteil der Arbeitnehmer in der Landwirtschaft an der Gesamtzahl der Erwerbstätigen bei 37 Prozent, im Jahr 1970 verringerte er sich auf neun Prozent (Haller 1989, S. 94). Dieser Rückgang und damit der Umbau der Arbeitsmarkt- und

Wirtschaftsstruktur vollzog sich hauptsächlich nach dem Zweiten Weltkrieg. Im Jahr 2015 beträgt der Beschäftigtenanteil in der Land- und Forstwirtschaft nur noch 1,5 Prozent (dieser Wert ist seit einigen Jahren relativ stabil). Andere Berufsgruppen haben dementsprechend Zuwächse erlebt, der Anteil der Angestellten und Beamten hat sich bis 1970 auf 37,2 Prozent der Erwerbstätigen erhöht (ebd., S. 103). Im Jahr 2015 ergibt sich für den industriellen Sektor (produzierendes Gewerbe) ein Anteil von 24,4 Prozent (sinkende Tendenz), die Dienstleistungsberufe (Angestellte und Beamte) umfassen nunmehr 74,1 Prozent.[9] Ein wesentlicher Aspekt der Veränderung der Arbeitsmarktstruktur geht mit der starken Zunahme der Frauenerwerbstätigkeit einher. Im Jahr 2014 ergibt sich für die ca. 37,9 Millionen Erwerbstätigen im Alter von 20 bis 64 Jahren in Deutschland ein Anteil von 46,6 Prozent Frauen. Mobilitätsprozesse von Frauen unterliegen dabei oft einer abweichenden Dynamik, denn die beruflichen Qualifikationen und vor allem das Arbeitszeitprofil (sehr häufig Teilzeitbeschäftigung) unterscheiden sich zwischen den Geschlechtern.

Die Mobilitätsforschung hat sich mit diesen strukturellen Veränderungen, also Verschiebungen der Klassenstruktur in den Randverteilungen im Zeitverlauf (*absoluten* Mobilitätsraten) auseinandergesetzt. Methodisch setzt man dazu Mobilitätstabellen ein, meist mit dem Schwerpunkt auf vertikale Intergenerationenmobilität. In den Tabellen werden gewöhnlich Ausgangs- und Zielzustände abgebildet. Diese enthalten dann Abstrom- und Zustromquoten und zeigen so, wie viele Kinder in die Berufsklasse des Vaters oder in eine andere Berufsklasse „ab- bzw. zuströmen" (Geißler 2014). Die Analysen bis Anfang der 1970er Jahre zeigen keine einheitlichen Ergebnisse, die für eine Erhöhung der Aufwärtsmobilität sprechen. Erst in den 1970er Jahren verringert sich der Anteil der Söhne, die in der gleichen Schicht wie ihre Väter verblieben sind.

Tabelle 4.1 zeigt beispielhaft einen Überblick zur intergenerationalen Mobilität für Männer verschiedener Geburtskohorten (es werden dabei Mobilitätswerte über einen Zeitraum von 1960 bis 1989 abgebildet) mit Werten für die alte Bundesrepublik und für die ehemalige DDR. Die Berechnungen basieren auf den Daten der deutschen Lebensverlaufsstudie (Mayer und Solga 1994), die Klassenbildung orientiert sich am EGP-Schema. Die Werte der „Immobilität" sind auf der Hauptdiagonale abgetragen, für die obere Dienstleistungsklasse und für die Facharbeiter ergeben sich in beiden deutschen Staaten die höchsten Verbleibewahrscheinlichkeiten. In der DDR waren etwa 36 Prozent der erwerbstätigen Männer, deren Väter bereits in der oberen Dienstklasse beschäftigt waren, im Lebensalter von 30

---

9   Statistisches   Bundesamt: https://www.destatis.de/DE/ZahlenFakten/Indikatoren/ LangeReihen/Arbeitsmarkt/lrerw013.html (Zugriff: 20.05.2016).

Jahren ebenfalls in dieser Erwerbsklasse tätig. In beiden Teilen Deutschlands ist ein intergenerationaler Abstieg in die unteren Klassen in diesem Zeitraum eher unwahrscheinlich. Der Abstrom aus den Dienstleistungsklassen in die berufliche Stellung eines Landwirtes liegt bei unter einem Prozent. Für die Kategorie der Dienstleistungen können weiterhin Unterschiede zwischen der DDR und der alten Bundesrepublik festgestellt werden: Die Wahrscheinlichkeit in einer der oberen Klassen zu verbleiben ist für die alte Bundesrepublik größer, die DDR weist also eine höhere intergenerationale Mobiliät auf – eine „Positionenvererbung" in den höheren Klassen ist hier weniger wahrscheinlich. Dafür ist für die ehemalige DDR eine wesentlich höhere Wahrscheinlichkeit der Statusweitergabe in der Facharbei-terklasse festzustellen als in der alten Bundesrepublik. Überaschenderweise war es in der DDR für Söhne, deren Väter die berufliche Stellung eines Facharbeiters innehatten, nicht im gleichen Ausmaß möglich, in die Dienstleistungsklassen zu wechseln wie in der alten Bundesrepublik.

Tabelle 4.1 Intergenerationale Mobilität (Abstromquoten in Prozent) von 30-jährigen Männern in der DDR (obere Zahl) und in der Bundesrepublik (untere Zahl) (Mayer und Solga 1994, S. 199)

		Herkunftsklasse					
		ODL	UDL	FA	SA	S	B
	ODL	36	26	11	13	30	10
		42	28	17	10	26	18
	UDL	22	23	18	18	23	9
		29	37	21	14	31	22
	FA	39	41	58	54	38	42
Zielklasse		15	22	40	41	26	21
Söhne	SA	1	6	10	13	4	16
		4	11	17	31	5	22
	S	1	2	1	1	2	-
		10	2	5	4	12	3
	B	1	2	2	1	3	23
		-	-	-	-	-	14
	Ziel	14	18	38	14	7	9
		14	17	30	20	12	7

Betrachtet wird die berufliche Stellung (alte Bundesrepublik N=1.670; DDR N=1.037) im Alter von 30 Jahren für die Gesamtheit der untersuchten Geburtskohorten. Erläuterung der Abkürzungen: ODL = obere Dienstleistungsklasse, UDL = untere Dienstleistungsklasse, FA = Facharbeiter, SA = sonstige Arbeiter, S = Selbstständige, B = Bauern

Gegen diese Art der Darstellung ist natürlich einzuwenden, dass in hohem Maß die Randverteilungen reflektiert werden – die Arbeitsmarktstruktur der DDR wies

einen hohen Facharbeiteranteil auf, ein Wechsel in einen dieser Berufe ist also für
alle Schichten wahrscheinlicher als ein Wechsel in beispielsweise den Bauernberuf.
Während in den Mobilitätstabellen die *absoluten* Mobilitätsraten abgebildet
sind, ist es sehr instruktiv, die *relativen* Chancenverhältnisse zu untersuchen, also
etwa die Chance von Angehörigen der Arbeiterklasse in die obere Dienstklasse zu
wechseln, gemessen an den Chancen von Angehörigen der unteren Dienstklasse in
die obere Dienstklasse zu wechseln. Diese *relativen* Mobilitätsraten beziehen sich
sinnvollerweise auf einen Zeitpunkt und eine Kohorte. Solche *relativen* Raten sind
um strukturelle Unterschiede bereinigt.

In einer Untersuchung mit den kumulierten ALLBUS-Daten für Westdeutschland von 1980 bis 1996 untersuchte Hall (1996, S. 126ff.) auf der Basis *relativer*
Raten die intergenerationale Vererbung von Klassenpositionen. Dieser Studie zufolge hat die Chance der Vererbung von Positionen in den oberen Dienstklassen
abgenommen: Von einer neunfach erhöhten Wahrscheinlichkeit der Statusweitergabe Anfang der 1980er Jahre ist sie zu Beginn der 1990er Jahre auf eine vierfach erhöhte Vererbungswahrscheinlichkeit gesunken. Obwohl dieser Rückgang
beträchtlich ist, war die Verbleibewahrscheinlichkeit in den oberen Klassen (mit
Ausnahme der Kategorie der Selbstständigen) danach immer noch am stärksten
ausgeprägt (ebd., S. 128). Die Veränderung in Richtung einer allmählich größeren Offenheit wird auch mit älteren Kohortenvergleichen bestätigt (Müller 1978;
Krüger und Born 1991). In aktuelleren Studien legen Müller und Pollak (2004)
eine kohorten- und periodenspezifische Analyse vor.[10] Bei den Untersuchungen
der periodenspezifischen Zusammenhänge in den Jahren 1976 bis 1999 zeigt sich
für Westdeutschland eine nur leichte Tendenz zu einer größeren sozialen Durchlässigkeit. Dieses Bild wird bei der Kohortenbetrachtung jedoch prägnanter: Die
Bedeutung sozialer Herkunft für die berufliche Positionierung nimmt im Kohortenvergleich (über die Geburtsjahrgänge 1920 bis 1969) deutlich ab. Noch klarer
wird dieses Bild in der Studie von Müller und Pollak (2015). Hier werden die
Analysen zeitlich verlängert (bis zur Geburtskohorte 1974). Die Abhängigkeit der
Berufspositionierung von der sozialen Herkunft ist für jüngere Kohorten geringer
geworden, was den Autoren zufolge auf eine größere soziale Offenheit des Bildungssystems zurückzuführen ist. Auch direkte Herkunftseffekte, wie sie es insbesondere bei niedrig Gebildeten gab, sind durch den Abbau entsprechender be-

---

10 Eine *Kohorte* ist „eine Bevölkerungsgruppe, die durch ein zeitlich gemeinsames, län-
    gerfristig prägendes Startereignis definiert wird" (Diekmann 2011, S. 318), wie etwa
    Geburts- oder Berufseintrittskohorten. *Perioden* bezeichnen hingegen alle Kohorten
    betreffende Ereignisse – etwa Wirtschaftskrisen, Kriege oder die Wiedervereinigung.
    Solche Ereignisse können natürlich verschiedene Kohorten in unterschiedlicher Weise
    beeinflussen.

ruflicher Positionen kleiner geworden. Man kann also festhalten, dass eine relativ hohe (aber stark gesunkene) Statusvererbung in den höheren Klassen einer relativ niedrigen (aber gestiegenen) Aufstiegswahrscheinlichkeit in den mittleren Berufsklassen gegenübersteht. Allerdings dürften die verbesserten Aufstiegschancen die un-/angelernten Arbeiter nur begrenzt erreicht haben, was auch an einer ethnischen Unterschichtung des Bildungssystems und des Arbeitsmarktes liegt (siehe Kap. 10 in diesem Band). Gleichwohl hat die intergenerationale soziale Mobilität in Deutschland im Kohortenvergleich an Dynamik gewonnen.

Auch im Rahmen *international komparativer Mobilitätsbetrachtungen* gibt es eine lange Tradition empirischer Untersuchungen. Nach dem Zweiten Weltkrieg haben diese vergleichenden Analysen unter anderem dafür gesorgt, das Bild der viel gelobten offenen Gesellschaft der USA im Vergleich mit den industrialisierten europäischen Ländern zumindest ein Stück weit zu relativieren. So ist vor allem die intergenerationale Aufstiegsmobilität von manuellen zu nicht-manuellen Berufen in den USA nicht wesentlich höher als in anderen Industriegesellschaften (Kappelhoff und Teckenberg 1987, S. 302). Erikson und Goldthorpe (1985) präsentieren in ihrer Untersuchung Ergebnisse, welche die Behauptung von „exceptionally high rates of social mobility" in den USA, die seit Tocqueville (1968 [1835]) gerne gesehen werden, zurückweisen. Die Raten der Mobilität scheinen vor allem dann nicht außergewöhnlich, wenn die strukturelle Expansion der gehobenen Arbeitsplätze mitberechnet wird (Erikson und Goldthorpe 1985, S. 5 und S. 18).

Einen Schwerpunkt der vergleichenden Forschung bilden Untersuchungen zur möglichen Konvergenz der Mobilitätsraten in industrialisierten Ländern. Ausgangspunkt waren die Hypothesen von Lipset und Zetterberg (1959), die ein Verwischen nationaler Unterschiede bei fortschreitender Industrialisierung und ökonomischer Entwicklung prognostizierten. Featherman, Jones und Hauser (1975) vermuteten, dass Gleichheit nur in den relativen Mobilitätschancen bestehe, die absoluten (strukturell geprägten) Mobilitätsraten sich jedoch weiterhin stark von Land zu Land unterschieden. Einschlägige Ergebnisse zur Konvergenzdebatte hält das CASMIN-Projekt bereit (Erikson und Goldthorpe 1987, S. 61f.; Müller und Goldthorpe 1988). Die Ergebnisse des Projektes zeugen von einer *common social fluidity*, die relativen Mobilitätsraten seien in den untersuchten Ländern ähnlich, Abweichungen beruhen auf national-historischen Besonderheiten. Die Untersuchungen von Hope haben für Frankreich, England (mit Wales) und Schweden ebenfalls eine Bestätigung der *Lipset-Zetterberg*-These und damit einen Hinweis für ähnliche strukturelle Mobilitätsraten ergeben (Hope 1982, S. 110). Bei strukturellen und bei relativen Raten sind allerdings nationale Abstufungen der Mobilität vorhanden. Die im Vergleich durchgehend höhere Mobilität für Schweden (strukturell und zirkulär) wird durch die hohe materielle Ausgeglichenheit und durch das egalitäre

Bildungssystem erklärt. Dies wird auch in der neueren Untersuchung für Schweden von Breen und Jonsson (2007) im Vergleich von Arbeitsmarktkohorten bekräftigt. In älteren Kohorten ist der Zusammenhang zwischen sozialer Herkunft, Bildungsabschluss und beruflicher Platzierung noch stärker ausgeprägt, in jüngeren Kohorten sei die *social fluidity* in Form einer geringen intergenerationalen „Vererbung" von Bildungsabschlüssen dagegen angewachsen. Auch der Arbeitsmarkt habe sich in jüngeren Kohorten stärker an den Fähigkeiten und weniger an der sozialen Herkunft orientiert.

Wie stellen sich Mobilitätstrends in weiteren westlichen Ländern dar? Für *Großbritannien* konnte in Studien diagnostiziert werden, dass im Verlauf der letzten 35 Jahre die Abwärtsmobilität für Söhne gesunken ist, deren Väter im oberen Dienstleistungssektor und in weiteren nicht-manuellen Bereichen tätig waren (Goldthorpe 1980; Marshall et al. 1989; Noble 2000, S. 40). Söhne von Vätern in der Dienstleistungsklasse haben eine vierfach höhere Wahrscheinlichkeit, auch in dieser Berufsklasse zu bleiben (Goldthorpe 1980, S. 75). Zugleich hat sich die intergenerationale Aufwärtsmobilität für die Arbeiterschichten im Verlauf der Jahre regelmäßig erhöht (Noble 2000, S. 40). Dies gilt für England, aber auch für *Schweden* und *Irland* (einschließlich Nordirland) – hier hat sich die Wahrscheinlichkeit erhöht, in die Klasse der nicht-manuellen Routinetätigkeiten aufzusteigen (Erikson und Goldthorpe 1992, S. 206).

Słomczyński und Krauze (1987) haben die berufliche Mobilität in 22 Ländern untersucht. Gemäß ihren Ergebnissen haben die skandinavischen Länder relativ hohe Raten der Mobilität, noch höher sind die Raten in den USA und in Japan. Deutschland und Frankreich weisen etwas höhere Anteile immobiler Personen auf (ebd., S. 605), einen mittleren Platz in dieser umfassenden Analyse belegt England. Im internationalen Vergleich zeigt Richard Breen (2004, S. 59) eine vergleichsweise geringe *social fluidity* in Deutschland (ähnlich wie in Frankreich, Italien und Irland). In der Untersuchung von Breen (ebd.) zeigt sich überdies eine im Periodenverlauf leichte Zunahme der *fluidity* in den meisten untersuchten Ländern. Zusätzlich zu berücksichtigen ist der Faktor Geschlecht: Für die USA, Schweden und Deutschland ergibt sich für Frauen eine geringere aufwärts gerichtete Intergenerationenmobilität als für Männer. Für Frauen in den USA und in Deutschland ergeben sich höhere Quoten der Abstiegsmobilität, Schweden weist insgesamt die geringsten Geschlechterunterschiede auf (Li und Singelmann 1998, S. 321ff.).[11]

---

11   Weitere informative Ergebnisse international vergleichender Studien finden sich bei Ganzeboom, Treiman und Ultee (1991). Die Autoren haben Studien aus 40 Jahren Forschung analysiert. Treiman und Yip (1989) haben Pfadmodelle für 21 Länder berechnet. Die Korrelationen für die berufliche Stellung (*Treiman*-Prestige-Skala) des Vaters

4.3.3 Untersuchungen zur intragenerationalen (Karriere-) Mobilität

Zunächst ist einleitend zu diesem Abschnitt zu betonen, dass soziale Mobilität im Karriereverlauf Aufstiege *und* Abstiege umfasst. Höhere Mobilität bedeutet daher nicht automatisch ein Zugewinn an Chancen, sondern kann auch höhere Risiken beinhalten. Ein exemplarischer Vergleich zwischen den USA und Deutschland soll zunächst auch zur Darstellung der intragenerationalen Mobilität aufgegriffen werden: Die Zahlen in Tabelle 4.2 zeigen eine deutliche Tendenz zu einer chancen- und risikoreicheren Gesellschaft in den USA. Bei der Karrieremobilität, hier gemessen in (absoluten) Veränderungen der Berufsklassen zwischen erstem und gegenwärtigem Beruf, sind die Distanzen zwischen beiden Ländern sehr groß, ein Aufstieg ist in den USA mit 44,9 Prozent im Vergleich zu 32,9 Prozent in Deutschland ein wesentlich häufigeres Ereignis. Die Risiken eines intragenerationalen Abstiegs sind in Deutschland geringer als in den USA, der Anteil immobiler Personen während ihrer beruflichen Laufbahn ist mit 57,1 Prozent relativ hoch. Diese Ergebnisse (ähnlich bei König und Müller 1986) haben ihre Ursachen in unterschiedlichen institutionellen Rahmenbedingungen der jeweiligen Arbeitsmärkte. In Deutschland findet sich eine relative Dominanz von berufsspezifischen Arbeitsmärkten, während in den USA (und Frankreich) verstärkt firmeninterne Arbeitsmärkte mit firmenspezifischer Qualifizierung vorzufinden sind. Diese Unterscheidung wird weiter unten nochmals aufgegriffen und mit Eigenschaften des Bildungssystems verknüpft (Allmendinger 1989).

Tabelle 4.2 Karrieremobilität im Vergleich von USA und Westdeutschland (Prozentangaben) (Kappelhoff und Teckenberg 1987, S. 319)

	Karrieremobilität	
	USA	Deutschland
Stabil	34,4	57,1
Aufwärts	44,9	32,9
Abwärts	20,3	10,0

Zur intragenerationalen Mobilität bieten vor allem Ergebnisse von Verlaufsdatenanalysen informative Einblicke, bei denen auf der Basis von individuellen Informa-

---

und des Sohnes lagen bei einem Minimum von 0,225 für Italien und einem Höchstwert von 0,547 für Indien. Die Gesamtwerte für die sozioökonomische Statusweitergabe (Bildung, Beruf) waren für Indien am höchsten und für Schweden am niedrigsten.

tionen Klassenwechsel (also Wechsel der beruflichen Positionierungen) geschätzt werden. Die ereignisanalytische Untersuchung von Carroll und Mayer (1986) zeigt, dass die Art der beruflichen Position (wiederum im Sinne einer Klassenvariable[12]) von Personen eine stärkere Bedeutung für Mobilität *zwischen* Firmen besitzt als bei Mobilitätsprozessen *innerhalb* von Firmen. Bei innerbetrieblichen Mobilitätsprozessen scheint die berufliche Stellung einer Person zu Beginn der Karriere unwesentlich für ihren weiteren Karriereprozess zu sein (ebd., S. 334). Das würde bedeuten, dass die Chancen der Aufwärtsmobilität innerhalb derselben Firma für Arbeitnehmer unterschiedlicher beruflicher (Ausgangs-)Positionen ähnlich sind. Dies spräche für die Relevanz von organisationalen Karrieresystemen. Aus Sicht der Arbeitnehmer kommt es also darauf an, in welche Firmen sie eintreten. Ob die Ergebnisse dieser Studie, welche mit Lebensverlaufsdaten aus den 1980er Jahren erzielt wurden, auch angesichts der Prozesse von *outsourcing* und *downsizing* Bestand haben, müsste in neueren Untersuchungen geklärt werden. Zunehmend werden eher organisationsübergreifende *boundaryless careers* angenommen, für die von unterschiedlichen Organisationen nachgefragte und transferierbare Fertigkeiten eine wesentliche Rolle spielen (etwa Arthur und Rousseau 1996).

Hans-Peter Blossfeld (1986, 1987) untersuchte auf der Grundlage der Deutschen Lebensverlaufsstudie sehr umfassend, wie die Wahrscheinlichkeit von Veränderungen in der beruflichen Position in unterschiedlichen Zeitbezügen variiert: a) Wie verändert sie sich je nach Alter und der Berufserfahrung von Personen (also nach der Zeit im Lebensverlauf; Alterseffekt); b) wie variiert sie zwischen Personen, die zu unterschiedlichen historischen Zeiten (mit jeweils unterschiedlichen konjunkturellen, strukturellen und anderen Bedingungen) das Berufsleben beginnen (Kohorteneffekt); c) wie hängt sie für alle Berufstätigen (unabhängig von ihrem jeweiligen Alter und der Kohortenzugehörigkeit) ab von den jeweils spezifischen Bedingungen einer Zeitperiode (Periodeneffekt). Die unterschiedlichen Kohorten- und Periodenbedingungen operationalisierte Blossfeld unter anderem mit dem Modernisierungsniveau. Im Ergebnis seiner Analysen wird Mobilität umso weniger wahrscheinlich, je älter und erfahrener Personen sind. Nur zu Beginn der beruflichen Karriere können sich Unterschiede in der Berufserfahrung positiv in der Karrieremobilität bemerkbar machen, mit dem Alter und der Erfahrung sinkt dann die Wahrscheinlichkeit von Mobilität (Blossfeld 1987, S. 83). Das Modernisierungsniveau bei Eintritt in den Arbeitsmarkt hat einen negativen Effekt auf Auf-

---

12   Die vergangene und gegenwärtige berufliche Stellung von Personen wurde gemäß des Klassenschemas von Wright (1997) codiert. Die Variablen der sozialen Klasse umfassten also folgende Ausprägungen: *professional, owner, civil servant, white-collar, blue-collar* (Referenzkategorie) (Carroll und Mayer 1986, S. 329).

stiege (je weiter der Modernisierungsprozess in einer Gesellschaft fortgeschritten ist, um so höher ist das Eintrittsniveau der Berufseinsteiger und umso geringer ist die Aufstiegsmobilität, da kaum noch bessere Positionen erreicht werden können) und ebenfalls auf Abstiege (die Positionsinhaber „moderner" Berufe sind vor Entlassungen tendenziell besser geschützt). Als Periodeneffekt (Einfluss aktueller Rahmenbedingungen) hat das Modernisierungsniveau einen positiven Effekt auf Auf- und Abstiege, das heißt es wirkt positiv auf die aktuellen Berufschancen der Befragten, je fortgeschrittener der Modernisierungsprozess ist (ebd., S. 85).

Die Ergebnisse der ereignisanalytischen Untersuchungen sind insgesamt jedoch nicht eindeutig. So ergeben sich bei manchen Analysen für den Anfang der Berufskarriere hohe Raten horizontaler und vertikaler Mobilität (Henz 1996, S. 245). Anderen Resultaten zufolge findet sich dagegen gerade beim ersten Beruf eine längere Verweildauer und damit eine geringere Mobilitätswahrscheinlichkeit (Mayer und Carroll 1987, S. 25). Vor allem die internationale Perspektive zeigt hier große Unterschiede. In den südeuropäischen Ländern sind die Mobilitätsraten am Anfang der Berufskarriere geringer als in Nordeuropa und den skandinavischen Ländern. Für Deutschland zeigt eine Untersuchung, dass innerhalb der ersten zwei Berufsjahre etwa 25 Prozent der Arbeitnehmer den Job wechseln, die Wechselrate ist also recht hoch (Gangl 2003, S. 435). In den folgenden Berufsjahren konsolidiert sich der berufliche Status in Deutschland allerdings deutlich, wie die Studie von Hillmert (2011) zeigt. Auf der Grundlage der deutschen Lebensverlaufsstudie belegt er allerdings auch, dass die Klassenposition beim erstmaligen Eintritt in den Arbeitsmarkt deutlich von der sozialen Herkunft abhängt.

Stawarz (2013) analysiert auf der Datenbasis des Sozio-oekonomischen Panels (SOEP) für etwa 25.000 Erwerbstätige im Zeitraum von 1984 bis 2009 die intergenerationale und intragenerationale Mobilität gemeinsam. Die abhängige Variable in dieser Studie ist jeweils die graduelle Messung des Berufsprestiges (SIOPS; Treiman 1977). Im Ergebnis zeigt sich, dass das Berufsprestige sehr stark durch die Erstplatzierung im Arbeitsmarkt bestimmt wird, anschließende soziale Mobilität ist nur gering ausgeprägt. Allerdings ist – ähnlich wie in der Studie von Hillmert (2011) – die Erstplatzierung im Arbeitsmarkt stark von der eigenen Bildung und der sozialen Herkunft abhängig (siehe Kap. 3 in diesem Band). Kontextbedingungen (wie besonders gute oder schlechte Arbeitsmarktlagen) sind vor allem zu Beginn der Erwerbskarriere einflussreich.

In einem *special issue* der Zeitschrift *European Societies* von 2011 werden für vier weitere europäische Länder Untersuchungen zur inter- und intragenerationalen Mobilität vorgelegt – mit insgesamt ähnlichen Ergebnissen wie bei Hillmert (2011; vgl. Barone und Schizzerotto 2011). In den *Niederlanden* zeigt sich wie in Deutschland bei einer Kohortenbetrachtung eine vergleichsweise hohe intragenerationale „Immobilität", die Eintrittspositionen haben einen prägenden Einfluss auf die weitere Karrieremobilität (Wolbers et al. 2011). Für *Schweden* berichten Härkönen und Bihagen (2011), dass sich die Karrieremobilität auf die ersten fünf bis zehn Jahre nach Arbeitsmarkteintritt konzentriert, anschließend ändert sich die Positionierung nur noch wenig. Der spezifische Verlauf der Karrieremobilität variiert dabei je nach Bildungsniveau. Frauen können im Kohortenvergleich zunehmend mehr Aufstiege realisieren. Arbeitsmarkteintritte in ökonomischen Krisenzeiten weisen einen negativen Langzeiteffekt auf. Bukodi und Goldthorpe (2011) machen für *Großbritannien* eine starke, im Kohortenvergleich gleichbleibende Wirkung eigener Bildungsabschlüsse auf die Karrieremobilität aus. Auch in Großbritannien sind Arbeitsmarkteintritte während ökonomischer Krisenzeiten mit langfristig problematischen Folgen für die Karrieremobilität verbunden. Für *Italien* zeigt sich eine hohe, aber für jüngere Kohorten abnehmende Immobilität (Bison 2011). Sequenzanalysen belegen, dass in jüngeren Kohorten Aufstiegsprozesse in der Berufskarriere an höhere Bildungsabschlüsse geknüpft sind. Die gesteigerten Mobilitätschancen für gut ausgebildete Personen in jüngeren Kohorten werden auf eine Veränderung der Berufsstruktur zurückgeführt. In keinem der untersuchten Länder ist die soziale Herkunft für die Platzierung im Arbeitsmarkt bedeutungslos, es gibt jedoch Anzeichen dafür, dass jüngere Kohorten auf eine offenere Gesellschaft mit größeren Aufstiegs- und Abstiegschancen treffen.

Die Ergebnisse zu intragenerationaler sozialer Mobilität verweisen wiederholt auf die Bedeutung der Funktionsweise und die Entwicklung des Bildungssystems – insbesondere auch für die Erstplatzierung im Arbeitsmarkt (siehe auch weiter unten Allmendinger 1989). Richard Breen (2010) untersucht für Deutschland, Schweden und Großbritannien, wie die Bildungsexpansion im 20. Jahrhundert die intergenerationale Mobilität beeinflusst hat, wobei zwei Effekte unterschieden werden: die Angleichung von Bildungschancen im Generationenvergleich (*equalization effect*), womit gemeint ist, dass über Generationen die Abhängigkeit der Bildung von sozialer Herkunft abnimmt, und die Ausweitung von höherer Bildung im Generationenvergleich (*compositional effect*), was auf eine relative Veränderung von höheren Bildungsabschlüssen durch die Bildungsexpansion verweist. Er kommt zum Ergebnis, dass in Deutschland und Schweden die Bildungsexpansion über beide Effekte die „Fluidität" – also die Mobilitätschancen – erhöht habe, wobei in Deutschland vor allem der *compositional effect* wirke. In Großbritannien lasse sich nur der *compositional effect* nachweisen, eine Öffnung der Bildungschancen über Klassengrenzen hinweg sei dort nicht zu verzeichnen. Ähnlich kommen die vergleichenden Analysen von Jacob et al. (2015) zum Ergebnis, dass die soziale Herkunft von Hochschulabsolventen in Großbritannien stärker, in Deutschland kaum die Erstplatzierung nach Studienabschluss beeinflusse. Insbesondere für den Zugang in die obere Dienstklasse spiele in Großbritannien die soziale Herkunft noch eine Rolle (die Bildung ist in dieser Studie standardisiert, weil nur Hochschulabsolventen betrachtet werden). Nach fünf Jahren Berufstätigkeit hat die soziale Herkunft auch in Großbritannien keine starken Effekte mehr auf die berufliche Karriereentwicklung.

Im *Ländervergleich* wurde der Zusammenhang von Institutionen und sogenannten Mobilitätsregimen von Jutta Allmendinger (1989) analysiert. Sie untersuchte die Determinanten der individuellen Karrieremobilität in Abhängigkeit von strukturellen und institutionellen Rahmenbedingungen des Bildungssystems. Ihre Analyse umfasste drei Länder: die USA, Norwegen und die alte Bundesrepublik. Ein Schwerpunkt ist der Fokus darauf, wie das Ausmaß an Standardisierung[13] und Stratifikation[14] in den verschiedenen Ländern die Rate der Jobwechsel und die Aufwärts- und Abwärtsmobilität beeinflussen. Die USA werden von Allmendinger als eher unstandardisiert eingestuft, Norwegen und die Bundesrepublik haben standardisierte Systeme. Dabei sind höhere Mobilitätsraten in den USA erkennbar, vor allem am Anfang der Berufskarriere (Allmendinger 1989, S. 120). Gründe sind darin zu sehen, dass die gering standardisierte schulische Ausbildung den Unternehmen kein klares Signal für die Güte liefert, der Einstieg in die Firmen geschieht daher meist in eine eher niedrige Position. In den Unternehmen selbst werden dann ein Großteil der Ausbildung und damit die eigentlichen Selektions- und Spezialisierungsprozesse vorgenommen (ebd., S. 67). Auch der Grad der Stratifikation ist im Bereich der elementaren Ausbildung (Grundschule und weiterführende Schule) in den USA sehr niedrig, in der Bundesrepublik und in Norwegen dagegen durch differenzierte Bildungswege vergleichsweise hoch. Das Erreichen eines Highschool-Abschlusses erschien (und erscheint auch noch heute) in den USA relativ wahrscheinlich, fast 71 Prozent der weißen Bevölkerung erreichten nach Allmendingers Daten diesen Abschluss, in Norwegen und in Westdeutschland erhielten zu Zeiten ihrer Untersuchung nur deutlich weniger Schüleranteile pro Jahrgang einen ähnlichen Abschluss (z. B. Abitur) (ebd., S. 53).[15] In den stratifizierten Ländern ist der Zusammenhang zwischen Bildung und Beschäftigungsstatus höher – hohe

---

13 Standardisierung beschreibt den Grad der Gleichheit der Ausbildungsqualität – inwieweit also ein erreichter Abschluss – national gesehen – den gleichen Standards genügt beziehungsweise als gleichwertig anerkannt wird.

14 Stratifikation meint den Grad der Differenzierung der Ausbildung in der Gesellschaft. Gemessen wird dies am Anteil einer Alterskohorte, der die maximale Anzahl an Schuljahren durchläuft (Hinz 1999, S. 163).

15 Inzwischen ist auch in Deutschland der Anteil derjenigen, die pro Geburtskohorte mit Abitur abschließen, deutlich angewachsen. Im Hinblick auf eine Zulassung zum Studium ist der Auswahlprozess von Studierenden allerdings in den USA stärker durch die

Bildung geht häufig mit hohem Status einher (ebd., S. 118). Interessant sind die Ergebnisse auch für die *job dynamics*, also welche Wahrscheinlichkeiten für einen Jobwechsel (egal, ob aufwärts- oder abwärtsgerichtete Mobilität) vorhanden sind. Für die weiße Bevölkerung der USA zeigt sich, dass die Berufserfahrung die ausschlaggebende Determinante für die Häufigkeit beruflicher Wechsel ist, weniger entscheidend ist dagegen der erreichte Bildungsgrad (ebd., S. 132). In Norwegen prägt die Ausbildung sehr die Karrieremobilität, aber noch wesentlich stärker gilt dies für Westdeutschland: Hier hat ein Abschluss mit Abitur eine 91 Prozent höhere Wahrscheinlichkeit für einen Jobwechsel zur Folge als bei Arbeitnehmern ohne diesen Bildungsabschluss (ebd., S. 141). Betrachtet man nur die Aufwärtsmobilität, werden die Effekte der Ausbildung auf die Mobilität noch stärker. Als Ergebnis ist festzuhalten, dass der Einfluss der Ausbildung sich als eine Funktion der institutionellen Struktur (Standardisierung und Stratifikation) darstellt und daher länderspezifische Unterschiede vorhanden sind.

Ähnliche Schlussfolgerungen finden sich auch in der Untersuchung von Allmendinger und Hinz (1997), die Westdeutschland, Großbritannien und Schweden verglichen und eine deutliche Prägung der Mobilitätsmuster durch Bildungssystem, Wohlfahrtsstaat und ökonomische Institutionen (etwa Tarifautonomie, also die Rahmenbedingungen einer *flexibly coordinated economy*, Soskice 1999) annahmen. Westdeutschland war hinsichtlich der Karrieremobilität im Vergleich mit Großbritannien und Schweden das immobilste Land, was vor allem auf die Wirkung des Berufsausbildungssystems zurückgeführt wurde. Länderspezifische Mobilitätsmuster seien aber durch das jeweilige Institutionengefüge gleich in mehrfacher Hinsicht determiniert, neben dem Bildungssystem können etwa auch starke Arbeitnehmervertretungen, welche die innerbetrieblichen Karrieren regeln, institutionelle Mobilitätsbegrenzer darstellen. Ein weiterer Aspekt ist die auch von Markus Gangl (2006) thematisierte soziale Absicherung bei Arbeitslosigkeit. In dieser Studie kann Gangl zeigen, dass Erwerbspersonen in den USA nach Arbeitslosigkeit aufgrund der kürzeren Bezugsdauer von Lohnersatzleistungen schneller wieder in Beschäftigung kommen als in Deutschland. Allerdings ist in den USA die Abstiegsmobilität nach Arbeitslosigkeit deutlich häufiger als in Deutschland.

Dies unterstreicht die Relevanz des Institutionensystems für Mobilitätsmuster. Die Karrieremobilität im Lebensverlauf ist darüber hinaus sehr deutlich von Ereignissen im Lebensverlauf geprägt, die mit Erwerbsunterbrechungen verbunden sind. Wie im Institutionensystem mit solchen Erwerbsunterbrechungen umgegangen wird, hat nachhaltige Auswirkungen auf intragenerationale soziale Mobili-

---

Universitäten kontrolliert. Im Vergleich dazu verlässt man sich im deutschen Hochschulsystem immer noch auf das Abitur.

tät. Etwa haben großzügige Regelungen für Elternschaftsurlaube deutlich negative Folgen für die soziale Mobilität. In der Studie von Gangl und Ziefle (2015) werden etwa die Neuregelung von Elternschaftsurlauben und ihr Einfluss auf den Wiedereinstieg in den Arbeitsmarkt sowie die daran anschließende Mobilität thematisiert. Es zeigt sich, dass die Ausweitung von Elternschaftsfreistellungen in Deutschland die weitere berufliche Mobilität von Frauen negativ beeinflusst, weil ihre Erwerbsneigung insgesamt absinkt. Weitere Studien zeigen, dass Frauen, die familienbedingt ihre Erwerbskarriere unterbrechen, in Deutschland eher als in den USA oder Schweden mit negativen Folgen für die weitere berufliche Karriere zu rechnen haben (Grunow et al. 2011; siehe Kap. 11 in diesem Band).

4.4   Zusammenfassung und Ausblick

Der Arbeitsmarkt in modernen Gesellschaften ist in ständiger Bewegung. Auch wenn Mobilität im Arbeitsmarkt prinzipiell auch Berufswechsel, Betriebswechsel, Übergänge in Arbeitslosigkeit und Nichterwerbstätigkeit umfasst, wurde der Blick in diesem Kapitel bewusst auf einen Teilaspekt des gesamten Mobilitätsgeschehens gerichtet, nämlich soziale Mobilität, die mit möglichen Klassenwechseln in inter- und intragenerationaler Perspektive verbunden ist. Wie offen oder geschlossen sind Arbeitsmärkte im Hinblick auf Klassenwechsel? Wie viel oder wenig soziale Mobilität kann man beobachten?

Die soziologische Mobilitätsforschung konnte vor allem durch die ab den 1980er und 1990er Jahren zur Verfügung stehenden Datensätze diese auch für die Arbeitsmarktforschung zentrale Fragestellung bearbeiten. Die Antwort kann hier nur in wesentlichen Tendenzen zusammengefasst werden. Eine grundlegende Feststellung betrifft zunächst die strukturelle Mobilität: Das Gefüge der Arbeitsmarktstruktur, sprich die Nachfrage nach Arbeitskräften mit bestimmten Fähigkeiten und Qualifikationen, hat sich gravierend im Zeitverlauf verändert und ein Ende der Umstrukturierung ist nicht in Sicht. Der Anteil der Arbeitnehmer im industriellen Sektor sinkt in Deutschland weiterhin, der Bereich der Dienstleistungen ist immer noch im Zunehmen begriffen, wenngleich sich diese Prozesse verlangsamen. Im Bereich der relativen (also um den Strukturwandel bereinigten) Mobilitätsraten erkennt man, dass die vertikale intergenerationale Beweglichkeit seit den 1970er Jahren zugenommen hat. Es gelingt Kindern einfacher Arbeitnehmer häufiger der Aufstieg in Angestelltenpositionen, als es früher der Fall war. In der referierten, aktuellen und umfassenden Analyse intergenerationaler Mobilität zeigen Müller und Pollak (2015), dass die soziale Mobilität für jüngere Alterskohorten in Deutschland größer geworden ist. Sie begründen dies mit im Zeitverlauf zurückgehenden Bildungsungleichheiten und auch geringeren direkten Herkunftseinflüssen, die nicht durch Bildung vermittelt sind. Dennoch scheint die Statusweitergabe über Generationsgrenzen hinweg vor allem in den oberen Schichten weiterhin ausgeprägt, was vor allem durch das Bildungssystem vermittelt wird. Wegen der starken Erstplatzierungsfunktion des Bildungssystems sind die Möglichkeiten intragenerationaler Mobilität ebenfalls an die soziale Herkunft gebunden, wenngleich mit abnehmender Tendenz. Bei der intragenerationalen Mobilität spielen gewiss weitere Faktoren eine Rolle. Etwa haben Formen der Weiterbildung einen Einfluss auf die eigene berufliche Karriere und sind relativ unabhängig von der Elterngeneration.

In der international vergleichenden Forschung zeigt sich eine Tendenz der Angleichung der sozialen Mobilität, allerdings bestehen immer noch deutlich erkennbare Unterschiede zwischen den Ländern, die durch die jeweiligen Institutionen- und Bildungssysteme begründet sind. Im Hinblick auf die theoretischen Grundlagen der Mobilitätsforschung fällt eine zusammenfassende Bewertung sehr schwer, weil die Argumentationslinien der vorgestellten Theorien relativ unverbunden und wenig ausgearbeitet sind. Man muss sich klarmachen, dass die meisten empirischen Arbeiten der Mobilitätsforschung zwar Mikrodaten verwenden, aber häufig argumentativ auf der Makroebene verbleiben. Insbesondere die vergleichenden Analysen beeinhalten Argumente über mobilitätsfördernde, mobilitätshemmende oder mobilitätsangleichende Strukturen des Arbeitsmarktes bzw. des Bildungssystems von Gesellschaften. Eher selten werden Mikrofundierungen angestrebt. Zu den in der Mobilitätsforschung verbreiteten Argumentationsmustern einer Mikrofundierung muss man das Motiv des Statuserhalts zählen, wie es etwa von Richard Breen und John Goldthorpe konzipiert wurde (Breen und Goldthorpe 1997). Dieses aus der Bildungssoziologie stammende Konzept ist insbesondere für die Erklärung von intergenerationalen Mobilitätsmustern bedeutsam (vgl. auch die primären und sekundären Herkunftseffekte bei Boudon 1974; sie beziehen sich auf die Erklärung von Bildungsungleichheiten). Weiterhin haben diejenigen Autoren, die sich mit Mikroklassen beschäftigen, theoretische Argumente zur Statusweitergabe vorgebracht. Sie beziehen sich – wie dargestellt – auf Sozialisationseffekte, Orientierungen, Werte und soziale Netzwerke. Allerdings liegt (noch) kein umfassend elaboriertes theoretisches Modell vor. Daran wird jedoch gearbeitet. Für die intragenerationale Mobilität dürfte immer noch die Humankapitaltheorie die leistungsfähigste Mikrotheorie darstellen. Denn in empirischer Hinsicht kann man resümieren, dass die recht geringe soziale Mobilität weniger durch soziale Herkunft beeinflusst ist als durch das Bildungssystem.

Die Mehrheit der hier zusammengefassten Literatur hatte zunächst einen klaren Fokus auf Sequenzen von (männlichen) Normalarbeitsverhältnissen. Mit dem sich verändernden Arbeitsmarkt – als Stichworte seien hier nur genannt: neue Berufs- und Ausbildungswege, Globalisierung, Ausweitung des Niedriglohnsektors, flexiblere Arbeitszeiten und Arbeitsorte – geraten neuerdings auch Fragen sozialen Abstiegs und die mögliche Prekarisierung in den Mittelpunkt des Interesses (Erlinghagen 2005, 2008). Es wird etwa diskutiert, inwieweit mittlere Klassenpositionen hinsichtlich ihrer Einkommens- und Karriereaussichten ernsthaft bedroht sind (Mau 2012). Zumindest in der subjektiven Wahrnehmung der Mittelklasse spielen Abstiegsängste eine größere Rolle als vor der Finanzkrise des Jahres 2008. Neuere Forschungen thematisieren verstärkt die Zusammenhänge von sozialer Mobilität, Familienbildungsprozessen und der Abhängigkeit beider Entwicklungen von der institutionellen Umgebung (etwa Begall und Grunow 2015; Grunow und Aisenbrey 2016). Auch 50 Jahre nach Veröffentlichung der Studie von Blau und Duncan (1967) gilt jedoch, dass berufliche Karrieren und damit soziale Mobilität immer noch durch die Klassenstruktur mitbestimmt sind, auch wenn sich die Durchlässigkeit nach oben und unten erhöht hat. Ironischerweise hatten die sich erhöhenden Mobilitätsbarrieren aber gerade in programmatisch „klassenlosen" Gesellschaften wie der DDR eine destabilisierende Wirkung (Mayer und Solga 1994).

In diesem Kapitel wurden die Chancen von Zuwanderern auf soziale Mobilität nicht eigens betrachtet (siehe Kap. 10 in diesem Band). Speziell in der Geschichte Deutschlands gab es eine sozial selektive Zuwanderung in untere Berufsklassen. Da die Bildungsungleichheiten zwischen Zuwanderern und Einheimischen lange Zeit beachtlich waren (und auch mit ungleichen Bildungschancen zusammenhingen), dürfte das Muster sozialer Mobilität in Deutschland deutlich von dieser Unterschichtung beeinflusst sein. Der Einfluss der (anhaltenden) Zuwanderung auf die Mobilitätsprozesse verdient jedenfalls stärkere Aufmerksamkeit, allein schon weil sich damit Fragen einer offenen Gesellschaft neu stellen.

Weitere Entwicklungen im Hinblick auf die Auswirkung von Mobilitätsbarrieren auf andere Gesellschaftsbereiche zeichnen sich etwa in den USA ab, wo der Aufstiegsmythos immer mehr an Glanz verliert und sich die Funktionseliten immer stärker gegen Aufsteiger abschotten (Hacker 2006). Dort und in anderen Ländern zeigen sich zwar noch keine dramatischen Auswirkungen auf die politische Stabilität, aber zum Zeitpunkt des Verfassens des Aufsatzes finden sich in einigen der hier betrachteten Ländern durchaus Tendenzen der politischen Radikalisierung, die oft von der alten „Mittelklasse" ausgehen. In der überwiegenden Mehrheit reagieren die Angehörigen der Mittelklassen jedoch eher „affirmativ" und investieren immer mehr der knapper werdenden Ressourcen in die Bildung ihrer Kinder, ohne dass sich deren relative Aufstiegschancen noch deutlich verbessern können. Wichtiger erschiene dagegen die Mobilitätschancen von Kindern der unteren Klassen zu erhöhen. In diesem Zusammenhang sind Verbindungen der

Mobilitätsforschung zur Sozialpsychologie erwähnenswert, etwa zu den individuellen Attributionen für Aufstiegs- und Abstiegsmobilität. In einer Langzeituntersuchung kann Meulemann (2016) zeigen, dass solche Attributionen allerdings nicht der einfachen Logik von Aufstieg/internal und Abstieg/external folgen. Eher verstärken sich über den Lebensverlauf bestimmte Zuweisungsmuster, die mit Persönlichkeitseigenschaften zusammenhängen, ohne dass diese von den tatsächlichen Karrieren stark beeinflusst werden. Die soziale Mobilität ist also mehr denn je ein hochkomplexes Feld. Was man aber wohl festhalten kann: Es erscheint recht unwahrscheinlich, dass sich die Interdependenzen zwischen Herkunft und Karriere in naher Zukunft auflösen.

Literatur

Allmendinger, J. (1989). *Career Mobility Dynamics. A Comparative Analysis of the United States, Norway, and West Germany*. Berlin: Max-Planck-Institut für Bildungsforschung.

Allmendinger, J., & Hinz, T. (1997). Mobilität und Lebensverlauf: Deutschland, Großbritannien und Schweden im Vergleich. In S. Hradil, & S. Immerfall (Hrsg.), *Die westeuropäischen Gesellschaften im Vergleich* (S. 247-285). Opladen: Leske + Budrich.

Arthur, M. B., & Rousseau, D. M. (1996). *The Boundaryless Career: A New Employment Principle for a New Organizational Era*. New York: Oxford University Press.

Barone, C., & Schizzerotto, A. (2011). Introduction: Career Mobility, Education, and Intergenerational Reproduction in Five European Societies. *European Societies*, 13, 331-345.

Beck, U. (1983). Jenseits von Stand und Klasse? Soziale Ungleichheiten, gesellschaftliche Individualisierungsprozesse und die Entstehung neuer sozialer Formationen und Identitäten. In R. Kreckel (Hrsg.), *Soziale Ungleichheiten. Soziale Welt, Sonderband 2*. (S. 35-74). Göttingen: Schwartz.

Becker, G. S. (1962). Investment in Human Capital: A Theoretical Analysis. *Journal of Political Economy*, 70, 9-49.

Becker, G. S. (1975). *Human Capital: A Theoretical and Empirical Analysis, with Special Reference to Education*. New York: Columbia University Press (2. Aufl.).

Begall, K., & Grunow, D. (2015). Labour Force Transitions around First Childbirth in the Netherlands. *European Sociological Review*, 31, 697-712.

Bison, I. (2011). Education, Social Origins and Career (Im)Mobility in Contemporary Italy. A Holistic and Categorical Approach. *European Societies*, 13, 481-503.

Blau, P. M., & Duncan, O. D. (1967). *The American Occupational Structure*. New York: Wiley.

Blossfeld, H.-P. (1986). Career Opportunities in the Federal Republic of Germany: A Dynamic Approach to the Study of Life-Course, Cohort, and Period Effects. *European Sociological Review*, 2, 208-225.

Blossfeld, H.-P. (1987). Karriereprozesse im Wandel der Arbeitsmarktstruktur. Ein dynamischer Ansatz zur Erklärung intragenerationaler Mobilität. *Mitteilungen aus der Arbeitsmarkt- und Berufsforschung*, 20, 74-88.

Blossfeld, H.-P., & Hofmeister, H. (Hrsg.). (2006). *Globalization, Uncertainty and Women's Careers. An International Comparison*. Cheltenham: Elgar.

Blossfeld, H.-P., Mills, M., & Bernardi, F. (Hrsg.). (2006). *Globalization, Uncertainty and Men's Careers. An International Comparison*. Cheltenham: Elgar.

Bolte, K. M. (1959). *Sozialer Aufstieg und Abstieg: Eine Untersuchung über Berufsprestige und Berufsmobilität*. Stuttgart: Enke.

Boudon, R. (1974). *Education, Opportunity, and Social Inequality – Changing Prospects in Western Society*. New York: Wiley.

Bourdieu, P., & Passeron, J.-C. (1977). *Reproduction in Education, Society and Culture*. London: Sage.

Breen, R. (Hrsg.). (2004). *Social Mobility in Europe*. Oxford: Oxford University Press.

Breen, R. (2010). Educational Expansion and Social Mobility in the 20th Century. *Social Forces*, 89, 365-388.

Breen, R., & Goldthorpe, J. H. (1997). Explaining Educational Differentials. Towards a Formal Rational Action Theory. *Rationality and Society*, 9, 275-305.

Breen, R., & Jonsson, J. O. (2007). Explaining Change in Social Fluidity: Educational Equalization and Educational Expansion in Twentieth-Century Sweden. *American Journal of Sociology*, 112, 1775-1810.

Brückner, E., & Mayer, K. U. (1998). Collecting Life History Data. Experiences from the German Life History Study. In J. Z. Giele, & G. H. Elder Jr. (Hrsg.), *Methods of Life Course Research: Qualitative and Quantitative Approaches* (S. 152-181). Thousand Oaks: Sage.

Brückner, H., & Mayer, K. U. (2005). De-Standardization of the Life Course: What it Might Mean? And if it Means Anything, Whether it Actually Took Place? *Advances in Life Course Research*, 9, 27-53.

Bukodi, E., & Goldthorpe, J. H. (2011). Class Origins, Education and Occupational Attainment in Britain. *European Societies*, 13, 347-375.

Carroll, G. R., & Mayer, K. U. (1986). Job-Shift Patterns in the Federal Republic of Germany: The Effects of Social Class, Industrial Sector, and Organizational Size. *American Sociological Review*, 51, 323-341.

Clark, T. N., & Lipset, S. M. (1991). Are Social Classes Dying? *International Sociology*, 6, 397-410.

Coleman, J. S. (1988). Social Capital in the Creation of Human Capital. *American Journal of Sociology*, 94, S95-S120.

Coleman, J. S. (1990). *Foundations of Social Theory*. Cambridge: Belknap Press.

Collins, R. (1971). Functional and Conflict Theories of Educational Stratification. *American Sociological Review*, 36, 1002-1019.

Dahrendorf, R. (1957). *Soziale Klassen und Klassenkonflikt in der industriellen Gesellschaft*. Stuttgart: Enke.

Davis, K., & Moore, W. E. (1945). Some Principles of Stratification. *American Sociological Review*, 10, 242-249.

Diekmann, A. (2011). *Empirische Sozialforschung. Grundlagen, Methoden, Anwendungen*. Hamburg: Rowohlt (5. Aufl.).

Erikson, R., & Goldthorpe, J. H. (1985). Are American Rates of Social Mobility Exceptionally High? New Evidence on an Old Issue. *European Sociological Review*, 1, 1-22.

Erikson, R., & Goldthorpe, J. H. (1987). Commonality and Variation in Social Fluidity in Industrial Nations. Part I: A Model for Evaluating the 'FJH Hypothesis'. *European Sociological Review*, 3, 54-77.

Erikson, R., & Goldthorpe, J. H. (1992). *The Constant Flux. A Study of Class Mobility in Industrial Societies*. Oxford: Clarendon Press.

Erikson, R., Goldthorpe, J. H., & Portocarero, L. (1979). Intergenerational Class Mobility in Three Western European Societies: England, France and Sweden. *British Journal of Sociology*, 30, 415-441.

Erlinghagen, M. (2005). Entlassungen und Beschäftigungssicherheit im Zeitverlauf. Zur Entwicklung unfreiwilliger Arbeitsmarktmobilität in Deutschland. *Zeitschrift für Soziologie*, 34, 147-168.

Erlinghagen, M. (2008). Self-Perceived Job Insecurity and Social Context: A Multi-Level Analysis of 17 European Countries. *European Sociological Review*, 24, 183-197.

Featherman, D. L., Jones, F. L., & Hauser, R. M. (1975). Assumptions of Social Mobility Research in the U.S.: The Case of Occupational Status. *Social Science Research*, 4, 329-360.

Flap, H., & Völker, B. (2013). Social Capital. In R. Wittek, T. A. B. Snijders, & V. Nee (Hrsg.), *The Handbook of Rational Choice Social Research* (S. 220-251). Stanford: Stanford University Press.

Franzen, A., & Pointner, S. (2007). Sozialkapital: Konzeptualisierungen und Messungen. In A. Franzen, & M. Freitag (Hrsg.), *Sozialkapital. Grundlagen und Anwendungen. Sonderheft 47 der Kölner Zeitschrift für Soziologie und Sozialpsychologie* (S. 66-90). Wiesbaden: VS Verlag für Sozialwissenschaften.

Gangl, M. (2003). The Only Way is Up? Employment Protection and Job Mobility among Recent Entrants to European Labour Markets. *European Sociological Review*, 19, 429-449.

Gangl, M. (2006). Scar Effects of Unemployment: An Assessment of Institutional Complementarities. *American Sociological Review*, 71, 986-1013.

Gangl, M., & Ziefle, A. (2015). The Making of a Good Woman: Extended Parental Leave Entitlements and Mothers' Work Commitment in Germany. *American Journal of Sociology*, 121, 511-563.

Ganzeboom, H. B. G., Treiman, D. J., & Ultee, W. C. (1991). Comparative Intergenerational Stratification Research: Three Generations and Beyond. *Annual Review of Sociology*, 17, 277-302.

Ganzeboom, H. B. G., De Graaf, P. M., & Treiman, D. J. (1992). A Standard International Socio-Economic Index of Occupational Status. *Social Science Research*, 21, 1-56.

Geiger, T. (1932). *Die soziale Schichtung des deutschen Volkes. Soziographischer Versuch auf statistischer Grundlage*. Stuttgart: Enke.

Geißler, R. (2014). *Die Sozialstruktur Deutschlands*. Wiesbaden: Springer VS (7. Aufl.).

Goldthorpe, J. H. (1980). *Social Mobility and Class Structure in Modern Britain*. Oxford: Clarendon Press.

Goldthorpe, J. H. (2000). *On Sociology: Numbers, Narratives, and the Integration of Research and Theory*. Oxford: Oxford University Press.

Granovetter, M. S. (1973). The Strength of Weak Ties. *American Journal of Sociology*, 78, 1360-1380.

Granovetter, M. S. (1983). The Strength of Weak Ties: A Network Theory Revisited. *Sociological Theory*, 1, 201-233.

Granovetter, M. S. (1995). *Getting a Job: A Study of Contacts and Careers*. Chicago: University of Chicago Press (2. Aufl.).

Grunow, D., & Aisenbrey, S. (2016). Economic Instability and Mothers' Employment: A Comparison of Germany and the U.S. *Advances in Life Course Research*, 29, 5-15.

Grunow, D., Aisenbrey, S., & Evertsson, M. (2011). Familienpolitik, Bildung und Berufskarrieren von Müttern in Deutschland, USA und Schweden. *Kölner Zeitschrift für Soziologie und Sozialpsychologie*, 63, 395-430.

Grusky, D. B., & Galescu, G. (2005). Foundations of a Neo-Durkheimian Class Analysis. In E. O. Wright (Hrsg.), *Approaches to Class Analysis* (S. 51-81). Cambridge: Cambridge University Press.

Grusky, D. B., & Weeden, K. (2006). Does the Sociological Approach to Studying Social Mobility Have a Future? In S. L. Morgan, D. B. Grusky, & G. S. Fields (Hrsg.), *Mobility and Inequality: Frontiers of Research from Sociology and Economics* (S. 85-108). Stanford: Stanford University Press.

Hacker, J. S. (2006). *The Great Risk Shift: The New Economic Insecurity and the Decline of the American Dream.* Oxford: Oxford University Press.

Hall, A. (1996). Abbau sozialer Barrieren? Zur Entwicklung der Muster sozialer Mobilität in Westdeutschland. In W. Müller (Hrsg.), *Soziale Ungleichheit. Neue Befunde zu Strukturen, Bewußtsein und Politik* (S. 111-135). Opladen: Leske + Budrich.

Haller, M. (1989). *Klassenstrukturen und Mobilität in fortgeschrittenen Gesellschaften. Eine vergleichende Analyse der Bundesrepublik Deutschland, Österreichs, Frankreichs und der Vereinigten Staaten von Amerika.* Frankfurt a. M.: Campus.

Härkönen, J., & Bihagen, E. (2011). Occupational Attainment and Career Progression in Sweden. *European Societies, 13,* 451-479.

Hedström, P., & Swedberg, R. (1998). Social Mechanisms: An Introductory Essay. In P. Hedström, & R. Swedberg (Hrsg.), *Social Mechanisms. An Analytical Approach to Social Theory* (S. 1-31). Cambridge: Cambridge University Press.

Henz, U. (1996). *Intergenerationale Mobilität. Methodische und empirische Untersuchungen* (Studien und Berichte 83). Berlin: Max-Planck-Institut für Bildungsforschung.

Hillmert, S. (2011). Occupational Mobility and Developments of Inequality along the Life Course. The German Case. *European Societies, 13,* 401-423.

Hinz, T. (1999). Vocational Training and Job Mobility in Comparative Perspective. In P. D. Culpepper, & D. Finegold (Hrsg.), *The German Skills Machine. Sustaining Comparative Advantage in a Global Economy* (S. 159-188). New York: Berghahn.

Hope, K. (1982). Vertical and Nonvertical Class Mobility in Three Countries. *American Sociological Review, 47,* 99-113.

Ishida, H., Müller, W., & Ridge, J. M. (1995). Class Origin, Class Destination, and Education: A Cross-National Study of Ten Industrial Nations. *American Journal of Sociology, 101,* 145-193.

Jacob, M., Klein, M., & Iannelli, C. (2015). The Impact of Social Origin on Graduates' Early Occupational Destinations – An Anglo-German Comparison. *European Sociological Review, 31,* 460-476.

Jonsson, J. O., Grusky, D. B., Di Carlo, M., Pollak, R., & Brinton, M. C. (2009). Microclass Mobility: Social Reproduction in Four Countries. *American Journal of Sociology, 114,* 977-1036.

Kappelhoff, P., & Teckenberg, W. (1987). Intergenerationen- und Karrieremobilität in der Bundesrepublik Deutschland und in den Vereinigten Staaten. *Kölner Zeitschrift für Soziologie und Sozialpsychologie, 39,* 302-329.

König, W., & Müller, W. (1986). Educational Systems and Labour Markets as Determinants of Worklife Mobility in France and West Germany: A Comparison of Men's Career Mobility, 1965-1970. *European Sociological Review, 2,* 73-96.

Krüger, H., & Born, C. (1991). Unterbrochene Erwerbskarrieren und Berufsspezifik: Zum Arbeitsmarkt- und Familienpuzzle im weiblichen Lebenslauf. In K. U. Mayer, J. Allmendinger, & J. Huinink (Hrsg.), *Vom Regen in die Traufe: Frauen zwischen Beruf und Familie* (S. 142-161). Frankfurt a. M.: Campus.

Kurz, K., Hillmert, S., & Grunow, D. (2006). Increasing Instability of Employment Careers of West German Men? A Comparison of Birth Cohorts 1940, 1955, and 1964. In H.-P. Blossfeld, M. Mills, & F. Bernardi (Hrsg.), *Globalization, Uncertainty and Men's Careers. An International Comparison* (S. 75-113). Cheltenham: Elgar.

Li, J. H., & Singelmann, J. (1998). Gender Differences in Class Mobility. A Comparative Study of the United States, Sweden, and West Germany. *Acta Sociologica*, 41, 315-333.

Lin, N., Cook, K., & Burt, R. S. (Hrsg.). (2001). *Social Capital. Theory and Research*. New York: De Gruyter.

Lipset, S. M., & Zetterberg, H. L. (1959). Social Mobility in Industrial Societies. In S. M. Lipset, & R. Bendix (Hrsg.), *Social Mobility in Industrial Society* (S. 11-75). Berkeley: University of California Press.

Marshall, G., Rose, D., Newby, H., & Vogler, C. (1989). *Social Class in Modern Britain*. London: Unwin Hyman.

Marx, K. (1969 [1859]). *Zur Kritik der politischen Ökonomie*. Berlin: Duncker.

Mau, S. (2012). *Lebenschancen. Wohin driftet die Mittelschicht?* Berlin: Suhrkamp.

Mayer, K. U., & Carroll, G. R. (1987). Jobs and Classes: Structural Constraints on Career Mobility. *European Sociological Review*, 3, 14-38.

Mayer, K. U., & Solga, H. (1994). Mobilität und Legitimität. Zum Vergleich der Chancenstrukturen in der alten DDR und der alten BRD oder: Haben Mobilitätschancen zu Stabilität und Zusammenbruch der DDR beigetragen? *Kölner Zeitschrift für Soziologie und Sozialpsychologie*, 46, 193-208.

Meulemann, H. (2016). Bin ich meines Glückes Schmied? Kausalattribution des persönlichen Berufserfolgs und der sozialen Mobilität zwischen früher und später Lebensmitte. *Zeitschrift für Soziologie*, 45, 22-38.

Mortensen, D. T. (1986). Job Search and Labor Market Analysis. In O. C. Ashenfelter, & R. Layard (Hrsg.), *The Handbook of Labor Economics. Vol. 2* (S. 849-919). Amsterdam: Elsevier.

Müller, W. (1978). *Klassenlage und Lebenslauf. Untersuchungen zu Prozessen sozialstrukturellen Wandels in der Bundesrepublik Deutschland* (Habilitationsschrift, Universität Mannheim).

Müller, W., & Goldthorpe, J. H. (1988). *Das CASMIN-Projekt. Abschlußbericht des Forschungsvorhabens 'Comparative Analysis of Social Mobility in Industrial Nations' an die Stiftung Volkswagenwerk*. Mannheim: Universität Mannheim.

Müller, W., & Pollak, R. (2004). Social Mobility in West Germany: The Long Arms of History Discovered? In R. Breen (Hrsg.), *Social Mobility in Europe* (S. 77-114). Oxford: Oxford University Press.

Müller, W., & Pollak, R. (2015). Bildung und soziale Mobilität in Deutschland. *AStA Wirtschafts- und Sozialstatistisches Archiv*, 9, 5-26.

Noble, T. (2000). The Mobility Transition: Social Mobility Trends in the First Half of the Twenty-First Century. *Sociology*, 34, 35-51.

Schnitzlein, D. D. (2009). Struktur und Ausmaß der intergenerationalen Einkommensmobilität in Deutschland. *Jahrbücher für Nationalökonomie und Statistik*, 229, 450-466.

Słomczyński, K. M., & Krauze, T. K. (1987). Cross-National Similarity in Social Mobility Patterns: A Direct Test of the Featherman-Jones-Hauser Hypothesis. *American Sociological Review*, 52, 598-611.

Solon, G. (2002). Cross Country Differences in Intergenerational Earnings Mobility. *Journal of Economic Perspectives*, 16, 59-66.

Sørensen, A. B. (2000). Toward a Sounder Basis for Class Analysis. *American Journal of Sociology*, 105, 1523-1558.

Sorokin, P. A. (1959 [1927]). *Social Mobility*. New York: Free Press.

Soskice, D. (1999). Divergent Production Regimes: Coordinated and Uncoordinated Market Economies in the 1980s and 1990s. In H. Kitschelt, P. Lange, G. Marks, & J. D. Stephens (Hrsg.), *Continuity and Change in Contemporary Capitalism* (S. 101-134). Cambridge: Cambridge University Press.

Stawarz, N. (2013). Inter- und intragenerationale soziale Mobilität. Eine simultane Analyse unter Verwendung von Wachstumskurven. *Zeitschrift für Soziologie*, 42, 385-404.

Tocqueville, A. de (1968 [1835]). *De la démocratie en Amérique*. Paris: Gallimard.

Treiman, D. J. (1977). *Occupational Prestige in Comparative Perspective*. New York: Academic Press.

Treiman, D. J., & Yip, K.-B. (1989). Educational and Occupational Attainment in 21 Countries. In M. L. Kohn (Hrsg.), *Cross-National Research in Sociology* (S. 373-394). Newbury Park: Sage.

Weber, M. (1980 [1922]). *Wirtschaft und Gesellschaft. Grundriß der verstehenden Soziologie*. Tübingen: Mohr (5. Aufl.).

Wolbers, M. H. J., Luijkx, R., & Ultee, W. (2011). Educational Attainment, Occupational Achievements, Career Peaks. The Netherlands in the Second Part of the Twentieth Century. *European Societies*, 13, 425-450.

Wright, E. O. (1989). A General Framework for the Analysis of Class Structure. In E. O. Wright (Hrsg.), *The Debate on Classes* (S. 3-43). London: Verso.

Wright, E. O. (1997). *Class Counts. Comparative Studies in Class Analyses*. Cambridge: Cambridge University Press.

Yasuda, S. (1964). A Methodological Inquiry into Social Mobility. *American Sociological Review*, 29, 16-23.

Arbeitslosigkeit

5

Wolfgang Ludwig-Mayerhofer

5.1 Ende der Arbeitslosigkeit?

Es ist noch nicht allzu lange her, dass Formulierungen wie „Abschied von der Vollbeschäftigung" oder gar „Ende der Arbeitsgesellschaft" den öffentlichen wie den sozialwissenschaftlichen Diskurs über die Arbeitsmarktsituation der Bundesrepublik beherrschten, hatte doch Mitte der 1970er Jahre eine mehrere Jahrzehnte währende Phase begonnen, die durch anhaltende Arbeitslosigkeit auf hohem und infolge des nahezu vollständigen Zusammenbruchs der Industrie in den neuen Bundesländern (und der finanziellen Lasten der deutschen Vereinigung vor allem für die Sozialversicherung) seit etwa 1992 noch weiter gestiegenem Niveau geprägt war. Heute dagegen ist Arbeitslosigkeit in den politischen und öffentlichen Debatten jedenfalls der Bundesrepublik nur mehr selten im Brennpunkt, und auch in der Wissenschaft scheint sie beinahe nur noch ein Thema für Spezialisten zu sein. Ein wichtiger Grund hierfür ist sicherlich die Tatsache, dass in den letzten zehn Jahren die Arbeitslosigkeit in Deutschland spürbar und vor allem nachhaltig auf nicht viel mehr als die Hälfte des (freilich besonders hohen) Niveaus von 2005 zurückgegangen ist; auch die weltweite Krise ab dem Jahr 2008 hat den Arbeitsmarkt in Deutschland kaum tangiert.

Freilich – hieraus auf ein Ende der Arbeitslosigkeit zu schließen wäre ebenso voreilig, wie es die Rede vom Abschied von der Vollbeschäftigung war. So wie diese Rede die Augen davor verschloss, dass in den 1980er und 1990er Jahren keineswegs alle Länder von lang anhaltender hoher Arbeitslosigkeit geprägt waren (neben Deutschland traf dies eigentlich ‚nur' auf Frankreich, Italien und Spanien zu), so gilt heute – dieser Text entsteht in einer Zeit, in der weltweit die Folgen der

Finanz- und Eurokrisen in den Jahren nach 2008 immer noch deutlich spürbar sind –, dass nur wenige Länder wirtschaftlich und eben auch mit Blick auf den Arbeitsmarkt so gut dastehen wie Deutschland. Arbeitslosigkeit ist also international betrachtet noch keineswegs verschwunden (im Gegenteil: in Südeuropa ist sie so hoch wie nie), und im Übrigen liegen auch in Deutschland die absoluten Zahlen im Jahresdurchschnitt immer noch bei knapp drei Millionen Arbeitslosen, einer Zahl, die man vor 40 Jahren noch für unvorstellbar und auf jeden Fall für skandalös gehalten hätte. Es besteht also heute und gewiss auch auf absehbare Zeit kein Grund, das Thema Arbeitslosigkeit *ad acta* zu legen.

Im folgenden (zweiten) Abschnitt wird nach einigen kurzen Darlegungen zur Messung von Arbeitslosigkeit (5.2.1) ein Überblick über die wichtigsten Fragestellungen gegeben: Was sind grundlegende Annahmen über den Zusammenhang zwischen den Strukturen des Arbeitsmarktes und Arbeitslosigkeit (Abschnitt 5.2.2), über Arbeitslosigkeit auf der Ebene individueller Erwerbsverläufe (5.2.3) und über die Folgen von Arbeitslosigkeit für die Betroffenen (5.2.4)? Der anschließende dritte Abschnitt präsentiert (und diskutiert gelegentlich) ausgewählte Daten und Forschungsergebnisse. Abschließend wird ein kurzes Fazit gezogen.

5.2   Theorien zu Arbeitslosigkeit

5.2.1   Wovon reden wir eigentlich? Definition, Messung und Erfassung von Arbeitslosigkeit

Arbeitslosigkeit ist, wie jeder andere wissenschaftliche oder statistische Begriff, ein Konstrukt, das es zunächst zu definieren gilt – oder besser gesagt, ein Konstrukt, das sich auf in langwierigen Prozessen erarbeitete institutionelle Definitionen bezieht. Tatsächlich ist schon der Begriff Arbeitslosigkeit nicht unumstritten, weil es ja speziell um das Fehlen von *Erwerbs*arbeit geht, Arbeitslose mithin anderweitig (im Haushalt oder in sog. ehrenamtlicher Tätigkeit) durchaus arbeiten können und dies auch häufig tun. Der mögliche Alternativbegriff Erwerbslosigkeit ist allerdings in Deutschland seit 10 Jahren in Politik und amtlicher Statistik für eine zweite statistische Abgrenzung neben der herkömmlichen Betrachtung von Arbeitslosigkeit reserviert. Als *arbeitslos* gelten alle, die bei der Bundesagentur für Arbeit oder einem kommunalen Grundsicherungsträger als Arbeitslose gemeldet sind; hierfür gilt als Kriterium, dass sie (a) weniger als 15 Stunden/Woche erwerbstätig sind und (b) den Vermittlungsbemühungen der Agentur für Arbeit oder des Jobcenters zur Verfügung stehen. Als *erwerbslos* werden hingegen alle Menschen bezeichnet, die (a) überhaupt nicht (nicht einmal eine Stunde pro Woche) erwerbstätig sind (vorübergehende Krankschreibung u. ä. wird dabei nicht mitgezählt), (b) in den letzten vier Wochen aktiv nach einer Erwerbstätigkeit gesucht haben und (c) eine neue Tätigkeit innerhalb von zwei Wochen antreten könnten; diese Daten werden jeweils durch Befragung einer größeren Bevölkerungsstichprobe ermittelt. Die Zahl der so definierten Erwerbslosen (die im Übrigen eher den internationalen Gepflogenheiten entspricht) liegt deutlich unter der der Arbeitslosen (im Jahresdurchschnitt 2013: 2,2 Millionen vs. 2,9 Millionen), obwohl bei letzteren noch all diejenigen arbeitslos Gemeldeten herausgerechnet werden, die an einer Maßnahme der aktiven Arbeitsmarktpolitik (siehe dazu Abschnitt 5.2.2) teilnehmen oder krankgeschrieben sind sowie solche, die über 58 Jahre alt sind und in den letzten 12 Monaten kein Stellenangebot erhielten. So oder so – im Folgenden bleiben wir bei dem auch in der Wissenschaft gängigeren Begriff der Arbeitslosigkeit, wenn wir allgemein über das Phänomen sprechen, dass Individuen nicht oder nur wenig erwerbstätig sind, aber gerne (in höherem Umfang) erwerbstätig wären, unabhängig von der genauen Definition oder Operationalisierung.

Für die empirische Messung von Arbeitslosigkeit in Form von Quoten müssen schließlich die absoluten Zahlen von Arbeitslosen (oder auch von Erwerbslosen) auf die Zahl der Erwerbstätigen bezogen werden. Auch hier kann im Einzelnen unterschiedlich vorgegangen werden; so kann man die Erwerbstätigen auf die abhängig Beschäftigten beschränken oder die Selbstständigen mit dazurechnen, ganz abgesehen davon, dass auch die abhängig Beschäftigten im Zeitverlauf immer wieder unterschiedlich statistisch abgegrenzt wurden. Aus diesen Gründen sind auch Arbeitslosenquoten international nicht ohne weiteres vergleichbar; standardisierte oder harmonisierte Quoten, die von internationalen Organisationen wie der OECD veröffentlicht werden, bringen hier sicherlich Fortschritte, doch wie weit damit wirklich exakte Vergleichbarkeit gewährleistet ist, ist schwer einzuschätzen (instruktive Beispiele bei Howell et al. 2007, S. 7ff.).

Anzumerken ist schließlich, dass auch die Abgrenzung der Arbeitslosen von den Nicht-Erwerbspersonen, also jenen, die weder arbeitslos noch erwerbstätig sind, nicht immer eindeutig ist und auch variabel sein kann. Beispielsweise gibt es Personen, die zwar gerne erwerbstätig wären, sich aber aufgrund entmutigender Erfahrungen (eventuell vorübergehend) aus dem Arbeitsmarkt zurückgezogen haben. Man bezeichnet diese (in Deutschland in den letzten Jahren kleiner gewordene) Gruppe als „Stille Reserve" und zählt häufig auch die Personen in arbeitsmarktpolitischen Maßnahmen hinzu. Es können aber auch ältere Arbeitslose zu Behinderten (so vor allem, aber keineswegs ausschließlich in den Niederlanden in den 1980er Jahren) oder Frührentnern (so in Deutschland ab Mitte der 1980er Jahre, ganz massiv in Ostdeutschland in den 1990er Jahren) erklärt, also gewissermaßen in andere Sozialsysteme ‚abgeschoben' werden. Umgekehrt hat

die Zahl der Arbeitslosen in Deutschland auch deshalb im Jahr 2005 ihren Gipfel-
punkt von über 5 Millionen erreicht, weil im Zuge der ‚Hartz-Reformen' viele bis
dahin ausschließlich als (nicht mehr dem Arbeitsmarkt zur Verfügung stehende)
Sozialhilfeempfänger definierte Menschen wieder zu Arbeitslosen gemacht wurden; denn um als „erwerbsfähiger Hilfebedürftiger" (so der damalige gesetzliche
Begriff; heute: „erwerbsfähiger Leistungsbezieher") das neue Arbeitslosengeld II
erhalten zu können (und damit die kommunalen Haushalte, aus denen die Sozialhilfe gezahlt wird, zu entlasten), genügt es, drei Stunden am Tag einer Erwerbstätigkeit nachgehen zu können. In der von den Finanzmarktturbulenzen der Jahre
2007 und 2008 ausgelösten Wirtschaftskrise stieg dagegen die Arbeitslosigkeit
in Deutschland unter anderem deshalb nur wenig, weil massiv von dem arbeitsmarktpolitischen Instrument der Kurzarbeit Gebrauch gemacht wurde, mit dem
kurzfristiger Arbeitsausfall kompensiert werden kann, ohne dass die Betriebe Mitarbeiter entlassen müssen (Möller 2010).

5.2.2   Arbeitsmarkt und Arbeitslosigkeit

Grundsätzlich scheint es sich bei Arbeitslosigkeit um einen einfachen Sachverhalt
zu handeln: um die Nicht-Übereinstimmung von Angebot und Nachfrage nach
Arbeitskräften, genauer gesagt: um ein Angebot, das die Nachfrage übersteigt.
Aus rein ökonomischer Sicht wären solche Marktungleichgewichte kein großes
Problem, sie treten auf allen Märkten auf und werden auf (nur in der Theorie existierenden) „perfekten Märkten" gemäß dem *neoklassischen* Modell (siehe Kap.
2 in diesem Band) auf einfache Weise behoben. Konkret hieße das am Beispiel
von Arbeitslosigkeit: Die Arbeitslosen – die Anbieter von Arbeitskraft – suchen
nach Arbeitgebern, die sie zu einem bestimmten Preis (dem angestrebten Lohn)
zu beschäftigen bereit sind. Stellen sie fest, dass ein solcher Arbeitgeber nicht zu
finden ist, so senken sie den Preis für ihre Arbeitskraft so lange, bis entweder ein
Arbeitgeber bereit ist, sie einzustellen, oder bis ein Lohnniveau unterschritten ist,
zu dem sie überhaupt bereit sind, ihre Arbeitskraft zur Verfügung zu stellen (der
„Anspruchslohn" oder *reservation wage*). In letzterem Fall ziehen sie sich vom
Arbeitsmarkt zurück, was als Entscheidung zugunsten des damit verbundenen Gewinns an Freizeit gedeutet wird.

   In diesem Modell kann Arbeitslosigkeit bei einem ‚funktionierenden' Markt
nur kurzfristiger Natur sein, etwa als friktionelle (auch Sucharbeitslosigkeit genannt, siehe Kap. 2 in diesem Band), saisonale (Schwankungen der Nachfrage
nach Arbeit im Jahresverlauf, etwa im Bau- oder Tourismusgewerbe) oder konjunkturelle (durch kurzfristige Wirtschaftsabschwünge bedingte) Arbeitslosigkeit;

anhaltende Arbeitslosigkeit kann nur durch ‚Störungen' des Marktgeschehens entstehen. Solche Störungen können einmal externe Schocks, also drastische und unvorhergesehene Änderungen ökonomischer Rahmenbedingungen sein, etwa der Ölpreis-Schock der Jahre 1973/74, der die erste Welle hoher Arbeitslosigkeit nach einer langen Periode der Vollbeschäftigung auslöste. Weiterhin wären zu nennen speziell in Deutschland die finanziellen Folgewirkungen der (Wieder-)Vereinigung oder jüngst die weltweite Finanzkrise ab 2007 und die sich anschließende Eurokrise (die sich in Deutschland weniger, in anderen Ländern recht dramatisch auswirkten). Mehr als durch solche Schocks (auf die der Theorie zufolge irgendwann wieder ein Gleichgewichtszustand folgen müsste) wird der Arbeitsmarkt gemäß neoklassischen Annahmen durch institutionelle, also dauerhafte Eingriffe in den ‚freien Markt' gestört.

Als Eingriff zählen beispielsweise hohe Steuerlasten, hohe (erzwungene) Lohnnebenkosten (also Sozialabgaben), gesetzlich vorgeschriebene Flächentarifverträge, die einzelnen Unternehmen zu wenig Flexibilität bei den Lohnvereinbarungen lassen, gesetzlicher Kündigungsschutz oder Mindestlöhne; schließlich sind auch Leistungen der *passiven Arbeitsmarktpolitik*,[1] insbesondere die Zahlung von Arbeitslosengeld, als wichtige ‚marktfremde' Faktoren zu berücksichtigen. Die Folge all dieser Eingriffe, so die Vertreter des neoklassischen Modells, ist eine Verteuerung von Arbeitskraft über den Marktpreis hinaus, die nicht nur unmittelbar beschäftigungsfeindlich ist, sondern auch in mittel- und längerfristiger Perspektive zur Verlagerung von Arbeitsplätzen in Länder mit niedrigeren Lohnkosten führt sowie im Inland die Unternehmen zu Produktivitätssteigerungen zwingt, durch die weitere Arbeitsplätze abgebaut werden. Als wirksame Gegenmaßnahme sieht man in dieser Theorie den Abbau von ‚Lohnrigiditäten' – also eines hohen und relativ egalitären Lohnniveaus – und weiterer beschäftigungshemmender Faktoren, etwa die Verringerung von Zahl oder Reichweite gesetzlicher Regelungen (sogenannte De-Regulierung; häufig wird hier der Kündigungsschutz genannt) und die Senkung von Abgaben. Aber nicht nur staatliche Regulierung kann zu (in diesem Modell: *zu*) hohen Arbeitskosten (also Reallöhnen) führen, sondern beispielsweise auch ein Verhalten der Gewerkschaften, welches die Interessen der Beschäftigten an hohen Löhnen stärker berücksichtigt als die der Arbeitslosen.[2] Schließlich ge-

---

1   Unter passiver Arbeitsmarktpolitik versteht man die (Geld-)Leistungen zur Kompensation des entgangenen Erwerbseinkommens bei Arbeitslosigkeit. Die aktive Arbeitsmarktpolitik besteht dagegen aus den Leistungen, die die Beschäftigungsaufnahme arbeitsloser Personen fördern (sollen).

2   Man spricht hier von der sog. *Insider-Outsider*-Theorie (die faktisch um einiges komplexer ist als hier angedeutet werden kann, siehe Lindbeck und Snower 1988 sowie Kap. 2 in diesem Band). Wichtig ist hier auch Frage, warum die ‚Outsider' nicht ein-

hört zu den Kernforderungen einer neoklassischen, den Markt in den Mittelpunkt stellenden Betrachtungsweise auch die weitestmögliche Reduzierung von Lohnersatzleistungen (also Arbeitslosengeld oder anderer Zahlungen) der Höhe und/oder der Dauer nach, weil diese Leistungen den Anspruchslohn heraufsetzen.

Um das langjährige Bestehen von Arbeitslosigkeit auf hohem Niveau zu erklären, wie man es gerade in Deutschland beobachten konnte, wurden ferner *Hysteresis*-Theorien[3] formuliert, denen zufolge Arbeitslosigkeit dazu tendiert, sich zu verfestigen, also nach einem Schock, der die Arbeitslosenzahlen in die Höhe treibt, nicht mehr auf das vorherige Niveau zurückzukehren. Dies könnte etwa dadurch erklärt werden, dass bei den Arbeitslosen Qualifikation und Motivation zurückgehen, sodass sie für die Arbeitgeber auch in einer anschließenden Phase der wirtschaftlichen Erholung weniger attraktiv sind. Die in den Unternehmen verbliebenen Arbeitnehmer könnten außerdem in dieser Situation im Wirtschaftsaufschwung überhöhte Löhne aushandeln, was ebenfalls einem Beschäftigungsanstieg entgegenwirkt.

Aus *institutionenökonomischer* Sicht wird gegen neoklassische Theorien vor allem ins Feld geführt, dass die Realität von Arbeitsmärkten (ebenso wie die anderer Märkte) komplexer sei und man keineswegs von einer eindeutigen Überlegenheit jener Länder sprechen könne, die sich einem marktliberalen Modell mit möglichst wenig institutionellen Eingriffen verschrieben haben (Freeman 1998). Die unterschiedlichen Ökonomien bzw. wohlfahrtsstaatlichen Regimes hätten jeweils ganz unterschiedliche Stärken und Schwächen, die man kaum gegeneinander aufrechnen könne. Die Argumente, die man dieser Theorierichtung zuordnen kann, lassen sich freilich nicht zu einem so eleganten theoretischen Gebäude zusammenfügen wie jene des neoklassischen Modells; ihre Stärke liegt vielmehr im Versuch, der Mannigfaltigkeit unterschiedlicher Regelungen und Institutionen wie gewerkschaftlichem Organisationsgrad, Kündigungsschutz oder Arbeitslosenunterstützung empirisch gerecht zu werden, auch wenn eindeutige und gesicherte Schlussfolgerungen bislang eher die Ausnahme darstellen.

Aussagen über die Wirkung von Arbeitsmarktinstitutionen sind auch deshalb schwierig, weil zusätzlich makroökonomische Politiken die wirtschaftliche Entwicklung und damit auch den Arbeitsmarkt beeinflussen. Hier stehen, grob ge-

---

fach die ‚Insider' durch niedrigere Lohnforderungen unterbieten können. Als Erklärung wird angeführt, dass durch die Ersetzung bewährter (wenn auch teurerer) durch neue (wenn auch billigerer) Arbeitskräfte den Unternehmen hohe Transaktionskosten (Auswahl der geeigneten Arbeitskräfte, Einarbeitung etc.) entstehen würden.

3   Statt Hysteresis wird manchmal auch von Hysterese gesprochen (beide Worte werden auf der dritten Silbe betont).

sagt, *monetaristische* Positionen, denen zufolge die Geldpolitik, insbesondere die Steuerung der Geldmenge mit dem Ziel der Preisstabilität, entscheidend für das Funktionieren der Wirtschaft und damit auch des Arbeitsmarktes ist, *keynesianischen* Theorien (in Anlehnung an den englischen Ökonomen John Maynard Keynes) gegenüber, die Arbeitslosigkeit vor allem auf Defizite der Güternachfrage zurückführen. Den keynesianischen Theorien zufolge ist das beste Mittel gegen Arbeitslosigkeit wie allgemein gegen Wirtschaftsflauten eine Stärkung der (Binnen-)Nachfrage, sodass die Wirtschaft wieder in Schwung kommt und neue Arbeitsplätze entstehen; zumindest temporär kann hier auch eine moderate Inflation in Kauf genommen werden.

Die Auseinandersetzungen über diese Theorien sind nicht nur akademisch, denn unterschiedliche wirtschaftspolitische Vorschläge reflektieren zumindest teilweise auch unterschiedliche politische Interessen, wie etwa schon Kalecki (1943) herausgestellt hat. Weiter ausgearbeitet wurde diese Annahme von der *Machtressourcentheorie*, die vor allem zur Erklärung unterschiedlicher Formen der Sozialpolitik entwickelt wurde, anhand derer Korpi (1991, 2002) aber auch die Entwicklung von Arbeitslosigkeit zu analysieren versucht hat. Er erklärt die zwei Jahrzehnte der Vollbeschäftigung nach dem zweiten Weltkrieg bis zur ersten Ölkrise im Jahr 1974 damit, dass in den meisten Ländern auch aufgrund der Erstarkung der politischen Linken das Ziel der Vollbeschäftigung Priorität vor anderen Zielen erhalten habe. Schon ab dem Jahr 1970 hätten sich aber Stimmen gemehrt, die Preisstabilität den Vorrang vor Vollbeschäftigung einräumten; die Ölkrisen seien eine günstige Gelegenheit gewesen, dieses Ziel tatsächlich mit Priorität zu verfolgen und Ansprüche der Arbeiterschaft auf Lohnsteigerungen zu bremsen. Hinter Arbeitslosigkeit stehen nach Korpi also Verteilungskämpfe, und zwar weniger – wie dies die Insider-Outsider-Theorie nahelegt – zwischen ‚Arbeitsplatzbesitzern‘ und Arbeitslosen, sondern vor allem zwischen Unternehmen und Arbeiterschaft, kurz: zwischen Kapital und Arbeit, Kämpfe, die in modernen Gesellschaften aber auch über deren politische Vertreter ausgetragen werden.

Die bisher diskutierten Theorien beziehen sich vor allem auf das Gesamtniveau der Arbeitslosigkeit. Doch faktisch kann trotz hoher Gesamtarbeitslosigkeit in einzelnen Berufen ein Mangel an Arbeitskräften herrschen. Es gibt also nicht *die* Nachfrage nach *der* Arbeitskraft, zumal in einer Ökonomie wie der deutschen, in der Erwerbsarbeit sehr stark *verberuflicht* ist, die große Mehrzahl der Beschäftigten also über spezifisches Humankapital in Form einer beruflichen Ausbildung verfügt (siehe dazu Kap. 7 in diesem Band). Man spricht in diesem Zusammenhang von *mismatch-Arbeitslosigkeit*, also Arbeitslosigkeit, die durch fehlende „Passung" (*match*) zwischen der Nachfrage und dem Angebot an Arbeitskräften entsteht (häufig wird auch der etwas weitere Begriff „strukturelle Arbeitslosigkeit" gebraucht). Eine wesentliche Rolle spielen hier der technische Fortschritt und die dadurch möglichen Produktivitätssteigerungen. Zunächst ist festzuhalten, dass technischer Fortschritt nicht – wie immer wieder befürchtet wurde und wird – *per se* zu Arbeitslosigkeit führen muss, einmal, weil die Produktivitätsfortschritte auch durch reduzierte Arbeitszeit kompensiert werden können (wie man in langer Sicht ja auch faktisch beobachten kann), zum anderen, weil die technische Entwicklung auch zu neuen Produkten führt. Die Theorie des *skill-biased technological change* (Autor et al. 2003) geht nun davon aus, dass der vor allem durch die Computerisierung hervorgerufene technische Fortschritt der letzten Jahrzehnte einen *skill bias* aufweist, also nicht neutral gegenüber unterschiedlichen Qualifikationen ist. Vielmehr geht er vor allem zu Lasten einfacher Routinetätigkeiten, während die Nachfrage nach hochqualifizierten Tätigkeiten (und den entsprechend ausgebildeten Arbeitskräften) steigt. Eine Konsequenz aus solchen Veränderungen kann ein Auseinanderdriften der Löhne für Niedrig- und Hochqualifizierte sein – oder eben höhere Arbeitslosigkeit der Niedrigqualifizierten, wenn die erzielbaren Löhne unter dem Anspruchslohn liegen.

Neben dem technischen Wandel wird vielfach die *Globalisierung* als Ursache von Arbeitslosigkeit vermutet: Da es aufgrund niedrigster Löhne in Entwicklungsländern und geringer Kosten für weltweite Transporte ein Leichtes ist, Arbeiten – zunehmend auch im Dienstleistungssektor – in das Ausland zu verlagern, gehen die entsprechenden Arbeitsplätze in den entwickelten Ökonomien verloren. Eine offene Frage hierbei ist allerdings, inwieweit durch den internationalen Handel nicht auch neue Arbeit entsteht, die die ans Ausland ,verlorenen' Arbeitsplätze kompensieren kann.

Auch der sektorale Wandel der Arbeit steht mit den genannten Entwicklungen in Verbindung. Lange Zeit hat man angenommen, dass der *Dienstleistungssektor* als Auffangbecken für die im industriellen Sektor freigesetzten Arbeitskräfte fungieren kann, weil Dienstleistungsarbeit in wesentlich geringerem Umfang rationalisierbar ist als Produktionstätigkeiten: Während der Fließbandarbeiter immer mehr durch den Roboter ersetzt wird, ist dies bei Krankenpfleger/-innen oder Lehrer/-innen kaum möglich. Allerdings wurde in dieser Argumentationslinie die Frage der Kosten (sprich: Arbeitslöhne) zu wenig berücksichtigt; die Verlagerung auf Dienstleistungsarbeiten hängt auch von der Bereitschaft ab, für diese zu bezahlen. Tatsächlich hat die Entwicklung des Dienstleistungssektors in Deutschland ohnehin viel mit produktionsnahen Dienstleistungen zu tun (neben wissenschaftlichen Tätigkeiten etwa solchen in Vertrieb, Verkauf, Marketing, Controlling usw.), hängt also selbst mit einem funktionierenden Produktionssektor zusammen.

Eine weitere Facette von *mismatch* ist die Tatsache, dass die Faktoren Kapital und Arbeit nicht beliebig regional mobil sind (auch wenn dies mit Blick auf

Arbeitskräfte häufig gefordert wird). Dementsprechend zeigt sich ein erhebliches Maß an regionalen Unterschieden der Arbeitslosigkeit, das durch die in gewissem Umfang durchaus vorhandene regionale Mobilität nicht vollständig ausgeglichen wird. Hier ist die Diskussion in der Bundesrepublik heute von den Unterschieden zwischen West- und Ostdeutschland dominiert, wenngleich auch in Westdeutschland einzelne Städte oder Regionen durchaus mit den Verhältnissen in Ostdeutschland ‚mithalten' können.

Auch die meisten Maßnahmen der *aktiven Arbeitsmarktpolitik* richten sich auf Probleme des *mismatch*. Weiterbildung oder Umschulung sollen die Qualifikation (also das Humankapital) verbessern, Zuschüsse an Unternehmen sollen diese dazu veranlassen, Arbeitslosen, über deren Fähigkeiten sie sich nicht sicher sind, eine Chance zu geben, Mobilitätshilfen (Zuschüsse zu Fahrtkosten oder gar einem Umzug) sollen regionalen *mismatch* abbauen. In letzter Zeit ist aktive auch durch *aktivierende* Arbeitsmarktpolitik ergänzt worden. Auch wenn dieser Begriff insgesamt eher vage ist und konkret mit ganz unterschiedlichen Inhalten aufgefüllt werden kann (Barbier und Ludwig-Mayerhofer 2004), kann man mit Blick auf Deutschland konstatieren, dass er größtenteils von der Abgrenzung zur *passiven* Arbeitsmarktpolitik, den Lohnersatzleistungen, geprägt ist. Diesen wird neuerdings die Wirkung zugeschrieben, die Arbeitslosen *passiv* im Sinne von arbeitsunwillig zu machen, da sie ein Einkommen darstellen, dem kein (aktueller) Arbeitsaufwand gegenübersteht. Dementsprechend zählt zur Aktivierung die Maßgabe des Sozialgesetzbuches (SGB) II, dass Arbeitslose jegliche zumutbare Arbeit annehmen müssen, sogar dann, wenn sie nicht zum Lebensunterhalt reicht (die Betroffenen können dann ergänzend weiterhin Leistungen nach dem SGB II beziehen), oder auch die Forderung, dass die Arbeitslosen sich viel aktiver selbst um Stellen bemühen müssen (während sie früher nur bereit sein mussten, vom Arbeitsamt vorgeschlagene Stellen anzunehmen).[4]

5.2.3 Arbeitslosigkeit im Erwerbsverlauf

Die öffentliche Betonung der Arbeitslosenquoten und der absoluten Zahlen von Arbeitslosen kann den Eindruck erwecken, es gebe zwei dauerhaft geschiedene Gruppen von Erwerbspersonen, *die* Beschäftigten und *die* Arbeitslosen. Doch

---

4   „Erwerbsfähige Leistungsberechtigte und die mit ihnen in einer Bedarfsgemeinschaft lebenden Personen müssen alle Möglichkeiten zur Beendigung oder Verringerung ihrer Hilfebedürftigkeit ausschöpfen." (§ 2, Abs. 1, Satz 1 SGB II) Und: „Eine erwerbsfähige leistungsberechtigte Person muss aktiv an allen Maßnahmen zu ihrer Eingliederung in Arbeit mitwirken (…)." (§ 2, Abs. 1, Satz 2 SGB II).

stehen hinter den in der Öffentlichkeit wahrgenommenen Bestandszahlen ganz andere *Stromgrößen*: Während des Jahres 2012 meldeten sich zum Beispiel in Deutschland 7,8 Millionen Menschen arbeitslos, im gleichen Zeitraum endete die Arbeitslosigkeit für 7,7 Millionen Menschen (Schüller und Wingerter 2013, S. 125), die durchschnittlichen Bestandszahlen betrugen in diesem Jahr 2,9 Millionen. Auch wenn man die genannten Zahlen mit Vorsicht betrachten muss (beispielsweise werden Arbeitslose bei Krankheit vorübergehend ab- und anschließend wieder angemeldet), zeigen sie doch, dass in zeitlicher Perspektive betrachtet weitaus mehr Menschen von Arbeitslosigkeit betroffen sind, als die Bestandszahlen nahelegen. Für die Mehrzahl dieser Menschen führt Arbeitslosigkeit aber nicht zu einem dauerhaften Ausschluss vom Arbeitsmarkt. Man muss also zwischen dem Risiko, arbeitslos zu *werden*, und dem Risiko, (lang) arbeitslos zu *bleiben*, unterscheiden.

Neben den Rahmenbedingungen von Arbeitsmärkten wird die Dynamik der Arbeitslosigkeit auch von Merkmalen der betroffenen Individuen beeinflusst. Hierzu gehört natürlich die Qualifikation, deren Bedeutung bereits weiter oben angesprochen wurde. Diskutiert werden darüber hinaus auch Merkmale wie das Alter, der Gesundheitszustand oder auch Staatsangehörigkeit bzw. ethnische Zugehörigkeit und Geschlecht. Der Einfluss des Alters kann aus einer Lebens- und Erwerbsverlaufsperspektive erklärt werden: Bei jungen Menschen, also Personen am Beginn des Erwerbslebens, kann man vermuten, dass aus mangelnder Erfahrung häufiger Fehlallokationen auftreten, dass also individuelle Fähigkeiten und Tätigkeitsanforderungen nicht zusammenpassen und dadurch auch häufiger Arbeitslosigkeit auftritt. Die möglicherweise größere Flexibilität oder Risikobereitschaft jüngerer Menschen sollte aber dazu führen, dass Arbeitslosigkeit in der Regel nicht sehr lang dauert – zumindest, wenn einmal ein Eintritt ins Erwerbsleben geschafft ist. Ältere Menschen hingegen sind – jedenfalls bei längerer Betriebszugehörigkeitsdauer – besser gegen Entlassungen geschützt, doch ist die Bereitschaft von Firmen, ältere Personen einzustellen, geringer, da die üblicherweise entstehenden Kosten für die Einarbeitung sich möglicherweise nicht mehr amortisieren, oder auch, weil Vorbehalte hinsichtlich der Leistungsfähigkeit älterer Menschen bestehen. Echte oder angenommene Einschränkungen der Leistungsfähigkeit sollten sich auch in höherer Arbeitslosigkeit von Personen mit gesundheitlichen Problemen niederschlagen. Mögliche höhere Arbeitslosigkeitsrisiken von Ausländern bzw. Personen mit Migrationshintergrund oder auch von Frauen könnten sich beispielsweise über (statistische oder ,reale') Diskriminierung erklären lassen, sofern dahinter nicht möglicherweise einfach andere Phänomene (bei Ausländern etwa solche der geringeren Qualifikation) stehen.

Mit Blick auf Überwindung von Arbeitslosigkeit ist die Frage von besonderem Interesse, ob die ‚Wahrscheinlichkeit‘, ein neues Arbeitsverhältnis zu beginnen (technisch korrekter: die Hazardrate, vgl. Kap. 13 in diesem Band), sich im Zeitverlauf – also mit Dauer der Arbeitslosigkeit – ändert (sogenannte *duration dependence*, siehe Heckman und Borjas 1980). So wäre anzunehmen, dass Arbeitslose mit schlechten Chancen im Zeitverlauf ihren Anspruchslohn senken, wodurch ihre Chancen auf Wiederbeschäftigung steigen, sodass die Hazardrate mit fortbestehender Arbeitslosigkeit zunimmt. Gegenteilige Annahmen können einmal aus der Humankapitaltheorie begründet werden: Je länger eine Person nicht am Erwerbsleben teilnimmt, desto mehr verliert sie an Kenntnissen und Fertigkeiten (erst recht relativ zu jenen, die am Arbeitsplatz permanent weitere Kenntnisse erwerben); obendrein kann eine längere erfolglose Suche nach einem Arbeitsplatz zu Entmutigung und schließlich einer Verringerung der Suchintensität führen. Des Weiteren können ‚Sortierungsprozesse‘ durch mögliche Arbeitgeber vermutet werden: Diese könnten unterstellen, dass eine Person, die bereits längere Zeit arbeitslos ist, sich entweder gar nicht ernsthaft um eine Arbeit bemüht, oder dass sie bereits von anderen Arbeitgebern geprüft (*„gescreent“*) und für ungeeignet befunden wurde – offensichtlich ein sich selbst verstärkender Zirkel. Möglicherweise treten diese und noch weitere Prozesse (z. B. Änderungen der Suchintensität) zusammen auf und überlagern sich, sodass auch eine zunächst ansteigende und später fallende Hazardrate denkbar wäre.

5.2.4   Auswirkungen von Arbeitslosigkeit

Eine Diskussion von Arbeitslosigkeit kann sich nicht nur auf die Ursachen und den Verlauf von Arbeitslosigkeit beschränken, denn Arbeitslosigkeit hat auch weitreichende Auswirkungen. („Gute“) Arbeit kann Einkommen sichern, sie vermittelt soziale Kontakte, sie resultiert in Anerkennung; fällt Arbeit weg, so sind auch diese ‚Erträge‘ gefährdet. Auch wenn Menschen wieder Beschäftigung finden, kann die ehemalige Arbeitslosigkeit noch Folgen haben. Um nun die Auswirkungen von Arbeitslosigkeit jenseits der Erwerbssphäre zu verstehen, müsste man sich auf ganz andere theoretische Gebiete begeben, etwa Theorien des Sozialstaates oder der Sozialpsychologie; wir beschränken uns hier auf eine Aufzählung einiger wichtiger Untersuchungsthemen.

Als *unmittelbare Folge von Arbeitslosigkeit* sind einmal die Einkommensverluste durch den Wegfall des Erwerbseinkommens zu sehen. Ob bzw. in welchem Umfang hieraus *Armut* folgt, ist allerdings eine empirische Frage. Die Einkommensverluste werden teilweise durch sozialstaatliche Leistungen ausgeglichen, zudem wird Armut weitestgehend auf der Ebene von Haushalten gemessen, sodass es auf die Situation des gesamten Haushalts und nicht nur einer einzelnen Person ankommt (zu unterschiedlichen Armutsdefinitionen siehe etwa Ludwig-Mayerhofer und Barlösius 2001).

Breit diskutiert werden ferner *psychische* oder allgemein *gesundheitliche Beeinträchtigungen* durch Arbeitslosigkeit. Diese werden nicht nur als Folge der mit Arbeitslosigkeit oft verbundenen ökonomischen Deprivation gesehen. Vielmehr erfüllt Arbeit – so hat etwa Jahoda (1982, S. 83f.) argumentiert – in modernen Gesellschaften eine Reihe von Bedürfnissen von Menschen: Sie strukturiert den Tag, ermöglicht Sozialbeziehungen über den engen Familienkreis hinaus, gibt den Menschen das Gefühl, an kollektiven Vorhaben teilzunehmen (und an deren Früchten zu partizipieren), sie gibt ihnen Status und Identität und erfordert regelmäßige Aktivität. Arbeitslosigkeit erschwert die Erfüllung dieser Bedürfnisse oder macht sie unmöglich; Menschen, denen es nicht gelingt, diese Bedürfnisse auf anderen Wegen zu befriedigen, laufen Gefahr, von gesundheitlichen Problemen getroffen zu werden. Da die Identität von Menschen in gegenwärtigen Gesellschaften ganz entscheidend auf Erwerbsarbeit aufbaut (vgl. dazu die differenzierenden Ausführungen bei Bonß 2001), scheint es in der Regel vor allem (aber nicht nur) Männern sehr schwer zu fallen, solche alternativen Wege zu finden.

Schließlich hat man ab den 1990er Jahren verstärkt Phänomene der *Exklusion* (oder des sozialen Ausschlusses) in den Blick genommen (Kronauer 2002). In den USA und in jüngster Zeit vereinzelt in Deutschland sprach man von der Herausbildung einer *underclass* bzw. Unterschicht, doch ist dieser Begriff aus verschiedenen Gründen problematisch und kann hier jedenfalls nicht vertieft werden. Mit dem Exklusionsbegriff, ursprünglich in Frankreich entstanden, versuchte man dort die Tatsache zu fassen, dass Arbeitslosigkeit (neben anderen Phänomenen, die zu Exklusion führen) die Integration der Betroffenen in die Gesellschaft und damit letztlich den sozialen Zusammenhalt gefährdet (Ludwig-Mayerhofer 2009). Von der EU aufgegriffen und inzwischen in empirische Forschungsprogramme übersetzt, wird der Begriff in abgeschwächter Art und Weise etwa als Reduktion sozialer Kontakte oder kultureller Partizipation konzipiert oder auch einfach als Wahrnehmung der Betroffenen, „nicht dazuzugehören".

Interesse verdient die Frage, ob sich auch nach der Überwindung von Arbeitslosigkeit Folgen für die Betroffenen nachweisen lassen – anders gesagt, ob Arbeitslosigkeit nicht längerfristige „Narben" hinterlässt (im englischen Sprachraum spricht man von *unemployment scarring*). Konkret auf den Erwerbsverlauf bezogen wäre zu vermuten, dass (ehemals) Arbeitslose im Vergleich zu Personen ohne Arbeitslosigkeit Lohneinbußen oder Einschränkungen der Job-Qualität hinnehmen müssen; dies wäre durch einen Verlust an Humankapital bzw. durch fehlende Berufserfahrung als

Folge der Arbeitslosigkeit ebenso zu erklären wie durch eine schwächere Verhandlungsposition im Vergleich zu nicht Arbeitslosen bei der Jobsuche. Auch wird häufig vermutet, dass Arbeitslosigkeit das Risiko erhöht, nach Aufnahme einer Beschäftigung (erneut) arbeitslos zu werden; man kann hier von kumulativer Arbeitslosigkeit sprechen. Allerdings lassen sich auch hier gegenläufige theoretische Argumente anbringen. Nimmt man an, dass Arbeitslosigkeit häufig als Folge eines schlechten *matching* von Fähigkeiten der Arbeitskraft mit den tatsächlichen Anforderungen der auszuübenden Tätigkeit eintritt, so wäre auch denkbar, dass beim nächsten Job das *matching* besser ausfällt und insofern möglicherweise sogar längerfristig günstige Effekte der Arbeitslosigkeit auftreten. Längerfristige Folgen werden aber nicht nur mit Blick auf den Erwerbsverlauf, sondern auch auf andere Dimensionen, etwa Zufriedenheit oder psychisches Wohlbefinden der Menschen, untersucht.

Die bisherige Darstellung kann man so lesen, dass Arbeitslosigkeit und ihre Wirkungen nur eine Angelegenheit der betroffenen Individuen seien. Diese Einschränkung gilt zwar nicht für das Einkommen (das in der Regel auf Haushaltsebene gemessen wird, sodass zumindest indirekt eine Mit-Betroffenheit der Haushaltsmitglieder erfasst wird), im Übrigen spiegelt sie aber vor allem die gängige Praxis der Forschung wieder, die Auswirkungen überwiegend nur auf der Individualebene zu messen. Dies stellt sicherlich eine deutliche Einschränkung dar, denn Arbeitslosigkeit kann Familien auch über das fehlende Einkommen hinaus beeinträchtigen. Zudem belastet Arbeitslosigkeit auch Kommunen (denen einerseits möglicherweise Steuereinnahmen entgehen, die andererseits aber höhere Aufwendungen haben können) und damit deren Einwohner, sie belastet Staatshaushalte und damit viele Bürger. Die lokale oder gesamtgesellschaftliche Arbeitslosigkeit kann auch Menschen verunsichern, die aktuell in Beschäftigung sind; sie kann, wenn sie massiv auftritt wie in den US-amerikanischen Ghettos (Wilson 1987) oder den französischen Banlieues (Castel 2009), zu Orientierungslosigkeit und Anomie, aber auch zur Stigmatisierung der Bewohner führen. Solche weiteren Perspektiven, die sich (jenseits rein fiskalischer Fragen) auch schwer empirisch fassen lassen, seien hier als Leerstellen dieses Beitrages immerhin markiert.

5.3 Empirische Befunde

5.3.1 Arbeitslosigkeit: Entwicklung und Ursachen

Betrachten wir die Entwicklung von Arbeitslosigkeit auf der Makroebene, also für ganze Länder, so steht hier die Frage im Vordergrund, welche Schlüsse man auf Ausmaß und Art der institutionellen Rahmung nationaler Arbeitsmärkte und ihren Einfluss auf Arbeitslosigkeit ziehen kann. Die Befürworter möglichst ‚freier' Arbeitsmärkte – also solcher, die nicht über starke Institutionen etwa zum Schutz von Beschäftigungsverhältnissen, zur Lohnfindung oder zur sozialen Sicherung verfügen – verweisen häufig auf die USA als Vorbild, denn dort sei es gelungen, in den turbulenten Änderungen seit 1975 Arbeitslosigkeit unter dem Level der europäischen Länder zu halten; allgemeiner formuliert seien Länder mit liberalen Marktökonomien (in der Terminologie von Soskice 1999) bzw. liberalen Wohlfahrtsstaaten (Esping-Andersen 1990) im Vorteil.

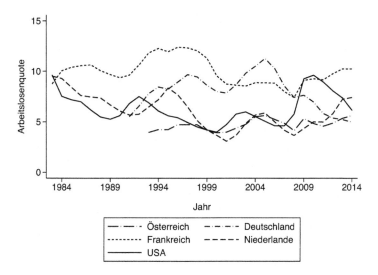

Abbildung 5.1a Entwicklung der Arbeitslosenquoten, ausgewählte kontinentaleuropäische Staaten und USA (harmonisierte Quoten)
Quelle: OECD (Hrsg). (2015), Harmonised Unemployment Rate (HUR). doi: 10.1787/52570002-en. Zugegriffen: 01.08.2015

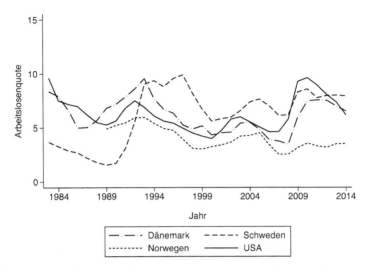

Abbildung 5.1b Entwicklung der Arbeitslosenquoten, ausgewählte skandinavische
Staaten und USA (harmonisierte Quoten)
Quelle: Siehe Abb. 5.1a

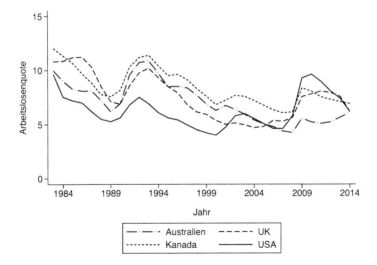

Abbildung 5.1c Entwicklung der Arbeitslosenquoten, ausgewählte liberale Wohlfahrtsstaaten (harmonisierte Quoten)
Quelle: Siehe Abb. 5.1a

Freilich kommt es hier stark auf den jeweiligen Vergleich an: Blickt man nur auf die großen kontinentaleuropäischen Länder Deutschland und Frankreich (vgl. Abb. 5.1a) oder die südeuropäischen Länder (ohne Abbildung) mit teilweise noch deutlich höheren Arbeitslosenquoten, so schneiden für die Periode 1975 bis 2005 die USA sicherlich besser ab. Doch in anderen Ländern wie Dänemark, Norwegen, Österreich oder der Schweiz war während dieser Periode die Arbeitslosigkeit durchgängig oder zumindest über weite Strecken noch niedriger als in den USA. Wieder andere wie etwa Schweden oder die Niederlande hatten zwar Phasen mit deutlichen Arbeitsmarkteinbrüchen, aber auch solche mit vergleichsweise geringer Arbeitslosigkeit (Abb. 5.1a und 5.1b vergleichen die USA mit ausgewählten kontinentaleuropäischen und skandinavischen Ländern; die Zeitachse beginnt erst 1983, weil vorher zu wenig Daten vorliegen). Bei all diesen Ländern handelt es sich um solche mit einem deutlich ausgeprägten Institutionengerüst. Umgekehrt kann man keineswegs grundsätzlich den liberalen Staaten eine günstige Arbeitsmarktlage zusprechen. Kanada etwa hatte über die ganze Periode, Großbritannien oder Australien hatten zumindest über längere Phasen hinweg mit eher hoher Arbeitslosigkeit zu kämpfen (siehe Abb. 5.1c), ganz abgesehen davon, dass vor 1975 fast durchgängig und in der Folge der Finanzkrise nach 2008 zumindest vorübergehend die Arbeitslosigkeit in den USA deutlich höher war als in den meisten europäischen Ländern. Nebenbei erwähnt sei, dass diese Zahlen die auch heute noch gelegentlich vorgenommenen simplifizierenden Vergleiche zwischen den USA und Europa als höchst fragwürdig erscheinen lassen.

Kann man also davon ausgehen, dass es letztlich für Arbeitslosigkeit irrelevant ist, ob in einem Land *Institutionen* des Arbeitsmarktes und der sozialen Sicherung schwächer oder stärker ausgeprägt sind? Sicherlich nicht. Welche Institutionen nun freilich wie wirken, ist schwer zu beantworten; die beträchtliche Menge an ökonometrischen Studien zu diesem Thema kommt häufig zu divergierenden Schlussfolgerungen (siehe etwa Howell et al. 2007, an deren Übersicht sich die nachfolgenden Ausführungen orientieren). Wenig Bestätigung findet die Vermutung, dass ein hoher Kündigungsschutz, isoliert betrachtet, die Arbeitslosigkeit erhöhen würde; das entspricht auch Erfahrungen in Deutschland (Keller und Seifert 1998). Allerdings gibt es Hinweise darauf, dass ein hoher Kündigungsschutz zwar Arbeitsplätze sichern kann, aber Neueinsteigern den Eintritt in den Arbeitsmarkt erschwert, was beispielsweise die hohe Jugendarbeitslosigkeit in Ländern wie Italien oder Spanien erklären kann (während die gute berufliche Ausbildung in Deutschland und vergleichbaren Ländern trotz ebenfalls beträchtlichem Kündigungsschutz den Jugendlichen bessere Chancen am Arbeitsmarkt ermöglicht) (Breen 2005). Kündigungsschutzregelungen für sich genommen wirken sich also vermutlich wenig auf das Niveau der Arbeitslosigkeit aus, sondern nur darauf, wie diese zwischen verschiedenen Gruppen verteilt wird.

Etwas mehr (aber auch hier keineswegs eindeutige) Belege finden sich für die Annahme, dass ein hoher gewerkschaftlicher Organisationsgrad zu höherer Arbeitslosigkeit führt, aber die Interpretation dieses Befundes ist keineswegs klar, weil der Organisationsgrad wenig darüber aussagt, für wie viele Beschäftigte die von den Gewerkschaften ausgehandelten Löhne gelten (in Deutschland im Prinzip nur für Gewerkschaftsmitglieder, faktisch jedoch häufig für viele oder alle Arbeitnehmer der betreffenden Branche). Eine hohe Koordination des Lohnfindungsprozesses – wenn etwa Tarifverträge landes- oder bundesweit und nicht für einzelne Betriebe ausgehandelt werden – könnte sich wiederum günstig, also arbeitslosigkeitsreduzierend, auswirken, weil die Akteure in hoch koordinierten oder zentralisierten Lohnverhandlungen eher gesamtwirtschaftliche Belange (und nicht nur die von Beschäftigten einzelner Betriebe) im Auge haben und eher mäßige Löhne aushandeln. Die Annahme, ,zu hohe' Löhne würden die Arbeitslosigkeit erhöhen, setzt freilich die Existenz eines objektiv ,richtigen' Lohnniveaus voraus; tatsächlich geht es bei Löhnen aber auch um Verteilungsfragen, die wiederum zumindest teilweise auf der Grundlage der jeweiligen (relativen) Macht der Akteure entschieden werden.

Wie steht es nun mit *Institutionen der sozialen Sicherung*, konkret also mit der Arbeitslosenunterstützung? In der ,reinen' ökonomischen Sicht führen Ansprüche auf hohe und/oder für lange Dauer ausgezahlte Unterstützung zu mehr Arbeitslosigkeit, da sie den Anspruchslohn heraufsetzen, und die Mehrzahl der empirischen Studien stützt diese Annahme. Allerdings gibt es auch hier immer wieder Ausnahmen, vor allem ist die Stärke der Effekte eher bescheiden (Howell und Rehm 2009). Der Grund ist vermutlich darin zu sehen, dass die ,reine' Sicht die vielfältigen nicht-monetären Nutzen von Arbeit für die Individuen unterschätzt, deren Wegfall durch die Arbeitslosenunterstützung eben nicht kompensiert wird. In der Summe kommen daher viele Autoren letztlich zu der – zugegebenermaßen wenig präzisen – Schlussfolgerung, dass es auf die ,richtige' Kombination von Faktoren ankommt. Beispielsweise propagiert die Europäische Union, u. a. aufgrund der günstigen Arbeitsmarktentwicklung in Dänemark und den Niederlanden, in letzter Zeit das Konzept der *flexicurity*, welches Flexibilität der Arbeitsmärkte mit Sicherheit für die Arbeitnehmer kombinieren soll (ausführlich dazu Viebrock und Clasen 2009). In Dänemark, das international als das beste Beispiel für *flexicurity* gilt, ist der Kündigungsschutz außerordentlich schwach, Arbeitslosenunterstützung wird aber für eine sehr lange Dauer und gerade für Geringeinkommensbezieher in beträchtlicher Höhe (bezogen auf das zuvor erzielte Erwerbseinkommen) gezahlt. Ob diese Kombination aber einfach auf andere Länder übertragen werden kann, muss als fraglich erscheinen.

Wie auch immer: Selbst wenn man den Befund akzeptiert, dass Arbeitslosenunterstützung unter bestimmten Umständen die Arbeitslosigkeit erhöhen kann,
bleibt festzuhalten, dass die Sicherung des soziokulturellen Existenzminimums zu
den Grundvoraussetzungen eines Gemeinwesens gehört, das sich als Sozialstaat
versteht. Schon deshalb verbietet sich eine Betrachtung von Sozialleistungen ausschließlich unter dem Gesichtspunkt ihrer Wirkung auf Arbeitslosenquoten. Ferner lassen sich auch günstige Wirkungen von Arbeitslosenunterstützung vermuten:
Wenn ausreichende finanzielle Unterstützung Arbeitsloser deren Anspruchslohn
heraufsetzt, so bedeutet dies auch, dass sie nicht gezwungen sind, möglichst rasch
irgendeine Tätigkeit anzunehmen, sondern zumindest für einen gewissen Zeitraum nach einer für sie passenden Beschäftigung suchen können – was auch im
Interesse der Arbeitgeber sein muss. Andere Autoren sprechen sogar von einer be-
schäftigungsfördernden Wirkung von Arbeitslosenversicherung, denn das damit
erworbene Anrecht auf Arbeitslosenunterstützung ist ein (zumindest potenzielles)
zusätzliches Einkommen, welches das Angebot an Arbeitskraft *ceteris paribus*
steigert (sog. *entitlement*-Effekt; siehe Eisen 1997).

Die Machtressourcentheorie ist mit Blick auf Arbeitslosigkeit meines Wissens
noch keinen formalen Tests unterzogen worden; dem steht auch ihre Komplexität
entgegen (Korpi 1991). Dennoch lassen sich (auch) für Deutschland Belege anführen, die mit dieser Theorie vereinbar sind: die restriktive Geldpolitik der deutschen
Bundesbank, die für die Entwicklung nach der zweiten Ölkrise 1979/80 verantwortlich gemacht wird (Schmid 2000, S. 41; siehe auch Howell 2002) oder die
Tatsache, dass sich das Verhältnis von Löhnen und Gewinnen zu Gunsten letzterer
verschoben hat. Das lässt sich nicht nur im Schnitt der OECD-Länder nachweisen
(Korpi 2002, S. 408); auch eine detaillierte Analyse für die Bundesrepublik zeigt,
„daß [vor allem seit den 1990er Jahren, Anm. des Autors] die Unternehmer bestrebt waren, ihre in den siebziger Jahren stark gesunkene Kapitalrendite wieder
zu verbessern, und daher Arbeitsplätze, die den steigenden Renditeanforderungen
nicht genügten, abbauten." (Lapp und Lehment 1997, S. 79). Schließlich sprechen
für diese Theorie auch Untersuchungen, denen zufolge sich auf regionaler Ebene
eine eindeutige *negative* Beziehung zwischen Arbeitslosenquote und Lohnhöhe
finden lässt (Blien 2003). Diese sogenannte „Lohnkurve", die auch in vielen anderen Ländern nachgewiesen wurde, verdeutlicht, dass dort, wo hohe Arbeitslosigkeit herrscht, niedrigere Löhne durchgesetzt werden können.

Befunde zur *mismatch-Arbeitslosigkeit* können für Deutschland (wie für viele
andere Länder) darauf verweisen, dass Arbeitslosigkeit sehr deutlich mit der (formalen) Bildung zusammenhängt. Dies gilt, wie Abbildung 5.2 zeigt, für die hier
zu Vergleichszwecken herangezogenen, nach den OECD-Statistiken aber auch
für nahezu alle anderen erfassten Länder. Nach wie vor schützt eine akademische

Ausbildung weitgehend vor Arbeitslosigkeit; eine niedrige Qualifikation („unterhalb Sekundarstufe II" dürfte für Deutschland einer fehlenden Berufsausbildung entsprechen) ist mit einem deutlich erhöhten Arbeitslosigkeitsrisiko verbunden.

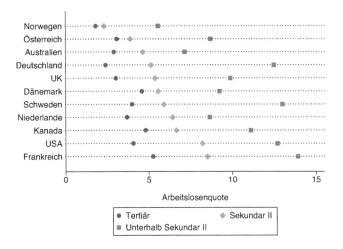

Abbildung 5.2   Arbeitslosenquoten in Abhängigkeit vom Bildungsniveau, 2013
Quelle: OECD (Hrsg.). (2015). Unemployment Rates by Education
Level. doi: 10.1787/6183d527-en. Zugegriffen: 07.08.2015

Was aber steckt nun hinter diesen Unterschieden? Die Debatte, ob sie eher auf Auswirkungen der (wirtschaftlichen) Globalisierung oder eher auf solche des technischen Wandels zurückgehen, ist auch nach zwanzig Jahren intensiver Forschung nicht entschieden, selbst wenn international gesehen die Mehrzahl der Studien tendenziell der Globalisierung geringere Bedeutung zumisst. Unter dem Strich ist es aber im Lichte der empirischen Studien plausibel anzunehmen, dass beide Faktoren einen Einfluss haben, nur dass eben die relative Stärke der Einflüsse nicht leicht zu bestimmen ist. Erst recht sind Aussagen über einzelne Länder schwierig, weil empirische Studien charakteristischerweise nur Aussagen über durchschnittliche Einflüsse für eine größere Zahl von Ländern machen. Eine sehr detaillierte (wenn auch leider nicht ganz aktuelle) Studie zu Deutschland (Fitzenberger 1999) kommt zu dem Ergebnis, dass Globalisierung der primäre Faktor für die Abnahme der Beschäftigung Geringqualifizierter ist.[5] Betrachtet man allerdings Beschäfti-

---

5   Angemerkt sei: Globalisierung wird in diesen Studien meist als der Anteil des Wertes von Importen am Gesamtwert der in einem Wirtschaftszweig produzierten Güter oder

gungsverläufe auf der Individualebene (ob also Arbeitnehmer konkret durch Globalisierung von Arbeitslosigkeit betroffen sind), führen neuere Studien zu uneinheitlichen Schlussfolgerungen. Geishecker (2008) kommt zu dem Ergebnis, dass sowohl mehr technischer Wandel als auch mehr Globalisierung die Wahrscheinlichkeit steigern, dass Beschäftigte in Arbeitslosigkeit oder Nichterwerbstätigkeit übergehen; diese Wirkung ist aber unabhängig von der Qualifikation der Betroffenen. Eine weitere Studie (Bachmann und Braun 2011) schätzt dagegen die Gesamteffekte von Globalisierung im Durchschnitt als günstig für die Beschäftigungsstabilität ein; zumindest Übergänge in Arbeitslosigkeit sind im Produktionssektor für alle Qualifikationsgruppen und im Dienstleistungssektor für die Hochqualifizierten umso seltener (!), je höher die Globalisierung in der jeweiligen Branche ist. Allerdings erhöht sie für einige Gruppen die Wahrscheinlichkeit von Übergängen in die Nichterwerbstätigkeit, insbesondere bei älteren Arbeitnehmern, bei denen sie zudem die Wahrscheinlichkeit der Arbeitslosigkeit steigert.

Auch wenn die Ursachenzuschreibung sehr komplex ist, ist doch der Befund ganz unstrittig, dass gerade für Geringqualifizierte nicht genügend Arbeitsplätze zur Verfügung stehen. Unter anderem dieser Befund wirft die Frage auf, ob *aktive Arbeitsmarktpolitik* helfen kann, Arbeitslosigkeit zu verringern. Mit Blick auf Maßnahmen der Fort- und Weiterbildung oder Umschulung ist die Wissenschaft freilich überwiegend skeptisch (vgl. Kap. 9 in diesem Band). Ein Grund hierfür liegt sicherlich darin, dass die Zuteilung von Arbeitslosen zu Bildungsmaßnahmen teilweise nicht dem tatsächlichen Bedarf entspricht; gerade in Deutschland scheint es, dass die Maßnahmen früher häufiger genutzt wurden, um den Bezug von Arbeitslosenunterstützung zu verlängern. Freilich hat die empirische Forschung sehr stark den *lock-in effect* hervorgehoben; damit ist gemeint, dass Arbeitslose während Bildungsmaßnahmen die Suche nach einem Arbeitsplatz reduzieren oder aufgeben, sodass der Eintritt in eine neue Beschäftigung im Vergleich zu Personen ohne Bildungsmaßnahme verzögert wird. Allerdings sollte man erwarten, dass gerade dann, wenn eine Maßnahme für einen Arbeitslosen sinnvoll erscheint, diese auch tatsächlich zu Ende gebracht wird, sodass dieser Befund eigentlich wenig aussagt. Neuere Forschung für Deutschland zeigt jedenfalls, dass nach Abschluss der Weiterbildungsmaßnahmen die Beschäftigungschancen im Vergleich zu Personen ohne solche Maßnahme spürbar steigen (Bernhard und Kruppe 2012). Seit den ,Hartz-Reformen' (siehe dazu Ludwig-Mayerhofer et al. 2009) favorisiert die

---

Dienstleistungen gemessen. Es wird also nicht erfasst, ob ein spezifischer (bestehender) Arbeitsplatz ins Ausland verlagert wurde oder nicht, sondern nur, in welchem Ausmaß die Unternehmen in einer Branche durchschnittlich Leistungen aus dem Ausland beziehen.

Arbeitsmarktpolitik allerdings kurze Trainingsmaßnahmen, und die Begleitforschung hierzu zeigt, dass insbesondere betriebliche (im Unterschied zu schulischen) Trainingsmaßnahmen gute Effekte auf den Übergang in den Arbeitsmarkt haben (Dietz et al. 2013, S. 134ff.). Bei den betrieblichen Maßnahmen handelt es sich jedoch wohl vor allem um verkappte Subventionen (die Betroffenen erhalten weiterhin Arbeitslosengeld, werden jedoch im Betrieb eingearbeitet), während offen ist, ob damit tatsächlich irgendein Bildungseffekt erzielt wird. Eine ausführliche Diskussion der Wirkungen der ‚Hartz-Reformen‘ sprengt den Rahmen dieses Textes, doch sei festgehalten, dass günstige Wirkungen einzelner Maßnahmen durchaus zu konstatieren sind. Freilich blickt die Evaluation häufig nur darauf, ob Arbeitslose *irgendeine* Beschäftigung finden; doch zeigte ein genauer Blick gerade auf Wiederbeschäftigte, die das Arbeitslosengeld II (besser bekannt unter dem Namen ‚Hartz IV‘) bezogen hatten, dass sich „ein nicht unerheblicher Teil [der Beschäftigungsverhältnisse, Anm. des Autors] als instabil erwies oder kein bedarfsdeckendes Einkommen ermöglichte" (Dietz et al. 2013, S. 74); dieser Befund wird durch qualitative Studien untermauert (Dörre et al. 2013). Eine begeisternde Bilanz der Reformen ist das nicht.

5.3.2 Individuelle Risiken und Verlauf von Arbeitslosigkeit

Betrachten wir nun Arbeitslosigkeit im individuellen Erwerbsverlauf, so ist zunächst wieder auf die nationalen Rahmenbedingungen hinzuweisen, die offenbar die Dynamik der Zugänge in und der Abgänge aus Arbeitslosigkeit deutlich beeinflussen. Grob gesagt ist diese Dynamik in den kontinentaleuropäischen Ländern deutlich geringer als in den angelsächsischen, aber auch den skandinavischen Staaten: Zwar ist das Risiko, arbeitslos zu werden, in den kontinentaleuropäischen Ländern niedriger, dafür ist aber die Dauer der Arbeitslosigkeit deutlich höher, anders gesagt: auch Abgänge aus der Arbeitslosigkeit sind seltener (Elsby et al. 2013).

Wie stehen aber individuelle Merkmale in Beziehung zu diesen Dynamiken? Beschränken wir uns im Folgenden wieder weitgehend auf Deutschland, so ist zunächst festzustellen, dass statistische Informationen überwiegend nur zu den Bestandsdaten vorliegen und Verlaufsuntersuchungen sich meist auf Arbeitslose und deren Chancen, die Arbeitslosigkeit wieder zu verlassen, konzentrieren. Analysen der Faktoren, die zum Eintritt in die Arbeitslosigkeit führen, sind wesentlich seltener, sodass dieses Thema hier weitgehend ausgespart bleibt.

Empirisch zeigt sich, dass die meisten soziodemografischen Merkmale die Dauer der Arbeitslosigkeit, oder anders gesagt: die Chancen, bald wieder einen

Job zu finden, beeinflussen. Am klarsten ist dies vielleicht beim Alter; vor allem ab 50 Jahren nehmen die Wiederbeschäftigungschancen rapide ab (Bender et al. 2000; Steiner 2001; Uhlendorff 2004; Winterhager 2006).[6] Die Effekte schulischer bzw. beruflicher (Aus-)Bildung lassen sich dagegen überraschenderweise weniger eindeutig zeigen; allerdings scheint dies auch daran zu liegen, dass offenbar die entsprechenden Merkmale (je nach verfügbaren Daten) häufig unterschiedlich gemessen werden. Dennoch belegen die Untersuchungen jedenfalls teilweise, dass die Wiederbeschäftigungschancen mit höherer Bildung steigen (Uhlendorff 2004); diese Effekte scheinen bei Männern deutlicher ausgeprägt als bei Frauen (Steiner 2001). Möglicherweise besteht der entscheidende Unterschied vor allem zwischen Personen ohne und solchen mit abgeschlossener beruflicher Bildung, während eine Hochschulbildung oft die Wiederbeschäftigungschancen nicht oder nur wenig weiter steigert (Lüdemann et al. 2006). Da in den Bestandsdaten die niedrige Akademikerarbeitslosigkeit gut gesichert ist (Weber und Weber 2013), ist anzunehmen, dass bei dieser Gruppe bereits das Risiko, überhaupt arbeitslos zu werden, schwächer ist. Gerade bei der Bildung scheinen die Ergebnisse außerdem stark davon abzuhängen, welche Merkmale in den Analysen zusätzlich berücksichtigt werden. Eine neuere Untersuchung (Arntz und Wilke 2009) hat beispielsweise recht geringe Bildungseffekte festgestellt; hier wurden aber in umfassender Weise Merkmale der Branche und des bisherigen Erwerbsverlaufs kontrolliert. Es ist durchaus plausibel, dass bei Berücksichtigung solcher Merkmale die (formale) Bildung an sich keinen bedeutsamen Einfluss hat, weil sie vor allem beim Erwerbseinstieg von Bedeutung ist. Wenn Individuen aber einmal in einem bestimmten Teilsegment des Arbeitsmarktes verortet sind, spielen vor allem die Gepflogenheiten dieses Teilsegments eine Rolle.

Auch die schlechteren Wiederbeschäftigungschancen von Ausländern bzw. Personen mit Migrationshintergrund scheinen durch die eben zitierten wie durch weitere Arbeiten gut belegt. Ebenfalls gilt, dass die Effekte nicht sehr stark sind, vor allem, wenn Merkmale des Wirtschaftszweigs und des Erwerbsverlaufs berücksichtigt werden. Nur wenige Untersuchungen unterscheiden allerdings zwischen verschiedenen Arten von Migrationshintergrund. Kogan (2004), die genau das getan hat, konnte zeigen, dass vor allem die Angehörigen der „Gastarbeiter-Gene-

---

6   Als Grund für die relativ geringe Arbeitslosigkeit bei Jugendlichen wird häufig das duale System der beruflichen Ausbildung genannt, das den Übergang in den Arbeitsmarkt erleichtere. Übersehen wird dabei häufig, dass das Bildungssystem – gerade in Deutschland – auch Maßnahmen wie Berufsgrundbildungsjahr, Berufsvorbereitungsjahr oder berufsvorbereitende Lehrgänge bereitstellt, die als Auffangbecken für Jugendliche ohne Ausbildungsplatz dienen und so die offiziellen Arbeitslosenzahlen reduzieren.

ration" (der bis 1975 nach Deutschland gekommenen Arbeitsmigranten), und hier
vor allem jene mit türkischer Staatsangehörigkeit, länger in Arbeitslosigkeit bleiben, während spätere Migranten oder solche der „zweiten Generation", aber auch
die sogenannten Spätaussiedler („ethnisch Deutsche' aus Russland oder Osteuropa)
sich nicht signifikant von Deutschen ohne Migrationshintergrund unterscheiden.
Bei einer Differenzierung nach Zielberufen ergab sich allerdings, dass viele Migrantengruppen vor allem rasch in ungelernte Beschäftigung übergehen, während
sie deutlich weniger Chancen als Deutsche auf Angestelltentätigkeiten haben. Die
genannte Untersuchung ist auch eine der wenigen, in der die Zugangsrisiken in
die Arbeitslosigkeit in den Blick genommen wurden; hier erwiesen sich die verschiedenen Migrantengruppen nach Kontrolle von Merkmalen des Berufs und
des Erwerbsverlaufs kaum benachteiligt, was nach Kogan darauf hindeutet, dass
ihr hohes Arbeitslosigkeitsrisiko vor allem auf die Zugehörigkeit zu bestimmten
Arbeitsmarktsegmenten mit grundsätzlich unsicherer Beschäftigung zurückgeht.

Ob die Arbeitslosigkeitsdauer von Frauen sich von der von Männern unterscheidet, wird in vielen Analysen nicht zum Gegenstand gemacht, da häufig die
Arbeitslosigkeit getrennt nach Geschlecht untersucht wird. Einige Arbeiten deuten
aber darauf hin, dass nicht Frauen generell, sondern Frauen mit kleinen Kindern
länger arbeitslos bleiben (Ludwig-Mayerhofer 1996; Winterhager 2006).[7] Ein gewisser Anteil der Frauen beendet allerdings die Arbeitslosigkeit auch durch den
Übergang in die Nicht-Erwerbstätigkeit, dies scheint vor allem bei verheirateten
Frauen der Fall zu sein (Steiner 2001). Allgemein lässt sich zwar konstatieren, dass
die Arbeitslosigkeit von Frauen in den Bestandsdaten in den letzten Jahren etwas
geringer ist als die der Männer, doch spielt bei den Frauen nach wie vor die Fami-
lienkonstellation eine sehr große Rolle (Lüdemann et al. 2006).

Wie sieht es nun mit der *Dauerabhängigkeit* der Arbeitslosigkeit aus? Lange
Zeit haben gerade in Deutschland empirische Untersuchungen die Annahme einer
zunächst steigenden und dann fallenden Hazardrate bestätigt (Ludwig-Mayerhofer 1996; Bender et al. 2000). Allerdings wurde immer wieder die Frage gestellt, ob solche Ergebnisse nicht Resultat „unbeobachteter Heterogenität" sind,
also nicht gemessener Merkmale der Arbeitslosen, die für unterschiedlich lange
Arbeitslosigkeitsdauern verantwortlich sind (kurz gesagt: die ‚guten' Arbeitslosen finden schnell eine Beschäftigung, sodass diejenigen mit schlechten Chancen
übrigbleiben und lang in der Arbeitslosigkeit verweilen). Steiner (2001) hat mit
entsprechenden statistischen Modellen Belege für diese Annahme gefunden; al-

---

7   Dieser Einfluss wird in manchen Untersuchungen nicht oder nicht adäquat (indem
    z. B. nicht nach dem Alter der Kinder unterschieden wird) berücksichtigt, daher sind
    die Befunde nicht sehr gut abgesichert.

lerdings muss hinzugefügt werden, dass solche Verfahren immer etwas spekulativ sind. Jedenfalls haben im Anschluss weitere Untersuchungen die These der kurzfristig ansteigenden, dann aber kontinuierlich fallenden Hazardrate bestätigt (für Deutschland etwa Fitzenberger und Wilke 2010a). Eine Untersuchung mit Daten des „European Community Household Panel" (einer Längsschnittuntersuchung in den Ländern der EU) konnte zeigen, dass dies damit zusammenhängt, dass mit zunehmender Arbeitslosigkeitsdauer die Arbeitslosen immer weniger Stellenangebote erhalten (Addison et al. 2004).

Zur Frage, ob die Dauer des Anspruchs auf Arbeitslosenunterstützung die Dauer der Arbeitslosigkeit beeinflusst, liegen heterogene Ergebnisse vor. Dies könnte in Deutschland auch auf die Verwendung unterschiedlicher Datenquellen zurückgehen, wie ein direkter Vergleich zwischen dem Sozio-oekonomischen Panel und der in letzter Zeit häufiger verwendeten IAB-Beschäftigtenstichprobe gezeigt hat (Biewen und Wilke 2005). Weitere Arbeiten (Steiner 2001; Gangl 2004) tendieren jedoch eher zur Annahme, dass der erwartete Effekt tatsächlich eintrifft. Interessanterweise bietet dieses Thema die seltene Gelegenheit für ein quasi-experimentelles Forschungsdesign: Die Anspruchsdauer für ältere Menschen wurde mehrfach geändert, und somit kann man hier (nahezu) identische Gruppen vergleichen (Personen des gleichen Alters vor und nach den Änderungen), bei denen unterschiedliche Bezugsdauern nicht (wie sonst) vom eigenen Verhalten abhängen, also exogen gegeben sind. Bezüglich der Verlängerung der Bezugsdauer im Jahr 1985 zeigt eine neue Studie (Fitzenberger und Wilke 2010b), dass diese Reform vor allem zu häufigeren Übergängen in die Nicht-Erwerbstätigkeit führte. Dies deutet in Verbindung mit den damals ebenfalls verbesserten Möglichkeiten des vorzeitigen Ruhestands darauf hin, dass Arbeitgeber ebenso wie ältere Arbeitnehmer die längere Bezugsdauer gleichsam als Einstieg in die Frühverrentung nutzten. Ähnliche Mitnahmeeffekte zeigten sich auch bei der gegenläufigen Reform, der Verkürzung der Bezugsdauer für Ältere im Jahr 2006: Die Zugänge in Arbeitslosigkeit stiegen kurz vor den Änderungen drastisch an. Nach den Reformen zeigte sich allerdings eine Verringerung der Zugänge im Vergleich zu vorher (Dlugosz et al. 2014). Auswirkungen auf die Dauer der Arbeitslosigkeit wurden in dieser Studie jedoch nicht untersucht.

Die ausschließliche Betrachtung der Dauer der Arbeitslosigkeit vernachlässigt mögliche positive Effekte der Arbeitslosenunterstützung; dazu gehört nicht nur der (empirisch schwer zu erfassende) *entitlement*-Effekt, sondern insbesondere die Verbesserung des *matching*. Dies zeigt etwa die schon zitierte Arbeit von Gangl (2004): Wenngleich die in Deutschland im Vergleich zu den USA großzügiger gestaltete Arbeitslosenversicherung zu längerer Arbeitslosigkeit führt, so können die Arbeitslosen hierzulande auch wesentlich häufiger deutliche Einkommensverluste bei der nächsten Beschäftigung vermeiden und münden häufiger in stabilere Beschäftigung.[8] In einer weiteren Studie (Gangl 2006) konnten diese vor starken Einkommensverlusten schützenden Effekte der Arbeitslosenunterstützung auch für eine größere Zahl von Ländern demonstriert werden; Tatsiramos (2009) belegte solche Wirkungen auch bezüglich der Stabilität der anschließenden Beschäftigung, die höher war, wenn die Betroffenen Arbeitslosenunterstützung empfangen hatten. In einer neuen Studie zeigen Caliendo et al. (2013), dass Arbeitslose, die eine neue Erwerbstätigkeit genau dann aufnehmen, wenn die Arbeitslosenunterstützung ausläuft, geringere Löhne erzielen und instabiler beschäftigt sind als jene, die zu einem anderen Zeitpunkt die Arbeitslosigkeit verlassen. Auch das spricht für eine Förderung des *matching* durch eine längere Bezugsdauer der Unterstützung, weil so den Arbeitslosen mehr Zeit bleibt. Allerdings ist auch dieser Befund zumindest hinsichtlich des erzielten Einkommens in einer anderen Studie nicht bestätigt worden (Fitzenberger und Wilke 2010a).

5.3.3 Auswirkungen von Arbeitslosigkeit

Das Thema *Auswirkungen von Arbeitslosigkeit* ist untrennbar mit einer der bekanntesten klassischen soziologischen Untersuchungen verknüpft, den „Arbeitslosen von Marienthal" (Jahoda et al. 1975 [1933]). Eindrucksvoll wird in diesem Buch das Regime von Resignation und Not beschrieben, das die (auch) in Österreich zu Beginn der 1930er Jahre aufgetretene Massenarbeitslosigkeit den Einwohnern eines kleinen Dorfes in der Nähe von Wien auferlegte. Die Studie beschreibt nicht nur eine von Armut und dem Zwang zu äußerst genau kalkuliertem Umgang mit dem wenigen Geld gekennzeichnete, sondern auch eine „müde Gesellschaft", in der die Männer (im Gegensatz freilich zu den Frauen, siehe ebd., S. 89) nicht wissen, wie sie den Tag verbringen sollen: „Die Ansprüche an das Leben werden immer weiter zurückgeschraubt; der Kreis der Dinge und Einrichtungen, an denen noch Anteil genommen wird, schränkt sich immer mehr ein; die Energie, die noch bleibt, wird auf die Aufrechterhaltung des immer kleiner werdenden Lebensraumes konzentriert" (ebd., S. 101).

---

8 Allerdings bleibt zu erwähnen, dass sich in der Literatur durchaus gegenläufige Ergebnisse finden (oder zumindest solche, die die genannten Effekte als weitaus schwächer einschätzen) (etwa: Addison und Blackburn 2000; Belzil 2001). Inwieweit diese Ergebnisse einfach die unterschiedlichen Strukturen der Arbeitsmärkte in verschiedenen Ländern widerspiegeln, kann auf der Grundlage der vorliegenden Daten nicht entschieden werden.

Untersuchungen, die die eindrucksvolle deskriptive Dichte der „Marienthal-Stu-
die" erreichen, sind heute selten; die Erforschung zahlreicher möglicher Folgen
von Arbeitslosigkeit bis hin zu Kriminalität, Rechtsextremismus, Selbstmord oder
dem allgemeinen Todesrisiko hat sich in viele spezialisierte Forschungszweige
verästelt. Im Folgenden kann nur kurz auf einige wichtige Themen eingegangen
werden.

5.3.3.1 Arbeitslosigkeit und Armut

Armut wird heute am häufigsten als Einkommensarmut gemessen, konkret als
Unterschreiten einer bestimmten Einkommensgrenze (die meist bei 60 Prozent des
Median-Äquivalenzeinkommens liegt).[9] Bei vollständigem oder weitgehendem
Ersatz des Erwerbseinkommens durch Sozialleistungen müsste Arbeitslosigkeit
nicht mit einem erhöhten Armutsrisiko einhergehen, doch erreichen diese Leis-
tungen nirgends eine entsprechende Höhe. Von Interesse ist aber der internationale
Vergleich. Entgegen häufig verbreiteten Annahmen, dass Sozialleistungen in der
Bundesrepublik recht großzügig seien, ist Armut arbeitsloser Personen bzw. Haus-
halte in Deutschland deutlich häufiger als im europäischen Durchschnitt bzw. in
vielen anderen europäischen Ländern. Beispielsweise betrug die Einkommensar-
mutsquote arbeitsloser Haushalte (hiermit sind Haushalte gemeint, in denen keine
Person einer Erwerbstätigkeit nachgeht) Mitte der 1990er Jahre in der Bundesrepublik 46 Prozent, im Vergleich zu 38 Prozent in Spanien und im Vereinigten
Königreich, 34 Prozent in Italien oder Frankreich, 25 Prozent in Dänemark, 24
Prozent in Belgien und 13 Prozent in Finnland (Esping-Andersen 2002, S. 42).
Ebenso zeigt sich im internationalen Vergleich, dass die Zunahme von Armut mit
längerer Dauer der Arbeitslosigkeit keineswegs überall so drastisch ausfällt wie
in Deutschland und in manchen Ländern – etwa Dänemark – überhaupt nicht gegeben ist (Hauser und Nolan 2000, S. 43f.). Erst unlängst hat eine Auswertung
europaweit erhobener Daten (Deckl 2013) ergeben, dass die Armutsquoten Arbeitsloser in Deutschland mit 65 Prozent weit über dem europäischen Schnitt von
ca. 45 Prozent liegen.

Die ‚Hartz-Reformen' werden häufig wegen einer möglichen armuts-erhö-
henden Wirkung kritisiert. Diese Wahrnehmung leitet sich jedoch weniger aus
messbaren Einkommensbeträgen ab, sondern vermutlich aus der Definition des
Arbeitslosengeldes als Grundsicherung, was bei vielen Menschen zu einer Gleich-

---

9   In letzter Zeit wird hier gelegentlich auch von „Armutsgefährdung" gesprochen, mög-
    licherweise um Diskussionen zu vermeiden, ob es sich dabei tatsächlich um Armut
    handelt.

setzung der Grundsicherung mit der ehemaligen Sozialhilfe führt. Faktisch war schon bei Einführung der Reformen klar und wurde anschließend auch empirisch belegt, dass es neben Gruppen, die Einkommen einbüßten, auch solche gab, die Einkommensgewinne verzeichnen konnten (Koch et al. 2009, S. 41). Aufschlussreich sind die Ergebnisse einer neueren Längsschnittuntersuchung (Heyne 2012): Zwar hat im Anschluss an die Reformen tatsächlich die Armut unter den Arbeitslosen zugenommen, vor allem unter den Langzeitarbeitslosen (und diese sind es, die in der Regel das Arbeitslosengeld II beziehen). Doch liegt das nicht daran, dass die Einkommen der Arbeitslosen gesunken wären; vielmehr befinden sich unter den Arbeitslosen zunehmend Personen, die aus anderen Gründen (Haushaltszusammensetzung etc.) besonders armutsgefährdet sind.

Im Bereich des Einkommens und speziell der Einkommensarmut wird immer mit Daten auf der Ebene von Haushalten gearbeitet. Dies entspricht der verbreiteten Wahrnehmung und Praxis, dass das Einkommen in Haushalten zumindest teilweise gemeinsam verbraucht wird, was umgekehrt bedeutet, dass von den Einkommensverlusten nicht nur die Arbeitslosen selbst, sondern auch andere Haushaltsmitglieder betroffen sein können. Wie stark dies im Detail der Fall ist, ist allerdings nicht so leicht nachzuweisen, da die Forschung gezeigt hat, dass der Zugang zu Einkommen bzw. den dadurch vermittelten Gütern in Familien davon abhängig sein kann, wer jeweils das Einkommen erzielt. Auch wird immer wieder berichtet, dass arbeitslose Eltern versuchen, negative finanzielle Folgen vor allem von den Kindern so weit wie möglich fernzuhalten. So oder so ist klar, dass gerade im Bereich des Einkommens die Auswirkungen von Arbeitslosigkeit über die individuell Betroffenen in den Familienkontext hinein ausstrahlen können.

5.3.3.2 Gesundheitliche Beeinträchtigungen

Zum Zusammenhang zwischen Arbeitslosigkeit und gesundheitlichen Einschränkungen liegt eine große Zahl von Studien vor, die sich meist auf psychische Beeinträchtigungen beziehen. Gerade bei diesem Thema kommt es auf eine geeignete Untersuchungsanlage an: Stellt man bei Arbeitslosen solche Beeinträchtigungen fest, so spricht das nicht unbedingt für einen Effekt von Arbeitslosigkeit; vielmehr kann der Zusammenhang auch in umgekehrter Richtung wirken, indem Personen mit gesundheitlichen Einschränkungen größeren Risiken ausgesetzt sind, arbeitslos zu werden bzw. zu bleiben. (Daneben besteht noch die Möglichkeit, dass beides, Arbeitslosigkeit und gesundheitliche Einschränkung, durch ein oder mehrere weitere Merkmale verursacht wird). Inzwischen liegen jedoch so viele Längsschnittstudien vor, dass man wohl davon ausgehen kann, dass tatsächlich Ursache-Wirkungs-Zusammenhänge in *beide* Richtungen verlaufen. Zumindest ist dies die Schlussfolgerung der Metaanalyse von Paul und Moser (2001),[10] sodass man wohl von einem *Circulus vitiosus* sprechen kann: Psychisch belastete Personen – erhöhte Depressivität und Angst oder verringertes Selbstwertgefühl sind häufig erfasste Dimensionen – werden leichter arbeitslos (wobei die Ursachen hierfür ihrerseits empirisch weitgehend ungeklärt sind) und die Arbeitslosigkeit verstärkt wiederum die Symptomatik, wobei insgesamt die Effekte in der letztgenannten Wirkungsrichtung stärker zu sein scheinen (ebd.). Auch die Metaanalysen von McKee-Ryan et al. (2005) und Paul und Moser (2009) zeigen, dass der kausale Effekt von Arbeitslosigkeit sowohl durch Längsschnittstudien abgesichert ist als auch speziell durch Untersuchungen, die sich auf Firmenschließungen beziehen (bei letzteren kann man davon ausgehen, dass das Auftreten von Arbeitslosigkeit ein exogenes Ereignis ist, also nicht von den Arbeitslosen selbst beeinflusst ist).

Die genauen Mechanismen für diese Wirkungszusammenhänge sind angesichts einer Vielzahl theoretischer Ideen und empirischer Überprüfungsversuche weniger sicher festzustellen. Man kann jedenfalls konstatieren, dass die Wirkungen von Arbeitslosigkeit durch eine Reihe weiterer Merkmale moderiert werden. Dazu gehören einmal individuelle Überzeugungen und Ressourcen. So wird Arbeitslosigkeit offensichtlich als umso belastender wahrgenommen, je bedeutender Erwerbsarbeit für die betroffene Person ist; umgekehrt sind die Belastungen geringer, wenn Individuen über gute psychische Ressourcen wie Selbstwirksamkeit oder hohe emotionale Stabilität verfügen können. Die Dauer der Arbeitslosigkeit hat ebenfalls eine Bedeutung; allerdings scheint der Effekt nicht linear zu sein. Vielmehr bestätigt die Forschung die schon früher geäußerte Vermutung, dass nach einiger Zeit (etwa neun bis zwölf Monaten) die Beeinträchtigung nicht weiter zunimmt (Studien zu sehr langen Arbeitslosigkeitsdauern sind allerdings selten). Schließlich scheint auch die Einkommenssituation der Arbeitslosen (wenngleich geringe) Effekte zu haben; hinzu kommen auch (gleichfalls nur mäßige) Unterschiede zwischen Ländern: In ärmeren Ländern beziehungsweise solchen mit geringer ausgeprägter Arbeitslosenunterstützung wirkt sich Arbeitslosigkeit offensichtlich belastender aus als in reicheren Ländern oder dort, wo hohe Arbeitslosenunterstützung gezahlt wird (zu all diesen Effekten siehe die genannten Metaanalysen, vor allem Paul und Moser 2009).

Ganz ähnliche Effekte wie bei der psychischen Beeinträchtigung kann man finden, wenn man die allgemeine Lebenszufriedenheit der Menschen betrachtet, ein Maß, das in letzter Zeit auch von Ökonomen als Form der Wohlfahrt ernst genommen wird. Anhand dieses Merkmals wurden vereinzelt auch Auswirkungen

---

10   Eine Meta-Analyse ist eine methodisch kontrollierte Zusammenfassung nach Möglichkeit aller oder zumindest einer Vielzahl von Studien zu einem bestimmten Thema.

auf Haushaltsmitglieder von Arbeitslosen untersucht. Tatsächlich konnte in einer älteren Untersuchung für Deutschland gezeigt werden, dass sich die Zufriedenheit nicht nur bei den Arbeitslosen selbst, sondern auch ihren (Ehe-)Partnern ändert, wenn auch bei letzteren nicht im gleichen Ausmaß wie bei den direkt Betroffenen selbst (Landua 1990). Ebenso sprechen Indizien aus neueren Untersuchungen (Hollederer 2011; Kind und Haisken-DeNew 2012a) dafür, dass auch die Lebenszufriedenheit von Kindern negativ durch Arbeitslosigkeit der Väter bzw. der Hauptverdiener beeinflusst wird. Diese Wirkung tritt nicht nur unmittelbar ein; vielmehr ist die Lebenszufriedenheit noch fünf Jahre später beeinträchtigt (Kind und Haisken-DeNew 2012b).

5.3.3.3 Sozialer Ausschluss/Exklusion

Bei der Erhebung von sozialem Ausschluss oder Exklusion kommt es noch stärker als in anderen Gebieten auf die Definition bzw. Operationalisierung des Begriffs an (siehe auch Ludwig-Mayerhofer 2009). Aus den (gar nicht so zahlreichen) empirischen Arbeiten seien exemplarisch nur zwei Befunde zitiert: In einer viele europäische Länder umfassenden Untersuchung haben Paugam und Russell (2000) sozialen Ausschluss als Reduzierung sozialer Kontakte erfasst. Die ursprüngliche Annahme, dass sich Kontakte insgesamt verringern würden, konnte zwar nicht bestätigt werden, doch zeigte sich deutlich, dass *Kontakte im öffentlichen sozialen Raum* bei Arbeitslosen deutlich niedriger sind, übrigens in Deutschland noch mehr als in anderen Ländern: Während in Deutschland Personen in stabiler Beschäftigung zu 57 Prozent Mitglied in einem Verein, Klub oder dergleichen sind, beträgt dieser Anteil bei Arbeitslosen weniger als 30 Prozent (Paugam und Russell 2000, S. 259). Andere Untersuchungen stellen eher auf das *subjektive Gefühl* ab, *an der Gesellschaft nicht teilzuhaben*. Eine Untersuchung von Böhnke (2002) belegt, dass dieses Gefühl ganz massiv mit Langzeitarbeitslosigkeit verknüpft ist, worin sich auch ein Unterschied zu Einkommensarmut zeigt: Auch unter Teilzeitbeschäftigten, unter Rentnern oder Hausfrauen/-männern befinden sich nicht wenige Arme, doch teilen alle diese Gruppen nicht das Gefühl fehlender Teilhabe am gesellschaftlichen Leben. Diese Befunde haben sich auch in Replikationen mit späteren Erhebungen, zuletzt aus dem Jahr 2012, bestätigt (Böhnke 2015, S. 23). Festzuhalten bleibt allerdings, dass diese Befunde noch nicht durch echte Längsschnittuntersuchungen überprüft wurden, sodass sich die Frage *which causes which* stellt: Fehlende soziale Kontakte dürften die Wahrscheinlichkeit senken, eine Stelle zu finden, aber auch subjektive Gefühle fehlender Teilhabe könnten negative Auswirkungen auf die Arbeitsmarktchancen haben. Eine Ausnahme stellt hier die Untersuchung von Sthamer et al. (2013) dar, die auch deshalb von Interesse ist, weil sie insbesondere die Auswirkungen des Bezugs von ALG-II-Leistungen in den Vordergrund gestellt hat. Tatsächlich führt ein solcher Bezug über Arbeitslosigkeit und/oder Einkommensarmut hinaus dazu, dass Menschen sich in höherem Maße vom sozialen Leben ausgeschlossen fühlen. Das spricht dafür, dass der Bezug von ‚Hartz IV' tatsächlich (wie man es anhand der öffentlichen Diskussionen auch vermuten kann) als besonders stigmatisierend wahrgenommen werden könnte (Sthamer et al. 2013, S. 65f.). Die Tatsache, dass man diesen Effekt auch bei Personen im Alter unter 25 Jahren beobachtet (die häufiger ALG II nicht wegen Langzeitarbeitslosigkeit beziehen, sondern weil sie noch keine Ansprüche auf Arbeitslosengeld nach dem SGB III erworben haben), spricht dafür, dass hier tatsächlich ein ‚Hartz IV'-Effekt (und nicht einfach eine Wirkung von Langzeitarbeitslosigkeit) vorliegt.

5.3.3.4 Scarring-Effekte

Ungünstige Folgen von Arbeitslosigkeit auch nach dem Wiedereintritt in Erwerbsarbeit lassen sich in mehreren Dimensionen zeigen. Im Zentrum der Aufmerksamkeit stehen die *Lohneinbußen* (ehemals) Arbeitsloser. Neben einzelnen Studien für Deutschland sind vor allem die 13 Länder umfassenden Befunde von Gangl (2006) hervorzuheben. Diese belegen nicht nur, dass Einkommensverluste beim Wiedereintritt in Beschäftigung durchgängig in allen Ländern auftreten, sondern verweisen auch auf bedeutende institutionelle Einflüsse: In den skandinavischen, allerdings auch in den südeuropäischen Ländern sind die Einkommensverluste geringer als in den kontinentaleuropäischen Ländern, besonders hoch sind sie dagegen in den ‚liberalen' Wohlfahrtsstaaten der USA und des Vereinigten Königreiches.

Einige Studien haben den Einfluss von Arbeitslosigkeit auf die *Dauer* des anschließenden Beschäftigungsverhältnisses untersucht. Nach Mavromaras (1992) dauert die anschließende Beschäftigung umso länger, je länger die vorherige Arbeitslosigkeitsphase war. Das muss nicht unbedingt als positiver Effekt der Arbeitslosigkeit gewertet werden; es kann zum Beispiel bedeuten, dass Personen nach längerer Arbeitslosigkeit alles tun, um einen – und sei es noch so schlechten – Arbeitsplatz zu behalten (ebd., S. 88). Denkbar ist aber auch, dass die längere Arbeitslosigkeitsdauer auf eine intensivere und damit eher erfolgreiche Suche nach einem geeigneten Arbeitsplatz hindeutet, sodass sich der anschließende *match* zwischen Arbeitnehmer und Arbeitsplatz verbessert. Darauf deuten die bereits erwähnten Ergebnisse von Gangl (2004) hin.

Mehrfacharbeitslosigkeit – also wiederholte Arbeitslosigkeit im Erwerbsverlauf von Individuen – scheint allerdings ungünstige Effekte zu haben; je häufiger Individuen in der Vergangenheit arbeitslos waren (und je länger die kumulierte

Dauer früherer Arbeitslosigkeit), desto eher tritt nach einer Beschäftigung erneut Arbeitslosigkeit ein (Brandt und Hank 2011). Allerdings ist damit nicht notwendig ein längerfristiger Ausschluss vom Arbeitsmarkt verbunden, denn mit zunehmender Häufigkeit der Arbeitslosigkeit sind weitere Arbeitslosigkeitsepisoden offenbar kürzer (Ludwig-Mayerhofer 1996; Bender et al. 2000).[11] Nur wenn gleichzeitig die früheren Arbeitslosigkeitsphasen sehr lang waren, wirkt sich dies negativ, also verlängernd, auf die Dauer späterer Arbeitslosigkeit aus (Ludwig-Mayerhofer 1996).

Lassen sich Narben-Effekte auch auf der subjektiven Ebene finden, ist also beispielsweise das *seelische Wohlbefinden* über die unmittelbare Arbeitslosigkeit hinaus beeinträchtigt? Auch diese Vermutung wird durch einige Studien bestätigt (etwa Young 2012; Daly und Delaney 2013), auch wenn dies in Widerspruch zu früheren Ergebnissen steht, wonach das Wohlbefinden nach Ende der Arbeitslosigkeit genauso stark zunimmt wie es vorher abgenommen hat (Paul und Moser 2009). Ein interessantes Licht auf diese Ergebnisse wirft die Untersuchung von Knabe und Rätzel (2011). Danach ist für die geringe allgemeine Lebenszufriedenheit vor allem die Unsicherheit über die Zukunft verantwortlich, die sich bei vormals Arbeitslosen darin ausdrückt, dass sie häufiger angeben, dass ihr gegenwärtiger Arbeitsplatz unsicher sei. Weniger die Arbeitslosigkeit als solche, sondern vor allem dieses Unsicherheitsgefühl beeinträchtigt die Zufriedenheit. Auch bei aktuell arbeitslosen Personen ist die Lebenszufriedenheit umso geringer, je schlechter sie ihre Chancen einschätzen, bald wieder einen Arbeitsplatz zu finden.

5.3.3.5 Regionale Mobilität

Gemäß den Vorstellungen der Ökonomie von Märkten müssten Arbeitslose bereit sein, dorthin zu ziehen, wo mehr Arbeitsplätze verfügbar sind, und entsprechend lauten auch die An- und Aufforderungen gegenwärtiger Arbeitsmarktpolitik. Eine Voraussetzung hierfür wäre allerdings, dass die Chancen auf einen Arbeitsplatz am Zielort günstig sind, denn andernfalls wäre Mobilität eher riskant, gibt man damit doch soziale Netzwerke (und damit Zugang zu Informationen, Unterstützung usw.) auf. Für Deutschland gibt es hierzu noch wenige Untersuchungen, die auch (möglicherweise wegen unterschiedlicher Operationalisierungen) widersprüchliche Ergebnisse erbracht haben. Windzio (2004) hat Mobilität zwischen Süd- und Norddeutschland und umgekehrt untersucht und dabei festgestellt, dass diese Art der Mobilität umso seltener wird, je höher die Arbeitslosigkeit in der Region ist, in der eine Person lebt. Arntz (2005) hat hingegen geprüft, ob Arbeitslose einen Job

---

11 Für die USA wurde dagegen ein solcher Effekt bestritten, zuletzt bei Choi und Shin 2002, die damit nur Resultate früherer Studien aus den USA bestätigen.

in der (administrativ definierten) Arbeitsmarktregion finden, in der sie arbeitslos geworden sind, oder eher anderswo. In dieser Untersuchung ergab sich, dass mit höherer Arbeitslosigkeit in einer Region die Wahrscheinlichkeit zunimmt, dass Arbeitslose zur Arbeitsaufnahme regional mobil sind.

5.4   Ausblick

Dieser Beitrag hat nur einen kleinen Überblick über die Theorien- und Forschungslandschaft geben können. Wenn auch manche Ergebnisse recht eindeutig sind, so bleibt doch festzuhalten, dass sich trotz bzw. gerade wegen erheblicher Forschungsanstrengungen vielfach wenig klare, wenn nicht sogar einander widersprechende Befunde zeigen. Eindeutig festhalten kann man sicher die Schlussfolgerung, dass Arbeitslosigkeit für die Betroffenen im Durchschnitt negative Auswirkungen hat, und zwar mit Blick sowohl auf das Einkommen als auch auf die subjektive Befindlichkeit. Auch Phänomene des (wahrgenommenen) sozialen Ausschlusses sind ziemlich gut belegt, ebenso wie andere Folgen, auf die hier aus Platzgründen gar nicht eingegangen werden konnte. Man kann ferner davon ausgehen, dass diese negativen Folgen zumindest teilweise nicht einfach wieder rückgängig gemacht werden, wenn die Betroffenen wieder eine Beschäftigung finden. Vielmehr bleiben auch längerfristige ‚Narben' im Erwerbsverlauf. Sicherlich gibt es im Detail noch viele widersprüchliche Ergebnisse, positiv formuliert: Bedarf nach genauerer Forschung, da die genannten Auswirkungen von Arbeitslosigkeit nicht unter allen Umständen eintreten oder nicht bei allen Personengruppen. Das ändert aber wenig an der Gesamtbilanz.

Wesentlich diffuser wird die Forschungslage, wenn man sich den Ursachen von Arbeitslosigkeit auf der Makroebene nähert, also etwa die Beziehungen zwischen Institutionen des Arbeitsmarktes und des Wohlfahrtsstaates oder Bildungssystemen und Arbeitslosigkeit untersucht. Zwar zeigen nahezu alle Studien, *dass* Arbeitsmarktinstitutionen bedeutsame Effekte haben, doch deren genaue Wirkung ist oft strittig. Es gibt freilich auch Stimmen, die hinter dieser Heterogenität der Befunde gleichsam ‚System' vermuten, die also darauf abstellen, dass es nicht *die* eine Hauptursache von Arbeitslosigkeit gibt, der man mit einer bestimmten Strategie begegnen könne, sondern dass die Entwicklungspfade der Arbeitslosigkeit sehr unterschiedlich sind und es somit auch keine ‚beste' Arbeitsmarktpolitik geben kann. Anders formuliert: Es gibt unterschiedliche Wege aus der Arbeitslosigkeit (Alber 2000), die so komplex sind, dass im Grunde jedes Land (s)eine spezifische Mischung von Maßnahmen benötigt. Tatsächlich scheinen die Rezepte jener Länder, denen es gelang, Arbeitslosigkeit einzudämmen (wenn auch nicht über den gesamten Zeitraum seit den Krisen Mitte der 1970er Jahre), recht verschieden: Die skandinavischen Länder, insbesondere Dänemark, hatten mit einer sehr intensiven Aktivierungspolitik Erfolg, die weitaus mehr als in Deutschland nicht nur ‚forderte', sondern auch ‚förderte'. Dies gelang trotz – andere würden freilich argumentieren: wegen – einer der Höhe wie der Dauer nach großzügigen Arbeitslosenunterstützung, die den Effekt hat, das weitgehende Fehlen gesetzlicher Kündigungsregelungen und anderer regulierender Maßnahmen für die Erwerbstätigen akzeptabel zu machen (Nickell 1997). Das „Beschäftigungswunder" in den Niederlanden – der starke Rückgang der Arbeitslosigkeit in den 1990er Jahren – beruhte zu einem relativ großen Teil auf einer erheblichen Lohnzurückhaltung der Erwerbstätigen, die für viele weniger einschneidend war, weil die Erwerbstätigkeit von Frauen enorm anstieg (wenngleich überwiegend nur als Teilzeitbeschäftigung mit insgesamt eher konstantem Gesamtarbeitszeitvolumen) und so auf der Ebene der Haushalte die individuellen Lohneinbußen jedenfalls teilweise kompensiert werden konnten. Die Entwicklung in Deutschland zeigt auch, wie wichtig es ist, unterschiedliche Gruppen von Arbeitslosen zu betrachten, denn eines ist sicherlich nicht gelungen: die Arbeitsmarktchancen gering Qualifizierter zu verbessern. Schon deshalb bleibt für die Arbeitsmarktpolitik noch viel zu tun.

Literatur

Addison, J. T., & Blackburn, M. L. (2000). The Effects of Unemployment Insurance on Postunemployment Earnings. *Labour Economics, 7*, 21-53.

Addison, J. T., Centeno, M., & Portugal, P. (2004). *Reservation Wages, Search Duration, and Accepted Wages in Europe* (IZA Discussion Paper 1252). Bonn: IZA.

Alber, J. (2000). Sozialstaat und Arbeitsmarkt: Produzieren kontinentaleuropäische Wohlfahrtsstaaten typische Beschäftigungsmuster? – Gleichzeitig eine Abhandlung über einige Probleme komparativer statistischer Analyse. *Leviathan, 28*, 535-569.

Arntz, M. (2005). *The Geographical Mobility of Unemployed Workers. Evidence from West Germany* (ZEW-Discussion Paper 05-34). Mannheim: ZEW.

Arntz, M., & Wilke, R. A. (2009). Unemployment Duration in Germany: Individual and Regional Determinants of Local Job Finding, Migration and Subsidized Employment. *Regional Studies, 43*, 43-61.

Autor, D. H., Levy, F., & Murnane, R. J. (2003). The Skill Content of Recent Technological Change: An Empirical Exploration. *Quarterly Journal of Economics, 118*, 1279-1333.

Bachmann, R., & Braun, S. (2011). The Impact of International Outsourcing on Labour Market Dynamics in Germany. *Scottish Journal of Political Economy, 58*, 1-28.

Barbier, J.-C., & Ludwig-Mayerhofer, W. (2004). Introduction: The Many Worlds of Activation. *European Societies, 6*, 423-436.

Belzil, C. (2001). Unemployment Insurance and Subsequent Job Duration: Job Matching versus Unobserved Heterogeneity. *Journal of Applied Econometrics, 16*, 619-636.

Bender, S., Fahrmeir, L., & Lang, S. (2000). Determinanten der Arbeitslosigkeitsdauer in Westdeutschland. In F. Büchel, M. Diewald, P. Krause, A. Mertens, & H. Solga (Hrsg.), *Zwischen drinnen und draußen. Arbeitsmarktchancen und soziale Ausgrenzungen in Deutschland* (S. 79-94). Opladen: Leske + Budrich.

Bernhard, S., & Kruppe, T. (2012*). Effectiveness of Further Vocational Training in Germany. Empirical Findings for Persons Receiving Means-Tested Unemployment Benefit* (IAB-Discussion Paper 10/2012). Nürnberg: IAB.

Biewen, M., & Wilke, R. A. (2005). Unemployment Duration and the Length of Entitlement Periods for Unemployment Benefits: Do the IAB Employment Subsample and the German Socio-Economic Panel Yield the Same Results? *Allgemeines Statistisches Archiv, 89*, 209-236.

Blien, U. (2003). Die Lohnkurve. Auswirkungen der regionalen Arbeitslosigkeit auf das Lohnniveau. *Mitteilungen aus der Arbeitsmarkt- und Berufsforschung, 36*, 439-460.

Böhnke, P. (2002). Armut und soziale Ausgrenzung im europäischen Kontext. Politische Ziele, Konzepte und vergleichende empirische Analysen. *Aus Politik und Zeitgeschichte, B29-30*, 29-38.

Böhnke, P. (2015). Wahrnehmung sozialer Ausgrenzung. *Aus Politik und Zeitgeschichte, 10/2015*, 18-25.

Bonß, W. (2001). Vergesellschaftung über Arbeit. Oder: Gegenwart und Zukunft der Arbeitsgesellschaft. In P. A. Berger, & D. Konietzka (Hrsg.), *Die Erwerbsgesellschaft. Neue Ungleichheiten und Unsicherheiten* (S. 331-356). Opladen: Leske + Budrich.

Brandt, M., & Hank, K. (2011). Early and Later Life Experiences of Unemployment under Different Welfare Regimes. In A. Börsch-Supan, M. Brandt, K. Hank, & M. Schröder

(Hrsg.), *The Individual and the Welfare State. Life Histories in Europe* (S. 117-124). Berlin: Springer.

Breen, R. (2005). Explaining Cross-National Variation in Youth Unemployment: Market and Institutional Factors. *European Sociological Review*, 21, 125-134.

Caliendo, M., Tatsiramos, K., & Uhlendorff, A. (2013). Benefit Duration, Unemployment Duration and Job Match Quality: A Regression-Discontinuity Approach. *Journal of Applied Econometrics*, 28, 604-627.

Castel, R. (2009). *Negative Diskriminierung. Jugendrevolten in den Pariser Banlieues.* Hamburg: Hamburger Edition.

Choi, H., & Shin, D. (2002). Do Past Unemployment Spells Affect the Duration of Current Unemployment? *Economics Letters*, 77, 157-161.

Daly, M., & Delaney, L. (2013). The Scarring Effect of Unemployment throughout Adulthood on Psychological Distress at Age 50: Estimates Controlling for Early Adulthood Distress and Childhood Psychological Factors. *Social Science and Medicine*, 80, 19-23.

Deckl, S. (2013). Armut und soziale Ausgrenzung in Deutschland und der Europäischen Union. Ergebnisse aus LEBEN IN EUROPA (EU-SILC) 2012. *Wirtschaft und Statistik*, 12/2013, 893-906.

Dietz, M., Kupka, P., & Ramos Lobato, P. (2013). *Acht Jahre Grundsicherung für Arbeitsuchende. Strukturen – Prozesse – Wirkungen.* Bielefeld: Bertelsmann.

Dlugosz, S., Stephan, G., & Wilke, R. A. (2014). Fixing the Leak: Unemployment Incidence before and after a Major Reform of Unemployment Benefits in Germany. *German Economic Review*, 15, 329-352.

Dörre, K., Scherschel, K., Booth, M., Haubner, T., Marquardsen, K., & Schierhorn, K. (2013). *Bewährungsproben für die Unterschicht? Soziale Folgen aktivierender Arbeitsmarktpolitik.* Frankfurt a. M.: Campus.

Eisen, R. (1997). Reformüberlegungen zur Arbeitslosenversicherung. In R. Hauser (Hrsg.), *Reform des Sozialstaats I: Arbeitsmarkt, soziale Sicherung und soziale Dienstleistungen* (S. 45-75). Berlin: Duncker & Humblot.

Elsby, M. W. L., Hobijn, B., & Şahin, A. (2013). Unemployment Dynamics in the OECD. *Review of Economics and Statistics*, 95, 530-548.

Esping-Andersen, G. (1990). *The Three Worlds of Welfare Capitalism.* Cambridge: Polity Press.

Esping-Andersen, G. (2002). A Child-Centred Social Investment Strategy. In G. Esping-Andersen (Hrsg.), *Why We Need a New Welfare State* (S. 26-67). Oxford: Oxford University Press.

Fitzenberger, B. (1999). Außenhandel und die Qualifikationsstruktur von Löhnen und Beschäftigung in Westdeutschland. *Jahrbücher für Nationalökonomie und Statistik*, 219, 67-89.

Fitzenberger, B., & Wilke, R. A. (2010a). New Insights into Unemployment Duration and Post Unemployment Earnings in Germany. *Oxford Bulletin of Economics and Statistics*, 72, 794-826.

Fitzenberger, B., & Wilke, R. A. (2010b). Unemployment Durations in West Germany before and after the Reform of the Unemployment Compensation System during the 1980s. *German Economic Review*, 11, 336-366.

Freeman, R. B. (1998). War of the Models: Which Labour Market Institutions for the 21st Century? *Labour Economics*, 5, 1-24.

Gangl, M. (2004). Welfare States and the Scar Effects of Unemployment: A Comparative Analysis of the United States and West Germany. *American Journal of Sociology*, 109, 1319-1364.

Gangl, M. (2006). Scar Effects of Unemployment: An Assessment of Institutional Complementarities. *American Sociological Review*, 71, 986-1013.

Geishecker, I. (2008). The Impact of International Outsourcing on Individual Employment Security: A Micro-Level Analysis. *Labour Economics*, 15, 291-314.

Hauser, R., & Nolan, B. (2000). Unemployment and Poverty: Change over Time. In D. Gallie, & S. Paugam (Hrsg.), *Welfare Regimes and the Experience of Unemployment in Europe* (S. 25-46). Oxford: Oxford University Press.

Heckman, J. J., & Borjas, G. J. (1980). Does Unemployment Cause Future Unemployment? Definitions, Questions and Answers from a Continuous Time Model of Heterogeneity and State Dependence. *Economica*, 47, 247-283.

Heyne, S. (2012). Arm durch Arbeitslosigkeit? Einkommensverluste und Armut im Kontext der Hartz-Reformen. *Zeitschrift für Soziologie*, 41, 418-434.

Hollederer, A. (2011). Unemployment and Health in the German Population: Results from a 2005 Microcensus. *Journal of Public Health*, 19, 257-268.

Howell, D. R. (2002). Increasing Earnings Inequality and Unemployment in Developed Countries: Markets, Institutions, and the "Unified Theory". *Politics and Society*, 30, 193-243.

Howell, D. R., & Rehm, M. (2009). Unemployment Compensation and High European Unemployment: A Reassessment with New Benefit Indicators. *Oxford Review of Economic Policy*, 25, 60-93.

Howell, D. R., Baker, D., Glyn, A., & Schmitt, J. (2007). Are Protective Labor Market Institutions at the Root of Unemployment? A Critical Review of the Evidence. *Capitalism and Society*, 2, doi:10.2202/1932-0213.1022.

Jahoda, M. (1982). *Employment and Unemployment. A Social-Psychological Analysis*. Cambridge: Cambridge University Press.

Jahoda, M., Lazarsfeld, P. F., & Zeisel, H. (1975 [1933]). *Die Arbeitslosen von Marienthal. Ein soziographischer Versuch über die Wirkungen langandauernder Arbeitslosigkeit. Mit einem Anhang zur Geschichte der Soziographie*. Frankfurt a. M.: Suhrkamp.

Kalecki, M. (1943). Political Aspects of Full Employment. *Political Quarterly*, 14, 322-330.

Keller, B., & Seifert, H. (Hrsg.). (1998). *Deregulierung am Arbeitsmarkt. Eine empirische Zwischenbilanz*. Hamburg: VSA.

Kind, M., & Haisken-DeNew, J. P. (2012a). *Unexpected Victims: How Parents' Unemployment Affects Their Children's Life Satisfaction* (Melbourne Institute Working Paper 2/12). Melbourne: University of Melbourne and Melbourne Institute of Applied Economic and Social Research.

Kind, M., & Haisken-DeNew, J. P. (2012b). *Sons' Unexpected Long Term Scarring due to Fathers' Unemployment* (Ruhr Economic Papers 375). Bochum: Ruhr-Universität Bochum.

Knabe, A., & Rätzel, S. (2011). Scarring or Scaring? The Psychological Impact of Past Unemployment and Future Unemployment Risk. *Economica*, 78, 283-293.

Koch, S., Kupka, P., & Steinke, J. (2009). *Aktivierung, Erwerbstätigkeit und Teilhabe. Vier Jahre Grundsicherung für Arbeitsuchende*. Bielefeld: Bertelsmann.

Kogan, I. (2004). Last Hired, First Fired? The Unemployment Dynamics of Male Immigrants in Germany. *European Sociological Review*, 20, 445-461.

Korpi, W. (1991). Political and Economic Explanations for Unemployment: A Cross-National and Long-Term Analysis. *British Journal of Political Science*, 21, 315-348.

Korpi, W. (2002). The Great Trough in Unemployment: A Long-Term View of Unemployment, Inflation, Strikes, and the Profit/Wage Ratio. *Politics and Society*, 30, 365-426.

Kronauer, M. (2002). *Exklusion. Die Gefährdung des Sozialen im hoch entwickelten Kapitalismus*. Frankfurt a. M.: Campus.

Landua, D. (1990). Verläufe von Arbeitslosigkeit und ihre Folgen für die Wohlfahrt von Haushalten und Individuen. *Zeitschrift für Soziologie*, 19, 203-211.

Lapp, S., & Lehment, H. (1997). Lohnzurückhaltung und Beschäftigung in Deutschland und in den Vereinigten Staaten. *Die Weltwirtschaft*, 1, 67-83.

Lindbeck, A., & Snower, D. J. (1988). *The Insider-Outsider Theory of Employment and Unemployment*. Cambridge: MIT Press.

Ludwig-Mayerhofer, W. (1996). Was heißt, und gibt es kumulative Arbeitslosigkeit? Untersuchungen zu Arbeitslosigkeitsverläufen über 10 Jahre. In W. Zapf, J. Schupp, & R. Habich (Hrsg.), *Lebenslagen im Wandel: Sozialberichterstattung im Längsschnitt* (S. 210-239). Frankfurt a. M.: Campus.

Ludwig-Mayerhofer, W. (2009). Exklusion als soziologisches Konzept. *Sozialer Sinn*, 10, 3-28.

Ludwig-Mayerhofer, W., & Barlösius, E. (2001). Die Armut der Gesellschaft. In E. Barlösius, & W. Ludwig-Mayerhofer (Hrsg.), *Die Armut der Gesellschaft* (S. 11-67). Opladen: Leske + Budrich.

Ludwig-Mayerhofer, W., Behrend, O., & Sondermann, A. (2009). *Auf der Suche nach der verlorenen Arbeit. Arbeitslose und Arbeitsvermittler im neuen Arbeitsmarktregime*. Konstanz: UVK.

Lüdemann, E., Wilke, R. A., & Zhang, X. (2006). Censored Quantile Regressions and the Length of Unemployment Periods in West Germany. *Empirical Economics*, 31, 1003-1024.

Mavromaras, K. G. (1992). Zur Arbeitslosigkeits- und Beschäftigungsdauer. *Mitteilungen aus der Arbeitsmarkt- und Berufsforschung*, 25, 84-90.

McKee-Ryan, F., Song, Z., Wanberg, C. R., & Kinicki, A. J. (2005). Psychological and Physical Well-Being During Unemployment: A Meta-Analytic Study. *Journal of Applied Psychology*, 90, 53-76.

Möller, J. (2010). The German Labor Market Response in the World Recession – De-Mystifying a Miracle. *Journal for Labour Market Research*, 42, 325-336.

Nickell, S. (1997). Unemployment and Labor Market Rigidities: Europe versus North America. *Journal of Economic Perspectives*, 11, 55-75.

Paugam, S., & Russell, H. (2000). The Effects of Employment Precarity and Unemployment on Social Isolation. In D. Gallie, & S. Paugam (Hrsg.), *Welfare Regimes and the Experience of Unemployment in Europe* (S. 243-264). Oxford: Oxford University Press.

Paul, K. I., & Moser, K. (2001). Negatives psychisches Befinden als Wirkung und als Ursache von Arbeitslosigkeit: Ergebnisse einer Metaanalyse. In J. Zempel, J. Bacher, & K. Moser (Hrsg.), *Erwerbslosigkeit. Ursachen, Auswirkungen und Interventionen* (S. 83-110). Opladen: Leske + Budrich.

Paul, K. I., & Moser, K. (2009). Unemployment Impairs Mental Health: Meta-Analyses. *Journal of Vocational Behavior*, 74, 264-282.

Schmid, H. (2000). *Ökonomik des Arbeitsmarktes. Bd. 2: Arbeitslosigkeit*. Bern: Haupt (2. Aufl.).

Schüller, F., & Wingerter, C. (2013). Arbeitsmarkt. In Statistisches Bundesamt, & Wissenschaftszentrum Berlin für Sozialforschung (Hrsg.), *Datenreport 2013. Ein Sozialbericht für die Bundesrepublik Deutschland* (S. 113-126). Bonn: Bundeszentrale für politische Bildung.

Soskice, D. (1999). Divergent Production Regimes: Coordinated and Uncoordinated Market Economies in the 1980s and 1990s. In H. Kitschelt, P. Lange, G. Marks, & J. D. Stephens (Hrsg.), *Continuity and Change in Contemporary Capitalism* (S. 101-134). Cambridge: Cambridge University Press.

Steiner, V. (2001). Unemployment Persistence in the West German Labour Market: Negative Duration Dependence or Sorting? *Oxford Bulletin of Economics and Statistics*, 63, 91-113.

Sthamer, E., Brülle, J., & Opitz, L. (2013). *Inklusive Gesellschaft – Teilhabe in Deutschland. Soziale Teilhabe von Menschen in prekären Lebenslagen* (ISS-aktuell 19/2013). Frankfurt a. M.: Institut für Sozialarbeit und Sozialpädagogik.

Tatsiramos, K. (2009). Unemployment Insurance in Europe: Unemployment Duration and Subsequent Employment Stability. *Journal of the European Economic Association*, 7, 1225-1260.

Uhlendorff, A. (2004). Der Einfluss von Persönlichkeitseigenschaften und sozialen Ressourcen auf die Arbeitslosigkeitsdauer. *Kölner Zeitschrift für Soziologie und Sozialpsychologie*, 56, 279-303.

Viebrock, E., & Clasen, J. (2009). Flexicurity and Welfare Reform: A Review. *Socio-Economic Review*, 7, 305-331.

Weber, B., & Weber, E. (2013). *Bildung ist der beste Schutz vor Arbeitslosigkeit* (IAB-Kurzbericht 4/2013). Nürnberg: IAB.

Wilson, W. J. (1987). *The Truly Disadvantaged. The Inner City, the Underclass, and Public Policy*. Chicago: University of Chicago Press.

Windzio, M. (2004). Kann der regionale Kontext zur „Arbeitslosenfalle" werden? Der Einfluss der Arbeitslosigkeit auf die Mobilität zwischen regionalen Arbeitsmärkten in Westdeutschland. *Kölner Zeitschrift für Soziologie und Sozialpsychologie*, 56, 257-278.

Winterhager, H. (2006). *Determinanten der Arbeitslosigkeitsdauer – Neue Erkenntnisse aus der IEB?* (ZEW Discussion Papers 06-077). Mannheim: ZEW.

Young, C. (2012). Losing a Job: The Nonpecuniary Cost of Unemployment in the United States. *Social Forces*, 91, 609-634.

Betrieb und Arbeitsmarkt

6

Olaf Struck

6.1 Einleitung

In Betrieben vollzieht sich der Tausch „Lohn gegen Arbeit", wobei zugleich die Anforderungen an Arbeitnehmerinnen und Arbeitnehmer in Menge und Qualität bestimmt werden. Im Folgenden werden die betrieblichen Strukturierungen von Mobilität am Arbeitsmarkt untersucht. Dabei werden theoretische Ansätze beleuchtet und der Forschungsstand zur Entwicklung stabiler und instabiler Beschäftigung im Kontext überbetrieblicher Entwicklungen und betrieblicher Beschäftigungsstrategien beschrieben.

Die Situation auf den Arbeitsmärkten wird von einer Vielzahl von Faktoren beeinflusst, so etwa von sozialstrukturellen Entwicklungen wie Wanderungen, gruppen- oder geschlechtsspezifischen Erwerbsneigungen, technischen Entwicklungen, der wirtschaftlichen Gesamtsituation oder von staatlichen und tariflichen Regulierungen. Gerahmt von diesen Einflussfaktoren ist jedoch Betrieben, als intermediären Organisationen des Erwerbssystems, eine eigenständige Bedeutung für das Arbeitsmarktgeschehen beizumessen. So werden in Betrieben etwa Qualifikationsanforderungen für betriebliche Stellen definiert und umgesetzt sowie Ein- und Austritte bzw. Fluktuationsraten strukturiert. Damit wird zugleich die Grenze zwischen internen und externen Arbeitsmärkten festgelegt. Individuelle Handlungschancen und -restriktionen werden in modernen Gesellschaften innerhalb von Organisationen (und damit Betrieben) erfahren und durch sie beeinflusst. Gerade auch die Betriebszugehörigkeitsdauer und die in Betrieben ausgebildeten Beschäftigtenstrukturen bestimmen die ökonomische, soziale und kulturelle Integration von Individuen in entscheidendem Maß.

© Springer Fachmedien Wiesbaden GmbH, ein Teil von Springer Nature 2018
M. Abraham und T. Hinz (Hrsg.), *Arbeitsmarktsoziologie*,
https://doi.org/10.1007/978-3-658-02256-3_6

Damit ist vor allem die Forschung zur sozialen Ungleichheit ein wichtiger Bezugspunkt für die Untersuchung des Zusammenhangs von Betrieb und Arbeitsmarkt. Im Laufe der industriellen Revolution entwickelte sich die lohnabhängige Erwerbsarbeit zur bedeutsamsten Quelle eigenständigen Eigentums (Mayer 1987), wobei die Wechsel von Statuspositionen im Lebensverlauf eng an die Erwerbstätigkeit gebunden sind (Kohli 1985; Mayer 1990). Dies gilt einerseits *direkt* für Ein- und Aufstiege in Betrieben sowie für Ausstiege bzw. Betriebswechsel. Und es gilt andererseits *indirekt*, da wohlfahrtsstaatliche Transferleistungen (etwa Arbeitslosengeld, Lohnfortzahlung im Krankheitsfall oder Altersversorgung) an Anwartschaften aus betrieblich organisierter Erwerbstätigkeit gekoppelt sind und auch Familienmitglieder in starkem Maße von dem Beschäftigtenstatus anderer Familienmitglieder beeinflusst werden. Entscheidungen und Handeln in Betrieben, hieraus generierte Personalstrukturen sowie die Situation auf Arbeitsmärkten, stellen somit eine zentrale Vermittlungsebene gesellschaftlicher sozialer Ungleichheit dar.

In der Ungleichheits- und Sozialstrukturforschung blieben Organisationen und Betriebe, welche institutionelle Regelungsbedingungen immer auch eigenständig reproduzieren und vermitteln, jedoch zumeist unberücksichtigt. Erst mit dem *new structuralism* (Baron und Bielby 1980) der US-amerikanischen Sozialstrukturanalyse hat eine explizite Verknüpfung mit der Betriebs- und Organisationsforschung stattgefunden.

Die Perspektive auf Betriebe war lange Zeit der klassischen Industriesoziologie vorbehalten. Ihre Vertreter nahmen verstärkt Erkenntnisse der Sozialstrukturanalyse auf, insofern die zunehmende Differenzierung zwischen abhängig Beschäftigten in den Mittelpunkt des Interesses rückte (Offe 1983). Interessendivergenzen zwischen Rationalisierungsgewinnern und -verlierern, In- und Outsidern sowie marktmächtigen Kernbetrieben und abhängigen Zulieferern und Dienstleistungsbetrieben traten als neu zu analysierende Tatbestände neben die klassischen Konfliktlinien zwischen Kapital und Arbeit. Darüber hinaus gewannen – mit der Fokussierung auf Autonomie, Kooperation und Vertrauen in Ergänzung zu Herrschaft und Kontrolle – die Handlungsdimension sowie differenziert zu betrachtende betriebliche Aushandlungsspielräume an Bedeutung (Hildebrandt und Seltz 1987; Heisig 1989). Und nicht zuletzt ergänzten sich die industriesoziologischen Ergebnisse mit organisationssoziologischen Befunden einer gestiegenen Bedeutung von Organisationen (Ahrne 1990; Türk 1999) im Wechselverhältnis zwischen Institution und Organisation und ihren Mitgliedern (DiMaggio und Powell 1983; Deutschmann 2002). Mit Blick auf Betriebsorganisationen gilt dabei erstens: Soziale Positionierungen von Erwerbspersonen sind Resultat von Strukturbildungsprozessen in Betrieben. Mitgliedschaft sichert dabei – wie zuvor erwähnt – gesellschaftliche Teilhabechancen. Dabei werden Mitglieder bewertet, in mehr oder minder hierarchische Strukturen eingewiesen, unterschiedlich belohnt und mit differenten Entwicklungs- und Karrierechancen ausgestattet. Zweitens: Soziale Positionierungen entstehen durch Entwicklungsprozesse von Organisationen. Wachstum und Fortbestand bieten hier im Allgemeinen individuell ertragreichere Aussichten als Schrumpfung oder Auflösung der Organisation.

Kurzum: Personen, die ihren Lebensunterhalt aus abhängiger Lohnarbeit bestreiten, sind auf Betriebe angewiesen. Konkret bedeutet dies: Betriebe treten als Nachfrager nach Arbeitskräften auf, wobei sie sich das Arbeitsvermögen von Erwerbspersonen gegen Lohn und weitere Zuwendungen wie Aufstiegs-, Bildungs- oder Beschäftigungssicherheitszusagen aneignen. Sie sind somit intermediäre Organisationen des Erwerbssystems, die zwischen Arbeitsangebot und -nachfrage vermitteln und den Übergang, den Verlauf sowie den Austritt von Erwerbspersonen maßgeblich beeinflussen (Struck und Simonson 2000). Betrachten wir also Ein- und Austritte wie auch den Tätigkeitsverlauf etwas genauer.

Dem *Eintritt in Betriebe* geht auf Seiten von Arbeitgebern und Arbeitnehmern zunächst eine Selbst- und Fremdbeurteilung voraus (Rastetter 1996, S. 6f.). Arbeitsplatzanwärter bewerten eigene Interessen und Fähigkeiten sowie das Arbeitsplatzangebot, darunter vor allem auch den Lohn, um sich in Abwägung möglicher vielleicht besserer Alternativen sowie des aktuellen Einkommensniveaus, etwa durch Arbeitslosengeld, für die Konditionen des Arbeitsangebotes zu entscheiden. Burdett und Mortensen (1980) sprechen in diesem Zusammenhang von *matching*. Auf betrieblicher Seite werden die Anforderungen von Arbeitsplätzen festgelegt. Personalverantwortliche *gatekeeper* haben dabei in Kenntnis der Arbeitsplatzanforderungen die Aufgabe über geeignete Bewerber, zumeist auf Basis von Vorinformationen zum Ausbildungs- und Berufsverlauf, zu entscheiden (Struck 1998, 2001). Im Zuge solcher wechselseitigen Selbst- und Fremdbeurteilungen entstehen „Wahlverwandtschaften" zwischen biografischen Entwürfen der Erwerbspersonen und betrieblichen Rollenvorgaben, welche die Anforderungen an Qualifikationen (Struck und Dütsch 2012) und Werte (Nerdinger 2014) umfassen und mit Berufen bzw. Berufsrollen beschrieben werden (vgl. Kap. 7 in diesem Band). Solche Wahlverwandtschaften sind beispielsweise von Brose et al. (1994), mit Rückgriff auf Max Webers Gedanken zum Zusammenhang individueller Lebensführung und wirtschaftlicher Organisation (Weber 1988 [1924]), als erwerbsbiografische „Inklusionsverhältnisse" untersucht worden (allg. auch Heinz 1995). Institutionelle Ordnungen der beruflich zertifizierten Ausbildung (Soskice 1994; Shavit und Müller 1998; Bosch 2010) und des Arbeitsmarktes (Lutz 1987; Sengenberger 1987) bieten dabei elementare Kalkulationshilfen. Sie unterstützen einerseits Berufs- und Arbeitsplatzwahlentscheidungen auf Seiten der Stellenanwärter und Tätigkeitszuschnitte sowie Fähigkeitsbeurteilungen auf Seiten der Personalverantwortlichen (vgl. Kap. 7 in diesem Band). Andererseits fördern sie die Planbarkeit der Risiken, Kosten und Erträge von spezialisierten Investitionen in Ausbildung und Weiterqualifizierung für beide Arbeitsmarktparteien (Deutschmann 2002). Beeinflusst wird der Ausgang des wechselseitigen Bewertungs- und Entscheidungsprozesses zudem von der Einschätzung über das Verhältnis offener Stellen zu den in Qualität und Quantität vorhandenen Bewerbern (Sehringer 1989; Rastetter 1996). Des Weiteren hat das Kosten-Nutzen-Verhältnis zwischen schnellem Stellenantritt und dem Warten auf ein besseres Angebot einen Einfluss, der wiederum auch von dem aktuell verfügbaren Einkommen, etwa aus staatlichen Transferzahlungen, abhängt (Mortensen 1976; Mortensen und Pissarides 1994). Dabei sind Betriebe immer auch darauf angewiesen Arbeitskräfte rekrutieren zu können, die den betriebswirtschaftlichen Unternehmenszielen (d. h. gewinnorientierte Entwicklung, Erstellung und Vermarktung von Produkten und Dienstleistungen) und arbeitsorganisatorischen Bedingungen (etwa Leistungs- und Kooperationsanforderungen) gerecht werden, was zudem Anforderungen an das Ausbildungs- und Weiterbildungssystem stellt.

Nach dem Zustandekommen von Beschäftigungsverhältnissen müssen Arbeitgeber sicherstellen, dass das Arbeitsvermögen in tatsächliche Arbeitsleistung transformiert wird. Entsprechend der Vielzahl der vorliegenden führungs- und personalwirtschaftlichen Literatur sind auf diese Aufgabe Arbeitsinhalte, Weisungsbefugnisse, Kontroll-, Kooperations-, Motivations-, Gratifikations- und Beförderungsstrukturen abzustimmen (Backes-Gellner et al. 2001; Schuler und Kanning 2014). Als gerecht empfundene Abstimmungen zwischen Leistung und Gegenleistung gelten dabei als Garant dafür, das wechselseitig bestehende Opportunismusproblem (siehe Kap. 2 in diesem Band) zu minimieren und hohe Arbeitsleistungen zu erzeugen (Akerlof 1982; Rousseau und Schalk 2000). Gelingt eine solche Abstimmung nicht, besteht das Problem, dass Arbeitnehmer aus eigener Initiative den Betrieb verlassen, durch „innere Kündigung" nach neuen Balancen zwischen ihrer Leistungsverausgabung und der erhaltenen finanziellen oder sozialen Anerkennung suchen (ebd.) oder durch Konflikt – vielfach im Rahmen des institutionell verankerten Systems „industrieller Beziehungen" (Köhler et al. 2015) – verbesserte Gratifikationen, Arbeits- oder Karrierebedingungen anstreben.

Beendigungen von Beschäftigungsverhältnissen sind ebenfalls betrieblich beeinflusst. Übergänge in den Ruhestand können durch Frühverrentungsangebote vorgezogen oder durch bildungs- und arbeitsorganisatorische Maßnahmen verzögert werden. Eigenkündigungen sind durch Gratifikations-, Aufstiegs- und Arbeitsbedingungen beeinflusst und Entlassungen sind das Ergebnis betrieblicher Personal- oder Reorganisationsstrategien bzw. erfolgen durch Betriebs(stätten)-schließung (Clemens 2014; Struck 2014; Tisch 2015).

Zusammenfassend gilt: Ungeachtet der hier skizzierten unzweifelhaften Bedeutung von Betrieben für das Geschehen auf Arbeitsmärkten haben betriebsstrukturelle Merkmale erst seit den 1980er Jahren Eingang in die Arbeitsmarktforschung erhalten. Dieser insgesamt zögerliche, doch gleichwohl ertragreiche Prozess wird im Folgenden knapp anhand zentraler theoretischer Ansätze nachvollzogen. Dabei beschränken sich die folgenden Ausführungen – in Ergänzung der in Kapitel 2 vorgestellten Arbeitsmarkttheorien – auf Ansätze der betrieblichen Strukturierung von Arbeitsmärkten.

6.2 Theoretische Ansätze

Maßgeblich für die folgenden – parallel sich entwickelnden – Strukturperspektiven sind die Konzepte von 1. Vakanzkettenmodellen und organisationsdemografischen Ansätzen, 2. organisationsökologischen Ansätzen sowie 3. segmentationstheoretischen Ansätzen, die Kern- und Randpositionen im Wirtschaftsgefüge aufnehmen und in etwas jüngerer Zeit 4. betriebliche Beschäftigungssysteme.

6.2.1 Vakanzstrukturen und Organisationsdemografie

Untersuchungen zu innerbetrieblichen Aufstiegswettbewerben, sogenannte Vakanzketten (Sørensen 1983), und zu Erwerbsmobilität berücksichtigen die zeitliche Strukturierung betrieblicher Beschäftigung. Grundlegend für das Verständnis von Beschäftigungsstabilität und -mobilität ist die Überlegung, Arbeitsstellen – in Anlehnung an Max Webers Unterscheidung sozialer Beziehungen (Weber 1980 [1922], S. 23f.) – im Sinne offener oder geschlossener sozialer Positionsräume zu begreifen (Hodge 1966; Vroom und MacCrimmon 1968; McFarland 1970; White 1970; Stewman 1975; Sørensen 1983; Rosenbaum 1990; Brüderl 1991, S. 45ff.). Übergänge in offenen Positionssystemen unterliegen Marktmechanismen. Arbeitsplatzinhaber aller Ebenen sind nicht gegen konkurrierende externe Bewerber geschützt und unterliegen vergleichsweise häufig der Gefahr ausgetauscht zu werden. Auf der anderen Seite eines Kontinuums zwischen offenen und geschlossenen Positionssystemen sind die Arbeitsplatzinhaber durch Rechtsansprüche geschützt, die durch betriebliche und überbetriebliche (etwa tarifrechtliche) Vereinbarungen oder normative Satzungen Geltung besitzen. Eine zunehmende Geschlossenheit ist durch striktere Maßgaben an Zugangssuchende bis hin zur Monopolisierung von Rechten der Organisationsmitglieder gekennzeichnet. Ausdruck dieser Rechte sind dann zumeist langfristige Beschäftigungsbeziehungen. Vakanzen entstehen

in geschlossenen Systemen durch freiwillige Austritte, Verrentung oder die Schaffung neuer Positionen. Kommt es zu Vakanzen, dann werden in eher geschlossenen Systemen zunächst Organisationsmitglieder berücksichtigt. Welches Mitglied
berücksichtigt wird, bestimmt sich durch den Platz, den es in der Warteschlange
für Stellenbesetzungen einnimmt. In Abhängigkeit vom hierarchischen Aufbau
der Organisation lösen Abgänge in höheren Positionen eine Kette von Vakanzen
aus, in die Stelleninhaber der jeweils niedrigeren Hierarchieposition nachrücken
(Sørensen 1983, S. 204ff.).

Dieses Konzept lässt allerdings offen, warum bestimmte Tätigkeiten und Unternehmen durch betriebliche (und teilweise selektiv wirkende überbetriebliche
tarifliche oder staatliche) Regulierung gekennzeichnet sind, die Geschlossenheit
und Betriebsbindungen befördern (wie etwa betriebliche oder tarifliche Vereinbarungen zum Kündigungsschutz) und andere Tätigkeiten und Unternehmen nicht.
Ergänzend zu dem zuvor dargestellten Grundmodell betrieblicher Mobilitätsprozesse, betrachten *Mobilitätsstudien* zunehmend wirtschaftsstrukturelle Einflüsse
auf individuelle Beschäftigungsmobilität. Berufe, Wirtschaftssektor (Kapitalin-
tensität), Betriebe (Größe), Gewerkschaften, soziale Klasse oder Nationalstaaten
wirken dabei als Strukturgeber individueller Verläufe (Carroll und Mayer 1986;
Brüderl 1987; Kalleberg 1988). Insgesamt gilt, dass auch diese Untersuchungen,
ähnlich den Segmentationsansätzen, auf die im Folgenden noch einzugehen sein
wird, von einem abstrakt bleibenden Strukturbegriff geprägt sind. Gezeigt wird,
dass Arbeitsplatzstrukturen in Betrieben, kollektive Akteure oder unterschiedliche Bereiche der Wirtschaftsstruktur Beschäftigungsmobilität beeinflussen. Unbestimmt bleibt, in welchem (Wechsel-)Verhältnis die genannten Dimensionen zueinander sowie zu Personenmerkmalen stehen (Preisendörfer 1987, S. 213; Brüderl
1991, S. 14f.).

Einen weiteren Versuch individuelle und organisationsstrukturelle Merkmale
miteinander zu verbinden, stellen vor allem *organisationsdemografische Ansätze* dar (Pfeffer 1981, 1983; Meixner 1985; Stewman 1988; Brüderl 1991; Coombs
1992; Nienhüser 1998, 2000; Struck 1999). Auch sie berücksichtigen die zeitliche
Strukturierung von Beschäftigung. Dabei gilt ihnen die gewachsene Verteilung
von Personenmerkmalen wie Alter oder Qualifikation, direkt oder indirekt, als
verantwortlich für betriebliche Ein-, Aus- und Aufstiege. Als den Laufbahnfort-
schritt von Individuen und Gruppen beeinflussende Größen werden die Größe und
die Verteilung von Alterskohorten oder Qualifikationsgruppen untersucht. So bergen etwa große Differenzen zwischen betrieblichen Alterskohorten die Gefahr von
Wert- und Ressourcenkonflikten in sich. Oder Beschäftigten, die Mitglied einer
kleinen Einstiegskohorte sind, ist der innerbetriebliche Aufstieg erschwert, wenn
sich diese Kohorte hinter einer großen Kohorte befindet. Einige Untersuchungen

weisen darauf hin, dass in dieser Konstellation die Motivation der gehemmten Gruppe sinkt (Halaby und Sobel 1979) und die Zahl der Übergänge aus Unternehmen heraus, insbesondere von jüngeren, besser qualifizierten Beschäftigten, steigt (Reed 1978; McCain et al. 1983; Grotheer et al. 2005). Pfeffer (1983) verbindet Kontrollformen zudem mit organisationsdemografischen Merkmalen. Dieser Zusammenhang basiert auf Überlegungen, wonach sich auf Sozialisation gründende kulturelle Kontrollmechanismen nur bei einer hohen durchschnittlichen Unternehmenszugehörigkeitsdauer herausbilden können. Demgegenüber werden sich Personalverantwortliche in Unternehmen mit einer großen Anzahl neuer Mitglieder auf bürokratische, formale Kontrollmechanismen stützen (ebd.; Halaby 1978).

Organisationsdemografische Ansätze stellen insofern eine Erweiterung der Vakanzkettenmodelle dar, als dass sie die Wirkungen demografischer Strukturen von Organisationshierarchien auf individuelle betriebliche Verläufe analysieren. Jedoch lassen sie wiederum überbetriebliche wirtschaftsstrukturelle Einflüsse wie auch betriebliche und überbetriebliche Regulierungen unberücksichtigt.

6.2.2 Organisationsökologische Ansätze

Organisationsökologische Ansätze berücksichtigen wirtschaftsstrukturelle Einflüsse, wobei sie Beschäftigungsmobilität im Kontext der vitalen Ereignisse der Gründung oder Schließung sowie des Wachstums oder Kontraktion von Betriebsorganisationen betrachten (Hannan und Freeman 1977, 1989; Carroll et al. 1990; Haveman und Cohen 1994; Windzio 2001, 2005). Dabei haben sowohl Gründungen und Wachstum wie auch Schließungen und Kontraktion eine mobilitätssteigernde Wirkung. Sie können einerseits, im Fall von Neueinstellung oder Entlassung, Beschäftigtengruppen direkt betreffen. Andererseits können sie aber auch indirekt, d. h. über antizipierte Entwicklungen eines Beschäftigungsfeldes, wirken (Haveman und Cohen 1994, S. 111ff.). Nach Schätzungen von Windzio sind 15 Prozent aller Austritte aus Betrieben auf die Auflösung von Betriebsstätten zurückzuführen. Hinzu kommen Gründungseffekte – und damit Eintrittseffekte – vergleichbarer Größenordnung (Windzio 2005).

Mit der Berücksichtigung der betrieblichen Dynamik von Unternehmensteilen, Unternehmen oder Wirtschaftszweigen verweisen organisationsökologische Ansätze auf die Beschränktheit von betrieblichen Restrukturierungversuchen und thematisieren den Selektionsprozess selbst (Carroll et al. 1990). Dabei postulieren sie, dass Selektionsprozesse von Betrieben Beschäftigungsverläufe im Wesentlichen erklären, wobei die Ursache für die mitunter geringe Wirkung betrieblicher Restrukturierung in der strukturellen Trägheit von Organisationen gesehen wird.

Diese Trägheit wird als Resultat von Pfadabhängigkeiten vorangegangener Entscheidungen betrachtet. Dabei sind Pfadabhängigkeiten die Folge von Investitionsentscheidungen in Anlagen, Herstellungsstrukturen oder Personal, welche
aufeinander abgestimmt erfolgen. Zudem bedingen diese Strukturen von geübten
Abläufen oder auch Verbindlichkeiten einmal erreichter Aushandlungsergebnisse
unterschiedliche Interessen betrieblicher Akteure. Hinzu kommen Marktzugangs-
barrieren in neuen Feldern und Informationsrestriktionen der beteiligten Akteure
(Hannan und Freeman 1977, 1989, 1995; Haveman 1992, S. 48 sowie Singh und
Lumsden 1990, S. 168 zur Bedeutung von Trägheit). Vor diesem Hintergrund
können Veränderungen von Umweltbedingungen die Reproduktion einer Orga-
nisationspopulation gefährden, wenn die von Organisationen benötigten Umwelt-
ressourcen fehlen. Verletzliche Organisationen – so wird weiter argumentiert –
unternehmen Restrukturierungsversuche, die jedoch, um erfolgreich zu sein, auch
Strukturträgheit überwinden müssen. Dies gilt allerdings als ein riskantes Unterfangen. Organisationen können zur Bearbeitung komplexer und veränderter Umweltanforderungen einen Kern von Aufgabenbereichen herausbilden und schwer
kalkulierbare Umweltanforderungen an periphere Bereiche abgeben. Dies gelingt
nicht allen Organisationen, sodass etwa kleine oder marktschwache Betriebe ster-
ben. Vor allem aber dann, wenn Restrukturierungsprozesse in den Kernbereich hi-
neinreichen, verlieren Organisationen ihre Verlässlichkeit und Legitimation. Dies
benachteiligt sie in der Konkurrenz zu jenen Organisationen, die zuverlässig ihre
Struktur zu reproduzieren in der Lage sind (Hannan und Freeman 1989, S. 77).

   Es gibt bislang keine Untersuchung, die adaptiven und selektiven Wandel ver-
gleichend untersucht. Unstrittig ist, *dass* unternehmensstrukturelle Dynamiken,
wie Gründungen, Wachstum oder Schließungen bzw. Kontraktion, Wirkungen auf
Beschäftigungsmobilität entfalten (DiPrete und Nonnemaker 1997; Windzio 2001,
2005), wobei gewiss die beschriebenen Pfadabhängigkeiten bestehen. Offen bleibt
jedoch, *inwieweit* und *in welchen Beschäftigungsfeldern* der wirtschaftliche und
betriebliche Strukturwandel über adaptive (interne oder externe) Beschäftigungsstrategien oder über selektive Prozesse vollzogen werden kann und tatsächlich
wird. Eine Beantwortung dieser Fragen setzt erstens Analysen der überbetrieblichen politischen, wirtschaftlichen und sozialrechtlichen Strukturen, zweitens
der qualifikatorischen sowie sozial- und arbeitsmarktstrukturellen Bedingungen,
drittens der damit verbundenen innerbetrieblichen technischen, arbeitsorganisatorischen und personellen Strukturen wie auch der viertens damit zusammenhängenden innerbetrieblichen Handlungsstrategien voraus.

6.2.3 Duale Wirtschaft und Arbeitsmarktsegmentation

Segmentationsansätze bieten Grundlagen für einen vergleichsweise umfänglichen Einbezug von Faktoren. So etwa, wenn sie Produktions- und Beschäftigungsstrategien von Betrieben und deren Einflüsse auf Beschäftigungsverläufe und Löhne als wesentlich von der betrieblichen Position in diesem Wirtschaftsgefüge abhängend beschreiben. Unterscheidungen von Betrieben, die einem peripheren (*periphery*) und einem inneren Sektor (*core sector*) zuzurechnen sind, gehen auf das Konzept der *dual economy* (Averitt 1968) zurück. Betriebe des Kernsektors sind dann durch Massenproduktion und bürokratische Betriebs- und Personalorganisation sowie durch interne Arbeitsmärkte bestimmt. Betriebe des peripheren Sektors tragen als Zulieferer oder Dienstleister auf flexible Weise zum Wirtschaftsergebnis bei, wobei sie durch instabile Beschäftigungsbeziehungen und häufigen Personalaustausch auf externen Märkten charakterisiert sind.

Ausgehend von derartigen Annahmen wurden vor allem Segmentationstheorien zum Ausgangspunkt weitergehender Untersuchungen betrieblicher Mobilität (Kerr 1950, 1954; Doeringer 1967; Doeringer und Piore 1971). Ergänzend zur wirtschaftsstrukturellen Einbettung machen sie einerseits betriebsspezifische oder andererseits allgemeine und austauschbare Qualifikationen sowie (in späteren Studien ergänzt) institutionelle Arrangements für die länderspezifische Herausbildung betriebsinterner und externer Arbeitsmärkte (Köhler und Sengenberger 1983; Sengenberger 1987) verantwortlich.

Für Deutschland ist die vielfach empirisch replizierte Dreiteilung des Gesamtarbeitsmarktes von Lutz und von Sengenberger hervorzuheben (Lutz 1987; Sengenberger 1987). Getrennt wird hier zwischen: a) Einem *betriebsinternen Teilarbeitsmarkt*, dessen Mitglieder betriebsspezifische Qualifikationen besitzen, die sie an die Betriebe binden. Dabei beschränken sich Eintritte in Betriebe auf typische Einstiegspositionen. b) Einem *(berufs-)fachlichen Teilarbeitsmarkt*: Die Mitglieder besitzen standardisierte Qualifikationsabschlüsse und sind in vergleichsweise hohem Maße substitutionsfähig und überbetrieblich mobil. Und c) einem *unspezifischen Teilarbeitsmarkt*, auf dem Arbeitskräfte generelle Allgemeinkenntnisse und Mindestbefähigungen besitzen. Dieser Markt kommt den preisregulierten Wettbewerbsmärkten am nächsten. Die Zahl der Übergänge in und aus Unternehmen ist hoch.

Die Leistungen der genannten Segmentationsansätze liegen in der Erforschung unterschiedlicher wirtschafts- und vor allem betriebsstruktureller sowie (betriebs-) institutioneller Merkmale hinsichtlich ihrer Wirkungen auf Arbeitsmärkte. Von besonderer Bedeutung ist dabei die Qualifikation, da die Betriebe ein Interesse an der Sicherung und Amortisation eigener Investitionen in das Humankapital ihrer

Arbeitnehmer besitzen. Betriebsspezifische Qualifikationen und das Streben von Unternehmen nach Autonomie befördern die Etablierung von Kernbelegschaften. Mobilität in fachlichen Teilarbeitsmärkten basiert demgegenüber auf institutionellen Regeln der Sicherung und Zertifizierung überbetrieblicher Fachqualifikationen. Unspezifische Teilarbeitsmärkte weisen keine auf Qualifikationserlangung und -sicherung bezogenen betrieblichen oder institutionellen Regelungen auf. Um im Einzelnen zu beantworten, in welchem Umfang Kern- oder Randbelegschaften das betriebliche Arbeitsmarktgeschehen kennzeichnen, werden in der Segmentationsforschung eine Reihe weiterer institutioneller und struktureller Merkmale einbezogen. Genannt werden: Schwankungen der Güternachfrage und Handlungsspielräume aufgrund der Position in der Wertschöpfungskette und der Betriebsgröße (Altmann und Bechtle 1971; Schultz-Wild 1979; Lutz 1987; Sengenberger 1987), das Arbeitsangebot, technologisch und arbeitsorganisatorisch bedingte Qualifikationen (ebd. sowie Kerr 1950, 1954; Freiburghaus und Schmid 1975), berufliche und schulische Bildungssysteme, kollektive Regeln der Arbeitgeber- und Arbeitnehmerorganisationen, rechtliche Rahmenbedingungen und staatliche Politiken (Osterman 1987; Sengenberger 1987), institutionelle prozedurale Regeln der Arbeitskräfteallokation und Gratifikation sowie Freiheitsgrade des Managements (Köhler und Sengenberger 1983; Lutz 1987; Sengenberger 1987). Diese Merkmale gelten dabei allein oder in Kombination als bestimmend für den Umfang und die Entwicklung der Arbeitsmarktsegmente. Angesichts der Vielzahl der genannten Merkmale fällt allerdings auf, dass der Strukturbegriff des Ansatzes recht unbestimmt bleibt. Dabei wird das den Unternehmen unterstellte Interesse, ihre innere Struktur zu stabilisieren, je nach Untersuchung immer wieder selbst in Frage gestellt. Genannt wird die Notwendigkeit, Anpassungsflexibilität zu erhalten, auf Diskontinuitäten in Arbeits- und Gütermärkten zu reagieren, auf technologisch und arbeitsorganisatorisch bedingte Veränderungen von Qualifikationsanforderungen einzugehen und institutionelle, das heißt bildungs- und sozialpolitische Entwicklungen zu antizipieren.

Haben sich die Protagonisten des Ansatzes noch darauf beschränkt, diese genannten Merkmalskombinationen in ihren Wirkungen auf Teilarbeitsmärkte, zum Teil auf der Basis exemplarischer Betriebsfallstudien, zu beschreiben, so wird in stärker erklärenden Arbeiten, die sich um eine empirische Prüfung der Segmentationsansätze bemüht haben, die Bedeutung einzelner Faktoren auf Prozesse der überbetrieblichen Arbeitsmarktsegmentierung analysiert (Blossfeld und Mayer 1988; Szydlik 1990). Der Blick richtet sich gemäß dem Erkenntnisinteresse auf Strukturen des Arbeitsmarktes sowie auf einfach zu erfassende, jedoch nur mehrdimensional zu interpretierende Merkmale wie Betriebsgröße und Branche. Ein wesentlicher Grund dafür war die zunächst noch restriktive Datenlage. Betriebliche Gestaltungsleistungen, wie beispielsweise bildungsbezogene und technologische Investitionsstrategien sowie betriebliche Beschäftigungsstrukturen, blieben unberücksichtigt. Insgesamt wurde den vornehmlich deskriptiven Arbeitsmarkttypologien ein mangelnder ursächlicher Erklärungsgehalt beigemessen (Struck 2006; Kaufman und Miller 2009).

6.2.4 Betriebliche Beschäftigungssysteme

Um zu erklärenden Modellen für eine betriebliche Personal- und Beschäftigungspolitik zu gelangen, aus denen sich auch arbeitsmarktstrukturelle Entwicklungen ableiten lassen, wurde in jüngerer Zeit auf Ansätze der Arbeitssoziologie wie auch der Personal- und Arbeitsökonomik zurückgegriffen (Struck und Dütsch 2012). Diese wiesen starke Bezüge zur Humankapitaltheorie sowie vor allem der *Neuen Institutionenökonomik* (Transaktionskostentheorie; Prinzipal-Agent-Theorie) auf (Becker 1964; Williamson et al. 1975). Ausgangsannahme ist, dass Betriebe zur Umsetzung ihrer Ziele erstens Verfügbarkeitsprobleme zu lösen haben, das heißt die richtige Menge und Qualität von benötigten Qualifikationen am richtigen Ort kombinieren zu können. Auch wenn Personal mit passenden Fertigkeiten und Fähigkeiten vorhanden ist, können diese Beschäftigten ihre Leistungsbereitschaft zurückhalten. Entsprechend müssen Betriebe zweitens das Leistungsbereitschaftsproblem (auch Wirksamkeits- oder Transformationsproblem) lösen, um zu erreichen, dass Arbeitnehmer bereit sind ihre Leistungskraft möglichst umfänglich im Tausch für Geld, Anerkennung, Wissenszuwachs etc. zur Verfügung zu stellen (Deutschmann 2002).

Betriebliche Beschäftigungssysteme, im Englischen auch als *employment (sub) systems* oder *human resource management systems* bezeichnet, kennzeichnen vor diesem Hintergrund die Strukturen und Prozesse der Allokation, der Qualifikation sowie der materiellen und immateriellen Gratifikation (Anreize, Sanktionen, Vertrauens- und Kontrollmechanismen) in Erwerbsorganisationen, mittels derer die zwei zuvor geschilderten Probleme bewältigt werden sollen (Lepak und Snell 2002; Hendry 2003; Struck 2006; Struck und Dütsch 2012). Diese Probleme können sich innerhalb eines Betriebes sehr unterschiedlich darstellen. Im Bereich einfach verfügbarer Arbeitskräfte und bei leicht zu kontrollierenden Tätigkeiten können andere Anreize gesetzt werden als im Bereich hochspezialisierter Qualifikationsanforderungen, für die am Arbeitsmarkt selten geeignete Personen zur Verfügung stehen. Entsprechend können in Betrieben in der Regel mehrere betriebliche Beschäftigungssysteme identifiziert werden. Als wesentlich für die in ihnen jeweils vorherrschenden und komplementär zueinanderstehenden Rekrutierungs-,

Personalentwicklungs-, Kontroll-, Anreiz- und Personalaustauschmaßnahmen sowie Stabilitätsangebote gelten insbesondere sowohl die Anforderungsprofile der betrieblichen Tätigkeiten als auch die Situation auf externen Arbeitsmärkten. Struck und Dütsch (2012, S. 162) gehen dabei davon aus, dass personalverantwortliche Akteure ihre Aufmerksamkeit dabei vor allem auf ein anforderungsgerechtes spezifisches Humankapital (Williamson et al. 1975; Lepak und Snell 2002) oder auf anforderungsspezifische Kombinationen einzelner jeweils nichtbetriebsspezifischer Fähigkeiten ihrer Belegschaften (Lazear 2009) richten. Hier ist die Verfügbarkeit am wahrscheinlichsten eingeschränkt, sodass eigene Anstrengungen zum innerbetrieblichen Aufbau derartiger Qualifikationen und deren Erhalt oder intensive Informations- oder Netzwerkstrategien für eine passgerechte Verfügbarkeit solcher Qualifikationen über externe Märkte notwendig sind.

In den Untersuchungen wird häufig zwischen vier Beschäftigungssystemen differenziert (Osterman 1987; Lepak und Snell 2002; Kaufman und Miller 2009; Struck und Dütsch 2012). Im groben Überblick ist in diesen Konzepten die Personalarbeit ausgerichtet a) auf eine langfristig und betrieblich geschützte Beschäftigung, und/oder b) auf eine durch hohen Arbeits- und Kontrolldruck gekennzeichnete Tätigkeit, die ggf. auch hohe Fluktuation in Kauf nimmt, und/oder c) auf eine institutionell gesicherte berufsfachliche Ausbildung und berufsfachliche bzw. professionelle Verwertung der Ausbildungsqualifikationen der Beschäftigten und/oder d) auf Beschäftigte, die fern ihrer einmal erworbenen Qualifikationen und entsprechend fern eines institutionellen-berufsfachlichen Schutzes sowie ohne langfristigen Arbeitsvertrag ihre tendenziell höheren Qualifikationen immer wieder neu anpassen müssen, um im Erwerbssystem bestehen zu können. Eine größere, und entsprechend differenzierte, Anzahl betrieblicher Beschäftigungssysteme beschreibt Hendry (2003). Dichotome Strukturen zwischen kontrollbasierten oder internen sowie *commitment* fördernden *high performance human resource systems* finden sich etwa bei Arthur (1994) oder Baron und Kreps (1999). Insgesamt lassen sich betriebliche Beschäftigungssysteme einerseits im Grad ihrer „Offenheit" oder „Geschlossenheit" gegenüber dem externen Arbeitsmarkt – und damit im Zusammenhang stehend – hinsichtlich ihrer ökonomischen und innovativen Wirkkraft für Unternehmen unterscheiden, andererseits spielen die Folgewirkungen für Erwerbstätige, das heißt ihre Arbeitsmarkt-, Mobilitätschancen, Qualifikationsanforderungen sowie Möglichkeiten der Interessenvertretung eine Rolle (ebd.; Bloom und van Reenen 2010; Struck und Dütsch 2012; Köhler et al. 2015).

Mit dem Perspektivenwechsel auf die Prozesse und Strukturen in Betrieben war zugleich eine systematische Berücksichtigung von institutionell und strukturell beeinflussten Handlungsspielräumen der Akteure verbunden, wodurch erklärende Analysen möglich wurden. Gleichwohl kann immer noch ein Mangel an empirisch und theoretisch fundierten Untersuchungen zu Ursachen und Folgewirkungen von Beschäftigungssystemen konstatiert werden. Ein wesentlicher Grund ist die Datenlage. Notwendig wären tief ansetzende Längsschnittdaten (*linked-employer-employee*-Daten), die es erlauben individuelle Tätigkeits- und Qualifikationsverläufe in Abhängigkeit von betrieblichen Entwicklungen zu analysieren. Welche Ergebnisse bislang vorliegen, darüber gibt der nächste Abschnitt Auskunft.

6.3 Empirische Befunde

Grundsätzlich haben Betriebe unterschiedliche Handlungsmöglichkeiten, die unterschiedlich auf die Zahl, die Fluktuation und die Qualifikation der Beschäftigten wirken (Carstensen 1999). Diese können sich eher an externen Märkten orientieren, etwa wenn a) extern-numerische Anpassungen des Personals über Einstellungen und Kündigungen oder b) Produktionsanpassungen vorgenommen werden. Oder sie richten sich eher an betriebsinternen Bedingungen aus, wie etwa c) intern-zeitliche Anpassungen, etwa mittels Überstunden oder durch Kurzarbeit, unter anderem auch in Form von Zugriffen auf betriebliche Arbeitszeitkontenmodelle, d) qualifikatorisch-funktionale Anpassungen, unter anderem über formelle Weiterbildung oder lernförderliche Arbeitsplatzgestaltung und Aufstiegswege zur mittelfristigen Erhöhung der Produktivität und e) (Lohn-)Anreiz-Veränderungen mit Wirkungen auf die Leistungsbereitschaft (Semlinger und Frick 1995; Goudswaard und de Nanteuil 2000). Dabei lassen sich weder aus der Perspektive der Personalwirtschaft, noch aus dem Fokus der Arbeitsmarkt- oder Sozialpolitik eindeutige Vor- oder Nachteile für eine eher interne oder externe Beschäftigungsanpassungsstrategie ableiten. Die Schwierigkeit für die Akteure der jeweiligen Handlungs- und Beobachtungsebene besteht insbesondere darin, dass Möglichkeiten und Erfordernisse zur Steigerung von Effizienz und Flexibilität in einem Spannungsverhältnis zu Zuverlässigkeit und Steuerung von Komplexität stehen. So sind Kontroversen um geeignete Wege zwischen Flexibilität und Sicherheit innerhalb der Betriebe wie auch in der öffentlichen Debatte allgegenwärtig. Arbeitnehmer und ihre Interessensvertretungen in Form von Betriebsräten und Gewerkschaften fordern eher interne Flexibilisierungsmaßnahmen, wobei damit insbesondere betriebliche Insider vor Entlassung oder Konkurrenz geschützt werden. Arbeitgeber und ihre Verbände erstreben eher externe Flexibilisierungsmöglichkeiten. Über eine große Menge von angemessen qualifizierten Arbeitskräften auf externen Märkten kann in Betrieben und in ganzen Branchen Druck auf Leistung und Lohnniveau der vergleichsweise qualifizierten Beschäftigten ausgeübt werden.

6.3.1   Stabilität und Instabilität betrieblicher Beschäftigung

Einen Eindruck über den Umfang der Beschäftigtenanpassungen, den Betriebe am externen Arbeitsmarkt vollziehen, bietet die gesamtwirtschaftliche Fluktuationsrate – gemessen als Summe der Anteile der Ein- und Austritte an der Gesamtbeschäftigtenzahl in einem Kalenderjahr. Diese liegt in Deutschland Jahr für Jahr zwischen 25 und 30 Prozent (Stettes 2011). Die Rate entspricht dem Durchschnitt in Wohlfahrtsstaaten wie Frankreich, Schweiz, Norwegen oder Schweden. Insbesondere in den USA und Dänemark ist sie deutlich höher, in Österreich, Belgien, Italien hingegen niedriger (OECD 2009).

Alda (2005) kann zeigen, dass zwischen 1996 und 2000 lediglich 52 Prozent der Arbeitnehmer kontinuierlich in ein und demselben sozialversicherungspflichtigen Beschäftigungsverhältnis beschäftigt waren. An anderer Stelle bemisst Alda (2006) den Anteil der Beschäftigten, die zwischen kurzen Phasen befristeter Erwerbsarbeit, Arbeitslosigkeit und arbeitsmarktpolitischen Maßnahmen wechseln – je nach Indikator – auf etwa 10 bis 15 Prozent der Erwerbspersonen in Westdeutschland und auf 27 bis 35 Prozent in Ostdeutschland. Zu vergleichbaren Ergebnissen kommen Simonson et al. (2011a und 2011b). Frauen sind von einer solchen prekären Situation häufiger betroffen als Männer. Überlebensratenmodelle zeigen dabei, dass diskontinuierliche Erwerbsverläufe die Chancen auf dem Arbeitsmarkt verringern. Sie erhöhen die Arbeitslosigkeitsrisiken sowie im Falle überbetrieblicher Mobilität die Risiken von Einkommenseinbußen (Bender et al. 2000; Hacket 2009; Boockmann und Steffes 2010). Zudem gehen sie mit Verlusten von den in der Ausbildung erworbenen Qualifikationen einher (Dütsch et al. 2013) und wirken so kumulativ riskant bis hin zu Rentenanwartschaften im Alter (Simonson et al. 2011a und 2011b).

Jeder Zweite, der eine Beschäftigung aufgenommen hat, ist nach zwei Jahren nicht mehr im selben Betrieb tätig (Erlinghagen 2006; Struck 2006; Boockmann und Steffes 2010). Dabei kann Grotheer (2008) in seiner sehr differenzierten Analyse von Überlebensraten für Westdeutschland zeigen, dass gut Dreiviertel der Neueinsteiger den Betrieb nach vier Jahren wieder verlassen haben. Dies gilt für Jüngere unter 35 Jahren und Personen ohne Berufsausbildung deutlich häufiger als für mittlere Altersgruppen und Personen mit beruflichen Abschlüssen. Werden Branchen betrachtet, dann fällt auf, dass insbesondere in den Dienstleistungsbranchen (mit Ausnahme von den gesellschaftsbezogenen Dienstleistungen, wie etwa der Krankenversorgung, den Verkehrsbetrieben und in Verbänden wie etwa den Sozialversicherungen) eine deutlich überdurchschnittliche Beschäftigungsmobilität besteht, während diese im verarbeitenden Gewerbe der Grundstoff- und Güterproduktion sowie in der Investitionsgüterproduktion, etwa im Stahl-, Leicht- und Maschinenbau deutlich unterdurchschnittlich ist (ebd.).

Eine durchschnittlich hohe betriebliche Wechselmobilität täuscht leicht darüber hinweg, dass viele Menschen im Verlauf beruflicher *matching*-Prozesse (Mortensen 1976; Mortensen und Pissarides 1994) stabile Beschäftigungsverhältnisse erreichen. Dies wird deutlich, wenn Überlebensraten von Personengruppen betrachtet werden, die schon länger in einem Betrieb tätig sind (Struck 2006). Nach Grotheer (2008) sind Beschäftigte, die zwischen fünf und acht Jahren in einem Betrieb tätig sind, mit 61 Prozent Wahrscheinlichkeit auch in den nächsten vier Jahren in diesem Betrieb tätig. Für Beschäftigte, die eine mehr als zehnjährige Betriebszugehörigkeit aufweisen, beträgt die Wahrscheinlichkeit, weitere vier Jahre im Unternehmen zu verbleiben, circa 73 Prozent. Grundsätzlich gilt also, dass die Wahrscheinlichkeit, betrieblich stabil beschäftigt zu sein, mit zunehmender Beschäftigungsdauer steigt.

Weitere Forschungsarbeiten verdeutlichen zusätzliche personal- und qualifikationsstrukturelle, arbeitsorganisatorische sowie branchen- und betriebsgrößenspezifische Einflüsse auf stabile und instabile betriebliche Beschäftigung. Dabei lassen sich diese mittels kombinierter Individual- und Betriebsdaten vergleichsweise gut kontrolliert nachweisen (Bender et al. 2000; Abraham 2005; Grotheer et al. 2005; Struck 2006; Boockmann und Steffes 2010; Dütsch und Struck 2014b). Diese genannten Arbeiten stellen insbesondere die Bedeutsamkeit eines knappen spezifischen Humankapitals, der betrieblichen Aus- und Weiterbildung, von Investitionen in neue Technologien und der Existenz eines Betriebsrates für die Beschäftigungsstabilität heraus (ebd.). Das Vorhandensein dieser Einflussfaktoren erhöht die Wahrscheinlichkeit stabiler betrieblicher Beschäftigung. Diese Bedingungen treffen auf Beschäftigte in Betrieben des verarbeitenden Gewerbes vergleichsweise häufiger zu. Wie unter anderem Transaktionskostenansätze oder humankapitaltheoretische Ansätze sowie die Ansätze zu betrieblichen Beschäftigungssystemen nahelegen, scheinen es vor allem Personen mit tätigkeitsspezifischen Qualifikationen oder mit spezifischen Kombinationen von Fähigkeiten und Fertigkeiten zu sein, die betrieblich benötigt und entsprechend wertgeschätzt werden. Diese Personen werden aufgrund ihrer knappen Verfügbarkeit auf externen Märkten vorrangig in betriebsinternen Beschäftigungssystemen bzw. mit langfristiger Perspektive gehalten und – wenn nötig – aus- und weitergebildet. Dies führt wiederum dazu, dass Arbeitgeber versuchen, diesen Personenkreis über Angebote von Beschäftigungssicherheit, Löhne und Aufstiegsmöglichkeiten zu halten, um die Bildungsinvestitionen nicht zu verlieren (Neubäumer 2006; Dieckhoff 2007). Auf der anderen Seite scheinen gerade auch in großen Unternehmen, die international konkurrieren, geringer qualifizierte jüngere männliche Beschäftigte von deutlich höheren Fluktuationsrisiken bedroht (Giesecke und Heisig 2011). Für vergleichsweise viele Personen in Dienstleistungsbranchen, die durch geringere

Anteile betriebs- oder tätigkeitsspezifischer Qualifikationen gekennzeichnet sind, bestehen höhere Betriebswechselchancen bei gleichzeitig geringeren Arbeitslosigkeitsrisiken (ebd.).

6.3.2 Betriebliche Qualifikationsanforderungen und Arbeitsmarkteffekte

Seit Jahrzehnten ist ein andauernder Trend zur Höherqualifizierung der Beschäftigten zu beobachten. Entsprechend der These eines *skill-biased technological change* (Acemoglu 2002; Autor et al. 2003; vgl. Kap. 7 in diesem Band) liegt die Ursache in anspruchsvolleren beruflichen Tätigkeiten und Arbeitsplatzanforderungen in den Betrieben. Die Steigerung des Anforderungsniveaus wiederum wurde erstens unterstützt durch den Ausbau des Bildungssystems, zweitens durch einen demografisch bedingten höheren Anteil verfügbarer qualifizierter Arbeitskräfte sowie drittens durch darauf abgestimmte betriebs- und arbeitsorganisatorische Veränderungen *(skill-biased organisational change)* (Bresnahan et al. 2002). Letztere setzen verstärkt höhere fachliche sowie umfänglichere soziale und kulturelle Kompetenzen und damit allgemeine Qualifikationen voraus, um Mitarbeiter in den betrieblichen Arbeitsprozessen universeller einsetzen zu können. Fortschreitende Prozesse der Digitalisierung der Produktion von Sachgütern und Dienstleistungen bergen weitere erhebliche Veränderungspotentiale von Arbeitsinhalten und der Nutzung von Arbeitskraft. Mit den neuen Informations- und Kommunikationstechnologien werden Kundendaten, Finanztransfers, technische Dienste, Werkstücke oder Sensoren an Maschinen und Menschen digital sehr viel enger als bisher miteinander vernetzt (Bauernhansl et al. 2014; Deuse et al. 2015; Hirsch-Kreinsen 2015). Das Ziel, das Betriebe verfolgen: Es geht um eine von Wettbewerb getriebene, hochproduktive Qualitätsproduktion mit häufig sehr geringen Losgrößen bis hin zu Einzelstücken. Und es geht um sehr flexible, und wenn möglich vorrausschauende Anpassungen an volatile Märkte und menschliche Verhaltensweisen. So wie Automatisierung und Robotik in modernen Produktionsstätten Verbreitung gefunden haben, so werden Algorithmen mehr und mehr die Aufgaben in der Sachbearbeitung, im Verkauf, im Marketing bis hin zur Personaleinstellung durch elektronisches Abstimmen von Angebots- und Nachfragedaten beeinflussen.

Dies hat Auswirkungen auf Beschäftigtengruppen, wobei sich diese für unterschiedliche Qualifikationsgruppen sehr verschieden darstellen. Grob lässt sich mit Blick auf die Vergangenheit sagen, dass standardisierbare Routinetätigkeiten unabhängig von ihren Qualifikationsanforderungen besonders im Produktionsbereich unter Druck geraten sind. Auf der anderen Seite stieg die Anzahl der Nicht-Routinetätigkeiten vor allem im niedrig und im hoch qualifizierten Bereich (Autor und Dorn 2013; Goos et al. 2014; Hirsch-Kreinsen 2015).

Insbesondere für *Akademiker* hat sich der größte Beschäftigungszuwachs ergeben (Biersack et al. 2008; Autorengruppe Bildungsberichterstattung 2010). Die Steigerung hat ihre Ursache im Strukturwandel hin zur Dienstleistungs- oder Wissensgesellschaft. Wesentlicher Grund sind aber auch die insgesamt gestiegenen Qualifikationsanforderungen. Für höherqualifizierte Beschäftigte in der Entwicklung und Steuerung von Technik, Kapital, Marktverbindungen, Arbeitsorganisation und Personal werden die Anforderungen komplexer und vernetzter. Sie müssen ihr Handeln zunehmend an langen Prozessketten ausrichten und sehr flexibel mit unterschiedlichen Techniken, Projektteams, Kunden und Marktbedingungen umgehen. Sie führen, planen, steuern und kontrollieren Prozesse, wobei dem Erfahrungswissen eine große Bedeutung zukommt. Hohe Verantwortung verbindet sich mit großen Handlungsspielräumen. So erhöhten sich die Anteile der Hochschulabsolventen in den letzten Jahren nicht nur im Dienstleistungsbereich, sondern sie vergrößerten sich auch noch einmal deutlich in den technischen Berufen des produktiven Sektors, in denen schon seit langem viele Ingenieure tätig sind. Die Gruppe der Akademiker ist durch niedrige Arbeitslosigkeitsraten und vergleichsweise längere Verbleibdauern nach Betriebseintritt gekennzeichnet (Bender et al. 2000; Grotheer et al. 2005; Struck et al. 2007; Grotheer 2008). In dieser Gruppe bestätigt sich in deutlicher Weise auch die These der Bildungsakkumulation, nach der sich insbesondere besser gebildete Erwerbspersonen – darunter allerdings häufiger Männer als Frauen – weiterbilden und auf diese Weise ihre Erwerbschancen zusätzlich verbessern (Schömann und Becker 2002; Schömann und Leschke 2004; vgl. Kap. 9 in diesem Band). Darüber hinaus sind Hochschulabsolventen im Erwerbsverlauf insgesamt aber auch am wechselfreudigsten und weisen entsprechend höhere freiwillige und dabei tendenziell erfolgreichere überbetriebliche Mobilität mit Karriereaufstiegen auf als andere Qualifikationsgruppen (Grotheer et al. 2005; Hacket 2009; Boockmann und Steffes 2010; Dütsch et al. 2013). Das hohe Maß an Können, Weiterqualifizierung und Vernetzung sichert die beruflichen Verläufe dieser Gruppe, auch wenn der Betrieb gewechselt wird. Im Großen und Ganzen sind viele Akademiker damit durch mittelfristige Betriebszugehörigkeitsdauern gekennzeichnet, wobei insbesondere jüngere und mittlere Altersgruppen die für Akademiker vorhandenen betrieblichen Übergangschancen für berufliche Aufstiege nutzen.

Auf der anderen Seite finden *Geringqualifizierte* immer seltener stabile und finanziell auskömmliche Beschäftigungsmöglichkeiten in Betrieben (Seyda 2004; Autorengruppe Bildungsberichterstattung 2010; Hummel et al. 2010). Gestiegene technische Anforderungen und erweiterte Aufgabenzuschnitte erfordern sowohl im Dienstleistungssektor als auch im Fertigungsbereich ein Mindestmaß an fachlicher Qualifikation, aber auch soziale und kulturelle Kompetenzen. Diese bestehen einerseits in der Kommunikation mit Kunden, der Kooperation mit Kollegen und andererseits darin, an Maschinen- und IT-Schnittstellen abstrakte Symbole verstehen und nutzen zu können. Es werden im Betriebsablauf und im Warenverkehr auch weiterhin einfache Tätigkeiten bestehen, die von Personen mit geringen oder unangepassten Qualifikationen ausgeübt werden können, dies etwa in einfachen Dienstleistungstätigkeiten wie im Transport-, Reinigungs- und Gastgewerbe. Aber immer dann, wenn einfache Arbeiten mit hochstandardisierten einfachen Verrichtungen einhergehen, stehen sie unter dem Druck, entweder durch weitere Automatisierung oder teilweise auch durch Verlagerung ins Ausland ersetzt zu werden. Dies gilt für einfache Arbeiten an Maschinen ebenso wie für Lagertätigkeiten oder einfache Buchhaltungs-, Such- und Dokumentationsaufgaben in kaufmännischen Bereichen. Diese Tätigkeiten sind besonders gefährdet (Dengler und Matthes 2015). Wie schnell bzw. mit welcher Intensität dies geschieht hängt unter anderem davon ab, wie viele Menschen bereit sind, diese Aufgaben zu geringen Löhnen zu erledigen. Ist die Zahl gering- oder fehlqualifizierter Arbeitssuchender hoch, die zu Lohnerwerbstätigkeit (etwa anstelle von Qualifizierung) drängen (müssen) und steht auf Seiten der Arbeitsagenturen eine schnelle Vermittlung anstelle einer an die Biografie und die Zukunftsbedingungen der Wirtschaft angepasste Qualifizierungsstrategie im Vordergrund, dann besteht für Unternehmen kein Anreiz, besonders schnell zu automatisieren. Insgesamt gehen aber die strukturellen Verschiebungen zwischen den Berufsfeldern, Rationalisierungen und Automatisierungen in der Produktion und gestiegene Anforderungen in den gewerblichen und dienstleistenden Bereichen mit im Zeitverlauf sinkenden Betriebszughörigkeitsdauern und hohen Anteilen von Arbeitslosigkeit in diesen Qualifikationsgruppen einher. Weiterbildungsmöglichkeiten, die in der Lage wären Qualifikationsdefizite zu kompensieren, fehlen (Becker und Hecken 2008) und dies besonders auch in den flexiblen Beschäftigungsformen von Leiharbeit und kurzfristiger Beschäftigung (Dütsch und Struck 2014a), wo sie am nötigsten wären. Nach dem Ausscheiden aus einem Betrieb haben gering qualifizierte Arbeitskräfte besonders große Schwierigkeiten eine Anschlussbeschäftigung zu finden und das bisherige Lohnniveau zu halten (Grotheer et al. 2005; Hacket 2009; Boockmann und Steffes 2010; Dütsch und Struck 2014b). In den Berufsfeldern, in denen sie (noch) eingesetzt werden, ist die Konkurrenz entsprechend hoch und die Löhne sind niedrig. Dabei wird in Niedriglohnsegmenten die Konkurrenz zusätzlich durch berufsqualifizierte Beschäftigte erhöht, sofern sie aus Altersgründen und qualifikatorischen Fehlanpassungen nach Arbeitslosigkeit keinen Zugang zu stabilen Beschäftigungsformen finden (Kalina und Wein-kopf 2010).

Zwischen diesen beiden Gruppen existiert eine dritte große Gruppe. Es handelt sich um die Gruppe der *berufsfachlich Qualifizierten*, welche für die Einschät-zung der Gesamtentwicklung und die künftige Gestaltung der Arbeitsbedingun-gen von hoher Bedeutung ist. Aufgrund gestiegener Anforderungen in Betrieben ist auch der Anteil von Arbeitskräften mit mittleren bzw. berufsfachlichen Qua-lifikationen in den letzten Jahrzehnten gestiegen. Diese Gruppe fachlich quali-fizierter Beschäftigter ist für betriebliche Entscheidungsträger besonders dann, wenn sie Erfahrungswissen aufgebaut haben, wertvoll. Dies gilt sowohl in Ferti-gungsberufen als auch in vielen Berufen des Dienstleistungssektors. Dabei haben die berufsfachlichen Qualifikationsgruppen gering qualifizierte Gruppen zuneh-mend verdrängt (Seyda 2004). Diese größte Beschäftigtengruppe weist eine leicht unterdurchschnittliche Austrittsrate von knapp 50 Prozent in einer Zweijahresfrist nach einem begonnenen Arbeitsverhältnis auf (Erlinghagen 2006). Ebenso ist die Fluktuationsrate in diesem Qualifikationssegment mit etwas unter 30 Prozent knapp unterdurchschnittlich. Im Zeitverlauf haben sich dabei die direkten Über-gänge zwischen Betrieben eher vergrößert und die Arbeitslosigkeitsrisiken eher verringert (ebd.). Hacket (2009) zeigt für diese mittleren Qualifikationsgruppen vergleichsweise einkommensstabile Erwerbsverläufe. Auch wenn im Grundsatz also für die meisten Beschäftigten ein recht enger Zusammenhang zwischen einer berufsfachlichen Ausbildung und beruflicher Positionierung besteht, sind in dieser Qualifikationsgruppe zugleich jedoch auch in steigendem Maße einfache Tätig-keiten im Niedriglohnbereich zu beobachten (Kalina und Weinkopf 2010). Dabei ist ungewiss, ob dieser Anteil weiter steigt. Über verbesserte Sensoren und neue Lernsysteme scheint es möglich, dass die Bedeutung des Erfahrungswissens an Maschinen und Anlagen stückweise zurückgedrängt wird. So können etwa Dia-loge zwischen Mensch und der sich künftig selbststeuernden Maschine deutlich vereinfacht werden, sodass jahrelange Lernprozesse nicht mehr notwendig sind. Gibt es ein Problem, greift eine hochqualifizierte Person, unterstützt durch Fern-diagnosesysteme, ein. Vergleichbares gilt auch in den kaufmännischen Bereichen. Datenerfassungen, Berechnungen, Sachbearbeitung und Dokumentationen können gut durch datentechnische Lösungen ersetzt werden. Unternehmen können durch Technik und Arbeitsorganisation vereinfachte und knapp zugeschnittene repetitive Arbeiten fördern, bis dahin, dass sie über IT-gestütztes *paid crowdsourcing* güns-tig im Ausland erledigt (Leimeister et al. 2015) oder durch Computer und Roboter ersetzt werden können (Dengler und Matthes 2015).

Zwei Szenarien sind dabei denkbar: Insbesondere dann, wenn umfänglich qua-lifizierte Fachkräfte fehlen, steigen die Anreize für Arbeitgeber, Arbeitsprozesse in einfache Routinetätigkeiten zu überführen bzw. über technische Lösungen zu rationalisieren. Die Zukunft kann aber auch anders aussehen: Qualifikation und Handlungskompetenz bleiben nicht nur in den Steuerungszentralen, sondern in sehr vielen Büroetagen und Werkhallen erhalten. Hierbei werden dann sehr viele Mitarbeiter über mehr Verantwortung und eine Anreicherung ihrer Tätigkeit – von der Qualitätssicherung über die Steuerung und die Wartung bis hin zu Abstimmungen mit anderen Teams und der Selbstorganisation – in die Arbeitsprozesse einbezogen. Welchen der beiden Wege die Betriebe einschlagen werden, ist offen. Es wird aber, wie bei den einfachen Tätigkeiten vom Beschäftigtenpotential und entsprechend auch von den Qualifikationssystemen sowie Lernmöglichkeiten am Arbeitsplatz abhängen. In diesem Zusammenhang ist eine wichtige, häufig zu wenig beachtete Differenzierung zwischen den Ausbildungsberufen hinsichtlich der vermittelten Kompetenzen (Hensge et. al. 2009) und dem damit verbundenen Nutzen für breite Einsatzfelder in späteren Berufstätigkeiten (Seibert 2007) zu berücksichtigen (Struck und Dütsch 2012). Eine Ausbildung, die sich weitgehend in enge fachspezifische bzw. technisch-handwerkliche Kenntnisse sowie Geschick und einige extrafunktionale Kompetenzen wie Ernsthaftigkeit, Kommunikationsfähigkeit, Teamfähigkeit, Leistungsakzeptanz etc. erschöpft (wie etwa bei Maßschneidern, Augenoptikern, Bauberufen, Friseuren, Biologielaboranten), schränkt eine spätere Verwendung über den spezifischen Tätigkeitsbereich hinaus sehr stark ein. Hier besteht das Problem, dass enge berufliche Zuschnitte im Gegensatz zur Dynamik von Facharbeit stehen (Spöttl et al. 2003; vgl. Kap. 7. in diesem Band). So stehen Qualifizierungssysteme, zunächst unabhängig davon ob dual, schulisch oder universitär organisiert und die hier vermittelte Enge oder Breite des Wissens sowie der Grad der Reflexion von Wissen im Rahmen praktischer Anwendungen, die einen eigenen Erfahrungsaufbau und selbstregulative Handlungskompetenzen fördern, in einem engen Zusammenhang zur betrieblichen Arbeitsorganisation. Die Vermittlung expliziten (Lehrbuch-)Wissens sowie Standardisierungen und Vereinfachungen sind gut kompatibel mit (re-)taylorisierten Arbeitsformen. Eine fachlich breite, praxisnahe und reflektierte Ausbildung ermöglicht Arbeitsformen mit größerer Handlungskompetenz und dezentraler Verantwortung.

6.4   Ausblick

Grenzen von Betriebsorganisationen und Arbeit befinden sich in permanenter Bewegung. Neben fortbestehenden betriebsinternen und damit betrieblich geschützten Beschäftigungssystemen entwickeln sich neue Beschäftigungsformen und offenere Arbeitsmärkte als Resultat neuer betrieblicher Organisationsmodelle. Diese werden unter den Begriffen „Virtuelle Organisation" (Davidow und Malone 1993), „Fraktale Fabrik" (Warnecke 1992), „grenzenlose Unternehmung" (Picot et al. 2001) seit längerem diskutiert und aktuell als „Industrie 4.0" betitelt (Bauernhansl et al. 2014; Botthof und Hartmann 2015). Sichtbar werden die neuen Arbeitsformen insbesondere in Zulieferervernetzungen und dort in organisierenden und kontrollierenden Einzelsegmenten, die von hochqualifizierten und hochspezialisierten Mitarbeitern verrichtet werden. Konzentration auf das jeweilige Kerngeschäft sowie Auslagerung von Funktionen einerseits und Bildung von Innovations- und Zuliefernetzwerken andererseits kennzeichnen zunehmend die Betriebsorganisation. Damit verändern Betriebe als Nachfrager von Arbeitskraft langsam aber stetig die Grenzen von Arbeit. Geschlossene, bürokratische und hierarchische Organisationsstrukturen verlieren anteilig an Bedeutung. Beschäftigungsmobilität, Netzwerke und flexible Qualifikationsanpassung, auch durch die Nutzung externer Arbeitsmärkte, werden für mehr Beschäftigte bedeutungsvoller.

Mit der Fokussierung auf Betriebe im Kontext ihrer strukturellen und institutionellen Umwelt ist die empirisch-quantitative Arbeitsmarktsoziologie in den letzten Jahren einen erheblichen Schritt vorangekommen, um auch solche dynamischeren Bewegungen betrieblicher Beschäftigung analysieren zu können. Vor allem *linked-employer-employee*-Datensätze erlauben es, betriebliche Merkmale mit überbetrieblichen Erwerbsverläufen und Individualmerkmalen zu verknüpfen (Abowd und Kramarz 1999; Hamermesh 1999 und zu Möglichkeiten am IAB siehe Bellmann et al. 2002; vgl. Kap. 13 in diesem Band). Auf diese Weise können Erwerbsverläufe direkt im Kontext mit – zum Teil zeitabhängigen – Variablen analysiert werden, die detaillierte Informationen über die betriebliche Beschäftigungs- und Organisationsstruktur, Personalentwicklung und -politik im Kontext weiterer betrieblicher Rahmendaten beinhalten. Zudem können Einkommens-, Status-, Berufs-, Altersverteilungen etc. direkt aus den Beschäftigtenangaben gewonnen werden, sodass wichtige Variablen desaggregiert für Analysen zur inner- und überbetrieblichen Mobilität zur Verfügung stehen (Grotheer et al. 2005; Grotheer 2008). Darüber hinaus können durch eine stärkere Berücksichtigung von regionalen wirtschaftsstrukturellen Daten, wie beispielsweise regionalen und branchenspezifischen Arbeitslosigkeitsquoten sowie Gründungs- und Insolvenzraten, betriebliche Kontextbedingungen in ihren Ursachen und Wirkungen systematischer überprüft werden. Vor allem Mehrebenenanalysen erlauben es dann, Bedingungen des externen Arbeitsmarktes und organisationsökologische bzw. umfänglich sozial- und wirtschaftsgeografische Faktoren in ihren Wirkungen auf betriebliche Strukturveränderungen und Entscheidungen zu kontrollieren (Hannan und Freeman 1977, 1989; Dütsch und Struck 2014b).

Auf der Basis derart verbesserter Datenstrukturen ist es nunmehr möglich, die betrieblichen Einflussfaktoren kontrolliert und in ihrem Zusammenhang zu analysieren. Differenzierungs- und Dynamisierungsprozesse moderner Gesellschaften wirken in Richtung eines Bedeutungsverlustes institutioneller Sicherheiten. Zudem bestehen Herausforderungen grenzüberschreitender Mobilität durch Regelungen der EU-Freizügigkeit, aufgrund von Flucht oder anderen Ursachen von Wanderung. Sie stellen Betriebe und betriebliche Akteure vor neue und wachsende Herausforderungen, immer neue „Unbestimmtheitslücken" durch neue Arrangements zu schließen. Doch noch wissen wir wenig über längerfristige Beschäftigungswirkungen arbeitsorganisatorischer Änderungen, über Funktionsweisen und (über-)betriebliche Funktionserfordernisse offener Arbeitsmärkte oder über mittelfristige Rückwirkungen betrieblicher Beschäftigungsstrategien auf die Marktstellung oder das Investitionsverhalten. Die Beantwortung dieser Fragen ist jedoch für die den Arbeitsmarkt beeinflussenden Akteure in Betrieben, Tarifvertragsparteien oder auf staatlicher Ebene von zentraler Bedeutung. Nur so wird es möglich entsprechend der fortschreitenden Entwicklung immer wieder neue Balancen zwischen Flexibilitäts- und Stabilitätserfordernissen evidenzbasiert zu finden, die geeignet sind, Effizienz und Wohlfahrt nachhaltig zu steigern.

Literatur

Abowd, J. M., & Kramarz, F. (1999). The Analysis of Labor Markets Using Matched Employer-Employee Data. In O. C. Ashenfelter, & D. Card (Hrsg.), *The Handbook of Labor Economics. Vol. 3B* (S. 2629-2733). Amsterdam: Elsevier.

Abraham, M. (2005). Betriebliche Determinanten der Beschäftigungsstabilität. Wandel oder Stabilität? In O. Struck, & C. Köhler (Hrsg.), *Beschäftigungsstabilität im Wandel? Empirische Befunde und theoretische Erklärungen für West- und Ostdeutschland* (S. 107-124). München: Hampp (2. Aufl.).

Acemoglu, D. (2002). Technical Change, Inequalitiy, and the Labor Market. *Journal of Economic Literature*, 40, 7-72.

Ahrne, G. (1990). *Agency and Organization. Towards an Organizational Theory of Society.* London: Sage.

Akerlof, G. A. (1982). Labor Contracts as Partial Gift Exchange. *Quarterly Journal of Economics*, 97, 543-569.

Alda, H. (2005). Beschäftigungsverhältnisse. In SOFI, IAB, ISF, & INIFES (Hrsg.), *Berichterstattung zur sozio-ökonomischen Entwicklung in Deutschland. Arbeit und Lebensweisen. Erster Bericht* (S. 245-270). Wiesbaden: VS Verlag für Sozialwissenschaften.

Alda, H. (2006). Sekundäre Arbeitsmarktintegration als Beobachtungskonzept sozioökonomischer Berichterstattung. In SOEB (Hrsg.), *Berichterstattung zur sozioökonomischen Entwicklung Deutschlands – Zweiter Bericht. Zwischenbericht Teil I* (S. 164-167). Göttingen: SOEB.

Altmann, N., & Bechtle, G. (1971). *Betriebliche Herrschaftsstruktur und industrielle Gesellschaft. Ein Ansatz zur Analyse.* München: Hanser.

Arthur, J. B. (1994). Effects of Human Resource Systems on Manufacturing Performance and Turnover. *Academy of Management Journal*, 37, 670-687.

Autor, D. H., & Dorn, D. (2013). The Growth of Low-Skill Service Jobs and the Polarization of the US Labor Market. *American Economic Review*, 103, 1553-1597.

Autor, D. H., Levy, F., & Murnane, R. J. (2003). The Skill Content of Recent Technical Change: An Empirical Exploration. *Quarterly Journal of Economics*, 118, 1279-1333.

Autorengruppe Bildungsberichterstattung (Hrsg.). (2010). *Bildung in Deutschland 2010. Ein indikatorengestützter Bericht mit einer Analyse zu Perspektiven des Bildungswesens im demografischen Wandel.* Bielefeld: Bertelsmann.

Averitt, R. T. (1968). *The Dual Economy. The Dynamics of American Industry Structure.* New York: Norton.

Backes-Gellner, U., Lazear, E. P., & Wolff, B. (2001). *Personalökonomik. Fortgeschrittene Anwendungen für das Management.* Stuttgart: Schäffer-Poeschel.

Baron, J. N., & Bielby, W. T. (1980). Bringing the Firms Back in: Stratification, Segmentation, and the Organization of Work. *American Sociological Review*, 45, 737-765.

Baron, J. N., & Kreps, D. M. (1999). *Strategic Human Resources. Frameworks for General Managers.* New York: Wiley.

Bauernhansl, T., ten Hompel, M., & Vogel-Heuser, B. (Hrsg.). (2014). *Industrie 4.0 in Produktion, Automatisierung und Logistik. Anwendung, Technologien, Migration.* Wiesbaden: Springer Vieweg.

Becker, G. S. (1964). *Human Capital. A Theoretical and Empirical Analysis, with Special Reference to Education*. New York: Columbia University Press.

Becker, R., & Hecken, A. (2008). Berufliche Weiterbildung – arbeitsmarktsoziologische Perspektiven und empirische Befunde. In M. Abraham, & T. Hinz (Hrsg.), *Arbeitsmarktsoziologie. Probleme, Theorien, empirische Befunde* (S. 133-168). Wiesbaden: VS Verlag für Sozialwissenschaften (2. Aufl.).

Bellmann, L., Bender, S., & Kölling, A. (2002). Der Linked Employer-Employee-Datensatz aus IAB-Betriebspanel und Beschäftigtenstatistik der Bundesanstalt für Arbeit (LIAB). In G. Kleinhenz (Hrsg.), *IAB-Kompendium Arbeitsmarkt- und Berufsforschung. Beiträge zur Arbeitsmarkt- und Berufsforschung 250* (S. 21-29). Nürnberg: IAB.

Bender, S., Konietzka, D., & Sopp, P. (2000). Diskontinuität im Erwerbsverlauf und betrieblicher Kontext. *Kölner Zeitschrift für Soziologie und Sozialpsychologie*, 52, 475-499.

Biersack, W., Kettner, A., Reinberg, A., & Schreyer, F. (2008). *Akademiker/innen auf dem Arbeitsmarkt. Gut positioniert, gefragt und bald sehr knapp* (IAB Kurzbericht 18/2008). Nürnberg: IAB.

Bloom, N., & van Reenen, J. (2010). *Human Resource Management and Productivity* (NBER Working Paper 16019). Cambridge: National Bureau of Economic Research.

Blossfeld, H.-P., & Mayer, K. U. (1988). Arbeitsmarktsegmentation in der Bundesrepublik Deutschland. Eine empirische Überprüfung von Segmentationstheorien aus der Perspektive des Lebenslaufs. *Kölner Zeitschrift für Soziologie und Sozialpsychologie*, 40, 262-283.

Boockmann, B., & Steffes, S. (2010). Workers, Firms or Institutions: What Determines Job Duration for Male Employees in Germany? *Industrial and Labor Relations Review*, 64, 109-127.

Bosch, G. (2010). Zur Zukunft der dualen Berufsausbildung in Deutschland. In G. Bosch, S. Krone, & D. Langer (Hrsg.), *Das Berufsbildungssystem in Deutschland: Aktuelle Entwicklungen und Standpunkte* (S. 37-61). Wiesbaden: Springer VS.

Botthof, A., & Hartmann, E. A. (Hrsg.). (2015). *Zukunft der Arbeit in Industrie 4.0*. Berlin: Springer Vieweg.

Bresnahan, T. F., Brynjolfsson, E., & Hitt, L. M. (2002). Information Technology, Workplace Organization, and the Demand for Skilled Labor: Firm-Level Evidence. *Quarterly Journal of Economics*, 117, 339-376.

Brose, H.-G., Holtgrewe, U., & Wagner, G. (1994). Organisationen, Personen und Biographien: Entwicklungsvarianten von Inklusionsverhältnissen. *Zeitschrift für Soziologie*, 23, 255-247.

Brüderl, J. (1987). Industries, Labor Markets, Firms and Occupational Careers: On Which Level Does Structure Matter? In K. U. Mayer, & N. B. Tuma (Hrsg.), *Applications of Event History Analysis in Life Course Research* (S. 140-161). Berlin: Max-Planck-Institut für Bildungsforschung.

Brüderl, J. (1991). *Mobilitätsprozesse in Betrieben. Dynamische Modelle und empirische Befunde*. Frankfurt a. M.: Campus.

Burdett, K., & Mortensen, D. T. (1980). Search, Layoffs and Labor Market Equilibrium. *Journal of Political Economy*, 88, 652-672.

Carroll, G. R., & Mayer, K. U. (1986). Job-Shift Patterns in the Federal Republic of Germany: The Effects of Social Class, Industrial Sector, and Organizational Size. *American Sociological Review*, 51, 323-341.

Carroll, G. R., Haverman, H., & Swaminathan, A. (1990). Karrieren in Organisationen. Eine ökologische Perspektive. In K. U. Mayer (Hrsg.), *Lebensverläufe und sozialer Wandel. Sonderheft 31 der Kölner Zeitschrift für Soziologie und Sozialpsychologie* (S. 146-178). Opladen: Westdeutscher Verlag.

Carstensen, V. (1999). *Alternative Flexibilisierungsstrategien der Beschäftigung* (Diskussionspapier 229). Hannover: Institut für Quantitative Wirtschaftsforschung der Universität Hannover.

Clemens, W. (2014). Zu früh oder wieder später in die „Späte Freiheit"? – Ältere Arbeitnehmer im gesellschaftlichen und demografischen Wandel. In A. Amann, & F. Kolland (Hrsg.), *Das erzwungene Paradies des Alters? Weitere Fragen an eine Kritische Gerontologie* (S. 109-127). Wiesbaden: Springer VS.

Coombs, G. Jr. (1992). Organizational Demography: Implications for Organization Development Practitioner. *Research in the Sociology of Organizations*, 10, 199-220.

Davidow, W. H., & Malone, M. S. (1993). *Das virtuelle Unternehmen. Der Kunde als Co-Produzent*. Frankfurt a. M.: Campus.

Dengler, K., & Matthes, B. (2015). *Folgen der Digitalisierung für die Arbeitswelt. In kaum einem Beruf ist der Mensch vollständig ersetzbar* (IAB-Kurzbericht 24/2015). Nürnberg: IAB.

Deuse, J., Weisner, K., Hengstebeck, A., & Busch, F. (2015). Gestaltung von Produktionssystemen im Kontext von Industrie 4.0. In A. Botthof, & E. A. Hartmann (Hrsg.), *Zukunft der Arbeit in Industrie 4.0* (S. 99-109). Berlin: Springer Vieweg.

Deutschmann, C. (2002). *Postindustrielle Industriesoziologie. Theoretische Grundlagen, Arbeitsverhältnisse und soziale Identitäten*. München: Juventa.

Dieckhoff, M. (2007). Does it Work? The Effect of Continuing Training on Labour Market Outcomes: A Comparative Study of Germany, Denmark, and the United Kingdom. *European Sociological Review*, 23, 295-308.

DiMaggio, P. J., & Powell, W. W. (1983). The Iron Cage Revisited: Institutional Isomorphism and Collective Rationality in Organizational Fields. *American Sociological Review*, 48, 147-160.

DiPrete, T. A., & Nonnemaker, K. L. (1997). Structural Change, Labor Market Turbulence, and Labor Market Outcomes. *American Sociological Review*, 62, 386-404.

Doeringer, P. B. (1967). Determinants of the Structure of Industrial Type Internal Labor Markets. *Industrial and Labor Relations Review*, 20, 206-220.

Doeringer, P. B., & Piore, M. J. (1971). *Internal Labor Markets and Manpower Analysis*. Lexington: Heath.

Dütsch, M., & Struck, O. (2014a). Atypische Beschäftigungen und berufliche Qualifikationsrisiken im Erwerbsverlauf. *Industrielle Beziehungen*, 21, 58-77.

Dütsch, M., & Struck, O. (2014b). Employment Trajectories in Germany: Do Firm Characteristics and Regional Disparities Matter? *Journal for Labour Market Research*, 47, 107-127.

Dütsch, M., Liebig, V., & Struck, O. (2013). Erosion oder Stabilität der Beruflichkeit? Eine Analyse der Entwicklung und Determinanten beruflicher Mobilität. *Kölner Zeitschrift für Soziologie und Sozialpsychologie*, 65, 505-531.

Erlinghagen, M. (2006). *Erstarrung, Beschleunigung oder Polarisierung? Arbeitsmarktmobilität und Beschäftigungsstabilität im Zeitverlauf: Neue Ergebnisse mit der IAB-Be-*

schäftigtenstichprobe (Graue Reihe des Instituts für Arbeit und Technik 2006-01). Gelsenkirchen: IAT.

Freiburghaus, D., & Schmid, G. (1975). Theorie der Segmentierung von Arbeitsmärkten. Darstellung und Kritik neuerer Ansätze mit besonderer Berücksichtigung arbeitsmarktpolitischer Konsequenzen. *Leviathan*, 3, 417-448.

Giesecke, J., & Heisig, J. P. (2011). Destabilization and Destandardization: For Whom? The Development of West German Job Mobility since 1984. *Schmollers Jahrbuch*, 131, 301-314.

Goos, M., Manning, A., & Salomons, A. (2014). Explaining Job Polarization: Routine-Biased Technological Change and Offshoring. *American Economic Review*, 104, 2509-2526.

Goudswaard, A., & de Nanteuil, M. (2000). *Flexibility and Working Conditions. A Qualitative and Comparative Study in Seven EU Member States*. Dublin: European Foundation for the Improvement of Living and Working Conditions.

Grotheer, M. (2008). Beschäftigungsstabilität und -sicherheit in Westdeutschland. In C. Köhler, O. Struck, M. Grotheer, A. Krause, I. Krause, & T. Schröder (Hrsg.), *Offene und geschlossene Beschäftigungssysteme. Determinanten, Risiken und Nebenwirkungen* (S. 65-113). Wiesbaden: VS Verlag für Sozialwissenschaften.

Grotheer, M., Struck, O., Bellmann, L., & Gewiese, T. (2005). Determinanten der Beschäftigungsstabilität. Chancen und Risiken von ‚Entrants‘ im Ost-West Vergleich. In O. Struck, & C. Köhler (Hrsg.), *Beschäftigungsstabilität im Wandel? Empirische Befunde und theoretische Erklärungen für West- und Ostdeutschland* (S. 125-156). München: Hampp (2. Aufl.).

Hacket, A. (2009). *Lohnt sich Mobilität? Einkommensperspektiven in internen und externen Arbeitsmärkten in den ersten Berufsjahren*. Wiesbaden: VS Verlag für Sozialwissenschaften.

Halaby, C. N. (1978). Bureaucratic Promotion Criteria. *Administrative Science Quarterly*, 23, 466-484.

Halaby, C. N., & Sobel, M. E. (1979). Mobility Effects in the Workplace. *American Journal of Sociology*, 85, 385-416.

Hamermesh, D. S. (1999). LEEping into the Future of Labor Economics: The Research Potential of Linking Employer and Employee Data. *Labour Economics*, 6, 25-41.

Hannan, M. T., & Freeman, J. (1977). The Population Ecology of Organizations. *American Journal of Sociology*, 82, 929-964.

Hannan, M. T., & Freeman, J. (1989). *Organizational Ecology*. Cambridge: Harvard University Press.

Hannan, M. T., & Freeman, J. (1995). Die Populationsökologie von Organisationen. In H.-P. Müller, & M. Schmid (Hrsg.), *Sozialer Wandel. Modellbildung und theoretische Ansätze* (S. 291-339). Frankfurt a. M.: Suhrkamp.

Haveman, H. A. (1992). Between a Rock and a Hard Place: Organizational Change and Performance under Conditions of Fundamental Environmental Transformation. *Administrative Science Quarterly*, 37, 48-75.

Haveman, H. A., & Cohen, L. E. (1994). The Ecological Dynamics of Careers: The Impact of Organizational Founding, Dissolution, and Merger on Job Mobility. *American Journal of Sociology*, 100, 104-152.

Heinz, W. R. (1995). *Arbeit, Beruf und Lebenslauf. Eine Einführung in die berufliche Sozialisation*. Weinheim: Juventa.

Heisig, U. (1989). *Verantwortung und Vertrauen im Grossbetrieb.* Konstanz: Wisslit.

Hendry, C. (2003). Applying Employment Systems Theory to the Analysis of National Models of HRM. *International Journal of Human Resource Management*, 14, 1430-1442.

Hensge, K., Lorig, B., & Schreiber, D. (2009). *Kompetenzstandards in der Berufsausbildung* (Abschlussbericht Forschungsprojekt 4.3.201). Bonn: Bundesinstitut für Berufsbildung.

Hildebrandt, E., & Seltz, R. (1987). *Managementstrategien und Kontrolle. Eine Einführung in die Labour Process Debate.* Berlin: edition sigma.

Hirsch-Kreinsen, H. (2015). Entwicklungsperspektiven von Produktionsarbeit. In A. Botthof, & E. A. Hartmann (Hrsg.), *Zukunft der Arbeit in Industrie 4.0* (S.89-98). Berlin: Springer Vieweg.

Hodge, R. W. (1966). Occupational Mobility as a Probability Process. *Demography*, 3, 19-34.

Hummel, M., Thein, A., & Zika, G. (2010). Der Arbeitskräftebedarf nach Wirtschaftszweigen, Berufen und Qualifikationen bis 2025. Modellrechnungen des IAB. In R. Helmrich, & G. Zika (Hrsg.), *Beruf und Qualifikation in der Zukunft. BIBB-IAB-Modellrechnungen zu den Entwicklungen in Berufsfeldern und Qualifikationen bis 2025* (S. 81-102). Bielefeld: Bertelsmann.

Kalina, T., & Weinkopf, C. (2010). *Niedriglohnbeschäftigung 2008: Stagnation auf hohem Niveau – Lohnspektrum franst nach unten aus* (IAQ-Report 6/2010). Duisburg: IAQ.

Kalleberg, A. L. (1988). Comparative Perspectives on Work Structures and Inequality. *Annual Review of Sociology*, 14, 203-225.

Kaufman, B. E., & Miller, B. I. (2009). *Are There Distinct Employment Systems? New Evidence from American Firms* (Research Paper 09-05). Atlanta: Andrew Young School of Policy Studies.

Kerr, C. (1950). Labor Markets: Their Character and Consequences. *American Economic Review. Papers and Proceedings*, 40, 278-291.

Kerr, C. (1954). The Balkanization of Labor Markets. In E. W. Bakke, P. M. Hauser, G. L. Palmer, C. A. Myers, D. Yoder, & C. Kerr (Hrsg.), *Labor Mobility and Economic Opportunity* (S. 92-110). Cambridge: MIT Press.

Köhler, C., & Sengenberger, W. (1983). *Konjunktur und Personalanpassung. Betriebliche Beschäftigungspolitik in der deutschen und amerikanischen Automobilindustrie.* Frankfurt a. M.: Campus.

Köhler, C., Sesselmeier, W., & Struck, O. (2015). Der Einfluss industrieller Beziehungen auf die Arbeitsmarktstruktur – Ein Essay. *Industrielle Beziehungen*, 22, 201-216.

Kohli, M. (1985). Die Institutionalisierung des Lebenslaufs. Historische Befunde und theoretische Argumente. *Kölner Zeitschrift für Soziologie und Sozialpsychologie*, 37, 1-29.

Lazear, E. P. (2009). Firm-Specific Human Capital: A Skill-Weights Approach. *Journal of Political Economy*, 117, 914-940.

Leimeister, J. M., Zogaj, S., Durward, D., & Bretschneider, U. (2015). Neue Geschäftsfelder durch Crowdsourcing: Crowd-basierte Start-ups als Arbeitsmodell der Zukunft. In R. Hoffmann, & C. Bogedan (Hrsg.), *Arbeit der Zukunft: Möglichkeiten nutzen – Grenzen setzen* (S. 141-158). Frankfurt a. M.: Campus.

Lepak, D. P., & Snell, S. A. (2002). Examining the Human Resource Architecture: The Relationships among Human Capital, Employment, and Human Resource Configurations. *Journal of Management*, 28, 517-543.

Lutz, B. (1987). *Arbeitsmarktstruktur und betriebliche Arbeitskräftestrategie. Eine theoretisch-historische Skizze zur Entstehung betriebszentrierter Arbeitsmarktsegmentation.* Frankfurt a. M.: Campus.

Mayer, K. U. (1987). Lebenslaufforschung. In W. Voges (Hrsg.), *Methoden der Biographie- und Lebenslaufforschung* (S. 51-73). Opladen: Leske + Budrich.

Mayer, K. U. (1990). Lebensverläufe und sozialer Wandel. Anmerkungen zu einem Forschungsprogramm. In K. U. Mayer (Hrsg.), *Lebensverläufe und sozialer Wandel. Sonderheft 31 der Kölner Zeitschrift für Soziologie und Sozialpsychologie* (S. 7-21). Opladen: Westdeutscher Verlag.

McCain, B. E., O'Reilly, C. A., & Pfeffer, J. (1983). The Effects of Departmental Demography on Turnover: The Case of a University. *Academy of Management Journal, 26*, 626-641.

McFarland, D. D. (1970). Intragenerational Social Mobility as a Markov Process: Including a Time-Stationary Mark-Ovian Model that Explains Observed Declines in Mobility Rates over Time. *American Sociological Review, 35*, 463-476.

Meixner, H.-E. (1985). Die verhakten Karrieren. Neue Wege aus dem Dilemma eines Beförderungs- und Verwendungsstaus. *Die öffentliche Verwaltung, 38*, 760-771.

Mortensen, D. T. (1976). Job Matching under Imperfect Information. In O. C. Ashenfelter, & J. Blum (Hrsg.), *Evaluating the Labor-Market Effects of Social Programs* (S. 194-232). Princeton: Princeton University Press.

Mortensen, D. T., & Pissarides, C. A. (1994). Job Creation and Job Destruction in the Theory of Unemployment. *Review of Economic Studies, 61*, 397-415.

Nerdinger, F. W. (2014). Gravitation und organisationale Sozialisation. In F. W. Nerdinger, G. Blickle, & N. Schaper (Hrsg.), *Arbeits- und Organisationspsychologie* (S. 71-82). Berlin: Springer (3. Aufl.).

Neubäumer, R. (2006). Warum bilden Betriebe ihre Mitarbeiter weiter – oder auch nicht? Ein theoretischer Ansatz zur Erklärung unterschiedlicher Weiterbildungsaktivitäten von Betrieben. In M. Weiß (Hrsg.), *Evidenzbasierte Bildungspolitik: Beiträge der Bildungsökonomie* (S. 93-113). Berlin: Duncker und Humblot.

Nienhüser, W. (1998). *Ursachen und Wirkungen betrieblicher Personalstrukturen.* Stuttgart: Schäffer-Poeschel.

Nienhüser, W. (2000). Personalwirtschaftliche Wirkungen unausgewogener betrieblicher Altersstrukturen. In R. George, & O. Struck (Hrsg.), *Generationenaustausch im Unternehmen* (S. 55-70). München: Hampp.

OECD (Hrsg.). (2009). How Do Industry, Firm and Worker Characteristics Shape Job and Worker Flows? In OECD (Hrsg.), *OECD-Employment Outlook 2009. Tackling the Jobs Crisis* (S. 117-163). Paris: OECD.

Offe, C. (1983). Arbeit als soziologische Schlüsselkategorie? In J. Matthes (Hrsg.), *Krise der Arbeitsgesellschaft? Verhandlungen des 21. Deutschen Soziologentages in Bamberg 1982* (S. 38-65). Frankfurt a. M.: Campus.

Osterman, P. (1987). Choice of Employment Systems in Internal Labour Markets. *Industrial Relations, 26*, 46-67.

Pfeffer, J. (1981). Some Consequences of Organizational Demography. Potential Impact of an Aging Work Force on Formal Organizations. In S. B. Kiesler, J. N. Morgan, & V. K. Oppenheimer (Hrsg.), *Aging. Social Change* (S. 291-329). New York: Academic Press.

Pfeffer, J. (1983). Organizational Demography. In L. L. Cummings, & B. M. Staw (Hrsg.), *Research in Organizational Behavior. Vol. 5* (S. 299-357). Greenwich: JAI Press.

Picot, A., Reichwald, R., & Wigand, R. T. (2001). *Die grenzenlose Unternehmung. Information, Organisation und Management. Lehrbuch zur Unternehmensführung im Informationszeitalter.* Wiesbaden: Gabler (4. Aufl.).

Preisendörfer, P. (1987). Organisationale Determinanten beruflicher Karrieremuster. Theorieansätze, methodische Zugangswege und empirische Befunde. *Soziale Welt, 38,* 211-226.

Rastetter, D. (1996). *Personalmarketing, Bewerberauswahl und Arbeitsplatzsuche.* Stuttgart: Enke.

Reed, T. L. (1978). Organizational Change in the American Foreign Service, 1925-1965: The Utility of Cohort Analysis. *American Sociological Review, 43,* 404-421.

Rosenbaum, J. E. (1990). Structural Models of Organizational Careers: A Critical Review and New Directions. In R. L. Breiger (Hrsg.), *Social Mobility and Social Structure* (S. 272-307). Cambridge: Cambridge University Press.

Rousseau, D. M., & Schalk, R. (Hrsg.). (2000). *Psychological Contracts in Employment. Cross-National Perspectives.* Thousand Oaks: Sage.

Schömann, K., & Becker, R. (2002). A Long-Term Perspective on the Effects of Training in Germany. In K. Schömann, & P. J. O'Connell (Hrsg.), *Education, Training and Employment Dynamics. Transitional Labour Markets in the European Union* (S. 153-185). Cheltenham: Elgar.

Schömann, K., & Leschke, J. (2004). Lebenslanges Lernen und soziale Inklusion – der Markt alleine wird's nicht richten. In R. Becker, & W. Lauterbach (Hrsg.), *Bildung als Privileg? Erklärungen und Befunde zu den Ursachen der Bildungsungleichheit* (S. 353-391). Wiesbaden: VS Verlag für Sozialwissenschaften.

Schuler, H., & Kanning, U. P. (Hrsg.). (2014). *Lehrbuch der Personalpsychologie.* Göttingen: Hogrefe (3. Aufl.).

Schultz-Wild, R. (1979). Betriebliche Beschäftigungspolitik und Arbeitsmarkt. Zum Zusammenhang zwischen Personalanpassungen und Arbeitsmarktstruktur und -entwicklung. *Beiträge zur Arbeitsmarkt- und Berufsforschung, 33,* 74-101.

Sehringer, R. (1989). *Betriebliche Strategien der Personalrekrutierung: Ergebnisse einer Betriebsbefragung.* Frankfurt a. M.: Campus.

Seibert, H. (2007). *Berufswechsel in Deutschland. Wenn der Schuster nicht bei seinem Leisten bleibt...* (IAB-Kurzbericht 1/2007). Nürnberg: IAB.

Semlinger, K., & Frick, B. (1995). Betriebliche Modernisierung – Optionen personeller Erneuerung. In: K. Semlinger, & B. Frick (Hrsg.), *Betriebliche Modernisierung in personeller Erneuerung. Personalentwicklung, Personalaustausch und betriebliche Fluktuation* (S. 9-23). Berlin: edition sigma.

Sengenberger, W. (1987). *Struktur und Funktionsweise von Arbeitsmärkten. Die Bundesrepublik Deutschland im internationalen Vergleich.* Frankfurt a. M.: Campus.

Seyda, S. (2004). *Trends und Ursachen der Höherqualifizierung in Deutschland* (IW-Trends 2/2004). Köln: IW.

Shavit, Y., & Müller, W. (Hrsg.). (1998). *From School to Work. A Comparative Study of Educational Qualifications and Occupational Destinations.* Oxford: Clarendon Press.

Simonson, J., Gordo, L. R., & Kelle, N. (2011a). *The Double German Transformation: Changing Male Employment Patterns in East and West Germany* (SOEPpapers on Multidisciplinary Panel Data Research 391). Berlin: DIW.

Simonson, J., Gordo, L. R., & Titova, N. (2011b). Changing Employment Patterns of Women in Germany: How Do Baby Boomers Differ from Older Cohorts? A Comparison Using Sequence Analysis. *Advances in Life Course Research*, 16, 65-82.

Singh, J. V., & Lumsden, C. J. (1990). Theory and Research in Organizational Ecology. *Annual Review of Sociology*, 16, 161-195.

Sørensen, A. B. (1983). Processes of Allocation to Open and Closed Positions in Social Structure. *Zeitschrift für Soziologie*, 12, 203-224.

Soskice, D. (1994). Reconciling Markets and Institutions: The German Apprenticeship System. In L. M. Lynch (Hrsg.), *Training in the Private Sector. International Comparisons* (S. 25-60). Chicago: University of Chicago Press.

Spöttl, G., Hecker, O., Holm, C., & Windelband, L. (2003). *Dienstleistungsaufgaben sind Facharbeit – Qualifikationsanforderungen für Dienstleistungen des produzierenden Gewerbes*. Bielefeld: Bertelsmann.

Stettes, O. (2011). *Berufliche Mobilität – gesamtwirtschaftliche Evidenz und individuelle Einflussfaktoren* (IW-Trends 4/2011). Köln: IW.

Stewman, S. (1975). Two Markov Models of Open System Occupational Mobility: Underlying Conceptualizations and Empirical Tests. *American Sociological Review*, 40, 298-321.

Stewman, S. (1988). Organizational Demography. *Annual Review of Sociology*, 14, 173-202.

Struck, O. (1998). *Individuenzentrierte Personalentwicklung. Konzepte und empirische Befunde*. Frankfurt a. M.: Campus.

Struck, O. (1999). Betriebliche Lebenslaufpolitik in ostdeutschen Unternehmen. *Mitteilungen aus der Arbeitsmarkt- und Berufsforschung*, 32, 315-330.

Struck, O. (2001). Gatekeeping zwischen Individuum, Organisation und Institution. Zur Bedeutung der Analyse von Gatekeeping am Beispiel von Übergängen im Lebensverlauf. In L. Leisering, R. Müller, & K. F. Schumann (Hrsg.), *Institutionen und Lebensläufe im Wandel. Institutionelle Regulierungen von Lebensläufen* (S. 29-55). Weinheim: Juventa.

Struck, O. (2006). *Flexibilität und Sicherheit. Empirische Befunde, theoretische Konzepte und institutionelle Gestaltung von Beschäftigungsstabilität*. Wiesbaden: VS Verlag für Sozialwissenschaften.

Struck, O. (2014). Demographische Entwicklung als Herausforderung. Ein essayistischer Rück- und Vorausblick auf deren Bewältigung. In A. Amann, & F. Kolland (Hrsg.), *Das erzwungene Paradies des Alters? Weitere Fragen an eine Kritische Gerontologie* (S. 317-341). Wiesbaden: Springer VS.

Struck, O., & Dütsch, M. (2012). Gesicherte Mobilität am Arbeitsmarkt: Zur Bedeutung berufsfachlicher Qualifikationen in geschlossenen und offenen Beschäftigungssystemen. *Industrielle Beziehungen*, 19, 154-186.

Struck, O., & Simonson, J. (2000). Übergänge im Erwerbsleben. Theoretische Konzepte und empirische Befunde zur betrieblichen Lebenslaufpolitik. In R. George, & O. Struck (Hrsg.), *Generationenaustausch im Unternehmen* (S. 21-54). München: Hampp.

Struck, O., Grotheer, M., Schröder, T., & Köhler, C. (2007). Instabile Beschäftigung. Neue Ergebnisse zu einer alten Kontroverse. *Kölner Zeitschrift für Soziologie und Sozialpsychologie*, 59, 294-317.

Szydlik, M. (1990). *Die Segmentierung des Arbeitsmarktes in der Bundesrepublik Deutschland. Eine empirische Analyse mit den Daten des Sozio-ökonomischen Panels, 1984-1988.* Berlin: edition sigma.

Tisch, A. (2015). Firms' Contribution to the Internal and External Employability of Older Employees: Evidence from Germany. *European Journal of Ageing, 12,* 29-38.

Türk, K. (1999). Organisation und moderne Gesellschaft. Einige theoretische Bausteine. In T. Edeling, W. Jann, & D. Wagner (Hrsg.), *Institutionenökonomie und Neuer Institutionalismus: Überlegungen zur Organisationstheorie* (S. 43-80). Opladen: Leske + Budrich.

Vroom, V. H., & MacCrimmon, K. R. (1968). Toward a Stochastic Model of Managerial Careers. *Administrative Science Quarterly, 13,* 26-46.

Warnecke, H.-J. (1992). *Die Fraktale Fabrik. Revolution der Unternehmenskultur.* Berlin: Springer.

Weber, M. (1980 [1922]). *Wirtschaft und Gesellschaft. Grundriß der verstehenden Soziologie.* Tübingen: Mohr (5. Aufl.).

Weber, M. (1988 [1924]). Methodologische Einleitung für die Erhebungen des Vereins für Sozialpolitik über Auslese und Anpassung (Berufswahl und Berufsschicksal) der Arbeiterschaft der geschlossenen Großindustrie. In M. Weber (Hrsg.), *Gesammelte Aufsätze zur Soziologie und Sozialpolitik* (S. 1-60). Tübingen: Mohr.

White, H. C. (1970). *Chains of Opportunity. System Models of Mobility in Organizations.* Cambridge: Harvard University Press.

Williamson, O. E., Wachter, M. L., & Harris, J. E. (1975). Understanding the Employment Relation: The Analysis of Idiosyncratic Exchange. *The Bell Journal of Economics, 6,* 250-278.

Windzio, M. (2001). Organisationsökologie und Arbeitsmarktmobilität im sozialen Wandel. Eine empirische Analyse am Beispiel Ostdeutschland. *Zeitschrift für Soziologie, 30,* 116-134.

Windzio, M. (2005). Flexibilisierung der Beschäftigung durch Gründungen und Auflösungen von Organisationen. Der Ansatz der Organisationsökologie. In O. Struck, & C. Köhler (Hrsg.), *Beschäftigungsstabilität im Wandel? Empirische Befunde und theoretische Erklärungen für West- und Ostdeutschland* (S. 181-198). München: Hampp (2. Aufl.).

Berufe und Arbeitsmarkt

Martin Abraham, Andreas Damelang und Andreas Haupt

7.1 Einleitung

Für die Frage, wie der Arbeitsmarkt funktioniert und wie sich Akteure im Lebensverlauf darin positionieren können, spielt das Konzept des Berufs eine wichtige Rolle. Junge Erwachsene wählen bei der Ausbildungsentscheidung Berufe, sie identifizieren sich unter gewissen Umständen mit ihrem Beruf und der Beruf bestimmt in gewissen Grenzen die zukünftigen Karriere- und Einkommensmöglichkeiten. Auf der anderen Seite versuchen Unternehmen die richtigen Arbeitnehmer durch die Nennung von Berufen in Stellenanzeigen zu finden und stellen zumindest teilweise ihre interne Organisation auf Berufsgruppen ab. Dies macht bereits deutlich, dass Berufe für den Erwerb von Humankapital und das *matching* auf dem Arbeitsmarkt eine wichtige Komponente darstellen.

Für die Arbeitsmarktsoziologie besonders relevant ist der Umstand, dass der Zugang zu Berufen und die unterschiedlichen Erwerbs- und Verdienstmöglichkeiten in den verschiedenen Berufsfeldern einen wichtigen Beitrag zur Erklärung von sozialen Ungleichheiten leisten können. So basieren zentrale und etablierte Messkonzepte der Sozialstruktur, wie das berufliche Prestige, der Status oder durchschnittliche Löhne implizit auf der Annahme, dass der Beruf bzw. die berufliche Stellung die zentrale Komponente des Systems der sozialen Stratifizierung in Industrienationen ist (Parkin 1971). Der Beruf wird somit zu einer zentralen Dimension sozialer Ungleichheit. Besonders deutlich wird das an zwei Beispielen: Erstens sind Berufswahlentscheidungen sozial strukturiert, das heißt sie werden durch soziale Kategorien wie Geschlecht und sozialer Herkunft beeinflusst (Abraham und Arpagaus 2008; Konietzka 2016). Zweitens führen diese Entscheidungen

© Springer Fachmedien Wiesbaden GmbH, ein Teil von Springer Nature 2018
M. Abraham und T. Hinz (Hrsg.), *Arbeitsmarktsoziologie*,
https://doi.org/10.1007/978-3-658-02256-3_7

zu unterschiedlichen Chancen im weiteren Lebensverlauf (z. B. Blossfeld 1990). Dies schlägt sich unter anderem in dem Umstand nieder, dass Berufswechsel im weiteren Lebensverlauf deutliche Hürden darstellen. Darüber hinaus zeigen weitere Studien, dass der Beruf nach wie vor ein wichtiger stratifizierender Allokationsmechanismus ist (z. B. Solga und Konietzka 1999) und Lohnstrukturen maßgeblich bestimmt (z. B. Giesecke und Verwiebe 2009; Groß 2009; Blien und Phan thi Hong 2010).

Dass Berufe derart starke sozial strukturierende Wirkung entfalten, hängt auch damit zusammen, dass sie als Institutionen betrachtet werden können, das heißt als Bündel von Regeln, die den Erwerb von Humankapital und dessen Verwertung auf dem Arbeitsmarkt bestimmen. Diese Idee, die den meisten Analysen von Berufen in Arbeitsmärkten eher implizit zugrunde liegt, wird im folgenden zweiten Abschnitt dieses Kapitels ausführlicher erläutert. Darauf aufbauend werden im dritten Abschnitt die Wirkungen dieser Regeln und Strukturen auf dem Arbeitsmarkt theoretisch und empirisch betrachtet. Allerdings wandeln sich Berufsstrukturen über die Zeit erheblich, daher werden wir im vierten Abschnitt die Ursachen und Folgen beruflichen Wandels diskutieren.

7.2   Berufe als Institutionen des Arbeitsmarktes

Obwohl Berufe für die Arbeitsmarktforschung schon immer von Bedeutung sind, existiert in der Literatur bislang keine einheitliche Definition für dieses Phänomen. In diesem Kapitel werden wir Berufe als typische Menge von Qualifikationen und Kompetenzen zur Lösung bestimmter Problembündel in (Arbeits-) Organisationen bezeichnen. Wir nehmen an, dass die Aneignung und Ausübung dieser typischen Mengen über die Berufe hinweg unterschiedlich stark ausgeprägten institutionellen Regeln unterworfen sind. Ein Bäcker hat gegenüber einem Piloten typischerweise eine unterschiedliche Menge an Qualifikationen, die er für eine unterschiedliche Menge von Problemen einsetzen kann. Die typische Menge von Qualifikationen und Kompetenzen eines Berufs kann sich in standardisierten Berufsbildern und Ausbildungsordnungen niederschlagen. Damit korrespondieren berufsspezifische Arbeitsplatzanforderungen, die zu einem spezifischen Such- und Rekrutierungsverhalten von Organisationen führen. Wir nehmen an, dass es in modernen Gesellschaften sowohl für berufsspezifische Qualifikationen als auch für berufsspezifische Arbeitsplatzanforderungen etablierte und sozial geteilte Erwartungen gibt. Wir sprechen aus diesem Grund auch von beruflichen Institutionen und nehmen das Konzept der Institution im Folgenden zur Grundlage für eine berufsspezifische Analyse von Arbeitsmarktstrukturen.

7.2.1 Berufe, Bildungssystem und Arbeitsmarkt

Den Ausgangspunkt eines institutionen-theoretischen Verständnisses von Berufen bildet die Vorstellung von Arbeitsmärkten als „arenas for the matching of persons to jobs" (Sørensen und Kalleberg 1981, S. 52). Arbeitnehmer mit bestimmten Kompetenzen und Eigenschaften konkurrieren auf diesen Märkten um vakante Stellen. Die Arbeitgeber versuchen, diese Stellen mit möglichst passenden Kandidaten zu möglichst geringen Kosten zu besetzen. Aus Sicht der Arbeitgeber bestimmt die Passung zwischen Arbeitnehmerqualifikation und den Stellenanforderungen die erwartete Produktivität, die erwarteten Einarbeitungskosten und die Qualität der zu erwartenden Arbeitsleistung der Arbeitnehmer.

In der Ökonomik hat die neoklassische Theorie diese Vorstellung des Arbeitsmarktes als perfekten oder vollständigen Markt konzeptualisiert. Vor allem aufgrund der Annahme vollständiger Information funktioniert das *matching* auf dem Arbeitsmarkt wie von unsichtbarer Hand gesteuert über den problemlosen Abgleich von angebotenen und nachgefragten Fähigkeiten und dafür angebotenen Löhnen. In diesem Modell gibt es keine Unsicherheit über die Qualifikationen und es wird typischerweise angenommen, dass Arbeitgeber sich auch sehr kleine Qualifikationseinheiten kaufen können. Dabei ist jedoch klar, dass dies ein Basismodell darstellt, welches in seiner Reinform empirisch nicht vorzufinden ist, sondern durch ergänzende Annahmen wie unvollständige Information, Marktmacht von Akteuren oder eben die Existenz institutioneller Regeln modifiziert werden muss (vgl. auch Kap. 2 in diesem Band). Eine berufsspezifische Perspektive auf Arbeitsmarktprozesse erweitert diese Vorstellungen der neoklassischen Theorie durch die Annahme, dass die Qualifikationen von Arbeitnehmern in typischen, berufsspezifischen Mengen angeboten und nachgefragt werden.

Aus Perspektive der Arbeitgeber stellt die Auswahl der Bewerber in der Arbeitsmarktforschung einen Such- und *matching*-Prozess dar, welcher durch das Problem unvollständiger Information erschwert wird (Stigler 1961). Demzufolge werden im betrieblichen Auswahlprozess Bewerber selektiert, deren Produktivität *ex ante* weitestgehend unbekannt ist (Jovanovic 1979). Auf Seiten des Betriebs herrscht Unsicherheit hinsichtlich der beruflichen Fähigkeiten und Fertigkeiten und folglich hinsichtlich der Passung der Bewerber. Das Zustandekommen eines Arbeitsverhältnisses kann nun als Tausch interpretiert werden, in welchem der Arbeitnehmer Verfügungsrechte über seine Arbeitskraft an den Arbeitgeber verkauft (Simon 1951). Dieser Tausch wird jedoch aufgrund asymmetrischer Information erschwert, da Arbeitgeber und Bewerber nicht über die wahren Eigenschaften und Handlungsabsichten des jeweils anderen informiert sind (Akerlof 1970). In jedem Tauschverhältnis ist daher ein Prozess der Klärung und Vereinbarung eines Leistungsaustausches, dessen Kontrolle und die bei einer Veränderung der Umweltbedingungen erforderliche Anpassung notwendig (Schrüfer 1988, S. 35). Den dabei entstehenden Aufwand bezeichnet man als Transaktionskosten, also Kosten der Marktnutzung (Coase 1937), die vor allem durch die beschränkte Rationalität der Akteure zustande kommen (Williamson et al. 1975; Williamson 1990).

Die Transaktionskosten des *matching*-Prozesses auf dem Arbeitsmarkt können nun durch Berufe, die man erlernt, und Zertifikate über die erfolgreiche Berufsausbildung reduziert werden, da diese ein Signal für das Vorliegen einer typischen Menge von Qualifikationen und Kompetenzen sind und somit die Unsicherheit über die zu erwarteten Transaktionskosten stark senken kann (vgl. auch Berger et al. 2001). Wie stark diese Unsicherheit reduziert wird, hängt dabei vom Vertrauen in die Güte des Signals ab. Dieses Vertrauen wird in der Regel durch verbindliche, langfristig stabile Regeln – wie Inhalt und Standardisierung von Abschlussprüfungen – erzeugt, die sicherstellen, dass ein Arbeitnehmer tatsächlich auch die entsprechenden beruflichen Qualifikationen besitzt. In Deutschland wird dies in besonderem Maße durch das Berufsausbildungssystem erreicht. Zusätzlich trägt eine Reihe von weiteren institutionellen Regelungen hierzu bei, wie zum Beispiel berufliche Approbationsordnungen, berufsständische Regularien oder der Schutz von Berufsbezeichnungen.

Die Reduktion von Suchkosten durch zertifizierte Berufsausbildungen stellt nur ein Beispiel dar, wie institutionalisierte Regeln den Erwerb von typischen Fähigkeiten und die Nachfrage auf dem Arbeitsmarkt koppeln. Institutionen wie Ausbildungsverordnungen regeln darüber hinaus die Inhalte und damit die Abgrenzung von anderen Berufen, die Art und Weise, wie und durch wen die Ausbildung stattfinden darf und wer mit welcher Vorqualifikation Zutritt zu diesen Ausbildungen erhält. Andere Regeln steuern, welche Jobs bzw. welche Tätigkeiten mit welchen Qualifikationen ausgeübt werden dürfen, so zum Beispiel die Kompetenzen einer Pflegefachkraft und die eines Arztes. Die Gesamtheit von berufsspezifischen Qualifikationen und den entsprechenden Rahmenbedingungen zur Aneignung und Ausübung dieser fassen wir zum Begriff der beruflichen Institution zusammen.

Abbildung 7.1 verdeutlicht diese Sichtweise, nach der die Institution Beruf formelle und informelle Regeln umfasst, die das im Bildungssystem erworbene Wissen der Arbeitnehmer mit Tätigkeitsfeldern auf dem Arbeitsmarkt verknüpft. Berufliche Institutionen geben somit Rahmenbedingungen vor, unter denen sich Arbeitskraftanbieter und Arbeitskraftnachfrager treffen. Sie stellen somit Regeln dar, mit deren Hilfe das erlernte Wissen und die Arbeitsplatzanforderungen koordiniert werden können.

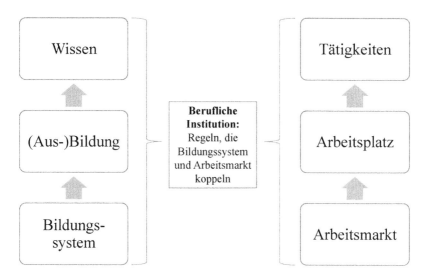

Abbildung 7.1 Berufe als Regeln der Verknüpfung von Bildungssystem und Arbeitsmarkt (Quelle: eigene Darstellung)

Die so entstehenden berufsspezifischen Tauschmuster sind von erheblicher Bedeutung für das Verständnis von Arbeitsmärkten (Dostal et al. 1998, S. 447). Die mit
Ressourcen ausgestatteten Akteure treffen auf dem Arbeitsmarkt auf (Vakanz-)
Strukturen, wobei Berufe als idealtypische Anforderungsprofile dieser Vakanzen
verstanden werden können. Die aus dem Zusammenspiel von Arbeitsplatzangebot
und Arbeitskraftnachfrage resultierenden Verhandlungsprozesse orientieren sich
maßgeblich am Beruf, der den Prozess der Stellensuche und -besetzung insofern
strukturiert, als er für Arbeitnehmer und Arbeitgeber verständliche und kalkulierbare Informationen über die angebotenen und nachgefragten Ressourcen bündelt.
Damit wird ein *matching* ermöglicht, das effizienter und kostengünstiger ist, als
ohne diese Informationen.[1]

Das Ausmaß der Koppelung zwischen Ausbildungsinhalten und Tätigkeitsfeldern ist unterschiedlich stark ausgeprägt. Tätigkeitsfelder können sehr strikt und
ausschließlich an bestimmte Qualifikationsvoraussetzungen geknüpft sein oder
weitgehend auf jegliche harmonisierte Qualifikationsstandards verzichten. Ärz-

---

[1]   Eine alternative Form der Regulierung besteht in der Möglichkeit wesentliche Teile
      der Ausbildung in die Unternehmen zu integrieren, die dann das für sie relevante Wis-
      sen vermitteln. Diese Variante, welche auch als *training-on-the-job* bezeichnet wird,
      ist unter anderem in den angelsächsischen Ländern stark ausgeprägt.

te benötigen in Deutschland eine staatliche Erlaubnis, um heilkundliche Tätigkeiten auszuüben. Diese Erlaubnis wird erst erteilt, wenn Personen umfangreiche Prüfungen erfolgreich bestanden und sich keines Fehlverhaltens schuldig gemacht haben. Im Fall wie dem der Ärzte sprechen wir auch von einem lizenzierten Beruf. Mechatroniker benötigen in Deutschland keine staatliche Erlaubnis zur Ausübung ihres Berufs. Der Berufstitel „Mechatroniker" ist jedoch geschützt und darf erst nach einer bestandenen Abschlussprüfung geführt werden. Immobilienmakler benötigen dagegen in Deutschland keine staatliche Erlaubnis, ihre Berufsbezeichnung ist nicht geschützt und es gibt auch keine bundesweit anerkannte Abschlussprüfung. Einzelne Berufe können somit mehr oder weniger stark an den Arbeitsmarkt bzw. bestimmte berufliche Teilarbeitsmärkte gekoppelt sein. Wir sprechen daher von einer Varianz beruflicher Institutionen.

7.2.2 Berufliche Regulierungsmechanismen

Im vorherigen Abschnitt wurde deutlich, dass berufliche Institutionen Regeln umfassen, die den Humankapitalerwerb mit dem Arbeitsmarkt koppeln. Zudem hat sich gezeigt, dass unterschiedlich stark ausgeprägte institutionelle Regeln zu einer Varianz beruflicher Institutionen führen. Eine insbesondere auch für die Arbeitsmarktsoziologie wichtige Funktion dieser Regeln ist die Abgrenzung von beruflichen Teilarbeitsmärkten und damit die Regulierung des Zutritts zu diesen. Sengenberger (1987, S. 126ff.) zufolge besteht ein idealtypischer Facharbeitsmarkt aus einer standardisierten und überbetrieblichen Qualifikation, wobei der Erwerb dieser Qualifikation mit einem Zertifikat verbunden ist. Idealtypisch dargestellt kann berufliche Regulierung demzufolge anhand der beiden Dimensionen Standardisierung und Zertifizierung festgemacht werden (vgl. Abb. 7.2). Da sich diese Regelungen auf Koppelungen zwischen dem Bildungssektor und dem Arbeitsmarkt beziehen, können sie auf beiden Seiten angesiedelt sein. Im Folgenden diskutieren wir daher die wichtigsten Dimensionen beruflicher Regulierung.

Regulierung der beruflichen Qualifikation		Regulierung des Zugangs zu beruflichen Positionen und von Mobilität innerhalb und zwischen beruflichen Teilarbeitsmärkten
Standardisierung der Qualifikation	ermöglicht	Substituierbarkeit innerhalb der Teilarbeitsmärkte
Zertifizierung der Qualifikation	ermöglicht	Schließung zwischen den Teilarbeitsmärkten

Abbildung 7.2   Berufliche Regulierungsmechanismen (eigene Darstellung)

Die Eigenschaft der Standardisierung sagt etwas darüber aus, ob und inwieweit im Bildungssystem erworbene berufliche Kompetenzprofile zeitlich und räumlich vergleichbar sind. Anders ausgedrückt: Sind die Kenntnisse, Fähigkeiten und Fertigkeiten, die für einen Beruf vermittelt werden, ähnlich oder gibt es Variation? Können Akteure mit einer bestimmten Berufsausbildung das gleiche? Diese Eigenschaft der Berufe ist eng mit dem System der beruflichen Ausbildung verbunden (Allmendinger 1989). Existieren beispielsweise einheitliche Ausbildungsverordnungen für bestimmte Berufe, dann sind die Signale präziser und die Transaktionskosten im *matching*-Prozess können niedriger gehalten werden. Zum Beispiel ist die berufliche Ausbildung eines Bäckers verglichen mit der eines Sozialpädagogen standardisierter. Der Ausbildungskanon des Bäckerhandwerks ist wesentlich regulierter, sodass jeder in Deutschland ausgebildete Bäcker über einen Grundbestand einheitlichen Wissens verfügt, den Arbeitgeber kennen und einschätzen können. Bei Heilpraktikern ist aufgrund der Heterogenität der Ausbildungen indessen nicht unbedingt auf den ersten Blick klar, welches Wissen die jeweiligen Akteure besitzen.

Das deutsche Berufsausbildungssystem zeichnet sich im Schnitt durch eine besonders hohe Standardisierung der Ausbildung aus, da für jeden Ausbildungsberuf eine Berufsordnung bzw. Ausbildungsvorschrift vorliegt. Allerdings gibt es auch hier Unterschiede. Schulische Ausbildungsgänge (insbesondere Pflegeberufe) sind landesrechtlich geregelt, während anerkannte duale Berufsausbildungen bundesrechtlich geregelt sind. Im Gegensatz dazu ist die universitäre Ausbildung wenig standardisiert. Ausbildungsinhalte variieren in mehr oder minder hohem Maße, sowohl zwischen verschiedenen Fächern, als auch aufgrund individuell gesetzter Schwerpunkte innerhalb von Studiengängen sowie zwischen verschiedenen Studienstandorten. Unsicherheit über die tatsächlich erworbenen berufsrelevanten Kompetenzen macht zum Teil ein ausführliches Screening auf Ebene von Hochschulabsolventen unvermeidlich. Die Unsicherheit über die Inhalte von Hochschulbildung kann auf zwei Arten reduziert werden: Das Studium basiert in großen Teilen auf kanonischem Wissen, wie in der Physik, Biologie oder Theologie oder an das Studium schließt sich noch eine mehrjährige praktische Ausbildung an, wie bei Ärzten, Lehrern oder Juristen, die mit einem standardisierten Examen abgeschlossen wird. Zusammenfassend beschreibt der Grad an Standardisierung, inwiefern Informationsasymmetrien reduziert werden können. Diese werden dann am besten überwunden, je stärker ein Beruf standardisiert ist und das Vorliegen der damit verbundenen typischen Qualifikationen mit einem anerkannten Signal verdeutlicht werden kann. In diesem Fall sind für beide Marktparteien die angebotenen und nachgefragten Kompetenzen und Fähigkeiten transparent, das heißt die aufgrund unvollständiger Information existierende Unsicherheit wird minimiert.

Als anerkannte Signale werden insbesondere berufliche Zertifikate angesehen. Denn Zertifikate signalisieren, dass ihre Träger über die mit ihnen assoziierten Kompetenzen verfügen. Ein Ausbildungsabschluss im Bäckerhandwerk signalisiert, dass der betreffende Akteur die in diesem Fall eher standardisierten Kompetenzen hinreichend gut beherrscht. Allerdings können nur gering standardisierte Berufe ebenfalls zertifiziert werden; dann ist allerdings die Signalwirkung nicht so hoch wie bei standardisierten Berufen. Ein Zertifikat bescheinigt also den Erwerb eines mehr oder weniger standardisierten Bündels von Kompetenzen im Ausbildungssektor. In Ergänzung hierzu ist die freiwillige Zertifizierung zu sehen. Unter freiwilliger Zertifizierung werden insbesondere die mit Aus- und Weiterbildungen erworbenen Bildungszertifikate sowie gesetzlich nicht geschützte Ausbildungsinhalte verstanden. Die freiwillige Zertifizierung ist vorwiegend im Falle von nicht-standardisierten Ausbildungsinhalten zu beobachten, weshalb deren Signale meist weniger aussagekräftig sind. Dennoch können auch diese Bildungszertifikate den Zugang zu spezifischen Arbeitsplätzen (u. a. bei Aufstiegen innerhalb einer Firma) ermöglichen. Dieser Logik folgend kann die freiwillige Zertifizierung ebenfalls Informationsasymmetrien abbauen, wenngleich deren Signalwirkung schwächer ausgeprägt ist.

Mit den beiden Regulierungsdimensionen des Bildungswesens – Standardisierung und Zertifizierung – korrelieren zwei Dimensionen, die Regeln des Zugangs zu beruflichen Positionen auf dem Arbeitsmarkt umfassen. Die Regeln des Zugangs korrespondieren dabei stark mit der Mobilität innerhalb und zwischen beruflichen Teilarbeitsmärkten. Hinter der Dimension der Substituierbarkeit steht die Frage, inwiefern für bestimmte Tätigkeiten oder berufliche Positionen nur eine bestimmte berufliche Ausbildung in Erwägung gezogen werden oder ob Inhaber verschiedener beruflicher Ausbildungen um die gleichen Positionen konkurrieren können. Beispielsweise ist der Beruf des praktizierenden Arztes an genau eine korrespondierende berufliche Ausbildung gekoppelt, sodass ein berufsspezifisches Monopol auf diese Arbeitsplätze besteht. Für kaufmännische Positionen konkurrieren dagegen Absolventen unterschiedlicher Ausbildungsberufe, die jedoch zumindest eine gewisse Ähnlichkeit verbindet (Kauffrau/-mann mit Spezifikation Einzelhandel, Spedition usw.). Für die berufliche Position der Recycling-Fachkraft gibt es dagegen praktisch keine formellen oder informellen Regeln, die den Zutritt an bestimmte Ausbildungsgänge und -inhalte koppeln.

Wir bezeichnen einen Teilarbeitsmarkt im Folgenden als beruflich geschlossen, wenn der Zugang zu ihm an ein spezifisches berufliches Zertifikat gebunden ist. Derartige Zutrittsbeschränkungen können unter Umständen eine geringere Konkurrenz innerhalb des Teilarbeitsmarkts zur Folge haben, woraus ökonomische Vorteile resultieren können. Die wichtigste Ursache einer solchen Schließung sind formelle oder auch informelle Regelungen der Rekrutierung.[2] Dabei können zwei Fälle unterschieden werden: die Regulierung der Rekrutierung ohne oder mit gesetzlicher Grundlage (Haupt 2016a). Wenn eine Seniorenresidenz eine Altenpflegerin einstellen möchte, muss diese Organisation sich auf Bewerber mit einer Berufserlaubnis für Altenpflege beschränken. Dies wird auch als berufliche Lizenzierung bezeichnet. Die Seniorenresidenz kann gleichzeitig Bewerber für die Buchhaltung suchen. Dabei könnte die Rekrutierung ebenfalls auf Bewerber mit einem Abschluss in Buchhaltung eingeschränkt werden – es gibt im Gegensatz zur Altenpflege jedoch keinen gesetzlichen Zwang.

Die Möglichkeit und das Ausmaß beruflicher Lizenzierung unterscheidet sich international durch verschiedene Rechtslagen erheblich: Lizenzierungsgesetze beruhen in Deutschland in ihrer Legitimation darauf, dass durch die Zugangsrestriktion die Qualität von überragend wichtigen Grundgütern, wie die öffentliche Sicherheit, die öffentliche Gesundheit, die Bildung und die Rechtsstaatlichkeit geschützt werden (Haupt 2014). Aufgrund dieses überragend wichtigen Interesses darf durch Lizenzierungsgesetze (aber auch nur durch diese) das Grundrecht auf freie Berufswahl eingeschränkt werden. In den USA besteht anders als in Deutschland kein Grundrecht auf freie Berufswahl. Dadurch können deutlich mehr Berufe durch Lizenzierung reguliert werden als in Deutschland und die politische Einflussnahme kann durch eine deutliche größere Anzahl von Berufsverbänden erfolgen. Das führt unter anderem dazu, dass im Staat New York der Beruf des Hellsehers und im Staat Colorado der Beruf des Tiermasseurs lizenziert ist.[3] Es ist besonders in den USA umstritten, auf welche Interessen berufliche Lizenzierung zurückgeführt werden muss: dem Monopolstreben einzelner Berufsausübender oder dem Schutz der Öffentlichkeit (vgl. u. a. von Weizsäcker 1980; Kleiner 2006). Diese Debatte wird auch in Deutschland geführt (Groß 2009; Haupt 2014). Für beide Positionen liegen plausible Befunde vor. Sengenberger (1987) zeichnet unter anderem an der historischen Entwicklung der deutschen Ärzte nach, wie zunehmendes Monopolstreben (z. B. gegen Quacksalber, Kurpfuscher und Barbiere), zunehmender ökonomischer Profit (u. a. durch eine immer stärkere Stellung gegenüber Versicherungen) und ein auf Schutz der Bevölkerung fokussierter Legitimationsdiskurs miteinander verwoben sein können

---

2 Allerdings kann Schließung auch ohne institutionelle Regelungen begründet werden, indem eine Gruppe von Akteuren ihre (Markt-)Macht nutzt, um den Zugang zu regeln. Ein Beispiel wäre eine Gewerkschaft, die den Zugang zu bestimmten Arbeitsplätzen von der Mitgliedschaft abhängig macht, Arbeitgeber dürften dann Nichtmitglieder nicht mehr einstellen.

3 Siehe: http://ecode360.com/11066791 sowie http://www.equinology.com/info/USA_AnimalLaws.asp

(vgl. für den Fall der Buchprüfer: Walker und Shackleton 1998). Das Resultat dieses Prozesses war eine komplexe Regulierung des Arztberufs mit hohen Zugangsschranken, einer weitreichenden Monopolstellung für heilkundliche Tätigkeiten, der Einrichtung von Kammern mit einhergehender beruflicher Selbstverwaltung sowie komplexer ökonomischer Regularien für die Preise ihrer Tätigkeiten.

Berufliche Schließung kann auch ohne Lizenzierung entstehen und sich verstetigen, wenn Arbeitgeber auf bestimmte Arbeitsplätze vor allem nur Arbeitnehmer mit einem spezifischen Zertifikat rekrutieren. Eine wichtige Grundlage für diese Form von Schließung ist der Schutz der beruflichen Titel, der mit einer standardisierten Ausbildung verknüpft ist. Arbeitnehmer ohne eine solche Ausbildung dürfen dann einen solchen Titel nicht führen – dürfen aber alle beruflichen Tätigkeiten ausüben. Das Führen eines beruflichen Titels ist jedoch eines der zentralen Signale im Rekrutierungsprozess. Ist im Rekrutierungsprozess die Regel etabliert, dass Personen ohne entsprechende Titel nicht in Erwägung gezogen werden, entstehen ebenfalls mehr oder weniger stark ausgeprägte monopolhafte Stellungen dieser Berufsausübenden auf dem Arbeitsmarkt. Ihre Konkurrenten verfügen nicht über das gleiche Signal – obwohl sie unter Umständen die gleiche Qualifikation besitzen – und werden daher nicht in Erwägung gezogen. Auch in diesem Prozess können berufsständische Interessen eine wichtige Rolle spielen. Der Erwerb von Qualifikationen für einen spezifischen Arbeitsplatz muss nicht lediglich in einer Berufsausbildung erworben werden. Berufsausbildungen könnten auch sehr generelle Kompetenzen vermitteln, die innerhalb der Firmen *on-the-job* immer weiter differenziert werden. Die Spezialisierung von Ausbildungsinhalten kann jedoch eine Möglichkeit sein, die Konkurrenz um Arbeitsplätze zu senken (Ramírez 2001; Cardona 2013).

7.3   Theoretische und empirische Konsequenzen beruflicher Institutionen auf dem Arbeitsmarkt

Aus Sicht der Arbeitsmarktforschung stellt sich nun die Frage, welche Wirkungen unterschiedliche Regulierungen von Berufen, das heißt die Varianz beruflicher Institutionen auf dem Arbeitsmarkt haben. Hierzu gibt es inzwischen eine ganze Reihe von Arbeiten, die sich empirisch mit den Effekten von Berufsstrukturen auf unterschiedliche Ergebnisse und Prozesse des Arbeitsmarktes beschäftigt haben. Bevor wir einen Überblick über diese Forschung geben ist es jedoch notwendig, sich kurz mit der empirischen Messung von Berufsstrukturen auseinander zu setzen.

7.3.1 Die empirische Erfassung von Berufen

Eines der zentralen Probleme in diesem Forschungsfeld ist die empirische Erfassung von Berufen, die notwendigerweise der Messung von Effekten vorausgehen muss. Dies geschieht in aller Regel auf Basis einer Klassifikation von Berufen, mit denen berufliche Tätigkeiten erfasst und nach einem bestimmten Schema klassifiziert werden. Die existierenden Klassifikationen sind in der Regel relativ detailliert und umfassen zumeist mehrere hundert Berufe. Da die aktuelle Klassifikation der Berufe allein anhand der Tätigkeit erfolgt, spielen Merkmale der beruflichen Stellung (also ob jemand Selbständiger, Angestellter, Arbeiter oder Beamter ist) keine Rolle. Personen mit unterschiedlicher beruflicher Stellung werden identisch erfasst, solange sie gleiche (oder vergleichbare) Tätigkeiten ausüben. Die beiden bekanntesten und am häufigsten verwendeten Klassifikationen sind die ISCO- und die KldB-Systematik. Die *International Standard Classification of Occupations* (ISCO) wurde von der internationalen Arbeitsorganisation (*International Labour Organisation*, ILO) als Instrument für die amtliche Statistik und insbesondere für die international vergleichende Forschung konzipiert. Ihr liegen die Tätigkeiten, die von einem Arbeitnehmer ausgeführt werden, zugrunde. Die Klassifikation wurde mehrmals überarbeitet, die neueste Version stammt aus dem Jahr 2008 (International Labour Office 2012). Als Alternative existiert die spezifisch für Deutschland entwickelte und vor allem von der Bundesagentur für Arbeit verwendete Klassifikationen der Berufe (KldB). Die primäre Grundlage der neuesten Version, der KldB 2010, ist die sogenannte Berufsfachlichkeit, das heißt die Berufe werden zunächst nach ihrer Ähnlichkeit anhand der sie auszeichnenden Tätigkeiten, Kenntnisse und Fertigkeiten gruppiert (Paulus und Matthes 2013). Darüber hinaus erfolgt noch eine Untergliederung der berufsfachlichen Einheiten anhand einer zweiten Dimension, dem Anforderungsniveau. Die KldB 2010 ist als hierarchische Klassifikation mit fünf numerisch verschlüsselten Gliederungsebenen aufgebaut und umfasst auf der obersten Ebene 10 Berufsbereiche (1-Steller) und auf der detailliertesten Ebene (5-Steller) 1286 Berufsgattungen (Bundesagentur für Arbeit 2011, S. 16). Darüber hinaus liegen eine Reihe von Skalen vor, die Berufe anhand von Status oder Prestigewerten klassifizieren und so eine gesellschaftliche Wertigkeit von Berufen im Hinblick auf ihre sozialstrukturelle Einordnung ermöglichen (für einen Überblick vgl. Christoph 2005).

Ein zentrales Problem stellt nun jedoch der Umstand dar, dass die Berufsklassifikationen noch keine Aussagen über die institutionellen Regeln treffen, die für einen bestimmten Beruf gelten. Daher finden sich gerade in den letzten Jahren verschiedene Vorschläge, wie Berufen strukturelle und insbesondere institutionelle Eigenschaften zugeordnet werden können. Für die USA ordnet zum Beispiel Wee-

den (2002) den einzelnen Berufen das Ausmaß der gewerkschaftlichen Organisation oder die Lizenzierung zu, um dann deren Effekte für die Arbeitsmarktpositionierung der Berufsinhaber zu analysieren. Für Deutschland wurden in jüngster
Zeit konkrete Vorschläge entwickelt, wie Regulierungsmechanismen von Berufen
empirisch abgebildet werden können (vgl. z. B. Vicari 2014 sowie Damelang et al.
2015).

7.3.2 Auswirkungen beruflicher Institutionen im Arbeitsmarkt

Wie in den vorhergegangenen konzeptionellen Abschnitten deutlich wurde, sind
Berufe – oder genauer berufliche Institutionen – darauf angelegt, in die Prozesse
des Arbeitsmarktes steuernd einzugreifen. Diese Steuerung erfolgt dabei unterschiedlich stark, je nachdem wie stark die Dimensionen institutioneller Regulierung ausgeprägt sind. Dieser Grundgedanke der (unterschiedlich stark ausgeprägten) strukturierenden Wirkung von Berufen kann nun theoretisch auf verschiedene
Phänomene des Arbeitsmarktes heruntergebrochen und empirisch analysiert werden. Wir werden im Folgenden einen knappen Überblick zu dem theoretischen
wie empirischen Forschungsstand geben und uns dabei auf die zwei zentralen Mechanismen beruflicher Strukturierung konzentrieren: effizienteres *matching* durch
den Abbau von Informationsdefiziten und berufliche Schließung.

Eine grundlegende These betrifft das *matching* zwischen Arbeitgeber und
Arbeitnehmer, das durch berufliche Institutionen effizienter und kostengünstiger
funktionieren sollte. Einen ersten Hinweis darauf liefert die empirische Bedeutung
von beruflichen Zertifikaten in Deutschland. Nach einer Studie von Konietzka
(1999) üben zwischen 70 und 90 Prozent aller Arbeitnehmer beim Berufseinstieg
ihren erlernte Beruf aus. Bei Frauen ist diese Verbreitung der beruflichen Passung
noch stärker ausgeprägt als bei Männern, und für Personen mit kaufmännischen
und gewerblichen Ausbildungen ist die Passung besonders hoch. Nach einer Studie
von Saar et al. (2014) nutzen Arbeitgeber Bildungszertifikate stets als Selektions-
merkmal, um den Pool der Bewerber einzuschränken. Des Weiteren werden die
Zertifikate entweder als Signal für die Einarbeitungskosten oder deren generelle
Trainierbarkeit genutzt. Ersteres findet sich vor allem für Arbeitgeber im Dienstleistungssektor und letztgenanntes für Arbeitgeber in der Industrie. Ähnliche Ergebnisse liefern auch Liebe und Wegerich (2010) sowie Behrenz (2001).

Theoretisch ist zu erwarten, dass je ausgeprägter die Standardisierung und/
oder Zertifizierung eines Berufes ist, desto weniger Aufwand sollten die Vertragsparteien im Rahmen des *matching*-Prozesses betreiben müssen. Die Institutionalisierung von Berufen reduziert also die Kosten des *matching*-Prozesses.

Empirisch zeigt sich, dass der Grad der Standardisierung eines Berufs die *matching*-Effizienz erhöht (Dengler et al. 2016). Dies sollte sich wiederum in kürzeren Vakanzzeiten in standardisierten Berufsfeldern niederschlagen. Darüber sollte sich die Qualität des *matching* verbessern, das sich wiederum in einer längeren Berufszugehörigkeitsdauer in Berufen mit standardisierten Ausbildungsverordnungen zeigt (Damelang et al. 2015). Umgekehrt sollten sich in wenig institutionalisierten Berufsfeldern stärkere *matching*-Probleme nachweisen lassen. Betrachtet man die Gruppe der Personen mit Hochschulabschluss, so haben es Absolventen geisteswissenschaftlicher Fächer, *ceteris paribus*, schwerer, einen statusadäquaten Arbeitsplatz zu finden. Sie sind einem höheren Risiko atypischer Beschäftigung ausgesetzt (Haak und Rasner 2009). Innerhalb dieser Fächer unterscheidet sich die Menge der angeeigneten Qualifikationen und Kompetenzen zum Teil sehr stark, sodass ein *matching* vor allem über weitere Signale (wie Praktika und Weiterbildungen) erfolgen muss. Dies ist auch besonders für Personen ohne berufliche Ausbildung der Fall: Sie können im Wettbewerb um Arbeitsplätze mit qualifizierten Tätigkeiten ihre Kompetenz nicht über ein Standardsignal übermitteln und werden aus diesem Grund sehr häufig für die Besetzung dieser Arbeitsplätze nicht in Erwägung gezogen (Solga 2002, 2005). Dieses Problem haben zum Teil auch Personen mit ausländischen Berufsabschlüssen (Damelang und Abraham 2016). Bei Personalverantwortlichen kann bezüglich ausländischer Abschlüsse eine starke Unsicherheit bestehen, welche typischen Qualifikationen und Kompetenzen mit dem Abschluss verbunden sind. Aufgrund dieser Unsicherheit entstehen Personen mit ausländischen Berufsabschlüssen Nachteile bezüglich ihrer Beschäftigungschancen (Kogan 2004). Konietzka und Kreyenfeld (2001) demonstrieren, dass dies für Spätaussiedler sogar dann der Fall ist, wenn ihre Ausbildungen formal anerkannt wurden. Eine formale Anerkennung scheint daher die Unsicherheit über die berufliche Passung nur in geringem Maß zu senken, sodass diese Bewerber im Rekrutierungsprozess geringe Chancen haben (vgl. auch Kap. 10 in diesem Band).

Berufsspezifische Zertifikate erhöhen nicht nur Rekrutierungschancen auf passende Arbeitsplätze, sondern stehen auch in starkem Zusammenhang mit höheren Löhnen (Handel 2003). Arbeitnehmer mit passender Berufsausbildung verdienen höhere Löhne als vergleichbare Arbeitnehmer ohne passende Berufsausbildung (Nordin et al. 2010). Arbeitnehmer mit ausländischen Berufsabschlüssen müssen selbst bei vergleichbaren Kompetenzen Lohnabschläge hinnehmen (Weins 2010). Es sind jedoch nicht nur die beruflichen Zertifikate für die Höhe des Lohns entscheidend: Individuelle Löhne erhöhen sich auch mit zunehmender Berufserfahrung – unabhängig von der Betriebszugehörigkeitsdauer (Kambourov und Manovskii 2009; Sullivan 2010). Arbeitnehmer ohne passende Berufsausbildung können den daraus entstehenden Lohnnachteil mit wachsender Berufserfahrung zu einem erheblichen Teil schließen (Haupt 2012). Diese Befunde verdeutlichen, dass Unternehmen individuelle Löhne danach ausrichten, wie gut Arbeitnehmer die mit den Arbeitsplätzen verbundenen Probleme lösen können. Die Unsicherheit der Einschätzung, ob diese Kompetenzen zum Zeitpunkt der Einstellung vorliegen, wird jedoch in den meisten Fällen anhand von Zertifikaten getroffen, weshalb diese für die Löhne eine bestimmende Rolle einnehmen.

Der zweite zentrale Mechanismus, über den berufliche Institutionen in den Arbeitsmarkt wirken können, stellt die Schließung von beruflichen Teilarbeitsmärkten dar. Die Institutionalisierung von Berufen erleichtert zwar auf der einen Seite das *matching* auf dem Arbeitsmarkt, sie kann jedoch auch zu einer reduzierten Flexibilität des Arbeitsmarktes führen. Diese reduzierte Flexibilität ergibt sich durch Mobilitätshürden, die mit beruflicher Schließung und Segmentierung des Arbeitsmarktes einhergehen können. Die schwächste Form der Segmentierung stellt das Konzept berufsspezifischen Humankapitals dar, aus dem Mobilitätshürden durch die geringe Übertragbarkeit in andere berufliche Tätigkeitsfelder und die damit verbundenen Abschreibungen resultieren. Stark institutionalisierte Berufe sollten daher die Mobilität zwischen beruflichen Teilarbeitsmärkten reduzieren. Das bedeutet jedoch nicht, dass berufliche Mobilität nicht existent oder generell ineffizient wäre. Unter bestimmten Umständen können sich Investitionen in neues berufliches Kapital lohnen und langfristig zu höheren Löhnen führen. Schätzen die Arbeitnehmer dies *ex ante* richtig ein, sollte empirisch daher beobachtbar sein, dass freiwillige Berufswechsel zu Einkommensvorteilen führen. Unfreiwillige Wechsel, zum Beispiel aufgrund von Arbeitslosigkeit oder der Unfähigkeit einen erlernten Beruf auszuüben, haben dagegen das Potenzial die betroffenen Arbeitnehmer im neuen Beruf schlechter zu stellen (siehe z. B. Fitzenberger und Kunze 2005).

Wenn die berufliche Ausbildung stark spezifisch und standardisiert ist, werden deren Absolventen erheblich auf die dafür vorgesehenen Arbeitsplätze kanalisiert. Alternative Bewerber haben dann keine reelle Chance mehr, für diese Arbeitsplätze rekrutiert zu werden, selbst wenn die Zugangsrestriktion nicht staatlich erzwungen wird (Matheson 2001; Haupt 2014). Die Beschäftigungschancen dieser stark spezialisierten Arbeitnehmer sind dann vor allem von der Menge der für sie zur Verfügung stehenden Vakanzen abhängig. Durch die starke Spezialisierung ist ihre Passung auf andere Arbeitsplätze begrenzt, was ihre Mobilität außerhalb des für sie spezialisierten Teilarbeitsmarktes einschränkt (Blossfeld und Mayer 1988; Vicari 2011). Sind zu wenige Arbeitsplätze vorhanden, verringern sich die Beschäftigungschancen dieser Berufsausübenden somit deutlich. Sind Arbeitnehmer jedoch innerhalb eines Teilarbeitsmarktes mit starker Zugangsrestriktion beschäftigt, erhalten sie typischerweise höhere Löhne. Durch die Restriktion des Zugangs zu berufsspezifischen Arbeitsplätzen werden günstigere Alternativen ausgeschlossen.[4] Berufliche Lizenzierung ist die am stärksten ausgeprägte Form beruflicher Schließung. Haupt (2012) schätzt, dass daraus um circa 8 Prozent höhere Durchschnittslöhne für lizenzierte Arbeitnehmer resultieren. Ähnliche Ergebnisse legen Bol und Weeden (2015) für Großbritannien, Weeden (2002) für die USA und van de Werfhorst (2011) für die Niederlande vor. Wie Haupt (2016a) diskutiert, bestehen zwischen dem deutschen und dem US-amerikanischen Lizenzierungssystem deutliche Abweichungen: Ein bedeutsamer Unterschied ist, dass in Deutschland berufliche Lizenzierung mit ökonomischen Reglementierungen beruflicher Tätigkeiten (wie durch Honorar- und Gebührenordnungen) einhergehen. Diese sind in den USA verfassungswidrig. Dadurch können in den USA lizenzierte Berufsausübende die Preise ihrer Tätigkeiten jederzeit frei verhandeln. Dies führt für einen Teil der lizenzierten Berufsausübenden, vor allem der Anwälte und Ärzte, zu deutlich höheren Löhnen als in Deutschland.

Je stärker der Schließungsprozess ausgeprägt ist, also je wirkungsvoller das berufliche Monopol ist, desto besser können Produkte bzw. Dienstleistungen verknappt werden. Dies ermöglicht den Monopolisten in der Folge höhere Renditen zu erzielen im Vergleich zu einer Situation ohne künstliches Monopol (Sørensen 1996). Beruflichen Zertifikaten kommt somit eine Zwitterrolle zu: Sie dienen einerseits als Kompetenzsignal und vereinfachen den *matching*-Prozess. Andererseits determinieren berufliche Zertifikate die beruflichen Zugangschancen, nicht vorhandene Zertifikate können eine kaum überwindbare Barriere darstellen, trotz möglicherweise vorhandener beruflicher Kompetenzen.[5] Insbesondere in Deutschland sind berufsfachliche Arbeitsmärkte stark ausgeprägt, in denen die Allokation von Arbeitskräften durch formale berufliche Qualifikationen gesteuert wird. Basiert die Auswahl von Personal vor allem auf Bildungszertifikaten, wird auch von sogenannten *credentials* gesprochen, weil die Zertifikate beglaubigte Bildungsinhalte darstellen (Arkes 1999; Bills 2003). Der deutsche Arbeitsmarkt ist im internationalen Vergleich durch ein besonders stark ausgeprägtes „kredentialistisches Mobilitätsregime" gekennzeichnet (König und Müller 1986; Allmendinger 1989). Demzufolge ist es – wenn überhaupt – nur schwer möglich ohne die entsprechenden beruflichen Zertifikate Zugang zu bestimmten Berufen zu finden. Berufliche Zertifikate haben somit eine Schlüsselrolle im Schließungsprozess inne.

---

4 Dass die Alternativen günstiger sind, bezieht sich jedoch nur auf die Lohnkosten. Diese Alternativen könnten deutlich höhere Einarbeitungskosten aufweisen, sodass es sich für Unternehmen lohnt, Berufsausübende mit höherem Lohnsatz zu beschäftigen.

5 Diese Problematik spiegelt sich insbesondere in der (Nicht-)Anerkennung von im Ausland erworbenen Berufsabschlüssen seitens der Arbeitgeber wider (siehe u. a. Konietzka und Kreyenfeld 2001; Weins 2010; Kogan 2012; Damelang und Abraham 2016).

7.4   Berufsstruktureller Wandel

In den vorherigen Abschnitten wurde deutlich, dass Arbeitskräfte untereinander sehr heterogen sind. Ihre Position auf dem Arbeitsmarkt unterscheidet sich unter anderem erheblich nach ihrem Beruf. Der Arbeitsmarkt lässt sich daher zu einem Zeitpunkt als eine spezifische Zusammensetzung von (potenziell) Berufsausübenden und Nachfragenden nach beruflichen Qualifikationen beschreiben.

Die berufsspezifische Zusammensetzung hat sich in Deutschland in den vergangenen Jahrzehnten massiv verändert. Einige Berufe, wie der Kürschner, der Telefonist oder Hutmacher werden gar nicht mehr oder nur noch von einer sehr kleinen Anzahl von Personen ausgeübt. Bezüglich anderer Berufe, wie dem IT-Techniker, der Pflegekraft oder dem Logistiker sind stark steigende Beschäftigungszahlen zu verzeichnen. Diese Veränderungen führen zu zum Teil erheblichen Verschiebungen auf dem Arbeitsmarkt, die in den folgenden Abschnitten näher beleuchtet werden sollen. Diese Veränderungen werden dabei auf eine näher zu spezifizierende Veränderung des berufsspezifischen Angebots-Nachfrage-Verhältnisses zurückgeführt. Wir gehen davon aus, dass diese Veränderungen vor allem durch äußere Einflüsse bedingt werden und konzentrieren uns in diesem Kapitel auf drei Formen berufsstrukturellen Wandels:

1. die Veränderung der beruflichen Zusammensetzung des Arbeitsmarktes bedingt durch berufsspezifischen Arbeitsplatzauf- und -abbau,
2. die Veränderung des Zugangs zu Arbeitsplätzen, das heißt eine Veränderung des *matching*, bedingt durch Veränderungen des Rekrutierungsverhaltens und der Bewerberpoole sowie
3. asymmetrische Lohnentwicklungen zwischen Berufen bedingt durch berufsspezifische Veränderungen der Marktposition der Berufsausübenden.

Diese drei Phänomene werden in Bezug zum technologischen Wandel, der Bildungsexpansion und der Globalisierung gesetzt. Alle diese Prozesse haben eines gemeinsam: Sie verändern die Ersetzbarkeit einzelner Arbeitnehmer für bestimmte Arbeitsplätze. Die Ersetzbarkeit von Arbeitskraft durch Maschinen und günstigere Arbeitskräfte im Ausland steht dabei in starken Zusammenhängen mit Eigenschaften einzelner Berufe.[6] Es ist daher bedeutsam, zunächst die verschiedenen Eigenschaften beruflichen Wissens und beruflicher Tätigkeiten zu beschreiben

---

6   Wir beschränken uns aus Platzgründen im Folgenden auf die Darstellung dieser zwei Themen. Veränderungen der Berufsstruktur werden auch durch andere Prozesse bedingt. Haupt (2016b) führt eine ausführliche Diskussion um weitere Motoren des berufsstrukturellen Wandels.

und sie dann auf Veränderungen der Rahmenbedingungen von Arbeitsmärkten zu beziehen.

7.4.1 Motoren des berufsstrukturellen Wandels

7.4.1.1 Der technologische Wandel

Technologische Innovationen haben die Berufsstruktur in allen Wirtschaftsbereichen verändert. Bessere Maschinen und Verfahren im Agrarsektor haben im vergangenen Jahrhundert zu einem massiven Rückgang der Beschäftigten in der Landwirtschaft geführt. Im Bereich der Fertigung haben neue Produktionstechniken Tätigkeiten ersetzt, die klaren Regeln und Abläufen unterliegen. Betroffen sind davon zum Beispiel Möbeltischlerinnen, Weber, Schuhmacher, Polstererinnen, Glaser, Glasbläser, Schmelzerinnen, Schmiede, Mechanikerinnen, Werkzeugmacher, usw. Die zunehmende Ersetzbarkeit dieser Arbeitsplätze durch Maschinen liegt vor allem darin begründet, dass die typischen Problemlösungen in großen Teilen oder vollständig durch Algorithmen beschreibbar sind und diese Berufe ihre Tätigkeitsfelder nur sehr schwer an die technologische Entwicklung anpassen können. Die Nachfrage nach den berufsspezifischen Produkten (wie einem Leinentuch oder einer Karaffe) wird zu großen Teilen durch automatisierte Produktion ersetzt.

Der technologische Wandel wird vor allem als eine voranschreitende Rationalisierung von Arbeitsabläufen verstanden (Autor et al. 1998). Ein Arbeitsablauf ist rationalisierbar, wenn ihm ein eingrenzbares Problem zugrunde liegt, das durch einen spezifischen Ablauf gelöst werden kann. Maschinen und Computer werden eingesetzt, um spezielle Probleme ohne menschliche Arbeitskraft zu lösen. Dies ist umso leichter möglich, je stärker der Arbeitsablauf auf klar beschreibbaren Regeln beruht. In diesem Fall sind diese Abläufe leicht in maschinelle Prozesse übersetzbar, die menschliche Arbeitskraft ersetzen können (Bresnahan et al. 2002). Berufe unterscheiden sich danach, wie stark die mit dem Beruf verbundenen Tätigkeiten rationalisierbar sind. Berufliche Tätigkeiten, die stark auf Routinen basieren, sind in hohem Maße durch Maschinen und Computer ersetzbar (Oesch 2013). Dies waren in der Vergangenheit vor allem körperliche Tätigkeiten in der Fertigung und der Landwirtschaft.

Für technische Berufe, wie zum Beispiel Anlagenmechaniker, Bautechniker, Feinoptiker, KFZ-, Industrie- oder Verfahrensmechaniker, Heiztechniker, Laboranten oder Werkstoffprüfer, gilt dies nicht im selben Maße. Einige dieser berufsspezifischen Produkte können zwar auch in automatisierten Prozessen hergestellt werden, allerdings verwalten oder betreuen diese Berufe eher den technologischen Fortschritt als von ihm aufgezehrt zu werden. Kompliziertere chemische Prozesse zur Herstellung von neuen Kunststoffen ersetzen den Chemietechniker nicht, sondern stellen neue Anforderungen an ihn. Außerdem entstehen neue Berufe und Berufsbilder im Bereich der Informationstechnik, der Nanoelektronik oder der Werkstofftechnik. Der technologische Wandel nützt diesen Berufsausübenden, sofern sie die gewonnenen Produktivitätsgewinne auch auf ihre sich mit dem technologischen Wandel erhöhenden Kompetenzen beziehen können.

Dienstleistungsberufe werden vom technologischen Wandel auf zwei Weisen betroffen: Erstens entstehen auch hier neue Berufe im Bereich der Informations- und Computertechnologie. Dazu zählen Systemadministratoren, Softwareentwickler, Webadministratoren, Bio- und Medizininformatiker oder Kommunikationsberater. Zweitens wandeln sich die Anforderungen an einzelne Berufe durch den technologischen Fortschritt. Technische Zeichner sitzen nicht mehr am Reißbrett, sondern am PC. Sozialwissenschaftler arbeiten (zu einem gewissen Teil) an Rechnern, um beispielsweise komplexe Prozesse des Arbeitsmarktes zu modellieren. Medizinisch-technische Assistenten benötigen genauso wie ein Großteil der Ärzte vermehrt Kompetenzen zur Bedienung, Pflege und Interpretation der Ergebnisse komplexer computergestützter Verfahren. Der erste Prozess beruht auf einer deutlich gestiegenen Nachfrage nach diesen neuen, berufsspezifischen Kompetenzen. Es ist daher zu erwarten, dass sich die Position dieser Berufsausübenden auf dem Arbeitsmarkt verbessert. Der zweite Prozess kann als ein Wandel des Berufsbildes oder des beruflichen Aufgabenspektrums verstanden werden. Dies kann zu einer Aufwertung eines Berufs führen, die mit einer höheren Entlohnung einhergeht.

Gerade am Beispiel von Dienstleistungsberufen wird deutlich, dass die Verbreitung von Computern eine besonders wirkmächtige technologische Entwicklung in den letzten Jahrzehnten war (Blum 2008). Nach Bresnahan (1999) erfolgte diese *Computerisierung* in zwei Phasen: In der Frühphase wurde IT-Technologie in Unternehmen oder in Unternehmensteilen eingeführt, in denen entweder das Produkt *reine Information* ist oder deren Arbeitsaufgaben stark informationslastig sind. Typischerweise sind dies sogenannte *white-collar*-Bürokratien wie Finanzdienstleistungen, Buchhaltung oder Sachbearbeitung. Durch die Verbesserung der Software für Unternehmensprozesse (wie von IBM, SAP oder Oracle) konnten vor allem große Unternehmen Arbeitsabläufe weiter automatisieren und gänzlich neue Abläufe und Produkte erschaffen.

Ab den 1980er Jahren wurden Personal Computer auch für kleinere Unternehmen erschwinglicher und läuteten somit die zweite Phase ein. Seitdem wurde auch Software entwickelt, die den Produktionsablauf von hochqualifizierten Tätigkeiten unterstützten. Wissenschaftler entwickelten Software für statistische Auswertungen und Archivare begannen, ihren Bestand zu digitalisieren. Computer ersetzten somit nicht zum größten Teil die Beschäftigten in diesen Tätigkeitsfeldern, sondern ermöglichten es, neuere und komplexere Produkte oder effizientere Abläufe innerhalb der schon automatisierten Produktion herzustellen.

In welcher Weise der technologische Wandel die Berufsstruktur verändert, ist nach wie vor Gegenstand wissenschaftlicher Debatten. Eine frühe Position in dieser Debatte war die These des *skill-biased technological change* (Berman et al. 1998). Die Übernahme von rationalisierbaren Arbeitsabläufen durch Computer und Maschinen führt zu einer erhöhten Nachfrage nach stärker kreativen und nicht routinisierbaren kognitiven Tätigkeiten wie Beratung, Forschung und Entwicklung. Diese werden in der Regel von Arbeitnehmern mit Hochschulabschluss übernommen. Gleichzeitig sinken die Erwerbschancen von gering qualifizierten Arbeitnehmern. Weniger kreative Aufgaben werden durch maschinenbasierte und automatisierte Abläufe ersetzt. Aus diesem Grund sollten sowohl die Beschäftigung als auch die Löhne von Hochschulabsolventen steigen und beides für Niedrigqualifizierte sinken (Card und DiNardo 2002; Autor et al. 2003; Acemoglu und Autor 2011).

Vertreter des *task-based approach* sind hingegen der Ansicht, dass vor allem Tätigkeiten von Personen mit mittlerer Bildung durch den Einsatz von Computern ersetzt werden (Manning 2004; Goos und Manning 2007; Goos et al. 2009; Liu und Grusky 2013). Computer substituieren in erster Linie diejenigen Tätigkeiten, die analytisch und routinisierbar sind. Solche Tätigkeiten können in Algorithmen übersetzt werden, die von Computern ausgeführt werden. Körperliche Arbeiten, Tätigkeiten mit hohem Kundenkontakt und analytische oder kreative aber nicht routinisierbare Tätigkeiten sind von der Entwicklung und Verbreitung von Computern nicht in ähnlicher Weise betroffen. Viele körperlich anstrengende Arbeiten wurden schon in den 1970er Jahren von Maschinen ersetzt. Die darauffolgende Phase der Substitution bezog sich nun auf analytische aber stark routinebasierte Arbeitsabläufe. Dazu zählen Verwaltungs- und Organisationsaufgaben, Sachbearbeitung, Qualitätssicherung und regelbasierte Kundeninteraktion (wie sie zum Beispiel elektronische Kundenassistenten ausführen, etwa bei Banküberweisungen). Sie trifft jedoch nicht im selben Maße Arbeitsabläufe im Gastgewerbe, in der Pflege, in der Bildung oder der Entwicklung. Nach Auffassung dieser Position führt der technologische Wandel zu einer Aushöhlung des Arbeitsmarktes: Aufgrund der durch die technologische Entwicklung induzierten höheren Nachfrage steigen die Beschäftigungschancen für hochgebildete und hochbezahlte Arbeitnehmer genauso wie für Arbeitnehmer in einfacheren Tätigkeitsfeldern im Niedriglohnbereich. Es werden mehr Personen benötigt, die Produkte weiterentwickeln und kreieren, sowie Personen, die Produkte transportieren, vertreten und verkaufen (Spitz-Oener 2006). Aus diesem Grund sagen die Vertreter des *task-based approach* vorher, dass sich die Lohn- und Beschäftigungsstruktur auch eher polarisieren sollte: Während der Anteil mit hohen und niedrigen Löhnen steigt, müsste vor allem der Anteil der mittleren Löhne sinken.

7.4.1.2 Globalisierung

Unter Globalisierung wird typischerweise eine wachsende internationale Vernetzung verstanden (Blossfeld et al. 2007). Mit einer zunehmenden Vernetzung und der damit verbundenen effizienteren Logistik können Firmen mit immer geringeren Kosten spezifische Arbeiten ins Ausland verlagern. Berufe unterscheiden sich darin, wie stark die mit ihnen verbundenen Tätigkeiten ins Ausland verlagerbar sind. So können spezifische Arbeitsabläufe von Arbeitnehmern im Ausland übernommen oder ganze Betriebe, in denen die Tätigkeiten eingebunden sind, komplett ins Ausland verlagert werden.

Die Anfälligkeit für die Verlagerung berufsspezifischer Arbeitsabläufe richtet sich vor allem nach zwei Fragen (Laaser und Schrader 2009): A) Ist für die Ausübung der Tätigkeit eine physische Nähe des Berufsausübenden zu einem inländischen Arbeitsplatz notwendig? B) Falls A) nicht zutrifft: Ist für die Ausübung der Tätigkeit die physische Nähe zum Betrieb notwendig? Sanitäterinnen, Taxifahrer oder Verkäufer bedürfen der Nähe zu einem inländischen Arbeitsplatz und sind daher überhaupt nicht verlagerbar. Einige Berufe, wie ein Designer oder eine Schriftsetzerin, benötigen keine physische Nähe zu dem Betrieb, der sie beschäftigt, sondern eine gute Kommunikationsverbindung. Daher sind diese Berufe in höchstem Maße verlagerbar. Für andere berufliche Tätigkeiten ist die Präsenz der Berufsausübenden im Betrieb zwingend erforderlich.

Das zentrale Motiv für *offshoring*[7] ist laut Statistischem Bundesamt die Senkung von Lohnstück- oder anderweitigen Kosten (Statistisches Bundesamt 2008). Lohnstückkosten können allerdings dauerhaft nur dann gesenkt werden, wenn der Absatz des Produkts bei geringerem Aufwand gleich bleibt oder sogar steigt. Sollten Dienstleistungen oder Produkte mit deutlich geringerer Produktivität oder Qualität im Ausland produziert werden, kann die Nachfrage sinken und dadurch das angestrebte Ziel eines höheren Gewinnes durch geringere Kosten verfehlt werden. Die Bedingung für eine erfolgreiche Auslagerung von Tätigkeiten ist daher ein entsprechendes Bildungsniveau bzw. ein entsprechendes berufsspezifisches

---

7   Unter *offshoring* wird die Verlagerung von Einheiten einer Firma ins Ausland verstanden. Ein damit verwandter Prozess ist der des *outsourcing*, bei dem Unternehmensaufgaben und -strukturen an externe oder interne Dienstleister abgegeben werden.

Angebot von Arbeitskräften in einem Land bei geringeren Lohnkosten. Für einige hochqualifizierte Berufe, wie Softwareentwicklung in Indien, ist dies zwar heute schon möglich, allerdings werden Dienstleistungen bisher nur zu einem geringen Teil ins Ausland verlagert – auch wenn ein höheres Potenzial dazu besteht (Schöller 2007). Von der bisherigen Auslagerungspraxis sind daher vor allem Berufe in der Fertigung betroffen, da Tätigkeiten in der Massenproduktion nur in geringem Maß hochqualifizierte Arbeitnehmer verlangen und die Lohnkosten in den Investitionsländern sehr gering sind. Dazu zählen Berufe in der Textilherstellung und -verarbeitung, der Herstellung von Glas- und Keramikwaren, von Spielwaren und Elektronik. Der relative Anteil dieser Berufe ist daher stark gesunken. Forschungsintensive Produktionen sowie Betriebe, deren Produkte an regionale Märkte gebunden sind, werden weniger wahrscheinlich ins Ausland verlagert (Brändle und Koch 2015). Eine weitere Auswirkung der Globalisierung ist zudem eine stark gesunkene Verhandlungsmacht von Berufsausübenden, die ins Ausland verlagerbare Tätigkeiten ausführen (Moreno und Rodríguez 2011). In (kollektiven) Lohnverhandlungen können Arbeitgeber die Verlagerung ins Ausland als Drohpotenzial nutzen, was die Verhandlungsmacht der Arbeitnehmer erheblich senkt (Ranjan 2013). Daher ist zu erwarten, dass Berufe, die verlagerbare Tätigkeiten umfassen, nur sehr geringe Lohnentwicklungen aufweisen.

7.4.2 Empirische Befunde

Der folgende Abschnitt diskutiert empirische Befunde zu Änderungen der berufsspezifischen Zusammensetzung des Arbeitsmarktes. Darauf aufbauend werden veränderte Zugangsbedingungen zu Berufen sowie die Entwicklung berufsspezifischer Löhne im Zeitverlauf analysiert.

7.4.2.1 Veränderungen der berufsspezifischen Zusammensetzung des Arbeitsmarktes

In Tabelle 7.1 werden für 26 Berufsgruppen in den Spalten 2 und 3 die relativen Häufigkeiten der jeweiligen Berufe für die Jahre 1993 und 2011 angegeben. Spalte 4 verdeutlicht, ob der relative Anteil der Berufe zwischen diesen Zeitpunkten konstant geblieben bzw. gewachsen oder geschrumpft ist. Diese Spalte verdeutlicht daher den berufsstrukturellen Wandel in Deutschland in den letzten 20 Jahren. Die Berufe sind absteigend nach dem durchschnittlichen Bruttostundenlohn von 1993 sortiert.

Im oberen Teil der Tabelle (MINT-Berufe bis leitende Verwaltungsbedienstete) finden sich Berufe, die mäßig bis sehr stark wachsen. Deutliche Zuwächse haben MINT-Berufe (vor allem bedingt durch Ingenieure und Chemiker), Manager und besonders Juristen, Buchprüfer sowie Sozialberufe. Darauf folgen Berufe mit mittlerer Entlohnung (bis einschließlich der Handwerker), die ein heterogenes Bild zeigen: Einige dieser Berufe, wie Metallarbeiter, Bauberufe, Maschinenbediener oder Fahrzeugführer verlieren an Bedeutung, während sich unter anderem die relative Häufigkeit von Gesundheitsfachberufen, Verkaufsfachkräften oder Lehrern vergrößert. Im unteren Entlohnungsbereich ist die Beschäftigungsentwicklung ebenfalls sehr heterogen: Der relative Anteil von Hilfsarbeitern sinkt beträchtlich, während Arbeitsplätze für personenbezogene Dienstleistungen (Frisöre, Reinigungskräfte, Köche) aufgebaut werden. Die Beschäftigung im Verkauf bleibt über die Jahre recht stabil.

Tabelle 7.1 Relative Anteile und Medianbruttostundenlöhne nach Berufsgruppen (ISCO88 Zweisteller) für 1993 und 2011[a]

Berufsgruppe[b]	Relativer Anteil in %			Medianbrutto-stundenlohn		
	1993	2011	Diffe-renz	1993	2011	Diffe-renz
Physiker, Chemiker, Mathematiker und Ingenieure	3,85	5,80	1,95	20,74	20,71	-0,03
Geschäftsleiter in großen Unternehmen	2,81	4,40	1,60	20,03	21,80	1,77
Biowissenschaftler und Mediziner	0,49	1,37	0,88	18,00	21,25	3,26
Juristen, Buchprüfer, Unternehmensberater, Sozialberufe	2,39	6,06	3,68	16,91	17,68	0,77
Wissenschaftliche Lehrkräfte	1,71	2,30	0,59	16,69	17,00	0,31
Technische Fachkräfte	4,52	6,02	1,50	16,07	17,60	1,53
Leiter kleiner Unternehmen	0,41	1,20	0,78	14,14	18,09	3,95
Leitende Verwaltungsbedienstete	0,07	0,15	0,08	13,95	17,44	3,48
Metallarbeiter, Mechaniker und verwandte Berufe	10,08	6,17	-3,91	13,38	13,58	0,20
Bediener stationärer und verwandter Anlagen	2,62	0,94	-1,68	13,33	14,49	1,17
Präzisionsarbeiter, Kunsthandwerker	1,58	1,11	-0,47	12,96	13,49	0,53
Verkaufsfachkräfte, Buchhalter, Makler, Polizei	9,91	13,95	4,04	12,96	14,16	1,20
Büroangestellte ohne Kundenkontakt	11,29	10,92	-0,37	12,89	13,10	0,21

Berufsgruppe[b]	Relativer Anteil in %			Medianbrutto-stundenlohn		
	1993	2011	Diffe-renz	1993	2011	Diffe-renz
Biowissenschaftliche und Gesundheits-fachkräfte	2,34	4,40	2,06	12,46	13,15	0,69
Mineralgewinnungs- und Bauberufe	8,93	4,32	-4,61	12,35	12,74	0,39
Fahrzeugführer und Bediener mobiler Anlagen	5,15	3,64	-1,51	11,85	10,92	-0,93
Lehrer	1,75	2,78	1,03	11,63	13,08	1,45
Maschinenbediener und Montierer	5,85	2,83	-3,02	11,51	11,67	0,15
Sonstige Handwerks- und verwandte Berufe	2,99	1,53	-1,46	10,94	10,63	-0,31
Büroangestellte mit Kundenkontakt	1,35	1,78	0,43	10,54	10,98	0,44
Hilfsarbeiter im Bau, Industrie und Transportwesen	4,44	2,46	-1,97	10,42	9,88	-0,53
Personenbezogene Dienstleistungs-berufe	5,91	6,85	0,94	9,18	8,92	-0,25
Verkäufer und Vorführer	4,27	4,29	0,02	8,77	8,80	0,03
Verkaufs- und Dienstleistungshilfs-kräfte	4,06	3,82	-0,24	8,56	8,28	-0,28
Hilfsarbeiter in der Fischerei	0,45	0,19	-0,26	7,06	7,06	0,00
Fachkräfte in der Landwirtschaft und Fischerei	0,78	0,71	-0,07	7,06	7,87	0,80

[a]Quelle: SOEP V28. Eigene Berechnungen, querschnittsgewichtet. Die Bruttostundenlöhne wurden auf Preise von 2009 inflationsbereinigt. [b]Die Berufsgruppen sind nach dem Lohn von 1993 geordnet.

Aus dieser Darstellung wird ein in der Literatur völlig unstrittiger Punkt deutlich: Die Beschäftigung von hochqualifizierten, gut bezahlten Berufen ist in den letzten Jahrzehnten gestiegen. Dies gilt nicht nur für Deutschland sondern ist auch in anderen europäischen Ländern sowie den USA der Fall (Goos et al. 2009; Acemoglu und Autor 2011; Oesch und Rodríguez Menés 2011). Viele Autoren kommen außerdem zu dem Schluss, dass ein starker Stellenabbau im mittleren Qualifikationssegment stattgefunden hat. In der Literatur findet jedoch eine Debatte darüber statt, ob niedrigqualifizierte Berufe auf- oder abgebaut wurden. Im ersten Fall wird von einer Polarisierung und im zweiten Fall von einem *upgrading* der Beschäftigungsstruktur gesprochen. Für Deutschland liegen beide Positionen vor.

Nach einer Analyse von Oesch und Rodríguez Menés (2011) schrumpfte der relative Anteil niedrig bezahlter Berufe zwischen 1990 und 2008 in Deutschland um 23 Prozent und Berufe in der Mitte der Lohnverteilung um 11 Prozent. Dagegen wuchs der relative Anteil hochbezahlter Berufe um 53 Prozent. Schubert und Engelage (2006) kommen für den Zeitraum von 1991 bis 2004 zu einem ähnlichen Befund: Berufe in der Landwirtschaft und in der Fertigung waren bezüglich ihrer Beschäftigung klar rückläufig. Den größten Rückgang weisen qualifizierte manuelle Berufe auf, die für Berufsanfänger in den frühen 1990er Jahren die meisten Arbeitsplätze zur Verfügung stellten. Der relative Anteil von kaufmännischen Berufen blieb nach ihrer Analyse konstant. In allen anderen, vor allem den hochqualifizierten Berufen wächst die Beschäftigung. Die höchsten Wachstumsraten weisen qualifizierte Dienstleistungen, Ingenieure und Professionen (wie Ärzte und Juristen) auf. Erlinghagen (2006) stellt fest, dass sich in Westdeutschland zwischen 1976 und 2001 die Zahl der sozialversicherungspflichtig Beschäftigten ohne Berufsabschluss nahezu halbiert hat. Die Zahl der Beschäftigten mit dualer Berufsausbildung hat sich demgegenüber um 30 Prozent und die Zahl der Akademiker um 175 Prozent erhöht. Dies spricht für ein deutliches *upgrading* der Berufsstruktur. Für niedrigqualifizierte Berufsausübende ergibt sich jedoch ein heterogenes Bild: „Während sich die Beschäftigungschancen von ausgebildeten Arbeitnehmern im Zeitverlauf verbessern, offenbaren vor allem die Ungelernten vergrößerte (Langzeit-)Arbeitslosigkeitsrisiken. Jedoch sind auch im Ungelerntensegment Beschäftigte zu finden, die in der fortgeschrittenen Dienstleistungsgesellschaft (weiter) marktfähig sind, was sich durch die sogar signifikant erhöhten Betriebswechselchancen offenbart" (Erlinghagen 2006, S. 41).

Zu den Vertretern der Polarisierungsthese gehören Goos et al. (2009). Nach ihrer Schätzung wuchsen die vier am schlechtesten bezahlten Berufe zwischen 1993 und 2006 um 3 Prozent, dafür schrumpften die neun Berufe in der Mitte der Lohnverteilung um 8,7 Prozent. Die acht bestbezahlten Berufe wuchsen dagegen um 5,6 Prozent. Im EU-Vergleich nahm Deutschland damit eine sehr typische Entwicklung: In diesem Zeitraum wuchsen im EU-Durchschnitt die schlecht bezahlten Berufe um 3,5 Prozent, die mittleren schrumpften um 5,2 Prozent und die bestbezahlten wuchsen um 7,1 Prozent. Allgemein zeigt sich in dieser Studie europaweit ein u-förmiger Zusammenhang zwischen dem Wachstum und dem Medianlohn des Berufs (der in vielen Studien als Indikator für die erforderliche Qualifikation für den Beruf herangezogen wird). In der Studie von Spitz-Oener (2006) wird dargelegt, dass in Deutschland zwischen 1979 und 1999 vor allem Stellen im mittleren Qualifikationssegment abgebaut wurden. Ein Aufbau fand vor allem im Bereich der niedrig und hoch qualifizierten Tätigkeiten statt. Der Aufbau in niedrig qualifizierte Berufe ist allerdings nur im untersten Anforderungssegment vorhanden und darüber hinaus sehr schwach. Demgegenüber findet sich ein deutlicher Aufbau von Berufen, die hohe Qualifikationen fordern. Auch Dustmann et al. (2009) finden nur sehr geringe Polarisierungstendenzen für vollzeitbeschäftigte Männer in Deutschland: Sie finden den stärksten Beschäftigungsrückgang in der Mitte und einen massiven Beschäftigungsaufbau von gut bezahlten, hochqualifizierten Berufen. Der relative Anteil niedrigbezahlter Tätigkeiten stagnierte zwischen 1980 und 1990. Im nächsten Jahrzehnt sank er leicht – jedoch nicht so stark wie in der Mitte. In einigen anderen Studien ist für die meisten OECD-Nationen jedoch eine stärkere Polarisierung des Arbeitsmarktes nachgewiesen worden. Niedrig und hoch bezahlte Berufe wuchsen in den vergangenen Jahrzehnten, während Berufe in der Mitte schrumpfen. Acemoglu und Autor (2011) weisen diese Entwicklung für 16 europäische Länder und die USA zwischen 1993 und 2006 nach.

Sowohl das Beschäftigungswachstum hochqualifizierter, gut bezahlter Berufe als auch der Beschäftigungsrückgang im mittleren Qualifikationssegment sind mit den Annahmen über die Wirkung der Bildungsexpansion, des technologischen Wandels und der Globalisierung vereinbar. Dustmann et al. (2009) belegen, dass der Beschäftigungsaufbau in starkem Zusammenhang mit der Nachfrage nach analytischen, nicht routinisierbaren Tätigkeiten steht. Diese Tätigkeiten sind nicht oder nur schwer verlagerbar und daher auch vom Globalisierungsdruck enthoben. Vom technologischen Wandel und der Globalisierung sind Berufe im mittleren Qualifikationssegment ganz besonders betroffen. Nach Goos et al. (2014) kommt dem technologischen Wandel dabei gegenüber der Verlagerung von Arbeitsplätzen eine deutlich wichtigere Rolle zu.

Aktuelle Diskussionen betreffen die Frage, warum sich niedrigqualifizierte Berufe nicht so stark verringert haben wie erwartet. Es ist unstrittig, dass viele Hilfsarbeiten in der Produktion durch Maschinen ersetzt oder ins Ausland verlagert wurden. Aus Tabelle 7.1 wird deutlich, dass sich auch in Deutschland der relative Anteil von Hilfsarbeitern im Bau und der Produktion um fast die Hälfte verringerte. Viele verbleibende Berufe in der Fertigung sind außerdem als Folge der technologischen Entwicklung und der Bildungsexpansion deutlich anspruchsvoller geworden. Eine Gegenbewegung zu diesen Trends war jedoch der Aufbau von Arbeitsplätzen für niedrigqualifizierte, soziale Dienstleistungen im Gastgewerbe, im Verkauf, der Pflege oder der Kinderbetreuung (Autor und Dorn 2013; Dwyer 2013). Die Verlagerbarkeit und Effektivität von Routinisierung industrieller Einfacharbeit wurde gegebenenfalls in einigen Ansätzen auch zu stark betont. Wie Hirsch-Kreinsen et al. (2012) betonen, sind viele dieser Arbeitsplätze in regionalen, sich schnell wechselnden Absatzmärkten eingebunden. Sie sind somit von der Globalisierung deutlich weniger bedroht und ihre Substitution durch Maschinen ist in vielen Fällen bisher nicht kosteneffizient (Bosch und Weinkopf 2011; Ittermann et al. 2011).

7.4.2.2 Veränderungen des Zugangs zu berufsspezifischen Arbeitsplätzen

In den vergangenen Jahrzehnten hat sich der Zugang zu einigen beruflichen Teilarbeitsmärkten verändert. Durch die Bildungsexpansion haben immer mehr Bewerber höhere Bildungszertifikate. Arbeitgeber haben auf diese Veränderung des Bewerberpools in vielen Ausbildungsberufen mit einer systematischen Erhöhung der Zugangsvoraussetzungen reagiert. Ein Hauptschulabschluss wird zunehmend als ein Signal für eine zu geringe Ausbildungsfähigkeit angesehen (Protsch 2014). Ihre Chancen, berufsspezifische Arbeitsplätze zu besetzen, hat sich dadurch in den vergangenen Jahrzehnten stark verschlechtert (Protsch und Dieckhoff 2011; Protsch und Solga 2012). Die Erhöhung der Anforderungen hat auch Akademiker betroffen: In einigen Studienfächern wie der Medizin oder Psychologie wurde der Numerus clausus stetig angehoben und liegt teilweise bereits bei 1,0. Diese Anhebung war auch eine Reaktion auf einen starken Anstieg der Absolventenzahlen dieser Fächer in den 1980er Jahren, die zu erheblich gestiegenen Arbeitslosigkeitsrisiken oder Mobilitätsanforderungen für einige akademische Berufe (Lehrer, Ärzte, Hochschulpersonal) geführt haben. Eine Reaktion auf den Anstieg der Absolventenzahlen bei Medizinern war die Einführung des „Arzt im Praktikum" im Jahr 1988. Durch diese Regelung erhielten Ärzte nach dem Studium zunächst keine Approbation. Sie durften bestimmte Tätigkeiten nur unter Aufsicht eines approbierten Arztes durchführen und erhielten ein deutlich geringeres Gehalt. Dadurch konnten Kliniken eine ursprüngliche Assistenzarztstelle in mindestens zwei „Arzt im Praktikum"-Stellen umwandeln. Aufgrund massiver Stellenbesetzungsprobleme zu Beginn der 2000er Jahre wurden diese Stellen jedoch wieder abgeschafft, um die Attraktivität des Berufs zu steigern. Seitdem erhalten Ärzte nach einem erfolgreichen Studium die Approbation auf Antrag.

Für einige Berufe hat sich nicht nur der Zugang zu beruflichen Abschlüssen, sondern auch der Grad berufsspezifischer Rekrutierung geändert. Dieser Prozess ist ein Teil der sogenannten Professionalisierung eines Berufs (Böllert und Gogolin 2002). Haupt (2014) kann eine verstärkte berufsspezifische Rekrutierung in Deutschland vor allem bei IT-Fachkräften, Elektromechanikern sowie Facharbeitern in der Landwirtschaft nachweisen. Bei diesen Berufen ist eine Rekrutierung ohne berufsspezifische Ausbildung zunehmend unwahrscheinlicher. Das Gegenteil ist für Fachkräfte im Gastgewerbe sowie für Reinigungskräfte der Fall. Professionalisierungsprozesse werden außerdem für die soziale Arbeit und Gesundheitsfachberufe diskutiert (Schmidbaur 2002; Holldorf 2004; Schämann 2005).

7.4.2.3 Veränderungen der Löhne zwischen Berufen

In nahezu allen Industrienationen ist die Lohnungleichheit in den letzten 30 Jahren zum Teil stark gestiegen (OECD 2011). Das Muster dieser Entwicklung war die berühmte Schere: Vor allem hohe und niedrige Löhne entwickelten sich auseinander. Die mittleren Löhne konnten nicht mit der Steigerung hoher Löhne mithalten und stiegen nur sehr langsam an. Im Niedriglohnbereich stagnierte die Lohnentwicklung. In Deutschland entwickelten sich in den 1980er und 1990er Jahren vor allem hohe und mittlere Löhne auseinander, während das Verhältnis von mittleren zu niedrigen Löhnen stabil blieb (Fitzenberger 2012). Spätestens seit Mitte der 1990er Jahre stieg die Lohnungleichheit in Deutschland auch im internationalen Vergleich stark an. Sowohl der untere als auch der obere Lohnbereich trugen zu dieser Entwicklung bei. In jüngster Zeit deutet sich allerdings ein leichter Rückgang des Wachstums der Lohnungleichheit an (Grabka et al. 2012).

Inwieweit steht die Vergrößerung der Lohnungleichheit mit berufsspezifischen Lohnentwicklungen in Verbindung? Tabelle 7.1 zeigt im rechten Teil berufsspezifische (inflationsbereinigte) Medianbruttostundenlöhne für die jeweiligen Jahre sowie ihre Veränderung zwischen 1993 und 2011. Die letzte Information ist ein Indikator dafür, ob Berufe sich über den Zeitverlauf bezüglich ihrer Bezahlung verbessert oder verschlechtert haben oder ob die typische Bezahlung im Beruf stagniert. Mit Ausnahme der MINT-Berufe können alle Berufe im oberen Drittel der Tabelle zum Teil beträchtliche Lohnsteigerungen verzeichnen. Diese Lohnanstiege nehmen nach unten hin immer weiter ab und wandeln sich in einigen Fällen in Reallohnverluste um.

Dieser deskriptive Befund starker Lohnsteigerungen für gut bezahlte Berufe, schwachen Anstiegen in der Mitte und Lohnstagnation gering bezahlter Berufe wird von vielen Studien gestützt. Giesecke und Verwiebe (2009) belegen einen Anstieg der Lohnunterschiede zwischen der höheren Dienstklasse (Manager, Ärzte, Lehrer, Architekten, usw.) und den un- und angelernten Arbeitern. Dieser Abstand betrug im Jahr 1985 noch 45 Prozent. Im Jahr 2006 betrug dieser 64 Prozent. Auch zwischen der niedrigeren Dienstklasse (u. a. Gesundheitsfachberufe, Beamte, Augenoptiker usw.) und den un- und angelernten Arbeitern entwickelten sich zwischen 1985 und 2006 immer stärkere Differenzen. Diese Entwicklung ist allerdings nicht so prägnant wie die steigende Differenz der Löhne der Professionen und Manager zu un- und angelernten Arbeitern. Haupt (2014) weist ebenfalls ein deutliches Wachstum der Lohnabstände zwischen Berufen in den letzten 30 Jahren in Westdeutschland nach. Diese Studie zeigt jedoch auch, dass das Wachstum der Lohnungleichheit innerhalb von Berufen für den Anstieg der Lohnungleichheit insgesamt bedeutsamer ist. Einige Autoren vermuten daher, dass gestiegene Unterschiede der betrieblichen Lohnsetzung in Deutschland bedeutsamer sind als gestiegene Unterschiede der berufsspezifischen Lohnentwicklung (Groß 2012; Card et al. 2013). Im internationalen Vergleich scheint die Rolle berufsspezifischer Entlohnung für den Anstieg der Lohnungleichheit eher gering ausgeprägt zu sein. Sowohl für die USA als auch für Großbritannien liegen Studien vor, die wachsenden Lohndifferenzen zwischen Berufen eine hohe Bedeutung zusprechen (Mouw und Kalleberg 2010; Williams 2013).

Die Entwicklung der deutschen Lohnstruktur scheint sich in vielen Bereichen vor allem von derjenigen der USA zu unterscheiden (Antonczyk et al. 2010). Die Auswirkungen technologischer Entwicklungen auf die Lohnstruktur sind weniger deutlich ausgeprägt. Nach Antonczyk et al. (2009) senken die mit technologischen Entwicklungen einhergehenden Rendite für komplexere berufliche Aufgaben sogar die Lohnungleichheit, weil viele Berufe dadurch aufgewertet werden. Firpo et al. (2011) können jedoch mit gestiegenen Unterschieden für verschiedene Formen beruflicher Aufgaben den Anstieg der Lohnungleichheit für US-amerikanische Männer sehr gut erklären. In Deutschland scheinen hingegen gestiegene Lohnunterschiede zwischen Wirtschaftssektoren deutlich bedeutsamer zu sein (Antonczyk et al. 2011). Diese lassen sich unter anderem auf eine Veränderung der Tarifbindung und auf einen über berufliche Tätigkeiten vermittelten Globalisierungsdruck zurückführen (Baumgarten 2015).

7.5   Zusammenfassung

Berufe haben für das Verständnis von Arbeitsmarktprozessen eine erhebliche Bedeutung. Durch sie wird das *matching* von Arbeitskräften zu Arbeitsplätzen erheblich effizienter. Da Berufe typische Mengen von Qualifikationen und Kompetenzen umfassen, kann durch berufliche Zertifikate das Vorliegen dieser Mengen signalisiert werden. Diesem Signal müssen Arbeitgeber jedoch vertrauen, sonst löst es das zugrundeliegende Problem der Unsicherheit über die Produktivität des Bewerbers nicht. Das Vertrauen in das Signal wird typischerweise durch institutionalisierte Rahmenbedingungen geschaffen. Diese Rahmenbedingungen äußern sich in zum Teil sehr umfassenden Regulierungen der Ausbildungsinhalte und ihrer Zertifizierung. Diese Regulierung führt zunächst zu einer berufsspezifischen Segmentierung des Arbeitsmarktes. Berufsausübende sind zwischen den einzelnen Segmenten nicht oder nur noch eingeschränkt substituierbar. Der Zugang zu spezifischen Arbeitsplätzen kann auf Grundlage dieser Regulierungen hochgradig eingeschränkt sein. Diese Regulierungen gehen mit komplexen Konsequenzen im Arbeitsmarkt einher. Berufliche Zertifikate sind in Deutschland für die Rekrutierung von erheblicher Bedeutung. Die aus dieser Rekrutierung entstehende soziale Schließung steht mit höheren Löhnen in Zusammenhang, führt jedoch auch zum Teil zu geringerer Mobilität zwischen den einzelnen Arbeitsmarktsegmenten, was vor allem bei einem starken Überangebot dieser Fachkräfte zu schwachen Positionen im Arbeitsmarkt führt.

Der Zusammenhang von Berufen zum Arbeitsmarkt ist nicht statisch, sondern zum Teil erheblichen Änderungen unterworfen. Wir haben dargelegt, dass sich unter anderem die berufsspezifische Zusammensetzung des Arbeitsmarktes, der Zugang zu Berufen und die berufsspezifische Lohnstruktur stark verändert haben.

In den letzten Jahrzehnten hat sich die Ersetzbarkeit von einzelnen Berufsausübenden durch Maschinen, Computer, höher gebildete Alternativen und Alternativen im Ausland stark erhöht. Dies führt vor allem zu Arbeitsplatzverlusten von Berufen im mittleren Qualifikationssegment. Der technologische Wandel hat vor allem den Aufbau von Arbeitsplätzen für Berufsausübende mit analytischen und interaktiv ausgerichteten Tätigkeiten beschleunigt. Ein weitreichender Verlust von Arbeitsplätzen mit niedrigen Qualifikationsanforderungen ist hingegen nicht eingetreten. In den vergangenen Jahrzehnten wurde der Zugang zu einigen berufsspezifischen Arbeitsplätzen schwerer. Entweder wurden die Mindestanforderungen für Ausbildungen und Studiengänge erhöht oder die Rekrutierung wurde immer stärker auf Personen mit einem berufsspezifischen Zertifikat eingeschränkt. Die Lohnabstände zwischen Berufen sind auch in Deutschland in den letzten Jahrzehnten gewachsen. Vor allem die Löhne hochqualifizierter Berufsausübender sind vergleichsweise stark gewachsen. Allerdings liegen für Deutschland keine eindeutigen Befunde vor, die den Anstieg der Lohnungleichheit vor allem auf gestiegene Lohnabstände zwischen Arbeitnehmern unterschiedlicher Berufe zurückführen.

Literatur

Abraham, M., & Arpagaus, J. H. (2008). Wettbewerb, soziales Umfeld oder gezielte Lebensplanung? Determinanten der horizontalen Geschlechtersegregation auf dem Lehrstellenmarkt. *Soziale Welt*, 59, 205-225.

Acemoglu, D., & Autor, D. H. (2011). Skills, Tasks and Technologies: Implications for Employment and Earnings. In D. Card, & O. Ashenfelter (Hrsg.), *Handbook of Labor Economics. Vol. 4B* (S. 1043-1171). Amsterdam: Elsevier.

Akerlof, G. A (1970). The Market for „Lemons": Quality Uncertainty and the Market Mechanism. *Quarterly Journal of Economics*, 84, 488-500.

Allmendinger, J. (1989). Educational Systems and Labor Market Outcomes. *European Sociological Review*, 5, 231-250.

Antonczyk, D., Fitzenberger, B., & Leuschner, U. (2009). Can a Task-Based Approach Explain the Recent Changes in the German Wage Structure? *Journal of Economics and Statistics*, 229, 214-238.

Antonczyk, D., DeLeire, T., & Fitzenberger, B. (2010). *Polarization and Rising Wage Inequality: Comparing the U.S. and Germany* (ZEW Discussion Paper 10-015). Mannheim: ZEW.

Antonczyk, D., Fitzenberger, B., & Sommerfeld, K. (2011). Anstieg der Lohnungleichheit, Rückgang der Tarifbindung und Polarisierung. *Zeitschrift für ArbeitsmarktForschung*, 44, 15-27.

Arkes, J. (1999). What Do Educational Credentials Signal and Why Do Employers Value Credentials? *Economics of Education Review*, 18, 133-141.

Autor, D. H., & Dorn, D. (2013). The Growth of Low-Skill Service Jobs and the Polarization of the US Labor Market. *American Economic Review*, 103, 1553-1597.

Autor, D. H., Katz, L. F., & Krueger, A. B. (1998). Computing Inequality: Have Computers Changed the Labor Market? *Quarterly Journal of Economics*, 113, 1169-1213.

Autor, D. H., Levy, F., & Murnane, R. J. (2003). The Skill Content of Recent Technological Change: An Empirical Exploration. *Quarterly Journal of Economics*, 118, 1279-1333.

Baumgarten, D. (2015). Offshoring, the Nature of Tasks, and Occupational Stability: Empirical Evidence for Germany. *The World Economy*, 38, 479-508.

Behrenz, L. (2001). Who Gets the Job and Why? An Explorative Study of Employers' Recruitment Behavior. *Journal of Applied Economics*, 4, 255-278.

Berger, P. A., Konietzka, D., & Michailow, M. (2001). Beruf, soziale Ungleichheit und Individualisierung. In T. Kurtz (Hrsg.), *Aspekte des Berufs in der Moderne* (S. 209-237). Opladen: Leske + Budrich.

Berman, E., Bound, J., & Machin, S. (1998). Implications of Skill-Biased Technological Change: International Evidence. *Quarterly Journal of Economics*, 113, 1245-1279.

Bills, D. B. (2003). Credentials, Signals, and Screens: Explaining the Relationship between Schooling and Job Assignment. *Review of Educational Research*, 73, 441-469.

Blien, U., & Phan thi Hong, V. (2010). Berufliche Lohnunterschiede. In D. Eule, U. Walwei, & R. Weiß (Hrsg.), *Berufsforschung für eine moderne Berufsbildung – Stand und Perspektiven* (S. 263-280). Stuttgart: Steiner.

Blossfeld, H.-P. (1990). Berufsverläufe und Arbeitsmarktprozesse. Ergebnisse sozialstruktureller Längsschnittuntersuchungen. In K. U. Mayer (Hrsg.), *Lebensverläufe und sozia-*

ler Wandel. Sonderheft 31 der Kölner Zeitschrift für Soziologie und Sozialpsychologie (S. 118-145). Opladen: Westdeutscher Verlag.

Blossfeld, H.-P., & Mayer, K. U. (1988). Arbeitsmarktsegmentation in der Bundesrepublik Deutschland: Eine empirische Überprüfung von Segmentationstheorien aus der Perspektive des Lebenslaufs. *Kölner Zeitschrift für Soziologie und Sozialpsychologie*, 40, 262-283.

Blossfeld, H.-P., Buchholz, S., Hofäcker, D., Hofmeister, H., Kurz, K., & Mills, M. (2007). Globalisierung und die Veränderung sozialer Ungleichheiten in modernen Gesellschaften. *Kölner Zeitschrift für Soziologie und Sozialpsychologie*, 59, 667-691.

Blum, B. S. (2008). Trade, Technology, and the Rise of the Service Sector: The Effects on US Wage Inequality. *Journal of International Economics*, 74, 441-458.

Bol, T., & Weeden, K. A. (2015). Occupational Closure and Wage Inequality in Germany and the United Kingdom. *European Sociological Review*, 31, 354-369.

Böllert, K., & Gogolin, I. (2002). Stichwort: Professionalisierung. *Zeitschrift für Erziehungswissenschaft*, 5, 367-383.

Bosch, G., & Weinkopf, C. (2011). „Einfacharbeit" im Dienstleistungssektor. *Arbeit*, 20, 173-187.

Brändle, T., & Koch, A. (2015). Offshoreability and Wages. Evidence from German Task Data. *Economia e Politica Industriale*, 42, 189-216.

Bresnahan, T. F. (1999). Computerisation and Wage Dispersion: An Analytical Reinterpretation. *The Economic Journal*, 109, F390-F415.

Bresnahan, T. F., Brynjolfsson, E., & Hitt, L. M. (2002). Information Technology, Workplace Organization, and the Demand for Skilled Labor: Firm-Level Evidence. *Quarterly Journal of Economics*, 117, 339-376.

Bundesagentur für Arbeit (Hrsg.). (2011). *Klassifikation der Berufe 2010. Bd. 1: Systematischer und alphabetischer Teil mit Erläuterungen*. Nürnberg: Bundesagentur für Arbeit.

Card, D., & DiNardo, J. E. (2002). Skill-Biased Technological Change and Rising Wage Inequality: Some Problems and Puzzles. *Journal of Labor Economics*, 20, 733-783.

Card, D., Heining, J., & Kline, P. (2013). Workplace Heterogeneity and the Rise of West German Wage Inequality. *Quarterly Journal of Economics*, 128, 967-1015.

Cardona, A. (2013). *Closing the Group or the Market? The Two Sides of Weber's Concept of Closure and their Relevance for the Study of Intergroup Inequality* (SFB 882 Working Paper Series 15). Bielefeld: SFB 882.

Christoph, B. (2005). Zur Messung des Berufsprestiges. Aktualisierung der Magnitude-Prestigeskala auf die Berufsklassifikation ISCO88. *ZUMA Nachrichten*, 57, 79-127.

Coase, R. H. (1937). The Nature of the Firm. *Economica*, 4, 386-405.

Damelang, A., & Abraham, M. (2016). You Can Take Some of It with You! A Vignette Study on the Acceptance of Foreign Vocational Certificates and Ethnic Inequality in the German Labor Market. *Zeitschrift für Soziologie*, 45, 91-106.

Damelang, A., Schulz, F., & Vicari, B. (2015). Institutionelle Eigenschaften von Berufen und ihr Einfluss auf berufliche Mobilität in Deutschland. *Schmollers Jahrbuch*, 135, 307-334.

Dengler, K., Stops, M., & Vicari, B. (2016). *Occupation-Specific Matching Efficiency* (IAB Discussion Paper 16/2016). Nürnberg: IAB.

Dostal, W., Stooß, F., & Troll, L. (1998). Beruf – Auflösungstendenzen und erneute Konsolidierung. *Mitteilungen aus der Arbeitsmarkt- und Berufsforschung*, 31, 438-460.

Dustmann, C., Ludsteck, J., & Schönberg, U. (2009). Revisiting the German Wage Structure. *Quarterly Journal of Economics*, 124, 843-881.

Dwyer, R. E. (2013). The Care Economy? Gender, Economic Restructuring, and Job Polarization in the U.S. Labor Market. *American Sociological Review*, 78, 390-416.

Erlinghagen, M. (2006). *Erstarrung, Beschleunigung oder Polarisierung? Arbeitsmarktmobilität und Beschäftigungsstabilität im Zeitverlauf: Neue Ergebnisse mit der IAB-Beschäftigtenstichprobe* (Graue Reihe des Instituts Arbeit und Technik 2006-01). Gelsenkirchen: Institut Arbeit und Technik.

Firpo, S., Fortin, N. M., & Lemieux, T. (2011). *Occupational Tasks and Changes in the Wage Structure* (IZA Discussion Paper 5542). Bonn: IZA.

Fitzenberger, B. (2012). *Expertise zur Entwicklung der Lohnungleichheit in Deutschland* (Arbeitspapier 04/2012). Wiesbaden: Sachverständigenrat zur Begutachtung der gesamtwirtschaftlichen Entwicklung.

Fitzenberger, B., & Kunze, A. (2005). Vocational Training and Gender: Wages and Occupational Mobility among Young Workers. *Oxford Review of Economic Policy*, 21, 392-415.

Giesecke, J., & Verwiebe, R. (2009). The Changing Wage Distribution in Germany between 1985 and 2006. *Schmollers Jahrbuch*, 129, 191-201.

Goos, M., & Manning, A. (2007). Lousy and Lovely Jobs: The Rising Polarization of Work in Britain. *Review of Economics and Statistics*, 89, 118-133.

Goos, M., Manning, A., & Salomons, A. (2009). Job Polarization in Europe. *American Economic Review*, 99, 58-63.

Goos, M., Manning, A., & Salomons, A. (2014). Explaining Job Polarization: Routine-Biased Technological Change and Offshoring. *American Economic Review*, 104, 2509-2526.

Grabka, M. M., Goebel, J., & Schupp, J. (2012). Höhepunkt der Einkommensungleichheit in Deutschland überschritten? *DIW-Wochenbericht*, 79, 3-15.

Groß, M. (2009). Markt oder Schließung? Zu den Ursachen der Steigerung der Einkommensungleichheit. *Berliner Journal für Soziologie*, 19, 499-530.

Groß, M. (2012). Individuelle Qualifikation, berufliche Schließung oder betriebliche Lohnpolitik – was steht hinter dem Anstieg der Lohnungleichheit? *Kölner Zeitschrift für Soziologie und Sozialpsychologie*, 64, 455-478.

Haak, C., & Rasner, A. (2009). Search (f)or Work: Der Übergang vom Studium in den Beruf. *Kölner Zeitschrift für Soziologie und Sozialpsychologie*, 61, 235-258.

Handel, M. J. (2003). Skills Mismatch in the Labor Market. *Annual Review of Sociology*, 29, 135-165.

Haupt, A. (2012). (Un)Gleichheit durch soziale Schließung. *Kölner Zeitschrift für Soziologie und Sozialpsychologie*, 64, 729-753.

Haupt, A. (2014). *Lohnungleichheit durch soziale Schließung* (Dissertation, Karlsruher Institut für Technologie). https://publikationen.bibliothek.kit.edu/1000042828. Zugegriffen: 12.01.2017.

Haupt, A. (2016a). Erhöhen berufliche Lizenzen Verdienste und die Verdienstungleichheit? *Zeitschrift für Soziologie*, 45, 39-56.

Haupt, A. (2016b). *Zugang zu Berufen und Lohnungleichheit in Deutschland*. Wiesbaden: Springer VS.

Hirsch-Kreinsen, H., Ittermann, P., & Abel, J. (2012). Industrielle Einfacharbeit: Kern eines sektoralen Produktions- und Arbeitssystems. *Industrielle Beziehungen*, 19, 187-210.

Holldorf, L. (2004). *Prestige, Profit, Profession: Der Professionalisierungsprozess der steuerberatenden Berufe in der Bundesrepublik Deutschland von 1949 bis 1975* (Dissertation, Universität zu Köln). Norderstedt: Books on Demand.

International Labour Office (Hrsg.). (2012). *International Standard Classification of Occupations 2008. ISCO-08.* Genève: ILO.

Ittermann, P., Abel, J., & Dostal, W. (2011). Industrielle Einfacharbeit – Stabilität und Perspektiven. *Arbeit,* 20, 157-172.

Jovanovic, B. (1979). Job Matching and the Theory of Turnover. *Journal of Political Economy,* 87, 972-990.

Kambourov, G., & Manovskii, I. (2009). Occupational Specificity of Human Capital. *International Economic Review,* 50, 63-115.

Kleiner, M. M. (2006). *Licensing Occupations: Ensuring Quality or Restricting Competition?* Kalamazoo: Upjohn Institute for Employment Research.

Kogan, I. (2004). Last Hired, First Fired? The Unemployment Dynamics of Male Immigrants in Germany. *European Sociological Review,* 20, 445-461.

Kogan, I. (2012). Potenziale nutzen! Determinanten und Konsequenzen der Anerkennung von Bildungsabschlüssen bei Zuwanderern aus der ehemaligen Sowjetunion in Deutschland. *Kölner Zeitschrift für Soziologie und Sozialpsychologie,* 64, 67-89.

Konietzka, D. (1999). Die Verberuflichung von Marktchancen. Die Bedeutung des Ausbildungsberufs für die Plazierung im Arbeitsmarkt. *Zeitschrift für Soziologie,* 28, 379-400.

Konietzka, D. (2016). Berufliche Ausbildung und der Übergang in den Arbeitsmarkt. In R. Becker, & W. Lauterbach (Hrsg.), *Bildung als Privileg. Erklärungen und Befunde zu den Ursachen der Bildungsungleichheit* (S. 315-344). Wiesbaden: Springer VS (5., aktualisierte Aufl.).

Konietzka, D., & Kreyenfeld, M. (2001). Die Verwertbarkeit ausländischer Ausbildungsabschlüsse. Das Beispiel der Aussiedler auf dem deutschen Arbeitsmarkt. *Zeitschrift für Soziologie,* 30, 267-282.

König, W., & Müller, W. (1986). Educational Systems and Labour Markets as Determinants of Worklife Mobility in France and West Germany: A Comparison of Men's Career Mobility, 1965-1970. *European Sociological Review,* 2, 73-96.

Laaser, C.-F., & Schrader, K. (2009). Offshoring von Arbeitsplätzen: Ein empirischer Befund für Deutschland. *Aussenwirtschaft: Schweizerische Zeitschrift für internationale Wirtschaftsbeziehungen,* 64, 183-204.

Liebe, U., & Wegerich, K. (2010). Die Rekrutierung neuer Mitarbeiter aus Organisationsperspektive. Eine komplementäre Sicht auf soziale Netzwerke im Arbeitsmarkt. *Soziale Welt,* 61, 161-178.

Liu, Y., & Grusky, D. B. (2013). The Payoff to Skill in the Third Industrial Revolution. *American Journal of Sociology,* 118, 1330-1374.

Manning, A. (2004). We Can Work It Out: The Impact of Technological Change on the Demand for Low-Skill Workers. *Scottish Journal of Political Economy,* 51, 581-608.

Matheson, C. (2001). Staff Selection in the Australian Public Service: A History of Social Closure. *Australian Journal of Public Administration,* 60, 43-58.

Moreno, L., & Rodríguez, D. (2011). Markups, Bargaining Power and Offshoring: An Empirical Assessment. *The World Economy,* 34, 1593-1627.

Mouw, T., & Kalleberg, A. L. (2010). Occupations and the Structure of Wage Inequality in the United States, 1980s to 2000s. *American Sociological Review,* 75, 402-431.

Nordin, M., Persson, I., & Rooth, D.-O. (2010). Education-Occupation Mismatch: Is there an Income Penalty? *Economics of Education Review*, 29, 1047-1059.

OECD (Hrsg.). (2011). *Divided We Stand. Why Inequality Keeps Rising*. Paris: OECD Publishing. DOI: 10.1787/9789264119536-en.

Oesch, D. (2013). *Occupational Change in Europe: How Technology and Education Transform the Job Structure*. Oxford: Oxford University Press.

Oesch, D., & Rodríguez Menés, J. (2011). Upgrading or Polarization? Occupational Change in Britain, Germany, Spain and Switzerland, 1990–2008. *Socio-Economic Review*, 9, 503-531.

Parkin, F. (1971). *Class Inequality and Political Order. Social Stratification in Capitalist and Communist Societies*. London: MacGibbon & Kee.

Paulus, W., & Matthes, B. (2013). *Klassifikation der Berufe. Struktur, Codierung und Umsteigeschlüssel* (FDZ-Methodenreport 08/2013). Nürnberg: FDZ.

Protsch, P. (2014). *Segmentierte Ausbildungsmärkte. Berufliche Chancen von Hauptschülerinnen und Hauptschülern im Wandel*. Opladen: Budrich UniPress.

Protsch, P., & Dieckhoff, M. (2011). What Matters in the Transition from School to Vocational Training in Germany. Educational Credentials, Cognitive Abilities or Personality? *European Societies*, 13, 69-91.

Protsch, P., & Solga, H. (2012). Wie Betriebe auswählen. Warum Jugendliche mit Hauptschulabschluss bei der Lehrstellensuche scheitern. *WZB-Mitteilungen*, 138, 45-48.

Ramírez, C. (2001). Understanding Social Closure in its Cultural Context: Accounting Practitioners in France (1920-1939). *Accounting, Organizations and Society*, 26, 391-418.

Ranjan, P. (2013). Offshoring, Unemployment, and Wages: The Role of Labor Market Institutions. *Journal of International Economics*, 89, 172-186.

Saar, E., Unt, M., Helemäe, J., Oras, K., & Täht, K. (2014). What is the Role of Education in the Recruitment Process? Employers' Practices and Experiences of Graduates from Tertiary Educational Institutions in Estonia. *Journal of Education and Work*, 27, 475-495.

Schämann, A. (2005). *Akademisierung und Professionalisierung der Physiotherapie: „Der studentische Blick auf die Profession"* (Dissertation, Humboldt-Universität zu Berlin). http://edoc.hu-berlin.de/dissertationen/schaemann-astrid-2005-07-06/PDF/Schaemann.pdf. Zugegriffen: 12.01.2017.

Schmidbaur, M. (2002). Vom „Lazaruskreuz" zu „Pflege aktuell". *Professionalisierungsdiskurse in der deutschen Krankenpflege 1903-2000*. Sulzbach: Helmer.

Schöller, D. (2007). Service-Offshoring: Eine Herausforderung für die Beschäftigung in Deutschland? *Wirtschaftsdienst*, 87, 249-257.

Schrüfer, K. (1988). *Ökonomische Analyse individueller Arbeitsverhältnisse*. Frankfurt a. M.: Campus.

Schubert, F., & Engelage, S. (2006). Bildungsexpansion und berufsstruktureller Wandel. In A. Hadjar, & R. Becker (Hrsg.), *Die Bildungsexpansion. Erwartete und unerwartete Folgen* (S. 93-121). Wiesbaden: VS Verlag für Sozialwissenschaften.

Sengenberger, W. (1987). *Struktur und Funktionsweise von Arbeitsmärkten. Die Bundesrepublik Deutschland im internationalen Vergleich*. Frankfurt a. M.: Campus.

Simon, H. A. (1951). A Formal Theory of the Employment Relationship. *Econometrica*, 19, 293-305.

Solga, H. (2002). „Ausbildungslosigkeit" als soziales Stigma in Bildungsgesellschaften. *Kölner Zeitschrift für Soziologie und Sozialpsychologie*, 54, 476-505.

Solga, H. (2005). *Ohne Abschluss in die Bildungsgesellschaft. Die Erwerbschancen gering qualifizierter Personen aus soziologischer und ökonomischer Perspektive.* Opladen: Budrich.

Solga, H., & Konietzka, D. (1999). Occupational Matching and Social Stratification. Theoretical Insights and Empirical Observations Taken from a German-German Comparison. *European Sociological Review,* 15, 25-47.

Sørensen, A. B. (1996). The Structural Basis of Social Inequality. *American Journal of Sociology,* 101, 1333-1365.

Sørensen, A. B., & Kalleberg, A. L. (1981). An Outline of a Theory of the Matching of Persons to Jobs. In I. E. Berg (Hrsg.), *Sociological Perspectives on Labor Markets* (S. 49-74). New York: Academic Press.

Spitz-Oener, A. (2006). Technical Change, Job Tasks, and Rising Educational Demands: Looking outside the Wage Structure. *Journal of Labor Economics,* 24, 235-270.

Statistisches Bundesamt (Hrsg.). (2008). *Verlagerung wirtschaftlicher Aktivitäten. Ergebnisse der Piloterhebung.* Wiesbaden: Statistisches Bundesamt.

Stigler, G. J. (1961). The Economics of Information. *Journal of Political Economy,* 69, 213-225.

Sullivan, P. (2010). Empirical Evidence on Occupation and Industry Specific Human Capital. *Labour Economics,* 17, 567-580.

van de Werfhorst, H. G. (2011). Skills, Positional Good or Social Closure? The Role of Education across Structural-Institutional Labour Market Settings. *Journal of Education and Work,* 24, 521-548.

Vicari, B. (2011). *Once a Baker, Always a Baker? The Effect of Structural Characteristics of Occupations on Occupational Mobility.* Unveröffentlichtes Manuskript.

Vicari, B. (2014). *Degree of Standardised Certification of Occupations. An Indicator for Measuring Institutional Characteristics of Occupations (KldB 2010, KldB 1988)* (FDZ-Methodenreport 04/2014). Nürnberg: FDZ.

von Weizsäcker, C. C. (1980). A Welfare Analysis of Barriers to Entry. *The Bell Journal of Economics,* 11, 399-420.

Walker, S. P., & Shackleton, K. (1998). A Ring Fence for the Profession: Advancing the Closure of British Accountancy 1957-1970. *Accounting, Auditing & Accountability Journal,* 11, 34-71.

Weeden, K. A. (2002). Why Do Some Occupations Pay More than Others? Social Closure and Earnings Inequality in the United States. *American Journal of Sociology,* 108, 55-101.

Weins, C. (2010). Kompetenzen oder Zertifikate? Die Entwertung ausländischer Bildungsabschlüsse auf dem Schweizer Arbeitsmarkt. *Zeitschrift für Soziologie,* 39, 124-139.

Williams, M. (2013). Occupations and British Wage Inequality, 1970s–2000s. *European Sociological Review,* 29, 841-857.

Williamson, O. E. (1990). *Die ökonomischen Institutionen des Kapitalismus. Unternehmen, Märkte, Kooperationen.* Tübingen: Mohr.

Williamson, O. E., Wachter, M. L., & Harris, J. E. (1975). Understanding the Employment Relation: The Analysis of Idiosyncratic Exchange. *The Bell Journal of Economics,* 6, 250-278.

Lohnbildung und Lohnverteilung 8

Markus Gangl[1]

8.1 Einleitung

Die Höhe der Löhne gehört unzweifelhaft zu den wichtigsten und auch soziologisch interessantesten Aspekten einer Marktwirtschaft. Ökonomisch betrachtet sind Löhne zunächst einmal schlicht der Preis des Einsatzes menschlicher Arbeit als einer von mehreren Produktionsfaktoren in der Erstellung von Gütern und Dienstleistungen. Gleichzeitig stellt die Erwerbsarbeit für den Großteil der Bevölkerung die wichtigste Einkommensquelle dar, sodass die Höhe der Löhne (zusammen mit der eingebrachten Arbeitszeit) wesentlich den materiellen Lebensstandard der Bürgerinnen und Bürger bestimmt. Angesichts dieses fundamentalen Doppelcharakters der Löhne ist wenig verwunderlich, dass ihre Aushandlung nicht allein dem individuellen Geschick überlassen ist, sondern vielmehr ein zentraler Gegenstand der regelmäßigen tarifpolitischen Verhandlungen zwischen den kollektiven Interessenvertretern von Arbeitgebern und Arbeitnehmern (also Arbeitgeberverbänden und Gewerkschaften), aber auch Gegenstand expliziter arbeitsmarktpolitischer Regulierung (etwa durch die Mindestlohngesetzgebung) ist. Nicht zu vergessen sind schließlich sozialpolitische und moralphilosophische Aspekte, wie sie sich etwa im Ziel der Sicherung „guter" Arbeit mit hinreichend hohen, armutsvermeidenden Löhnen, oder auch in der Frage nach dem „gerechten" Lohn und der normativen Legitimation von Lohnunterschieden ausdrücken.

1 Der Beitrag entstand im Rahmen des Projekts „Organizational Structure, Technological Change and Rising Wage Inequality in Germany" (DFG-Förderzeichen: GA 758/4-1). Ich danke der Deutschen Forschungsgemeinschaft für die Förderung.

© Springer Fachmedien Wiesbaden GmbH, ein Teil von Springer Nature 2018
M. Abraham und T. Hinz (Hrsg.), *Arbeitsmarktsoziologie*,
https://doi.org/10.1007/978-3-658-02256-3_8

Aber selbst wenn solche normativen Aspekte hier der politischen Philosophie und der Wohlfahrtsökonomie überlassen seien (vgl. dazu Berger 2014), dann stellen sich auch aus empirisch-analytischer Sicht eine Reihe durchaus fundamentaler Fragen: Erstens, wie erklärt sich die empirische Tatsache einer Lohnverteilung, in welcher Löhne am Existenzminimum dauerhaft mit Löhnen koexistieren, die dieses um ein Vielfaches übersteigen, wenn doch nach dem Lehrbuchmodell der neoklassischen Ökonomie (und übrigens auch in der marxistischen Theorie) ein einheitlicher Gleichgewichtslohn erwartet wird? Zweitens, wie kann und muss das neoklassische Marktmodell erweitert werden, um die empirischen Lohnbildungsprozesse, die daraus resultierende Lohnverteilung und deren Veränderung über die Zeit adäquat erfassen und erklären zu können, und welche Schlussfolgerungen für das relative Gewicht marktförmiger, organisationsseitiger und institutioneller Faktoren der Lohnbildung ergeben sich daraus? Und drittens, in welchem empirischen Ausmaß gilt die vermutete enge Kopplung von Löhnen und Lebensstandard für die realen Marktwirtschaften der westlichen Gesellschaften, in welchen einerseits nicht einfach atomisierte Marktteilnehmer, sondern Akteure handeln, die selbst in familiäre und vielfältige soziale Kontexte eingebunden sind, und in welchen Marktprozesse andererseits durch sehr beträchtliche öffentliche Eingriffe in das Marktgeschehen – vom Mindestlohn und Arbeitsschutzgesetzgebung bis hin zur sozialstaatlichen Mindestsicherung und den Sozialversicherungssystemen – gekennzeichnet sind?

Während die dritte Frage bereits auf das größere Feld der allgemeinen Sozialstrukturanalyse verweist, sind es die ersten beiden Fragen nach den faktischen Prozessen der Lohnbildung und der darauf aufbauenden Erklärung der real unzweifelhaft bestehenden Lohnungleichheit, die im Zentrum der folgenden Ausführungen stehen. Dabei werde ich zunächst als Referenzpunkt die wesentlichen Aspekte der ökonomischen Theorie der Lohnbildung in Konkurrenzmärkten darstellen, ehe die Rolle von Wettbewerbsbeschränkungen und Lohnrenten sowie von organisationalen und institutionellen Faktoren im Prozess der Lohnbildung erörtert wird, die das neoklassische Grundmodell – im Übrigen vor allem durch Beiträge aus der Ökonomik selbst – in wesentlichen Aspekten erweitern und an genuin soziologische Theorietraditionen anschließen. Dass Fragen der Lohnbildung und Lohnverteilung, die in der Arbeitsmarkt- und Wirtschaftssoziologie zuletzt vor allem im Rahmen des *new structuralism* der 1980er Jahre behandelt worden waren (z. B. Kalleberg und Sørensen 1979; Sørensen und Kalleberg 1981; Sørensen 1983), in jüngerer Zeit auch wieder für die Soziologie von Interesse sind, hat neben der beträchtlichen theoretischen Konvergenz zwischen der ökonomischen und der soziologischen Arbeitsmarktforschung aber auch schlicht empirische Gründe. Während noch bis Ende der 1990er Jahre manche Arbeiten ange-

sichts des breiten Wandels der angelsächsischen Arbeitsmärkte bereits im Titel
von einer (zumindest für manche Ökonomen) „unbearable stability of the German
wage structure" (Prasad 2004) sprechen konnten, so hat sich diese Wahrnehmung
in der vergangenen Dekade nachhaltig verändert (u. a. Dustmann et al. 2009; Card
et al. 2013; Dustmann et al. 2014).

Abbildung 8.1   Lohnungleichheit in Deutschland (Gini-Koeffizienten), 1975-2013
Anmerkungen: Bruttolöhne und -gehälter einschließlich Sonderzahlungen
(SIAB: Tagesentgelte, sozialversicherungspflichtig Beschäftigte, Angaben an Beitrags-
bemessungsgrenze gekappt; SOEP: Bruttostundenlöhne und -gehälter, abhängig Beschäf-
tigte und Beamte); durchgezogene Linien: alte Bundesländer; gestrichelte Linien: neue
Bundesländer (inklusive Berlin)
Quellen: SIAB 1975-2010 (schwarze Linien); SOEP 1984-2013 (graue Linien)

Der empirische Anlass dieser Neubewertung wird aus Abbildung 8.1 deutlich:
Sowohl in den amtlichen Daten der Sozialversicherung (SIAB, Stichprobe der
Integrierten Arbeitsmarktbiografien, vgl. vom Berge et al. 2013) als auch in den
Befragungsdaten des Sozio-oekonomischen Panels (SOEP, vgl. Wagner et al.
2007) wird spätestens ab Mitte der 1990er Jahre eine beträchtliche Zunahme der
Lohnungleichheit in Deutschland sichtbar. Bei diesem Anstieg der Lohnspreizung
handelt es sich zudem erkennbar um ein Phänomen, das durch die ältere Debatte
um den Bedeutungsverlust des Normalarbeitsverhältnisses nur unzureichend erfasst ist (vgl. Schmid 2002): In praktisch allen Gruppen, und zwar einschließlich
der männlichen Kernbelegschaften in Vollzeitbeschäftigung, ist der Gini-Koeffi-
zient der Lohnverteilung von 1990 bis 2010 in einer Größenordnung von etwa fünf
Prozentpunkten angestiegen, in den neuen Bundesländern in der Tendenz sogar
noch deutlicher. Nachdem der bundesdeutsche Arbeitsmarkt in der Nachkriegszeit
und noch bis in die 1970er Jahre von einer rückläufigen Lohnungleichheit gekennzeichnet war, an die sich die bereits erwähnte Stabilitätsphase zwischen etwa Mitte
der 1970er und der Wiedervereinigung anschloss (Atkinson 2008, S. 223ff.), bietet

der offenkundige Strukturbruch den Anlass, im letzten Abschnitt dieses Kapitels aktuelle empirische Studien zur Erklärung steigender Lohnungleichheiten in Deutschland und anderen westlichen Ländern in den zuvor gespannten theoretischen Rahmen einzubetten.

8.2 Lohnbildung und Lohnungleichheit in Wettbewerbsmärkten

8.2.1 Das Marktgleichgewicht von Angebot und Nachfrage: Löhne als Preise

Als Ausgangspunkt und Referenz aller weiteren Modelle der Lohnbildung geht die neoklassische ökonomische Theorie zunächst davon aus, dass ihr allgemeines Modell der Preisbildung in Wettbewerbsmärkten im Grundsatz auch auf die Lohnbildung im Arbeitsmarkt Anwendung finden kann (vgl. etwa die Lehrbuchdarstellungen bei Kaufman und Hotchkiss 2006; Borjas 2015; und auf fortgeschrittenem Niveau Cahuc et al. 2014). In diesem Modell bildet sich ein einheitlicher Gleichgewichtslohn in einem offenen Tauschmarkt zwischen potenziellen Arbeitnehmern, die Arbeitszeit anbieten, und potenziellen Arbeitgebern, die diese nachfragen und Arbeitnehmer für die Inanspruchnahme ihrer Zeit monetär entlohnen. Unter den idealisierten Bedingungen des berühmten Ersten Wohlfahrtstheorems der Ökonomik – das heißt bei vollständiger Information, unbeschränkter Konkurrenz, fehlender Marktmacht und Abwesenheit jeglicher Transaktionskosten – realisieren rationale Marktakteure sogar den pareto-effizienten Preis, zu dem alle gegenseitig vorteilhaften Transaktionen allein durch das private Handeln von Arbeitnehmern und Arbeitgebern ausgeschöpft werden können (siehe auch Kap. 2 in diesem Band). Der im Markt resultierende Lohn ist dann exakt der Preis der Arbeit, über den hinaus es keine weiteren Marktteilnehmer mehr gibt, die ein beiderseitiges Interesse am Abschluss eines Arbeitsvertrags besitzen: Es mag zwar durchaus noch potenzielle Arbeitnehmer geben, die bereit wären, für einen höheren Lohn als den Gleichgewichtslohn zu arbeiten, aber es findet sich im Markt kein Arbeitgeber mehr, der bereit wäre, diesen auch zu bezahlen – beziehungsweise umgekehrt mag es zwar durchaus noch Arbeitgeber geben, die zu einem geringeren Lohn als dem Gleichgewichtslohn weitere Arbeitnehmer einstellen würden, aber diese finden im Markt keine weiteren Arbeitnehmer mehr vor, die bereit sind für diesen Preis auch zu arbeiten.

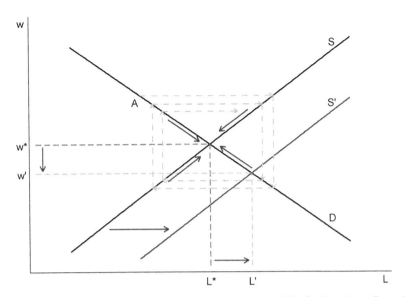

Abbildung 8.2 Marktgleichgewicht im neoklassischen Modell (Quelle: eigene Darstellung)

Angesichts seiner fundamentalen Bedeutung sowie aufgrund der innerhalb der Soziologie häufig unterkomplexen Rezeption[2] sei das Standardmodell der neoklassischen Ökonomie hier wenigstens in den Grundzügen und unter Zuhilfenahme von Abbildung 8.2 knapp rekapituliert. Abbildung 8.2 ist die klassische Darstellung des Preismechanismus in Konkurrenzmärkten, bei der sich der markträumende Gleichgewichtspreis w^* am Schnittpunkt von Arbeitsangebotskurve S und Arbeitsnachfragekurve D einstellt. Zu diesem Lohn w^* werden im Gleichgewicht exakt L^* Arbeitnehmer beschäftigt (oder genauer: wird die Menge L^* an menschlicher Arbeitszeit getauscht). In gewisser Weise ist dieser ins Auge springende Punkt – einschließlich der unmittelbar daran anschließenden Frage, ob und wann sich der Gleichgewichtslohn empirisch überhaupt einstellt, die tatsächlich kontrovers diskutiert werden kann – allerdings sogar der unwichtigste Aspekt des gesam-

---

2 Erinnert sei dabei nur an die klassische Debatte um die – die Standardökonomie aufnehmende – funktionalistische Schichtungstheorie zwischen Davis und Moore (1945) und Tumin (1953), seit welcher Tumins Aufsatz trotz teilweiser hanebüchener Missverständnisse und grober Fehldarstellungen innerhalb der Disziplin und weiterverbreitet bis in aktuelle Lehrbücher als gelungene Exposition der vorgeblichen Absurdität des funktionalistischen Schichtungsmodells und damit auch des ökonomischen Mainstreams gilt.

ten Modells. Deutlich relevanter ist dagegen, sich die Mikro-Makro-Struktur des Modells zu vergegenwärtigen und die sich daraus für die Theorie der Lohnverteilung ergebenden Implikationen zu verstehen.

Tatsächlich handelt es sich bei dem Standardmodell der neoklassischen Ökonomie um eines der wenigen mathematisch durchformalisierten Mikro-Makro-Modelle in den Sozialwissenschaften, mit welchem sich (in einer zugegebenermaßen hoch idealisierten Umwelt) aus dem Handeln und der Interaktion individueller Akteure auf der Mikroebene Vorhersagen für Charakteristika des (Arbeits-)Marktes auf der Makroebene ableiten lassen. Dabei bildet die bekannte Darstellung aus Abbildung 8.2 die (letztendlich interessierende) Makroebene des Modells ab, auf deren Basis eine Prognose der Menge und des Preises des im Markt getauschten Gutes abgegeben werden kann. Bei den entscheidenden beiden Parametern des Modells – der Arbeitsangebotskurve S und der Arbeitsnachfragekurve D – handelt es sich jedoch um nichts anderes als die aggregierte Darstellung der individuellen Präferenzen (d. h. gegenseitigen Interessen) einer potenziell großen Zahl von Marktteilnehmern. Beide Kurven sind am besten von links nach rechts auf- beziehungsweise absteigend zu lesen: Je höher der Lohn w, desto größer die Zahl L der Arbeitnehmer, die bereit sind, für diesen Lohn zu arbeiten, das heißt die Arbeitsangebotskurve S steigt mit dem Lohnsatz w. Umgekehrt gilt, dass Arbeitgeber umso mehr Personen L einstellen möchten, je niedriger der Lohnsatz w im Arbeitsmarkt ausfällt, das heißt die Arbeitsnachfragekurve D fällt mit steigendem Lohn w.

Diese beiden zentralen Bestandteile des Modells sind nun keineswegs, wie mancherorts vermutet, schlicht politisch getriebene Festlegungen, sondern ergeben sich als zwingende Implikation des zugrundeliegenden Mikromodells der handelnden Akteure. Auf der Arbeitgeberseite ergibt sich die Nachfragekurve daraus, dass angenommen wird, dass rationale Arbeitgeber immer dann einen Arbeitnehmer beschäftigen werden, wenn der zu zahlende Lohn w geringer ist als die durch den Einsatz dieser Arbeitnehmerin zusätzlich für den Arbeitgeber erzielbaren Erlöse. Für die Arbeitgeberseite stellt der Lohn w daher schlicht den Preis des Produktionsfaktors Arbeit dar, zu welchem mit Hilfe einer bestimmten Produktionstechnologie sowie weiterer Produktionsfaktoren (etwa Land, Rohstoffe oder Informationen) das Produkt oder die Dienstleistung hergestellt werden kann, welche das Unternehmen dann ihrerseits im Produktmarkt anbietet. Und ebenso schlicht wie plausibel ist die Annahme, dass die Menge von im wahrsten Wortsinne „lohnenswerter" Arbeit L bei geringerem Lohn w in der Tendenz zunimmt, da dann mehr Tätigkeiten das zentrale Kriterium erfüllen werden, wonach durch den Einsatz des zusätzlichen Arbeitnehmers zusätzliche Erlöse in mindestens der Höhe des aufgewendeten Lohns erzielt werden. Im Gleichgewicht entspricht der markträumende Gleichgewichtslohn $w*$ aus Arbeitgebersicht deshalb der *marginalen Produktivität* des zuletzt im Markt eingestellten Arbeitnehmers $L*$.

Exakt spiegelbildlich verläuft die Mikrofundierung im Fall der Arbeitsangebotskurve S. Als individuelles Entscheidungskalkül der Arbeitnehmerinnen und Arbeitnehmer betrachtet, entspricht der Lohn w, der Arbeitnehmern für ihre aufgewendete Arbeitszeit bezahlt wird, einer finanziellen Entschädigung für die ihnen stattdessen entgangene Freizeit. Innerhalb der Bevölkerung werden potenzielle Arbeitnehmer sich aber – sei es aufgrund individueller Einstellungen oder aufgrund von Erziehungs-, Betreuungs- oder Pflegeverpflichtungen – darin unterscheiden, wie hoch diese Entschädigung sein muss, um erwerbstätig zu werden, das heißt um statt einer anderweitigen Verwendung die eigene verfügbare Zeit als Arbeitszeit anzubieten. Dementsprechend ist es gleichermaßen theoretisch trivial wie plausibel anzunehmen, dass bei steigendem Lohn w die Anzahl der verfügbaren Arbeitskräfte L in der Tendenz zunehmen wird, da der höhere Lohn für eine größere Anzahl von Personen ausreichend ist, um die Erwerbsarbeit in dem Sinn „lohnenswert" zu machen, dass der Wert der eingebrachten Arbeitszeit den Wert der dafür aufgegebenen persönlich bestimmbaren Lebenszeit übertrifft. Aus Sicht rationaler Arbeitnehmerinnen und Arbeitnehmer ist der Lohn dementsprechend die finanzielle Kompensation für die entgangene Lebenszeit, und der spezifische Lohnsatz, der einen individuellen Arbeitnehmer zum Eintritt in den Arbeitsmarkt bewegt, wird in der ökonomischen Theorie als *Reservationslohn* bezeichnet. Spiegelbildlich zur Betrachtung von der Nachfrageseite lässt sich dann für die Angebotsseite des Arbeitsmarktes festhalten, dass der Gleichgewichtslohn $w*$ dem Reservationslohn des zuletzt eingestellten Arbeitnehmers $L*$ entspricht bzw. exakt gleichwertig, dass der Gleichgewichtslohn $w*$ dem Grenznutzen entspricht, den der zuletzt eingestellte Arbeitnehmers $L*$ ansonsten aus der Verwendung seiner persönlichen Freizeit gezogen hätte.[3]

---

3   Auf der Angebots- wie Nachfrageseite ist dabei die Betonung des *marginalen* Reservationslohns bzw. der *marginalen* Produktivität entscheidend. Der marginale Arbeitnehmer bzw. Arbeitgeber ist derjenige, der als letzter im Markt einen gerade eben noch vorteilhaften Tausch vornehmen kann. Nur für diesen letzten Tausch im Markt gilt (mathematisch gesprochen am Grenzwert), dass der Marktlohn (im Gleichgewicht) der (marginalen) Produktivität wie dem (marginalen) Reservationslohn entspricht. Für alle anderen Arbeitnehmer gilt, dass der Gleichgewichtslohn $w*$ einerseits niedriger liegt als ihre Produktivität (d. h. dem Arbeitgeber ein privater Vorteil aus dem Abschluss eines Arbeitsvertrags entsteht), andererseits aber auch höher liegt als ihr persönlicher Reservationslohn (sodass dem Arbeitnehmer ein privater Vorteil aus der Erwerbstätigkeit entsteht). Diese Komponenten beschreiben die beiderseitigen privaten Vorteile aus der Tauschbeziehung im Arbeitsmarkt, die in der Summe über alle

Für die Lohnverteilung ergeben sich aus diesem einfachen Modell zwei zentrale Einsichten. Zum einen erscheint es zunächst schwierig, überhaupt von einer Lohnverteilung zu sprechen, denn die Kernaussage des Modells besteht ja gerade darin, dass am Ende nur ein einziger Lohnsatz, nämlich exakt der Gleichgewichtslohn w^*, im Arbeitsmarkt existieren wird. Allerdings sollte man diese Aussage des Modells wiederum auch nicht zu wörtlich nehmen: Die Vorhersage des einheitlichen Lohns gilt für das Marktgleichgewicht, das sich aber erst einstellt, nachdem alle Marktteilnehmer ihre Optionen geprüft haben und gegenseitig „fündig" geworden sind. Gerade in einem so komplexen Markt wie dem nationalen Arbeitsmarkt wird sich das Gleichgewicht also nicht *sofort*, sondern erst *über die Zeit* einstellen – eine Situation, die im sogenannten Spinnennetz (*cobweb*)-Modell des Marktes dargestellt ist. Nehmen wir an, der reale Markt befindet sich am Punkt A aus Abbildung 8.2, das heißt der Lohn w_A liegt (noch) höher als der Gleichgewichtslohn und zu diesem Lohn sind L_A Arbeitskräfte beschäftigt. In dieser Situation besteht (noch) kein Gleichgewicht, da beim Lohn w_A sehr viele weitere Arbeitnehmer bereit wären zu arbeiten.

Wie viele genau finden wir heraus, wenn wir dem von A ausgehenden Pfeil nach rechts folgen; wo dieser die Angebotskurve S schneidet, können wir die Zahl der entsprechenden Arbeitnehmer ablesen. Allerdings ist auch dort kein Gleichgewichtspunkt, da an dieser Stelle mehr Arbeitnehmer als im Gleichgewicht arbeiten möchten ($L>L^*$), die Arbeitgeber jedoch so viele Arbeitnehmer nur zu einem niedrigeren Lohnsatz als im Gleichgewicht (also $w<w^*$) beschäftigen würden – wir sind mittlerweile dem eingezeichneten Pfeil nach unten gefolgt. Aber auch von dort geht es weiter, dieses Mal nach links, da zu diesem vergleichsweise niedrigen Lohn nur wenige Arbeitnehmer arbeiten möchten, worauf die Arbeitgeber den Lohn wieder erhöhen werden – und so führt sich das fort. Allerdings stellen wir auch fest, dass wir mit jedem derartigen Zyklus dem Gleichgewichtslohn jeweils etwas näherkommen: Wir können also als theoretische Aussage zumindest festhalten, dass durch den freien Wettbewerb der Marktteilnehmer der reale Lohn in Richtung auf den Gleichgewichtslohn *konvergieren* wird, was in Abbildung 8.2 durch die auf den Punkt w^*/L^* gerichteten Pfeile symbolisiert werden soll. Vielleicht ebenso wichtig ist, dass diese Konvergenz durch Wettbewerb auch für die Lohnverteilung gilt: In Punkt A könnte durchaus eine Lohnverteilung existieren, da Arbeitgeber auch niedrigere Löhne als w_A anbieten könnten und dennoch arbeitswillige Arbeitnehmer finden würden (alle Arbeitnehmer L_A würden auch

---

Marktteilnehmer dann durch die dreieckige Fläche zwischen Arbeitsangebotskurve S' und Arbeitsnachfragekurve D' links vom Gleichgewichtspunkt L^* in Abbildung 8.2 beschrieben wird.

für einen geringeren Lohn als *w** arbeiten, d. h. wir könnten das *cobweb* auch von Punkt *A* aus nach unten einzeichnen). Wenn manche Arbeitgeber das aber versuchten, dann würden zumindest einige Arbeitnehmer auf die Suche nach besser bezahlten Jobs gehen – und diese auch finden, sodass allein durch Wettbewerb im Zeitverlauf die Lohnspreizung im Arbeitsmarkt reduziert werden wird, im Extremfall bis hin zum Gleichgewichtspunkt des einheitlichen Lohns *w**. Eine erste theoretische Antwort auf die Frage, warum im realen Arbeitsmarkt überhaupt eine Lohnverteilung existiert, wäre also, dass wettbewerbliche Preisfindungsprozesse dort tendenziell langsam ablaufen.

Auf die dahinterstehende allgemeine Idee, dass ausgerechnet ein unvollständiger Wettbewerb zu Lohnspreizung führt, werden wir im Folgenden noch häufiger zu sprechen kommen. Zuvor sei aber noch ein zweites Mal der Prozesscharakter des neoklassischen Standardmodells betont, der eben nicht nur eine statische Prognose des Gleichgewichts ermöglicht, sondern gerade für den Fall veränderter Bedingungen des Markthandelns klare theoretische Aussagen über die dann zu erwartenden Marktergebnisse beinhaltet. Dies gilt, weil mit dem einfachen Marktmodell direkt Aussagen darüber formuliert werden können, wie sich eine (in der Sprache der Volkswirtschaftslehre) Mengenveränderung auf einer der beiden Seiten des Marktes in der Preisbildung (dem Lohn) und der getauschten Warenmenge (der Zahl der Beschäftigten) niederschlägt. Wenn sich, wie in Abbildung 8.2 eingezeichnet, die Zahl der arbeitswilligen Personen erhöht – das heißt wenn sich die Arbeitsangebotskurve von *S* nach *S'* verschiebt (Volkswirte sprechen von einem Angebotsschock) – dann wird sich ein neues Gleichgewicht einpendeln, in welchem zum neuen, geringeren Gleichgewichtslohn *w'* (mit *w'<w**) eine größere Zahl von Menschen *L'* (mit *L'>L**) beschäftigt sein werden (und natürlich ergeben sich die genau entgegengesetzten Vorhersagen im Fall eines positiven „Nachfrageschocks", wenn Arbeitgeber zu jedem Lohnsatz mehr Arbeitskräfte einstellen möchten).

8.2.2 Kompensierende Differenziale

Die Fokussierung des neoklassischen Modells auf den einheitlichen Gleichgewichtslohn sollte wiederum nicht so missverstanden werden, dass die Standardökonomie zur Erklärung einer Lohnverteilung prinzipiell nicht in der Lage wäre, bzw. dass dazu immer bestimmte Wettbewerbsbeschränkungen, die im nächsten Abschnitt ausführlicher dargestellt werden, herangezogen werden müssten. Mit zwei wichtigen Erweiterungen des einfachsten neoklassischen Modells ergibt sich nämlich auch im idealisierten Fall des vollständigen Wettbewerbs unter vollständiger Information der Akteure und bei Abwesenheit aller Transaktionskosten und jeglicher Mobilitätsbarrieren eine *Lohnverteilung*, das heißt es verbleiben Lohnunterschiede zwischen verschiedenen Tätigkeiten bzw. zwischen unterschiedlichen Arbeitnehmern, die trotz der dem Wettbewerb innewohnenden Tendenz zur Konvergenz auf den einheitlichen Gleichgewichtslohn nicht abgebaut werden und daher auch im Gleichgewicht bestehen bleiben.

Die gemeinsame Idee beider Erweiterungen besteht darin, am grundlegenden Prinzip des Lohns als Preis – das heißt an der Funktion des Lohns als Kompensation eingebrachter Leistungen – festzuhalten, dabei allerdings den Gegenstand der notwendigen Kompensation theoretisch jeweils breiter zu fassen. Im neoklassischen Grundmodell des Arbeitsangebots wird der Lohn ja schlicht als Kompensation der durch die Beschäftigten eingebrachten Arbeitszeit aufgefasst, und es resultiert die Prognose des einheitlichen Gleichgewichtslohns. Die erste Modellerweiterung, das bereits auf Adam Smith (1776; vgl. Kaufman und Hotchkiss 2006; Borjas 2015 für eine moderne Lehrbuchdarstellung) zurückgehende Modell *kompensierender Differenziale*, führt dagegen zu einer Lohnverteilung, weil und wenn angenommen wird, dass Arbeitgeber zwar weiterhin um alle Arbeitnehmer konkurrieren (oder andersherum ausgedrückt, dass Arbeitnehmern weiterhin prinzipiell alle Stellenangebote offenstehen), sich aber die in Frage kommenden Tätigkeiten hinsichtlich wichtiger Merkmale unterscheiden. Manche Tätigkeiten werden mit gesundheitlichen Risiken und Gefahren verbunden sein, andere Tätigkeiten mit ungünstigen Arbeitszeiten wie Nacht-, Wochenend- oder Schichtarbeit, wieder andere mit hoher Flexibilität des Arbeitsortes wie Montage- oder Beratertätigkeiten oder auch mit einer geringeren Planbarkeit der Arbeitszeiten wie zum Beispiel bei Projektarbeit oder kurzfristigen Springer- und Abruftätigkeiten.

In allen diesen Fällen wird die Neigung rationaler Arbeitnehmer, eine *bestimmte* Tätigkeit mit jeweils spezifischen vor- oder nachteiligen Merkmalen aufzunehmen, vom angebotenen Lohn *und* von ihrer positiven oder negativen Bewertung der jeweiligen Tätigkeitsmerkmale abhängen. Bei gleichem Lohnsatz ist zu erwarten, dass Arbeitnehmer eher bereit sein werden, die vergleichsweise angenehmere der ihnen zur Wahl stehenden Tätigkeiten anzunehmen – oder umgekehrt formuliert bedarf es eines jeweils höheren Lohnsatzes, um rationale Arbeitnehmer zur Übernahme einer vergleichsweise unangenehmen Tätigkeit zu motivieren. Der Arbeitgeber muss daher mit dem Lohn nicht allein die durch den Arbeitgeber eingesetzte Arbeitszeit kompensieren, sondern auch die relativen Unterschiede in der Beurteilung der Tätigkeitsmerkmale durch die Arbeitnehmerinnen und Arbeitnehmer.[4]

---

4 Eine soziologisch besonders interessante Demonstration dieses Prinzips ist die empirische Studie von Frank (1996), in welcher der Autor zeigen kann, dass auch die Über-

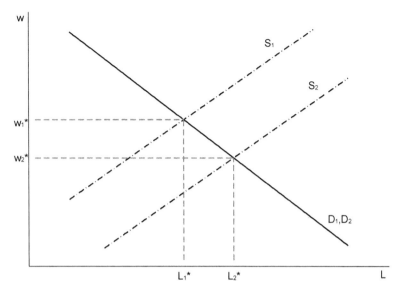

Abbildung 8.3 Marktgleichgewicht bei kompensierenden Differenzialen (Quelle: eigene Darstellung)

Die Konsequenzen dieser Überlegung lassen sich wiederum im formalen Markt-diagramm aufzeigen. Wenn es im Arbeitsmarkt zwei Tätigkeiten 1 und 2 gibt, die von Arbeitgebern nachgefragt werden, und zwischen denen kein weiterer Unter-schied besteht, als dass Tätigkeit 1 weniger angenehm ist als Tätigkeit 2, dann resultiert aus dem neoklassischen Modell die Prognose aus Abbildung 8.3. Obwohl die beiden Tätigkeiten für die Unternehmen den jeweils exakt gleichen Wert besit-zen (d. h. die gleiche Produktivität aufweisen, sodass die Nachfragekurven D_1 und D_2 annahmegemäß identisch sind), trifft es bei jedem angebotenen Lohnsatz w zu, dass (von links nach rechts gelesen) jeweils weniger Arbeitnehmer die Tätigkeit 1 ausüben wollen als die Tätigkeit 2. Im Ergebnis kommt es dann aufgrund des Prinzips der kompensierenden Lohndifferenziale zu einem Marktgleichgewicht mit folgender Lohnverteilung: Für die Ausübung der vergleichsweise unangeneh-meren Tätigkeit 1 wird der höhere Lohnsatz w_1^* bezahlt, während für Tätigkeit

---

nahme von Tätigkeiten, die in Befragungen als sozial verantwortungslos angesehen werden, durch den Arbeitgeber mit höheren Löhnen kompensiert werden muss. In der Studie erhielten Investmentbanker übrigens die negativste Beurteilung, während eine Tätigkeit als Lehrer als sozial besonders sinn- und verantwortungsvoller Beruf be-trachtet wurde.

2 nur der niedrigere Lohn w_2* durch den Arbeitgeber entrichtet werden muss. Gleichzeitig arbeiten mehr Beschäftigte in der angenehmeren Tätigkeit 2 als in Tätigkeit 1 (d. h. L_1*<L_2*).

8.2.3 Humankapital und Lohnungleichheit

Eine Lohnspreizung entsteht in Wettbewerbsmärkten allerdings nicht allein aufgrund von unterschiedlich bewerteten Merkmalen der nachgefragten Tätigkeiten, sondern auch aufgrund von faktischen Produktivitätsunterschieden zwischen Arbeitnehmern. Theoretische Grundlage hierfür ist die zentral durch Gary Becker (1993; vgl. als Lehrbuchdarstellungen erneut Kaufman und Hotchkiss 2006; Borjas 2015) kanonisierte Humankapitaltheorie, die im Unterschied zum einfachen neoklassischen Modell davon ausgeht, dass solche Unterschiede tatsächlich existieren, und dass diese nicht etwa auf angeborene Talente, sondern auf bewusste Investitionen in produktivitätsrelevante Fertigkeiten und Wissen – mithin also auf Investitionen in Humankapital – zurückgehen.[5] Rationale Arbeitnehmer werden diese Investitionen jedoch nur unternehmen, wenn sie anschließend für ihren Aufwand durch den Arbeitgeber entschädigt werden. Der durch den Arbeitgeber gezahlte Lohn hat dann weiterhin eine Kompensationsfunktion, allerdings werden nunmehr die Arbeitnehmer nicht lediglich für ihre eingesetzte Arbeitszeit, sondern zusätzlich auch für die Kosten des Wissenserwerbs entschädigt. Daraus folgt unmittelbar eine Lohnverteilung im Arbeitsmarkt, weil Arbeitnehmer sich im Umfang des von ihnen erworbenen Humankapitals unterscheiden werden.

---

5   Im traditionellen neoklassischen Modell der Arbeitsnachfrage sind alle Arbeitnehmerinnen und Arbeitnehmer identisch. Produktivität ist damit eine alleinige Eigenschaft des Arbeitsplatzes, wohingegen alle moderneren ökonomischen Theorietraditionen einschließlich der Humankapitaltheorie menschliche Fertigkeiten und menschliches Wissen explizit als Element der Produktionstechnologie ansehen.

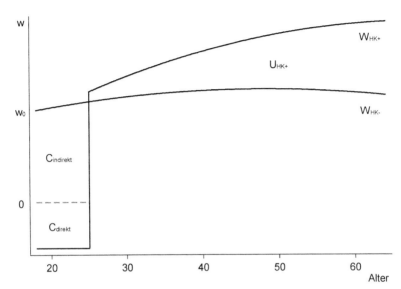

Abbildung 8.4 Lohnprofile bei differenziellen Investitionen in Humankapital (Quelle: eigene Darstellung nach Kaufman und Hotchkiss 2006, S. 330)

Auch dieses formale Modell kann am einfachsten grafisch verdeutlicht werden. In Abbildung 8.4 sind dazu die typisierten Lohnentwicklungen von Personen mit vergleichsweise hohem und vergleichsweise niedrigem Humankapital (W_{HK+} vs. W_{HK-}) über ihren gesamten Karriereverlauf hinweg abgebildet. Nehmen wir an, die beiden Verlaufsprofile entsprechen im deutschen Kontext dem typischen Karrierepfad einer Person, die nach einer abgeschlossenen Ausbildung in den Arbeitsmarkt eintritt (W_{HK-}); der vergleichsweise flache Lohnverlauf könnte dabei andeuten, dass die Person ohne größere Auf- und Abstiege dauerhaft in ihrem Ausbildungsberuf tätig ist. Im alternativen Fall einer Person, die sich für den Erwerb zusätzlichen Humankapitals entscheidet (W_{HK+}), indem sie beispielsweise studiert, entstehen zunächst während der dazu nötigen Ausbildungszeit ökonomische Kosten. Diese ergeben sich sowohl aus den direkten Kosten C_{direkt}, also zum Beispiel Studien- oder Kursgebühren, und den indirekten oder Opportunitätskosten $C_{indirekt}$, die auf das während der Ausbildungszeit entgangene Erwerbseinkommen zurückgehen. Rationale Arbeitnehmer werden diese Kosten C aber nur auf sich nehmen, wenn sie im weiteren Erwerbsverlauf nach Abschluss ihrer Ausbildung durch einen höheren Lohn für dieselben entschädigt werden. Eine Investition in Humankapital ist daher nur dann ökonomisch rational, wenn der dadurch im weiteren Erwerbsverlauf insgesamt erzielbare Einkommensvorteil die Kosten des Humankapitalerwerbs wieder aufwiegt. Deshalb muss das Lohnprofil des Arbeitnehmers mit hohem Humankapital nach Ausbildungsabschluss über dem Lohnprofil des Arbeitnehmers mit geringerem Humankapital angesiedelt sein, und zwar mindestens in einem Abstand, dass die im weiteren Erwerbsverlauf entstehenden Lohnvorteile (die Fläche U_{HK+}) exakt den während der Ausbildungszeit entstandenen Kosten $C = C_{direkt} + C_{indirekt}$ entsprechen.[6] Dem Fall kompensierender Differenziale entsprechend entstehen auch bei unterschiedlicher Humankapitalausstattung der Arbeitnehmerinnen und Arbeitnehmer dadurch begründete Lohndifferenzen, die im Gleichgewicht eines Wettbewerbsmarktes erhalten bleiben – also weder durch den Wettbewerb von Arbeitnehmern um freie Stellen, noch durch einen völlig freien Zugang zu Bildungseinrichtungen ökonomisch auflösbar sind. Ganz im Gegenteil: Wenn die Lohndifferenzen zwischen W_{HK+} und W_{HK-} zum Beispiel durch politische Intervention aufgelöst würden, so wäre die Prognose der Humankapitaltheorie, dass anschließend aufgrund fehlender privater Investitionsanreize die entsprechenden Bildungsinvestitionen unterblieben und infolgedessen in der Arbeitnehmerschaft bzw. Gesamtwirtschaft insgesamt Produktivitätsnachteile entstünden.

8.3   Lohnrenten durch beschränkten Wettbewerb

Die Besonderheit der Lohnbildung im neoklassischen Standardmodell besteht darin, dass Löhne allein zur Kompensation des durch die Arbeitnehmer geleisteten Produktionsbeitrags (im Sinne eines Inputs) dienen, und dass der unbeschränkte Wettbewerb zu einer effizienten Allokation von Arbeitnehmern auf freie Stellen führt, bei welcher sich der gezahlte Lohn direkt aus der faktischen (marginalen) Produktivität der eingesetzten Arbeit ergibt. Wie sowohl das Modell kompensierender Differenziale als auch die Humankapitaltheorie illustrieren, ist das neoklassische Marktmodell jedoch mit der Existenz einer Lohnverteilung durchaus kompatibel, da Lohnkonvergenz in Richtung auf den einheitlichen Gleichgewichtslohn nur für den Fall der Konkurrenz identisch qualifizierter Arbeitnehmer

---

6   Da es sich hierbei um eine Abwägung von kurzfristig entstehenden Kosten und längerfristig entstehendem Nutzen einer Humankapitalinvestition handelt, müsste streng genommen davon gesprochen werden, dass der abdiskontierte zukünftige Nutzen die unmittelbar anfallenden Kosten überwiegen muss. Da Menschen zukünftigen Nutzen im Allgemeinen geringer wertschätzen als unmittelbaren, wäre es sicher ein ökonomisch unzureichender Investitionsanreiz, wenn die zukünftigen Lohnvorteile lediglich dem nominalen Kostenbetrag entsprächen, der durch die Ausbildungszeit entsteht. Für diese und weitere Feinheiten sei hier aber auf die angegebene ökonomische Literatur verwiesen.

um vergleichbar gute Positionen zu erwarten ist. Unbeschränkter Wettbewerb und eine beträchtliche Lohnspreizung im Arbeitsmarkt werden daher koexistieren – ja, die Existenz einer Lohnverteilung stellt gewissermaßen den entscheidenden ökonomischen Anreiz zum Erwerb von Qualifikationen einerseits und zur Übernahme wenig attraktiver, aber ökonomisch produktiver Tätigkeiten andererseits dar.[7]

Allerdings ist damit noch lange nicht gesagt, dass Löhne einzig und allein eine Kompensationsfunktion hätten und alle empirisch beobachtbaren Lohnunterschiede daher auch funktional begründet wären. Das bisherige Argument ist vielmehr gerade umgekehrt zu verstehen: unter den idealisierten Bedingungen vollständigen Wettbewerbs, bei vollständiger Information aller Marktteilnehmer, bei Abwesenheit jeglicher Marktmacht der Marktteilnehmer und bei Abwesenheit jeglicher Transaktions- und Mobilitätskosten ist theoretisch zu erwarten, dass auf lange Sicht (d. h. im ökonomischen Gleichgewicht) einzig und allein *funktional* begründete Lohnunterschiede existieren werden, während alle anderweitig verursachten Lohnunterschiede durch den freien Wettbewerb zwischen Arbeitgebern und Arbeitnehmern nivelliert werden sollten. Immer wenn diese idealisierte Situation nicht gegeben ist, entstehen aufgrund der dann vorhandenen Wettbewerbsbeschränkungen *Lohnrenten*, das heißt Abweichungen von einem funktional begründeten Gleichgewichtslohn zugunsten derjenigen Marktseite, die den Lohnbildungs- bzw. Austauschprozess (zumindest in gewissem Umfang) kontrollieren kann (vgl. allgemein Sørensen 1996, 2000).[8] Die Marktmacht der Akteure kann

---

7 Richtig, der (wie auch immer definierte) „Wert" einer Tätigkeit begründet in der neoklassischen Theorie keineswegs direkt ihren Preis, d. h. den Lohn. Die einzig relevante Größe ist die relative Knappheit von Arbeitsangebot und Arbeitsnachfrage. Die Gleichsetzung des Gleichgewichtslohns mit der marginalen Produktivität der Arbeitnehmer besagt nur, dass der gezahlte Lohn immer maximal der Produktivität der Arbeitnehmer entsprechen kann, da ansonsten keine Anreize seitens des Arbeitgebers bestünden, einen Arbeitsvertrag abzuschließen. In fast allen Arbeitsbeziehungen gilt dann aber, dass der „Wert" der Arbeit (für den Arbeitgeber, d. h. die Produktivität) höher ist als der Lohn, aber gleichzeitig auch, dass der „Wert" der Erwerbstätigkeit (für den Arbeitnehmer, d. h. die Entlohnung) höher ist als der Wert einer alternativen Zeitverwendung. Aufgrund dieser beiderseitig vorhandenen privaten Vorteile gehen Arbeitnehmer und Arbeitgeber auf freiwilliger Basis eine Arbeitsbeziehung ein.

8 Im neoklassischen Standardmodell übt keine Marktseite Marktmacht aus, d. h. alle Marktteilnehmer agieren als sogenannte „Preisnehmer" des Gleichgewichtspreises, der sich als unintendierte Konsequenz der Interaktion aller Arbeitgeber und Arbeitnehmer einstellt. Erst ein systematisches Machtungleichgewicht zugunsten einer Marktseite erlaubt dieser (z. B. aufgrund der mangelnden Konkurrenz), zum „Preissetzer" zu werden bzw. den Marktpreis zumindest zu einem gewissen Grad zu den eigenen Gunsten zu beeinflussen. In diesem Sinne kann daher (für manche vielleicht: ausgerechnet) der Gleichgewichtslohn des neoklassischen Modells als „fairer" Lohn

dabei auf durchaus unterschiedliche Quellen zurückgehen: Zum einen auf die faktischen Tauschbedingungen im Arbeitsmarkt selbst, auf die ich hier zunächst eingehen werde, zum anderen aber auch auf tätigkeitsbezogene und firmenspezifische Faktoren, die dann anschließend in den nächsten beiden Abschnitten erörtert werden sollen. Im Allgemeinen kann aber bereits vorab als lange etablierte Erkenntnis der Arbeitsmarktsoziologie festgehalten werden, dass kollektive (gewerkschaftliche) Organisation, Tätigkeitsautonomie und die substanzielle Interdependenz von Tätigkeiten im Produktionsprozess die relative Machtposition von Arbeitnehmern erhöhen und mit dementsprechenden Lohnrenten zu ihren Gunsten verbunden sein werden (vgl. bereits Sørensen und Kalleberg 1981, S. 59ff.), während Transaktionskosten und allgemeine Mobilitätsbarrieren ebenso wie Kartellbildung, Tätigkeitsstandardisierung und -atomisierung in der Tendenz zu günstigeren Machtpositionen und entsprechenden Lohnrenten für die Arbeitgeberseite führen werden.

8.3.1 Monopsonistischer Wettbewerb

Betrachten wir aber zunächst nicht alle diese verschiedenen Quellen von Lohnrenten, sondern nur spezifisch solche Wettbewerbsbeschränkungen, die direkt aus der Struktur der Interaktion im Markt resultieren. Eine entsprechende (zumindest teilweise) Monopolisierung von Tauschchancen im Arbeitsmarkt kann prinzipiell durch beide Marktseiten erreicht werden. Im Einklang mit der allgemeinen wirtschaftswissenschaftlichen Terminologie sei aber von Monopolisierung spezifisch nur dann gesprochen, wenn Wettbewerbsbeschränkungen auf eine Verknappung des Arbeitsangebots bzw. eine arbeitnehmerseitige Preissetzung zurückgehen. Der spiegelbildliche (nachfrageseitige) Fall auf Arbeitgeberseite wird dagegen als monopsonistische Konkurrenz bezeichnet.[9]

---

angesehen werden und als theoretische Referenzgröße für die wichtige Unterscheidung zwischen funktional legitimierten Lohndifferenzen und echter Lohnungleichheit dienen (vgl. etwa Sørensen 2000; Berger 2004, 2015).

9   Die Tatsache, dass einzelne Marktakteure im neoklassischen Standardmodell als „Preisnehmer" agieren müssen, hängt nicht zuletzt mit der bislang nicht explizit gemachten Annahme zusammen, dass auf beiden Marktseiten eine hinreichend große Zahl von Marktteilnehmern vorhanden sei, um jederzeit einen effektiven Wettbewerb zu ermöglichen. Damit ist letztlich gemeint, dass Marktteilnehmer bei einer Abweichung vom Gleichgewichtslohn (also z. B. Arbeitnehmer bei einer Lohnkürzung durch ihren bisherigen Arbeitgeber) jederzeit in der Lage wären, ein alternatives Arbeitsverhältnis zum Gleichgewichtslohn einzugehen, da hinreichend viele Konkurrenten im Markt agieren (vgl. Manning 2003). Bei monopolistischer bzw. monopsonistischer Konkurrenz wird dagegen angenommen, dass – bei streng verstandener Terminolo-

Der letztere Fall ist in gewisser Weise sogar von grundsätzlicherer Bedeutung als die tatsächliche (arbeitnehmerseitige) Monopolisierung der Tauschbeziehung im Arbeitsmarkt. Die Monopolisierung setzt in der einen oder anderen Form ein kollektives Handeln der Arbeitnehmerseite voraus, um durch gewerkschaftliche Organisation oder formelle wie informelle Regulierung von Zutrittsbedingungen zu einer arbeitnehmerseitigen Wettbewerbsbeschränkung zu gelangen. Monopsonistische Konkurrenz kann durchaus ebenfalls auf kollektivem Handeln beruhen – etwa, wenn sich Arbeitgeber in Verbänden oder zu Kartellen zusammenschließen, innerhalb derer keine Abwerbeversuche von Arbeitskräften unternommen werden. Typischerweise dürften monopsonistische Effekte aber generell die Lohnfindung prägen, weil anzunehmen ist, dass Transaktionskosten und (geografische oder soziale) Mobilitätsbeschränkungen im allgemeinen für die Arbeitnehmerseite eine größere Bedeutung haben als für die Arbeitgeberseite – ein empirisches Indiz hierfür wäre beispielsweise die Tatsache, dass es Arbeitgebern sehr viel leichter fällt, eine freie Stelle zu besetzen, als Arbeitnehmern, eine neue Stelle zu finden, oder anders ausgedrückt, dass die mittlere Dauer von Arbeitsplatzvakanzen empirisch deutlich niedriger ist als die mittlere Dauer einer Arbeitsuche oder Arbeitslosigkeit seitens der Arbeitnehmer (vgl. Manning 2003).[10] Aufgrund der daraus resultierenden monopsonistischen Marktmacht ergibt sich dann eine Lohnrente zugunsten der Arbeitgeberseite. Abhängig von der jeweiligen faktischen Höhe von Transaktions- oder Mobilitätskosten variiert natürlich auch die Höhe dieser Lohnrente empirisch zwischen unterschiedlichen Gruppen von Arbeitnehmern oder auch zwischen unterschiedlichen Branchen, Berufsfeldern oder geografischen Regionen.

---

gie – nur ein Marktteilnehmer auf Arbeitnehmer- bzw. Arbeitgeberseite agiert bzw. dass deren kollektive Repräsentanten (d. h. Gewerkschaften und Arbeitgeberverbände) vereinfacht als monolithische Akteure verstanden werden können. Die realistischere Mittelsituation einiger weniger Marktteilnehmer würde begrifflich korrekt als Oligopol (angebotsseitig) bzw. Oligopson (auf Arbeitgeberseite) bezeichnet, im Einklang mit der aktuellen Forschungsliteratur sei hier aber der Einfachheit halber die Begrifflichkeit des Monopols bzw. Monopsons auf beide Situationen angewendet, in denen es jeweils nur wenige Marktakteure gibt und Alternativangebote dementsprechend nicht umstandslos bei unzufriedenen Akteuren eingehen werden.

10   Eine aktuelle empirische Studie, die sich exakt diese theoretische Überlegung zunutze macht, um den Effekt der arbeitgeberseitigen (monopsonistischen) Marktmacht auf die Lohnverteilung in den Vereinigten Staaten abzuschätzen, bietet Webber (2015).

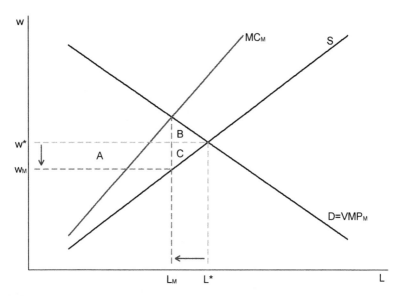

Abbildung 8.5 Marktgleichgewicht bei monopsonistischem Wettbewerb (Quelle: eigene Darstellung nach Borjas 2015, S. 185)

Der prinzipielle Mechanismus, der bei monopsonistischem Wettbewerb zu einer die Arbeitgeberseite begünstigenden Lohnrente führt, lässt sich durch Abbildung 8.5 mit Hilfe einer leichten Abwandlung des bislang verwendeten Marktdiagramms verdeutlichen (siehe auch hierzu die ausführlicheren Lehrbuchdarstellungen in Kaufman und Hotchkiss 2006; Borjas 2015). Die Besonderheit der monopsonistischen Wettbewerbssituation besteht darin, dass der (im Extremfall) alleinige Arbeitgeber in einem bestimmten (z. B. regionalen oder beruflichen) Teilarbeitsmarkt den angebotenen Lohn mangels Konkurrenz selbst setzen kann – und zwar natürlich immer nur exakt so hoch, dass gerade so viele Arbeitnehmer eingestellt werden können wie jeweils benötigt werden. Oder anders ausgedrückt: Bei monopsonistischem Wettbewerb kann der Arbeitgeber die für ihn optimale *Kombination* von Lohnhöhe und Beschäftigtenzahl bestimmen, während der Arbeitgeber bei vollständigem Wettbewerb als „Preisnehmer" nur darüber entscheidet, wie viele Arbeitnehmer zum gegebenen Gleichgewichtslohn (und bei gegebener Produktivität) eingestellt werden sollen. Die Möglichkeit, den Lohn selbst festzusetzen, führt interessanterweise dazu, dass der Arbeitgeber dann nicht nur einen geringeren Lohn als den Gleichgewichtslohn w^* ansetzen wird (d. h. $w_M < w^*$), sondern auch dazu, dass trotz des niedrigeren Lohnes im Gleichgewicht weniger

Arbeitskräfte beschäftigt sein werden als unter der Bedingung vollständigen Wettbewerbs (d. h. $L_M < L^*$).[11]

Zu diesem zunächst intuitiv verblüffenden Ergebnis kommt es, weil die Macht der Lohnfestsetzung das Entscheidungskalkül des Arbeitgebers in einer spezifischen Weise verändert. Bei vollständigem Wettbewerb muss sich der Arbeitgeber an den Gleichgewichtslohn w^* halten, sodass die marginalen Kosten einer zusätzlichen Arbeitskraft immer exakt dem Gleichgewichtslohn entsprechen. Grafisch könnten wir dazu im Marktdiagramm aus Abbildung 8.5 auf der Höhe des Gleichgewichtslohns w^* eine waagrechte Linie einzeichnen, welche die marginale Kostenfunktion (MC) des Arbeitgebers für die Einstellung neuer Mitarbeiter darstellt – und diese Kostenfunktion MC würde die Arbeitsnachfragekurve D am üblichen Gleichgewichtspunkt schneiden. Der Arbeitgeber würde L^* Arbeitnehmer beschäftigen, und für den letzten (marginalen) Beschäftigten würde der Gleichgewichtslohn w^* wieder exakt der marginalen Produktivität (d. h. dem Wert VMP_M) entsprechen. Bei monopsonistischem Wettbewerb beschreibt allerdings eine andere marginale Kostenfunktion das Handeln des Arbeitgebers M – und zwar die Kurve MC_M aus Abbildung 8.5. Im Unterschied zum Standardmodell steigt MC_M mit zunehmender Beschäftigtenzahl, weil der monopsonistische Arbeitgeber für jeden zusätzlichen Beschäftigten nicht nur den höheren Lohn anbieten muss, dessen es bedarf, um diese einzelne Arbeitskraft zur Annahme eines Arbeitsvertrags zu motivieren, sondern auch weil (da annahmegemäß allen Beschäftigten der gleiche Lohn gezahlt werden muss) bei höherem Arbeitskräftebedarf gleichzeitig *allen* Beschäftigten die Löhne erhöht werden müssen. In diesem Fall erzeugt also die Einstellung eines zusätzlichen Beschäftigten nicht nur dessen individuelle Lohn-

---

11 Wirtschaftswissenschaftlich bewanderte Spezialisten werden erkennen, dass in Abbildung 8.5 der Fall des sogenannten „nicht-diskriminierenden" Monopsonisten dargestellt ist. In diesem Fall kann der Arbeitgeber den Lohn zwar frei setzen, bezahlt aber weiterhin (wie im Standardmodell) allen Beschäftigten am Ende den gleichen Lohn w_M. Eine deutlich radikalere Annahme wäre der „perfekt diskriminierende" Monopsonist, der nicht nur die Freiheit besitzt, den Lohn nach Gusto zu setzen, sondern der auch über die individuellen Reservationslöhne der Arbeitnehmer informiert ist und daher jedem Arbeitnehmer das auf ihn oder sie spezifisch zugeschnittene Lohnangebot machen kann, sodass er oder sie gerade eben einwilligt, ein Beschäftigungsverhältnis einzugehen. In diesem Fall stellt der Monopsonist am Ende exakt gleich viele Arbeitnehmer ein wie im Gleichgewicht unter vollständigem Wettbewerb (d. h. $L_M = L^*$), gleichzeitig existiert aber kein einheitlicher Lohnsatz mehr, sondern eine Lohnverteilung, welche exakt die Verteilung der Reservationslöhne der Arbeitnehmerschaft widerspiegelt. Wohlfahrtstheoretisch gesprochen führt dies dazu, dass der Arbeitgeber alle privaten Wohlfahrtsgewinne aus der Beschäftigung der Arbeitnehmer erhält, die Arbeitnehmer mittels der Arbeitsbeziehung also perfekt „ausbeutet".

kosten, sondern zusätzlich höhere Lohnkosten für *alle* bereits eingestellten Arbeit-nehmer – und infolgedessen liegt die Kurve MC_M notwendigerweise oberhalb der „üblichen" Angebotskurve *S*. Der Arbeitgeber optimiert seine Beschäftigtenzahl aber weiterhin dadurch, dass er solange Arbeitnehmer einstellt, bis die marginalen Lohnkosten des letzten Arbeitnehmers exakt der marginalen Produktivität ent-sprechen – nur kommt dieser Punkt, an der Kurve MC_M von links nach rechts gelesen, nun bereits am vergleichsweise niedrigen Lohn w_M statt wie bisher am Gleichgewichtslohn w^*.[12]

8.3.2 Institutionelle Schließung und Diskriminierung

Lohnrenten müssen allerdings nicht notwendigerweise zugunsten der Arbeitge-berseite ausfallen. Sie können durchaus auch auf der Arbeitnehmerseite entste-hen, wenn es den Arbeitnehmerinnen und Arbeitnehmern auf die eine oder an-dere Weise gelingt, das effektive Arbeitsangebot im Markt zu kontrollieren und dadurch einzuschränken. Die Folgen für die Lohnbildung sind sehr einfach und können in Abbildung 8.6 einmal mehr durch das Ihnen nun bereits hinlänglich be-kannte Marktdiagramm verdeutlicht werden: Ein eingeschränktes Arbeitsangebot bedeutet, dass die Angebotskurve nunmehr bei *S'* statt bei *S* liegt. Infolgedessen werden nun für jeden angebotenen Lohnsatz *w* weniger Arbeitskräfte zur Verfü-

---

12 Anhand von Abbildung 8.5 lassen sich auch die Wohlfahrtsimplikationen monopso-nistischen Wettbewerbs darstellen. Die Lohnrente (w^*-w_M) ist ein Verteilungsgewinn für den Arbeitgeber, da er dadurch einen größeren Anteil an den gesamten Wohl-fahrtsgewinnen erhält, die durch die Produktion der L_M Beschäftigten erzeugt werden (der Fläche zwischen den Kurven *S* und *D*). Statt der (im Diagramm) ungefähr gleich-mäßigen Verteilung der Wohlfahrtsgewinne, wenn unter vollständigem Wettbewerb der Gleichgewichtslohn w^* gezahlt würde, erhält der Arbeitgeber aufgrund der mo-nopsonistischen Lohnrente den zusätzlichen Gewinn der Fläche A, der umgekehrt den Arbeitnehmern entgeht; letztere werden also in diesem Sinn „ausgebeutet". Gleichzei-tig ist der monopsonistische Wettbewerb ineffizient, da mögliche private Wohlfahrts-gewinne nicht ausgeschöpft werden: es gibt noch zusätzlich L^*-L_M Arbeitnehmer, die gewinnbringend beschäftigt werden könnten, weil ihre (marginale) Produktivität über dem Gleichgewichtslohn w^* liegt. Durch die zu niedrige Beschäftigung entgehen die-sen nun arbeitslosen Arbeitnehmern offensichtlich die ökonomischen Vorteile einer Erwerbstätigkeit (Fläche C im Diagramm), ebenso wie dem Arbeitgeber die Vorteile aus der zusätzlichen Produktion entgehen (Fläche *B*). Da die Gewinne aus der Lohn-rente A aber höher ausfallen als die Verluste durch die entgangene Produktion *B*, zieht der Arbeitgeber aus der monopsonistischen Wettbewerbssituation insgesamt trotzdem einen individuellen Wohlfahrtsgewinn relativ zur Situation vollständigen Wettbe-werbs.

gung stehen (die Angebotskurve S' liegt annahmegemäß nun links von S), sodass Arbeitgeber für jedes Beschäftigungsniveau L, das sie kollektiv erreichen wollen, einen höheren Lohn w entrichten müssen als im Gleichgewicht unter vollständiger Konkurrenz. Damit stellt sich ein neues Gleichgewicht ein, in welchem unter dem beschränktem Arbeitsangebot S' nun ein höherer Lohn w' gezahlt wird (w' liegt über dem Gleichgewichtslohn w*), allerdings sind zu diesem Lohn auch insgesamt weniger Arbeitnehmer L' beschäftigt als unter vollständiger Konkurrenz (L'<L*). Konflikttheoretisch betrachtet sind die Beschäftigten in diesem Fall die klaren Gewinner, da sie eine Lohnrente gegenüber dem Gleichgewichtslohn erhalten (Fläche A in Abb. 8.6). Diese Lohnrente der Beschäftigten speist sich aus den Verlusten der unfreiwillig Arbeitslosen, die ansonsten zum Gleichgewichtslohn w* hätten Beschäftigung finden können (Fläche C), vor allem aber aus den Wohlfahrtsverlusten der Arbeitgeberseite aufgrund der höheren Löhne (Fläche A) und der entgangenen Gewinne durch die insgesamt niedrigere Beschäftigung und niedrigere Produktion (Fläche B).

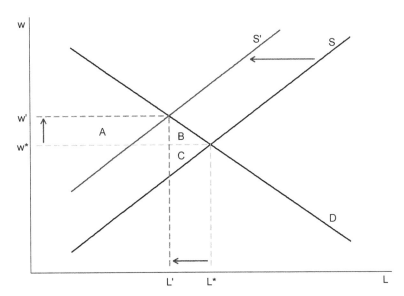

Abbildung 8.6 Marktgleichgewicht bei Angebotsmonopol (sozialer Schließung) (Quelle: eigene Darstellung)

In der Soziologie wird die Erzeugung von Lohn- oder anderen ökonomischen Renten durch erfolgreiche Einschränkung des Marktzugangs bereits seit Max Weber (1976 [1922]; vgl. auch Parkin 1979; Sørensen 1996, 2000) mit dem Begriff der *sozialen Schließung* bezeichnet. Damit verbunden ist der Gedanke, dass eine erfolgreiche (Teil-)Monopolisierung von marktförmigen Tauschbeziehungen in vielen Fällen ein kollektives Handeln der Anbieter voraussetzt, die dazu Wege finden müssen, ihr individuelles Verhalten im Markt zu koordinieren, um den Marktzutritt für neue Anbieter zu erschweren, die Preiskonkurrenz unter den bereits im Markt befindlichen Anbietern zu unterbinden oder sogar beides zugleich zu erreichen.[13] Im Arbeitsmarkt sind die beiden prinzipiellen Instrumente dazu die Etablierung von formalen Qualifikationserfordernissen einerseits und die kollektive Organisation der Arbeitnehmerinnen und Arbeitnehmer in Form von Gewerkschaften andererseits (vgl. Sørensen und Kalleberg 1981; Weeden 2002).[14]

Die Bindung des Marktzugangs an formale Qualifikationserfordernisse kann dabei sowohl in Form einer expliziten staatlichen Regulierung eines Berufsfelds – zum Beispiel die Notwendigkeit des ersten und zweiten Staatsexamens als Voraussetzung für die Tätigkeit als Lehrer – oder, weit häufiger, in Form von Vereinbarungen in Tarifverträgen oder auch informellen betrieblichen Regeln erfolgen, die jeweils eine bestimmte formale Mindestqualifikation für die Übernahme bestimmter Tätigkeiten vorsehen. Eine formal fixierte Bindung zwischen Berufsausübung und formalen Qualifikationen findet sich beispielsweise in den Tarifverträgen des öffentlichen Dienstes, die für das Erreichen bestimmter Laufbahnstufen jeweils bestimmte schulische oder berufliche Ausbildungsabschlüsse voraussetzen. Eine informelle Bindung bestünde dann, wenn für bestimmte Positionen

---

13   Als ökonomische Grundregel gilt in jedem Markt, dass die Angebotsseite ein Interesse
      an Wettbewerbsbeschränkungen hat, während die Nachfrageseite von vollständiger
      Konkurrenz profitiert. Als Arbeitnehmer (d. h. als Anbieter im Arbeitsmarkt) möchte
      man gewöhnlich nicht, dass andere um den eigenen Job konkurrieren, und diesen
      vielleicht sogar besser oder zu einem geringeren Gehalt erledigen. Als Konsument dagegen (d. h. als Nachfrager im Produktmarkt) hat man normalerweise gerne eine große
      Auswahl von Waren unterschiedlicher Anbieter, um Qualität und Preis vergleichen zu
      können, und dann das am besten zusagende Angebot auswählen zu können.

14   Selbstverständlich gibt es darüber hinaus weitere Schließungsmechanismen, die ökonomische Renten erzeugen. Ein typisches Beispiel wären staatliche oder halbstaatliche Lizenzvergaben als Voraussetzung der Berufsausübung (z. B. als Taxifahrer/-
      unternehmer) oder auch die Regulierung des Rechts zur Ausübung freier Berufe (also
      z. B. für Ärzte oder Rechtsanwälte) oder zur Führung eines selbständigen Betriebs
      (der sogenannte „Meisterzwang" in bestimmten Gewerben) über die Erfordernis bestimmter formaler Qualifikationen. In allen genannten Fällen ist allerdings nicht der
      Zugang zum Arbeitsmarkt, sondern der Zugang zum Produktmarkt reguliert (Selbständige sind Anbieter im Produktmarkt!), der im Folgenden nicht im Vordergrund
      steht. In ihrer bekannten Studie bezieht Weeden (2002) beispielsweise beide – d. h.
      arbeitsmarkt- wie produktmarktbezogene – Formen der sozialen Schließung in ihre
      Analyse von beruflichen Einkommensrenten ein.

eine bestimmte formale Qualifikation zwar nicht zwingend vorausgesetzt, in der Praxis aber durch die Personalverantwortlichen in den Unternehmen in der Regel doch erwartet würde. Entscheidend für die Wirkung dieser Schließungsmechanismen ist aber jeweils, dass sie für das Handeln einer möglichst großen Zahl von Marktteilnehmern als verbindlich angesehen werden, das heißt formal-rechtlich oder zumindest informell-regelhaft *institutionalisiert* sind. Lokale Schließungsbemühungen durch einzelne Marktteilnehmer (Unternehmen wie Arbeitnehmer) werden bei der Preisbildung dagegen kaum ins Gewicht fallen, da sie bei vorhandener Konkurrenz (d. h. bei im Markt vorhandenen alternativen Opportunitäten) durch die lokal ausgeschlossene Gruppe immer unterlaufen werden können – ein berühmtes Argument von Gary Becker übrigens, auf das ich gleich noch einmal zurückkommen werde.

Zuvor sei aber zunächst auf die offensichtlich bedeutsame Rolle der Gewerkschaften für die Lohnbildung eingegangen. Selbst die gerade beschriebene institutionelle Kopplung des Zugangs zu Berufspositionen an formale Qualifikationen der Arbeitnehmerinnen und Arbeitnehmer erfolgt zwar letztlich durch gesetzgeberisches bzw. arbeitgeberseitiges Handeln, liegt aber im ureigenen gewerkschaftlichen Interesse und kann durchaus das Ergebnis und der strategische Erfolg gewerkschaftlicher Verhandlungsbemühungen sein. Gerade in Deutschland gehört die Unterstützung des dualen Systems der beruflichen Ausbildung zu den wichtigsten politischen Zielen der Gewerkschaften. Neben der Sicherung eines hohen Qualifikationsstandards von Arbeitnehmerinnen und Arbeitnehmern wird so indirekt auch ein beruflich strukturierter Arbeitsmarkt erzeugt, in welchem der Zugang zu bestimmten Berufsfeldern (tarifvertraglich oder habituell) stärker als in anderen Ländern an bestimmte berufliche Ausbildungsabschlüsse gekoppelt ist (vgl. etwa Shavit und Müller 1998; Müller und Gangl 2003); die (intendierte oder unintendierte) Konsequenz für die Lohnbildung besteht dann darin, dass qualifikationsbezogene Lohnrenten für die Inhaber der entsprechenden Ausbildungsabschlüsse entstehen, da andere Arbeitnehmer nicht oder nur bedingt um freie Stellen in den jeweiligen Berufsfeldern konkurrieren können.[15]

---

15 Damit ist natürlich beileibe nicht gesagt, dass der alleinige Sinn und Zweck von Qualifikationsanforderungen in der sozialen Schließung eines bestimmten Marktes und der damit verbundenen Schaffung von Lohnrenten für die dort Beschäftigten zu sehen ist. Selbstverständlich werden Qualifikationserfordernisse (primär) darauf abzielen, ein Mindestmaß an fachlichem Wissen und Können sicherzustellen, das der oder die Bewerber/in erworben haben muss, um eine bestimmte Tätigkeit ausüben zu können – in der Sprache der ökonomischen Theorie ausgedrückt dienen Qualifikationsanforderungen also dazu, eine Mindestproduktivität der Arbeitnehmer/innen festzulegen, und diese Produktivität wird sich entsprechend der Humankapitaltheorie dann auch

Die Erzeugung einer starken Kopplung von Berufschancen an formale Ausbildungsabschlüsse ist aber sicher weder die einzige noch die notwendigerweise wichtigste Strategie, die den Gewerkschaften zur Beeinflussung der Lohnbildung offen steht (vgl. Farber 1986; Kaufman und Hotchkiss 2006; Borjas 2015 für Überblicksdarstellungen der zugrundeliegenden ökonomischen Literatur). Gewerkschaften koordinieren zunächst einmal die individuellen Verhandlungspositionen der von ihnen vertretenen Arbeitnehmer, und erhöhen dadurch deren Verhandlungsmacht gegenüber der Arbeitgeberseite. Im Extremfall gelingt es durch die kollektive Organisation, dass eine Gewerkschaft als Monopolist auftreten kann, da sie zum Beispiel als Betriebsgewerkschaft oder bei erfolgreicher Etablierung eines *closed-shop*-Prinzips die Einstellung nicht organisierter Arbeitnehmer unterbindet. Ökonomisch gesprochen kann die als Monopolist agierende Gewerkschaft dann gerade den höchstmöglichen Lohn setzen, der sicherstellt, dass ihre Mitglieder (aber keine weiteren konkurrierenden Arbeitnehmer) Beschäftigung finden. Entsprechend Abbildung 8.6 hieße das, dass die Gewerkschaft erfolgreich den Lohn w' (mit $w' > w^*$) fordert, zu welchem Arbeitgeber exakt L' Beschäftigte einstellen werden. Durch die Schließung des Marktzugangs für andere Arbeitnehmer – die Gruppe der Beschäftigten von L' bis L^*, die bei rational monopolistischer Gewerkschaftspolitik nicht Mitglied der Gewerkschaft sein dürften (oder deren unfreiwillige Arbeitslosigkeit andernfalls durch die Gewerkschaft kompensiert werden müsste), wäre ja ebenfalls bereit, zum markträumenden Gleichgewichts-

---

in den Löhnen der Beschäftigten niederschlagen. Der Aspekt der sozialen Schließung verweist aber darauf, dass die höheren Löhne der Beschäftigten im regulierten Berufsfeld nicht allein produktivitätsbedingt, sondern zum Teil strukturell durch die eingeschränkte Konkurrenz um Arbeitsplätze bedingt sein werden. Zu welchem Anteil genau die Löhne für bestimmte Berufsgruppen auf Produktivität bzw. auf Lohnrenten zurückzuführen sind, ist dann wiederum eine sehr wichtige Frage, die nur durch empirische Analysen beantwortet werden kann. Und schließlich sei auch gesagt, dass der hier angesprochene Doppelcharakter ökonomischer Regulierung keinesfalls nur auf den Arbeitsmarkt beschränkt ist: Auch in der Regulierung der freien Berufe dienen Qualifikationserfordernisse sicherlich primär dazu, eine Mindestqualität der erbrachten Leistung sicherzustellen – wer möchte denn schon von einem Arzt operiert werden, der nicht erfolgreich Medizin studiert hat oder von einem Rechtsanwalt vertreten werden, der kein ausgebildeter Jurist ist? Aber hier wie dort ist der ökonomische Nebeneffekt der Regulierung ebenfalls, dass der Marktzugang beschränkt wird und dadurch für die verbleibenden Marktteilnehmer vergleichsweise höhere Honorare durchsetzbar sind. Auf diesen zweiten Aspekt werden Interessenvertreter sicherlich nicht laut hinweisen, wenn sie im politischen Raum eine bestimmte Regulierung für ihr Berufsfeld einfordern – was aber natürlich noch lange nicht heißt, dass ihnen der Zusammenhang zwischen effektiver Regulierung und Lohn- bzw. Einkommensrenten nicht bewusst wäre.

lohn w^* zu arbeiten – erzeugt die Gewerkschaft eine Lohnrente für ihre Mitglieder. Eine inhaltlich sehr ähnliche Prognose folgt aus den *efficient-bargaining*-Modellen des Gewerkschaftshandelns, in welchen Gewerkschaften nicht allein die Lohnhöhe maximieren, sondern mit der Arbeitgeberseite gleichzeitig über Löhne *und* Beschäftigung verhandeln. In diesem Fall wird der ausgehandelte Lohn zwischen w' und w^* aus Abbildung 8.6 und die ausgehandelte Beschäftigung höher als L' (und, abhängig von der Verhandlungsmacht der Gewerkschaft, eventuell sogar höher als L^*) liegen, da die Gewerkschaft die arbeitnehmerseitige Rente sowohl in einen Lohn- als auch in einen Beschäftigungszuwachs (statt der reinen Lohnrente im Modell der monopolistischen Gewerkschaft) ummünzen wird.[16]

Nachdem ich nun bislang dargestellt und argumentiert habe, dass arbeitnehmerseitige Lohnrenten aufgrund von sozialer Schließung in der Regel einer kollektiven Organisation bedürfen, sei abschließend noch auf eine wichtige Ausnahme von dieser Regel hingewiesen. Die einfachste Form der sozialen Schließung gegenüber unliebsamer Arbeitsmarktkonkurrenz besteht in Diskriminierung durch die Arbeitgeberseite, die sich gegen bestimmte Gruppen von Arbeitnehmern richtet. Und wann immer Arbeitskräfte mit bestimmten Eigenschaften (sei es aufgrund ihres Geschlechts, ihrer ethnischen Herkunft oder sonstiger Merkmale) nicht für die Besetzung bestimmter Berufspositionen in Betracht gezogen werden, kann die Folge für die Lohnbildung ebenfalls wieder durch das einfache Marktdiagramm aus Abbildung 8.6 illustriert werden: Bei vorherrschender Diskriminierung wählen Arbeitgeber bewusst nur aus einer beschränkten Gruppe von Arbeitnehmern aus, sodass nun die Angebotskurve S' (statt S, wenn alle Arbeitskräfte ungeachtet ihrer Merkmale zur Stellenbesetzung in Frage kämen) für das Marktgeschehen relevant ist. Infolgedessen steigt der Lohn, den Arbeitgeber entrichten müssen, einmal mehr auf w' statt w^*; die Arbeitnehmer der nicht diskriminierten Gruppe(n) kommen mit anderen Worten also in den Genuss einer Lohnrente. Im Unterschied zu den bisher betrachteten Fällen ist die Lohnrente aufgrund von Diskriminierung

---

16 Aufgrund der arbeitnehmerseitigen ökonomischen Rente kann, technisch gesprochen, ein Verhandlungspunkt rechts (oberhalb) der Arbeitsnachfragekurve D erreicht werden, wenn die Gewerkschaft darauf verzichtet, Lohnmaximierung zu betreiben. Sowohl das *efficient-bargaining*-Modell als auch das Modell monopolistischer Gewerkschaften unterstellen zudem, dass Gewerkschaften Löhne für eine homogene Arbeitnehmerschaft bzw. für jede Berufsgruppe separat aushandeln. Auf makrotheoretisch orientierte Argumente, die berücksichtigen, dass gerade der in Deutschland vorherrschende Typus der Branchengewerkschaft in der Regel nicht nur einzelne Löhne, sondern vielmehr die gesamte *Tarifstruktur* (d. h. das Lohngefüge unterschiedlicher Berufsgruppen) innerhalb einer Branche aushandelt, wird unten im Abschnitt 8.6 näher eingegangen.

allerdings die unintendierte Folge des Arbeitgeberhandelns und bedarf daher nicht der kollektiven Organisation der Arbeitnehmerseite. Gleichwohl muss auch Diskriminierung zumindest in dem Sinn *institutionalisiert* sein, dass sie im Arbeitsmarkt habituell weit verbreitet ist, um für die Lohnverteilung wirksam zu werden. In einem kompetitiven Markt mit geringen Zugangsbarrieren können andernfalls neue oder nicht diskriminierende Firmen den diskriminierten Gruppen attraktive Lohnangebote machen, und dadurch den diskriminierten Arbeitnehmern die Möglichkeit bieten, die vorhandene Diskriminierung im Arbeitsmarkt zu unterlaufen. Da diskriminierende Arbeitgeber aufgrund der notwendigen Lohnrente einen ökonomischen Preis „bezahlen", haben nicht diskriminierende Firmen sogar einen Wettbewerbsvorteil, der auf lange Sicht dazu führen sollte, dass diskriminierende Firmen aus dem Markt gedrängt werden können – und dies ist der Kern des berühmten Argumentes von Gary Becker (1957), warum Diskriminierung in Wettbewerbsmärkten nicht von Bestand sein kann.[17] Solange es aber sowohl diskriminierende wie nicht diskriminierende Unternehmen im Arbeitsmarkt gibt, tragen Lohnrenten aufgrund von Diskriminierung dazu bei, dass es für identische Tätigkeiten zu einer Lohnstreuung zwischen Beschäftigten mit unterschiedlichen persönlichen Merkmalen kommt.

8.3.3 Lohnrenten durch Produktmarktmonopole

In der Analyse der Lohnwirkungen sozialer Schließung wird üblicherweise auf die hier diskutierten Formen des beschränkten Marktzugangs für konkurrierende Arbeitnehmer verwiesen. Es ist allerdings darüber hinaus auch möglich, dass Lohnrenten nicht aus arbeitsmarkt-, sondern aus produktmarktseitigen Restriktionen und Regulierungen resultieren. Dies wäre der Fall, wenn Unternehmen ökonomische Renten, die sie als Mono- bzw. Oligopolist im Produktmarkt erzielen (d. h. die höheren Preise für ihre Produkte im Vergleich zum vollständigen Wettbewerb), systematisch mit ihren Beschäftigten teilen. Im reinen Modell kompetitiver Arbeitsmärkte wäre dieser Fall selbstverständlich ausgeschlossen, weil Unternehmen ihren Arbeitnehmern nach wie vor lediglich den Gleichgewichtslohn bezahlen müssten und daher jegliche im Produktmarkt erzielten Preisrenten allein der Kapitalseite zuflössen. Empirische Studien legen allerdings nahe, dass

---

17 Pager (2016) bietet einen seltenen empirischen Test des Arguments und berichtet tatsächlich von einer höheren Wahrscheinlichkeit für diskriminierende Firmen, Konkurs anmelden zu müssen. Ein bekannter indirekter Test des Arguments mit Bezug auf den *gender pay gap* findet sich bei Weichselbaumer und Winter-Ebmer (2007).

Firmen sehr wohl ihre Produktmarktrenten (bzw. auch Profite im allgemeinen) in Form von höheren Löhnen mit ihren Beschäftigten teilen (vgl. dazu etwa auch die Studie von Ochsenfeld 2017 zu den Lohnwirkungen der Euro-Einführung in den exportorientierten Branchen in der Bundesrepublik); eine zentrale Erklärung hierfür wäre, dass Gewerkschaften ihre Marktmacht erfolgreich dazu nutzen, den Beschäftigten einen Anteil an den Firmengewinnen zu sichern (z. B. Guertzgen 2009). Alternativ könnte man auch annehmen, dass monopolistische Unternehmen Produktmarktrenten auch ohne gewerkschaftlichen Druck gezielt zur Zahlung von *Effizienzlöhnen* einsetzen, um dadurch die Motivation und Produktivität der Beschäftigten zu erhöhen – und genau dieses Modell der Lohnbildung werden wir nun im nächsten Abschnitt näher kennenlernen.[18]

8.4 Lohnrenten durch Tätigkeitsmerkmale: Stück- versus Effizienzlöhne

Berufe nehmen in der soziologischen Arbeitsmarktanalyse unzweifelhaft eine zentrale Rolle ein und wie wir bereits gesehen haben, erstreckt sich diese Feststellung auch auf ihre Bedeutung für die Lohnverteilung. Berufe beschreiben zunächst ein typisches Bündel von fachlichen Tätigkeiten, für das eine primär technologisch bestimmte Arbeitsnachfrage existiert. Gemäß dieser Arbeitsnachfrage stellt sich in beruflich differenzierten Konkurrenzmärkten ein jeweils berufsspezifisches Lohnniveau ein. Dieses Lohnniveau spiegelt gemäß der Humankapitaltheorie zum einen ganz wesentlich die Unterschiede in den berufsspezifisch notwendigen

---

18 Produktmarktmonopole sind nicht die einzigen Merkmale des Produktmarktes, die einen Einfluss auf die Lohnbildung haben können. Ein zweites wichtiges Merkmal von Produktmärkten besteht in der Bedeutung von relativen Produktivitätserwägungen: Wenn eine starke Nachfrage nach dem oder der besten Künstlerin, Managerin oder Sportlerin besteht, dann werden vergleichsweise kleine Unterschiede in den faktischen Fertigkeiten zu unverhältnismäßig großen Lohnunterschieden führen (oder natürlich auch allgemeiner zu großen Einkommensunterschieden, da dieselbe Überlegung natürlich nicht nur für Angestellte, sondern auch für Selbständige und Freiberufler gilt bzw. da gerade in solchen Märkten die Übergänge zwischen abhängiger und selbständiger Beschäftigung fließend sind). Diese spezielle Form von Lohnrenten führt dazu, dass Lohnunterschiede insbesondere am oberen Ende der Verteilung sehr ausgeprägt sind, und das zugrundeliegende ökonomische Modell wird daher oft als *superstar markets* bezeichnet (vgl. grundlegend dazu Rosen 1981). Da relative Produktivitätseffekte für die Lohnbildung innerhalb von Betrieben ebenfalls eine wichtige Rolle spielen, werde ich unten noch einmal auf sehr ähnliche Überlegungen zurückkommen.

Qualifikationen wider bzw. stellt den ökonomisch notwendigen Anreiz und die Kompensation der Kosten des Qualifikationserwerbs dar. Aus der Perspektive von Theorien sozialer Schließung betrachtet, stellen Berufsgruppen zum zweiten eine (fachlich definierte) Gruppe von Arbeitnehmern dar, die sich mit guten Chancen kollektiv organisieren und anschließend über die Durchsetzung von Marktregulierung oder die Marktmacht einer Fachgewerkschaft – denken Sie zum Beispiel an die Pilotenvereinigung Cockpit oder die Gewerkschaft der Lokführer – Lohnrenten erzielen kann.

8.4.1 Principal-agent meets social class: Erwerbsbeziehungen und die Vollständigkeit von Verträgen

Berufe sind aber daneben auch noch mit einer dritten Qualität für die Lohnbildung bedeutsam: Berufe bezeichnen jeweils spezifische Tätigkeiten im Sinne unterschiedlicher Formen von Arbeit, und sind allein schon deshalb – das heißt allein aufgrund bestimmter struktureller Merkmale der verrichteten Arbeit – typischerweise durch unterschiedliche Formen von *Erwerbsbeziehungen* (*employment relationships*) zwischen Arbeitgebern und Arbeitnehmern gekennzeichnet und reguliert. An dieser Stelle treffen sich interessanterweise so unterschiedliche Theorietraditionen wie die moderne ökonomische Vertragstheorie, die strukturalistische Tradition der soziologischen Arbeitsmarktforschung und nicht zuletzt die moderne soziologische Klassentheorie. Jede dieser Theorietraditionen kennt ein Äquivalent zur klassischen Dichotomie des Nobelpreisträgers Herbert Simon (1951), der zwischen einem vollständig spezifizierten *sales contract* einerseits und einer unvollständig spezifizierten *employment relationship* andererseits unterscheidet: Die ökonomische Vertragstheorie spricht von vollständigen und unvollständigen Verträgen (z. B. Sappington 1991), die strukturelle Arbeitsmarkttheorie mit Weber von offenen und geschlossenen Erwerbsbeziehungen (vgl. Sørensen und Kalleberg 1981; Sørensen 1983, 1994) und John Goldthorpe im EGP-Klassenschema vom Gegensatz zwischen *labour contracts* und *service relationships* (Erikson und Goldthorpe 1992; Goldthorpe 2007).

Allen Begriffspaaren ist die Vorstellung gemein, dass im Arbeitsmarkt ein breites Kontinuum von Erwerbsbeziehungen vorzufinden ist, dessen eines Ende durch Arbeitsverträge vom Typ eines *sales* oder *labour contracts* beschrieben wird, in welchem eine eindeutig bestimmte Arbeitsleistung durch den Arbeitgeber entlohnt wird, während am anderen Ende des Spektrums Arbeitsverträge vom Typ einer *employment* oder *service relationship* stehen, in welchen diese enge Kopplung zwischen der Entlohnung und einer vorab definierten Arbeitsleistung nicht auf-

treten (vgl. zentral Sørensen 1994). Wichtig ist dabei, dass es sich bei dieser Entkopplung nicht etwa um ein Zugeständnis an verhandlungsstarke Gewerkschaften
handelt (was natürlich ebenfalls denkbar wäre, da eine individualisierte Lohnfindung den Interessen einer Gewerkschaft grundsätzlich zuwiderläuft), sondern dass
bei vielen Tätigkeiten ein genuines arbeitgeberseitiges Interesse an einer Entkopplung von Lohn und spezifischer Arbeitsleistung besteht, da gerade dadurch erst die
Produktivität der Arbeitnehmer erhöht wird. Dies ist strukturell immer dann der
Fall, wenn die Arbeitgeberseite aufgrund der Art der Tätigkeit keine vollständige
Kontrolle über die Arbeitsergebnisse bzw. die eingebrachte Leistung des einzelnen Arbeitnehmers erlangen kann oder will. Dieser Fall liegt vor, wenn neben
der eingebrachten Arbeitszeit auch die persönliche Anstrengung (*effort*) des Arbeitnehmers in wesentlichem Ausmaß über die Qualität der Arbeit bestimmt und
letztere für den Arbeitgeber nicht kontraktibel ist (vgl. Parsons 1986; Sappington
1991; MacLeod und Malcomson 1998; Prendergast 1999), zum Beispiel weil die
Qualität der Arbeitsleistung für den Arbeitgeber nur schwer messbar oder nur bedingt individuell zurechenbar ist (z. B. Sørensen und Kalleberg 1981; Goldthorpe
2007), oder auch weil Arbeitnehmer beträchtliche Autonomie in der Ausgestaltung ihrer konkreten Arbeitsaufgaben besitzen (u. a. Simon 1951; Akerlof 1982;
Halaby 2014). Bei Tätigkeiten, die eines oder mehrere dieser Merkmale aufweisen,
liegt der Tauschbeziehung zwischen *Prinzipal* (ökonomischer Auftraggeber, d .h.
im Arbeitsmarkt der Arbeitgeber) und *Agent* (Auftragnehmer, d. h. Arbeitnehmer)
ein *unvollständiger Vertrag* in dem Sinne zugrunde, dass sich die zu entrichtende
Entlohnung nicht an einer klar spezifizierten Arbeitsleistung ausrichten kann.[19]

---

19   Die hohe Bedeutung individueller Motivation, die mangelnde Mess- und individuelle
     Zurechenbarkeit von Produktivität sowie die Autonomie der Beschäftigten werden in
     der Literatur häufig als hoch korrelierte Elemente eines Kontinuums von Tätigkeits-
     merkmalen verstanden. Halaby (2014) weist theoretisch und empirisch zu Recht darauf
     hin, dass diese hohe und eindimensionale Korrelation keinesfalls zwingend besteht,
     sodass unterschiedliche berufliche Tätigkeiten aus jeweils durchaus unterschiedlichen
     Gründen durch unvollständige Verträge charakterisiert werden. Ebenso werden sich
     dann die arbeitsvertraglichen Regelungen in berufstypischer Weise unterscheiden,
     da die drei genannten Tätigkeitsmerkmale und ihre Auswirkungen auf die Erwerbs-
     beziehung institutionell in der Regel unterschiedlich reguliert werden.

8.4.2   Konsequenzen für die Lohnbildung: Output-orientierung, Anreizkompatibilität und Effizienzlöhne

Die Frage der Vollständigkeit bzw. Unvollständigkeit von Verträgen berührt unmittelbar die Lohntheorie, weil mit der (Ent)Kopplung von Entlohnung und individueller Produktivität immer auch die Entstehung bzw. Verteilung von Lohnrenten zwischen Arbeitgebern und Arbeitnehmern verbunden ist. In den Begrifflichkeiten der *principal-agent*-Theorie gesprochen stellt sich für den Prinzipal das grundsätzliche Problem, durch eine geeignete Gestaltung des Arbeitsvertrags sicherzustellen, dass die Beschäftigten (d. h. Agenten) ihre Tätigkeit im Sinne des Arbeitgebers ausführen werden. Ökonomen würden davon sprechen, dass innerhalb der Erwerbsbeziehung die Interessen der Arbeitnehmer (an der Entlohnung bzw. am Fortbestand des Beschäftigungsverhältnisses) mit den Interessen des Arbeitgebers (an hoher Produktivität und Qualität der Arbeitsleistung) in Einklang gebracht werden müssen. Exakt diese Interessenkongruenz ist bei einem vollständigen Vertrag qua Definition gegeben: Hier entlohnt der Prinzipal eine explizit und präzise fixierte Arbeitsleistung, wodurch alle ökonomischen Anreize dafür gesetzt sind, dass sich Arbeitnehmer aus eigenem Interesse um genau die Art von Arbeitsleistung bemühen, an welcher der Arbeitgeber interessiert ist – die hohe (oder besonders gute) Arbeitsleistung ist nämlich die einzige Möglichkeit, einen hohen Lohn zu erzielen, und es gilt auch, dass sich die höhere Anstrengung des Arbeitnehmers direkt und unmittelbar in einem höheren Lohn niederschlägt. Das naheliegende Beispiel eines vollständigen Vertrags im Arbeitsmarkt ist natürlich der klassische Stücklohn im produzierenden Gewerbe, mit welchem Arbeitnehmer direkt und allein für die Menge oder auch für die Qualität ihrer Arbeitsergebnisse entlohnt werden. Hier sind individuelle Produktivität und Entlohnung direkt gekoppelt und dadurch eignet sich der Prinzipal dann auch jegliche Lohnrenten aus der Erwerbsbeziehung zu seinen Gunsten an.[20]

---

20   Die Aneignung der Lohnrente geschieht über die Umwandlung der Entlohnungsgrundlage von der *input*basierten Entlohnung des neoklassischen Marktmodells zur strikt *output*basierten Entlohnung in einem Stücklohnvertrag. Im Gegensatz zum Stücklohnvertrag, in welchem der Lohn der individuellen Produktivität entspricht, sorgt die Entlohnung der eingebrachten Arbeitszeit in Verbindung mit dem offenen Wettbewerb um Arbeitsplätze ja nur dafür, dass der Gleichgewichtslohn der *marginalen* Produktivität der Arbeitnehmer entspricht. Durch die Individualisierung der Entlohnung eignet sich der Arbeitgeber (vergleichbar zum Fall des perfekt diskriminierenden Monopsonisten, vgl. Fußnote 11 oben) die Differenz zwischen dem einheitlichen Gleichgewichtslohn und dem individuellen Stücklohn als Lohnrente an. Aufgrund exakt dieser Abweichung vom einheitlichen Gleichgewichtslohn ist dann streng genommen auch die häufig in der strukturalistischen Arbeitsmarkttheorie vorgenommene Gleichset-

Theoretisch interessant wird die Lohn- und Vertragsbildung allerdings immer dann, wenn die bereits angesprochenen strukturellen Merkmale der in Frage stehenden Tätigkeit – und dabei vor allem die Schwierigkeit der Leistungsmessung und Produktivitätszurechnung einerseits und die Handlungsautonomie der Beschäftigten andererseits – einem vollständigen Vertrag prinzipiell entgegenstehen. Zur Regulierung dieser Situationen existieren in der Arbeitsmarkttheorie gegenwärtig zwei zentrale Denkschulen, die letztlich konträre Ansätze verfolgen und auch entsprechend konträre Prognosen abgeben. Die *principal-agent*-Theorie und die mit ihr eng verbundene ökonomische Vertragstheorie streben im Grundsatz an, die unbeobachtbare Arbeitsanstrengung des Agenten für den Prinzipal kontraktibel zu machen, das heißt über den einfachen Stücklohnvertrag hinausgehende Erweiterungen der Vertragsbedingungen zu formulieren, durch welche auch bei unvollständiger Beobachtbarkeit der individuellen Arbeitsleistung die ökonomischen Anreize für den Arbeitnehmer (zur Erbringung einer hohen Arbeitsleistung) mit den Interessen des Arbeitgebers (an einer hohen Arbeitsleistung) in Einklang gebracht werden können (vgl. die ausführlichere Darstellung bei Sappington 1991; Sørensen 1994; Prendergast 1999). Typische Elemente einer solchen anreizkompatiblen Vertragsgestaltung wären zum Beispiel die Bindung der Entlohnung an indirekte, aber beobachtbare Signale der persönlichen Anstrengung des Arbeitnehmers, die Gewährung von Erfolgsprämien und ähnlichen leistungsabhängigen Bonuszahlungen, oder auch die Risikoteilung zwischen Prinzipal und Agent durch Kommissionsgeschäfte.[21] Aus der angestrebten engen Kopplung zwischen Entloh-

---

zung (vgl. etwa Sørensen und Kalleberg 1981; Sørensen 1983) von offenen Erwerbsbeziehungen (bei Positionen mit vollständigen Verträgen und strikter Kopplung von individueller Produktivität und Entlohnung) mit dem neoklassischen Marktmodell nicht völlig korrekt. Oder anders ausgedrückt: diese Gleichsetzung ist nur dann angemessen, wenn vor allem hinsichtlich der Stabilität von Tauschbeziehungen der Gegensatz zwischen kurzfristigen *spot contracts* (*open employment relationships*) und langfristigen Erwerbsbeziehungen (*closed employment relationships*) angesprochen werden soll. Hinsichtlich der Lohnbildung beinhaltet eine offene Tauschbeziehung jedoch die (vollständige oder zumindest weitreichende) Aneignung einer Lohnrente durch den Arbeitgeber, und damit i. d. R. (solange nicht hinreichend positive Produktivitätseffekte durch erhöhte Anstrengung entgegenstehen) einen Lohnnachteil für die Arbeitnehmer im Vergleich zum neoklassischen Standardmodell. Positive Anreizeffekte von Stücklöhnen sind allerdings z. B. von Petersen und Snartland (2004); Shearer (2004) und Lemieux et al. (2009) dokumentiert.

21 Eine vertragstheoretisch informierte und empirisch höchst instruktive Analyse der Vertragsbedingungen von Handelsvertretern bietet Petersen (1992). Petersen und Snartland (2004) sowie Lemieux et al. (2009) untersuchen empirisch die Effekte von Stücklohnsystemen für Produktivität wie Lohnspreizung.

nung und individueller Produktivität folgt zwar nicht unter allen Umständen ein
Lohnverlust der Arbeitnehmer, eine stärker (individuell) differenzierte Lohnver-
teilung dürfte aber zumindest die zu erwartende Konsequenz anreizkompatibler
Vertragskonstellationen sein.[22]

Während *principal-agent-* und Vertragstheorie damit versuchen, Situationen
unvollständiger Verträge kontraktibel zu machen, das heißt in einen vollständigen
Vertrag umzuwandeln, gehen Effizienzlohntheorien den exakt entgegengesetzten
Weg. Im Effizienzlohnmodell wird der bei unvollständigen Vertragssituationen
notwendigerweise dann *implizite Vertrag* zwischen beiden Marktpartnern – nichts
anderes als die ökonomische Begrifflichkeit für die Handlungssteuerung über allgemeine Normen in sozialen oder wirtschaftlichen Interaktionen (statt über monetäre Anreize und ihre Verrechtlichung im Arbeitsvertrag) – als gegeben akzeptiert, und stattdessen die Lohnhöhe als Motivation hoher Arbeitsanstrengung ins
Blickfeld gerückt. Im *gift-exchange*-Modell von Akerlof (1982; vgl. auch Fehr et
al. 1998; Halaby 2014) basiert die Motivationsfunktion hoher Löhne auf einer zu-
tiefst soziologischen Einsicht: Hier wird angenommen, dass Arbeitgeber durch die
Entrichtung von Effizienzlöhnen – das heißt von Löhnen, die über dem markträumenden Gleichgewichtslohn liegen – den Beschäftigten eine faire Behandlung signalisieren können, und dass in Aktivierung allgemeiner Reziprozitätsnormen die
Beschäftigten dieselbe auch ohne explizite vertragliche Verpflichtung durch einen
erhöhten Arbeitseinsatz kompensieren werden. Im *shirking*-Modell von Shapiro
und Stiglitz (1984; vgl. auch MacLeod und Malcomson 1998) besteht ebenfalls
ein positiver Zusammenhang zwischen der Zahlung von Effizienzlöhnen und der
Arbeitsleistung der Beschäftigten; hier speist sich der Motivationseffekt allerdings
daraus, dass bei Zahlung von Effizienzlöhnen unfreiwillige Arbeitslosigkeit entsteht, die wiederum für die Beschäftigten die Kosten eines Arbeitsplatzverlustes
erhöht, falls sie aufgrund mangelnder Leistung durch ihren Arbeitgeber gekün-
digt werden sollten. In einer interessanten neueren Studie kann Halaby (2014) für
eine repräsentative Stichprobe zeigen, dass die Motivationsannahmen des *gift-exchange*-Modells empirisch eine klare Bestätigung erfahren; Halabys Studie weist
zudem theoretisch wie empirisch überzeugend darauf hin, dass Effizienzlohnzah-

---

22 Anreizkompatible Verträge können natürlich auch auf der Ebene von Arbeitsgruppen und Teams begründet werden, etwa um dem Problem fehlender individueller Zu-
   rechenbarkeit von Produktivität zu begegnen. In diesem Fall gilt alles hier Gesagte
   selbstverständlich in der Tendenz nicht für einzelne Arbeitnehmer, sondern auf der
   Ebene von Arbeitsgruppen.

lungen einen Mechanismus zur Motivationsregulierung insbesondere bei Tätig-keitsautonomie der Beschäftigten darstellen (v. a. Halaby 2014, S. 1148ff.).[23]

8.5 Lohnbildung in Organisationen: Lohnrenten durch Interdependenz

Kommen wir zur Rolle von Unternehmen in der Lohnbildung. Ist es denn nicht offensichtlich, dass Löhne durch die Unternehmen gesetzt werden und daher ganz unzweifelhaft gilt: *„organizations are the primary site of the production and all-ocation of inequality in modern societies"* (Stainback et al. 2010, S. 226), und deshalb das Lohnsetzungshandeln von und in Firmen von zentralem Interesse für die Arbeitsmarktsoziologie sein müsste (vgl. u. a. Avent-Holt und Tomaskovic-De-vey 2010, 2014)? An dieser Frage sind tatsächlich zwei Feststellungen richtig und wichtig, der dahinterstehende Schluss ist in seiner Absolutheit allerdings logisch falsch. Sicherlich ist es so, dass Arbeitnehmer ihren Lohn durch einen konkreten Arbeitgeber ausbezahlt bekommen, und ebenso ist es richtig, nach der Bedeutung des Firmenverhaltens und des Unternehmenskontextes für die Lohnbildung zu fragen. Aber nur allein deshalb, weil das Unternehmen das Monatsgehalt auf das Konto des Arbeitnehmers überweist, heißt das noch lange nicht, dass Unterneh-men in ihrer Lohnbildung völlig frei agierten bzw. allein durch die lokale Interak-tion zwischen firmeneigenem Management und den firmeneigenen Beschäftigten geprägt seien. Eine dergestalt überzeichnete Interpretation hieße nichts anderes als die Bedeutung der wettbewerblichen, institutionellen und beruflichen Quellen der Lohnbildung, die wir bereits kennengelernt haben, analytisch weitgehend zu negieren.

Eine deutlich realistischere Perspektive wäre dagegen, gerade aufgrund der bereits besprochenen wettbewerblichen, institutionellen und beruflichen Ursa-chen von Lohnungleichheit davon auszugehen, dass diese allgemeinen Faktoren Unternehmen in ihrer Lohnbildung sehr wohl beeinflussen, etwa weil Unterneh-men immer in Konkurrenz um Arbeitskräfte stehen, weil ihr Handeln immer in spezifischen institutionellen Kontexten verortet ist, und weil ihre Personalpolitik immer auch allgemeine (und ggf. berufsspezifische) Erwägungen zur Ausgestal-tung von Arbeitsverträgen und Erwerbsbeziehungen widerspiegeln wird. So ge-wendet stellt sich die Frage nach den firmenspezifischen Einflussfaktoren auf die Lohnhöhe dann in einem relativen Sinn: Gegeben, dass die Lohnbildung sicherlich

---

23 Eine experimentelle Bestätigung des *gift-exchange*-Modells findet sich z. B. bei Fehr et al. (1998).

allgemeinen Einflüssen der Markt- und Berufsstruktur unterliegt, und gegeben, dass diese gleichzeitig die betriebliche Lohnverteilung nicht bereits allein determinieren werden, wie werden firmenspezifische Faktoren dann systematisch für die Lohnbildung relevant? Die allgemeine theoretische Antwort hierauf betont die Tatsache, dass in und durch Organisationen notwendigerweise gegenseitige *Interdependenzen* zwischen Arbeitnehmern, Arbeitsplätzen oder auch spezifischen Arbeitstätigkeiten aufgebaut werden (Sørensen und Kalleberg 1981, S. 59ff.), woraufhin bestimmte Positionen innerhalb von Organisationen dem externen Wettbewerb entzogen werden, infolgedessen dann wiederum Lohnrenten entstehen. Dieser allgemeine Gedanke sei im Folgenden an drei ausgewählten Aspekten betrieblicher Lohnbildung illustriert.

8.5.1   Spezifisches Humankapital und interne Arbeitsmärkte

Diesbezüglich auffälligstes Merkmal eines Unternehmens ist sicherlich, dass Unternehmen in der Regel nicht alle Arbeitskräfte extern rekrutieren, sondern dass innerbetriebliche Beförderungen und die Existenz von innerbetrieblichen Karriereleitern gerade in größeren Unternehmen üblich sind. Um zu begründen, warum und wann Firmen darauf verzichten werden, auf Arbeitnehmer aus dem externen Arbeitsmarkt zurückzugreifen, nennt die Arbeitsmarkttheorie tatsächlich eine ganze Reihe von Faktoren. Ein erstes wichtiges Argument begründet die Existenz eines internen Arbeitsmarktes aus der Bedeutung *firmenspezifischen Humankapitals* (vgl. Becker 1993; bzw. als Lehrbuchdarstellung Kaufman und Hotchkiss 2006; Borjas 2015). Wenn betriebsspezifisches Wissen und Fertigkeiten (z. B. über spezielle Produktionsabläufe oder -technologien) in einem Unternehmen von großer Bedeutung sind, dann müssen Firmen ihren Beschäftigten einen ökonomischen Anreiz bieten, sich dieses Wissen einerseits unter Einsatz von Zeit und Lernaufwand auch anzueignen, und andererseits danach auch im Unternehmen beschäftigt zu bleiben, sodass das erworbene Humankapital auch wirklich dem Unternehmen zu Gute kommt.

Die daraus für den Lohn- und Karriereverlauf folgenden Konsequenzen sind im linken Teil a) in Abbildung 8.7 dargestellt, der sich an die allgemeine Logik des humankapitaltheoretischen Modells aus Abbildung 8.4 oben anlehnt. Nehmen wir an, eine Arbeitnehmerin verfügt über ein gewisses Niveau an Humankapital HK_0, für das sie mit dem produktivitätsentsprechenden Lohn w_0 entlohnt wird. Ohne weitere (allgemeine oder firmenspezifische) Fortbildung würde sie auf diesem Humankapital- und Lohnniveau verbleiben, was im Diagramm dem Lohnverlauf *EFG* entspricht. Durch Weiterbildung erhöht sich ihr Humankapital auf das Niveau HK_2, und wenn es sich dabei um allgemeines Humankapital handeln würde, das prinzipiell bei vielen Firmen im Arbeitsmarkt einsetzbar wäre, dann würde die Arbeitnehmerin im externen Arbeitsmarkt ein (produktivitätsgerechtes) Lohnangebot w_2 erhalten. Allerdings hätte in diesem Fall auch kein einzelnes Unternehmen einen ökonomischen Anreiz, in die Fortbildung eines bestimmten Arbeitnehmers zu investieren, sodass die weiterbildungswillige Arbeitnehmerin die Kosten der Weiterbildung selbst tragen müsste. Wenn man annimmt, dass die Arbeitnehmerin aufgrund des Zeit- und sonstigen Aufwands der Weiterbildung ihre regulären Arbeitsaufgaben nicht vollumfänglich erfüllen können wird, dann ist dadurch ihre Produktivität während der Weiterbildungsphase verringert (z. B. auf das Niveau HK_1) und infolgedessen sinkt auch der erzielbare Lohn auf w_1 und steigt erst nach Abschluss der Weiterbildung auf w_2 (d. h. bei Investition in allgemeines Humankapital ist der Lohnverlauf $ABCD$ zu erwarten). Bei Investition in firmenspezifisches Humankapital würde jedoch die Firma die Investitionskosten zu tragen haben (da der externe Lohnsatz der Arbeitnehmerin weiterhin w_0 beträgt, weil das firmenspezifische Humankapital definitionsgemäß durch andere Arbeitgeber nicht honoriert wird), und eine Möglichkeit dafür ist die unternehmerische Lohnpolitik, die sich in Abbildung 8.7 im Lohnverlauf $EFHI$ wie folgt niederschlägt: In der Weiterbildungsphase EF entlohnt das Unternehmen die Arbeitnehmerin *über* ihrer aktuellen Produktivität, beispielsweise indem weiterhin der marktübliche Lohn w_0 gezahlt wird, obwohl der produktivitätsbezogene Lohn der Arbeitnehmerin nur noch w_1 betrüge. Durch den erhöhten Lohn entschädigt der Arbeitgeber die Arbeitnehmerin für den Aufwand der Fortbildung, das heißt schafft einen ökonomischen Anreiz zur Weiterbildung. Gleichzeitig wird der Arbeitgeber nach Abschluss der Fortbildung den Lohn zum Beispiel auf w_3 erhöhen (d. h. den Lohnverlauf $EFHI$ erreichen), um die Abwanderung der nun höher qualifizierten Arbeitnehmerin zu einem Konkurrenzunternehmen zu verhindern. Der Lohnsatz w_3 ist übrigens keineswegs exakt determiniert. Es entsteht vielmehr erneut ein Verteilungsproblem der ökonomischen Qualifikationsrendite (der Lohn- und Produktivitätsdifferenz zwischen w_0 und w_2 bzw. HK_0 und HK_2) zwischen Arbeitgeber und Arbeitnehmerin. Von entscheidender Bedeutung ist lediglich, dass der Arbeitgeber (um Abwanderung zu vermeiden) einen Lohn zwischen w_0 und w_2 (dem vollständigen Produktivitätsgewinn) festsetzen wird. Und wenn nicht nur Lohnerhöhungen im engeren Sinn, sondern auch Beförderungen auf eine höherwertige Tätigkeit unter der geschilderten Logik gefasst und an den einmaligen oder kumulativen Erwerb formaler wie informeller Qualifikationen gebunden werden, dann würde die institutionelle Arbeitsmarkttheorie von einem internen Arbeitsmarkt sprechen.

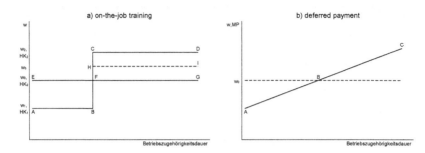

Abbildung 8.7 Lohnprofile in internen Arbeitsmärkten: *on-the-job training* und *deferred payment* (Quelle: eigene Darstellung nach Kaufman und Hotchkiss 2006, S. 358; Borjas 2015, S. 478)

Neben dieser Begründung finden sich noch zwei weitere Argumente für die (teilweise) innerbetriebliche Entkopplung von Produktivität und Entlohnung. Lazear (1981) hat ein Modell der aufgeschobenen Entlohnung (*deferred payment*) entwickelt, in welchem es ebenfalls zur Zahlung von *Senioritätslöhnen* kommt, die sich nicht mehr exakt an der individuellen Produktivität ausrichten. Hier ist das Hauptmotiv der Firmen, sich gegen die Abwanderung ihrer Beschäftigten zu Konkurrenzunternehmen abzusichern. Die institutionelle Lösung dafür besteht in einem Lohnverlauf, bei dem die Einstiegslöhne unterhalb der tatsächlichen Produktivität liegen, dann aber mit zunehmender Betriebszugehörigkeit ansteigen. Durch den zukünftigen Anstieg der Entlohnung entstehen den Arbeitnehmern Lohnkosten bei einem Arbeitgeberwechsel, während Senioritätslöhne für den Arbeitgeber kostenneutral sind, solange die Entlohnung der Beschäftigten über den gesamten Karriereverlauf ihrer Gesamtproduktivität entspricht – wie Lohnverlauf *ABC* in Teil b) der Abbildung 8.7 illustriert. Und ein drittes Argument lässt sich aus Modellen gewinnen, die interne Arbeitsmärkte als Abfolge von Turnieren um jeweils statushöhere Positionen verstehen (*tournament*-Modelle, vgl. etwa Rosenbaum 1979; Gibbons und Waldman 1999). Diese werden von Firmen rationalerweise immer dann eingesetzt, wenn die Messung der absoluten Produktivität schwierig ist, die relative Produktivität verschiedener Arbeitnehmer aber durch einen Vergleich bestimmt werden kann. Im Ergebnis kommt es dabei in der Regel zu disproportionalen Lohnsteigerungen, da bereits kleine Unterschiede hinsichtlich der relativen Produktivität der Konkurrenten für vergleichsweise hohe Lohnunterschiede verantwortlich sein können. Derselbe Gedanke, dass solche relativen Produktivitätseffekte mit disproportionalen Lohnrenten für die „Gewinner" eines Positionswettbewerbs verbunden sind, steht auch hinter Rosens bekanntem Modell der *superstar markets* (Rosen 1981).

8.5.2   Lohneffekte von Organisationsstrukturen: Produktivitäts-Spillover oder innerbetriebliche Solidarität?

Neben der dezidierten Schaffung von Karriereleitern in internen Arbeitsmärkten erzeugen Unternehmen aber noch eine zweite, in gewisser Weise sogar deutlich fundamentalere Form von Interdependenz zwischen ihren Beschäftigten. Indem eine Organisation eine jeweils spezifische Produktionsweise und -technologie umfasst bzw. sogar explizit um diese herum entwickelt wurde, verbindet sie notwendigerweise unterschiedliche Tätigkeiten und Berufsfelder in einem kooperativen Arbeits- und Produktionsprozess. Auf der Firmenebene entsteht somit eine spezifische, produktionsbezogene Kopplung von Tätigkeiten, die ansonsten durch den Wettbewerb auf stärker berufsfachlich organisierten externen Arbeitsmärkten separiert sind.

Die interessante Frage ist dann aber wieder, ob und warum aus dieser organisatorischen Kopplung zwischen unterschiedlichen Tätigkeiten und Teilarbeitsmärkten Konsequenzen für die Lohnbildung entstehen – und charakteristischerweise gibt die Arbeitsmarkttheorie hierauf wieder zwei entgegengesetzte, aber letztlich durchaus komplementäre Antworten. Aus der ökonomischen Theorie lassen sich Lohnrenten aufgrund von produktionsbezogenen Interdependenzen ableiten, wenn durch die Zusammenarbeit von Beschäftigten aus unterschiedlichen Tätigkeits- und Berufsfeldern positive Effekte auf die individuelle (oder typische) Produktivität der Beschäftigten ausgehen (Oi und Idson 1999; Iranzo et al. 2008). Solche *spillover*-Effekte entstehen also immer dort, wo die Produktivität in bestimmten Tätigkeiten oder Berufen kontextabhängig ist und durch ein geeignetes organisationales Umfeld beeinflusst werden kann – etwa aufgrund von Skalenerträgen in der Produktion (z. B. der disproportional erfolgreicheren Innovationstätigkeit in Abteilungen und Firmen, in denen eine hohe Zahl von Ingenieuren zusammenarbeiten) oder produktiven Komplementaritäten zwischen einzelnen Tätigkeiten (z. B. zwischen Ingenieuren in der Produktentwicklung und Facharbeitern in der Produktion), die aufgrund der beständigen und institutionalisierten Zusammenarbeit im Unternehmenskontext über das Produktivitätsniveau hinausgeht, das durch den kurzfristigen Einsatz extern rekrutierter Spezialisten erzielbar ist. Unternehmen werden *spillover*-Effekte durch höhere Lohnzahlungen honorieren, entweder weil diese durch produktivitätsorientierte Entlohnung von Beschäftigten oder Arbeitsgruppen ohnehin erfolgt, weil Firmen durch Effizienzlöhne Abwanderung minimieren und Arbeitsmotivation positiv beeinflussen wollen oder weil sie die aus Produktivitätsgewinnen resultierenden Produktmarktrenten mit den Beschäftigten teilen (Oi und Idson 1999).[24]

---

24 Firmenspezifische Lohnrenten entstehen natürlich auch allgemein aus Produktmarkt- oder Innovationsrenten, die Firmen mit ihren Beschäftigten (unabhängig von *spill-*

Eine zweite, dazu komplementäre Perspektive wurde in jüngerer Zeit innerhalb der Soziologie in Arbeiten von Donald Tomaskovic-Dewey und Koautoren entwickelt (vgl. u. a. Avent-Holt und Tomaskovic-Devey 2010, 2014; Tomaskovic-Devey et al. 2015). Unter dem Begriff einer *relational inequality theory* heben die Autoren stark auf Organisationen als Verhandlungskontexte ab, innerhalb derer einzelne Gruppen von Arbeitnehmern Verteilungsansprüche geltend machen. Die Autorengruppe hat bislang einige empirische Evidenz vorgelegt, dass betriebliche Lohnungleichheiten von der Beschäftigungsstruktur abhängig sind, allerdings verbleibt im aktuellen Entwicklungsstadium der Argumentation unklar, ob sich die gefundenen Effekte wirklich trennscharf von produktivitätsbezogenen Erklärungen abgrenzen lassen und ebenso auch, ob und warum primär identitätsbezogene Solidarisierungen (etwa nach Geschlecht oder ethnischer Herkunft der Beschäftigten) tatsächlich in betriebliche Lohnbildungsprozesse einfließen. Bezogen auf das wichtige Argument, dass Organisationen auch Verhandlungskontexte darstellen, scheint bislang noch das klassisch institutionelle Argument überzeugender, dass Betriebsgewerkschaften oder auch (in Deutschland übliche) Branchengewerkschaften, die mit einzelnen Unternehmen Haustarifverträge abschließen, typischerweise das Lohnniveau unterschiedlicher Berufsgruppen nicht isoliert festlegen, sondern über die gesamte *Lohnstruktur* des Unternehmens verhandeln. Wenn und insoweit dies unter Berücksichtigung der spezifischen Beschäftigungsstruktur des Unternehmens geschieht, drücken sich betriebliche Interdependenzen unmittelbar auch in der Lohnverteilung aus. Da von einer gewerkschaftlichen Verhandlungsführung in der Regel eine solidarische Lohnpolitik zu erwarten ist, werden Haustarifverträge in der Tendenz zu einer geringeren Lohnspreizung innerhalb von Unternehmen führen als dies bei isolierter Lohnbildung der Fall wäre (z. B. Lemieux 1993).

8.6   Lohnbildung, Lohnungleichheit und Arbeitsmarktinstitutionen

Gerade dieser erneute Hinweis auf die Bedeutung von Gewerkschaften lässt sich nicht nur auf der betrieblichen Ebene anwenden, sondern auch auf die makroökonomische Ebene generalisieren. Die Lohnbildung ist nicht nur von allgemeinen Marktstrukturen, Berufsmerkmalen, der Produktionstechnologie und dem lokalen Verhandlungskontext geprägt, sondern immer auch in einen größeren, in der Regel nationalen, rechtlichen und institutionellen Rahmen eingebettet. Von unmittelba-

---

over-Effekten) teilen, vgl. dazu Abschnitt 8.3.3.

rer Relevanz für die Lohnverteilung sind dabei das System industrieller Beziehungen und die Arbeitsmarkt- und Sozialpolitik, deren Wirkungen hier wenigstens in
Kürze und stellvertretend für eine breitere institutionelle Literatur skizziert seien.[25]

8.6.1 Gewerkschaften und das System industrieller Beziehungen

In Deutschland und vielen anderen europäischen Ländern sind Gewerkschaften
nicht primär als Berufs- oder Betriebsgewerkschaften organisiert, sondern treten
typischerweise als Branchengewerkschaften auf, die in Tarifverhandlungen die
Interessen von Arbeitnehmern über eine Vielzahl von Unternehmen hinweg bündeln – wie etwa die IG Metall für das produzierende Gewerbe, die IG Bergbau und
Chemie für die chemische Industrie oder Ver.di für den Dienstleistungssektor in
der Bundesrepublik. Durch die größere Reichweite der abgeschlossenen Tarifverträge potenziert sich unmittelbar auch die Wirkung solidarischer Lohnpolitiken
seitens der Gewerkschaften. Ob nun als genuine politische Präferenz aufgefasst
oder der politischen Ökonomie von Gewerkschaftsorganisationen geschuldet,[26] bestätigt sich empirisch immer wieder, dass kollektiv ausgehandelte Tarifverträge
eine geringere Lohnspreizung zwischen und innerhalb von Berufsgruppen vorsehen als aus freien Verhandlungen resultiert (Lemieux 1993; Blau und Kahn 1996,
1999; Wallerstein 1999). Gewerkschaftlich ausgehandelte Tarifverträge begrenzen
typischerweise die Lohndifferenzierung zwischen Beschäftigten innerhalb des
gleichen Berufsfelds, da sie diese auf strikt qualifikations- oder senioritätsbezo-
gene Komponenten zu beschränken suchen. Ebenso begrenzen kollektiv ausgehandelte Tarifverträge typischerweise die Lohnspreizung zwischen Berufsgruppen, da Gewerkschaften dies entweder als originäres politisches Ziel ansehen oder

---

25 Ausführlichere Darstellungen, die u. a. auch weitere Institutionen und Politikbereiche
    wie die Arbeitsmarktregulierung oder auch die aktive Arbeitsmarktpolitik umfassen,
    finden sich etwa bei Blau und Kahn (1999) oder Cahuc et al. (2014).
26 Die solidarische Lohnpolitik von Gewerkschaften lässt sich bspw. mit dem bekannten
    Medianwählertheorem der politischen Ökonomie begründen: Da die Lohnverteilung
    typischerweise rechtsschief ist (d. h. das obere Ende der Verteilung sehr langgestreckt
    ist, da einige wenige Arbeitnehmer sehr hohe Löhne erzielen), ist das arithmetische
    Mittel der Lohnverteilung höher als der Median (d. h. der mittlere Lohn). Wenn Ge-
    werkschaftsmitglieder nun repräsentativ für eine bestimmte Branche stehen, dann
    spricht das Interesse des entscheidenden „Medianwählers" (des „mittleren" Gewerk-
    schaftsmitglieds) an der Erhöhung des eigenen Lohns dafür, dass sich die Gewerk-
    schaftsführung besonders für die Erhöhung der branchen- oder betriebstypisch unter-
    durchschnittlichen Löhne einsetzt (vgl. Farber 1986; Lemieux 1993).

zumindest an der überproportionalen Verbesserung der Situation in den unteren Lohn- und Berufsgruppen interessiert sein werden. Und da Branchentarifverträge das Lohngefüge einer Vielzahl von Unternehmen regulieren, kommt ihnen auch eine entsprechend starke Bedeutung für die Lohnverteilung in einem nationalen Arbeitsmarkt zu. Dies gilt umso mehr, da es gerade in Deutschland üblich ist, dass Unternehmen die Branchentarifverträge auch auf Beschäftigte anwenden, die selbst nicht gewerkschaftlich organisiert sind, weil Tarifverträge sogar gesetzgeberisch für allgemeinverbindlich erklärt werden können, oder auch weil, selbst wenn keine formale Übernahme erfolgt, Tarifverträge aus Leitbranchen, -unternehmen oder -tarifbezirken Lohnnormen setzen, die informell in andere Vertragswerke Eingang finden.[27] Hinzu kommt schließlich, dass die Verhandlungsmacht von Branchengewerkschaften höher ist als von einzelbetrieblich organisierten Gewerkschaften, wodurch sich für sie dann auch insgesamt höhere Lohnforderungen durchsetzen lassen (vgl. Calmfors und Driffill 1988; Wallerstein 1999).[28]

8.6.2 Arbeitsmarkt- und Sozialpolitik

Das System der sozialen Sicherung dient über Lohnersatzleistungen wie die gesetzliche Altersrente, die Erwerbsminderungsrente, Arbeitslosen-, Kranken- oder auch Elterngeld primär dazu, Einkommensersatz in Zeiten der Nichterwerbstätigkeit zu leisten und dadurch die primäre Einkommensverteilung im (Arbeits-) Markt durch eine staatlich organisierte sekundäre Einkommensverteilung zu ergänzen und zu korrigieren. Allerdings gibt es auch einige arbeitsmarkt- und sozialpolitische Instrumente, die direkt oder indirekt in die Lohnverteilung eingreifen, typischerweise vor allem um Lohnuntergrenzen politisch zu definieren.

---

27 Eine neuere Analyse, die in den Vereinigten Staaten solche informellen Lohnsetzungseffekte aufzeigt, findet sich bei Western und Rosenfeld (2011).

28 Calmfors und Driffill (1988) entwickeln in ihrem sehr einflussreichen Aufsatz ein Modell für den Zusammenhang zwischen der Lohnhöhe und dem Zentralisierungsgrad kollektiver Tarifverhandlungen. Sie leiten einen umgekehrt u-förmigen Zusammenhang ab (mit den höchsten Löhnen bei Tarifverhandlungen auf Branchenebene), weil betriebliche Einzelgewerkschaften eine vergleichsweise geringere Verhandlungsmacht besitzen, bei gesamtwirtschaftlich organisierten Lohnverhandlungen (wie sie bis in die 1980er Jahre z. B. in Australien oder Schweden üblich waren) die Gewerkschaften aber stärker zu Lohnmoderation neigen, da sie die negativen Beschäftigungseffekte für ihre Mitglieder (d. h. alle oder zumindest eine große Mehrheit der Beschäftigten) internalisieren.

Prominentestes Beispiel hierfür ist ein gesetzlicher Mindestlohn, wie er seit Januar 2015 auch in Deutschland gilt, mit dem eine branchenübliche, regionale oder (im deutschen Fall) nationale Lohnuntergrenze festgelegt wird. Damit verbunden ist eine (empirisch mehr oder minder exakt durch die Arbeitgeber eingehaltene) Kappung der Lohnverteilung an ihrem unteren Ende, weil Arbeitnehmern, die bislang weniger als den Mindestlohn verdienen, entweder die Löhne erhöht werden müssen oder alternativ die entsprechenden Arbeitsplätze wegfallen.[29] Allerdings wurde auch vor Einführung des Mindestlohns in Deutschland in der Praxis bereits durch die Grundsicherung für Arbeitsuchende („ALG II" oder „Hartz IV" bzw. bis 2004 die Hilfe zum Lebensunterhalt, auch bekannt als Sozialhilfe) sozialpolitisch eine implizite Lohnuntergrenze definiert. Da ein soziales Mindestsicherungssystem wie „Hartz IV" bei Bedürftigkeit Transferleistungen zur Verfügung stellt, die einen politisch definierten Mindestbedarf abdecken, definiert es gleichzeitig eine gesellschaftlich vereinbarte Einkommensgrenze, unterhalb derer kein ökonomischer Anreiz für eine Erwerbstätigkeit vorliegt.[30] Der Arbeitslosenversicherung kommt übrigens eine ganz ähnliche, aber stärker individualisierte Rolle als sozialpolitisch definierte Lohnuntergrenze zu: Da sich das Arbeitslosengeld („ALG

---

29 Erfahrungen aus den USA und aus Großbritannien, die bereits eine lange Tradition der Mindestlohngesetzgebung haben, zeigen exakt diese Kappungseffekte im Nachgang zu einer Erhöhung des gesetzlichen Mindestlohns (z. B. Dickens und Manning 2004). Eine vollumfängliche Evaluation der Wirkung des neuen Mindestlohns auf die Lohnverteilung in Deutschland liegt momentan (Stand: Dezember 2016) noch nicht vor; erste Schätzungen des Instituts für Arbeitsmarkt- und Berufsforschung lassen aber darauf schließen, dass deutschlandweit etwa 10 Prozent der Beschäftigten vom Mindestlohn profitieren (vgl. vom Berge et al. 2016).

30 Im Hinblick auf die konkrete sozialpolitische Praxis ist diese allgemeine Aussage natürlich in mindestens dreierlei Hinsicht abzuschwächen und zu qualifizieren. Erstens wird in Grundsicherungssystemen i. d. R. durch Regeln zur Einkommensanrechnung, die lediglich einen teilweisen Transferentzug vorsehen, versucht, den Anreiz zur Aufnahme auch von geringfügigen Erwerbstätigkeiten zu erhalten (die „Aufstocker" in „Hartz IV") und dadurch ökonomische „Armutsfallen" zu vermeiden. Zweitens stellt „Hartz IV" wie auch alle anderen Grundsicherungssysteme kein bedingungsloses Grundeinkommen dar, sondern beinhaltet auch die Pflicht für erwerbsfähige Hilfebezieher, dem Arbeitsmarkt zur Verfügung zu stehen, die einerseits durch Maßnahmen der aktiven Arbeitsmarktpolitik unterstützt, nicht zuletzt aber auch durch Sanktionen wie z. B. Leistungskürzungen eingefordert wird. Und drittens sieht der Gesetzgeber für die Mindestsicherung durch das „Lohnabstandsgebot" vor, dass die Leistungen der Grundsicherung in ihrer Höhe so bemessen sind, dass die monetären Anreize zur Arbeitsaufnahme möglichst gering beeinträchtigt werden. Bei all diesen Punkten ist noch völlig unberücksichtigt, dass neben rein monetären auch positive soziale Anreize zur Arbeitsaufnahme (etwa soziale Anerkennung, Inklusion und Selbstwirksamkeit) bestehen und eine bedeutende Rolle spielen können.

I") am bisherigen Verdienst ausrichtet, definiert es damit auch den individuellen Reservationslohn des Arbeitslosen als Anteil am bisherigen Lohnsatz, unterhalb dessen während der Bezugsdauer der Transferleistung kein ökonomischer Anreiz besteht, eine (im Vergleich zur früheren Beschäftigung) schlecht entlohnte Tätigkeit anzunehmen.[31]

8.7 Anstelle einer Abschlussdiskussion: Lohntheorie und aktuelle Studien zur steigenden Lohnungleichheit

Lassen Sie uns nach diesem Überblick über ganz unterschiedliche sozialwissenschaftliche Theorietraditionen und Modelle zur Beschreibung der Lohnbildung auf den Ausgangspunkt des Kapitels zurückkehren. Löhne sind der Preis menschlicher Arbeitskraft, und damit eine der wichtigsten ökonomischen Kenngrößen einer Marktwirtschaft bzw. des Arbeitsmarktes als einem ihrer wichtigen Teilmärkte. Kaum überraschend ist die Lohnbildung, das heißt die Festlegung dieses Preises, von einer Vielzahl von Faktoren abhängig: dem Verhältnis von Arbeitsangebot und -nachfrage (im Allgemeinen oder nach spezifischen Tätigkeiten und Qualifikationen), der Fähigkeit der Marktakteure zu kollektivem Handeln zur Durchsetzung ihrer ökonomischen Interessen, den inhärenten Eigenheiten bestimmter beruflicher Tätigkeiten, die durch eine unterschiedliche Verbindung zwischen Entlohnung und Produktivität reguliert werden, der Produktmarktposition sowie betrieblicher Personal- und Lohnpolitik von Unternehmen, und nicht zuletzt von institutionellen Faktoren wie der ökonomischen Rolle von Gewerkschaften und der Ausgestaltung der sozialen Sicherungssysteme und der staatlichen Arbeitsmarktpolitik. Es mag angesichts der Komplexität der genannten Einflussfaktoren verführerisch erscheinen, sich aus dieser Liste eine ganz persönliche „Lieblingstheorie" der Lohnbildung herauszugreifen, um deren theoretische Überlegenheit gegenüber allen anderen Perspektiven herauszuarbeiten oder auch um – frei nach dem schönen Motto *„to a hammer, everything's a nail"* – alle Aspekte der Lohnverteilung und ihrer Entwicklung unter dem Diktum der allein seligmachenden Perspektive zu betrachten. Ein jeglicher Versuch in dieser Richtung ist von vorneherein zum Scheitern verurteilt, da es sich bei den hier von mir diskutierten Theoriesträngen erkennbar nicht um konkurrierende, sondern um klar komplementäre Theorieprogramme handelt. Ein empirischer Beleg für die Richtigkeit einer bestimmten Erklärung der Lohnverteilung impliziert ja keineswegs, dass alle ande-

---

31 Die resultierende Kappung der Löhne von Arbeitslosen bei Wiederbeschäftigung dokumentiert Gangl (2004).

ren Modelle falsch wären, sondern allein, dass ein (ggf. auch besonders wichtiger) Faktor der Lohnbildung korrekt (unter mehreren möglichen) identifiziert wurde. Gerade die Fülle der für *jede* der hier angeführten Perspektiven vorliegenden empirischen Belege spricht dafür, dass die Lohnbildung nur aus dem *Zusammenwirken* von wettbewerblichen, technologisch und tätigkeitsbedingten wie auch institutionellen und verhandlungsbedingten Einflüssen zu erklären ist.

Diese Sichtweise lässt sich vielleicht am besten dadurch illustrieren, dass wir auf den zweiten Aspekt aus meinen einleitenden Bemerkungen zurückgehen. Wenn in Deutschland (und in anderen Ländern) mindestens seit der Wiedervereinigung eine beträchtliche Spreizung der Lohnverteilung zu beobachten ist, wie kann diese mit den gängigen Modellen der Lohnbildung erklärt werden? Sehr vieles spricht dafür, dass technologischem Wandel hierbei eine sehr wichtige Rolle zukommt. Die zunehmende Rolle der Informationstechnik und die damit verbundene Durchdringung aller Produktionsprozesse durch Digitalisierung und Automatisierung verändert die Arbeitsnachfrage, und zwar dergestalt, dass sich die Berufsstruktur polarisiert, weil die Nachfrage nach routinebasierten Tätigkeiten in Produktion wie Verwaltung, die typischerweise im mittleren Bereich der Lohnverteilung angesiedelt sind, im Zeitverlauf abgenommen hat (vgl. Autor et al. 1998, 2003; Acemoglu und Autor 2011). Zu dieser Erklärung passen Beobachtungen, dass ein entsprechender berufsstruktureller Wandel stattfindet und die zunehmende Lohnungleichheit zum Teil erklären kann (z. B. Goos und Manning 2007; Mouw und Kalleberg, 2010), dass die Lohnungleichheit zwischen Firmen zunimmt, weil sie sich zunehmend im Qualifikationsprofil ihrer Mitarbeiter unterscheiden (z. B. Card et al. 2013; Tomaskovic-Devey et al. 2016), und auch dass die Lohnerträge höherer Bildung im Zeitverlauf klar zugenommen haben (z. B. Goldin und Katz 2008). Ebenso zeigen spezifischere Analysen, dass technologischer Wandel und verstärkter IT-Einsatz mit einer polarisierten Berufsstruktur und einer höheren Lohnspreizung einhergehen (etwa Fernandez 2001; Autor et al. 2003; Liu und Grusky 2013). Verstärkt werden diese Entwicklungen auch dadurch, dass sie im Kontext zunehmender Globalisierung stattfinden, die rein ökonomisch zunächst ebenfalls als Veränderung der Produktionsbedingungen – das heißt als sinkende Transportkosten und sinkende Transaktionskosten über nationale Grenzen hinweg – interpretiert werden kann und dementsprechend ebenfalls die Arbeitsnachfrage und dann auch die Lohnverteilung beeinflusst (vgl. Krugman 2008).

Dieser primär technologiebedingten Erklärung steigender Lohnungleichheit steht überhaupt nicht entgegen, auch auf die Wirkung weiterer Einflussfaktoren hinzuweisen, die über das einfache Modell von (verändertem) Angebot und Nachfrage hinausgehen. Einige Studien geben Hinweise darauf, dass sich Lohnrenten für (Fach-)Arbeiter empirisch verringert haben, während sie im Management bzw.

generell im oberen Bereich der Lohnverteilung eher bedeutsamer geworden sind (z. B. Morgan und Tang 2007; Weeden und Grusky 2014). Ein Faktor hierbei ist sicher auch der gesunkene Organisationsgrad und die verringerte Bedeutung der Gewerkschaften, die die Verhandlungsposition der Arbeitnehmer geschwächt und Unternehmen eine höhere Lohnspreizung ermöglicht hat (z. B. Western und Rosenfeld 2011). Ebenso dürfte es eine wichtige Rolle spielen, dass Arbeitsbeziehungen in vielen Firmen mittlerweile durch Elemente einer anreizkompatiblen Vertragsgestaltung wie Leistungsboni oder Ähnlichem geprägt sind, die ebenfalls zur Lohnspreizung beitragen (vgl. Lemieux et al. 2009). Eine endgültige empirische Antwort auf die Frage nach der relativen Bedeutung der unterschiedlichen Faktoren für die steigende Lohnungleichheit in Deutschland (und anderen Ländern) steht zum aktuellen Zeitpunkt allerdings noch aus. Dies liegt daran, dass – wie in anderen Forschungsfeldern auch – alle empirischen Datensätze dieser Welt immer nur einen Bruchteil der uns eigentlich interessierenden Informationen bieten können, und ebenso daran, dass zentrale theoretische Konzepte – man denke nur an Nachfrage, Humankapital, Produktionstechnologie, Verhandlungsmacht oder Vertragsgestaltung – immer nur näherungsweise empirisch fassbar gemacht werden können. Mindestens ebenso wichtig erscheint jedoch der grundsätzlichere Einwand, dass die unterschiedlichen Einflussfaktoren theoretisch keinesfalls als rein additiv aufgefasst werden sollten, sondern vermutlich in bedeutsamer Weise interaktiv wirksam werden. Die sinkende Bedeutung der Gewerkschaften mag nicht nur, aber auch in den angesprochenen technologischen Veränderungen begründet sein, ebenso die Möglichkeiten der Arbeitgeber zur effektiven Kontrolle ihrer Arbeitnehmer und der entsprechend stärkeren Kopplung der Löhne an deren individuelle Produktivität. Soweit solche Zusammenhänge empirisch vorliegen, ist selbstevident, dass zur Erklärung von Lohnbildung und resultierender Lohnverteilung ein Modell erforderlich ist, das Argumente aus den unterschiedlichen Theorietraditionen erfolgreich integriert.

Literatur

Acemoglu, D., & Autor, D. H. (2011). Skills, Tasks, and Technologies: Implications for Employment and Earnings. In D. Card, & O. Ashenfelter (Hrsg.), *Handbook of Labor Economics. Vol. 4B* (S. 1042-1171). Amsterdam: Elsevier.

Akerlof, G. A. (1982). Labor Contracts as Partial Gift Exchange. *Quarterly Journal of Economics*, 97, 543-569.

Atkinson, A. B. (2008). *The Changing Distribution of Earnings in OECD Countries*. Oxford: Oxford University Press.

Autor, D. H., Katz, L. F., & Krueger, A. B. (1998). Computing Inequality: Have Computers Changed the Labor Market? *Quarterly Journal of Economics*, 113, 1169-1213.

Autor, D. H., Levy, F., & Murnane, R. J. (2003). The Skill Content of Recent Technological Change: An Empirical Exploration. *Quarterly Journal of Economics*, 118, 1279-1333.

Avent-Holt, D., & Tomaskovic-Devey, D. (2010). The Relational Basis of Inequality: Generic and Contingent Wage Distribution Processes. *Work and Occupations*, 37, 162-193.

Avent-Holt, D., & Tomaskovic-Devey, D. (2014). A Relational Theory of Earnings Inequality. *American Behavioral Scientist*, 58, 379-399.

Becker, G. S. (1957). *The Economics of Discrimination*. Chicago: University of Chicago Press.

Becker, G. S. (1993). *Human Capital: A Theoretical and Empirical Analysis with Special Reference to Education*. Chicago: University of Chicago Press (3. Aufl.).

Berger, J. (2004). „Über den Ursprung der Ungleichheit unter den Menschen". Zur Vergangenheit und Gegenwart einer soziologischen Schlüsselfrage. *Zeitschrift für Soziologie*, 33, 354-374.

Berger, J. (2014). *Kapitalismusanalyse und Kapitalismuskritik*. Wiesbaden: Springer VS.

Berger, J. (2015). *Eine Theorie der Einkommensungleichheit in Marktwirtschaften* (SFB 882 Working Paper Series Nr. 53). Bielefeld: DFG Research Center.

Blau, F. D., & Kahn, L. M. (1996). International Differences in Male Wage Inequality: Institutions versus Market Forces. *Journal of Political Economy*, 104, 791-837.

Blau, F. D., & Kahn, L. M. (1999). Institutions and Laws in the Labor Market. In O. Ashenfelter, & D. Card (Hrsg.), *Handbook of Labor Economics. Vol. 3A* (S. 1399-1462). Amsterdam: Elsevier.

Borjas, G. J. (2015). *Labor Economics*. Boston: McGraw-Hill (7. Aufl.).

Cahuc, P., Carcillo, S., & Zylberberg, A. (2014). *Labor Economics*. Cambridge: MIT Press (2. Aufl.).

Calmfors, L., & Driffill, J. (1988). Bargaining Structure, Corporatism and Macroeconomic Performance. *Economic Policy*, 3, 13-61.

Card, D., Heining, J., & Kline, P. (2013). Workplace Heterogeneity and the Rise of West German Wage Inequality. *Quarterly Journal of Economics*, 128, 967-1015.

Davis, K., & Moore, W. E. (1945). Some Principles of Stratification. *American Sociological Review*, 10, 242-249.

Dickens, R., & Manning, A. (2004). Has the National Minimum Wage Reduced UK Wage Inequality? *Journal of the Royal Statistical Society – Series A*, 167, 613-626.

Dustmann, C., Ludsteck, J., & Schönberg, U. (2009). Revisiting the German Wage Structure. *Quarterly Journal of Economics*, 124, 843-881.

Dustmann, C., Fitzenberger, B., Schönberg, U., & Spitz-Oener, A. (2014). From Sick Man of Europe to Economic Superstar: Germany's Resurgent Economy. *Journal of Economic Perspectives*, 28, 167-188.

Erikson, R., & Goldthorpe, J. H. (1992). *The Constant Flux. A Study of Class Mobility in Industrial Societies*. Oxford: Clarendon Press.

Farber, H. (1986). The Analysis of Union Behavior. In O. Ashenfelter, & R. Layard (Hrsg.), *Handbook of Labor Economics. Vol. 2* (S. 1039-1089). Amsterdam: Elsevier.

Fehr, E., Kirchler, E., Weichbold, A., & Gächter, S. (1998). When Social Norms Overpower Competition: Gift Exchange in Experimental Labor Markets. *Journal of Labor Economics*, 16, 324-351.

Fernandez, R. M. (2001). Skill-Biased Technological Change and Wage Inequality: Evidence from a Plant Retooling. *American Journal of Sociology*, 107, 273-320.

Frank, R. H. (1996). What Price the Moral High Ground? *Southern Economic Journal*, 63, 1-17.

Gangl, M. (2004). Welfare States and the Scar Effects of Unemployment: A Comparative Analysis of the United States and West Germany. *American Journal of Sociology*, 109, 1319-1364.

Gibbons, R., & Waldman, M. (1999). Careers in Organizations: Theory and Evidence. In O. Ashenfelter, & D. Card (Hrsg.), *Handbook of Labor Economics. Vol. 3B* (S. 2373-2438). Amsterdam: Elsevier.

Goldin, C., & Katz, L. F. (2008). *The Race between Education and Technology*. Cambridge: Harvard University Press.

Goldthorpe, J. H. (2007). Social Class and the Differentiation of Employment Contracts. In J. H. Goldthorpe, *On Sociology. Volume Two: Illustration and Retrospect* (S. 101-124). Stanford: Stanford University Press (2. Aufl.).

Goos, M., & Manning, A. (2007). Lousy and Lovely Jobs: The Rising Polarization of Work in Britain. *Review of Economics and Statistics*, 89, 118-133.

Guertzgen, N. (2009). Rent-Sharing and Collective Bargaining Coverage: Evidence from Linked Employer-Employee Data. *Scandinavian Journal of Economics*, 111, 323-349.

Halaby, C. N. (2014). Supervision, Pay, and Effort. *Social Forces*, 92, 1135-1158.

Iranzo, S., Schivardi, F., & Tosetti, E. (2008). Skill Dispersion and Firm Productivity: An Analysis with Employer-Employee Matched Data. *Journal of Labor Economics*, 26, 247-285.

Kalleberg, A. L., & Sørensen, A. B. (1979). The Sociology of Labor Markets. *Annual Review of Sociology*, 5, 351-379.

Kaufman, B. E., & Hotchkiss, J. L. (2006). *The Economics of Labor Markets*. Mason: Thomson South-Western (7. Aufl.).

Krugman, P. R. (2008). Trade and Wages, Reconsidered. *Brookings Papers on Economic Activity*, 39, 103-154.

Lazear, E. P. (1981). Agency, Earnings Profiles, Productivity, and Hours Restrictions. *American Economic Review*, 71, 606-620.

Lemieux, T. (1993). Unions and Wage Inequality in Canada and the United States. In D. Card, & R. B. Freeman (Hrsg.), *Small Differences That Matter: Labor Markets and Income Maintenance in Canada and the United States* (S. 69-108). Chicago: University of Chicago Press.

Lemieux, T., MacLeod, W. B., & Parent, D. (2009). Performance Pay and Wage Inequality. *Quarterly Journal of Economics*, 124, 1-49.

Liu, Y., & Grusky, D. B. (2013). The Payoff to Skill in the Third Industrial Revolution. *American Journal of Sociology*, 118, 1330-1374.

MacLeod, W. B., & Malcomson, J. M. (1998). Motivation and Markets. *American Economic Review*, 88, 388-411.

Manning, A. (2003). *Monopsony in Motion: Imperfect Competition in Labor Markets*. Princeton: Princeton University Press.

Morgan, S. L., & Tang, Z. (2007). Social Class and Workers' Rent, 1983-2001. *Research in Social Stratification and Mobility*, 25, 273-293.

Mouw, T., & Kalleberg, A. L. (2010). Occupations and the Structure of Wage Inequality in the United States, 1980s to 2000s. *American Sociological Review*, 75, 402-431.

Müller, W., & Gangl, M. (Hrsg.). (2003). *Transitions from Education to Work in Europe: The Integration of Youth into EU Labour Markets*. Oxford: Oxford University Press.

Ochsenfeld, F. (2017). Mercantilist Dualization: The Introduction of the Euro, Redistribution of Industry Rents, and Wage Inequality in Germany, 1993–2008. *Socio-Economic Review*, https://doi.org/10.1093/ser/mwx026 (advanced access).

Oi, W. Y., & Idson, T. L. (1999). Firm Size and Wages. In O. Ashenfelter, & D. Card (Hrsg.), *Handbook of Labor Economics. Vol. 3B* (S. 2165-2214). Amsterdam: Elsevier.

Pager, D. (2016). Are Firms that Discriminate More Likely to Go Out of Business? *Sociological Science*, 3, 849-859.

Parkin, F. (1979). *Marxism and Class Theory: A Bourgeois Critique*. London: Tavistock.

Parsons, D. O. (1986). The Employment Relationship: Job Attachment, Work Effort, and the Nature of Contracts. In O. Ashenfelter, & R. Layard (Hrsg.), *Handbook of Labor Economics. Vol. 2* (S. 789-848). Amsterdam: Elsevier.

Petersen, T. (1992). Payment Systems and the Structure of Inequality: Conceptual Issues and an Analysis of Salespersons in Department Stores. *American Journal of Sociology*, 98, 67-104.

Petersen, T., & Snartland, V. (2004). Firms, Wages, and Incentives: Incentive Systems and their Impacts on Wages, Productivity, and Risks. *Research in Social Stratification and Mobility*, 21, 253-286.

Prasad, E. S. (2004). The Unbearable Stability of the German Wage Structure: Evidence and Interpretation. *IMF Staff Papers*, 51, 354-385.

Prendergast, C. (1999). The Provision of Incentives in Firms. *Journal of Economic Literature*, 37, 7-63.

Rosen, S. (1981). The Economics of Superstars. *American Economic Review*, 71, 845-858.

Rosenbaum, J. E. (1979). Tournament Mobility: Career Patterns in a Corporation. *Administrative Science Quarterly*, 24, 220-241.

Sappington, D. E. M. (1991). Incentives in Principal-Agent Relationships. *Journal of Economic Perspectives*, 5, 45-66.

Schmid, G. (2002). *Wege in eine neue Vollbeschäftigung: Übergangsarbeitsmärkte und aktivierende Arbeitsmarktpolitik*. Frankfurt a. M.: Campus.

Shapiro, C., & Stiglitz, J. E. (1984). Equilibrium Unemployment as a Worker Discipline Device. *American Economic Review*, 74, 433-444.

Shavit, Y., & Müller, W. (Hrsg.). (1998). *From School to Work: A Comparative Study of Educational Qualifications and Occupational Destinations*. Oxford: Clarendon Press.

Shearer, B. (2004). Piece Rates, Fixed Wages and Incentives: Evidence from a Field Experiment. *Review of Economic Studies*, 71, 513-534.

Simon, H. A. (1951). A Formal Theory of the Employment Relationship. *Econometrica*, 19, 293-305.

Smith, A. (1776). *An Inquiry into the Nature and Causes of the Wealth of Nations*. London: Strahan.

Sørensen, A. B. (1983). Processes of Allocation to Open and Closed Positions in Social Structure. *Zeitschrift für Soziologie*, 12, 203-224.

Sørensen, A. B. (1994). Firms, Wages and Incentives. In N. J. Smelser, & R. Swedberg (Hrsg.), *The Handbook of Economic Sociology* (S. 504-528). Princeton: Princeton University Press.

Sørensen, A. B. (1996). The Structural Basis of Social Inequality. *American Journal of Sociology*, 101, 1333-1365.

Sørensen, A. B. (2000). Toward a Sounder Basis for Class Analysis. *American Journal of Sociology*, 105, 1523-1558.

Sørensen, A. B., & Kalleberg, A. L. (1981). An Outline of a Theory of the Matching of Persons to Jobs. In I. Berg (Hrsg.), *Sociological Perspectives on Labor Markets* (S. 49-74). New York: Academic Press.

Stainback, K., Tomaskovic-Devey, D., & Skaggs, S. (2010). Organizational Approaches to Inequality: Inertia, Relative Power, and Environments. *Annual Review of Sociology*, 36, 225-247.

Tomaskovic-Devey, D., Hällsten, M., & Avent-Holt, D. (2015). Where Do Immigrants Fare Worse? Modeling Workplace Wage Gap Variation with Longitudinal Employer-Employee Data. *American Journal of Sociology*, 120, 1095-1143.

Tomaskovic-Devey, D., Jacobebbinghaus, P., & Melzer, S. M. (2016). *The Organizational Production of Earnings Inequalities in Germany, 1994-2010*. SSRN. https://ssrn.com/abstract=2879165. Zugegriffen: 14.06.2017.

Tumin, M. M. (1953). Some Principles of Stratification: A Critical Analysis. *American Sociological Review*, 18, 387-394.

vom Berge, P., Burghardt, A., & Trenkle, S. (2013). *Stichprobe der Integrierten Arbeitsmarktbiografien. Regionalfile 1975-2010 (SIAB-R 7510)* (FDZ-Datenreport 09/2013). Nürnberg: IAB.

vom Berge, P., Bossler, M., & Möller, J. (2016). *Erkenntnisse aus der Mindestlohnforschung des IAB* (IAB Stellungnahme 3/2016). Nürnberg: IAB.

Wagner, G. G., Frick, J. R., & Schupp, J. (2007). The German Socio-Economic Panel Study (SOEP): Scope, Evolution and Enhancements. *Schmollers Jahrbuch*, 127, 139-169.

Wallerstein, M. (1999). Wage-Setting Institutions and Pay Inequality in Advanced Industrial Societies. *American Journal of Political Science*, 43, 649-680.

Webber, D. A. (2015). Firm Market Power and the Earnings Distribution. *Labour Economics*, 35, 123-134.

Weber, M. (1976 [1922]). *Wirtschaft und Gesellschaft. Grundriß der verstehenden Soziologie*. Tübingen: Mohr (5. Aufl.).

Weeden, K. A. (2002). Why do Some Occupations Pay More than Others? Social Closure and Earnings Inequality in the United States. *American Journal of Sociology*, 108, 55-101.

Weeden, K. A., & Grusky, D. B. (2014). Inequality and Market Failure. *American Behavioral Scientist*, 58, 473-491.

Weichselbaumer, D., & Winter-Ebmer, R. (2007). The Effects of Competition and Equal Treatment Laws on Gender Wage Differentials. *Economic Policy*, 22, 236-287.

Western, B., & Rosenfeld, J. (2011). Unions, Norms, and the Rise in U.S. Wage Inequality. *American Sociological Review*, 76, 513-537.

Berufliche Weiterbildung im Arbeitsmarkt

Rolf Becker

9.1 Einleitung

Angesichts des technologischen Fortschritts sowie des berufsstrukturellen und demografischen Wandels wird bei zugleich permanenter Nachfrage nach den in der Zahl knapper werdenden qualifizierten Arbeitskräften in regelmäßigen Abständen die Sicherstellung ausreichender beruflicher Qualifikationen gefordert (Dostal 1991; Buttler 1994; Büchel und Pannenberg 2004; Gerhards et al. 2012). So machen die Internationalisierung von Güter- und Arbeitsmärkten, die Änderungen in der Berufsstruktur aufgrund der Tertiarisierung der Arbeit und der ökonomische Strukturwandel (etwa infolge der Verbreitung von Informations- und Kommunikationstechnologie in der Arbeitswelt) sowie ansteigende Qualifikationsanforderungen beruflicher Tätigkeiten eine Vielzahl von Fort- und Weiterbildungen im Erwerbsleben notwendig (Schiener 2006, S. 127; Neubäumer 2008; Bellmann et al. 2010, S. 43; BMBF 2011, S. 72; Schiener et al. 2013; Yendell 2013; Autorengruppe Bildungsberichterstattung 2014, S. 139ff.; Becker 2016). Die abnehmende Halbwertszeit von formaler Erstausbildung und das sinkende Volumen qualifizierter Berufsanfänger führen dazu, dass die Qualifikationsnachfrage nicht mehr ausschließlich über die Rekrutierung nachfolgender Berufsanfängerkohorten bewältigt werden kann (Pfeiffer und Reize 2000; Büchel und Pannenberg 2004; Schömann und Leschke 2004). Auf gesamtgesellschaftlicher Ebene soll berufliche Weiterbildung zur Verhinderung und zum Abbau von Massenarbeitslosigkeit, zur Konvertierung der Qualifikationsstruktur an die Anforderungen eines im Wandel begriffenen Arbeits- und Gütermarktes und zur sozialen Verträglichkeit nicht intendierter Konsequenzen

© Springer Fachmedien Wiesbaden GmbH, ein Teil von Springer Nature 2018
M. Abraham und T. Hinz (Hrsg.), *Arbeitsmarktsoziologie*,
https://doi.org/10.1007/978-3-658-02256-3_9

des gesellschaftlichen Wandels beitragen (Schömann und Becker 1995; Becker 2000; Dietrich und Kruppe 2009).

In der Wirtschaftspolitik wird es als notwendig angesehen, das vorhandene Potenzial an Humankapital zu aktivieren, dessen Produktivität zu erhöhen und permanent an die Anforderungen der modernen Technologie und Arbeitsprozesse anzupassen (Pischke 2001, S. 524). Die Transmission oder Diffusion von Wissen und Fähigkeiten über systematische, kontinuierliche und institutionalisierte berufliche Weiterbildung ist ein wichtiger Faktor für die wirtschaftliche Entwicklung und die Anhebung der Produktivität von Beschäftigten (Schömann 1998). Ergänzend wird aus arbeitsmarktpolitischer Sicht auf die zunehmend wichtiger werdende Rolle von Humankapital als Standortfaktor verwiesen (Düll und Bellmann 1999), das für die ökonomische Modernisierung genutzt und über entsprechende Weiterbildungsmaßnahmen ausgeweitet werden müsse (Buttler und Tessaring 1993).

In sozialpolitischer Hinsicht kann das Angebot an beruflicher Weiterbildung als eine Möglichkeit angesehen werden, Brüche von Berufs- und Lebensverläufen zu verhindern oder zumindest abzumildern. Damit fungiert berufliche Weiterbildung ähnlich wie die duale Berufsausbildung als Sicherheitsnetz und Auffangbecken in der Schnittmenge zwischen Bildungssystem und Arbeitsmarkt (Dietrich und Kruppe 2009). Auf diese Weise kann berufliche Weiterbildung – über eine systematische Erweiterung beruflicher Optionen – zur Sozialintegration sowie zu besseren Beschäftigungschancen und Einkommenschancen von Erwerbspersonen beitragen.

Aus arbeitsmarktsoziologischer Sicht interessieren vornehmlich die Sozialstruktur der Beteiligung an beruflicher Weiterbildung einschließlich ihres Wandels sowie die Folgen, die daraus für Arbeitnehmer, Arbeitssuchende und Arbeitgeber resultieren.

1. Wie kann erklärt werden, dass sich Erwerbspersonen beruflich weiterbilden? Wie und warum wandeln sich die Weiterbildungsaktivitäten von Personen in ihrem Berufsverlauf und in der historischen Zeit?
2. Welche Folgen der Teilnahme an beruflicher Weiterbildung ergeben sich für den Berufs- und Einkommensverlauf? Trägt die Weiterbildung zum Abbau sozialer Ungleichheiten auf den Arbeitsmärkten und im Berufsverlauf bei?

Aus der Angebotsperspektive des Arbeitsmarktes ergeben sich folgende Fragen:

3. Wer nimmt wann und wie oft im Berufsverlauf unter welchen Umständen und Voraussetzungen an beruflicher Weiterbildung teil? Von welchen individuellen Präferenzen und Ressourcen sowie Optionen und Nutzenerwartungen einer-

seits und von welchen gesellschaftlichen Verhältnissen, betrieblichen Gelegenheiten und Arbeitsmarktstrukturen andererseits werden die relativen Chancen für berufliche Weiterbildung strukturiert?

4. Welche Konsequenzen haben Teilnahmen an beruflicher Weiterbildung? Verhindert Weiterbildung Arbeitslosigkeit? Werden Arbeitslose nach beruflicher Weiterbildung eher wieder beschäftigt als Nichtteilnehmer? Sind staatlich finanzierte Programme der Fort- und Weiterbildung erfolgreich? Haben Weiterbildungsteilnehmer günstigere Karriereaussichten als Nichtteilnehmer? Wie wirkt sich Weiterbildung auf die Einkommensentwicklung im Berufsverlauf aus?

9.2 Erklärungsansätze für Weiterbildungsaktivitäten und ihre Folgen

Unter beruflicher Weiterbildung wird – anlehnend an die Definition des Deutschen Bildungsrates – jeder Bildungsvorgang nach einer vorherigen schulischen bzw. beruflichen Ausbildung verstanden, der nach der Aufnahme der ersten Berufstätigkeit stattfindet (Becker 1991). Berufliche Weiterbildung umfasst alle organisierten und institutionalisierten Lernprozesse, die entweder an eine in einem formalen Erstausbildungsgang erworbene oder an eine durch Berufserfahrung gewonnene Qualifikation anknüpfen und eine weitere berufliche Bildung intendieren. Berufliche Weiterbildung ist – generell gesehen – einerseits an vorhergehende Ausbildungen und Bildungsabschlüsse einer formalen Erstausbildung und andererseits an eine langjährige Arbeitsmarktintegration gebunden. Motivationen und Chancen für berufliche Weiterbildung hängen folglich wesentlich von schulischer oder beruflicher Erstausbildung und Berufserfahrung ab (Becker 1993). Sie hängen zudem von den institutionellen und betrieblichen Gelegenheiten ab, die wiederum zwischen den Betrieben variieren (Schiener et al. 2013). In der empirischen Anwendung dieser Definition werden in der Logik von Bildungs- und Berufsverläufen unter beruflicher Weiterbildung alle individuellen Bildungsbemühungen verstanden, „die nach dem erstmaligen Eintritt in den Arbeitsmarkt mit einer beruflichen Zielsetzung und in einem institutionellen Rahmen erfolgen" (Buchmann et al. 1999, S. 11).

Theoretische Ansätze zur Erklärung von Teilnahme an beruflicher Weiterbildung können zum einen idealtypisch danach eingeteilt werden, ob die Weiterbildungschancen unter der Kontrolle von Erwerbspersonen stehen (Selbstselektion) und in welchem Ausmaß sie von Dritten (z. B. Unternehmen und Personalmanagement bei betrieblicher Weiterbildung oder Festlegung von Zielgruppen bei staatlich finanzierten Weiterbildungen) kontrolliert werden (Fremdselektion) (Büchel und

Pannenberg 2004, S. 75). Zum anderen kann eine grobe Aufteilung nach der analytischen Ebene vorgenommen werden, so dass zwischen individualistischen (z. B.
Humankapitaltheorie) und strukturalistischen (z. B. Theorie der Segmentierung
der Arbeitsmärkte) bzw. institutionalistischen (z. B. Arbeitsplatzwettbewerbsmodell) Erklärungsansätzen unterschieden werden kann (vgl. Kap. 2 in diesem
Band). Diese Kategorisierung ist als idealtypisch zu bezeichnen, weil beispielsweise die Arbeitsmarktsegmentationstheorie zentrale Elemente der Humankapitaltheorie oder Signaltheorie oder dem Arbeitsplatzwettbewerbsmodell integriert.

9.2.1 Humankapitaltheorie

Um gleichermaßen die Teilnahme an beruflicher Weiterbildung als auch die daraus resultierenden Renditen zu erklären, wird in der soziologischen Arbeitsmarkt-
und Berufsforschung ebenso wie in der Bildungsökonomie typischerweise auf die
Humankapitaltheorie als einem individualistischen Erklärungsansatz zurückgegriffen (Schultz 1961; Mincer 1974; Becker 1975). Aus humankapitaltheoretischer
Sicht wird davon ausgegangen, dass die mehr oder weniger kontinuierliche Qualifizierung im Berufsleben an sich keinen Selbstzweck darstellt. Vielmehr bilden
sich Individuen weiter, um ihre Arbeitsmarkt-, Beschäftigungs- und Einkommenschancen substanziell zu verbessern. Hierbei investieren sie in der Regel in ihre
berufliche Weiterbildung, solange der erwartete Nutzen daraus die im Voraus zu
erbringenden Kosten übersteigt.

Arbeitgeber hingegen bieten berufliche Weiterbildung an, wenn es sich für sie
lohnt, in die steigende Produktivität ihrer Beschäftigten zu investieren. Hierbei
gewähren sie aus betriebswirtschaftlichen Gründen nur den Mitarbeitern die
Chance für Weiterbildung, von denen sie aufgrund ihrer Leistungsfähigkeit auch
annehmen, dass sie sich mit Erfolg weiterbilden, so dass der Aufwand geringer ist
als der langfristige Nutzen solcher Investitionen in das Humankapital. So gesehen
sollten besser gebildete oder produktivere Mitarbeiter bessere Chancen haben,
sich beruflich weiterbilden zu können als die Referenzgruppe mit geringerem
Humankapital.

Die Bereitschaft eines Arbeitgebers bzw. einer Firma als korporativer Akteur,
zumindest einen Teil der Kosten für die Weiterbildung von Beschäftigten zu übernehmen, dürfte vor allem dann bestehen, wenn die Mitarbeiter nicht bereit sind,
die Kosten für berufliche Weiterbildung selbst zu tragen und wenn keine Abwanderung der weitergebildeten Arbeitskräfte zu befürchten ist (Düll und Bellmann
1998; Hübler und König 1999, S. 263; Neubäumer 2008). Bei Investitionen in das
betriebsspezifische Humankapital, um die Arbeitsproduktivität des Arbeitneh-

mers ausschließlich im Betrieb zu erhöhen, ist im Unterschied zu Investitionen in das allgemeine Humankapital das Risiko einer Abwanderung der Weiterbildungsteilnehmer aus dem Betrieb geringer (Büchel und Pannenberg 2004, S. 78). Um etwaige Abwanderungen betrieblich weitergebildeter Mitarbeiter durch Kündigung oder ihre Abwerbung durch andere Betriebe zu unterbinden, können sie diese Mitarbeiter dazu verpflichten, die betrieblichen Kosten für ihre Fort- und Weiterbildung zu erstatten (Leber 2000). Weil so Kosten und Erträge betrieblicher Fort- und Weiterbildung in individuelle und betriebliche Gewinne aufgeteilt werden, hat mindestens eine Seite – Arbeitnehmer oder Arbeitgeber – kein Interesse daran, das Arbeitsverhältnis (vorzeitig) aufzulösen (Büchel und Pannenberg 2004, S. 79).

Aus Sicht der Arbeitnehmer hingegen stellt sich die Frage, ob ihr individueller Aufwand und ihre gestiegene Produktivität tatsächlich mit einer Beteiligung an den höheren Erträgen (höheres Einkommen, Beförderung) belohnt werden. Je spezifischer ihr erweitertes Humankapital ist, umso abhängiger (und potenziell auszubeuten) sind Arbeitnehmer vom Arbeitgeber. Je breiter verwertbar das erweiterte Humankapital ist, desto eher können Arbeitnehmer Einkommensverbesserungen und damit Zuwächse beim Lebenseinkommen erzielen. Um die aufgewendeten Kosten für berufliche Weiterbildung und die entgangenen Verdienstmöglichkeiten über höhere Einkommen amortisieren bzw. durch zukünftige Lebenseinkommen wettmachen zu können, müssen sie frühzeitig in ihrem Berufsverlauf in die Weiterbildung investieren. Kurzum: berufliche Weiterbildung wird dann als lohnend angesehen, wenn sich die individuellen Aufwendungen an Zeit, Anstrengungen und entgangenem Einkommen für Investitionen in berufliche Weiterbildung langfristig rentieren (Beicht und Walden 2006, S. 330f.). Daher sollten Weiterbildungsaktivitäten mit zunehmendem Alter abnehmen, weil die verbleibende Zeit für die Amortisation der Kosten für Bildung und berufliche Weiterbildung sinkt. Altersspezifische Selbstselektion kommt durch die Begrenztheit der Lebensspanne, der zur Verfügung stehenden Zeit für die Amortisierung von Humankapitalinvestitionen und dem zeitabhängigen Grenznutzen von Bildungsressourcen zustande (Schömann 1994).

Laut ursprünglicher Version des Humankapitalmodells werden Bildungsentscheidungen von rationalen, ihren Nutzen maximierenden Akteuren unter perfekter Information getroffen. Diese Sichtweise bedingt zum einen, dass – wenn das Angebot an beruflicher Weiterbildung das individuelle Handlungsset bestimmt und die ökonomische Verwertbarkeit den subjektiven Sinn, in berufliche Weiterbildung zu investieren, ausmacht – die Weiterbildungsangebote auch bekannt und die langfristigen Erträge von Bildungsinvestitionen abschätzbar sein müssen. Das funktioniert jedoch nur im Rahmen eines langfristig relativ stabilen Weiterbildungsangebots und Arbeitsmarktes (Buchmann et al. 1999, S. 17). Zum anderen wird diese Transparenz des Weiterbildungsmarktes von den Arbeitnehmern generell nicht so gesehen. Beispielsweise glaubt – so ältere Befunde des „Berichtssystems Weiterbildung" (Kuwan et al. 2003) – knapp die Hälfte des gesamtdeutschen und lediglich ein Drittel des ostdeutschen Erwerbspotenzials einen Überblick über das Weiterbildungsangebot zu haben, während mehr als 40 Prozent der Befragten gegenteiliger Ansicht sind. In dieser Hinsicht kann beim Weiterbildungssektor nicht von einem vollkommenen Markt im Sinne der ökonomischen Theorie ausgegangen werden (Buttler 1994). So wünschten sich mehr als ein Drittel der Befragten mehr Informationen über Weiterbildungsmöglichkeiten. Zudem besteht bei einem Teil der west- und ostdeutschen Erwerbspersonen eine generelle Unsicherheit über die Rentabilität von Investitionen in die Weiterbildung (Kuwan et al. 2003; Schömann und Leschke 2004).

Ferner tritt bei einer Weiterbildungsentscheidung das Problem auf, „dass die Kosten der Maßnahme in der Regel sofort anfallen und zu einer unmittelbaren finanziellen Belastung führen, während der Nutzen zunächst ungewiss ist und, wenn überhaupt, erst nach und nach realisiert werden kann" (Bardeleben et al. 1994, S. 10). Zudem ist es für Individuen kaum möglich, den Nutzen quantitativ einzuschätzen, und somit sind Investitionen in die Weiterbildung nicht ohne Risiko (Beicht und Walden 2006, S. 328). Die individuelle Beurteilung des Nutzens beruflicher Weiterbildung hängt auch von der Erfüllung von Erwartungen ab (Behringer 1996, S. 87). Einer Studie von Bardeleben et al. (1994, S. 16) zufolge sahen mehr als ein Drittel der westdeutschen Teilnehmer und fast ein Viertel der ostdeutschen Teilnehmer den erwarten Nutzen als erfüllt an, wobei jedoch keine Informationen vorliegen, ob Nichtteilnehmer ihre Nichtteilnahme bedauert haben. So können Bardeleben et al. (1994) die Grundzüge der humankapitaltheoretischen Annahmen stützen, wonach vor allem Kosten-Nutzen-Überlegungen das individuelle Weiterbildungsverhalten strukturieren. Ihren Befunden zufolge ist der Trend zu ökonomisch rationalen Weiterbildungsentscheidungen vorherrschend, bei denen Geld- und Gebrauchswert von beruflicher Weiterbildung ins Kalkül gezogen werden:

> „Fast alle Weiterbildungsentscheidungen werden deshalb auf einer Kosten-Nutzen-Basis getroffen. Die Bereitschaft der Privatpersonen, eigene finanzielle Mittel in die berufliche Weiterbildung zu investieren, hängt daher in hohem Maße von den individuellen Nutzenerwartungen ab. Gelingt es, den Nutzen, der sich in der Regel erst nach und nach einstellt, für die potenziellen Weiterbildungsteilnehmer sichtbar oder berechenbar zu machen, dann sind viele Erwerbspersonen bereit, die Kosten ihrer beruflichen Weiterbildung bzw. Teile davon selbst zu tragen" (Bardeleben et al. 1994, S. 16).

Eine explorative Studie über innerbetriebliche Weiterbildung ergab zudem, dass die Befragten die Notwendigkeit beruflicher Weiterbildung sehen, um höheres Einkommen auf dem Arbeitsmarkt zu erzielen (Weltz et al. 1973, S. 19). Nach Weber (1989) ist vor allem bei minderqualifizierten Arbeitnehmern der monetäre Aspekt das dominierende, rational kalkulierte Weiterbildungsmotiv. Beicht und Walden (2006, S. 328) weisen zudem darauf hin, dass außer monetären Erträgen der individuelle Nutzen von beruflicher Weiterbildung in vielfältigen positiven Wirkungen materieller und immaterieller Art bestünde, „z. B. darin, das Risiko eines Arbeitsplatzverlustes zu vermindern, die berufliche Leistungsfähigkeit zu steigern, soziale oder berufliche Kontakte zu knüpfen, sich persönlich weiter zu entwickeln". Aus Sicht der Humankapitaltheorie lassen sich auch diese Renditen materieller und immaterieller Art sowohl in Produktivität und Einkommen konvertieren.

Aktuellere Daten des Adult Education Survey (AES) aus dem Jahre 2010 zeigen, dass aus Sicht der meisten an beruflicher Weiterbildung Teilnehmenden ein positiver Nutzen realisiert werden konnte. Allenfalls 15 Prozent der Teilnehmer an betrieblicher Weiterbildung und 21 Prozent der Teilnehmer an individuell-berufsbezogener Weiterbildung sind der Ansicht, dass die Weiterbildung wenig oder gar nichts gebracht hat (Autorengruppe Bildungsberichterstattung 2012). Ein Vergleich zwischen erwartetem Nutzen und dem tatsächlich realisierten Nutzen kommt mit denselben Daten zum Ergebnis, dass die Realisierungsquote für einen neuen Arbeitsplatz, eine höhere berufliche Position oder ein höheres Gehalt bei einem Drittel liegt. Sie liegt bei rund zwei Drittel bzw. drei Viertel für die Übernahme neuer beruflicher Aufgaben oder gestiegener Produktivität (Autorengruppe Bildungsberichterstattung 2012). Den AES-Daten von 2012 zufolge haben sich die Realisierungsquoten für berufliche Weiterbildung abgeschwächt (Autorengruppe Bildungsberichterstattung 2014).

Eine „Nutzenillusion der Teilnehmer" (Behringer 1996, S. 103) ist möglich: Die nachträgliche Rationalisierung des Nutzens von beruflicher Weiterbildung ist im Falle des Ausbleibens erwarteter Renditen ebenso wenig ausgeschlossen wie eine Überschätzung der tatsächlichen Weiterbildungserträge (Wolter und Schiener 2009, S. 92). Eine individuelle Fehlwahrnehmung kausaler Weiterbildungseffekte erfolgt im alltäglichen Berufsleben dann, wenn arbiträr die Einkommenssituation von Teilnehmern und Nichtteilnehmern verglichen wird. So vermuten Jürges und Schneider (2004) auf Basis von Daten des Sozio-oekonomischen Panels (SOEP), dass sich Weiterbildungsteilnehmer unrealistische Vorstellungen von den Wirkungen einer Teilnahme auf den beruflichen Erfolg machen können, indem sie Alltagsbeobachtungen von vermeintlichen Weiterbildungseffekten mit Kausalitäten gleichsetzen: „Dass sich nicht immer die erhofften Wirkungen einer Fortbildung einstellen, zeigt sich z. B. darin, dass im SOEP-Befragungsschwerpunkt 2000 mehr als 60 Prozent aller Teilnehmer angaben, die Teilnahme an der Weiterbildung habe sich beruflich wenig oder gar nicht ausgezahlt" (Jürges und Schneider 2004, S. 18). Umgekehrt kann nicht ausgeschlossen werden, dass nichtintendierte Wirkungen einer Weiterbildungsteilnahme eingetreten sind und dass aufgrund der idiosynkratischen Selbstwahrnehmung, aber auch wegen fehlender Beobachtungen in der Forschung, die Weiterbildungseffekte unterschätzt werden. Es gilt aus strukturell-individualistischer Sicht zu bedenken, dass nicht die objektiv richtige Wahrnehmung und Bewertung handlungsrelevant ist, sondern die vom Individuum subjektiv wahrgenommene. Wenn Individuen – eben auch gegen objektive Fakten der empirischen Forschung – die Ansicht vertreten, berufliche Weiterbildung lohne sich nicht, dann unterlassen sie eher die entsprechenden Investitionshandlungen als die Individuen, die glauben, mit Weiterbildung lassen sich gewünschte Ergebnisse erzielen.

In jüngeren Modellvarianten geht man nunmehr von Akteuren mit beschränkter wie unvollständiger Information aus und von der Akkumulation von Humankapital als lebenslangem Prozess (Sesselmeier und Blauermel 1998, S. 57). Der Erwerb von Humankapital wird als Abfolge von sequenziellen Investitionsentscheidungen im Berufsverlauf konzipiert (Schömann und Becker 1998, S. 284). Berufliche Weiterbildung ist demnach eine spezifische Form der Humankapitalinvestition im Lebenszyklus (Fitzenberger und Speckesser 2004). Folglich ist nicht nur die Erstausbildung wichtig, sondern auch die berufliche Weiterbildung stellt eine kontinuierliche Investition in das Humankapital einer Person dar – sei es, dass sie den regulären Abschreibungen des Humankapitals entgegenwirken soll, der Anpassung an den technologischen Wandel dient, eine Revision einer bereits getroffenen Berufsentscheidung ist oder ungewollte Zustände im Berufsverlauf korrigieren soll (vgl. Becker und Schömann 2015a; Becker 2016).

9.2.2 Signal- und Filtertheorie

Eine Herausforderung hat das humankapitaltheoretische Modell durch die Filtertheorie von Arrow (1973) und die Signaltheorie von Spence (1973) erfahren, die beide primär die Suchkosten und möglichen Fehlallokationen seitens der Arbeitgeber berücksichtigen. Signal- und filtertheoretische Überlegungen gehen als individualistische Erklärungsansätze zum einen von Entscheidungen und vom Handeln der Individuen unter Unsicherheit und beeinträchtigter Markttransparenz aus (*bounded rationality* oder *structurally constrained rationality*) (Bills 1988) und sie bestreiten zum anderen die Produktivitätsthese der Humankapitaltheorie. Bildung soll selbst keinen Effekt auf die Leistungsfähigkeit bzw. Produktivität der Arbeitskräfte haben. Der von Arrow (1973) entwickelten Filtertheorie zufolge fungieren erworbene Zertifikate für den Arbeitgeber als Signal für die gewünschte Bildungsausstattung und antizipierte Produktivität. Sie stellen somit ein Mittel für die Selektion von Arbeitskräften dar, um eine angemessene Zuordnung von Arbeitskräften zu Arbeitsplätzen mit einem der Bildung entsprechenden Anforderungsprofil zu gewährleisten. Gleiches gilt auch bei der kostenminimierenden Auswahl von Beschäftigten für betriebliche Weiterbildung durch Arbeitgeber (Schömann und Becker 1995).

Arbeitgeber sind bestrebt, Such- und Informationskosten möglichst gering zu halten. Bildungsausstattungen von Bewerbern um Arbeitsplätze werden nicht mehr ausschließlich als individuelles Merkmal für berufliche Produktivität betrachtet, sondern als (stereotypes) Gruppenmerkmal für gewünschte Arbeitsorientierung, Lebensführung, sonstige Verhaltenseigenschaften (z. B. Neigung zu Absentismus, Kontinuität der Beschäftigung, Zuverlässigkeit, Lernfähigkeit, Motivation) (Weiss 1995) sowie Konformität mit Normen und Zielen eines Unternehmens (Chatman 1991, S. 460; Woodhall 1995, S. 27). Auf der anderen Seite setzen Arbeitgeber in ihrer Einstellungspraxis Signale dafür, welche Merkmale und Gruppen von Bewerbern sie präferieren (Weiss 1995, S. 133f.).

Ebenso wie das allgemeine Bildungssystem kann aus Sicht dieses individualistischen Erklärungsansatzes die betriebsinterne Fortbildung und außerbetriebliche Weiterbildung die kostensenkende Funktion haben, Arbeitskräfte mit einem überdurchschnittlichem Produktivitätspotenzial aus der Menge der in einem Betrieb oder in einer Branche beschäftigten Arbeitnehmer herauszufiltern. Weiterbildungszertifikate haben als *screening device* die Funktion, den Arbeitgebern die Auswahl der Beschäftigten bei Unsicherheit über das tatsächliche Produktivitätspotenzial der Arbeitnehmer zu erleichtern und teure Fehlbesetzungen von Arbeitsplätzen zu vermeiden (Stiglitz 1975). Überspitzt formuliert, können Arbeitgeber die Filterfunktion des allgemeinen Bildungswesens dazu verwenden, die Arbeitskräfte mit entsprechenden Zertifikaten entweder selbst fortzubilden oder in überbetriebliche Weiterbildungsmaßnahmen zu schicken, um gleichzeitig sowohl die Produktivität von Arbeitskräften zu erhöhen als auch die eigene Unsicherheit über das Produktivitätspotenzial von Arbeitskräften zu vermindern. Solche Selektionsprozesse scheint es vor allem in internen Arbeitsmärkten und in den höheren Laufbahnen des öffentlichen Dienstes zu geben (Becker 1991). Aus filtertheoretischer Sicht kann daraus die Hypothese abgeleitet werden, dass mit der Höhe des Bildungsniveaus von Mitarbeitern und der Qualifikationsanforderungen ihrer Arbeitsplätze auch die Weiterbildungschancen qualifizierter Beschäftigte zunehmen (Becker 2016). Das Ergebnis wäre wiederum eine Überrepräsentanz von besser gebildeten Personen mit höherer Produktivität in Fort- und Weiterbildungen (Becker 1993; Becker und Schömann 1996).

9.2.3 Theorie segmentierter Arbeitsmärkte

Die bisher dargestellten Erklärungsansätze suchen zentrale Determinanten der Weiterbildungsaktivitäten und Verwertungsmöglichkeiten vornehmlich im Handeln von individuellen (z. B. Arbeitskräfte) und korporativen Akteuren (z. B. Betriebe). Der Fokus liegt dabei auf individuellen Merkmalen, auf Bestimmungsfaktoren der Selbst- und Fremdselektion. Chancen, sich weiterzubilden, können aber nicht alleine davon bestimmt sein, sondern hängen auch von strukturellen Kontexten und Gelegenheiten ab. In prototypischer Weise gehen die verschiedenen strukturalistischen und institutionalistischen Arbeitsmarkttheorien davon aus, dass Gelegenheiten, Entscheidungen und Handlungen von Personen auf der Angebots- und Nachfrageseite des Arbeitsmarktes strukturellen und institutionellen Restriktionen unterliegen (Doeringer und Piore 1971; Cain 1976; Carroll und Mayer 1986; Blossfeld und Mayer 1988).

Segmentationstheoretische Ansätze gehen, dabei zentrale Elemente individualistischer Erklärungsansätze einschließend, davon aus, dass der Arbeitsmarkt in voneinander abgeschottete Teilarbeitsmärkte unterteilt ist (unstrukturierte Teilarbeitsmärkte, betriebsinterne Arbeitsmärkte, berufsfachliche Arbeitsmärkte), und dass institutionelle Faktoren Mobilität, Fluktuation und Weiterbildungschancen auf diesen Arbeitsmärkten strukturieren. Die Mobilität zwischen den verschiedenen Teilarbeitsmärkten ist eingeschränkt. Die Zugänglichkeit zu den einzelnen Teilarbeitsmärkten ist – vor allem in den deutschsprachigen Ländern – stark über die Berufs- und Weiterbildung geregelt (Blossfeld und Mayer 1988). Insgesamt unterscheiden sich die Segmente des Arbeitsmarktes bezüglich Einkommens-, Aufstiegs- und Weiterbildungschancen systematisch voneinander. Theorien segmentierter Arbeitsmärkte rücken im Unterschied zur Humankapitaltheorie, vor allem für die berufliche Fort- und Weiterbildung, strukturelle und institutionelle Aspekte und damit die Fremdselektion ins Blickfeld (Becker 1993).

Die „Jedermannsarbeitsmärkte" in großen Betrieben (sekundäres Segment) sind – unter typischen Wettbewerbsbedingungen – unqualifizierten Arbeitnehmern, sozialen Randgruppen und Ausländern vorbehalten und zeichnen sich durch ungünstige Arbeits-, Lernbedingungen und Karrierechancen aus. In internen Arbeitsmärkten (primäres Segment) hingegen ist der Wettbewerb um knappe Arbeitsplätze und Arbeitskräfte erheblich durch strukturelle Rahmenbedingungen und institutionelle Regelungen eingeschränkt. Dies sind zumeist Bereiche, die günstige Arbeitsbedingungen, Erwerbschancen und Möglichkeiten für Weiterbildung bieten. Dort sind qualifizierte Arbeitnehmer beschäftigt, die dort der Marktkonkurrenz weitgehend entzogen sind (vgl. Kap. 6 in diesem Band). Große privatwirtschaftliche Firmen und Bereiche des öffentlichen Dienstes schaffen typische interne Arbeitsmärkte (Blossfeld und Mayer 1988; Becker 1990). Zu berufsfachlichen Arbeitsmärkten finden Personen mit einer zertifizierten Berufsausbildung Zugang. Die Beschäftigungsbedingungen und Karrierechancen sind dort verhältnismäßig gut, aber im Gegensatz zu internen Arbeitsmärkten ist eher eine horizontale zwischenbetriebliche statt vertikale betriebsinterne Mobilität zu beobachten.

Das Interesse der Arbeitgeber, die Arbeitskraft ihrer Arbeitnehmer zu nutzen und dauerhaft in das Unternehmen einzubinden, unterscheidet sich je nach Arbeitsmarktsegment. Im unstrukturierten Arbeitsmarkt („Jedermannsarbeitsmärkte" in kleinen und großen Betrieben) ist das Interesse der Arbeitgeber, ihre Arbeitnehmer auf lange Zeit zu beschäftigen, gering. Daher bieten sich kaum Weiterbildungschancen. In den berufsfachlichen Teilarbeitsmärkten gibt es wesentlich mehr Weiterbildungsangebote – zum Teil auch hochwertige, institutionell anerkannte Weiterbildungsgänge (Meisterkurse und andere aufstiegsorientierte Fortbildungen). Klein- und Mittelbetriebe sind aber häufig auf externe Weiterbildungsangebote angewiesen, weil sie oftmals die Kosten für eigene Weiterbildungsangebote nicht tragen können. Hinzu kommt, dass der Erwerb von Zusatzqualifikationen auch für solche Betriebe mit der Gefahr der Abwanderung verbunden ist, weil die Qualifikationen grundsätzlich auf andere Betriebe transferierbar sind.

Das größte Weiterbildungsangebot ist in betriebsinternen Teilarbeitsmärkten anzutreffen (Schiener et al. 2013; Autorengruppe Bildungsberichterstattung 2014; Becker 2016). Nach Kühnlein und Paul-Kohlhoff (2001) gibt es gegenwärtig einen allgemeinen Trend zur Privatisierung und Verbetrieblichung des Weiterbildungsgeschehens: „soziale und Karrierechancen, die sich aus einer Weiterbildungsmaßnahme ergeben, werden zunehmend durch die (Personalabteilungen der) Betriebe verteilt, denen auf diese Weise – vermittelt über die betriebliche Weiterbildung – eine zentrale Rolle bei der Entscheidung über Zugänge zur Weiterbildung, Teilnahmebedingungen, aber auch in Bezug auf die inner- und außerbetriebliche Verwertbarkeit individueller Bildungsanstrengungen zukommt" (ebd., S. 265). Die Expansion betrieblicher Weiterbildung wird durch Einführung neuer Informations- und Kommunikationstechnologien im privatwirtschaftlichen Produktions- und Dienstleistungsbereich vorangetrieben, welche an der zunehmenden Bedeutung von Anpassungsfortbildung abgelesen werden kann. Eine Förderung der Segmentation von Arbeitsmärkten ergibt sich durch eine technologisch induzierte Weiterbildung, die zur Verfestigung der Trennung zwischen gering- und hochqualifizierten Arbeitnehmern in Betrieben beiträgt (Becker 2016). Berufliche Weiterbildung scheint insgesamt ein ideales Instrument zu sein, die Qualifikationen an die spezifischen Anforderungen des Betriebes anzupassen und gleichzeitig die Betriebsbindung der Arbeitnehmer zu stärken bzw. die Fluktuation im Betrieb gering zu halten. Zudem erfüllt betriebliche Weiterbildung eine wichtige Funktion

für die internen Rekrutierungs- und Beförderungsmechanismen: Weiterbildungsmaßnahmen sind ein effizientes Element der Personalwirtschaft. Im Rahmen der
Eigenproduktion von Qualifikationen haben die in betrieblichen Arbeitsmärkten
zur Stammbelegschaft gehörigen Beschäftigten die größeren Chancen zur Weiterbildung, weil ihnen höhere Arbeitsproduktivität und längere Betriebszugehörigkeit zugeschrieben wird und sich daraus für die Betriebe eine größere Chance
der Amortisation der Qualifikationsinvestitionen ergibt (Maase und Sengenberger
1976, S. 172).

Nach Sengenberger (1982) ist betriebliche Weiterbildung zudem ein Instrument
zur Etablierung innerbetrieblicher Arbeitsmärkte. Innerbetriebliche Weiterbildungsmaßnahmen sind geeignet, innerbetriebliche Hierarchien und Kompetenzbereiche zu stabilisieren: Analog sieht es Voigt (1986, S. 42), wonach betriebliche
Weiterbildung in betriebsinternen Teilarbeitsmärkten zum einen der betriebsbezogenen fachlichen Qualifizierung und zum anderen der Herstellung und Sicherung von Loyalität bzw. der Absicherung betrieblicher Arbeitsstrukturen und Weisungshierarchien dient. Zwar haben Angestellte größerer Firmen eher Zugang zu
firmeninterner Weiterbildung, aber innerhalb großer Betriebe findet eine weitere
Selektion statt, wonach vor allem produktive und hochqualifizierte Arbeitnehmer
(jüngere Männer, Führungskräfte, qualifizierte kaufmännische und technische
Angestellte und Facharbeiter) von Weiterbildungsmöglichkeiten profitieren (Becker 1993). Daraus ergeben sich nach Sengenberger (1982) innerbetriebliche Weiterbildungsspiralen, die sich dann etablieren, wenn ohnehin schon gut qualifizierte
Fachkräfte für fort- und weiterbildungsintensive Tätigkeiten und Aufgaben rekrutiert werden. Die hierarchischen Promotionssysteme in internen Arbeitsmärkten
haben somit eine Anreizfunktion für Weiterbildungsteilnahme, indem sie unter
anderem höhere Einkommen und günstigere Arbeitsbedingungen in Aussicht stellen, wenn Beschäftigte in Weiterbildung investieren oder Weiterbildungsangebote
wahrnehmen. Befinden sich diese Beschäftigten im betriebsinternen Arbeitsmarkt,
so sinkt nach dem Grenzproduktivitätstheorem mit der Höhe der Positionierung
im Promotionssystem und der damit verbundenen Einkommenshöhe die Wahrscheinlichkeit, dass sie weiterhin in Weiterbildung investieren, um ihre Einkommens- und Karriereaussichten zu verbessern.

Alles in allem heben die variantenreichen Theorien segmentierter Arbeitsmärkte hervor, dass bei der Erklärung betrieblichen Weiterbildungsverhaltens situative Kontextfaktoren wie etwa die Produktionstechnik, die Arbeitsorganisation
oder betriebliche Berufs- und Qualifikationsstruktur sowie betriebliche Beschäftigungs- und Personalpolitiken zu berücksichtigen sind (Düll und Bellmann 1998,
S. 208). Angebot von Weiterbildung und Zugang zu Weiterbildungsmaßnahmen
ergeben sich aus den Strukturen des Arbeitsmarktes und der jeweiligen Quali-

fikationsstruktur in den Teilarbeitsmärkten. Grundsätzlich haben die strukturellen Bestimmungsgründe für die Weiterbildungsbeteiligung größere Relevanz in den Ländern, in denen die spezifische Berufsausbildung und die berufliche Platzierung besonders eng miteinander verknüpft sind (Buchmann et al. 1999, S. 21). Qualifikatorische Rekrutierungsvorteile beim Zugang zur Fort- und Weiterbildung führen zu kumulativen Vorteilen im Arbeitsleben und im Berufsverlauf (Timmermann 2002). Soziale Selektionsmechanismen beim Zugang zu beruflicher Weiterbildung, die schon im Erstausbildungssystem die Weichen für Erfolg und Misserfolg bei der Verteilung von Berufs- und Lebenschancen stellen, führen statt zu einer Kompensation von Bildungsdefiziten eher zur Akkumulation privilegierter Bildungs- und Beschäftigungschancen (*Matthäus-Effekt*). Somit kommt es wegen ungleicher, von vorheriger Ausbildung abhängiger Zugangschancen zu beruflicher Fort- und Weiterbildung zwischen den externen und internen Arbeitsmärkten zur qualifikatorischen Polarisierung von Beschäftigungs- und Einkommenschancen.

9.3 Teilnahme an beruflicher Weiterbildung und ihre Wirksamkeit

So wie die Trägerstrukturen im Weiterbildungsbereich unübersichtlich sind, so pluralistisch und wenig vergleichbar sind die Weiterbildungsstatistiken für differenzierte Beschreibungen von Teilnahmen an beruflicher Weiterbildung und ihre Konsequenzen für die Teilnehmenden. In Deutschland gibt es keine amtliche Weiterbildungsstatistik, so dass auf Informationen aus unterschiedlichen Querschnitts- und Panelerhebungen wie etwa Mikrozensus, Statistik der Bundesanstalt für Arbeit über Kostenträger und Förderungsstruktur (etwa IAB-Beschäftigtenstichprobe, IAB-Betriebspanel, BIBB-IAB-Erhebungen, AFG- und SGB-Statistik), Trägerstatistiken und Prüfungsstatistiken der Kammern, Sozio-oekonomisches Panel (GSOEP für *German Socio-Economic Panel*), „Berichtssystem Weiterbildung" (BSW), das von Infratest Sozialforschung im Auftrag des Bundesministeriums für Bildung und Wissenschaft durchgeführt wurde oder AES (*Adult Education Survey*) zurückgegriffen werden muss (vgl. Bellmann 2003 für einen kritischen Überblick; vgl. auch Becker und Schömann 2015a). Die Teilnahmequoten der einzelnen Studien lassen sich wegen verschiedener Grundgesamtheiten, unterschiedlicher Zeitfenster, Erhebungsverfahren und Fragestellungen nur bedingt miteinander vergleichen (Eisermann et al. 2014). Ähnliches gilt für die Beurteilung der Folgen von Weiterbildungsteilnahmen. So gesehen ist die Datenlage nach Weishaupt und Fickermann (2001, S. 28) lückenhaft und wenig detailliert. Allerdings ist überraschend, dass Daten der Deutschen Lebensverlaufsstudie (Mayer 2015) oder von ALWA („Arbeiten und Lernen im Wandel"; Kleinert et al. 2008; Antoni et al. 2011) nur selten verwendet werden, obgleich sie Längsschnittdaten auf der Individualebene liefern, mit denen das Weiterbildungsverhalten kontinuierlich abgebildet werden kann. Darüber hinaus können Weiterbildungseffekte für Berufs- und Einkommensverläufe seit Gründung der Bundesrepublik Deutschland verfolgt werden (Becker 1991, 1993; Schömann und Becker 1995; Becker und Schömann 1996, 2010, 2015a, 2015b).

9.3.1 Struktur und Wandel von Beteiligung an beruflicher Weiterbildung

Die wachsende Bedeutung von beruflicher Weiterbildung lässt sich einerseits aus den eingangs geschilderten Bedarfsprognosen entnehmen und andererseits an den steigenden Teilnahmezahlen selbst ablesen. Den Daten des Berichtssystems Weiterbildung 2005 zufolge ergab sich seit Ende der 1970er Jahre für die Befragten im Alter von 18 bzw. 19 bis 64 Jahren ein deutlicher Anstieg bei der beruflichen Weiterbildung (vgl. Abb. 9.1).

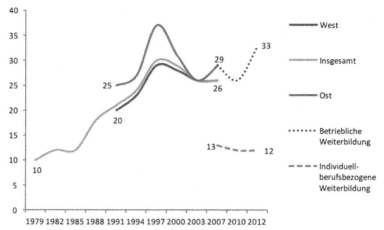

Abbildung 9.1 Teilnahme an beruflicher Weiterbildung in Deutschland, 1979-2012 (Teilnahmequoten in Prozent). Quelle: Kuwan und Thebis (2005, S. 23 und S. 34f.) sowie Autorengruppe Bildungsberichterstattung (2006, 2008, 2010, 2012, 2014) – eigene Darstellung

Zwischen 1979 und 1997 ist die Teilnahmequote von 10 auf 30 Prozent gestiegen und dann wieder auf 26 Prozent im Jahre 2003 zurückgegangen (Kuwan und Thebis 2005, S. 23). Den „Eckdaten zum BSW-AES 2007" (Berichtssystem Weiterbildung – Adult Education Survey) zufolge hielten sich bis zum Jahre 2007 die Teilnahmequoten konstant auf 26 Prozent (von Rosenbladt und Bilger 2008). Generell lagen im Zeitraum von 1991 bis 2007 die Teilnahmequoten im Osten Deutschlands mit 25 Prozent im Jahre 1991, mit 37 Prozent im Jahre 1997, mit 31 Prozent im Jahre 2000 und 29 Prozent im Jahre 2007 deutlich höher als in Westdeutschland. Den Befunden von Weiß (2004) zufolge ergab sich zwischen 1996 und 1998 eine Angleichung der Weiterbildungsquoten von Ost- und Westdeutschland. Danach sind in beiden Teilen Deutschlands die Weiterbildungsraten zurückgegangen und im Jahre 2000 waren sie weitgehend identisch für Ost- und Westdeutschland (Schiener 2007). Während sich in Westdeutschland die Teilnahmequote an beruflicher Weiterbildung kaum verändert hat, ist sie im Osten Deutschlands gegen Ende des 20. Jahrhunderts um sechs Prozentpunkte zurückgegangen. Im Jahre 2003 lagen die Teilnahmequoten in beiden Teilen Deutschlands auf einem Niveau von 26 Prozent gleichauf (Kuwan und Thebis 2005, S. 24). Im Westen Deutschlands veränderte sich die Teilnahmequote bis 2007 nicht, während sie im Osten Deutschlands auf 29 Prozent anstieg (von Rosenbladt und Bilger 2008).

Bei einer Differenzierung zwischen Typen beruflicher Weiterbildung sind für die Bevölkerung im Alter von 18 bzw. 19 bis 64 Jahren ab 2007 eine Zunahme bei der betrieblichen Weiterbildung und eine leichte Abnahme bei der individuell-berufsbezogenen Weiterbildung zu verzeichnen. Nicht abgebildet sind weitere Weiterbildungschancen. So partizipieren Nichterwerbstätige in einem deutlich geringeren Maße an der beruflichen Weiterbildung als Erwerbstätige (vgl. Becker und Hecken 2008). Personen mit höherem Schul- und Berufsbildungsabschluss bilden sich eher weiter als gering qualifizierte Personen. Auch nach der beruflichen Stellung bestehen unterschiedliche Chancen und Neigungen, sich beruflich weiterzubilden (Becker 1991). Die Beteiligung an beruflicher Weiterbildung ist in der Zeit zwischen 1991 und 2007 am höchsten bei den Beamten, gefolgt von Angestellten und Selbständigen, während Arbeiter die geringsten Weiterbildungsquoten aufweisen (Autorengruppe Bildungsberichterstattung 2006, 2008, 2010, 2012, 2014).

Den Daten des IAB-Betriebspanels zufolge hat sich auch das betriebliche Angebot an beruflicher Weiterbildung ausgeweitet. Während im Jahre 2001 rund 36 Prozent der Betriebe Weiterbildungsangebote offerierten, so stieg diese Quote auf 45 Prozent im Jahre 2008 an und sank weiter auf ein Niveau von 41 Prozent im Jahre 2010 (Autorengruppe Bildungsberichterstattung 2012). Somit hat die Rolle von Betrieben als *gatekeeper* für berufliche Weiterbildung zugenommen (Schiener et al. 2013).

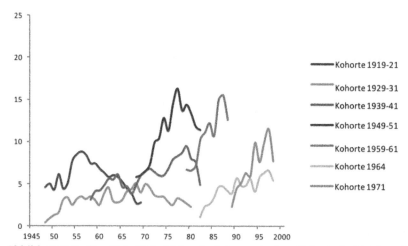

Abbildung 9.2 Berufliche Weiterbildung im Lebensverlauf von Kohorten in Westdeutschland – altersspezifische Weiterbildungsquoten (in Prozent). Quelle: Becker
(1991), Böhnke (1997) und Becker und Schömann (2010) – eigene Darstellung

Aggregierte Darstellungen mit komparativ-statischen Querschnittsdaten vermi-
schen die Zeitdimensionen von Weiterbildungsaktivitäten und verdecken daher
eine Vielzahl differenzierter Prozesse, die mit der Zeitabhängigkeit und Dynamik
von Weiterbildungsverhalten verbunden sind. Wenn man die Bedeutung von Teilnahme an beruflicher Weiterbildung quantitativ bestimmen möchte, dann bedarf
es einer sozialhistorischen und sozialstrukturellen Nachzeichnung mit Hilfe von
Längsschnittdaten. Hierzu benötigt man lückenlose Informationen über Weiterbildungsteilnahmen im Lebensverlauf von Personen in unterschiedlichen Geburtsjahrgängen (Becker 1991).

Auf Grundlage der Deutschen Lebensverlaufsstudie ist zunächst eine deutliche
Kohortendifferenzierung bei der Teilnahme an beruflicher Weiterbildung festzustellen (Abb. 9.2). Dabei wird auch die historische Sonderstellung der Geburtskohorte 1929-31 in der westdeutschen Nachkriegsgeschichte deutlich, was den Bil-
dungs- und Berufsverlauf anbelangt. Ihre Weiterbildungsquoten liegen unter dem
Niveau der bereits im Dritten Reich in den Arbeitsmarkt eingetretenen Kohorte
1919-21. Deren Niveau wiederum wird erst wieder von der Kohorte 1939-41 erreicht. Ein großer Anteil dieser um 1930 geborenen Personen musste unmittelbar
nach dem Kriegsende zumeist ohne qualifizierten Schul- oder Berufsausbildungs-
abschluss für den Lebensunterhalt ihrer Familien sorgen. In der Konkurrenz mit

den danach geborenen Jahrgängen waren sie kaum in der Lage, die Abschlüsse nachzuholen (Blossfeld 1989).

Oftmals sind gerade diese erworbenen Bildungszertifikate notwendig, um sich fort- und weiterbilden zu können. Zumindest haben ohnehin bildungsmäßig privilegierte Beschäftigte deutlich bessere Weiterbildungchancen als minderqualifizierte Personen (Schömann und Becker 1995). Für die jüngeren Kohorten der um 1950 und 1960 Geborenen ergaben sich mit der Einführung des Bundesausbildungsförderungsgesetzes (BAföG) Anfang der 1970er Jahre, des Arbeitsförderungsgesetzes (AFG) und des Berufsbildungsgesetzes im Jahre 1969 und der ergänzenden Nachträge dieser gesetzlichen Regelungen in den darauffolgenden Jahren sowie im Zuge des expandierenden Weiterbildungssektors in den 1980er Jahren günstigere Weiterbildungsmöglichkeiten als für die älteren Kohorten. Aber durch die Folgen wirtschaftlicher Rezessionen in den 1980er Jahren wurden verstärkte berufliche Weiterbildungen immer notwendiger (Böhnke 1997). Trotz der ökonomischen Krisen und der weiterhin fortlaufenden Bildungsexpansion in den 1980er und 1990er Jahren ist die Weiterbildungsbeteiligung für die 1964 und 1971 geborenen Jahrgänge signifikant niedriger als die der um 1960 Geborenen. Die Weiterbildungsquoten der Kohorte 1964 liegt auf dem Niveau der um 1940 Geborenen, während die jüngste Kohorte ein ähnliches Muster wie die um 1950 Geborenen aufzeigt.

Die durchschnittlichen Teilnahmequoten für die verschiedenen Geburtsjahrgänge (Abb. 9.2) betragen für die Kohorte 1930 26 Prozent, für die Kohorte 1940 29 Prozent, für die Kohorte 1950 31 Prozent und schließlich für die um 1960 Geborenen 43 Prozent (Becker 1991, S. 358 und Böhnke 1997, S. 89). Betrachtet man die Weiterbildungsteilnahme danach, wie viele Personen einer Kohorte sich mindestens einmal weitergebildet haben, dann liegt der Anteil für die bislang nicht detailliert betrachtete Kohorte 1954-56 bei 50 Prozent, für die Kohorte 1959-61 bei 43 Prozent, für die Kohorte 1964 bei 58 und für die Kohorte 1971 bei 54 Prozent. Berücksichtigt man, dass für die Geburtskohorten wegen unterschiedlicher Erhebungszeitpunkte die Berufsverläufe unterschiedlich lang beobachtet wurden, dann liegen deutliche, aber nicht lineare Kohorteneffekte vor: Je jünger die Kohorten sind, desto größer ist der Anteil derjenigen, die in berufliche Weiterbildungsmaßnahmen eintreten.[1] Das heißt die Weiterbildungsexpansion seit den 1960er Jahren wird über die Kohortenabfolge von jüngeren und auch zunehmend besser ausgebil-

---

1 Die Kohorte 1929-31 war zum Erhebungszeitpunkt 1981-83 um die 52 Jahre alt, die Kohorte 1939-41 um die 42 Jahre, die Kohorte 1949-51 um die 32 Jahre. Die Befragten der Kohorten 1959-61 und 1971 waren zum Interviewzeitpunkt 1989 bzw. 1998-99 rund 29 Jahre alt und die 1964 Geborenen rund 34 Jahre alt.

deten Beschäftigten getragen (vgl. Becker 1991, 1993). Besonders interessant sind die geschlechtsspezifischen Entwicklungen. Während bei den älteren Kohorten bis hin zu den 1950 Geborenen die Frauen niedrigere Beteiligungsquoten als die Männer aufwiesen (Becker 1991), hat sich die Situation für die danach Geborenen deutlich geändert. Während bei den um 1955 und 1960 Geborenen die Männer eine Weiterbildungsbeteiligung von 54 Prozent und die Frauen eine von 38 Prozent aufwiesen (Böhnke 1997), haben sich die Geschlechterunterschiede für die beiden jüngsten Kohorten deutlich reduziert. Während sich 58 Prozent der Männer in diesen beiden Kohorten mindestens einmal weitergebildet haben, weisen die Frauen eine Beteiligungsquote von 55 Prozent auf.

Es findet zudem eine *kohortendifferenzierende Beschleunigung* beim Übergang in die Weiterbildung statt.[2] Sie findet in einem geringeren zeitlichen Abstand zur Erstausbildung und dem Eintritt in die Erwerbstätigkeit statt. Gemeinsam ist diesen Kohorten, dass die höchsten Weiterbildungsquoten im Altersintervall zwischen 22 und 27 Jahren liegen. Nach dem 30. Lebensjahr nehmen die Teilnahmen an beruflicher Weiterbildung mehr oder weniger deutlich ab.[3] Ältere Personen nehmen in einem geringeren Ausmaß an der Weiterbildung teil als die jüngeren Personen,

---

2   So bildeten sich bei der Kohorte 1929-31 1,3 Prozent der 20-Jährigen weiter, bei der Kohorte 1939-41 4,2 Prozent und bei der Kohorte 1949-51 6,5 Prozent. Im Alter von 30 Jahren lag die Weiterbildungsquote für die Kohorte 1919-21 bei 5 Prozent, für die Kohorte 1929-31 bei 2,5 Prozent, für die Kohorte 1939-41 bei 6,5 Prozent, für die Kohorte 1949-51 bei 13,3 Prozent und für die Kohorte 1964 zwischen 4 und 6 Prozent. Böhnke (1997) verweist in ihrer Arbeit darauf hin, dass die Gründe für kohortendifferenzierende Weiterbildungsteilnahmen auch an die historischen Perioden (Zäsuren) in der Nachkriegszeit gebunden sind: Konjunkturkrisen und Rezessionen, Konkurrenz beim Zugang zu Arbeitsplätzen, veränderte Bildungsansprüche infolge der Bildungsexpansion, auf Flexibilität ausgerichtete Qualifikationsprofile und schließlich technologischer Strukturwandel.

3   Diese Befunde werden durch Analysen mit BIBB/IAB-Daten untermauert (Pfeiffer und Reize 2000, S. 15). Für abhängig Beschäftigte nimmt in den ersten 15 Berufsjahren die Wahrscheinlichkeit zu, sich weiterzubilden, und sinkt danach deutlich mit zunehmender Berufserfahrung. Dieser Befund korrespondiert mit der Humankapitaltheorie, wonach sich späte Investitionen in berufliche Weiterbildung kaum noch rentieren. Diese Sichtweise teilen auch die Arbeitgeber. Nach Pfeiffer und Reize (2000) steigt mit zunehmender Dauer der Betriebszugehörigkeit die Wahrscheinlichkeit, sich beruflich weiterbilden zu können, pro Jahr bis zu 16 Prozent, um dann ab einer Zugehörigkeit von mehr als 26 Jahren wieder abzunehmen. Die höchsten Wahrscheinlichkeiten für berufliche Weiterbildung liegen bei einer Berufserfahrung von 22 Jahren bzw. bei einer Betriebszugehörigkeitsdauer von rund 18 Jahren.

wobei über die Kohorten hinweg absolute Niveauunterschiede bestehen bleiben.[4] Ausnahme ist die Kohorte 1964, die – relativ gesehen – ähnlich wie die Vorkriegskohorten geringfügige Zuwächse über das Alter hinweg aufweisen. Ähnliche Befunde zum Zusammenhang von Lebensalter und Neigung für berufliche Weiter- und Fortbildung werden wiederholt mit anderen Datensätzen (z. B. GSOEP) – auch bei Querschnittbetrachtungen (z. B. Pischke 2001) – oder für spezifische Formen beruflicher Weiterbildung (z. B. inner- und außerbetriebliche Weiterbildung) berichtet (z. B. Schömann und Becker 2002). Dieses altersspezifische Muster – der glockenförmige Verlauf des Weiterbildungsverhaltens – entspricht durchaus den humankapitaltheoretischen Überlegungen, wonach berufliche Weiterbildung mit zunehmender Dauer nach Ausbildungsabschluss immer notwendiger zu werden scheinen. Mit zunehmendem Alter wird die verbleibende Zeit für die Verwertung von Weiterbildung und die Amortisierung der Kosten immer kürzer, so dass Anreize für weitere Investitionen abnehmen. Ungeklärt ist bislang, „warum das empirische Maximum der Weiterbildungsintensität in allen Untersuchungsjahren bei einem Alter von etwa 30 Jahren und damit mehrere Jahrzehnte vor dem Erreichen des Ruhestands beobachtet wird" (Hubert und Wolf 2007, S. 15).

Trotz der gestiegenen Teilnahme an beruflicher Weiterbildung hat sich in der Kohortenabfolge die soziale Selektivität beim Zugang zu Weiterbildungsmaßnahmen nicht geändert. Übereinstimmend zeigen alle Studien, dass sich gerade besser gebildete Erwerbspersonen weiterbilden (Becker 1991, 1993; Schömann und Becker 1995, 2002; Becker und Schömann 1996, 1999; Becker 2000; Jacob 2004; Schömann und Leschke 2004): Je höher das Bildungsniveau ist, desto größer sind die Chancen, sich weiterzubilden (Hubert und Wolf 2007; Schiener 2007; Becker und Schömann 2010, 2015a, 2015b). Den Daten des BSW zufolge hatten im Jahre 1979 Abiturienten eine 2,8-mal bessere Chance, sich weiterzubilden, als Erwerbspersonen mit niedriger Schulbildung. Bis zum Jahre 2000 hat sich an diesen Relationen kaum etwas geändert, auch dann nicht, wenn die Berufsausbildung berücksichtigt wird. Für frühere Perioden vor den 1980er Jahren stieg bei Männern mit jedem zusätzlichen Ausbildungsjahr die Chance, sich weiterzubilden, um 7

---

4 Wird ausschließlich für Erwerbstätige statt des Lebensalters die Berufserfahrung als Zeitachse verwendet, dann werden zum einen die gleichen Kohortendifferenzen zugunsten der immer jünger werdenden Kohorten sichtbar. Zum anderen bleiben sie über den Berufsverlauf gesehen – abgesehen von zyklischen Schwankungen – weitgehend konstant. „So gibt es – bei konstanten Unterschieden zwischen den Kohorten – weiterhin Indizien dafür, dass die meisten Weiterbildungsaktivitäten in den ersten 5 Jahren und dann – für die nach dem Zweiten Weltkrieg Geborenen – verstärkt wieder nach 10 Jahren des Berufsverlaufs erfolgen und dann mehr oder weniger im Umfang stagnieren" (Becker und Schömann 2015a, S. 281).

Prozent und bei den Frauen um 16 Prozent (Becker 1991, S. 359). Für die jüngeren Kohorten der 1964 und 1971 Geborenen liegen diese Größenordnungen bei 8 Prozent für Männer und Frauen (Becker und Schömann 2010).

Der Zugang zu beruflicher Weiterbildung steht generell in direktem Zusammenhang mit erworbenen Kenntnissen aus einer ersten formalen Ausbildung bzw. aus langjähriger Berufserfahrung. Weiterbildungschancen und auch Motivationen zur beruflichen Weiterbildung hängen von Erfahrungen mit der beruflichen Erstausbildung ab (Chatman 1991, S. 461; Büchel und Pannenberg 2004). Dieser Befund lässt sich durch die seitens der Humankapital-, Signal- und Filtertheorie sowie der Theorie segmentierter Arbeitsmärkte prognostizierten Prozesse der Selbst- und Fremdselektion empirisch fundiert erklären (Schömann und Becker 1995; Becker und Schömann 2010, 2015a). Statt einer Kompensation von Bildungsdefiziten erfolgt über berufliche Fort- und Weiterbildung eine kumulative Qualifikation privilegierter Erwerbspersonen (Becker 1991; Jacob 2004, S. 195). Sie zeichnen sich zudem durch Vorteile im Bildungs- und Berufsverlauf (z. B. hohe Qualifikation, hohe berufliche Stellung, hohe Betriebsbindung in internen Arbeitsmärkten etc.) sowie durch frühere Berufserfolge (z. B. Eingang in den öffentlichen Dienst, Zugang zu Vollzeitbeschäftigung, geringere Erwerbsunterbrechungen etc.) aus (Schömann und Becker 1995).

Allerdings haben auch qualifizierte Arbeitslose günstigere Chancen für eine berufliche Weiterbildung als unqualifizierte Arbeitssuchende (Jacob 2004). Für letztere Gruppe ist berufliche Weiterbildung ein Ausweg aus der Arbeitslosigkeit. Zudem haben Beschäftigte gute Chancen, sich weiterbilden zu können, wenn sie bereits über entsprechende Erfahrungen in beruflicher Weiterbildung verfügen, die sie für den erneuten Zugang zur beruflichen Weiterbildung mobilisieren können (Becker 1991; Düll und Bellmann 1999). Da – so Schömann und Leschke (2004) – die kompensatorische Wirkung von Qualifikationsmaßnahmen als Ausgleich für ungleiche Chancen im Schul-, Hochschul- oder Ausbildungssystem als gering eingestuft werden müssen und eher Personen mit höheren Qualifikationen, privilegiertem Status und vorteilhaften Einkommenschancen durch berufliche Weiterbildung profitieren, so dürften sich nicht nur Einkommensunterschiede verstärken oder stabilisieren (Becker und Schömann 2010), sondern es könnte auch zu einer Polarisierung von Beschäftigungschancen kommen. Des Weiteren zeigen Schömann und Leschke (2004), dass nichtdeutsche Arbeitnehmer ebenfalls ungünstigere Weiterbildungschancen haben als Deutsche: „So lag die Teilnahmequote der Personen ohne deutsche Staatsangehörigkeit in den Jahren 1997 bis 2000 mit ca. acht Prozent fast 20 Prozent unterhalb der Quote von Personen mit deutscher Staatsangehörigkeit. Nichtdeutsche, die häufiger als Deutsche auf Stellen mit niedrigem Qualifikationslevel, auf denen traditionell weniger Weiterbildung stattfindet, beschäftigt sind, sind folglich bei der beruflichen Weiterbildungsbeteiligung deutlich benachteiligt" (ebd. 2004, S. 359). Daran hat sich bislang nicht viel geändert (Offerhaus et al. 2010).

Insgesamt verstärken sich über selektive Weiterbildungschancen bestehende herkunfts- und geschlechtsspezifische Ungleichheiten bei der schulischen und beruflichen Ausbildung über den gesamten Berufs- und Lebensverlauf (Becker 1991; Büchel und Pannenberg 2004), wobei sich die Geschlechterdisparitäten für die jüngeren Kohorten zu Gunsten der qualifizierten Frauen geändert haben:

> „In der Konsequenz ergibt sich eine tiefgreifende Segmentierung der Gesellschaft in Personen, die lebenslanges Lernen bereits aktiv betreiben (höhere Schichten) und denen, die weder die Ressourcen zur Investition besitzen noch überhaupt davon überzeugt sind, dass sich solche Investitionen für sie selbst auszahlen, (beispielsweise einfache Arbeiter). Die Bedeutung der schichtspezifischen Zugehörigkeit erweist sich in der Weiterbildungsteilnahme sogar als stärker als eine geschlechtsspezifische Prägung" (Schömann und Leschke 2004, S. 385).

Die Vermutung, dass die Erstausbildung an Bedeutung verliere und vielfältige Formen der Fort- und Weiterbildung das traditionelle Lebensverlaufsschema von Ausbildung, Erwerbsarbeit und Ruhestand auflöse, ist angesichts vorliegender Befunde nicht haltbar (Mayer 2000, S. 384).

Zum anderen sind Faktoren, welche die Teilnahme an beruflicher Weiterbildung beeinflussen, nicht nur an Merkmale des Bildungs- und Erwerbsverlaufs gebunden, sondern auch an Strukturen der Arbeitsmärkte (Becker 2016, 1993). Beschäftigte in großen Betrieben oder im öffentlichen Dienst, in berufsfachlichen und betriebsinternen Arbeitsmärkten sowie mit längerer Betriebszugehörigkeit haben entsprechend den Theorien segmentierter Arbeitsmärkte günstigere Weiterbildungsmöglichkeiten als Beschäftigte in kleinen Betrieben oder in unstrukturierten Arbeitsmärkten (Schömann und Leschke 2004; Becker 2016). Die sozial selektive Teilnahme an beruflicher Weiterbildung anhand qualifikatorischer Kriterien wird durch eine Segmentation, eine Verfestigung unterschiedlicher Qualifikationsnutzung durch Betriebe und Arbeitgeber, begleitet, die schließlich zur verstärkten Arbeitsmarktsegmentation führt:

> „Insgesamt gesehen tragen Arbeitsmarktstrukturen nicht nur zur ungleichen Verteilung von Berufschancen bei, sondern auch zur Ungleichheit bei der Partizipation an beruflicher Weiterbildung und damit zur Polarisierung der Bildungs- und Berufschancen im Lebensverlauf. Weiterbildungschancen kumulieren sich bei denjenigen, die in solchen Arbeitsmärkten beschäftigt sind, in denen schon ausgeprägte Qualifikationen nachgefragt werden, vorteilhafte Arbeitsbedingungen und Karrierechancen geboten werden und das Weiterbildungsangebot hochgradig institutionalisiert ist" (Becker 1993, S. 75).

Allerdings sollten aus lebensverlaufstheoretischer Sicht die strukturellen Faktoren nicht einseitig hervorgehoben werden, da auch individuelle Merkmale des vorhergehenden Bildungs- und Berufsverlaufs und andere Lebenserfahrungen darüber entscheiden, ob entsprechende Angebote an beruflicher Weiterbildung genutzt werden (können) (Becker 1991, S. 360).

9.3.2 Wirksamkeit von Weiterbildung

Die Frage nach Nutzen oder Wirksamkeit einer beruflichen Weiterbildung zieht die Frage nach sich, wie der Erfolg von beruflicher Weiterbildung definiert werden soll. So gibt es unterschiedliche, teilweise kontroverse Auffassungen, wie Erfolg und Nutzen der beruflichen Weiterbildung zu messen und zu beurteilen sind (Blaschke und Nagel 1995, S. 196). Zum einen ist das von Teilnehmenden subjektiv intendierte Ziel einer Weiterbildungsaktivität von Zielen der Anbieter von beruflicher Weiterbildung und Zielsetzungen angebotener Weiterbildungsprogramme zu unterscheiden. So kann der individuell erwartete Nutzen darin bestehen, berufliche Kenntnisse aufzufrischen oder zu erweitern, zusätzliche Einkommen oder günstigere Arbeitsbedingungen zu erzielen, berufliche Aufstiege oder Neuorientierungen zu realisieren, Arbeitsmarktflexibilität zu erhöhen, Arbeitslosigkeit zu vermeiden oder eine bestehende zu beenden. Aus Sicht der Weiterbildungsanbieter können betriebswirtschaftliche Interessen (etwa Profitmaximierung der Betriebe) oder arbeitsmarkt- und sozialpolitische Zielsetzungen (etwa Wiederbeschäftigung von Arbeitslosen) vorliegen. Gerade bei überbetrieblichen, staatlich initiierten und finanzierten Programmen bemisst sich deren Wirksamkeit daran, in welchem Ausmaß politisch definierte Ziele erreicht wurden.

In Bezug auf individuelle Wirkungen oder Wirkungen beruflicher Weiterbildung auf den Arbeitsmarkt gibt es keine einheitlichen Befunde. Vielmehr differenzieren sie wiederum nach dem Beobachtungszeitraum, den herangezogenen Daten und verwendeten statistischen Verfahren. Weiterhin ergeben sich Unterschiede durch angewandte Verfahren zur Korrektur von sozialer Selektivität bei der Teilnahme an beruflicher Weiterbildung oder Nichtteilnahme.[5]

---

5   In den Sozial- und Wirtschaftswissenschaften gibt es in Bezug auf die Evaluation von sozialen Programmen, insbesondere in der Arbeitsmarktpolitik, eine kontroverse Debatte. Vor allem im Weiterbildungsbereich konzentriert sie sich darauf, ob und wie man die Wirksamkeit von Weiterbildungsprogrammen und ihren Maßnahmen beurteilen kann. Auf der einen Seite behaupten Vertreter der traditionellen Evaluationsforschung, dass eine Überprüfung von Programmen nur mit Experimentaldaten möglich sei. Bei der Evaluation sozialer Programme, hier auch vor allem von Weiter-

bildungsprogrammen, ist meistens keine Randomisierung der Vergleichsgruppen möglich, so dass Quasi-Experimente eine Alternative sind. Bei quasi-experimentellen Designs ohne zufällige Aufteilung von Versuchs- und Kontrollgruppe dagegen ist die Gefahr von experimentellen Artefakten nicht ausgeschlossen, weil hier der Prozess der Selbst- oder Fremdselektion weder kontrolliert noch simuliert werden kann (Cook und Campbell 1979, S. 53). So kann der positive Effekt eines Trainingsprogramms daraus resultieren, dass sich die Versuchsgruppe aus motivierten wie besser qualifizierten Personen zusammensetzt, die aufgrund dieser Attribute ohnehin bessere Beschäftigungschancen gehabt hätten. Aufgrund dieser Drittfaktoren würde dem Programm ein Erfolg bescheinigt, der auf einer Scheinkorrelation beruht. Das Verfahren des *pairwise matching* in Quasi-Experimenten oder auch nichtexperimentellen Untersuchungsdesigns scheint ein vielversprechender Ausweg zu sein (Klose und Bender 2000). Personen mit bestimmten Merkmalen oder Merkmalskombinationen in der Versuchsgruppe werden Personen mit gleichen Attributen in der Kontrollgruppe zugeordnet. Jedoch hängen die Befunde von den ausgewählten Merkmalen und der Prozedur der paar- oder gruppenweisen Zuordnung ab. Selektionsprozesse und unbeobachtete Heterogenität bleiben unberücksichtigt. Schließlich setzt die zur Verfügung stehende Stichprobe oftmals enge Grenzen für die Analyse: je kleiner die Stichprobe ist, umso grober wird das *matching* sein. Auf der anderen Seite wird der Standpunkt vertreten, dass nichtexperimentale (Längsschnitt-)Daten zur Evaluation herangezogen werden können und dass mit ökonometrischen Verfahren der tatsächliche Einfluss von Weiterbildung auf Erwerbschancen nachgewiesen werden könne. Für die Beurteilung von kurz- und langfristigen Effekten von Weiterbildungsmaßnahmen sind Längsschnittdaten notwendig. Zunächst ist oftmals nicht abzusehen, wann die Wirkung einer Weiterbildung einsetzt und wie lange das in Maßnahmen erworbene Wissen verwertbar ist. Experimente sind in der Regel zeitlich zu kurz angelegt, um langfristige Weiterbildungseffekte zu messen. Allerdings kann es bei Längsschnittdaten auch zu unbefriedigenden Ergebnissen wegen Rechtszensierung kommen, wenn das Beobachtungsfenster zu klein ist. Ein weiterer spannender Sachverhalt betrifft die Modellierung der Wirksamkeit von beruflicher Weiterbildung. So kann gemutmaßt werden, dass eine signifikante Einkommenssteigerung nicht ursächlich auf eine Weiterbildung zurückzuführen ist, die bereits längere Zeit zurückliegt, sondern auf anderen in der Zwischenzeit aufgetretenen Faktoren beruht. Für die Beurteilung der Höhe einer Wirksamkeit bedarf es der Modellierung möglicher Zeitpfade der kausalen Auswirkung von Weiterbildung auf Berufs- und Einkommensverläufe. Bei der Evaluation von sozialen Programmen mit Hilfe von quasi-experimentellen Daten tritt der Spezialfall des „Problems der kausalen Inferenz" auf, dass man eine Person niemals in den beiden Zuständen von Partizipation und Nichtteilnahme an beruflicher Weiterbildung beobachtet und daher den Nettoeffekt von Weiterbildung nicht so ohne weiteres isolieren kann. Aufgrund der sozialen Selektivität von Weiterbildungschancen kann der erwartete durchschnittliche Weiterbildungseffekt nicht mit der Differenz der Ergebnisvariablen für eine Teilnahme und Nichtteilnahme gleichgesetzt werden. Für die Lösung dieses Selektivitätsproblems in ökonometrischen Verfahren gibt es mittlerweile unterschiedliche Verfahren, die sich in ihrer Leistungsfähigkeit unterscheiden. Übersichten dazu liefern neben Lee (1982) und Berk (1983) auch Winship und Mare

So muss bei der Evaluation des individuellen Nutzens von Weiterbildung oder
der Wirksamkeit von Weiterbildungsprogrammen in Rechnung gestellt werden,
dass es sich bei den Teilnehmenden an beruflicher Weiterbildung in der Regel
um eine positive Auswahl handelt, so dass der Zusammenhang zwischen Weiterbildungsteilnahme und daraus resultierenden Folgen nicht zwangsläufig auf kausalen Effekten dieser Weiterbildung beruhen muss (Becker und Schömann 1996;
Heckman und Smith 1996; Heckman 1997; Schiener 2007). Für die Evaluation
beruflicher Weiterbildung muss die sozialstrukturelle Selektivität beim Zugang
zur Weiterbildung kontrolliert werden, um methodisch und statistisch verzerrte
Befunde zu vermeiden (Heckman 1979, 1990). Diese ergeben sich zum einen aus
der Korrelation von unabhängigen Variablen für die Partizipation an Weiterbildung und der den Einfluss des Programms abbildenden Variablen (Heckman et
al. 1987). Das bedeutet, dass der Fehlerterm für die Schätzung des Einflusses von
Weiterbildung auf den Berufs- oder Einkommensverlauf nicht unabhängig von
den erklärenden Variablen ist. Zum anderen ergibt er sich aus den Prozessen der
Selbst- und Fremdselektion selbst (Heckman und Hotz 1989). So kann die Selektion für die Weiterbildung auf beobachtbaren oder nicht beobachteten Merkmalen (z. B. Motivation) basieren, und gerade diese Merkmale können den Berufs-
oder Einkommensverlauf beeinflussen, unabhängig davon, ob sich diese Personen
weitergebildet haben oder nicht. Ein simpler Vergleich der Weiterbildungsrenditen
(Einkommen, Prestige, berufliche Stellung etc.) von „Weiterbildungsteilnehmern
und Nichtteilnehmern führt demnach zu einer Überschätzung der Weiterbildungserträge, da der Weiterbildungseffekt auch die Effekte der unbeobachteten Variablen abbildet" (Wolter und Schiener 2009, S. 92). Die fehlende Kontrolle von
unbeobachteter Heterogenität oder Selektivität der Weiterbildungsteilnahme kann
unter Umständen auch zu irreführenden Schätzungen führen. Das Evaluations-
problem kann durch die Kontrolle der sozialen Selektivität vor dem Eintritt in solche Maßnahmen und der beruflichen Vorgeschichte dieser Personen gelöst werden
(Heckman 1979; Heckman und Robb 1985, 1986a).

9.3.2.1 Berufliche Weiterbildung und Arbeitslosigkeit

Zwei hinreichende Indikatoren für die Wirksamkeit von Weiterbildung sind zum
einen die langfristige Beschäftigungssicherheit und zum anderen die Wiederbe-

---

(1992) sowie Heckman und Robb (1986). Angesichts dieser Arbeiten kann der Schluss
gezogen werden, dass es nicht *die* Lösung gibt, sondern mehrere unterschiedliche
Verfahren ihre Berechtigung haben. Schließlich betonen Heckman und Robb (1986b,
S. 106) „The ‚solution' to the selection bias problem lies outside of formal statistics".

schäftigung Arbeitsloser. Auch die in den letzten Jahrzehnten in Ostdeutschland durchgeführten staatlich geförderten Weiterbildungsmaßnahmen zielten auf die Vermeidung von Arbeitslosigkeit und die Reintegration von Arbeitslosen und müssen sich daran messen lassen, ob und wie Arbeitslose nach der Teilnahme an diesen Maßnahmen in den Arbeitsmarkt eingegliedert worden sind.

Die Befunde zu den Effekten beruflicher Weiterbildung für die Verhinderung von Arbeitslosigkeit oder Reintegration Arbeitsloser in den Arbeitsmarkt sind ein Beispiel dafür, wie stark sie von den verwendeten Methoden (z. B. Korrektur von *sample selection bias*) und Daten (Quer- vs. Längsschnittdaten) abhängen. So kommen Evaluationen aus den 1970er und 1980er Jahren oftmals zum Ergebnis, dass Problemgruppen auf dem Arbeitsmarkt – wobei insbesondere Langzeitarbeitslose als eine primäre Zielgruppe von überbetrieblichen oder staatlich geförderten Weiterbildungsmaßnahmen angesehen werden – kaum Zugang zu Weiterbildungsmaßnahmen haben. Zwar verbessern sich die Arbeitsmarktchancen arbeitsloser Weiterbildungsteilnehmer gegenüber arbeitslosen Nichtteilnehmern (Hofbauer 1985, S. 120ff.), aber zunehmend werden vor allem Langzeitarbeitslose nach einer Weiterbildungsmaßnahme schnell wieder arbeitslos oder bleiben trotz Weiterbildung arbeitslos (ebd., S. 118). Für die Mehrheit der arbeitslosen Teilnehmer bietet berufliche Weiterbildung kaum Chancen zur langfristigen Wiedereingliederung in den Arbeitsmarkt. Deswegen wird berufliche Weiterbildung oftmals als ein arbeitsmarkt- und sozialpolitisches Anpassungs-, Auslese-, Legitimations- und Disziplinierungsinstrument bewertet (ebd., S. 112). Möglicherweise sind diese Bewertungen überzogen, wenn methodische Probleme beim Design und der statistischen Analysen in Rechnung gestellt werden.

Hingegen wird für die 1990er und 2000er Jahre mittels Längsschnittdaten sowie unter Kontrolle von sozialer Selektivität der Weiterbildungteilnehmer eher von positiven Effekten beruflicher Weiterbildung berichtet. Beispielsweise können Schömann et al. (1997) mit Hilfe von Längsschnittdaten des GSOEP und bei dynamischer Kontrolle von *sample selection bias* für Ostdeutschland zeigen, dass Teilnahmen an Weiterbildung für Männer und Frauen die Risiken senken, arbeitslos zu werden. Im Zeitraum von Anfang 1990 bis Frühjahr 1993 verringert sich für ostdeutsche Teilnehmerinnen das Risiko für eine Arbeitslosigkeit um 18 Prozent gegenüber den Nichtteilnehmerinnen. Bei den Männern verringert sich das Arbeitslosigkeitsrisiko um 37 Prozent gegenüber den Nichtteilnehmern. Für Westdeutschland kann Pannenberg (2001) für den Zeitraum von 1986 bis 1997 mit den SOEP-Daten zeigen, dass männliche Weiterbildungteilnehmer ein geringeres Risiko aufweisen, arbeitslos zu werden, als Nichtteilnehmer. Bei Frauen hingegen ist nur für den ersten Zeitraum von drei Jahren ein beschäftigungsstabilisierender Weiterbildungseffekt festgestellt worden. Zudem zeigen Büchel und Pannenberg

(2004), dass diese Weiterbildungseffekte in Ostdeutschland größer sind als im Westen Deutschlands.

So wie die Erwerbstätigen günstigere Chancen für die Teilnahme an beruflicher Weiterbildung haben, so ergibt sich für sie ein nachhaltiger Nutzen aus der Weiterbildung. Insbesondere innerbetriebliche Maßnahmen haben nach Schömann et al. (1997) eine langfristig beschäftigungs- und statussichernde Wirksamkeit für die Teilnehmer, während dagegen AFG-finanzierte Maßnahmen bei mehreren Evaluationen deutlich ungünstiger beurteilt werden (vgl. Hübler und König 1999). Vor allem Anpassungsfortbildungen während der Arbeitszeit sind erfolgreicher als staatlich geförderte Umschulungsmaßnahmen. Auch Blaschke und Nagel (1995) belegen positive Auswirkungen der nach dem Arbeitsförderungsgesetz (AFG) bzw. dem Sozialgesetzbuch III (SGB III) finanzierten beruflichen Weiterbildung für die Wiedereingliederung von Arbeitslosen in die Beschäftigung. Fitzenberger und Prey (1998) decken mit Daten des „Arbeitsmarktmonitors" für die erste Hälfte der 1990er Jahre positive Weiterbildungseffekte für Beschäftigungschancen auf. Hübler (1997, 1998) sowie Fitzenberger und Prey (1998) kommen mit Daten des IAB-Arbeitsmarktmonitors zum Ergebnis, dass staatlich geförderte Fortbildungs- und Umschulungsmaßnahmen der Bundesagentur für Arbeit eher negative Beschäftigungseffekte haben. Aber je nach ökonometrischer Spezifikation finden letztere Autoren auch positive bzw. insignifikante Beschäftigungseffekte. Nach Wingens und Sackmann (2000) scheint es so zu sein, dass die negativen Institutionseffekte von AFG-finanzierter Weiterbildung für Arbeitslose in den neuen Bundesländern für die Jahre 1990-1997 die positiven Bildungseffekte überlagern. Schließlich belegen Klose und Bender (2000) mit Längsschnittdaten der IAB-Beschäftigtenstichprobe (1986-1990) bei Kontrolle der sozialen Selektivität nur schwache positive Effekte von Fortbildungs- und Umschulungsmaßnahmen nach dem AFG auf die Wiederbeschäftigung Arbeitsloser. Eine Vielzahl ähnlicher Studien geht mit unterschiedlichen Ergebnissen in die gleiche Richtung (z. B. Staat 1997; Hujer et al. 1998).

Neuere Studien zeigen auf, dass diese ernüchternd erscheinenden Befunde ebenfalls mit methodischen Problemen behaftet sind, weil sie nur relativ kurze Beobachtungszeitfenster abdecken. So geben Biewen et al. (2006) bei der Studie von Klose und Bender (2000) zu bedenken, dass die Beschäftigungseffekte unterschätzt werden, weil nur Daten für eine Periode von vier Jahren zur Verfügung stehen. Mit neueren Daten und Verfahren decken Biewen et al. (2006) positive kurz- wie langfristige Beschäftigungseffekte von AFG-Weiterbildungsmaßnahmen in West- und Ostdeutschland auf. Im Vergleich zu Ostdeutschland weisen SGB-III-Trainingsmaßnahmen im Westen Deutschlands beträchtliche Beschäftigungseffekte für arbeitslose Frauen und Männer auf. Sie sind besonders deutlich, wenn Arbeitslose nach einem halben Jahr Arbeitslosigkeit in diese Maßnahmen eintreten. Hingegen sind bis auf wenige Ausnahmen die gleichen Maßnahmen in Ostdeutschland weniger erfolgreich, um Arbeitslose in Beschäftigung zu bringen.

> „Wie bei Trainingsmaßnahmen und bei reinen Maßnahmen zur beruflichen Weiterbildung lassen sich keinerlei positive Beschäftigungseffekte für praktische berufliche Weiterbildungsmaßnahmen in Ostdeutschland messen. Das insgesamt negative Bild für Ostdeutschland spiegelt sicher die dort allgemein schwierige Arbeitsmarktlage wider. Hinzu mag kommen, dass sich die Zusammensetzung der Maßnahmenteilnehmer in Ost- und Westdeutschland grundsätzlich unterscheidet. In Regionen mit besonders hoher Arbeitslosigkeit mögen Weiterbildungsmaßnahmen teilweise auch die Funktion einer Ersatztätigkeit haben, die insbesondere schwer vermittelbaren Arbeitslosen Betätigungsmöglichkeiten gibt, ohne tatsächlich deren Beschäftigungschancen zu erhöhen" (Biewen et al. 2006, S. 379).

Offensichtlich hat sich die Wirksamkeit der öffentlich finanzierten Fort- und Weiterbildung für Teilnehmer in Ostdeutschland zwischen den 1990er und 2000er Jahren verschlechtert, während sie im Westen Deutschlands gestiegen ist (Biewen et al. 2006).

Aktuelle Studien, die auch als Reanalysen älterer Studien angesehen werden können, kommen hingegen zu optimistischeren Einschätzungen. So zeigen beispielsweise Fitzenberger und Völter (2007, S. 750) mit verändertem Design, längerem Beobachtungszeitraum und administrativen Daten (IAB-Beschäftigtenstichprobe), dass Programme der „Aktiven Arbeitsmarktpolitik" in Ostdeutschland positive mittel- und langfristige Beschäftigungseffekte haben. Im Unterschied dazu führen Umschulungen sowie Übungs- und Praxisfirmen nicht zu konsistent positiven Beschäftigungseffekten. Auch reduzieren diese Programme nicht die Bezugsdauern von staatlichen Unterstützungsleistungen, sondern führen gar kurzfristig zum verfestigten Verbleib in diesen Programmen (*lock-in effect*). Auch Lechner et al. (2007), die in ihrer Studie für Ostdeutschland die Stichprobenverzerrung in der IAB-Beschäftigtenstichprobe durch *matching*-Verfahren korrigieren und Effekte beruflicher Weiterbildung über einen Zeitraum von über acht Jahren beobachten, kommen für verschiedene Weiterbildungsprogramme zum Ergebnis, dass diese Programme die Aussichten für langfristige Beschäftigung Arbeitsloser und ihre Einkommen in positiver Weise befördern. Dies gilt eher für Frauen als für männliche Teilnehmer. Insgesamt werden aber langfristig gesehen positive Programmeffekte konstatiert. Zu ähnlichen Ergebnissen kommen dieselben Autoren (2011) für Westdeutschland, wonach die Weiterbildung im Rahmen der „Aktiven Arbeitsmarktpolitik" langfristig zu steigenden Wiederbeschäftigungsraten von 10 bis 20 Prozent führen. Diese Effekte scheinen auch nachhaltig zu sein (Lechner et al. 2011, S. 774). So gesehen scheint es lohnenswert zu sein, nicht nur den Zugang zur beruflichen Weiterbildung mittels Längsschnittdaten für einen längeren Zeitraum zu beobachten, sondern auch für die Evaluation von beruflicher Weiterbildung möglichst lange Beobachtungszeitfenster aufzumachen (Becker und Schömann 2015a).

9.3.2.2 Berufliche Weiterbildung und berufliche Karriere

Des Weiteren bilden sich Erwerbspersonen weiter, um ihre berufliche Karriere zu fördern und Einkommens- und Mobilitätschancen zu verbessern. So belegen Längsschnittstudien im Kohortendesign für Westdeutschland in der Zeit bis Anfang der 1980er Jahre, wobei die soziale Selektivität der Weiterbildungschancen nicht explizit berücksichtigt wurde, dass der erfolgreiche wie zertifizierte Abschluss einer beruflichen Weiterbildung den Absolventen bessere Aufstiegschancen gewährt, während die Weiterbildungsteilnahme alleine schon das Risiko eines beruflichen Abstieges und der beruflichen Dequalifizierung deutlich vermindert (Müller 1977; Becker 1987, 1991). Im Zeitraum von 1950 und 1983 erhöhte sich für Frauen und Männer mit einem zertifizierten Weiterbildungsabschluss die Chance für einen beruflichen Aufstieg um 55 bzw. 76 Prozent, während sich für die Weiterbildungsteilnehmer die Wahrscheinlichkeit für einen beruflichen Abstieg um 30 bzw. 50 Prozent gegenüber den Nichtteilnehmern verringerte (Becker 1991).

> „Unterschiedlichen Studien zufolge wird jedoch der generelle Nutzen berufsbezogener Weiterbildung seitens der Teilnehmer häufig höher bewertet, als dies die tatsächlichen beruflichen Verbesserungen erwarten lassen (…). So führt insbesondere die berufsbezogene, aber unzertifizierte Weiterbildung in der Regel nicht zu einer Verbesserung der beruflichen Position oder des Einkommens. Immerhin mindert sie aber im Lebensverlauf das Risiko arbeitslos zu werden oder sich beruflich zu verschlechtern" (Offerhaus et al. 2016, S. 405).

In einer neueren Studie zeigen Becker und Schömann (2015a) mit den Daten der Deutschen Lebensverlaufsstudie für die historische Zeit von 1949 bis 1999 und fünf Geburtskohorten im Westen Deutschlands, dass mittels beruflicher Weiterbildung vorherige intergenerationale Statusabstiege kompensiert werden können. Beschäftigte, die in ihrem Berufsverlauf eine niedrigere Klassenlage einnehmen als ihre Eltern erreicht hatten, als sie 15 Jahre alt waren, investieren eher in berufliche Weiterbildung als statuskonsistente Beschäftigte und vermögen über berufliche Weiterbildung, diese Abstiege auszugleichen. Zudem können sie damit auch Risiken für inter- und intragenerationale Abstiege in der Klassenstruktur vermeiden.

Berufliche Weiterbildung erfolgt nicht nur aus Gründen des intergenerationalen Statuserhalts, sondern hat auch statusreproduzierende Wirkungen im Berufsverlauf. Wiederum aus der Perspektive von Weiterbildungs- und Berufsverläufen haben Becker und Schömann (2015b) untersucht, ob berufliche Wechsel freiwillig erfolgten oder erzwungen wurden, und ob hierbei die Teilnehmer an beruflicher Weiterbildung eher als die Nichtteilnehmer in der Lage waren, solche beruflichen Veränderungen mit mehr oder weniger freiem Willen autonom zu steuern. Für die Analyse wurden Lebensverlaufsdaten der Geburtsjahrgänge 1964 und 1971 in Westdeutschland mittels Verfahren der Ereignisdatenanalyse ausgewertet. Insbesondere zertifizierte, selbstfinanzierte und einmalige Weiterbildung befördert die Handlungsfähigkeit der Teilnehmer und wirkt sich positiv auf ihren Berufsverlauf aus. Jedoch stehen der durch Weiterbildung unterstützten beruflichen Mobilität weiterhin Restriktionen der Arbeitsmärkte, Betriebe, Arbeitsplätze und Beschäftigungsverhältnisse entgegen.

In Deutschland sind es vor allem zwischenbetrieblich transferierbare Qualifikationen, Kenntnisse und Fähigkeiten, die einen positiven Nutzen von Weiterbildungsteilnahmen erbringen (Becker und Schömann 1999). Zertifizierte und allgemein anerkannte außerbetriebliche Weiterbildung erhöhte die Arbeitsmarktflexibilität von Männern und in einem deutlichen geringeren Ausmaß auch für Frauen. So sind Männer mit einer erfolgreich abgeschlossenen wie zertifizierten Weiterbildung eher in der Lage innerhalb eines Betriebes aufzusteigen oder zwischen Betrieben zu wechseln als Nichtteilnehmer, während Männer mit einer innerbetrieblichen Weiterbildung aufgrund der gewachsenen Betriebsbindung eine geringere zwischenbetriebliche Mobilität aufwiesen als Nichtteilnehmer.[6] Berufliche Weiterbildung erhöht zudem gleichermaßen die Betriebsbindung und die Arbeitsmarktmobilität von Teilnehmern und verbessert ihre Möglichkeiten, flexibel auf die Arbeitsmarktlage zu reagieren (Becker 1993; Düll und Bellmann 1999). Die Arbeitsplatzmobilität erhöht sich allerdings nur für Männer mit zertifizierten Weiterbildungsabschlüssen. Bei Frauen hingegen erhöht sich nicht die Wahrscheinlichkeit des Betriebswechsels, sondern die Betriebsbindung und Arbeitsplatzsicherheit. Die Teilnahme an beruflicher Weiterbildung allein hat für sie offensichtlich keinen die Mobilität erhöhenden Effekt.

---

6   Für den Zeitraum von 1986 bis 1989 findet Pannenberg (1995) auf Basis der GSOEP-Daten für Westdeutschland, dass sich berufliche Weiterbildung günstig auf die Beförderung auswirkt, sofern es sich um vom Arbeitgeber finanzierte Weiterbildung handelt. Positiv wirkt sich berufliche Weiterbildung auf Karrieresprünge nach einem Arbeitgeberwechsel aus.

9.3.2.3 Berufliche Weiterbildung und Einkommen

Am Beispiel des Einkommensverlaufs westdeutscher Frauen in den Geburtsjahrgängen 1929-31, 1939-41 und 1949-51 konnte mit Lebensverlaufsdaten nachgewiesen werden, dass die Weiterbildungsteilnahme langfristige Einkommenseffekte hat (Becker und Schömann 1996). Während sich für die Frauen die Teilnahme an einer beruflichen Weiterbildung bei zwischenbetrieblichen Arbeitsplatzwechseln auszahlte, führte sie für Männer in den gleichen Kohorten bei innerbetrieblichen Arbeitsplatzwechseln zu Einkommenszuwächsen. Insbesondere wenn die Weiterbildungsteilnahme erfolgreich abgeschlossen wurde, konnten männliche Weiterbildungsteilnehmer eher zusätzliche Einkommen erzielen als Nichtteilnehmer. In dieser Hinsicht ist der individuelle Nutzen von Weiterbildung wiederum an die Chancen geknüpft, das institutionalisierte und qualitativ hochwertige Weiterbildungsangebot nutzen zu können. Für die jüngeren Kohorten der 1964 und 1971 Geborenen stellen Becker und Schömann (2010) fest, dass bei Männern, die den Arbeitgeber wechselten, Einkommenseinbußen auftraten, wenn sie sich zuvor an arbeitgeberfinanzierten Weiterbildungen beteiligt haben, während sie zusätzliche Einkommensgewinne erzielten, wenn sie selbstfinanzierte Weiterbildung betrieben haben. Dieser Befund entspricht der humankapitaltheoretischen Sichtweise, dass betriebsspezifische Weiterbildungsinhalte eher abträglich für die berufliche Karriere sind, wenn die Teilnehmer den Betrieb verlassen.

Ohne Arbeitsplatzwechsel konnten Weiterbildungsteilnehmerinnen in den Geburtsjahrgängen 1929-31, 1939-41 und 1949-51 über einen langen Zeitraum größere Einkommensgewinne erzielen als Nichtteilnehmerinnen (Becker und Schömann 1996). Frauen realisierten im Unterschied zu den Männern über Weiterbildung signifikante Einkommenszuwächse, wenn sie kontinuierlich auf ein- und demselben Arbeitsplatz beschäftigt waren. Wenn auch die berufliche Weiterbildung kein hilfreiches Instrumentarium war und ist, die geschlechtsspezifische Einkommensungleichheit abzubauen, so trägt sie für das Lebenseinkommen und die Alterssicherung von langfristig erwerbstätigen Frauen bei. Offensichtlich hat dieser positive Nutzen jedoch eine zunehmende Einkommensungleichheit unter Frauen zur Folge. Für die jüngeren Kohorten 1964 und 1971 stellen Becker und Schömann (2010) sowohl für Männer als auch für Frauen fest, dass sich berufliche Weiterbildung für Einkommensentwicklung auf ein- und demselben Arbeitsplatz auszahlt; bei den jüngeren Jahrgängen sind die Weiterbildungseffekte für die Männer größer als für die Frauen. Die häufigen Teilnahmen an betriebsspezifischer, arbeitgeberfinanzierter Weiterbildung hatten größere positive Auswirkungen auf die Zuwachsraten als selbstfinanzierte Weiterbildung. Hierbei liegen keine Geschlechterunterschiede vor.

In Deutschland sanken jedoch für die Geburtsjahrgänge 1929-31, 1939-41 und 1949-51 in der Zeit bis 1983 die Weiterbildungsrenditen, also die finanzielle Vergütung der Investitionen in Weiterbildungsaktivitäten der Beschäftigten, deutlich. Gleiches gilt für die 1964 und 1971 Geborenen in der Zeit von 1978 bis 1998. Berücksichtigt man jedoch den Saldo der Entwicklung der Einkommenszuwächse und Renditen von beruflicher Weiterbildung im gesamten Berufsverlauf, so überwiegen Gewinne zusätzlicher Humankapitalinvestitionen gegenüber Verlusten oder fehlenden Effekten.

Die positiven Einkommenseffekte von beruflicher Weiterbildung untermauert Pannenberg (1995) mit Daten des Sozio-oekonomischen Panels für Westdeutschland in der Zeit von 1986 bis 1991. Mit den gleichen Daten stellt Pannenberg (1998) für die Zeit von 1986 bis 1996 heraus, dass die monetären Erträge von Weiterbildung mit der Dauer der Betriebszugehörigkeit zusammenhängen. Auch Pischke (2001) kann für die Jahre 1986 bis 1989 mit Daten des GSOEP bei Kontrolle formaler Erstausbildung direkte Einkommenseffekte kontinuierlicher Weiter- und Fortbildung nachweisen und untermauert somit die Befunde von Schömann und Becker (1998, 2002) sowie von Pfeiffer und Reize (2000). Mit SOEP-Daten kommen Jürges und Schneider (2004) zum Befund, dass Weiterbildung (*on the job*) positive, aber in der Regel geringe oder keine signifikanten Wirkungen auf Einkommen haben. Auch weitere Analysen von Büchel und Pannenberg (2004) belegen positive Einkommenseffekte von beruflicher Weiterbildung von Beschäftigten, die zudem mit der Häufigkeit und dem Volumen von Weiterbildungsteilnahmen signifikant zusammenhängen. Zudem stellen die Autoren fest, dass sich – wie von der Humankapitaltheorie prognostiziert – berufliche Weiterbildung vor allem in frühen Phasen des Berufs- und Einkommensverlaufs auszahlen.

Pfeiffer und Reize (2000, S. 20) zeigen mit BIBB/IAB-Daten, dass Nichtteilnehmer an beruflicher Weiterbildung früher im Lebensverlauf und rascher in ihrem Berufsverlauf den Höhepunkt ihrer Einkommensentwicklung erreichen. Hingegen können Teilnehmer an beruflicher Weiterbildung über einen längeren Zeitraum in ihrem Erwerbsleben zusätzliche Einkommenszuwächse realisieren. Allerdings weisen die Autoren darauf hin, dass nicht zwingend kausale Einkommenseffekte infolge beruflicher Weiterbildung vorliegen müssen; vielmehr lassen die Daten auch den Schluss zu, dass – wie von der Theorie segmentierter Arbeitsmärkte prognostiziert – berufliche Weiterbildung sogar Folge statt Ursache von beruflicher Karriere sein könne (Pfeiffer und Reize 2000, S. 25; siehe auch Schiener 2007).

In einer neueren Studie über Einkommenseffekte beruflicher Weiterbildung stellen Wolter und Schiener (2009) mit Daten des Mikrozensus-Panels 1996-1999 für abhängig Beschäftigte in Ost- und Westdeutschland zunächst in methodischer

Hinsicht fest, dass das bereits oben geschilderte Selektivitätsproblem eine ernst zu nehmende Schwierigkeit ist, den Beitrag von Teilnahme an beruflicher Weiterbildung für Arbeitseinkommen zu identifizieren. Anhand multivariater Schätzungen (*fixed effects estimations*) stellen die Autoren signifikant positive Einkommenseffekte von beruflicher Weiterbildung fest und bestätigen bereits vorliegende Befunde, wonach die Renditen für Ostdeutschland höher sind als für Westdeutschland. Ein besonders hervorzuhebender Befund von Wolter und Schiener (2009) ist, dass die Einkommenseffekte nicht für alle Gruppen von Teilnehmern gleich sind. Beispielsweise profitieren im Westen Deutschlands lediglich die jüngeren Teilnehmer, während in Ostdeutschland keine Unterschiede zwischen den Altersgruppen vorliegen. Mit steigendem Bildungs- bzw. Qualifikationsniveau nehmen die zusätzlichen Einkommensgewinne infolge beruflicher Weiterbildung ab. Bei den Hochqualifizierten haben Teilnahmen an beruflicher Weiterbildung eher einen inflationären Signalcharakter, der mit geringeren Einkommenseffekten einhergeht. Insgesamt bestätigen die Autoren die ungleichheitskonservierende Wirkung beruflicher Weiterbildung, weil berufliche Weiterbildung auf einer beruflichen Position durchaus „einen ‚Added Value' in Form einer leichten Einkommenssteigerung darstellt; die bestehenden qualifikationsinduzierten (via allgemeine und berufliche Erstausbildung) Ungleichheiten der Berufs- und Einkommenspositionen werden jedoch durch Weiterbildung nicht nachhaltig verändert" (Wolter und Schiener 2009, S. 113). Wolter und Schiener (ebd.) vernachlässigen allerdings, dass selbst geringe Weiterbildungseffekte über den gesamten Zeitverlauf zu großen Unterschieden in den Einkommen über den Lebensverlauf führen können. Empirische Evidenz dafür haben Becker und Schömann (1996, S. 453) vorgelegt. Offen ist bislang die Frage, ob die Gewinner der beruflichen Weiterbildung langfristig gesehen die Gewinne auch als solche einschätzen.

9.4   Schluss

Im Zuge der Bildungsexpansion und wirtschaftlichen Entwicklung sowie der Ausweitung des Angebots an beruflicher Weiterbildung gehört es zum integralen Bestandteil des Bildungs- und Berufsverlaufs, sich im Berufsverlauf und auch nach dem Erwerbsleben weiterzubilden (vgl. Offerhaus et al. 2016). Die Motoren für ein wachsendes Angebot von beruflicher Weiterbildung und eine wachsende Beteiligung an beruflicher Weiterbildung sind offensichtlich zunächst gesamtgesellschaftliche Prozesse wie ökonomische Konjunkturzyklen und berufsstruktureller Wandel (Becker 2016). Allerdings liegen kaum empirische Evidenzen vor, dass technologischer Strukturwandel Nachfrage und Angebot von (beruflicher)

Fort- und Weiterbildung forciert hat. In einer Untersuchung über den Einfluss des technologischen, ökonomischen und beruflichen Strukturwandels und der Entwicklung des Arbeitsmarktes auf die berufliche Weiterbildung (on-the-job) von Beschäftigten und das betriebliche Weiterbildungsanbot, kann Becker (2016) mittels den ereignisorientierten Längsschnittdaten der ALWA-Studie für zwischen 1956 bis 1978 geborene westdeutsche Beschäftigte in der Zeit von 1972 bis 2008 nachweisen, dass dieser Strukturwandel sowohl die individuelle Teilnahme an beruflicher Weiterbildung als auch das Weiterbildungsverhalten von Betrieben strukturiert hat. Infolge von beruflicher und betrieblicher Weiterbildung sanken die Kündigungsrisiken für die Teilnehmer, während die Raten sowohl für berufliche Tätigkeitswechsel infolge der Anpassung an den Strukturwandel als auch für den Verbleib beim Arbeitgeber zunahmen.

Die Entwicklungen des Arbeitsmarktes und der Beschäftigungschancen treiben die Expansion von beruflicher Weiterbildung voran; die gestiegene Konkurrenz beim Zugang zu knappen Arbeitsplätzen sowie auf Flexibilität ausgerichtete Qualifikationsprofile machen berufliche Fort- und Weiterbildungen notwendig. Dem Konzept kontinuierlicher Weiterbildung steht allerdings die empirische Tatsache gegenüber, dass Firmen verstärkt dazu tendieren, den technologischen Wandel mit jeweils neu auf den Arbeitsmarkt eintretenden und auf dem neusten Stand ausgebildeten Geburtsjahrgängen zu bewältigen, je rascher berufliches Wissen veraltet. In den letzten Jahren ist jedoch die Bereitschaft der Betriebe gestiegen, vermehrt in die berufliche Weiterbildung ihrer Angestellten zu investieren.

Schließlich werden individuelle Interessen der Erwerbspersonen nach mehr Arbeitsplatzsicherheit, vorteilhafte Einkommenschancen sowie veränderte Bildungsansprüche infolge der Bildungsexpansion und der Höherqualifikation in der Generationenfolge als Ursachen für die Expansion der Weiterbildung angeführt. Zusätzliche Qualifikationen im Rahmen von beruflicher Weiterbildung, Fortbildung und Umschulung begrenzen sich jedoch nur auf einen kleinen Kreis von Beschäftigten sowie auf die ersten Berufsjahre und frühen Zeitpunkte im Erwachsenenalter (Mayer 2000).

Trotz der Expansion des Weiterbildungssektors und der gestiegenen Teilnahme an beruflicher Weiterbildung und trotz der immer wiederholten Behauptung, dass berufliche Weiterbildung im Vergleich zur beruflichen Erstausbildung immer wichtiger werde für die Integration in die Arbeitsmärkte, hat die formale Erstausbildung nicht an Bedeutung für den Zugang zu den Arbeitsmärkten und Möglichkeiten für Fort- und Weiterbildung eingebüßt: So „ist die erste berufliche Weiterbildung in aller Regel entscheidend für das weitere Berufsleben, auch und gerade dann, wenn sie zum Sprungbrett für den Berufswechsel wird. Im Übrigen weisen alle Studien darauf hin, dass sich die berufliche Weiterbildung nicht nur vor allem auf die ersten zehn Jahre des Berufslebens beschränkt, sondern dass sie auch eine stark kumulative Wirkung besitzt: Je qualifizierter die Erstausbildung, desto höher die Beteiligung an Weiterbildung" (Mayer 2000, S. 396f.). Allerdings hängen Kumulation beruflichen Wissens und Ausweitung von Fertigkeiten auch von der Qualität und Quantität vorhergehender Ausbildungen ab (ebd., S. 397). Die enge Korrelation zwischen dem Niveau der Erstausbildungen und den Möglichkeiten, sich beruflich fortbilden zu können, zeigt, dass kontinuierliche Weiterbildung kumulativ wirkt und bestehende Ungleichheiten verstärkt. Behauptungen, das Sprichwort „Was Hänschen nicht lernt, lernt Hans nimmermehr" habe heute keine Geltung mehr, verbreiten nur die halbe Wahrheit, die eben hauptsächlich für die bildungsmäßig Privilegierten zutrifft. Der ausgleichenden Zielsetzung von Weiterbildungsmaßnahmen, wonach gering qualifizierten Erwerbspersonen weitere Chancen eröffnet werden, Bildungsdefizite und Bildungsnachteile abzubauen, und den Frauen, welche die Erwerbstätigkeit unterbrochen haben, der Wiedereintritt in die Erwerbstätigkeit und in den Beruf erleichtert werden soll, sind deutliche Grenzen gesetzt. Zudem belegen empirische Befunde immer wieder, dass die Verteilung von Weiterbildungschancen den Segmentationslinien des Arbeitsmarktes folgt und die damit verbundenen Selektionsprozesse die Arbeitsmarktsegmentation reproduzieren und verfestigen.

Insgesamt bestätigen sie die Polarisierungsthese, wonach es im Weiterbildungsbereich durch ungleiche Zugangschancen der einzelnen, vor allem nach Ausbildung differierenden Arbeitskräftegruppen zu weiterer Polarisierung der Beschäftigungs- und Einkommenschancen kommt (*Matthäus-Effekt:* Wer hat, dem wird gegeben, und wer nichts hat, dem wird genommen). Wenn es nur geringe Weiterbildungseffekte auf Karriere- und Einkommenschancen gibt, so wird die bestehende Ungleichheit nach schulischer und beruflicher Ausbildung sowie nach beruflicher Allokation konserviert. Weder Bildungsungleichheiten werden dadurch nivelliert noch werden folglich sozial ungleiche Markt- und Lebenschancen über (berufliche) Fort- und Weiterbildung ausgeglichen. Mit beruflichen Weiterbildungsmaßnahmen – genauer: der sozial selektiven Teilnahme von bereits privilegierten Gruppen auf den Arbeitsmärkten – wird gegenwärtig offensichtlich das Gegenteil erreicht: Kumulation, Verfestigung und Verschärfung sozialer Ungleichheiten von Bildungschancen und Lebenschancen, die an Bildung und Erwerbstätigkeit geknüpft sind. Qualifikatorische und geschlechtsspezifische Segregation des Arbeitsmarktes wird auch über berufliche Weiterbildung auf Dauer gestellt. Sie verschärft Ungleichheiten im Berufsverlauf und auf den Arbeitsmärkten. Kompensatorische Wirkungen in Bezug auf Arbeitslosigkeit sind deutlich beschränkt. So stellen Schömann und Leschke (2004) fest, dass in Deutschland die berufliche Weiterbildung noch weit entfernt sei von einem systematischen Ansatz des kontinuierlichen lebensbegleitenden Lernens: „Zu starkes Vertrauen auf den Markt als Regelungsmechanismus für Angebot und Nachfrage in der beruflichen Weiterbildung hat zu einer Tendenz geführt, die berufliche Weiterbildung in der Wissensgesellschaft zu einem bedeutenden Faktor der Verstärkung, zumindest der Fortschreibung, sozialer Ungleichheit macht" (Schömann und Leschke 2004, S. 353). Die Aufhebung von sozialer Selektivität in der beruflichen Weiterbildung wird als ein Schritt zur Herstellung fairer Beschäftigungs- und Einkommenschancen gesehen, und ist daher nicht nur Aufgabe aktiver Arbeitsmarktpolitik, sondern eine gesamtgesellschaftliche Aufgabe zur Sicherung der Zukunft einer alternden Gesellschaft (siehe auch Schmid 2002).

Literatur

Antoni, M., Drasch, K., Kleinert, C., Matthes, B., Ruland, M., & Trahms, A. (2011). *Arbeiten und Lernen im Wandel. Teil I: Überblick über die Studie* (FDZ Methodenreport 05/2010, 2. Aktualisierte Fassung des Berichtes vom Mai 2010). Nürnberg: IAB.

Arrow, K. J. (1973). Higher Education as a Filter. *Journal of Public Economics, 2*, 193-216.

Autorengruppe Bildungsberichterstattung (Hrsg.). (2006). *Bildung in Deutschland 2006. Ein indikatorengestützter Bericht mit einer Analyse zu Bildung und Migration.* Bielefeld: Bertelsmann.

Autorengruppe Bildungsberichterstattung (Hrsg.). (2008). *Bildung in Deutschland 2008. Ein indikatorengestützter Bericht mit einer Analyse zu Übergängen im Anschluss an den Sekundarbereich I.* Bielefeld: Bertelsmann.

Autorengruppe Bildungsberichterstattung (Hrsg.). (2010). *Bildung in Deutschland 2010. Ein indikatorengestützter Bericht mit einer Analyse zu Perspektiven des Bildungswesens im demografischen Wandel.* Bielefeld: Bertelsmann.

Autorengruppe Bildungsberichterstattung (Hrsg.). (2012). *Bildung in Deutschland 2012. Ein indikatorengestützter Bericht mit einer Analyse zur kulturellen Bildung im Lebenslauf.* Bielefeld: Bertelsmann.

Autorengruppe Bildungsberichterstattung (Hrsg.). (2014). *Bildung in Deutschland 2014. Ein indikatorengestützter Bericht mit einer Analyse zur Bildung von Menschen mit Behinderungen.* Bielefeld: Bertelsmann.

Bardeleben, von R., Beicht, U., & Holzschuh, J. (1994). Individuelle Kosten und Nutzen der beruflichen Weiterbildung. *Berufsbildung in Wissenschaft und Praxis, 23*, 9-17.

Becker, G. S. (1975). *Human Capital: A Theoretical and Empirical Analysis with Special Reference to Education.* New York: Columbia University Press (2. Aufl.).

Becker, R. (1990). Arbeitsmärkte im öffentlichen Dienst und in der Privatwirtschaft. Eine Längsschnittuntersuchung aus der Perspektive von Berufsverläufen. *Zeitschrift für Soziologie, 19*, 360-375.

Becker, R. (1991). Berufliche Weiterbildung und Berufsverlauf. Eine Längsschnittuntersuchung von drei Geburtskohorten. *Mitteilungen aus der Arbeitsmarkt- und Berufsforschung, 24*, 351-364.

Becker, R. (1993). Zur Bedeutung der beruflichen Weiterbildung für den Berufsverlauf. Eine empirische Längsschnittuntersuchung über Weiterbildungs- und Arbeitsmarktchancen der Geburtskohorten 1929-31, 1939-41 und 1949-51. In A. Meier, & U. Rabe-Kleberg (Hrsg.), *Weiterbildung, Lebenslauf, sozialer Wandel* (S. 61-86). Neuwied: Luchterhand.

Becker, R. (2000). Selektive Weiterbildungschancen und Exklusion von Arbeitslosen in Ostdeutschland. In F. Büchel, M. Diewald, P. Krause, A. Mertens, & H. Solga (Hrsg.), *Zwischen drinnen und draußen. Arbeitsmarktchancen und soziale Ausgrenzungen in Deutschland* (S. 95-106). Opladen: Leske + Budrich.

Becker, R (2016). *Berufliche Fort- und Weiterbildung im Strukturwandel und ihre Auswirkungen auf Berufsverläufe. Eine Längsschnittanalyse für die zwischen 1956 und 1978 Geborenen in Westdeutschland.* Unveröffentlichtes Manuskript, Universität Bern.

Becker, R., & Hecken, A. E. (2008). Berufliche Weiterbildung – arbeitsmarktsoziologische Perspektiven und empirische Befunde. In M. Abraham, & T. Hinz (Hrsg.), *Arbeitsmarktsoziologie. Probleme, Theorien, empirische Befunde* (S. 133-168). Wiesbaden: VS Verlag für Sozialwissenschaften (2. Aufl.).

Becker, R., & Schömann, K. (1996). Berufliche Weiterbildung und Einkommensdynamik. Eine Längsschnittstudie mit besonderer Berücksichtigung von Selektionsprozessen. *Kölner Zeitschrift für Soziologie und Sozialpsychologie*, 48, 426-461.

Becker, R., & Schömann, K. (1999). Berufliche Weiterbildung und Einkommenschancen im Lebensverlauf: Empirische Befunde für Frauen und Männer in West- und Ostdeutschland. In D. Beer, B. Frick, R. Neubäumer, & W. Sesselmeier (Hrsg.), *Die wirtschaftlichen Folgen von Aus- und Weiterbildung* (S. 93-121). München: Hampp.

Becker, R., & Schömann, K. (2010). *Effekte beruflicher Weiterbildung auf die Entwicklung des Arbeitseinkommens im Berufsverlauf der 1964 und 1971 Geborenen.* Unveröffentlichtes Manuskript, Universität Bern und Jacobs University Bremen.

Becker, R., & Schömann, K. (2015a). Statusreproduktion und Mobilitätseffekte beruflicher Weiterbildung. *Zeitschrift für Soziologie*, 44, 272-291.

Becker, R., & Schömann, K. (2015b). *Berufliche Weiterbildung und ‚Human Agency' – eine Längsschnittanalyse zur selbstgesteuerten beruflichen Mobilität.* Unveröffentlichtes Manuskript, Universität Bern und DIE Bonn.

Behringer, F. (1996). Zum individuellen Nutzen beruflicher Weiterbildung. Subjektive Einschätzungen und objektive Veränderungen. In R. von Bardeleben, A. Bolder, & H. Heid (Hrsg.), *Kosten und Nutzen beruflicher Bildung* (S. 84-104). Stuttgart: Steiner.

Beicht, U., & Walden, G. (2006). Individuelle Investitionen in berufliche Weiterbildung – Heutiger Stand und künftige Anforderungen. *WSI-Mitteilungen*, 59, 327-334.

Bellmann, L. (2003). *Datenlage und Interpretation der Weiterbildung in Deutschland.* Bielefeld: Bertelsmann.

Bellmann, L., Krekel, E. M., & Stegmaier, J. (2010). Aus- und Weiterbildung – Komplemente oder Substitute? Zur Bildungsbeteiligung kleiner und mittlerer Betriebe in Deutschland. *Report. Zeitschrift für Weiterbildungsforschung*, 33, 41-54.

Berk, R. (1983). An Introduction to Sample Selection Bias in Sociological Data. *American Sociological Review*, 48, 386-398.

Biewen, M., Fitzenberger, B., Osikominu, A., Völter, R., & Waller, M. (2006). Beschäftigungseffekte ausgewählter Maßnahmen der beruflichen Weiterbildung in Deutschland: Eine Bestandsaufnahme. *Zeitschrift für ArbeitsmarktForschung*, 3 und 4, 365-390.

Bills, D. B. (1988). Educational Credentials and Hiring Decisions: What Employers Look for in New Employees. *Research in Social Stratification and Mobility*, 7, 71-97.

Blaschke, D., & Nagel, E. (1995). Beschäftigungssituation von Teilnehmern an AFG-finanzierter Weiterbildung. *Mitteilungen aus der Arbeitsmarkt- und Berufsforschung*, 28, 195-213.

Blossfeld, H.-P. (1989). *Kohortendifferenzierung und Karriereprozeß. Eine Längsschnittstudie über die Veränderung der Bildungs- und Berufschancen im Lebenslauf.* Frankfurt a. M.: Campus.

Blossfeld, H.-P., & Mayer, K. U. (1988). Arbeitsmarktsegmentation in der Bundesrepublik Deutschland. Eine empirische Überprüfung von Segmentationstheorien aus der Perspektive des Lebenslaufs. *Kölner Zeitschrift für Soziologie und Sozialpsychologie*, 40, 262-283.

BMBF (Hrsg.). (2011). *Berufsbildungsbericht.* Bonn: BMBF. https://www.bmbf.de/pub/Berufsbildungsbericht_2011.pdf

Böhnke, P. (1997). Zum Stellenwert beruflicher Weiterbildung in den ersten Jahren des Erwerbsverlaufs. *Theoretische Überlegungen und empirische Befunde zur beruflichen*

Weiterqualifizierung der Geburtsjahrgänge 1954-56 und 1959-61 (Diplomarbeit, Freie Universität Berlin).

Büchel, F., & Pannenberg, M. (2004). Berufliche Weiterbildung in West– und Ostdeutschland. Teilnehmer, Struktur und individueller Ertrag. *Zeitschrift für ArbeitsmarktForschung*, 2, 73-126.

Buchmann, M., König, M., Li, J. H., & Sacchi, S. (1999). *Weiterbildung und Beschäftigungschancen. Nationales Forschungsprogramm 33 – Wirksamkeit unserer Bildungssysteme*. Zürich: Rüegger.

Buttler, F. (1994). Berufliche Weiterbildung als öffentliche Aufgabe. *Mitteilungen aus der Arbeitsmarkt- und Berufsforschung*, 27, 33-42.

Buttler, F., & Tessaring, M. (1993). Humankapital als Standortfaktor. Argumente zur Bildungsdiskussion aus arbeitsmarktpolitischer Sicht. *Mitteilungen aus der Arbeitsmarktund Berufsforschung*, 26, 467-476.

Cain, G. G. (1976). The Challenge of Segmented Labor Market Theories to Orthodox Theory: A Survey. *Journal of Economic Literature*, 14, 1215-1257.

Carroll, G. R., & Mayer K. U. (1986). Job-Shift Patterns in the Federal Republic of Germany: The Effects of Social Class, Industrial Sector, and Organizational Size. *American Sociological Review*, 51, 323-341.

Chatman, J. A. (1991). Matching People and Organizations: Selection and Socialization in Public Accounting Firms. *Administrative Science Quarterly*, 36, 459-484.

Cook, T. D., & Campbell, D. T. (1979). *Quasi-Experimentation. Design and Analysis Issues for Field Settings*. Chicago: Rand McNally.

Dietrich, H., & Kruppe, T. (2009). Qualifizierung im Erwerbsverlauf – Eine Chance in der Wirtschaftskrise? *Sozialer Fortschritt*, 58, 257-264.

Doeringer, P. B., & Piore, M. J. (1971). *Internal Labor Markets and Manpower Analysis*. Lexington: Heath.

Dostal, W. (1991). Weiterbildungsbedarf im technischen Wandel. *Mitteilungen aus der Arbeitsmarkt- und Berufsforschung*, 24, 304-316.

Düll, H., & Bellmann, L. (1998). Betriebliche Weiterbildungsaktivitäten in West- und Ostdeutschland. Eine theoretische und empirische Analyse mit den Daten des IAB-Betriebspanels 1997. *Mitteilungen aus der Arbeitsmarkt- und Berufsforschung*, 31, 205-225.

Düll, H., & Bellmann, L. (1999). Der unterschiedliche Zugang zur betrieblichen Weiterbildung nach Qualifikation und Berufsstatus. Eine Analyse auf der Basis des IAB-Betriebspanels für West- und Ostdeutschland. *Mitteilungen aus der Arbeitsmarkt- und Berufsforschung*, 32, 70-84.

Eisermann, M., Janik, F., & Kruppe, T. (2014). Weiterbildungsbeteiligung – Ursachen unterschiedlicher Teilnahmequoten in verschiedenen Datenquellen. *Zeitschrift für Erziehungswissenschaft*, 17, 473-495.

Fitzenberger, B., & Prey, H. (1998). Beschäftigungs- und Verdienstwirkungen von Weiterbildungsmaßnahmen im ostdeutschen Transformationsprozess: Eine Methodenkritik. In F. Pfeiffer, & W. Pohlmeier (Hrsg.), *Qualifikation, Weiterbildung und Arbeitsmarkterfolg* (S. 39-96). Baden-Baden: Nomos.

Fitzenberger, B., & Speckesser, S. (2004). *Eine ökonomische Einordnung der Förderung der beruflichen Weiterbildung im Rahmen der Aktiven Arbeitsmarktpolitik* (ZEW-Diskussionspapier 04-23). Mannheim: ZEW.

Fitzenberger, B., & Völter, R. (2007). Long-Run Effects of Training Programs for the Unemployed in East Germany. *Labour Economics*, 14, 730-755.

Gerhards, C., Mohr, S., & Troltsch, K. (2012). Erhöht der Fachkräftemangel die Weiterbildungsbeteiligung von Betrieben. *Berufsbildung in Wissenschaft und Praxis*, 41, 19-22.

Heckman, J. J. (1979). Sample Selection Bias as a Specification Error. *Econometrica*, 47, 153-161.

Heckman, J. J. (1990). Selection Bias and Self-Selection. In J. Eatwell, M. Milgate, & P. Newman (Hrsg.), *The New Palgrave. Econometrics* (S. 201-224). London: McMillan.

Heckman, J. J. (1997). Instrumental Variables: A Study of Implicit Behavioral Assumptions Used in Making Program Evaluations. *Journal of Human Resources*, 32, 441-462.

Heckman, J. J., & Hotz, V. J. (1989). Choosing Among Alternative Nonexperimental Methods for Estimating the Impact of Social Programs: The Case of Manpower Training. *Journal of the American Statistical Association*, 84, 862-874.

Heckman, J. J., & Robb, R. Jr. (1985). Alternative Methods for Evaluating the Impact of Interventions. In J. J. Heckman, & B. S. Singer (Hrsg.), *Longitudinal Analysis of Labor Market Data* (S. 156-245). Cambridge: Cambridge University Press.

Heckman, J. J., & Robb, R. Jr. (1986a). Alternative Identifying Assumptions in Econometric Models of Selection Bias. *Advances in Econometrics*, 5, 243-287.

Heckman, J. J., & Robb, R. Jr. (1986b). Alternative Methods for Solving the Problem of Selection Bias in Evaluating the Impact of Treatments on Outcomes. In H. Wainer (Hrsg.), *Drawing Inferences from Self-Selected Samples* (S. 63-107). New York: Springer.

Heckman, J. J., & Smith, J. (1996). Experimental and Nonexperimental Evaluation. In G. Schmid, J. O'Reilly, & K. Schömann (Hrsg.), *International Handbook of Labour Market Policy and Evaluation* (S. 37-88). Cheltenham: Elgar.

Heckman, J. J., Hotz, V. J., & Dabos, M. (1987). Do We Need Experimental Data to Evaluate the Impact of Manpower Training on Earnings? *Evaluation Review*, 11, 395-427.

Hofbauer, H. (1985). Die Wirksamkeit beruflicher Weiterbildung als arbeitsmarktpolitisches Instrument. In E. Schlutz (Hrsg.), *Krise der Arbeitsgesellschaft – Zukunft der Weiterbildung* (S. 111-123). Frankfurt a. M.: Diesterweg.

Hubert, T., & Wolf, C. (2007). *Determinanten und Einkommenseffekte beruflicher Weiterbildung – Eine Analyse mit Daten des Mikrozensus 1993, 1998 und 2003* (Research Notes des Rates für Sozial- und Wirtschaftsdaten 5). Berlin: RatSWD.

Hübler, O. (1997). Evaluation beschäftigungspolitischer Maßnahmen in Ostdeutschland. *Jahrbücher für Nationalökonomie und Statistik*, 216, 21-44.

Hübler, O. (1998). Berufliche Weiterbildung und Umschulung in Ostdeutschland – Erfahrungen und Perspektiven. In F. Pfeiffer, & W. Pohlmeier (Hrsg.), *Qualifikation, Weiterbildung und Arbeitsmarkterfolg* (S. 97-132). Baden-Baden: Nomos.

Hübler, O., & König, A. (1999). Betriebliche Weiterbildung, Mobilität und Beschäftigungsdynamik. Empirische Untersuchungen mit Individual- und Betriebsdaten. *Jahrbücher für Nationalökonomie und Statistik*, 219, 165-193.

Hujer, R., Maurer, K. O., & Wellner, M. (1998). Kurz- und langfristige Effekte von Weiterbildungsmaßnahmen auf die Arbeitslosigkeitsdauer in Westdeutschland. In F. Pfeiffer, & W. Pohlmeier (Hrsg.), *Qualifikation, Weiterbildung und Arbeitsmarkterfolg* (S. 197-222). Baden-Baden: Nomos.

Jacob, M. (2004). *Mehrfachausbildungen in Deutschland. Karriere, Collage, Kompensation?* Wiesbaden: VS Verlag für Sozialwissenschaften.

Jürges, H., & Schneider, K. (2004). *Dynamische Lohneffekte beruflicher Weiterbildung. Eine Längsschnittstudie mit den Daten des SOEP.* Beitrag für die Jahrestagung des Bildungsökonomischen Ausschusses des VfS, Frankfurt a. M. (revidierte Fassung Oktober 2004). http://www.mea.mpisoc.mpg.de/uploads/user_mea_discussionpapers/7lzmqtgdya21on63_92-2005.pdf. Zugegriffen: 04.08.2016.

Kleinert, C., Matthes, B., & Jacob, M. (2008). *Die Befragung „Arbeiten und Lernen im Wandel". Theoretischer Hintergrund und Konzeption* (IAB-Forschungsbericht 5/2008). Nürnberg: IAB.

Klose, C., & Bender, S. (2000). Berufliche Weiterbildung für Arbeitslose – ein Weg zurück in Beschäftigung? Analyse einer Abgängerkohorte des Jahres 1986 aus Maßnahmen zur Fortbildung und Umschulung mit einer ergänzten IAB-Beschäftigtenstichprobe 1975-1990. *Mitteilungen aus der Arbeitsmarkt- und Berufsforschung, 33,* 421-444.

Kühnlein, G., & Paul-Kohlhoff, A. (2001). Integration von Bildung und Arbeit: Ein neuer Typ betrieblicher Weiterbildung. In A. Bolder, W. R. Heinz, & G. Kutscha (Hrsg.), *Deregulierung der Arbeit – Pluralisierung der Bildung?* (S. 263-277). Opladen: Leske + Budrich.

Kuwan, H., & Thebis, F. (2005). *Berichtssystem Weiterbildung 2003. Integrierter Gesamtbericht zur Weiterbildungssituation in Deutschland.* Bonn: Bundesministerium für Bildung und Forschung.

Kuwan, H., Thebis, F., Gnahs, D., Sandau, E., & Seidel, S. (2003). *Berichtssystem Weiterbildung VIII. Integrierter Gesamtbericht zur Weiterbildungssituation in Deutschland* Bonn: Bundesministerium für Bildung und Forschung.

Leber, U. (2000). Finanzierung der betrieblichen Weiterbildung und die Absicherung ihrer Erträge. *Mitteilungen aus der Arbeitsmarkt- und Berufsforschung, 33,* 229-241.

Lechner, M., Miquel, R., & Wunsch, C. (2007). The Curse and Blessing of Training the Unemployed in a Changing Economy: The Case of East Germany after Unification. *German Economic Review, 8,* 468-509.

Lechner, M., Miquel, R., & Wunsch, C. (2011). Long-Run Effects of Public Sector Sponsored Training in West Germany. *Journal of the European Economic Association, 9,* 742-784.

Lee, L.-F. (1982).: Some Approaches to the Correction of Selectivity Bias. *Review of Economic Studies, 49,* 355-372.

Maase, M., & Sengenberger, W. (1976). Wird Weiterbildung konjunkturgerecht betrieben? *Mitteilungen aus der Arbeitsmarkt- und Berufsforschung, 9,* 166-173.

Mayer, K. U. (2000). Arbeit und Wissen: Die Zukunft von Bildung und Beruf. In J. Kocka, & C. Offe (Hrsg.), *Geschichte und Zukunft der Arbeit* (S. 383-410). Frankfurt a. M.: Campus.

Mayer, K. U. (2015). The German Life History Study: An Introduction. *European Sociological Review, 31,* 137-143.

Mincer, J. (1974). *Schooling, Experience, and Earnings.* New York: Columbia University Press.

Müller, W. (1977). Further Education, Division of Labour and Equality of Opportunity. *Social Science Information, 16,* 527-556.

Neubäumer, R. (2008). Warum bilden Unternehmen ihre Mitarbeiter weiter? – Ein theoretischer Ansatz und empirische Ergebnisse aus Sicht kleiner und mittlerer Unternehmen. *Sozialer Fortschritt, 57,* 34-39.

Offerhaus, J., Leschke, J., & Schömann, K. (2016). Soziale Ungleichheit im Zugang zu beruflicher Weiterbildung. In R. Becker, & W. Lauterbach (Hrsg.), *Bildung als Privileg. Erklärungen und Befunde zu den Ursachen der Bildungsungleichheit* (S. 387-420). Wiesbaden: Springer VS (5. aktualisierte Aufl.).

Pannenberg, M. (1995). *Weiterbildungsaktivitäten und Erwerbsbiographie. Eine empirische Analyse für Deutschland*. Frankfurt a. M.: Campus.

Pannenberg, M. (1998). Weiterbildung, Betriebszugehörigkeit und Löhne: Ökonomische Effekte des „timings" von Investitionen in die berufliche Weiterbildung. In F. Pfeiffer, & W. Pohlmeier (Hrsg.), *Qualifikation, Weiterbildung und Arbeitsmarkterfolg* (S. 257-278). Baden-Baden: Nomos.

Pannenberg, M. (2001). Schützt Weiterbildung on-the-job vor Arbeitslosigkeit? In R. K. von Weizsäcker (Hrsg.), *Bildung und Beschäftigung* (S. 275-291). Berlin: Duncker & Humblot.

Pfeiffer, F., & Reize, F. (2000). *Formelle und informelle berufliche Weiterbildung und Verdienst bei Arbeitnehmern und Selbständigen* (ZEW-Diskussionspapier 00-01). Mannheim: ZEW.

Pischke, J.-S. (2001). Continuous Training in Germany. *Journal of Population Economics*, 14, 523-548.

Rosenblatt, B. von, & Bilger, F. (2008). *Weiterbildungsbeteiligung in Deutschland – Eckdaten zum BSW-AES 2007*. München: TNS Infratest Sozialforschung im Auftrag des Bundesministeriums für Bildung und Forschung.

Schiener, J. (2006). *Bildungserträge in der Erwerbsgesellschaft. Analysen zur Karrieremobilität*. Wiesbaden: VS Verlag für Sozialwissenschaften.

Schiener, J. (2007). *Statuseffekte beruflicher Weiterbildung im Spiegel des Mikrozensus* (Research Notes des Rates für Sozial- und Wirtschaftsdaten 12). Berlin: RatSWD.

Schiener, J., Wolter, F., & Rudolphi, U. (2013). Weiterbildung im betrieblichen Kontext. In R. Becker, & A. Schulze (Hrsg.), *Bildungskontexte. Strukturelle Voraussetzungen und Ursachen ungleicher Bildungschancen* (S. 555-594). Wiesbaden: Springer VS.

Schmid, G. (2002). *Wege in eine neue Vollbeschäftigung. Übergangsarbeitsmärkte und aktivierende Arbeitsmarktpolitik*. Frankfurt a. M.: Campus.

Schömann, K. (1994). *The Dynamics of Labor Earnings over the Life Course. A Comparative and Longitudinal Analysis of Germany and Poland*. Berlin: edition sigma.

Schömann, K. (1998). Access to Life-Long Learning and Implications for Strategies of Organizational Learning in the European Union. In H. Albach, M. Dierkes, A. B. Antal, & K. Vaillant (Hrsg.), *Organisationslernen – Institutionelle und kulturelle Dimensionen. WZB-Jahrbuch 1998* (S. 433-446). Berlin: edition sigma.

Schömann, K., & Becker, R. (1995). Participation in Further Education over the Life Course: A Longitudinal Study of Three Birth Cohorts in the Federal Republic of Germany. *European Sociological Review*, 11, 187-208.

Schömann, K., & Becker, R. (1998). Selektivität in der beruflichen Weiterbildung und Einkommensverläufe. In F. Pfeiffer, & W. Pohlmeier (Hrsg.), *Qualifikation, Weiterbildung und Arbeitsmarkterfolg* (S. 279-309). Baden-Baden: Nomos.

Schömann, K., & Becker, R. (2002). A Long-Term Perspective on the Effects of Training in Germany. In K. Schömann, & P. J. O'Connell (Hrsg.), *Education, Training and Employment Dynamics: Transitional Labour Markets in the European Union* (S. 153-185). Cheltenham: Elgar.

Schömann, K., & Leschke, J. (2004). Lebenslanges Lernen und soziale Inklusion – der Markt alleine wird's nicht richten. In R. Becker, & W. Lauterbach (Hrsg.), *Bildung als Privileg? Erklärungen und Befunde zu den Ursachen der Bildungsungleichheit* (S. 353-391). Wiesbaden: VS Verlag für Sozialwissenschaften.

Schömann, K., Becker, R., & Zühlke, S. (1997). Further Education and Occupational Careers in East Germany. *Vierteljahrshefte zur Wirtschaftsforschung*, 66, 187-196.

Schultz, T. W. (1961). Investment in Human Capital. *American Economic Review*, 51, 1-17.

Sengenberger, W. (1982). Beschäftigungs- und arbeitsmarktpolitische Anforderungen an betriebliche Weiterbildung. In D. Mertens, & M. Rick (Hrsg.), *Berufsbildungsforschung. BiBB/IAB Kontaktseminar 1981 in Berlin* (Beiträge zur Arbeitsmarkt- und Berufsforschung 66, S. 253-278). Nürnberg: IAB.

Sesselmeier, W., & Blauermel, G. (1998). *Arbeitsmarkttheorien. Ein Überblick*. Heidelberg: Physica (2. Aufl.).

Spence, A. M. (1973). Job Market Signaling. *Quarterly Journal of Economics*, 87, 355-374.

Staat, M. (1997). *Empirische Evaluation von Fortbildung und Umschulung*. Baden-Baden: Nomos.

Stiglitz, J. E. (1975). The Theory of "Screening," Education, and the Distribution of Income. *American Economic Review*, 65, 283-300.

Timmermann, D. (2002). Bildungsökonomie. In R. Tippelt (Hrsg.), *Handbuch Bildungsforschung* (S. 81-122). Opladen: Leske + Budrich.

Voigt, W. (1986). *Berufliche Weiterbildung. Eine Einführung*. München: Hueber.

Weber, W. (1989). Lohn und Weiterbildungsmotivation. In K. Emmerich, H.-D. Hardes, D. Sadowski, & E. Spitznagel (Hrsg.), *Einzel- und gesamtwirtschaftliche Aspekte des Lohnes* (Beiträge zur Arbeitsmarkt- und Berufsforschung 128, S. 52-66). Nürnberg: IAB.

Weishaupt, H., & Fickermann, D. (2001). Informationelle Infrastruktur im Bereich Bildung und Kultur. Expertise für die Kommission zur Verbesserung der informationellen Infrastruktur zwischen Wissenschaft und Statistik. In Kommission zur Verbesserung der informationellen Infrastruktur zwischen Wissenschaft und Statistik (Hrsg.), *Wege zu einer besseren informationellen Infrastruktur. Gutachten der vom Bundesministerium für Bildung und Forschung eingesetzten Kommission zur Verbesserung der informationellen Infrastruktur zwischen Wissenschaft und Statistik* (KVI-Gutachten). Baden-Baden: Nomos [CD-ROM-Beilage zur Buchausgabe].

Weiss, A. (1995). Human Capital vs. Signalling Explanations of Wages. *Journal of Economic Perspectives*, 9, 133-154.

Weiß, W. (2004). Beteiligung an beruflicher Weiterbildung. In Institut Arbeit und Technik im Wissenschaftszentrum Nordrhein-Westfalen (Hrsg.), *Jahrbuch 2003/2004* (S. 185-197). Gelsenkirchen: IAT.

Weltz, F., Schmidt, G., & Krings, I. (1973). *Facharbeiter und berufliche Weiterbildung. Überlegungen zu einer explorativen Studie*. Hannover: Gebrüder Jänecke.

Wingens, M., & Sackmann, R. (2000). Evaluation AFG-finanzierter Weiterbildung. Arbeitslosigkeit und Qualifizierung in Ostdeutschland. *Mitteilungen aus der Arbeitsmarkt- und Berufsforschung*, 33, 39-53.

Winship, C., & Mare, R. D. (1992). Models for Sample Selection Bias. *Annual Review of Sociology*, 18, 327-350.

Wolter, F., & Schiener, J. (2009). Einkommenseffekte beruflicher Weiterbildung. Empirische Analysen auf Basis des Mikrozensus-Panels. *Kölner Zeitschrift für Soziologie und Sozialpsychologie*, 61, 90-117.

Woodhall, M. (1995). Human Capital Concepts. In M. Carnoy (Hrsg.), *International Encyclopedia of Economics of Education* (S. 24-28). Oxford: Pergamon (2. Aufl.).

Yendell, A. (2013). Participation in Continuing Vocational Training in Germany between 1989 and 2008. *Schmollers Jahrbuch*, 133, 169-183.

Migration und ethnische Ungleichheit auf dem Arbeitsmarkt

10

Frank Kalter und Nadia Granato

10.1 Einleitung

Der Situation von Migranten und ihren Nachkommen wird in der deutschen Arbeitsmarktforschung schon seit langem eine besondere Aufmerksamkeit gewidmet. Die Bedeutung dieses Themas ist durch die Zuwanderungen und generellen demographischen Entwicklungen in den letzten Jahrzehnten noch weiter gestiegen und mittlerweile unübersehbar. So hatten im Jahr 2014 ca. 16,4 Millionen Personen in Deutschland einen Migrationshintergrund in dem vom Statistischen Bundesamt definierten ‚engeren Sinne‘ (Statistisches Bundesamt 2015, S. 4-7). Dies entspricht einem Bevölkerungsanteil von 20 Prozent. Unter den Erwerbstätigen sind es knapp 7,4 Millionen, was einen Anteil von circa 18 Prozent an den insgesamt knapp 40 Millionen Erwerbstätigen ausmacht. Die Türkei ist dabei nach wie vor das zahlenmäßig wichtigste Herkunftsland; nimmt man die derzeitige oder eine frühere Staatsangehörigkeit als Indikator, so lassen sich im Jahr 2014 circa 1,1 Millionen Erwerbstätige allein dieser Gruppe zurechnen. Es folgen Polen (ca. 0,9 Millionen), die Russische Föderation (ca. 0,6 Millionen), Kasachstan (ca. 0,5 Millionen), Italien (ca. 0,3 Millionen) und Rumänien (ca. 0,3 Millionen). Die weiteren Plätze nehmen Griechenland, Kroatien, Serbien, Bosnien und Herzegowina und die Ukraine (alle zwischen 0,2 und 0,1 Millionen) ein.

© Springer Fachmedien Wiesbaden GmbH, ein Teil von Springer Nature 2018
M. Abraham und T. Hinz (Hrsg.), *Arbeitsmarktsoziologie*,
https://doi.org/10.1007/978-3-658-02256-3_10

Genauso unstrittig wie die enorme Bedeutung der Migranten und ihrer Nachkommen für den deutschen Arbeitsmarkt ist jedoch der Befund, dass es großen
Teilen dieser Gruppen nicht gelingt, dort unter dem Strich ähnlich erfolgreich zu
sein wie Deutsche ohne Migrationshintergrund im engeren Sinne.[1] Anhand eines
geläufigen Indikators sei dies exemplarisch kurz illustriert: Abb. 10.1 zeigt die
Nachteile der oben genannten Migrantengruppen, wenn man den beruflichen Status in Form des International Socio-Economic Index (ISEI) (Ganzeboom et al.
1992) zugrunde legt. Die Punkte geben dabei die mittlere Abweichung vom Wert
der Referenzgruppe (Deutsche ohne Migrationshintergrund) an, welcher bei 47,2
liegt.[2] Die horizontale Linie um den Punkt repräsentiert jeweils das 95%-Konfi-
denzintervall. Die Daten entstammen dem Mikrozensus 2011 (*scientific-use-file*).

Die Abbildung macht das Phänomen der ethnischen Ungleichheit auf dem deutschen Arbeitsmarkt sehr deutlich: Alle elf unterschiedenen Einzelgruppen sind
was den durchschnittlichen Status ihrer Berufe angeht hochsignifikant schlechter
gestellt als die Referenzgruppe. Die mittleren Nachteile reichen dabei von ca. 15
Punkten bei den Erwerbstätigen kasachischer Herkunft bis zu ca. 5 Punkten bei
Beschäftigen ukrainischer Herkunft. Neben den elf einzeln ausgewiesenen Herkunftsländern sind weitere Gruppen in gröberen regionalen Kategorien zusammengefasst. Während das Muster klarer Nachteile zusammengenommen auch für
die meisten übrigen Herkunftsregionen gilt, erkennt man, dass die Migranten aus
den restlichen EU-28 Ländern ein ähnliches Statusniveau wie die Referenzgruppe
erreichen und dass Migranten aus Amerika, vorwiegend sind dies US-Amerikaner
und Kanadier, sogar signifikant bessergestellt sind.

---

1   Wenn im Folgenden von ‚Deutschen ohne Migrationshintergrund' gesprochen wird,
     ist dabei immer die oben zitierte Definition im engeren Sinne des Statistischen Bun-
     desamtes gemeint, d. h. es handelt sich um Personen mit deutscher Staatsangehörig-
     keit, die in Deutschland geboren sind.

2   Der ISEI-Index kann Werte zwischen 18 und 90 annehmen. Die Abweichung ist
     durch ein Regressionsmodell geschätzt, in dem das Alter, das quadrierte Alter und
     das Geschlecht mitkontrolliert sind. Rechnet man die Modelle nach Geschlechtern
     getrennt, so zeigen sich einige Interaktionen zwischen Geschlecht und Gruppe, zum
     Beispiel haben Frauen russischer, polnischer und italienischer Herkunft einen deutlich
     kleineren Abstand zur Referenzgruppe als jeweils die entsprechenden Männer. Auf
     diese und weitere interessante Details kann im Rahmen dieses Beitrags jedoch nicht
     eingegangen werden. Das grundsätzliche Muster weitgehender Nachteile bleibt trotz
     gelegentlicher Verschiebungen in der Rangfolge der Gruppen auch bei geschlechts-
     spezifischer Betrachtung erhalten. Ähnliches gilt auch für die grundsätzlichen Bot-
     schaften der nachfolgenden Analysen und Abbildungen unten.

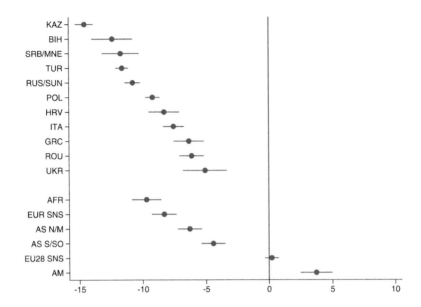

Abbildung 10.1 Abweichungen verschiedener Herkunftsgruppen[3] vom mittleren Berufsprestige (ISEI) Deutscher ohne Migrationshintergrund. Datenquelle:
Mikrozensus 2011 – eigene Berechnungen

Anhand der Abbildung lässt sich nun eine Reihe von grundsätzlichen Fragen verdeutlichen, die zentrale Herausforderungen für die theoretische und empirische
Arbeitsmarktforschung darstellen, zum Beispiel:

• Wie lässt sich der geringere Arbeitsmarkterfolg von Migrantengruppen im
  Vergleich zu Einheimischen generell erklären? Was sind, mit anderen Worten,
  die Grundmechanismen, die für das vorwiegende Muster ethnischer Nachteile
  sorgen?
• Wie lassen sich insbesondere unterschiedliche Erfolge in der Arbeitsmarktintegration zwischen verschiedenen Migrantengruppen erklären? Unter den vielen

---

3 Herkunftsgruppen: KAZ: Kasachstan, BIH: Bosnien und Herzegowina, SRB/MNE:
   Serbien und Montenegro, TUR: Türkei, RUS/SUN: russische Föderation bzw. ehe-
   malige Sowjetunion, POL: Polen, HRV: Kroatien, ITA: Italien, GRC: Griechenland,
   ROU: Rumänien, UKR: Ukraine, AFR: Afrika, EUR SNS: sonstiges Europa, AS
   N/M: naher u. mittlerer Osten, AS S/SO: Süd- und Südostasien, EU28 SNS: sonstige
   EU-28 Staaten, AM: Amerika

Beispielfragen, die sich aus Abb. 10.1 ergeben, wären etwa: Warum schneiden Kasachen schlechter ab als die übrigen Gruppen? Warum bilden Beschäftigte aus den nicht gesondert ausgewiesenen EU-28 Ländern eine Ausnahme vom allgemeinen Ungleichheitsmuster? Warum sind die Amerikaner sogar signifikant erfolgreicher als die Referenzgruppe der Deutschen ohne Migrationshintergrund?

- Schließlich stellt sich die Frage nach der etwaigen Stabilität solcher ethnischen Ungleichheiten. Ist damit zu rechnen, dass sich die Nachteile zu einem System langfristiger ethnischer Schichtung verfestigen, oder findet tendenziell eine Angleichung zum Arbeitsmarkterfolg der Einheimischen, das heißt eine ökonomische beziehungsweise strukturelle Assimilation, statt?

Mittlerweile liegt eine unüberschaubare Fülle von theoretischen Arbeiten vor, die zur Beantwortung dieser Fragen beitragen können. Im nachfolgenden zweiten Abschnitt (10.2) werden die wesentlichen Argumente und Mechanismen vorgestellt. Im dritten Abschnitt (10.3) soll dann ausführlich auf die entsprechenden Ergebnisse der empirischen Arbeitsmarktforschung eingegangen werden, also auf die Frage, wie die Relevanz einzelner Erklärungen und Mechanismen im deutschen Fall einzuschätzen ist. Das Kapitel endet mit einem kurzen zusammenfassenden Fazit (10.4).

10.2   Theoretische Ansätze

Um die Existenz von Ungleichheiten im Allgemeinen auf dem Arbeitsmarkt zu erklären, bieten sich zwei grundsätzliche Ansatzpunkte (vgl. Altonji und Blank 1999). Zum einen kann eine ungleiche Ausstattung mit Humankapital zugrunde liegen (siehe Kap. 2 in diesem Band), zum anderen kann es aber auch bei gegebener Humankapitalausstattung zu unterschiedlichen Erträgen kommen, sei es durch Diskriminierung im engeren Sinne (ebd., 2.3) oder durch andere Mechanismen (ebd., 2.4). In Bezug auf eine Erklärung ethnischer Ungleichheiten im Speziellen ist also nun nach den genaueren Bedingungen zu fragen, die über einen der beiden grundsätzlichen Einflusswege zu einer systematischen Schlechterstellung (oder in besonderen Fällen auch zu einer Besserstellung) von Migranten und ihren Nachkommen führen können.

10.2.1 Unterschiedliche Ausstattung mit Humankapital I – drei Grundmechanismen

In der Literatur lassen sich zunächst drei offensichtliche Mechanismen finden, die zur Erklärung von Nachteilen von Migranten auf dem Arbeitsmarkt herangezogen werden: die Entwertung spezifischen Kapitals, die selektive Migration und spezifische Präferenzen und Motive.

Dass Migranten in der Aufnahmegesellschaft – zumindest in der ersten Zeit nach ihrer Ankunft – eher unterdurchschnittliche Arbeitsmarktergebnisse erzielen, kann erstens darauf zurückgeführt werden, dass ihr Humankapital nicht in vollem Umfang ‚transportierbar' ist (Chiswick 1978; Friedberg 2000). Bestimmte Fertigkeiten und Kenntnisse, die im Heimatland erworben wurden, erweisen sich im Aufnahmeland als unbrauchbar, während wiederum andere Fertigkeiten und Kenntnisse, die im Aufnahmeland wertvoll sind, fehlen (Borjas 1994, S. 1671). Wichtige Aspekte des Humankapitals sind also spezifisch für bestimmte Gesellschaften (Esser 1999, S. 151ff.), ähnlich wie andere Aspekte spezifisch für bestimmte Betriebe sind. Der Wert von einigen Qualifikationen hängt somit auch vom gesellschaftlichen Kontext ab und mit dem Akt der Migration wird bestehendes Humankapital teilweise ‚entwertet'. An erster Stelle sind in diesem Zusammenhang Sprachfertigkeiten zu nennen (Chiswick 1991), ein anderes Beispiel wäre kultur-spezifisches Wissen, etwa über den Arbeitsmarkt der Aufnahmegesellschaft.

Ethnische Schichtungen auf dem Arbeitsmarkt lassen sich in vielen Fällen zweitens auch einfach dadurch erklären, dass die Migration im Hinblick auf die Aufnahmegesellschaft ‚negativ selektiv' ist, das heißt dass Migranten durchschnittlich niedrigere Qualifikationen ‚mitbringen'. Dieses niedrigere Niveau kann einerseits aus einem generellen Qualifikationsgefälle zwischen dem Aufnahme- und dem Herkunftsland resultieren, andererseits daraus, dass die Migranten auch in Bezug auf das Qualifikationsniveau in der Herkunftsgesellschaft negativ selektiert sind. Für viele historische Migrationsbewegungen lässt sich eine negative Selektivität im Hinblick auf die Aufnahmegesellschaft feststellen, so auch weitgehend für die klassische Arbeitsmigration nach Deutschland in den 1960er und frühen 1970er Jahren (Heckmann 1992, S. 81). Zu beachten ist jedoch, dass auch der umgekehrte Fall einer positiv selektiven Zuwanderung möglich und unter bestimmten Bedingungen theoretisch zu erwarten ist, etwa wenn die Einkommensungleichheit im Aufnahmeland größer ist als im Herkunftsland (Borjas 1987, S. 533f.). Die Selektivität der Zuwanderung wird nicht zuletzt durch die spezifische Nachfrage des Aufnahmelandes mitbestimmt (Borjas 1994, S. 1692f.). Im Zusammenhang mit der Selektivität gibt es ein weiteres wichtiges Argument: Das Humankapital umfasst auch eine Reihe von Aspekten, oft salopp *unobservables* genannt, das heißt Eigenschaften, die in Surveys üblicherweise nicht gemessen werden oder generell schwer messbar sind. Darunter fallen bestimmte Persönlichkeitsmerkmale, Motivation, Einsatzbereitschaft etc. Es ist nun zu vermuten, dass gerade Migranten hinsichtlich dieser Variablen vergleichsweise positiv selektiert sind – da solche Eigenschaften *ceteris paribus* tendenziell eher zu einer Migration führen. Chiswick (1978) begründet so beispielsweise, warum in seiner Studie Migranten mit zunehmender Aufenthaltsdauer (und dem mit ihr verbundenen Erwerb des notwendigen aufnahmelandspezifischen Kapitals) die Einheimischen nicht nur einholen, sondern sogar überholen (siehe auch unten, 10.3.2.).

Unabhängig von den mitgebrachten Qualifikationen und ihrer Entwertung können drittens spezifische Präferenzen bzw. Motive der Migranten die Bereitschaft, in aufnahmelandspezifisches Humankapital zu investieren, beeinträchtigen. Ein wichtiges Stichwort ist in diesem Zusammenhang die ‚Rückkehrorientierung' (Bonacich 1972). Da die Rückkehrorientierung *ceteris paribus* einen kleineren Rendite-Zeitraum impliziert, wird die Investitionsneigung des Migranten gesenkt (siehe auch: Dustmann 1993; 2000). Dies gilt nun nicht nur für die Migranten selbst, sondern – entsprechend der generellen Argumentation im Zusammenhang mit dem *on-the-job-training* – auch für die Neigung der Unternehmen in das Humankapital des Migranten zu investieren. Zu betonen ist dabei, dass dies selbst dann wirksam wird, wenn die Rückkehrorientierung nicht wirklich existiert, sondern nur vermutet wird. Eine Voraussetzung für Benachteiligungen solcher Art ist die Existenz sogenannter ‚Alternativrollen' (Offe und Hinrichs 1977; Diekmann 1985, S. 28ff.).

10.2.2 Unterschiedliche Ausstattung mit Humankapital II – Vererbung von Nachteilen

Betrachtet man die bisher vorgetragenen Argumente, so liefern sie sehr einleuchtende Gründe für eventuelle Nachteile der unmittelbaren Zuwanderer, der sogenannten *ersten Generation*. Im Hinblick auf deren Nachkommen, die *zweite Generation*, sind sie jedoch weniger plausibel, da hier die direkte Migrationserfahrung fehlt. Dennoch ist hinlänglich bekannt, dass auch die Kinder der Einwanderer in Deutschland in der Regel noch wesentlich weniger Humankapital aufweisen als die gleichaltrigen Einheimischen ohne Migrationshintergrund. Gerade die erfolgreiche Integration ins Bildungssystem gestaltet sich für sie oft besonders schwierig und erweist sich als hartnäckige Hürde für eine nachhaltige Verbesserung des Arbeitserfolgs über die Generationen hinweg.

Es stellt sich somit die zentrale Anschlussfrage, wie denn nun die ethnische Ungleichheit im deutschen Bildungssystem ihrerseits zu erklären ist. Obwohl diese Frage nicht im direkten Zentrum der Arbeitsmarktforschung steht, hat sie für diese doch eine enorme indirekte Bedeutung. Deshalb soll kurz auf die wichtigsten Mechanismen und Befunde eingegangen werden, die in der aktuellen Forschung zu ethnischen Bildungsungleichheiten diskutiert werden.

Auf der theoretischen Seite lassen sich mögliche Erklärungsansätze anhand von zwei Schlüsselfragen sortieren. Die erste ist, ob die beobachtbaren Chancenunterschiede der Migrantenkinder eher Ausdruck *allgemein sozialer oder spezifisch ethnischer Ungleichheiten* sind. Es ist hinlänglich bekannt, dass Bildungsnachteile vor allem mit der sozialen Herkunft, also unter anderem mit der Bildung und der beruflichen Stellung der Eltern einhergehen, sich somit von Generation zu Generation ‚vererben‘ können. Genauso bekannt ist die Tatsache, dass Deutschland zu den Ländern zählt, in denen dies in einem besonders starken Maße der Fall ist (z. B. Müller et al. 1989; Erikson und Goldthorpe 1992). Wenn der Bildungserfolg nun wesentlich von der sozialen Herkunft mitbestimmt wird, dann trifft dies die Migrantenkinder in besonderem Maße, da sie – aus den unter 10.2.1 genannten Gründen – in vielen Fällen tendenziell eher den Unterschichten angehören.

Auf der Suche nach den genaueren Mechanismen dieser sozialen Herkunftseffekte stellt man sich in der jüngeren Bildungsforschung als zweite Leitfrage, ob sie sich – der zentralen analytischen Unterscheidung von Boudon (1974) folgend – tendenziell eher als *primäre oder als sekundäre Effekte* manifestieren. Primäre Effekte sind dabei Ungleichheiten, die über Leistungen beziehungsweise Kompetenzen entstehen, sekundäre Effekte hingegen solche, die auf unterschiedlichen Bildungsentscheidungen bei gegebenen Leistungen und Kompetenzen beruhen. Beide Effekte, primäre und sekundäre, spielen für die Entstehung sozialer Ungleichheiten eine wichtige Rolle (Jackson et al. 2007) und beide lassen sich prinzipiell über ein allgemeines Investitionsmodell näher erklären.

Bei den sekundären Effekten ist dies ganz offensichtlich. Bildungsentscheidungen sind typische ‚riskante‘ Investitionen. Kurzfristige sichere Kosten sind hier gegen einen zwar hohen und langfristigen, dennoch aber prinzipiell unsicheren Nutzen abzuwägen. Herkunftsmäßig Benachteiligte neigen nun eher dazu ‚unterzuinvestieren‘, da die Kosten für sie relativ stärker ins Gewicht fallen, es ihnen oft am notwendigen Wissen zur Abschätzung der Risiken fehlt und sie weniger Ressourcen einsetzen können, um diese Risiken zu verringern. In dieser Sichtweise wird somit die subjektive Einschätzung, ob Investitionen in Bildungskapital überhaupt erfolgreich sein werden, zu einem zentralen Entscheidungsparameter (Esser 1999, S. 265ff.; Kristen 1999). Gerade dieser Parameter wird nun durch das Bildungskapital der Elterngeneration entscheidend mitbestimmt (Erikson und

Jonsson 1996). Auch die primären Effekte lassen sich über sehr ähnliche Argumente tiefer verstehen. Der Prozess des Leistungs- und Kompetenzerwerbs lässt sich letztlich als eine lange Kette stetig wiederkehrender kleinerer Investitionsentscheidungen verstehen, in denen es darum geht Ressourcen – vor allem, aber nicht nur Zeit – einzusetzen, um eine unsichere Niveausteigerung zu erreichen (Esser 2006).

Der theoretische Rahmen eines solchen Ressourcen-Investitions-Ansatzes (Kalter 2003; Esser 2006) erlaubt es auch, neben den Einflüssen der sozialen Herkunft darüberhinausgehende unabhängige Einflüsse der ethnischen Herkunft zu erklären. Einige zentrale Ressourcen, die in die vielfältigen Entscheidungen eingehen, sind spezifisch für die Aufnahmegesellschaft und somit für die Migranten als Eltern oder Kinder *ceteris paribus* schwerer zugänglich. Dazu zählen einerseits die schon oben (10.2.1) erwähnten spezifischen Aspekte des Humankapitals, wie Sprachkenntnisse und kulturelles bzw. institutionelles Wissen. Andererseits aber auch spezifische Aspekte weiterer Kapitalien, vor allem beispielsweise des Sozialkapitals (siehe dazu auch unten 10.2.5). Neben spezifischen Kapitalien kommen prinzipiell auch Argumente aus den Theorien der Diskriminierung (siehe 10.2.3) als Ursache spezifisch ethnischer Nachteile in Frage, sie sind jedoch nur bedingt auf das Bildungssystem zu übertragen.

Humankapitalnachteile von Migranten können sich somit vor allem über Kapital-Investitions-Mechanismen auf die nachfolgende(n) Generation(en) vererben, und sich in Form von vier analytisch unterscheidbaren Effekten zeigen: als primäre oder sekundäre Effekte, und dabei jeweils als allgemein soziale oder als spezifisch ethnische.

Als Fazit zahlreicher mittlerweile vorliegender Studien, die versuchen diese Effekte empirisch zu trennen, lässt sich vorläufig festhalten (Diehl et. al 2016, S. 24-27): Die beobachtbaren und durchschnittlich starken Bildungsnachteile der Migrantenkinder in Deutschland sind vor allem (primäre und sekundäre) Effekte der allgemeinen sozialen Herkunft. Unter Kontrolle der sozialen Herkunft bleiben oft kaum nennenswerte zusätzliche Effekte für Migrantenkinder bestehen. Tendenziell sind diese, wenn überhaupt, eher in frühen Bildungsetappen zu beobachten. Spezifisch ethnische Nachteile betreffen dabei ausschließlich die Leistungen und Kompetenzen, also die primären Effekte, und hängen vor allem mit den Sprachkompetenzen in der Familie zusammen. Obwohl bei der Entstehung und Persistenz allgemeiner sozialer Ungleichheiten auch sekundäre Effekte eine wichtige empirische Rolle spielen, zeigen sich unter Kontrolle der sozialen Herkunft und der Leistungen keine spezifisch ethnischen Nachteile bei den Bildungsentscheidungen, im Gegenteil: Wie auch viele Studien in anderen Ländern bestätigen, neigen Migrantenkinder bei vergleichbaren Leistungen sogar eher dazu, höhere Bildungswege zu wählen als ihre Mitschüler ohne Migrationshintergrund. Spezifisch ethnische sekundäre Effekte sind also in der Regel positiv – was häufig mit dem Stichwort *immigrant optimism* (Kao und Tienda 2005) in Verbindung gebracht wird und theoretisch an das Argument einer grundsätzlich positiven Selektion von Migranten im Hinblick auf viele *unobservables* anschließt (siehe oben 10.2.1).

10.2.3 Unterschiedliche Erträge I – Diskriminierung

In Anlehnung an Arrow (1973, S. 3) wird in ökonomischen Zusammenhängen in der Regel dann von Diskriminierung gesprochen, wenn askriptive Merkmale einer Person selbst bei gleicher Produktivität einen Einfluss auf ihre Arbeitsmarktchancen haben. Das Problem dieser Definition liegt darin, dass die Existenz von Diskriminierung letztlich davon abhängt, was unter den Begriff der Produktivität gefasst und wie sie gemessen wird. Begrenzt man Produktivität sehr eng auf das messbare Bildungskapital, so wären unterschiedliche Sprachfertigkeiten oder mögliche Alternativrollen, wie etwa die Rückkehroption in das Herkunftsland, schon Quellen einer Diskriminierung, da sie mit der ethnischen Zugehörigkeit korrelieren. Verbindet man solche Konzepte wie oben (vgl. Kap. 2 in diesem Band) jedoch argumentativ mit der (erwarteten) Produktivität, so wären Chancenunterschiede aufgrund von Sprachproblemen oder Alternativrollen keine Diskriminierung. Immer wenn das askriptive Merkmal über bestimmte Drittvariablen (z. B. Sprachfähigkeiten, Alternativrollen) wirkt, ist der Befund einer Diskriminierung in einem solchen Verständnis also davon abhängig, ob man diese Drittvariablen kontrolliert oder nicht (Aigner und Cain 1977, S. 177). Es lassen sich jedoch zumindest drei theoretische Ansätze ausmachen, die Diskriminierung sehr direkt an askriptiven Merkmalen festmachen: monopsonistische Diskriminierungstheorien, das Präferenzmodell von Becker und Theorien der statistischen Diskriminierung. Diese sollen deshalb als Diskriminierungstheorien in einem engeren Sinne bezeichnet werden.

In Analogie zum Phänomen der Preisdiskriminierung in Monopolen lässt sich nachweisen, dass eine Lohndiskriminierung in Monopson-Situationen entstehen kann, also dann, wenn nur ein einziger Nachfrager – in diesem Falle nach Arbeit – auf dem Markt ist. Kann das Arbeitsangebot nämlich aufgrund eines Merkmals in separate Gruppen geteilt werden und weisen diese unterschiedliche Preiselastizitäten des Angebots[4] auf, dann ist die Bezahlung niedrigerer Löhne für die Gruppe

---

4   Die Preiselastizität des Angebots gibt an, wie sich die angebotene Menge eines Gutes (hier: Arbeit) relativ verändert und zwar in Bezug auf relative Veränderungen der

mit niedrigerer Elastizität für einen Monopsonisten ökonomisch sinnvoll (Madden 1973, S. 69-73). Neben anderen Merkmalen können vor allem askriptive Charakteristiken als Grundlage für eine Gruppenunterscheidung herangezogen werden. Die Folgerungen aus der Theorie lassen sich über Monopsone im engeren Sinne hinaus auch auf andere Marktsituationen mit unvollständigem Wettbewerb übertragen, etwa auf Unternehmenskartelle oder Einschränkungen in der zwischenbetrieblichen Mobilität der Arbeitnehmer (Kleber 1988, S. 77).

Gary S. Becker (1971) hat mit dem Konzept der *tastes for discrimination* eine sehr direkte Wirkung von askriptiven Merkmalen vorgeschlagen. Er definiert: „If an individual has a ‚taste for discrimination', he must act as if he were willing to pay something, either directly or in the form of a reduced income, to be associated with some persons instead of others" (Becker 1971, S. 14). *Tastes* bzw. ethnische Präferenzen können somit als nicht-monetäre Nutzenterme verstanden werden, die in Entscheidungen der Akteure auf dem Arbeitsmarkt einfließen, was den klassischen Marktannahmen widerspricht. Becker weist detailliert nach, dass Marktdiskriminierungen oder Segregationen aus diesen ethnischen Präferenzen resultieren können. Je nachdem, welche Akteure entsprechende Präferenzen aufweisen, unterscheidet man zwischen dem Phänomen der Arbeitgeberdiskriminierung, Arbeitnehmer- beziehungsweise Kollegendiskriminierung und Kundendiskriminierung.

Beckers Modelle in Bezug auf Arbeitgeber- oder Kollegenpräferenzen sind mit dem Hinweis darauf kritisiert worden, dass sie mittel- bzw. langfristig unter den Bedingungen der vollkommenen Konkurrenz unplausibel sind (Arrow 1972, S. 192; Kleber 1988, S. 97). Nichtdiskriminierende Unternehmen oder Unternehmen, die nicht-diskriminierende Arbeitnehmer beschäftigten, produzieren den Annahmen zufolge nämlich effizienter und sollten die diskriminierende Konkurrenz somit auf Dauer aus dem Markt drängen. Neuere Beiträge zur ökonomischen Diskriminierungstheorie weisen jedoch nach, dass sich *tastes for discrimination* durchaus auch als längerfristig stabil erweisen, wenn man Suchkosten in die Modelle integriert (Borjas und Bronars 1989; Black 1995).

Die Grundidee lässt sich am Fall der Arbeitgeberdiskriminierung folgendermaßen skizzieren: Ist die Suche nach einem neuen Arbeitsplatz für Arbeitnehmer mit Kosten verbunden, so entstehen für die Angehörigen einer bestimmten Gruppe vergleichsweise höhere Suchkosten, wenn es eine gewisse Anzahl von Arbeitgebern mit benachteiligenden Präferenzen gibt. Von diesem Umstand können dann auch solche Arbeitgeber (durch die Bezahlung niedrigerer Löhne) profitieren, die eigentlich keine ethnischen Präferenzen besitzen. Im Prinzip lässt sich hier der oben angedeutete

---

Preise (hier: Löhne).

Monopson-Mechanismus wiedererkennen, der – wie bereits angemerkt – auch bei bestehenden Mobilitätshemmnissen wirksam sein kann.

Einen alternativen Erklärungsansatz liefern die Modelle statistischer Diskriminierung (siehe Kap. 2 in diesem Band), die letztlich die Annahme vollständiger Information des perfekten Marktmodells in Frage stellen. Sie bieten zwar eine gewisse formale und argumentative Eleganz (z. B. Arrow 1972; Phelps 1972; Aigner und Cain 1977; England 1992, S. 56ff.), werfen im Hinblick auf die inhaltliche Anwendung jedoch einige Schwierigkeiten auf. Das Hauptproblem besteht darin, dass sie ohne weitere Zusatzannahmen prinzipiell nur *individuelle* Abweichungen (positiver oder negativer Art) von einer angemessenen Behandlung erklären können, keineswegs aber die *systematische* Benachteiligung einer ethnischen Gruppe insgesamt.

Wenn Arbeitgeber einen Unterschied in den Gruppenmittelwerten zugrunde legen, dann ist dieser entweder tatsächlich vorhanden oder nicht. Im ersten Fall verschiebt sich das Erklärungsproblem damit auf die Ursachen dieser Unterschiede, es wären also unabhängige Zusatzargumente nötig. Im zweiten Fall, in dem man auch von *error discrimination* spricht (England 1992, S. 60), wäre zu begründen, warum es zu einer systematischen Fehleinschätzung der Gruppen kommt, und wieder läge die Erklärungskraft auf Argumenten, die dem eigentlichen Modell der statistischen Diskriminierung vorgelagert sind.

Außerdem entsteht – ähnlich wie im Präferenzmodell – die zusätzliche Frage, wie stabil falsche Einschätzungen sein können, wenn sie auf Dauer mit widersprechender empirischer Evidenz konfrontiert werden (Arrow 1998, S. 96). Zu beachten ist allerdings, dass sich aus einer statistischen Diskriminierung eine *self-fulfilling prophecy* ergeben kann, indem zunächst diskriminierte Gruppen eben aufgrund der Benachteiligungen weniger in Qualifikationen investieren und somit im Endeffekt tatsächlich die Produktivitätsunterschiede aufweisen, die am Anfang fälschlicherweise vermutet wurden (Coate und Loury 1993; Breen 1999).

10.2.4   Unterschiedliche Erträge II – Segmentierung des Arbeitsmarktes

Unter dem Stichwort ‚Segmentationstheorien' lassen sich Konzepte zusammenfassen, die davon ausgehen, dass Arbeitsmärkte in der Regel nicht – wie in den neoklassischen Theorien unterstellt – offen und einheitlich sind, sondern dass sie vielmehr in eine Reihe relativ geschlossener Teilarbeitsmärkte zerfallen. In ihrer klassischen Arbeit verweisen Doeringer und Piore (1971) vor allem auf die Existenz interner Arbeitsmärkte. Berufliche Mobilitätsprozesse finden demnach in erster Linie innerhalb von Betrieben nach fest vorgegebenen Karrieremustern statt, und als Selektionsregel tritt das Prinzip der Seniorität in den Vordergrund. Zwischenbetriebliche Mobilität hingegen ist diesem Konzept zufolge nur sehr eingeschränkt und hauptsächlich in Bezug auf die Einstiegspositionen am unteren Ende der Firmenhierarchie zu erwarten (vgl. Kap. 6 in diesem Band). Den internen Arbeitsmärkten steht in dieser Auffassung ein relativ unstrukturierter externer Arbeitsmarkt entgegen, der weitgehend den neoklassischen Annahmen entspricht, allerdings durch niedrige Löhne, niedriges Qualifikationsniveau und begrenzte Aufstiegschancen gekennzeichnet ist. Lutz und Sengenberger (1980) haben für die bundesrepublikanische Situation eine Dreiteilung zwischen einem Markt für unspezifische Qualifikationen („Jedermannsteilarbeitsmarkt"), betriebsinternen Arbeitsmärkten und einem berufsfachlichen Arbeitsmarkt vorgeschlagen (siehe auch: Sengenberger 1987; Blossfeld und Mayer 1988, S. 266).

Die Hauptursache für die Segmentierung wird – in Anlehnung an die entsprechende Unterscheidung bei Becker (1964, S. 18) – letztlich in einem Bedarf an spezifischen Qualifikationen gesehen (Lutz und Sengenberger 1980, S. 293). Speziell auf betriebsinternen Arbeitsmärkten wird ein Großteil dieser Fertigkeiten on-the-job vermittelt. Festgelegte Karriereverläufe und Aufstiege dienen der Bindung von Arbeitnehmern an den Betrieb und damit der Vermeidung von Fehlinvestitionen (Doeringer und Piore 1971, S. 14). Bindung und Seniorität fördern auch die notwendige Vermittlung von firmenspezifischen Kenntnissen, denn ein starker Konkurrenzdruck innerhalb des Betriebes würde die notwendige Einweisung neuer Arbeitskräfte durch Kollegen mit längerer Betriebsangehörigkeit behindern (Thurow 1975; Diekmann 1985, S. 22). Der Zutritt zum berufsfachlichen Arbeitsmarkt ist eng an entsprechende spezifisch berufliche Ausbildungsqualifikationen gebunden (Müller et al. 1998), die zu einem großen Teil aufnahmelandspezifisch sind.

Die mit den Segmentationsansätzen verbundenen Argumente haben für die Situation von Arbeitsmigranten unmittelbare Konsequenzen, die auch bei gleicher Humankapitalausstattung für weitere Beeinträchtigungen sorgen können. Dies liegt zunächst sehr banal daran, dass die Migranten der ersten Generation Neuankömmlinge auf dem Arbeitsmarkt darstellen, die aus den genannten Gründen tendenziell eher auf dem externen Segment, am unteren Ende einer Firmenhierarchie und dann in stark konjunkturabhängigen Branchen bzw. Berufen einen Einstieg finden. Aufgrund der stark eingeschränkten Mobilität zwischen den Segmenten ergeben sich aus diesen Anfangsnachteilen dann unter Umständen sehr langfristige Hemmnisse für den ökonomischen Erfolg. Hinzu kommt, dass die mögliche Alternativrolle ,Rückkehr ins Heimatland' Benachteiligungen in betriebsinternen Einstellungs- und Beförderungsentscheidungen bedingen kann, da die erwartete Beschäftigungsdauer eine wichtige Größe für die Entscheidungen des Arbeitgebers darstellt, in einen Arbeitnehmer zu investieren (Thurow 1975; Offe und Hinrichs 1977, S. 35ff.; Diekmann 1985, S. 24).

10.2.5 Unterschiedliche Erträge III – Spezifische Ressourcen

Neben Diskriminierung und Segmentierung können jedoch auch noch andere Mechanismen dafür verantwortlich sein, dass ethnische Minderheiten selbst dann einen geringeren Arbeitsmarkterfolg aufweisen, wenn man ihr Humankapital kontrolliert. Diese basieren darauf, dass weitere Kapitalien für die Erreichung guter Erträge bzw. Positionen nützlich sind. An erster Stelle ist hier an den Einfluss elterlicher Ressourcen zu denken, die mit deren sozioökonomischem Status zusammenhängen. Die soziale Herkunft wirkt sich zwar einerseits – wie oben (Abschnitt 10.2.2) schon erörtert – indirekt über den Bildungserfolg aus, kann andererseits aber auch einen davon unabhängigen direkten Effekt auf den Arbeitsmarkterfolg besitzen. Sind Migranten der ersten Generation – etwa aufgrund der in Abschnitt 10.2.1 genannten Mechanismen – schlechter positioniert, können weitere Benachteiligungen für die zweite Generation entstehen. Hinzu kommt, dass ähnliche Argumente auch und vor allem in Bezug auf kontextspezifische Ressourcen gelten, etwa im Hinblick auf Sprachkenntnisse der Eltern und deren sonstigen kulturellen Kapitalien.

Es ist ein zentraler Befund der soziologischen Arbeitsmarktforschung, dass auch soziale Netzwerke bzw. die damit verbundenen Ressourcen eine wichtige Rolle für Platzierungsprozesse spielen. Viele Arbeitsplätze sind zumindest indirekt über Freundschafts- und Bekanntschaftsbeziehungen vermittelt (Granovetter 1995; Lin 1999; Mouw 2003). Die Hauptgründe dafür liegen darin, dass Beziehungen für den Arbeitnehmer einerseits eine äußerst kostengünstige Informationsquelle darstellen, und dass Empfehlungen Dritter andererseits eine kostengünstige Basis für die Screening-Prozesse der Arbeitgeber sind (Montgomery 1991, S. 1408f.). Aber warum resultieren aus diesen allgemeinen Aspekten spezifische Nachteile für Migranten? Nun, es ist anzunehmen, dass sich die Netzwerke von Migranten vor allem im Hinblick auf die ethnische Zusammensetzung von den Netzwerken der Einheimischen unterscheiden. Ethnisch homogene Beziehungen können deshalb nur die Ressourcen mobilisieren, die innerhalb der ethnischen Gruppe vorhanden sind. Borjas (1992) spricht in diesem Zusammenhang auch von ,ethnischem Kapital'. Liegt nun – etwa wieder aufgrund der oben genannten Mechanismen – empirisch eine ethnische Schichtung vor, so sind eigenethnische Beziehungen *ceteris paribus* weniger hilfreich als Beziehungen zu den Einheimischen in der Aufnahmegesellschaft (Portes und Rumbaut 2001, S. 48).

Allerdings kann ethnisches Kapital unter Umständen auch einen relativen Vorteil versprechen: Beispielsweise dann, wenn eine ethnische Gruppe Diskriminierungen ausgesetzt ist und bestimmte Opportunitäten der Aufnahmegesellschaft dadurch verschlossen sind. Die ethnische Enklave kann dann einen Ersatzmarkt bieten, auf dem tendenziell bessere Karrieremöglichkeiten bestehen. Zusätzlich begünstigt die ethnische Enklave auch eine gewisse Nischenökonomie, die durch die (starke) Präsenz einer ethnischen Gruppe erst zustande kommt (Portes 1995, S. 25f.), man denke nur an ethnische Restaurants, Reisebüros oder sonstige spezifische Dienstleistungsbereiche. Es ist deshalb eine empirisch offene Frage, ob ethnisch homogene Netzwerke den Arbeitsmarkterfolg von Migranten positiv oder negativ beeinflussen.

10.3   Ergebnisse der empirischen Arbeitsmarktforschung

10.3.1 Datenquellen

Die empirische Arbeitsmarktforschung kann in Bezug auf die ethnischen Ungleichheiten in Deutschland auf vielfältige Datenquellen zurückgreifen. Naheliegende Informationen bieten zunächst Zahlen und Tabellen, die durch offizielle Stellen wie zum Beispiel das Statistische Bundesamt, die Bundesagentur für Arbeit oder das Bundesamt für Migration und Flüchtlinge routinemäßig bereitgestellt werden. Diese aggregierten Statistiken sind von hohem Wert für die Deskription der allgemeinen Situation und der grundlegenden Trends.

Zur genaueren Analyse der Ursachen und Mechanismen sind jedoch Mikrodaten unerlässlich. Auch wenn die relativen Anteile der Personen mit Migrationshintergrund an der Bevölkerung, an den Erwerbsfähigen und an den Erwerbstätigen wie eingangs beschrieben durchaus beträchtlich sind, finden sich in vielen sozialwissenschaftlichen Standarderhebungen nur geringe absolute Zahlen. Im Gegensatz dazu stellen vor allem vier Datensätze eine adäquate Anzahl und Auswahl von Migranten zur Verfügung und liegen deshalb den meisten empirischen Studien zugrunde. Sie weisen jeweils spezifische Vorzüge, aber auch spezifische Nachteile auf:

Der Mikrozensus

Der Mikrozensus ist eine jährliche Erhebung des Statistischen Bundesamtes und umfasst ein Prozent aller Haushalte in der Bundesrepublik (vgl. Lüttinger und Riede 1997). Für sozialwissenschaftliche Analysen steht für verschiedene Jahre eine anonymisierte 70-Prozent-Unterstichprobe (*scientific-use-file*) zur Verfügung. Neben der Tatsache, dass der Mikrozensus sehr detaillierte Informationen zu Fragen des Arbeitsmarktes enthält, eignet er sich für die hier behandelten Probleme vor allem deshalb, weil durch die enormen Fallzahlen feinere Analysen für verschiedene ethnische Subgruppen möglich sind. Seit dem Jahr 2005 sind neben der Staatsbürgerschaft und dem Zuzugsjahr weitere Informationen zur ethnischen Herkunft vorhanden. Zunächst wird erhoben, ob eine Befragungsperson eingebürgert wurde und wenn ja, wann dies geschehen ist und welche Staatsbürgerschaft sie zuvor hatte. Weiterhin liegen Informationen darüber vor, ob Befragte in Deutschland geboren wurden. Ist dies nicht der Fall, gibt es jedoch keine weiteren Hinweise auf das Geburtsland. In regelmäßigen Abständen umfasst das Erhebungsprogramm die Fragen zur Staatsangehörigkeit, Einbürgerung und Geburtsland auch für die Eltern einer Befragungsperson (unter der Voraussetzung, dass diese nicht im gleichen Haushalt leben). Allerdings wird auch in diesem Zusammenhang nur erfasst, ob diese in Deutschland geboren wurden, und eine Abgrenzung der ethnischen Herkunft über das konkrete Geburtsland der Eltern ist nicht möglich.

Die Stichprobe der Integrierten Arbeitsmarktbiografien (SIAB)

Die Stichprobe der Integrierten Arbeitsmarktbiografien (SIAB) ist eine 2%-Stichprobe aus der Grundgesamtheit der Integrierten Erwerbsbiografien (IEB) des Instituts für Arbeitsmarkt- und Berufsforschung (IAB), die sowohl Angaben zu sozialversicherungspflichtig Beschäftigten als auch zu geringfügig Beschäftigten umfasst (vgl. Dorner et al. 2010). Daneben sind dort auch Informationen über Arbeitslosigkeitsepisoden, die Teilnahme an arbeitsmarktpolitischen Maßnahmen und den Leistungsbezug (SGB II und SGB III) zu finden. Während sich gegenüber dem Mikrozensus durch diese Einschränkung der Grundgesamtheit und durch nur begrenzte Indikatoren der Arbeitsmarktpositionierung Nachteile ergeben, liegt ein großer Vorteil in zeitbezogenen Informationen, die auch Längsschnittanalysen ermöglichen. Ähnlich wie im Mikrozensus kann eine Definition von ethnischen Gruppen nur über das Kriterium der Staatsangehörigkeit erfolgen.

Das Sozio-oekonomische Panel (SOEP)

Das Sozio-oekonomische Panel (SOEP) ist eine Längsschnittuntersuchung privater Haushalte in der Bundesrepublik Deutschland, die seit 1984 jährlich durchgeführt wird (vgl. Haisken-DeNew und Frick 2004). Neben der Tatsache, dass es umfangreiche Informationen zur objektiven Lage auf dem Arbeitsmarkt enthält, sind es u. a. drei Punkte, die das SOEP für das spezifische Problem der ethnischen Ungleichheit besonders brauchbar machen. Erstens lassen sich ethnische Gruppen nicht nur durch die Staatsangehörigkeit, sondern prinzipiell auch durch die Herkunft der Eltern abgrenzen. Zweitens sind sowohl die klassischen Arbeitsmigranten als auch neuere Zuwanderergruppen überrepräsentiert. Drittens enthält das SOEP eine Reihe von spezifischen Integrationsindikatoren, z B. subjektiv eingeschätzte Sprachkenntnisse, die von potentieller Bedeutung für die Arbeitsmarktintegration sind. Trotz der Überrepräsentation sind die Fallzahlen jedoch nicht ganz so luxuriös wie etwa beim Mikrozensus. Zudem ergibt sich durch das Paneldesign gerade bei Zuwanderergruppen das Problem einer Verzerrung durch selektive Ausfälle (Abwanderungen), was aber prinzipiell durch entsprechende Korrekturverfahren – wenn auch nicht einfach – behandelbar ist.

IAB-SOEP Migrationsstichprobe

Die IAB-SOEP Migrationsstichprobe, die gemeinsam vom Institut für Arbeitsmarkt- und Berufsforschung (IAB) und dem Sozio-oekonomischen Panel (SOEP) durchgeführt wird, erhöht mit knapp 5000 Befragten in der ersten Welle (2013) die Fallzahlen für die empirische Forschung zu Migration und Integration beträchtlich (vgl. Brücker et al. 2014). Als Grundlage für die Ziehung der Stichprobe dienten die Integrierten Erwerbsbiografien (IEB) des IAB, wobei bestimmte Herkunftsgruppen (insbesondere Personen aus den neuen EU-Mitgliedsländern und Personen aus Südeuropa) überproportional berücksichtigt wurden. Die Migrationsstichprobe bildet Veränderungen in der Einwanderung nach Deutschland seit 1995 ab und schließt dabei nicht nur direkte Einwanderer, sondern auch deren Nachkommen ein. Neben dem vollständigen Fragenprogramm des SOEP bietet der Datensatz biografische Angaben zu Migration, Bildung und Arbeitsmarktpartizipation. Auch weitere in der Migrationsforschung relevante Themen wie Rückkehrmigration oder Rücküberweisungen in Heimatländer, zu denen es bisher kaum Informationen gibt, werden untersucht. Darüber hinaus hat ein Teil der Befragten der Verknüpfung ihrer Erhebungsdaten mit der IEB zugestimmt, die Angaben zur gesamten Erwerbshistorie umfasst.

10.3.2 Stand und Trends der Arbeitsmarktintegration

Dass der deutsche Arbeitsmarkt von ethnischen Ungleichheiten geprägt ist, daran besteht – wie eingangs schon erwähnt – keinerlei Zweifel. Die grundsätzliche Situation deutlicher Nachteile fast aller Migrantengruppen mit nur wenigen Ausnahmen, die in Abb. 10.1 für den beruflichen Status skizziert ist, findet sich empirisch in ähnlicher Weise auch für weitere Indikatoren des Arbeitsmarkterfolges – mit größtenteils ähnlichen Differenzierungen zwischen den verschiedenen Subgruppen. Die Zuwanderer haben in der Regel ein Einkommen, das unter dem der deutschen Referenzgruppe liegt (Diekmann et al. 1993; Velling 1995; Constant und Massey 2005; Algan et al. 2010) und weisen – bei Zugrundelegung sehr verschiedener Kategorisierungen – tendenziell eine schlechtere berufliche Stellung auf (Bender und Seifert 1996; Granato und Kalter 2001; Kalter und Granato 2002, 2007; Herwig und Konietzka 2012) beziehungsweise üben Berufe mit niedrigerem Prestige aus (Constant und Massey 2005). Sie arbeiten häufiger in Segmenten mit wesentlich geringerer Arbeitsplatzqualität (Seifert 1995, S. 196ff.; Münz et al. 1999; Granato 2003) und sind in Problembranchen überrepräsentiert (Baker und Lenhardt 1991; Velling 1995). Migranten haben nicht zuletzt ein erheblich höheres Arbeitslosigkeitsrisiko (Kogan 2004; Algan et al. 2010; Luthra 2013).

Sehr viel schwieriger ist es hingegen zu beurteilen, welche Trends der ethnischen Ungleichheit zu verzeichnen sind, ob sich Hinweise auf eine Verfestigung dieser Ungleichheitsstrukturen auf dem deutschen Arbeitsmarkt zeigen oder ob diese – was nach den meisten oben diskutierten Ansätzen zu vermuten wäre – tendenziell abnehmen. Der Aufsatz von Berry Chiswick (1978) über den ‚Effekt der Amerikanisierung auf das Erwerbseinkommen von Migranten' ist wohl *die* zentrale Studie im Bereich der Arbeitsmarktforschung, wenn es um die Frage nach der ökonomischen Assimilation von Zuwanderern geht. Chiswick beantwortet sie mehr als deutlich: Er zeigt mit Daten des US-amerikanischen Zensus aus dem Jahr 1970, dass Migranten zwar zum Zeitpunkt ihrer Ankunft niedrigere Löhne als die in den USA Geborenen aufweisen, dass sie aber nach bis 10 bis 15 Jahren Aufenthalt deren Niveau erreichen und die Einheimischen danach sogar tendenziell übertreffen. Technisch geschieht dies dadurch, dass neben Variablen, die das Geburtsland signalisieren, eine Variable für die Aufenthaltsdauer (YSM = *years since migration*) sowie ein entsprechender quadratischer Term mit in die Standard-Lohngleichung (siehe Kap. 2 in diesem Band) aufgenommen werden. Diese YSM-Variable fehlt seitdem in kaum einer Analyse zur Arbeitsmarktintegration von Migranten und der geschätzte Parameter bildet einen zentralen Indikator für die ökonomische Assimilation.[5]

---

5 In einer nicht weniger zentralen Arbeit hat George J. Borjas (1985) allerdings gezeigt, dass dieser Indikator leicht in die Irre führen kann, wenn er aus Querschnittsdaten ermittelt wird. Kohorten- und Alterseffekte sind dann bekanntlich nicht zu trennen. Mit zusätzlichen US-Daten aus dem Jahr 1980 kann Borjas zeigen, dass ein nicht unbeträchtlicher Kohorteneffekt vorliegt: Die „Qualität" der Neuzuwanderer sei deutlich zurückgegangen und somit werde der Assimilationseffekt weit überschätzt.

Die klassischen Ergebnisse von Chiswick lassen sich für den deutschen Arbeitsmarkt jedoch so nicht bestätigen. Mit Daten der ersten Welle des SOEP findet Dustmann (1993) für die Arbeitsmigranten zwar einen positiven, aber nicht signifikant von Null verschiedenen Effekt der Aufenthaltsdauer. Eine Annäherung an das Lohnniveau der Deutschen in den Jahren nach der Einreise findet also kaum statt, von einem Überholen ganz zu schweigen. Dustmann führt dies unter anderem auf den temporären Charakter der Arbeitsmigration zurück, die die notwendige Investition in spezifische Kapitalien der Aufnahmegesellschaft verhindere. Diese Vermutung kann dadurch gestützt werden, dass die Löhne nur dann deutlich mit der Aufenthaltsdauer steigen, wenn ein längerer Aufenthalt (>20 Jahre) geplant ist (Dustmann 1993, S. 166f.). Der grundsätzliche Befund von Dustmann (1993), dass die Assimilation von Zuwanderern – im Gegensatz etwa zu den USA – auf dem deutschen Arbeitsmarkt nur wenig mit der Aufenthaltsdauer verbunden ist, lässt sich auch mit anderen Daten, anderen Indikatoren und anderen Methoden bestätigen. Beispielsweise finden Kalter und Granato (2002, S. 210f.) mit Daten des Mikrozensus aus verschiedenen Jahren keinen klaren Zusammenhang zwischen der Aufenthaltsdauer und der Ähnlichkeit zwischen Migranten der ersten Generation und Deutschen im Hinblick auf die generelle Arbeitsmarktpartizipation und im Hinblick auf die berufliche Stellung. Constant und Massey (2005) finden mit SOEP-Daten sogar eine tendenzielle Vergrößerung der Unterschiede hinsichtlich des beruflichen Status über die Zeit, allerdings auch eine langsame Anpassung der Löhne. Bei gleicher Humankapitalausstattung haben die Arbeitsmigranten im Schnitt nach 23 Jahren das Niveau der Deutschen ohne Migrationshintergrund erreicht.

Assimilationsprozesse lassen sich jedoch nicht nur intrapersonell über die chronologische Zeit, sondern auch interpersonell über verschiedene Zuwanderungskohorten bzw. über verschiedene Generationen betrachten, und in dieser Hinsicht lassen sich in der empirischen Arbeitsmarktforschung sehr viel klarere Trends feststellen. So kommen nahezu alle Studien, die diese Unterscheidung vornehmen können, zu dem Schluss, dass die zweite Generation auf dem deutschen Arbeitsmarkt wesentlich bessere Erfolge erzielt bzw. den Deutschen ohne Migrationshintergrund schon wesentlich ähnlicher ist, als die erste Generation.[6] Dies wird für die klassischen Arbeitsmigranten mit Daten des SOEP beispielsweise von Seifert (1992, S. 689f.) für die berufliche Stellung und die Branchenzugehörigkeit

---

6   Die operationale Abgrenzung der Generationen kann dabei zwischen verschiedenen Studien etwas unterschiedlich sein. In der Regel werden zur zweiten Generation jedoch Kinder von direkten Migranten gezählt, die in Deutschland geboren sind oder bis zum Grundschulalter nach Deutschland eingereist sind.

belegt, von Szydlik (1996, S. 668f.) für das Qualifizierungsniveau und die damit verbundene Adäquatheit des Arbeitsplatzes. Auch die Mikrozensus-Daten zeigen dies deutlich, beispielsweise für die berufliche Stellung (Kalter und Granato 2002, 2007; Herwig und Konietzka 2012) oder für die Zugehörigkeit zu Teilsegmenten des Arbeitsmarktes (Granato 2003, S. 124f.). Hinsichtlich des Einkommens und der Beschäftigungschancen lassen sich generelle Generationenunterschiede in einer Studie mit Mikrozensusdaten aus den Jahren 2005 und 2006 allerdings nicht bestätigen (Algan et al. 2010).

Betrachtet man für die aktuellen Migrantengruppen das eingangs (vgl. Abb. 10.1) aufgegriffene Berufsprestige (ISEI) im Mikrozensus 2011 getrennt nach Generationen[7], so ergibt sich ein relativ eindeutiges Bild (siehe Abb. 10.2), das die Grundergebnisse vieler früherer Studien widerspiegelt.

In allen (!) Gruppen haben die Beschäftigten der zweiten Generation höhere ISEI-Werte als die der ersten Generation. Trotz der teilweise nur geringen Fallzahlen und den daraus resultierenden großen Standfehlern sind die Unterschiede zwischen den Generationen bei allen benachteiligten Gruppen hochsignifikant.[8] Dementsprechend verringern sich die Abstände zur Referenzgruppe in der zweiten Generation deutlich, teilweise beträchtlich. Einige Zweite-Generationen-Gruppen, insbesondere die in gröberen weltregionalen Kategorien zusammengefassten, sind in dieser Sichtweise nicht mehr schlechter gestellt als die Referenzgruppe, sie sind sogar signifikant bessergestellt.

---

7   In den empirischen Analysen der vorliegenden Studie zählen Personen zur ersten Generation, die ab dem Alter von 7 Jahren oder später nach Deutschland zugezogen sind. Die sogenannte zweite Generation umfasst Befragte, die in Deutschland geboren wurden oder spätestens bis zum Alter von 6 Jahren eingewandert sind und damit ihre schulische Bildung in Deutschland absolviert haben. Bei der Zuweisung zur zweiten Generation wird nicht berücksichtigt, ob die Eltern zugewandert sind oder nicht. Dies bedeutet, dass es sich auch um Mitglieder einer höheren Generation (2,5. oder 3. Generation) handeln kann.

8   Für die Ukraine kann die zweite Generation jedoch wegen zu geringer Fallzahlen nicht berücksichtigt werden.

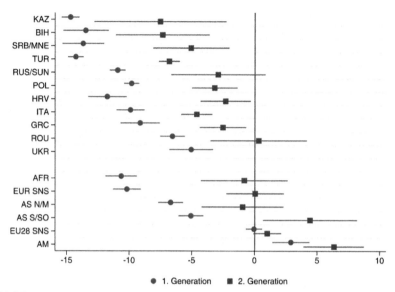

● 1. Generation   ■ 2. Generation

Abbildung 10.2   Relatives Berufsprestige (ISEI) verschiedener Herkunftsgruppen[9], getrennt nach erster und zweiter Generation. Datenquelle: Mikrozensus
2011 – eigene Berechnungen

10.3.3 Humankapital oder Diskriminierung auf dem Arbeits-markt?

Versucht man die Ursachen ethnischer Ungleichheiten auf dem Arbeitsmarkt zu
analysieren, so lautet die zentrale Frage, ob bzw. inwieweit bestehende Ungleichheiten auf Humankapitalunterschiede zurückzuführen sind oder ob es Hinweise
auf Diskriminierungen auf dem Arbeitsmarkt gibt (siehe Kap. 2 in diesem Band).
Eine generelle Herausforderung für die empirische Forschung ist dabei, dass Diskriminierungen schwer messbar sind (Blank et al. 2004). Experimentelle Designs,
insbesondere Feldexperimente, stellen einen sehr direkten potentiellen Nachweis
dar und scheinen damit die Methode der Wahl. Obwohl deutlich seltener als etwa
auf dem Wohnungsmarkt, kommen sie auch in der Arbeitsmarktforschung zum
Einsatz. Kaas und Manger (2012) sendeten beispielsweise ansonsten gleiche Bewerbungen mit türkischem und deutschem Bewerbernamen an Praktikumsange-
bote für Studierende und ermitteln einen höheren Antwortanteil bei den deutschen

---

9   Herkunftsgruppen: siehe Fußnote 3.

Namen. Dieser Unterschied verschwindet allerdings, wenn jeweils ein positives Referenzschreiben beiliegt, was sie als Hinweis auf eine Form der statistischen Diskriminierung deuten. Feldexperimente wie diese können wichtige Hinweise auf die grundsätzliche Existenz von Diskriminierungen und ihre genauere Form erbringen. Die Fragen, inwieweit die Befunde über den in der Regel sehr spezifischen und eingegrenzten Anwendungskontext hinaus generalisierbar sind und welches Ausmaß bzw. welchen Anteil Diskriminierungen im Hinblick auf die gesamte ethnische Ungleichheitsstruktur eines Arbeitsmarktes haben, müssen dabei aber offenbleiben.

Mit Hilfe von repräsentativen Surveydaten versucht man Diskriminierungen dadurch zu identifizieren, dass die ethnische Zugehörigkeit auch unter Kontrolle aller relevanter Drittvariablen einen Einfluss auf den Arbeitsmarkterfolg besitzt. Das Problem solcher Analysen liegt jedoch darin, dass es kaum möglich ist, alle Faktoren anzugeben, die beispielsweise mit der Produktivität eines Arbeitnehmers verbunden sind, geschweige denn diese in Standarduntersuchungen zu messen. Im Hinblick auf Migranten und ihre Nachkommen bleibt insbesondere immer die naheliegende These, dass es ihnen an bestimmten Kompetenzen mangelt, die spezifisch für die Aufnahmegesellschaft sind: in erster Linie Sprachkenntnisse, aber auch sonstige gesellschaftsspezifische Kapitalien (siehe Abschnitte 10.2.1 und 10.2.4). Wenn unter Kontrolle von Faktoren wie formalen Bildungsqualifikationen direkte Effekte der ethnischen Zugehörigkeit verschwinden, spricht dies somit gegen die Diskriminierungsthese. Auf der anderen Seite bleibt immer ein Zweifel, ob verbleibende Effekte der Ethnizität tatsächlich auf Diskriminierungen zurückzuführen sind oder auf unbeobachtete Dimensionen der Produktivität (siehe Kap. 2 in diesem Band). Tendenziell lässt sich jedoch argumentieren, dass – um welche spezifischen Aspekte es auch gehen mag – diese in der zweiten Generation schon sehr viel wahrscheinlicher vorliegen als in der ersten Generation. Die Untersuchung der zweiten Generation erlaubt deshalb bei diesem Vorgehen einen strengeren Test der Diskriminierungsthese als die erste, da viele Alternativhypothesen (wie beispielsweise mangelnde Sprachkenntnisse, Rückkehrorientierungen etc.) hier weniger plausibel sind. Die entsprechenden Ergebnisse der empirischen Arbeitsmarktforschung werden deshalb im Folgenden getrennt nach der ersten und der zweiten Migrantengeneration dargestellt.

10.3.3.1 Die erste Generation

Bei vielen Migrantengruppen liegt es nahe, die schlechtere Positionierung der ersten Generation, d. h. der direkten Zuwanderer, durch eine im Hinblick auf die Qualifikationen selektive Zuwanderung zu erklären. Dies gilt vor allem für die klassi-

schen Arbeitsmigranten, denn schließlich war die damalige Rekrutierung gezielt
auf Niedrigqualifizierte ausgerichtet, um Vakanzen im unteren Bereich des Arbeitsmarktes zu füllen (z. B. Hoffmann-Nowotny 1978, S. 37; Bade 1992, S. 395;
Heckmann 1992, S. 81f.). Es ist deshalb nicht verwunderlich, dass ein großer Teil
der auch heute noch bestehenden ethnischen Ungleichheiten auf dem deutschen
Arbeitsmarkt auf ein solches Qualifikationsgefälle zurückgeführt werden kann.

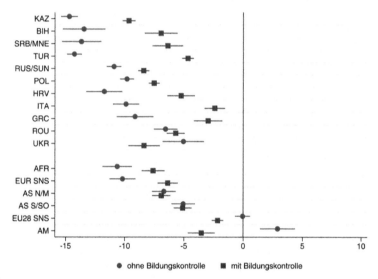

Abbildung 10.3   Relatives Berufsprestige der ersten Generation[10], mit und ohne Bildungskontrolle. Datenquelle: Mikrozensus 2011 – eigene Berechnungen

Betrachtet man am Beispiel des Berufsprestiges die Migranten der ersten Generation im Mikrozensus 2011 genauer, so reduzieren sich die Abstände der einzeln
ausgewiesenen Länder der ehemaligen Arbeitsmigranten (Bosnien und Herzegowina, Serbien, Montenegro, Türkei, Kroatien, Italien, Griechenland) zur Vergleichsgruppe der einheimischen Beschäftigten erheblich, wenn man die formalen Bildungsqualifikationen berücksichtigt (siehe Abb. 10.3). Allerdings kann der
Nachteil jeweils nur zu einem Teil durch die Qualifikationen erklärt werden, denn
auch unter deren Kontrolle sind die ISEI-Werte noch signifikant von denen der Referenzgruppe entfernt. Ähnliche Befunde zeigen sich in früheren Untersuchungen

---

10   Herkunftsgruppen: siehe Fußnote 3.

im Hinblick auf andere Indikatoren und mit älteren Mikrozensusdaten (Granato und Kalter 2001; Granato 2003; Kalter und Granato 2007).

Die Abbildung macht deutlich, dass Unterschiede im Qualifikationsniveau auch zu einem erheblichen Teil für Prestigenachteile der neueren Zuwanderungsgruppen aus Kasachstan, aus der Russischen Föderation oder aus Polen verantwortlich sind, obgleich hier der durch die Qualifikationen erklärte Teil tendenziell etwas geringer ausfällt und die verbleibenden Restnachteile tendenziell größer sind. Ein weiteres Muster findet man in Abb. 10.3 für Beschäftigte aus der Ukraine. Im Gegensatz zu den klassischen Arbeitsmigranten verstärken sich hier sogar die Positionierungsnachteile im Vergleich zu den Deutschen, wenn man die formalen Bildungsqualifikationen berücksichtigt. Bei Erwerbstätigen aus Amerika und den restlichen EU-28 Staaten, die ohne Kontrolle des Bildungsniveaus besser oder zumindest gleich gut positioniert sind, verschwinden diese Bruttovorteile gegenüber einheimischen Beschäftigten mit den gleichen formalen Qualifikationen nicht nur, sondern es ergeben sich überdies Prestigenachteile.

Es stellt sich nun die Frage, wie die unter Bildungskontrolle verbleibenden ethnischen Nachteile, die sogenannten Residualeffekte, zu erklären sind, ob tatsächlich Diskriminierungen zu vermuten sind oder ob sie auf andere Faktoren zurückgehen. Hier sind an erster Stelle Kompetenzen in der Sprache des Aufnahmelandes zu nennen, die neben den formalen Bildungsqualifikationen einen Einfluss auf die Produktivität besitzen (siehe 10.2.1). Sprachkompetenzen sind nur selten in den relevanten Datensätzen erfasst und häufig wird die Aufenthaltsdauer als eine Proxy-Variable zur generellen Abbildung von aufnahmelandspezifischen Kompetenzen genutzt. Einige Studien, darunter das SOEP, erlauben es jedoch, den Einfluss der Sprache auf den Arbeitsmarkterfolg direkt zu analysieren, denn für die entsprechenden Fähigkeiten sind zumindest subjektive Selbsteinschätzungen enthalten. Dustmann und van Soest (2002) haben mit Hilfe dieser Indikatoren eindrucksvoll nachgewiesen, dass Kenntnisse der deutschen Sprache in der Tat einen unabhängigen und in Standardanalysen gemeinhin unterschätzten Einfluss auf den Arbeitsmarkterfolg – in diesem Falle indiziert durch das Einkommen – besitzen. Constant und Massey (2005) weisen ebenfalls mit SOEP-Daten einen direkten Einfluss der Deutschkenntnisse auf das berufliche Prestige nach.

Mangelnde Sprachkenntnisse sind aber nicht die einzige Ursache von Residualeffekten und können oft die spezifischen Benachteiligungen bestimmter Gruppen nicht ausreichend erklären. So kommt das abweichendem Muster der Ukrainer wohl vor allem dadurch zustande, dass diese Gruppe – anders als die klassischen Arbeitsmigranten – durchaus hohe formale Qualifikationen mitbringt, diese ausländischen Zertifikate aber auf dem deutschen Arbeitsmarkt nicht ohne weiteres verwertbar sind. Dies gilt insbesondere auch für die Gruppe der Aussiedler. So

haben Konietzka und Kreyenfeld (2001) mit SOEP-Daten gezeigt, dass es der großen Mehrheit der Aussiedler nicht gelingt, den Zugang zu ihrem erlernten Beruf
zu erlangen – obwohl sie ihre in den Herkunftsländern erworbenen Ausbildungsabschlüsse formal anerkennen lassen können, sie rechtlich privilegiert sind und
sie gegenüber den übrigen Migranten der ersten Generation relativ gute deutsche
Sprachkenntnisse besitzen.

Hier zeigt sich, dass insbesondere auch die starke Koppelung zwischen Arbeitsplätzen und berufsspezifischen Qualifikationen sowie die damit verbundene Segmentierung des deutschen Arbeitsmarktes zur Entstehung und Verfestigung von
ethnischen Ungleichheiten beitragen. Dies betrifft durchaus auch die klassischen
Arbeitsmigranten: Constant und Massey (2005) belegen beispielsweise, dass Ein-
kommensnachteile dieser Gruppe, die auch nach Kontrolle des Humankapitals
zu finden sind, weitgehend verschwinden, wenn man den beruflichen Status kontrolliert. Ähnliches kann Kogan (2004) in Bezug auf das höhere Arbeitslosigkeitsrisiko der Arbeitsmigranten nachweisen: Auch hier verschwinden die ethnischen
Effekte zwar nicht völlig bei Kontrolle der Bildungsqualifikationen, wohl aber bei
gleichzeitiger Kontrolle der beruflichen Stellung.

Einige jüngere Studien haben auch den spezifischen Einfluss sozialer Beziehungen untersucht, vor allem wieder mit Daten des SOEP (Drever und Hoffmeister
2008; Kanas et al. 2012; Lancee 2012, 2016; Riedel 2015). Sie belegen allesamt
einen positiven Effekt interethnischer Beziehungen zu Deutschen ohne Migrationshintergrund auf verschiedene Indikatoren des Arbeitsmarktes, das heißt ein
Teil der ethnischen Residualeffekte kann auch auf einen Mangel an herkunftsland-
spezifischem Kapital zurückgeführt werden (siehe oben 10.2.5). Eigenethnische
Netzwerke erweisen sich hingegen als wenig nützlich auf dem deutschen Arbeitsmarkt und können für bestimmte Gruppen sogar zu einer Mobilitätsfalle werden
(Kalter und Kogan 2014).

10.3.3.2 Die zweite Generation

Wie schon zu Beginn dieses Abschnitts argumentiert, stellt die zweite Generation den eigentlichen Lackmustest für die Diskriminierungsthese dar. Es wurde
bereits in Abb. 10.2 deutlich, dass für einige (außereuropäische) Gruppen bereits
ohne Bildungskontrolle keine Nachteile in der zweiten Generation mehr bestehen.
Bei denjenigen Gruppen mit einer schlechteren Positionierung auf dem Arbeitsmarkt ist nun die entscheidende Frage, inwieweit diese auf mangelnde Bildungsqualifikationen zurückführen ist. Abb. 10.4 zeigt wieder, wie sich die ethnischen
Residualeffekte mit und ohne Kontrolle der formalen Bildung verändern, nun für
die zweite Generation.

Insgesamt ist der Befund beeindruckend eindeutig: Unter Kontrolle der Bildung gibt es so gut wie keine nennenswerten Nachteile mehr. Mit anderen Worten: Die Schlechterstellung auf dem Arbeitsmarkt ist in der zweiten Generation fast ausschließlich eine Frage der formalen Qualifikationen. Die größte Abweichung vom Referenzwert ergibt sich mit Bildungskontrolle noch für die Kasachen, der Unterschied ist bei den vorliegenden Fallzahlen jedoch nicht signifikant. Nur bei zwei Gruppen liegt der Referenzwert außerhalb des 95%-Konfidenzintervalls. Zum einen bei den Türken, die Effektstärke ist hier allerdings genauso gering wie bei den meisten übrigen Gruppen und der Unterschied zu den Modellschätzungen ohne Bildungskontrolle ist gerade hier besonders stark. Die zweite Gruppe, bei der Arbeitsmarktnachteile in der zweiten Generation definitiv nicht vollständig auf das formale Bildungskapital zurückgeführt werden können, sind die Polen. Hier verringert sich im Unterschied zur türkischen Gruppe der Residualeffekt bei Kontrolle der Bildung jedoch nur unwesentlich.

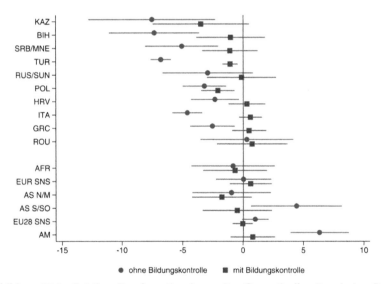

Abbildung 10.4 Relatives Berufsprestige der zweiten Generation[11], mit und ohne Bildungskontrolle. Datenquelle: Mikrozensus 2011 – eigene Berechnungen

Die Ergebnisse in Abb. 10.4 stehen in Einklang mit dem zentralen und relativ einhelligen Befund vieler vorliegender Studien zur Arbeitsmarktintegration der

---

11 Herkunftsgruppen: siehe Fußnote 3.

zweiten Generation: Die Arbeitsmarktpositionierung ist vor allem eine Frage der formalen Bildungsqualifikationen und etwaige Nachteile sind dem Arbeitsmarkt somit vorgelagert. Fast genauso einhellig zeigt sich in diesen Studien dabei jedoch eine gewisse Sonderrolle der Beschäftigten türkischer Herkunft, die – bei sehr unterschiedlichen Indikatoren des Arbeitsmarkterfolges – in der Regel als einzige Gruppe auch unter Kontrolle der formalen Bildung noch signifikante Nachteile besitzen (Granato und Kalter 2001; Haug 2002; Granato 2003; Konietzka und Seibert 2003; Seibert und Solga 2005; Kalter und Granato 2007). Diese Sonderrolle, zumindest unter den klassischen Arbeitsmigrantengruppen, lässt sich in gewisser Weise auch noch in Abb. 10.4 erkennen, wenn es auch etwas problematisch ist, allein über das Signifikanzniveau zu argumentieren.

Häufig werden diese besonderen Nachteile bei Erwerbstätigen türkischer Herkunft in der zweiten Generation als Hinweis auf spezifische Diskriminierungen dieser Gruppe interpretiert. Ein Beispiel dafür ist der Beitrag von Seibert und Solga (2005), in dem die Rolle von Ausbildungsabschlüssen für die Beschäftigungschancen mit Daten mehrerer Mikrozensen zwischen 1989 und 2000 untersucht wird. In einer Replikationsanalyse mit Hilfe der SOEP-Daten kann jedoch gezeigt werden, dass die schlechteren Arbeitsmarktchancen türkischer Ausbildungsabsolventen weitgehend auf deutsche Sprachkenntnisse und die ethnische Komposition sozialer Beziehungen zurückgeführt werden kann (Kalter 2006). Mit Längsschnittanalysen lässt sich dabei auch empirisch stützen, dass diese herkunftslandspezifischen Kapitalien tatsächlich ursächlich für Arbeitsmarktnachteile sind.

Generell gibt es Hinweise darauf, dass die spezifisch ethnischen Nachteile unter Kontrolle von Bildungsqualifikationen für Angehörige der zweiten Generation tendenziell eher abgenommen haben (Kalter et al. 2007). Ähnlich wie in Abb. 10.4 finden jüngere Studien auch für junge Erwachsene türkischer Herkunft kaum noch nennenswerte Nachteile (Hartmann 2016). Allerdings deuten sich einige interessante Unterschiede zwischen den Geschlechtern an, die bislang nur wenig systematisch berücksichtigt wurden.

10.4   Fazit

Ethnische Ungleichheiten sind ein typisches Merkmal von Arbeitsmärkten, und sie kennzeichnen nach wie vor auch den deutschen Arbeitsmarkt in erheblichem Maße. Die Migrantengruppen sind dabei in der Regel deutlich schlechter gestellt als deutsche Erwerbstätige ohne Migrationshintergrund, nur wenige Gruppen (z. B. Nordamerika oder Westeuropa) bilden hier Ausnahmen. Die im Vergleich schlechtere Arbeitsmarktintegration gilt im Prinzip für alle gängigen Indikatoren des beruflichen Erfolges. Während dies für die klassischen Arbeitsmigranten schon seit langem bekannt ist, erlauben aktuelle Daten nun auch eine detaillierte Analyse im Hinblick auf Zuwanderergruppen, die in jüngerer Vergangenheit zunehmend an Bedeutung gewonnen haben, vor allem aus Ländern Ost- und Südosteuropas. Hier lassen sich vereinzelt sogar noch größere Differenzen zu einheimischen Beschäftigten feststellen als bei den traditionellen Migrantengruppen. Insgesamt unterscheiden sich die Gruppen untereinander im Ausmaß ihrer jeweiligen Arbeitsmarktnachteile durchaus erheblich.

Während sich Angleichungsprozesse an die Einheimischen ohne Migrationshintergrund für die einzelnen Migranten mit zunehmender Aufenthaltsdauer, wenn überhaupt, dann nur sehr langsam zu vollziehen scheinen – langsamer zumindest als es für andere Migranten in anderen Kontexten, etwa in den USA, festzustellen ist –, gibt es jedoch einen sehr klaren und starken Trend zu einer deutlichen Verbesserung über die Generationen. Im gewählten Beispielfall des Berufsprestiges im Mikrozensus 2011 ist der Unterschied zwischen der ersten und zweiten Generation für alle benachteiligten Gruppen hochsignifikant und im Ausmaß beträchtlich. Dieser Generationentrend ist auch theoretisch zu erwarten, da wichtige Argumente zur Erklärung ethnischer Nachteile auf dem Arbeitsmarkt an der unmittelbaren Migrationserfahrung ansetzen und für die Nachkommen der einstigen Migranten nicht oder nur eingeschränkt zutreffen. Für einen Teil der Zuwanderergruppen beschränken sich die Arbeitsmarktnachteile auf die erste Generation und sind in der zweiten unter dem Strich schon nicht mehr vorhanden.

Die im Vergleich zur Mehrheitsbevölkerung relativ schlechte Arbeitsmarktsituation der meisten Migranten der ersten Generation kann zu einem erheblichen Teil auf die niedrigeren Bildungsqualifikationen zurückgeführt werden, die sie mitgebracht haben. Kontrolliert man die Bildungsabschlüsse in statistischen Modellen, so gehen die Nachteile in der Regel stark zurück. Sie verschwinden allerdings keineswegs ganz. In unseren Beispielanalysen bleiben sie für alle Gruppen hochsignifikant, und einige Gruppen, insbesondere Beschäftigte aus der Ukraine, kommen trotz guter Bildungsqualifikationen auf dem deutschen Arbeitsmarkt nicht adäquat zum Zuge. Interessanterweise haben sogar die Erwerbstätigen aus Amerika und einigen EU-28 Staaten Berufe mit etwas geringerem Prestige, wenn man ihr sehr hohes Bildungsniveau berücksichtigt und sie mit entsprechenden Deutschen ohne Migrationshintergrund vergleicht.

Generell ist es schwierig zu beurteilen, inwieweit die verbleibenden Residualeffekte aus Diskriminierungen im engeren Sinne resultieren, da gerade für Migranten der ersten Generation naheliegende Alternativerklärungen existieren. Es lässt sich mittlerweile gut belegen, dass insbesondere mangelnde Sprachkenntnisse, die

Segmentierung des deutschen Arbeitsmarktes und fehlende soziale Beziehungen zur Mehrheit ausschlaggebende Faktoren sind.

Trotz des enormen Fortschritts über die Generationen stellt sich die Arbeitsmarktsituation für nicht wenige Migrantengruppen auch in der zweiten Generation noch signifikant schlechter dar als für die Mehrheitsbevölkerung. Diese noch bestehenden Nachteile lassen sich hier jedoch weitgehend auf formale Bildungsqualifikationen zurückführen. Den Mechanismen der Reproduktion ethnischer Bildungsnachteile kommt auf dem vergleichsweise stark reglementierten deutschen Arbeitsmarkt somit eine entscheidende Rolle bei der Erklärung der hartnäckigen Persistenz ethnischer Ungleichheiten zu. Neuere Analysen deuten darauf hin, dass die daneben verbleibenden kleinen Restnachteile bei einigen Gruppen, insbesondere den Beschäftigten türkischer Herkunft, eher mit herkunftslandspezifischen Kapitalien als mit Diskriminierungen zusammenhängen.

Literatur

Aigner, D. J., & Cain, G. G. (1977). Statistical Theories of Discrimination in Labor Markets. *Industrial and Labor Relations Review*, 30, 175-187.

Algan, Y., Dustmann, C., Glitz, A., & Manning, A. (2010). The Economic Situation of First and Second-Generation Immigrants in France, Germany and the United Kingdom. *Economic Journal*, 120, F4-F30.

Altonji, J. G., & Blank, R. M. (1999). Race and Gender in the Labor Market. In O. Ashenfelter, & D. Card (Hrsg.), *Handbook of Labor Economics. Vol. 3C* (S. 3143-3259). Amsterdam: Elsevier.

Arrow, K. J. (1972). Some Mathematical Models of Race Discrimination in the Labor Market. In A. Pascal (Hrsg.), *Racial Discrimination in Economic Life* (S. 187-203). Lexington: Lexington Books.

Arrow, K. J. (1973). The Theory of Discrimination. In O. Ashenfelter, & A. Rees (Hrsg.), *Discrimination in Labor Markets* (S. 3-33). Princeton: Princeton University Press.

Arrow, K. J. (1998). What Has Economics to Say About Racial Discrimination? *Journal of Economic Perspectives*, 12, 91-100.

Bade, K. J. (Hrsg.). (1992). *Deutsche im Ausland – Fremde in Deutschland. Migration in Geschichte und Gegenwart*. München: Beck.

Baker, D., & Lenhardt, G. (1991). Nationalismus und Arbeitsmarktintegration in der BRD (alt). *Zeitschrift für Soziologie*, 20, 463-478.

Becker, G. S. (1964). *Human Capital. A Theoretical and Empirical Analysis, with Special Reference to Education*. New York: Columbia University Press.

Becker, G. S. (1971 [1957]). *The Economics of Discrimination*. Chicago: University Press (2. Aufl.).

Bender, S., & Seifert, W. (1996). Zuwanderer auf dem Arbeitsmarkt. Nationalitäten- und geschlechtsspezifische Unterschiede. *Zeitschrift für Soziologie*, 25, 473-495.

Black, D. A. (1995). Discrimination in an Equilibrium Search Model. *Journal of Labor Economics*, 13, 309-334.

Blank, R. M., Dabady, M., & Citro, C. F. (Hrsg.). (2004). *Measuring Racial Discrimination*. Washington, DC: The National Academies Press.

Blossfeld, H.-P., & Mayer, K. U. (1988). Arbeitsmarktsegmentation in der Bundesrepublik Deutschland. Eine empirische Überprüfung von Segmentationstheorien aus der Perspektive des Lebenslaufs. *Kölner Zeitschrift für Soziologie und Sozialpsychologie*, 40, 262-283.

Bonacich, E. (1972). A Theory of Ethnic Antagonism. The Split Labor Market. *American Sociological Review*, 37, 547-559.

Borjas, G. J. (1985). Assimilation, Changes in Cohort Quality, and the Earnings of Immigrants. *Journal of Labor Economics*, 3, 463-489.

Borjas, G. J. (1987). Self-Selection and the Earnings of Immigrants. *American Economic Review*, 77, 531-553.

Borjas, G. J. (1992). Ethnic Capital and Intergenerational Mobility. *Quarterly Journal of Economics*, 107, 123-150.

Borjas, G. J. (1994). The Economics of Immigration. *Journal of Economic Literature*, 32, 1667-1717.

Borjas, G. J., & Bronars, S. G. (1989). Consumer Discrimination and Self-Employment. *Journal of Political Economy*, 97, 581-605.

Boudon, R. (1974). *Education, Opportunity, and Social Inequality: Changing Prospects in Western Society*. New York: Wiley.

Breen, R. (1999). Beliefs, Rational Choice and Bayesian Learning. *Rationality and Society*, 11, 463-479.

Brücker, H., Kroh, M., Bartsch, S., Goebel, J., Kühne, S., Liebau, E.,…Schupp, J. (2014). *The New IAB-SOEP Migration Sample: An Introduction into the Methodology and the Contents* (SOEP Survey Papers 216, Series C). Berlin: DIW/SOEP.

Chiswick, B. R. (1978). The Effect of Americanization on the Earnings of Foreign-Born Men. *Journal of Political Economy*, 86, 897-921.

Chiswick, B. R. (1991). Speaking, Reading, and Earnings among Low-Skilled Immigrants. *Journal of Labor Economics*, 9, 149-170.

Coate, S., & Loury, G. C. (1993). Will Affirmative-Action Policies Eliminate Negative Stereotypes? *American Economic Review*, 83, 1220-1240.

Constant, A., & Massey, D. S. (2005). Labor Market Segmentation and the Earnings of German Guestworkers. *Population Research and Policy Review*, 24, 489-512.

Diehl, C., Hunkler, C., & Kristen, C. (Hrsg.). (2016). *Ethnische Ungleichheiten im Bildungsverlauf. Mechanismen, Befunde, Debatten*. Wiesbaden: Springer VS.

Diekmann, A. (1985). *Einkommensunterschiede zwischen Frauen und Männern. Theoretische Perspektiven und empirische Ergebnisse zur Einkommensdiskriminierung von Arbeitnehmerinnen*. Wien: Institut für höhere Studien.

Diekmann, A., Engelhardt, H., & Hartmann, P. (1993). Einkommensungleichheit in der Bundesrepublik Deutschland. Diskriminierung von Frauen und Ausländern? *Mitteilungen aus der Arbeitsmarkt- und Berufsforschung*, 26, 386-398.

Doeringer, P. B., & Piore, M. J. (1971). *Internal Labor Markets and Manpower Analysis*. Lexington: Heath.

Dorner, M., Heining, J., Jacobebbinghaus, P., & Seth, S. (2010). The Sample of Integrated Labour Market Biographies. *Schmollers Jahrbuch*, 130, 599-608.

Drever, A. I., & Hoffmeister, O. (2008). Immigrants and Social Networks in a Job-Scarce Environment: The Case of Germany. *International Migration Review*, 42, 425-448.

Dustmann, C. (1993). Earnings Adjustment of Temporary Migrants. *Journal of Population Economics*, 6, 153-168.

Dustmann, C. (2000). Temporary Migration and Economic Assimilation. *Swedish Economic Policy Review*, 7, 213-244.

Dustmann, C., & van Soest, A. (2002). Language and the Earnings of Immigrants. *Industrial and Labor Relations Review*, 55, 473-492.

England, P. (1992). *Comparable Worth. Theories and Evidence*. New York: De Gruyter.

Erikson, R., & Goldthorpe, J. H. (1992). *The Constant Flux: A Study of Class Mobility in Industrial Societies*. Oxford: Clarendon Press.

Erikson, R., & Jonsson, J. O. (1996). Introduction. Explaining Class Inequality in Education: The Swedish Test Case. In R. Erikson, & O. Jonsson (Hrsg.), *Can Education Be Equalized? The Swedish Case in Comparative Perspective* (S. 1-63). Boulder: Westview Press.

Esser, H. (1999). *Soziologie. Spezielle Grundlagen. Band 1: Situationslogik und Handeln*. Frankfurt a. M.: Campus.

Esser, H. (2006). *Sprache und Integration. Die sozialen Bedingungen und Folgen des Spracherwerbs von Migranten.* Frankfurt a. M.: Campus.

Friedberg, R. M. (2000). You Can't Take It with You? Immigrant Assimilation and the Portability of Human Capital. *Journal of Labor Economics,* 18, 221-251.

Ganzeboom, H. B. G., De Graaf, P. M., & Treiman, D. J. (1992). A Standard International Socio-Economic Index of Occupational Status. *Social Science Research,* 21, 1-56.

Granato, N. (2003). *Ethnische Ungleichheit auf dem deutschen Arbeitsmarkt. Schriftenreihe des Bundesinstituts für Bevölkerungsforschung Band 33.* Opladen: Leske + Budrich.

Granato, N., & Kalter, F. (2001). Die Persistenz ethnischer Ungleichheit auf dem deutschen Arbeitsmarkt. Diskriminierung oder Unterinvestition in Humankapital? *Kölner Zeitschrift für Soziologie und Sozialpsychologie,* 53, 497-520.

Granovetter, M. (1995). *Getting a Job. A Study of Contacts and Careers.* Chicago: University of Chicago Press (2. Aufl.).

Haisken-DeNew, J. P., & Frick, J. R. (Hrsg.). (2004). *Desktop Companion to the German Socio-Economic Panel Study (SOEP). Version 7.0 – September 2003.* Berlin: DIW.

Hartmann, J. (2016). Do Second-Generation Turkish Migrants in Germany Assimilate into the Middle Class? *Ethnicities,* 16, 368-392.

Haug, S. (2002). Familienstand, Schulbildung und Erwerbstätigkeit junger Erwachsener. Eine Analyse der ethnischen und geschlechtsspezifischen Ungleichheiten. Erste Ergebnisse des Integrationssurveys des BiB. *Zeitschrift für Bevölkerungswissenschaft,* 27, 115-144.

Heckmann, F. (1992). *Ethnische Minderheiten, Volk und Nation. Soziologie interethnischer Beziehungen.* Stuttgart: Enke.

Herwig, A., & Konietzka, D. (2012). Zwischen Integration und Ausschluss: Die Klassenpositionen von Migranten im Zeit- und Generationenvergleich. *Zeitschrift für Soziologie,* 41, 295-315.

Hoffmann-Nowotny, H.-J. (1978). Gastarbeiter in Europa – Eine neue Völkerwanderung? In L. Franke, & H. Schubnell (Hrsg.), *Keine Kinder – keine Zukunft? Zum Stand der Bevölkerungsforschung in Europa. Schriftenreihe des Bundesinstituts für Bevölkerungsforschung Band 4* (S. 35-41). Boppard: Boldt.

Jackson, M., Erikson, R., Goldthorpe, J. H., & Yaish, M. (2007). Primary and Secondary Effects in Class Differentials in Educational Attainment. The Transition to A-Level Courses in England and Wales. *Acta Sociologica,* 50, 211-229.

Kaas, L., & Manger, C. (2012). Ethnic Discrimination in Germany's Labour Market: A Field Experiment. *German Economic Review,* 13, 1-20.

Kalter, F. (2003). *Chancen, Fouls und Abseitsfallen. Migranten im deutschen Ligenfußball.* Opladen: Westdeutscher Verlag.

Kalter, F. (2006). Auf der Suche nach einer Erklärung für die spezifischen Arbeitsmarktnachteile von Jugendlichen türkischer Herkunft. Zugleich eine Replik auf den Beitrag von Holger Seibert und Heike Solga: „Gleiche Chancen dank einer abgeschlossenen Ausbildung?" (ZfS 5/2005). *Zeitschrift für Soziologie,* 35, 144-160.

Kalter, F., & Granato, N. (2002). Demographic Change, Educational Expansion, and Structural Assimilation of Immigrants: The Case of Germany. *European Sociological Review,* 18, 199-216.

Kalter, F., & Granato, N. (2007). Educational Hurdles on the Way to Structural Assimilation in Germany. In A. F. Heath, & S. Y. Cheung (Hrsg.), *Unequal Chances. Ethnic Minorities* in *Western Labour Markets. Proceedings of the British Academy* (S. 271-319). Oxford: University Press.

Kalter, F., & Kogan, I. (2014). Migrant Networks and Labor Market Integration of Immigrants from the Former Soviet Union in Germany. *Social Forces*, 92, 1435-1456.

Kalter, F., Granato, N., & Kristen, C. (2007). Disentangling Recent Trends of the Second Generation's Structural Assimilation in Germany. In S. Scherer, R. Pollak, G. Otte, & M. Gangl (Hrsg.), *From Origin to Destination. Trends and Mechanisms in Social Stratification Research* (S. 214-245). Frankfurt a. M.: Campus.

Kanas, A., Chiswick, B. R., van der Lippe, T., & van Tubergen, F. (2012). Social Contacts and the Economic Performance of Immigrants: A Panel Study of Immigrants in Germany. *International Migration Review*, 46, 680-709.

Kao, G., & Tienda, M. (2005). Optimism and Achievement: The Educational Performance of Immigrant Youth. In M. M. Suárez-Orozco, C. Suárez-Orozco, & D. B. Qin (Hrsg.), *The New Immigration. An Interdisciplinary Reader* (S. 331-343). New York: Routledge.

Kleber, M. (1988). *Arbeitsmarktsegmentation nach dem Geschlecht. Eine kritische Analyse ökonomischer Theorien über Frauenarbeit und Frauenlöhne.* München: Florentz.

Kogan, I. (2004). Last Hired, First Fired? The Unemployment Dynamics of Male Immigrants in Germany. *European Sociological Review*, 20, 445-461.

Konietzka, D., & Kreyenfeld, M. (2001). Die Verwertbarkeit ausländischer Ausbildungsabschlüsse. Das Beispiel der Aussiedler auf dem deutschen Arbeitsmarkt. *Zeitschrift für Soziologie*, 30, 267-282.

Konietzka, D., & Seibert, H. (2003). Deutsche und Ausländer an der "zweiten Schwelle". Eine vergleichende Analyse der Berufseinstiegskohorten 1976-1995 in Westdeutschland. *Zeitschrift für Pädagogik*, 49, 567-590.

Kristen, C. (1999). *Bildungsentscheidungen und Bildungsungleichheit – ein Überblick über den Forschungsstand* (Arbeitspapiere des Mannheimer Zentrums für Europäische Sozialforschung MZES 5). Mannheim: MZES.

Lancee, B. (2012). The Economic Returns of Bonding and Bridging Social Capital for Immigrant Men in Germany. *Ethnic and Racial Studies*, 35, 664-683.

Lancee, B. (2016). Job Search Methods and Immigrant Earnings: A Longitudinal Analysis of the Role of Bridging Social Capital. *Ethnicities*, 16, 349-367.

Lin, N. (1999). Social Networks and Status Attainment. *Annual Review of Sociology*, 25, 467-487.

Luthra, R. R. (2013). Explaining Ethnic Inequality in the German Labor Market: Labor Market Institutions, Context of Reception, and Boundaries. *European Sociological Review*, 29, 1095-1107.

Lüttinger, P., & Riede, T. (1997). Der Mikrozensus: Amtliche Daten für die Sozialforschung. *ZUMA-Nachrichten*, 41, 19-44.

Lutz, B., & Sengenberger, W. (1980). Segmentationsanalyse und Beschäftigungspolitik. *WSI-Mitteilungen*, 33, 291-299.

Madden, J. F. (1973). *The Economics of Sex Discrimination.* Lexington: Heath.

Montgomery, J. D. (1991). Social Networks and Labor-Market Outcomes: Toward an Economic Analysis. *American Economic Review*, 81, 1408-1418.

Mouw, T. (2003). Social Capital and Finding a Job: Do Contacts Matter? *American Sociological Review*, 68, 868-898.

Müller, W., Lüttinger, P., König, W., & Karle, W. (1989). Class and Education in Industrial Nations. *International Journal of Sociology*, 19, 3-39.

Müller, W., Steinmann, S., & El, R. (1998). Education and Labour-Market Entry in Germany. In Y. Shavit, & W. Müller (Hrsg.), *From School to Work. A Comparative Study of Educational Qualifications and Occupational Destinations* (S. 143-187). Oxford: Clarendon Press.

Münz, R., Seifert, W., & Ulrich, R. (1999). *Zuwanderung nach Deutschland. Strukturen, Wirkungen, Perspektiven.* Frankfurt a. M.: Campus (2. Aufl.).

Offe, C., & Hinrichs, K. (1977). Sozialökonomie des Arbeitsmarktes und die Lage "benachteiligter" Gruppen von Arbeitnehmern. In C. Offe (Hrsg.), *Opfer des Arbeitsmarktes. Zur Theorie der strukturierten Arbeitslosigkeit* (S. 3-61). Neuwied: Luchterhand.

Phelps, E. S. (1972). The Statistical Theory of Racism and Sexism. *American Economic Review*, 62, 659-661.

Portes, A. (1995). Economic Sociology and the Sociology of Immigration: A Conceptual Overview. In A. Portes (Hrsg.), *The Economic Sociology of Immigration. Essays on Networks, Ethnicity, and Entrepreneurship* (S. 1-41). New York: Russell Sage Foundation.

Portes, A., & Rumbaut, R. G. (2001). *Legacies. The Story of the Immigrant Second Generation.* Berkeley: University of California Press.

Riedel, S. (2015). The Interrelation of Immigrants' Interethnic Ties and Socioeconomic Status in Germany. An Autoregressive Panel Analysis. *European Journal of Population*, 31, 287-307.

Scherer, S., Pollak, R., Otte, G., & Gangl, M. (2007). *From Origin to Destination. Trends and Mechanisms in Social Stratification Research.* Frankfurt a. M.: Campus.

Seibert, H., & Solga, H. (2005). Gleiche Chancen dank einer abgeschlossenen Ausbildung? Zum Signalwert von Ausbildungsabschlüssen bei ausländischen und deutschen jungen Erwachsenen. *Zeitschrift für Soziologie*, 34, 364-382.

Seifert, W. (1992). Die zweite Ausländergeneration in der Bundesrepublik. Längsschnittbeobachtungen in der Berufseinstiegsphase. *Kölner Zeitschrift für Soziologie und Sozialpsychologie*, 44, 677-696.

Seifert, W. (1995). *Die Mobilität der Migranten. Die berufliche, ökonomische und soziale Stellung ausländischer Arbeitnehmer in der Bundesrepublik. Eine Längsschnittanalyse mit dem sozioökonomischen Panel 1984-1998.* Berlin: edition sigma.

Sengenberger, W. (1987). Arbeitsmarktsegmentation und Macht. In F. Buttler, K. Gerlach, & R. Schmiede (Hrsg.), *Arbeitsmarkt und Beschäftigung. Neuere Beiträge zur institutionalistischen Arbeitsmarktanalyse* (S. 95-120). Frankfurt a. M.: Campus.

Statistisches Bundesamt (2015). *Fachserie 1 Reihe 2.2., 2014. Bevölkerung und Erwerbstätigkeit. Bevölkerung mit Migrationshintergrund. Ergebnisse des Mikrozensus.* Wiesbaden: Statistisches Bundesamt.

Szydlik, M. (1996). Ethnische Ungleichheit auf dem deutschen Arbeitsmarkt. *Kölner Zeitschrift für Soziologie und Sozialpsychologie*, 48, 658-676.

Thurow, L. C. (1975). *Generating Inequality. Mechanisms of Distribution in the U.S. Economy.* New York: Basic Books.

Velling, J. (1995). *Immigration und Arbeitsmarkt. Eine empirische Analyse für die Bundesrepublik Deutschland.* Baden-Baden: Nomos.

Berufliche Geschlechtersegregation 11

Juliane Achatz

11.1 Einleitung

Die berufliche Geschlechtersegregation, also das Ausmaß in dem Frauen und Männer unterschiedliche Berufe ausüben und innerhalb von Berufen auf unterschiedlichen Hierarchieebenen tätig sind, erfährt in der Arbeitsmarktforschung seit langem eine große Aufmerksamkeit. Zur Prominenz dieses Themas trägt sicher bei, dass sich die berufliche Trennung in zahlreichen Ländern als bedeutsames wie auch relativ stabiles Arbeitsmarktmerkmal erwiesen hat und eng mit Geschlechterungleichheiten auf dem Arbeitsmarkt assoziiert ist (z. B. Charles und Grusky 2004; Blackburn und Jarman 2006; Steinmetz 2012; Busch 2013a; Blau et al. 2014). Das anhaltende Interesse am Phänomen der getrennten Berufswelten von Frauen und Männern ist ein klarer Hinweis darauf, dass trotz umfassender Forschung zu diesem Thema nach wie vor noch Forschungslücken bestehen. Auch ermöglichen aktualisierte und stärker differenzierte Berufsklassifikationen und die Verfügbarkeit von Längsschnittdaten, die berufliche Segregation besser als zuvor abzubilden und Entwicklungen über die Zeit zu analysieren. Galt die strukturierende Wirkung der beruflichen Geschlechtersegregation auf Arbeitsmarktergebnisse bislang als zentraler Befund in diesem Forschungsfeld, so werfen neuere Studien die Frage auf, ob diese angesichts der Entwicklungen im Bildungs- und Erwerbssystem an Bedeutung verliert (z. B. Brynin und Perales 2016).

Dieser Beitrag befasst sich mit den Ursachen für die anhaltende Geschlechtertrennung in der Arbeitswelt wie auch mit den Folgen, die damit für die erwerbstätigen Frauen und Männer verbunden sind. Der erste Abschnitt stellt zunächst wesentliche ökonomische und soziologische Erklärungsansätze vor. Da der Be-

© Springer Fachmedien Wiesbaden GmbH, ein Teil von Springer Nature 2018
M. Abraham und T. Hinz (Hrsg.), *Arbeitsmarktsoziologie*,
https://doi.org/10.1007/978-3-658-02256-3_11

griff der beruflichen Segregation sehr uneinheitlich verwendet wird, werden im Abschnitt 11.3 wichtige Definitionen und statistische Messkonzepte erläutert. Der Abschnitt 11.4 informiert über das empirische Bild der beruflichen Geschlechtersegregation und Abschnitt 11.5 benennt Desiderata der Forschung und diskutiert mögliche arbeitsmarktpolitische Implikationen.

11.2 Theoretischer Rahmen

Die theoretischen Grundlagen der Analyse der beruflichen Geschlechtersegregation umfassen sowohl ökonomische wie auch soziologische und sozialpsychologische Ansätze[1], die sich mit unterschiedlicher Schwerpunktsetzung mit den Ursachen und den Folgen der geschlechtsbezogenen Trennlinien in der Berufswelt befassen. Der Überblick beginnt mit Ansätzen, die Arbeitsmarktergebnisse aus rationalen Wahlhandlungen der Akteure herleiten und erläutert danach Mechanismen der geschlechtsbezogenen Diskriminierung und Stereotypisierung. Im Anschluss daran wird die Bedeutung von gesellschaftlichen Machtverhältnissen und Institutionen dargelegt.

11.2.1 Berufswahl, Präferenzen und Qualifikationen von Arbeitnehmern

Arbeitsmarkttheorien unterscheiden in der Regel danach, ob die betrachteten Mechanismen auf der Angebots- oder der Nachfrageseite des Arbeitsmarktes wirksam werden. Angebotsseitige Erklärungsansätze begründen die berufliche Geschlechtertrennung mit Unterschieden im Berufswahlverhalten von Frauen und Männern. Geschlechtstypische Neigungen und Fähigkeiten führen aus dieser Perspektive zu einer Selbstselektion in ein spezifisches Spektrum von Berufen. Der nach Geschlecht segregierte Arbeitsmarkt resultiert demnach aus der Summe von individuellen Wahlhandlungen. Wie die Berufsentscheidungen zustande kommen, wird im Kontext neoklassischer Theorien einerseits und soziologischer Kulturtheorien andererseits jeweils unterschiedlich gefasst.

Aus Sicht der *Humankapitaltheorie* beruhen berufliche Entscheidungen auf einem rationalen Kosten-Nutzen-Kalkül. Demzufolge wird der zu erbringende

---

1   Einen kritischen Überblick über die Theorieansätze geben u. a. Jonung (1996), Heintz et al. (1997), Kreimer (1999), Blackburn et al. (2002), Padavic und Reskin (2002) und Busch (2013a).

Aufwand in Form von Bildungsinvestitionen, Leistungsanforderungen und zeitlichen Belastungen gegen die zu erzielenden Erträge wie Löhne oder Aufstiegsmöglichkeiten und alternative Möglichkeiten der Zeitverwendung abgewogen.
Theoriegemäß wird ein Beruf gewählt, mit dem das Arbeitseinkommen über den
gesamten Erwerbsverlauf maximiert werden kann. Die Annahme beruht auf den
zentralen Prämissen, dass Arbeitskräfte über die relevanten Rahmenbedingungen
des Arbeitsmarktes vollständig informiert sind, dass sie stabile berufliche Präferenzen besitzen und ihre Erwerbstätigkeit langfristig planen (vgl. hierzu Kap. 2.3
in diesem Band). Es existieren verschiedene humankapitaltheoretische Varianten
zur Erklärung der Arbeitsmarktsegregation. Ein gemeinsamer Ausgangspunkt ist
die Annahme, dass sich berufsbezogene Kosten-Nutzen-Abwägungen von Frauen
und Männern vor dem Hintergrund einer traditionellen familiären Arbeitsteilung
systematisch unterscheiden.

Polachek (1981) argumentiert, dass Frauen aufgrund ihrer stärkeren Familien-
orientierung eine weniger kontinuierliche Erwerbsbeteiligung antizipieren als
Männer und deshalb Berufe bevorzugen, in denen das erworbene Humankapital
während der Nichterwerbszeiten in einem geringeren Ausmaß verfällt (sog. Abschreibungsrate des Humankapitals). Für Frauen wäre es demnach ökonomisch
rational, Berufe zu wählen, die geringere Bildungsinvestitionen erfordern und in
denen Berufserfahrung und kontinuierliche Erwerbstätigkeit eine geringere Rolle spielen. Demnach können Frauen mit Berufen, die zwar höhere Eintrittslöhne,
dafür aber niedrigere Lohnsteigerungsraten aufweisen, ihr Erwerbseinkommen im
gesamten Berufsverlauf maximieren. Solche Lohnprofile sind häufiger in frauendominierten Dienstleistungsberufen als etwa in den eher männerdominierten Ma-
nagementberufen zu finden (Polachek und Siebert 1994).

Eine weitere humankapitaltheoretische Variante zur Erklärung der beruflichen
Trennlinien geht auf Becker (1985, 1993) zurück, der diese aus seinem familien-
ökonomischen Ansatz herleitet. Familien bzw. Haushalte sind hier als Produkti-
onsgemeinschaften mit einer gemeinschaftlichen Nutzenfunktion konzipiert. Eine
grundlegende Annahme ist, dass Partner durch eine arbeitsteilige Spezialisierung
auf Erwerbsarbeit oder Hausarbeit ihren gemeinschaftlichen Nutzen maximieren.
Die Arbeitsteilung erfolgt dabei nach dem Prinzip des komparativen Vorteils, wonach die relativ höhere Produktivität bei der jeweiligen Tätigkeit ausschlaggebend
ist, welcher Partner mehr Zeit und Energie in Erwerbsarbeit investiert und dadurch
höhere Lohnraten erzielt oder andernfalls primär die Hausarbeit übernimmt und
deshalb nur begrenzte Zeit- und Energieressourcen in der Erwerbsarbeit einsetzt.[2]

---

2 Weiterentwicklungen dieses Ansatzes stellen allerdings Beckers Annahme einer gemeinschaftlichen Nutzenfunktion in Frage. Ott (1993) argumentiert, dass die langfris-

Aus dieser theoretischen Perspektive ist es unerheblich, warum die Rollenteilung überwiegend geschlechtsspezifisch erfolgt. Becker geht allerdings auf mögliche Ursachen ein, die außerhalb des Erklärungsmodells liegen. So können familienarbeitsbezogene Produktivitätsvorteile von Frauen aus Fähigkeiten resultieren, die im Zuge einer geschlechtsspezifischen Sozialisation erlernt wurden oder die durch einen biologisch bedingten stärkeren Einsatz bei der Sorgearbeit nach der Geburt von Kindern begründet sind (Becker 1993). Darüber hinaus können Geschlechterunterschiede in der Einkommenserzielungskapazität entstehen, wenn Frauen (bei gleicher Humankapitalausstattung) auf dem Arbeitsmarkt diskriminiert werden und deshalb Lohnnachteile haben. Aus der familiären Arbeitsteilung leitet Becker ab, dass Frauen aufgrund ihrer Beanspruchung durch Hausarbeit weniger anspruchsvolle berufliche Tätigkeiten wählen, woraus die berufliche Geschlechtersegregation resultiert: „Since housework is more effort intensive than leisure and other household activities, married women spend less energy on each hour of market work than married men working the same number of hours. As a result, married women have lower hourly earnings than married men with the same market human capital, and they economize on the energy expended on market work by seeking less demanding jobs" (Becker 1985, S. S55). Eine ähnliche Argumentation beinhaltet auch die These der kompensierenden Lohndifferenziale, wonach Frauen Tätigkeiten mit belastenden Arbeitsbedingungen meiden und ein geringeres Lohnniveau in Kauf nehmen, wenn berufliche Tätigkeiten nicht-monetäre Vorteile wie familienfreundliche und zeitlich flexible Arbeitsbedingungen bieten (Filer 1985, 1989; Rosen 1986).

Die skizzierten Thesen wurden in mehrfacher Hinsicht kritisiert. Okamoto und England (1999) stellen die Annahme in Frage, dass sich Frauen aufgrund antizipierter Nichterwerbszeiten und erwarteter Abschreibungsraten von Humankapitalinvestitionen für Berufe mit vergleichsweise höheren Eintrittslöhnen, aber geringeren Lohnsteigerungsraten entscheiden. Die konkrete Familienplanung dürfte am Beginn des Erwerbslebens oft noch unklar sein und es erscheint fraglich, ob Personen über Lohnprofile von verschiedenen Berufen bzw. Tätigkeiten vollständig informiert sind.

---

tige Entwicklung des Humankapitals der Partner für das theoretische Modell relevant ist. Im Zuge der Spezialisierung auf Marktarbeit verbessert sich die Einkommenserzielungskapazität des jeweiligen Partners, während sie sich für den jeweils anderen, auf Familienarbeit spezialisierten Partner, verschlechtert und dessen Arbeitsmarktrisiken im Fall einer Trennung erheblich erhöht. Neben einer gemeinsamen Wohlfahrtsproduktion kann deshalb auch der Erhalt der individuellen Marktchancen im Interesse der Haushaltsmitglieder sein, weshalb die Aufteilung von Erwerbs- und Familienarbeit oft zum Gegenstand von Verhandlungslösungen wird.

Eine weitere Kritik verweist auf die stark angestiegenen Bildungsinvestitionen von Frauen und die Annäherung an das Erwerbsverhalten von Männern, das sich in zahlreichen fortgeschrittenen Industriegesellschaften abzeichnet (z. B. Anker 1997). Aus der humankapitaltheoretischen Erklärungsperspektive könnten diese Veränderungen dazu beitragen, das Ausmaß der beruflichen Segregation zu reduzieren. Da sich die Einkommenserzielungskapazität von Frauen erhöht, wäre die Spezialisierung auf Familienarbeit in geringerem Umfang geschlechtsgebunden (vgl. Becker 1985, S. S56). In der Forschungsliteratur wird argumentiert, dass sich zwar auf lange Sicht die Lohnunterschiede zwischen Frauen und Männer verringert haben (z. B. Polachek 2004), während sich die ausgeprägte berufliche Geschlechtersegregation jedoch nur wenig verändert, was als Widerspruch zur humankapitaltheoretischen Erklärung interpretiert wird.

Ferner sind die Grundannahmen der humankapitaltheoretischen Erklärung der beruflichen Geschlechtersegregation vielfach kritisiert worden. Hakim (1996, 2000) etwa bezweifelt, dass die Präferenzen für Erwerbs- und Familienarbeit weitgehend homogen über die Geschlechtergruppen verteilt sind. Sie kann empirisch zeigen, dass in Großbritannien nur jeweils eine kleine Gruppe von Frauen (etwa ein Fünftel) ihr Erwerbsverhalten an traditionellen Familienrollen ausrichtet und eine diskontinuierliche Erwerbsbeteiligung in flexiblen Erwerbsarbeitsverhältnissen aufweist. Eine ebenso große Gruppe bevorzugt hingegen eine eher egalitäre Rollenteilung, ist häufiger in gemischtgeschlechtlichen Berufen tätig und aufgrund ihrer ausgeprägten Berufsorientierung am ehesten in der Lage, auf dem Arbeitsmarkt mit Männern zu konkurrieren. Die zahlenmäßig größte Gruppe weist jedoch keine eindeutigen und auch keine stabilen beruflichen Präferenzen auf. Sie zeigt eine starke Bereitschaft, frauentypische Tätigkeiten in einem Teilzeitarbeitsverhältnis anzunehmen und ihre beruflichen Ambitionen den spezifischen Erfordernissen der Lebenssituation anzupassen. Wenngleich Hakim belegt, dass berufliche Präferenzen weder über den Erwerbsverlauf hinweg stabil noch innerhalb der Geschlechtergruppen homogen sind, erfasst sie die Mechanismen der Berufsentscheidung mit der einseitigen Betonung der beruflichen Präferenzen doch nur unzureichend, da bei der Berufswahl auch viele einschränkende Rahmenbedingungen wie etwa Arbeitsbedingungen, das Lohnniveau oder auch finanzielle Erfordernisse in Zusammenhang mit der familiären Situation berücksichtigt werden. Berufsentscheidungen spiegeln also nicht ausschließlich die subjektiven Präferenzen wider (Blackburn et al. 2002).

Die These der beruflichen Selbstselektion blendet zudem die Herkunft der Präferenzen aus. Sie zählen zu den exogenen Faktoren, die den Prozessen im Arbeitsmarkt vorgelagert sind (Corcoran und Courant 1987; Maier 2004). Das zweite Theorienbündel, das die berufliche Segregation auf Unterschiede in den Präferenzen von Frauen und Männern zurückführt, setzt hier an und betrachtet Berufsentscheidungen als Ergebnis eines geschlechtsspezifischen Sozialisationsprozesses (Marini und Brinton 1984; Selk 1984). Die *Sozialisationsforschung* geht davon aus, dass sich bereits während der Primärsozialisation geschlechtsspezifische Dispositionen, Überzeugungen und Motivationen herausbilden, die als relativ stabil angenommen werden und auch berufliche Orientierungen und Ziele umfassen (Padavic und Reskin 2002). Mädchen und Jungen lernen bereits in der frühen Kindheit, welche Rollen, Verhaltensweisen und Normen in einer Gesellschaft für die Geschlechtergruppen als typisch, angemessen und akzeptiert gelten. Aus den Sozialisationstheorien kann die Annahme hergeleitet werden, dass in Gesellschaften, in denen geschlechtsspezifische Familien- und Berufsrollen vorherrschen, Frauen und Männer unterschiedliche Erwartungen und Berufsorientierungen entwickeln und geschlechtskonforme Berufe bevorzugen. Dabei signalisieren die segregierten Berufsstrukturen gleichermaßen symbolisch-kulturelle Grenzen der Geschlechtsangemessenheit von Berufen wie auch existierende Zugangsbarrieren für die Geschlechtergruppen (Heintz et al. 1997), die wiederum die Präferenzbildung beeinflussen. So werden Merkmale und Anforderungen für Berufe, die überwiegend von einem Geschlecht ausgeübt werden, als geschlechtstypisch wahrgenommen und interpretiert (Cejka und Eagly 1999). Die unterstellte Kongruenz zwischen der Geschlechtszugehörigkeit des Berufsinhabers und beruflichen Anforderungen trägt dazu bei, dass geschlechtsatypische Berufe seltener in Betracht gezogen werden.

Sofern Jugendliche und junge Erwachsene aufgrund unterschiedlicher Neigungen eher geschlechtstypische Berufe anstreben, scheint es doch fraglich, inwieweit diese beruflichen Präferenzen längerfristig stabil bleiben und das Erwerbsverhalten bestimmen. Über den Prozess der Sozialisation internalisieren Jungen und Mädchen zwar geschlechtsspezifische Präferenzen, welche die späteren Investitionen in Bildung und Ausbildung und die beruflichen Neigungen beeinflussen und damit die berufliche Segregation fördern. Erlernte Berufsorientierungen sind jedoch nicht irreversibel und die sozialisatorische Prägung ist nicht so fest verankert, dass die deutliche berufliche Geschlechtertrennung vorwiegend dadurch erklärt werden könnte (Jacobs 1987, 1989; Levine und Zimmerman 1995; Shu und Marini 1998). Zudem wird ebenso wie bei den humankapitaltheoretischen Ansätzen vernachlässigt, „dass die geschlechtsspezifische Segregation selbst Vor- und Nachteile für die Akteure entwickeln kann" (Abraham und Arpagaus 2008, S. 210), sodass aufgrund der Kenntnis der existierenden beruflichen Geschlechtersegregation Rückkopplungseffekte bei Berufsentscheidungen zu erwarten sind (vgl. auch Marini und Brinton 1984; Schober und Gaworek 1996; Shu und Marini 1998). Wie Xie und Shauman (1997) empirisch zeigen, spiegelt sich beispielsweise in der Berufswahl von Highschool-Absolventen in hohem Maß die segregierte Berufsstruktur am Arbeitsmarkt wider. Verändert sich die berufliche Segregation, verändern sich auch die beruflichen Präferenzen. Zudem zeigen empirische Ergebnisse, dass Frauen wie auch Männer durchaus in geschlechtsuntypische Berufsbereiche einmünden, jedoch häufig wieder in Mischberufe oder geschlechtstypische Tätigkeiten wechseln (Jacobs 1989; Busch 2013a; Busch-Heizmann 2015).

Die Aufteilung des Arbeitsmarktes in Frauen- und Männerberufe beruht also auf den aggregierten Berufsentscheidungen, die Individuen im Kontext der in einer Gesellschaft vorherrschenden Geschlechterrollen, -bilder und -normen treffen (Jacobs 1989; Correll 2004). Insbesondere neuere Arbeiten zur Berufsfindung nehmen den Einfluss von sozialstrukturellen, institutionellen wie auch kulturellen Faktoren auf den Prozess der Formierung von Präferenzen in den Blick (z. B. Buchmann und Kriesi 2012; Helbig und Leuze 2012; Schwiter et al. 2014). Aus dieser Perspektive erscheinen Berufsentscheidungen nicht mehr ausschließlich als Ergebnis einer freien Wahl. In der ökonomischen Theorie werden die beschriebenen Mechanismen deshalb gelegentlich als gesellschaftliche Diskriminierung bezeichnet. Diese umfasst eine Vielzahl sozialer Einflüsse, die Arbeitskräfte zu Entscheidungen veranlassen und die auf ihren Status im Arbeitsmarkt selbst zurückwirken (Kreimer 1999). Dieser Diskriminierungsbegriff unterscheidet sich wesentlich von den im Folgenden beschriebenen Mechanismen der Geschlechterdiskriminierung auf dem Arbeitsmarkt.

11.2.2 Diskriminierung und Stereotypisierung durch Arbeitgeber

Auf der Nachfrageseite tragen Mechanismen der Personalselektion und Diskriminierung von Frauen zur beruflichen Spaltung bei. Die Basisidee des neoklassisch fundierten ökonomischen Erklärungsansatzes geht wiederum auf Becker (1971) zurück.[3] In seinem Modell der Lohndiskriminierung wird im Unterschied zum Humankapitalansatz die Annahme von Produktivitätsunterschieden zwischen den Geschlechtergruppen aufgegeben. Die Arbeit von Frauen und Männern gilt als vollständig substituierbar (Blau 1984). Diskriminierung bedeutet in diesem theoretischen Kontext also eine Ungleichbehandlung von potenziell gleich produktiven Arbeitskräften. Becker begründet *tastes for discrimination* mit dem

---

3   Becker entwickelt seine Argumentation am Beispiel der Rassendiskriminierung in den USA, hält aber seinen Ansatz für eine universell anwendbare Theorie nicht-monetär motivierter Diskriminierung.

psychologischen Mechanismus der Vorurteilsneigung, die er als Wunsch nach Distanz, den Arbeitgeber, Kollegen und auch Kunden gegenüber bestimmten Personengruppen hegen, definiert.[4] Wichtig für das ökonomische Erklärungsmodell ist, dass solche Präferenzen einen nicht-monetären Kostenfaktor darstellen, der durch Lohnabschläge oder Lohnprämien ausgeglichen werden kann. Wie sich Diskriminierungsneigungen auf die Beschäftigung und Entlohnung von Frauen auswirken, hängt sowohl von deren Intensität, ihrer Verbreitung, als auch vom Umfang des weiblichen Arbeitsangebots ab (Blau et al. 2014). Arbeitgeberseitige Ressentiments können folgenlos bleiben, wenn die Zahl diskriminierender Arbeitgeber und auch das weibliche Arbeitsangebot niedrig sind, da Frauen ohne Lohnabschläge in nichtdiskriminierenden Firmen eine Beschäftigung finden können. Im umgekehrten Fall werden Frauen auch von diskriminierenden Firmen beschäftigt werden und Lohneinbußen akzeptieren. Geht man weiterhin davon aus, dass weniger diskriminierende Arbeitgeber Frauen in höherem Ausmaß beschäftigen als solche mit starken Ressentiments, dann führt dies zu einer Konzentration der Geschlechtergruppen auf verschiedene Firmen.

In Beckers Theorieansatz tauchen vor allem zwei Probleme auf: Arbeitgebern, die weniger diskriminieren, entstehen Wettbewerbsvorteile, da sie durch die Beschäftigung von Frauen die Arbeitskosten verringern. Somit sollte in Wettbewerbsmärkten die Lohndiskriminierung von Frauen durch die Wirkung der Marktkräfte langfristig verschwinden. Empirische Befunde bestätigen Becker zum Teil: Hellerstein et al. (2002) zeigen, dass Arbeitgeber mit geringer Marktmacht tatsächlich weniger diskriminieren und dass Arbeitgeber mit Marktmacht, die nicht diskriminieren, profitabler sind. Allerdings werden entgegen Beckers These diskriminierende Arbeitgeber mit Marktmacht längerfristig nicht aus dem Markt gedrängt. Zudem kann mit Beckers Ansatz lediglich die zwischenbetriebliche Segregation erklärt werden, nicht jedoch die innerbetriebliche. Die von Becker beschriebenen Ressentiments können allerdings dann zu einer beruflichen Geschlechtersegregation beitragen, wenn sich die Vorbehalte nicht generell gegen die Beschäftigung von Frauen oder die Zusammenarbeit mit ihnen richten, sondern deren Akzeptanz nur in geschlechtstypisch definierten Berufsrollen besteht (Oppenheimer 1968; Power 1975; Blau 1984).

Die berufliche Segregation von Frauen und Männern kann ferner auf dem Mechanismus der *statistischen Diskriminierung* beruhen. Diese basiert nicht auf persönlichen Vorurteilsneigungen, sondern wird von den ökonomischen Theorien mit den Besonderheiten der Entscheidungsfindung in komplexen Situationen be-

---

4   Becker verweist auf die Arbeit von Allport (1954), der ethnische Vorurteile als Antipathie, die auf falschen und unflexiblen Verallgemeinerungen beruht, definiert.

gründet. Das Konzept erklärt geschlechtsspezifische Einkommensdifferenziale mit der Zuweisung von Frauen auf weniger produktive und geringer entlohnte Arbeitsplätze. Arbeitgeber haben bei Stellenbesetzungen nur begrenzte Informationen über produktivitätsrelevante Merkmale der Bewerber zur Verfügung. Sie verwenden deshalb einfach zugängliche Merkmale wie Bildungszertifikate oder die Geschlechtszugehörigkeit als Produktivitätssignale (Phelps 1972; Arrow 1973; Aigner und Cain 1977). Annahmen etwa über eine geringere Einsatzbereitschaft oder eine höhere Fluktuation von Frauen werden aus dem durchschnittlich beobachteten Verhalten dieser Gruppe hergeleitet. Arrow (1973) hat insbesondere hoch bezahlte und qualifizierte Tätigkeiten im Blick, für die neben der formalen Qualifikation besondere, im Rekrutierungsverfahren nicht zu beobachtende Sekundärtugenden wie Pünktlichkeit, Ansprechbarkeit und Eigeninitiative erwartet werden. Der beschriebene Mechanismus sollte vor allem bei der Besetzung von Eintrittspositionen in firmeninternen Karriereleitern greifen, da diese Arbeitsverhältnisse langfristig angelegt sind und Arbeitgeber etwa durch umfassende Schulungen in den Aufbau des firmenspezifischen Humankapitals investieren. Hochqualifizierte Frauen gehören deshalb zu einer besonders exponierten Gruppe, die statistisch diskriminiert wird (Jonung 1996). Kritiker dieser These verweisen darauf, dass sich die Fluktuation von Frauen und Männern mit vergleichbarer Humankapitalausstattung und beruflichen Zuständigkeiten nicht wesentlich unterscheidet (Bielby und Baron 1986). Zu Recht wird angemerkt, dass individuelle Fähigkeiten von Bewerbern nicht unbeobachtet bleiben, sondern üblicherweise im Rekrutierungsprozess etwa durch Referenzen, die Einschätzung des Verhaltens in Bewerbungsgesprächen oder Probezeiten überprüft werden können. Kritisiert wird auch der ideologische Gehalt der Aussagen: Ursachen für die Aufrechterhaltung der Geschlechtersegregation seien eher in sozialen als in ökonomischen Faktoren zu suchen, da die Einschätzung der Produktivität auf verallgemeinernden Annahmen über die Rollen der Familienernährer und der Zuverdienerinnen beruht (Olson 1990).

Auch die ökonomischen Diskriminierungstheorien argumentieren also mit Mechanismen, die dem Arbeitsmarkt vorgelagert sind, um die mit der geschlechtsspezifischen Beschäftigung einhergehenden Kosten- und Nutzenkalküle der Arbeitgeber zu begründen. Wie gezeigt wurde, können solche Bewertungen auf Vorurteilen oder erwarteten Verhaltensmustern von Frauen und Männern beruhen, die aus der geschlechtsspezifischen Arbeits- und Rollenteilung hergeleitet werden.

Ein weiterer, mikrosoziologischer Argumentationsstrang thematisiert explizit die Bedeutung von Erwartungshaltungen in Form von relativ stabilen, kulturell geteilten Geschlechterstereotypen (z. B. Deaux und LaFrance 1998). Hierbei handelt es sich um kognitive Schemata, die mit der Klassifikation von Personen nach einer bestimmten Gruppenzugehörigkeit aktiviert werden. Solche Zuschreibungen sind zwar der bewussten Reflexion zugänglich, werden allerdings im Alltag meist nicht weiter hinterfragt und oft auch nicht bewusst eingesetzt. Das Geschlecht stellt dabei aufgrund der Sichtbarkeit eine Basiskategorie für solche Zuschreibungen dar. Sozialpsychologische Forschungsarbeiten zeigen, dass leistungsbezogene Merkmale wie Ehrgeiz und Unabhängigkeit männlich und Eigenschaften wie Sensibilität und Fürsorglichkeit hingegen weiblich konnotiert sind (Heilmann 1995; Eckes 1997; Meng 2002; Gmür 2004). Arbeitgeber greifen bei Personalentscheidungen insbesondere dann auf Stereotypen zurück, wenn Informationen über individuelle Eigenschaften der Bewerber fehlen. Die Empirie über die Auswirkungen geschlechtsbezogener Stereotypisierungstendenzen in Entscheidungssituationen beruht vorwiegend auf experimentellen und quasiexperimentellen Studien (Padavic und Reskin 2002).

11.2.3 Machtunterschiede

Soziologische Theorien, welche die berufliche Geschlechtersegregation mit *Machtdifferenzialen im Arbeitsmarkt* in Verbindung bringen, argumentieren mit patriarchalen Herrschaftsstrukturen in kapitalistischen Gesellschaften, die alle Lebensbereiche umfassen und Männern die Ausübung von Macht und Kontrolle über Frauen ermöglicht. Eine prominente Vertreterin ist Hartmann (1976), die in ihrem *dual system approach* das Zusammenspiel von Patriarchat und kapitalistischer Wirtschaftsordnung analysiert. Demzufolge stellt die berufliche Geschlechtertrennung den primären Mechanismus dar, mit dem in kapitalistischen Gesellschaften die übergeordnete Stellung von Männern über Frauen aufrechterhalten wird. Aus dieser Sicht besteht eine gemeinsame Interessenlage von Männern aller sozialen Klassen, Frauen von der eigenständigen Existenzsicherung durch lohnabhängige Beschäftigung auszuschließen, um die bestehenden Abhängigkeitsverhältnisse in der Familie aufrechtzuerhalten (Strober 1984).[5] Laut Hartmann sind es allerdings vorrangig männliche Arbeitnehmer, die sich in einer verschärften Wettbewerbssituation um besser entlohnte Arbeitsplätze gegenüber Konkurrentinnen abschotten. Männlich geführte Gewerkschaften setzen die bereits in der vorindus-

---

5   Walby (1986, 1990, 1997) entwickelte den *dual system approach* weiter. Sie begreift die Sicherung der männlichen Überordnung als umfassende soziale Struktur und Praxis, die durch die in der Trennung von Produktion und Reproduktion eingelagerte Arbeitsteilung, durch staatliches Handeln, durch Kultur, Sexualität und körperliche Gewaltanwendung aufrechterhalten wird. In Lohnarbeit und Staat sieht Walby die dominanten Herrschaftsstrukturen des modernen Patriarchats.

triellen Gesellschaft von den Handwerkszünften betriebenen Praktiken der beruflichen Zugangskontrolle im kapitalistischen Wirtschaftssystem fort, um ihren Mitgliedern ökonomische Vorteile zu sichern (vgl. auch Milkman 1980). Strober (1984) argumentiert, dass Arbeitgeber diese Schließungsstrategien mittragen, indem sie Männern die Möglichkeit einräumen, die besseren Tätigkeiten für sich zu beanspruchen und die Schlechteren für Frauen übrig zu lassen. Das Prinzip der *first dibs for men* erklärt nach Strober, wieso die berufliche Geschlechtertrennung den administrativen und technologischen Wandel im Erwerbsleben überdauert. Marxistisch argumentierende Arbeiten unterstellen hier ein klassenspezifisches Motiv der Arbeitgeber: Zum einen lassen sich mit der Beschäftigung von niedriger entlohnten Frauen die Profite weiter maximieren. Zum anderen soll die berufliche Segmentation dazu dienen, mögliche Interessengegensätze zwischen Arbeitnehmergruppen zu verstärken und damit Klassensolidarität und Verhandlungsmacht zu schwächen.[6]

Wenngleich historische Arbeiten über die Entwicklung der Frauenbeschäftigung das Phänomen der Geschlechtertrennung und auch der Lohnbenachteiligung zu bestätigen scheinen, enthalten die Kernaussagen erhebliche Schwachstellen. Es bleibt unklar, wieso die kapitalistische Klasse entgegen ihres eigenen Interesses handeln und auf Möglichkeiten zur Profitmaximierung verzichten soll, um Männern der Arbeiterklasse bessere Löhne und Arbeitsplätze zu sichern. Fraglich ist weiterhin, inwieweit Erkenntnisse, die sich vorrangig auf eine spezifische historische Periode des 19. und frühen 20. Jahrhunderts beziehen, noch geeignet sind, die aktuellen gesellschaftlichen Verhältnisse zu beschreiben. So kann die Theorie nicht erklären, warum die berufliche Segregation in einigen spätkapitalistischen Gesellschaften mit egalitären in anderen mit nicht-egalitären Arbeitsmarktstrukturen korrespondiert (Blackburn et al. 2002).

Der makrosoziologische Ansatz überschätzt zudem die Möglichkeiten, dass Männer kollektiv und strategisch das Ziel verfolgen, Frauen auf die schlechteren Positionen im Arbeitsmarkt zu verweisen, wohingegen Frauen als Akteure aus dem Blick geraten (Alvesson und Billing 1997). Zudem werden institutionelle Faktoren, die ein asymmetrisches Geschlechterverhältnis stützen, außer Acht gelassen, wie beispielsweise rechtliche Regelungen sowie Normen und kulturell vermittelte Überzeugungen, wonach Frauen vorrangig für die Privatsphäre zuständig sind.

---

6   Insbesondere mit dem letzten Argument wird auf Arbeiten der radikalen politischen Ökonomie über die Entstehung von Arbeitsmarktsegmentation rekurriert (Reich et al. 1973). Demnach verlaufen die geschlechtsspezifischen Trennlinien nach der Spaltung von besser und schlechter qualifizierten Arbeitskräften.

11.2.4 Institutionen

Professionssoziologische Ansätze haben versucht, die Schwächen des *dual-system*-Ansatzes zu überwinden, indem sie patriarchalische Modi der sozialen Schließung im Zuge von historischen Professionalisierungsprozessen in den Blick rücken (Kreckel 1992; Witz 1992; Cyba 1995; Wetterer 2002). Ausgangspunkt ist hier nicht eine geschlechtertheoretische Erweiterung marxistischer Klassentheorien, sondern des Konzepts der Monopolisierung ökonomischer Chancen von Weber (1964 [1922]). Durch die Festlegung formaler Zugangs- und Mitgliedschaftsbedingungen gelingt es sozialen Gruppen, den Zugang zu gesellschaftlichen Vorteilen und Ressourcen abzusichern. Solche kollektiv – etwa von Angehörigen bestimmter Berufsstände – verfolgten Schließungsstrategien können in historischen Analysen rekonstruiert werden, etwa als Formen der Aus- und Abgrenzung von männlichen und weiblichen Berufsfeldern. So wurden beispielsweise im 19. Jahrhundert Universitätsdiplome „zum Eintrittsbillet für die mit Prestige und Status, Autonomie und Monopol ausgestatteten Professionen oder freie Berufe" (Wetterer 2002, S. 402). Obwohl der Hochschulzugang nach meritokratischen Standards (zertifizierte Leistungen) reguliert wurde, blieben Frauen diese Bildungswege lange verschlossen, da es für sie nur wenige vorbereitende Bildungseinrichtungen wie höhere Mädchenschulen gab und berufsständische Organisationen dazu übergingen, Frauen kollektiv vom Studium der Medizin oder der Rechtswissenschaft auszuschließen.

Wetterer (2002) kritisiert diese professionssoziologische Argumentation mit dem Hinweis, dass ein Teil dessen, was der Ansatz erklären will, implizit immer schon vorausgesetzt wird. Im Kontext eines hierarchisch angelegten gesellschaftlichen Geschlechterverhältnisses werden Frauen aus Berufsbereichen ausgeschlossen, wodurch die vorausgesetzten Geschlechterrelationen reproduziert werden. Die Autorin plädiert deshalb dafür, die Berufe und Professionen als Ergebnis eines Prozesses der sozialen Konstruktion von Geschlecht zu betrachten, die Teil der Konstruktion von Berufen oder Professionen sind. Im beruflichen Alltagshandeln wie auch in den institutionell geregelten Möglichkeiten des Berufszugangs und der Berufsausübung werden Analogien zwischen Arbeitsinhalten einerseits und der Geschlechtszugehörigkeit andererseits gebildet, die dem Zweck dienen, die Verschiedenheit und die hierarchische Relation von Frauen und Männern zu erzeugen und immer wieder zu bestätigen.

Wetterer betrachtet beispielsweise die *Geschlechtsexklusivitätsklauseln* (ebd., S. 407) als Ergebnis der sozialen Konstruktion von Geschlecht auf der Mesoebene der beruflichen Arbeitsteilung. Unabhängig von den individuellen Bildungsanstrengungen und Begabungen wurden Frauen aufgrund der ihnen zugeschriebenen

Geschlechtsnatur ausgeschlossen. Nach der Öffnung des Hochschulzugangs für Frauen griffen neue Formen der sozialen Schließung. Frauen wurden im Zuge der professionellen Differenzierung in abgegrenzte Arbeitsfelder – in der Medizin beispielsweise als Ärzte für Frauen und Kinder – integriert, die wiederum als frauentauglich konstruiert wurden und einen niedrigeren Status hatten.

Die vergeschlechtlichte Konstruktion von Berufen ist aber nicht nur für akademische Berufe sichtbar. Sie zeigt sich in Deutschland auch verstärkt in den Geschlechterprofilen der mit mittleren und niedrigen Bildungsabschlüssen zu erreichenden Ausbildungsberufe. Für männliche Berufsinhaber konzipierte Ausbildungsgänge werden in der Regel in einer betrieblichen Ausbildung erworben und sie münden in einen familienernährenden Fachberuf. Für weibliche Berufsinhaber konzipierte Abschlüsse werden häufiger in Vollzeitschulen vermittelt und bereiten eher auf familienkompatible und gleichzeitig familienarbeitsnahe Tätigkeiten (soziale Berufe, Pflegeberufe) oder auf Zuarbeits- und Assistenzfunktionen (Arzthelferin, Anwaltsgehilfin) für Professionen vor, die begrenzte Entwicklungsmöglichkeiten und vergleichsweise niedrige Löhne bieten (Rabe-Kleberg 1987; Kleinau und Mayer 1996; Krüger 1996, 2001). Wie Krüger (2001) ausführt, war die für Frauen vorgesehene Berufsarbeit ursprünglich zur Aufbesserung des Familieneinkommens des Mannes oder als Überbrückung bis zur Familiengründung vorgesehen. Dies ist ein weiterer Hinweis darauf, dass kollektive Akteure wie Berufsverbände und Ministerien bei der Institutionalisierung des deutschen Bildungs- und Ausbildungssystems auch Überzeugungen und Wissensbestände über die familiäre Arbeitsteilung, über vermeintliche Wesensmerkmale und die Platzierung von Frauen und Männern in der Statushierarchie einbrachten, die auch heute noch die ungleiche Arbeitsmarktallokation der Geschlechtergruppen prägen (Solga und Konietzka 2000).

Die Geschlechtersegregation im Arbeitsmarkt ist somit historisch bereits in den Institutionen des Bildungssystems angelegt. Sie wird aber auch durch soziopolitische Regulierungen bekräftigt, welche die geltende Geschlechterordnung als gesamtgesellschaftliches Arrangement stützen. Wichtige, in der Rechtsordnung verankerte Regelungen der Erwerbsarbeit und der sozialen Sicherung unterstellen ebenfalls Werte und Leitbilder des gesellschaftlichen Geschlechterverhältnisses (wie eine traditionelle Rollenteilung) und verfestigen dadurch bestehende Unterschiede im Erwerbsverhalten (Holst und Maier 1998; Pfau-Effinger 1998; Bosch 2002). Ob Frauen und Männer überhaupt Arbeitsverhältnisse eingehen, für welchen Zeitraum und in welchem zeitlichen Umfang dies geschieht, hängt wesentlich von den rechtlich verankerten Anreizen und Hemmnissen ab.

In Deutschland ist das System der sozialen Sicherung eng an die Institution Ehe und Familie gekoppelt und auf das Modell eines männlichen Haupternährers zugeschnitten (Hinrichs 1996; Pfau-Effinger 2000). Regulierungen wie die kostenlose Mitversicherung von nichterwerbstätigen Familienmitgliedern in der gesetzlichen Kranken- und Pflegeversicherung, familienpolitische Regelungen von Eltern- oder Pflegezeit oder auch steuerrechtliche Regelungen wie das Ehegattensplitting[7] beinhalten Anreize für eine stärker traditionelle Rollenteilung in Paarfamilien. Vor allem international vergleichende Studien bringen familien- und arbeitsmarktpolitische Regulierungen mit dem Ausmaß der beruflichen Geschlechtersegregation in Verbindung. Im Mittelpunkt stehen Regelungen, die eine kontinuierliche Erwerbsbeteiligung insbesondere von Müttern und die Vereinbarkeit von Betreuungspflichten und Beruf fördern oder hemmen. Je nach Wirkrichtung können die institutionell verankerten Anreizsysteme sowohl die individuellen Berufsentscheidungen als auch die Tendenzen von Arbeitgebern zu statistischer Diskriminierung beeinflussen und somit die berufliche Segregation zwischen Frauen und Männern verstärken oder abschwächen. Darüber hinaus werden auch Segregationslinien zwischen Müttern und kinderlosen Frauen und auch zwischen Frauen mit unterschiedlichem Bildungsniveau in den Blick genommen (z. B. England 2005; Hook und Pettit 2016).

11.3 Definitionen und Messkonzepte

11.3.1 Geschlechtersegregation, -konzentration und -typisierung

Dieser Abschnitt behandelt methodische und konzeptionelle Aspekte der empirischen Analyse der beruflichen Segregation. Die Basis für die Darstellung von geschlechtsbezogenen Trennlinien in der Erwerbswelt bilden die einzelnen Kategorien von Klassifikationssystemen von Berufen oder Tätigkeiten, deren Geschlechtstypik mit dem Anteilswert einer Geschlechtergruppe abgebildet werden kann. Wird der Anteilswert einer Geschlechtergruppe in einem Beruf auf deren Anteil an den Erwerbstätigen im gesamten Arbeitsmarkt bezogen, so zeigt dies eine Überrepräsentation (bei einem Wert größer 1) oder eine Unterrepräsentation (bei einem Wert kleiner 1) an (Mittman 1992). Anteilswerte werden meist

---

7   Nach diesem Prinzip wird die Summe aus den Einkommen beider Ehepartner gesplittet und danach erst besteuert. Da aufgrund der Steuerprogression die sich daraus ergebenden finanziellen Vorteile mit den Einkommensunterschieden steigen, wird die Nichterwerbstätigkeit oder nur geringfügige Beschäftigung eines – in der Regel des weiblichen – Partners gestützt.

herangezogen, um die Präsenz von Frauen in statushohen Tätigkeiten wie Führungsfunktionen darzustellen oder hoch segregierte Berufe zu identifizieren. So betrug beispielsweise der Frauenanteil in Vorständen von DAX-30-Unternehmen am Ende des Jahres 2015 annähernd 10 und in den Aufsichtsräten annähernd 27 Prozent (Holst und Kirsch 2016). Hoch segregierte Berufe sind beispielsweise medizinische Assistenzberufe wie Sprechstundenhelfer oder handwerkliche Berufe wie Maurer, die nahezu vollständig von Frauen bzw. Männern ausgeübt werden (Hausmann und Kleinert 2014)[8].

Die Geschlechtstypik kann darüber hinaus auch qualitativ, anhand von geschlechtsbezogenen Nebenbedeutungen, die Berufen anhaften, bestimmt werden. Diese beinhalten Annahmen, wonach Männlichkeit und Weiblichkeit mit unterschiedlichen Fähigkeiten, Kompetenzen und Eigenschaften verbunden sind, die als normal und natürlich angesehen werden und denen für die Berufsarbeit unabhängig von den tatsächlichen Qualifikationen der Individuen eine Bedeutung beigemessen wird (z. B. Lorber 1999). Die Geschlechterzusammensetzung und die Geschlechtstypik von Berufen müssen nicht notwendigerweise zusammenfallen. Britton (2000) weist darauf hin, dass geschlechtsbezogene Assoziationen von Tätigkeiten auch nach einer Veränderung der Geschlechterkomposition Bestand haben können. Sie verwendet den Begriff Gender-Typisierung für die Beschreibung jener qualitativen Prozesse, durch die Geschlechtsbezeichnungen von Berufen entstehen.

Mit dem Konzept der Segregation werden generell Muster der Verteilung von sozialen Gruppen auf Einheiten (wie etwa Sozialräume oder Organisationen) oder auf Kategorien (wie Berufe oder Wirtschaftszweige) bezeichnet. Je ungleichmäßiger die Personengruppen auf die Einheiten verteilt sind, desto stärker sind sie segregiert, je gleichmäßiger sie verteilt sind, desto stärker sind sie (numerisch) integriert. In Zusammenhang mit den Geschlechterstrukturen von Arbeitsmärkten bezeichnet der Begriff die Tendenz von Frauen und Männern, in verschiedenen Arbeitsstellen, Berufen oder auch Berufsfeldern beschäftigt zu sein (Siltanen et al. 1995). Die berufliche Trennung von Frauen und Männern ist somit ein Merkmal, das die gesamte Berufsstruktur von Arbeitsmärkten oder von abgrenzbaren Teilbereichen wie Voll- und Teilzeitbeschäftigung oder regionalen Teilarbeitsmärkten beschreibt. Allerdings wird der Begriff Geschlechtersegregation oft auch verwen-

---

8   Die Angaben aus der Studie von Hausmann und Kleinert (2014) beziehen sich ausschließlich auf sozialversicherungspflichtig Beschäftigte in Westdeutschland.

det, wenn nach der hier vorgenommenen Definition die Geschlechtstypik einzelner Berufe gemeint ist.[9]

Die Geschlechtersegregation von Berufen verläuft entlang einer horizontalen und einer vertikalen Dimension: Frauen üben mehrheitlich nicht nur andere Berufe oder Tätigkeiten aus als Männer; sie sind in denselben Berufen oder Berufsfeldern auch häufiger in rangniedrigeren Positionen und Statusgruppen platziert. Am Beispiel von Lehrerinnen und Schulleitern lässt sich verdeutlichen, dass in der geschlechtsbezogenen Spaltung von Berufen Aspekte der Differenzierung und Stratifizierung ineinandergreifen (Siltanen et al. 1995; Hakim 1998; Jacobs 1999).

Die geschlechtsbezogenen Trennlinien am Arbeitsmarkt können darüber hinaus mit der Verteilung von Frauen und Männern über das gesamte Spektrum der Berufe abgebildet werden (Konzentration). Studien dazu haben wiederholt gezeigt, dass sich Frauen auf eine geringere Bandbreite von Berufen konzentrieren als Männer (Kreimer 2009; Busch 2013a). Nach Hausmann und Kleinert (2014) gab es im Jahr 2010 beispielsweise unter den 30 Berufen mit den meisten Beschäftigten 14 Männerberufe (mit einem Frauenanteil von 0 Prozent bis zu 30 Prozent), aber nur sieben Frauenberufe (mit einem Frauenanteil von 70 Prozent bis 100 Prozent).

Im Folgenden werden nun verschiedene Möglichkeiten der Operationalisierung und Messung der beruflichen Segregation und Konzentration vorgestellt. Die exakte Definition und insbesondere die adäquate Messung der beruflichen Geschlechtersegregation wirft in empirischen Arbeiten eine Reihe von Problemen auf.

11.3.2 Tabellarische Darstellung von Anteilswerten

Um Muster der beruflichen Segregation und Konzentration von Frauen und Männern im gesamten Arbeitsmarkt zeigen zu können, müssen Informationen zur Geschlechterkomposition in allen verfügbaren Berufskategorien betrachtet werden. Dazu ist es erforderlich, die Berufsbezeichnungen nach dem Frauenanteil (oder Männeranteil) zu ordnen und beispielsweise nach den Dezilen oder Quintilen der Verteilung zusammenzufassen. Aus solchen Überblickstabellen geht hervor, wie viele Berufe einen Frauenanteil von 0 bis 10 Prozent, 10,1 bis 20 Prozent usw. auf-

---

9   Der Begriff der Segregation wird zudem oft zur Beschreibung von geschlechtsspezifischen Spaltungen, die sich zwischen Firmen (Firmen mit hohem und niedrigem Frauenanteil) oder auch Wirtschaftszweigen (Frauen- und Männerbranchen) abzeichnen, verwendet, die aber zur begrifflichen Präzisierung eher mit Segmentation bezeichnet werden sollten.

weisen und in welchem Umfang wiederum weibliche und männliche Beschäftigte auf die so klassifizierten Berufe konzentriert sind (zum Beispiel Falk 2002, S. 53). Eine prägnantere Darstellung der Segregationsmuster wird erzielt, wenn die Berufe als männerdominiert, geschlechterintegriert oder frauendominiert klassifiziert werden. Die Grenzwerte für diese Einteilung werden allerdings in den Forschungsarbeiten sehr uneinheitlich festgelegt (Hakim 1993).[10] Einige Autoren nehmen eine vollkommen paritätische Geschlechterverteilung in der Erwerbsarbeit zum Ausgangspunkt und definieren gemischtgeschlechtliche Berufe als solche, die in einer Bandbreite von +/- 20 Prozentpunkten (Jacobs 1989; Reskin und Roos 1990; Hausmann und Kleinert 2014) oder +/- 25 Prozentpunkten (Tomaskovic-Devey 1993; Tomaskovic-Devey und Skaggs 2001) vom rechnerischen Mittelwert von 50 Prozent Frauen-, beziehungsweise Männeranteil abweichen. Damit wird jedoch die Tatsache ignoriert, dass der Frauenanteil in der Erwerbsbevölkerung häufig unter 50 Prozent liegt (Hakim 1993). Einige Autoren verwenden deshalb den faktischen Frauenanteil in der Erwerbsbevölkerung als Mittelpunkt, um die Grenzwerte zur Unterscheidung von integrierten und segregierten Berufen zu bestimmen, wobei auch hier keine einheitliche Lösung für die Bestimmung der Bandbreite um den Mittelpunkt existiert.[11] Bislang mangelt es noch an theoretisch fundierten Begründungen für die Festlegung der Schwellenwerte. Empirisch gestützte Argumente ergeben sich aus Forschungsarbeiten, die zeigen, dass sich die Geschlechterbezeichnung von ursprünglich männlich dominierten Tätigkeiten verändert, sobald der Frauenanteil etwa 30 Prozent überschreitet (Pfeffer und Davis-Blake 1987; Allmendinger und Hackman 1995; Tomaskovic-Devey und Skaggs 2001).

Wird die Verteilung der gemischtgeschlechtlichen und geschlechtstypisierten Berufe nach weiteren relevanten Merkmalen wie den Beschäftigtenanteilen in Voll- und Teilzeit, dem Ausmaß an Überstunden oder dem durchschnittlichen Qualifikations- und Lohnniveau aufgeschlüsselt, können charakteristische Profile von integrierten und segregierten Berufen beschrieben und die Implikationen für die Aufrechterhaltung der beruflichen Segregation untersucht werden (z. B. Hakim 1993, 1998; Cha 2013).

Eine Alternative zur tabellarischen Darstellung der Geschlechteranteile in einzelnen Berufen oder ausgewählten Berufsbereichen stellen Segregationsindizes

---

10 Es ist somit nahezu unmöglich, die empirischen Befunde zu vergleichen, da in den Arbeiten die Grenzwerte unterschiedlich definiert werden und auch die Klassifikationssysteme der Berufe uneinheitlich sind.

11 Blau et al. (1998) und in Anlehnung daran Falk (2002) etwa verwenden Grenzwerte, die um +/- 10 Prozent um den Frauenanteil in der Erwerbsbevölkerung streuen, Hakim (1993, 1998) berechnet die Schwellenwerte mit der Abweichung von +/- 15 Prozent vom Arbeitsmarktanteil von Frauen.

dar, welche die Verteilung von Frauen und Männern auf die Gesamtheit der Berufe mit einer einzelnen Maßzahl abbilden. Die Grundlage dafür ist auch hier wieder ein System der Klassifikation von Berufen, beispielsweise der Bundesagentur für Arbeit (2011).

11.3.3 Indexmaße der beruflichen Segregation und Konzentration

Der Literaturstand zu Indexmaßen der beruflichen Segregation und Konzentration und ihren jeweiligen Vor- und Nachteilen ist äußerst umfangreich.[12] Im Folgenden werden deshalb nur ausgewählte Maße vorgestellt, die aber jeweils unterschiedliche, theoretisch relevante Facetten der beruflichen Segregation abbilden (siehe Massey und Denton 1988; Jacobs 1993, 1999). Die präsentierten Maßzahlen erfassen

- die ungleichmäßige Verteilung von Frauen und Männern auf Berufe,
- die Konzentration von Frauen und Männern im Berufsspektrum,
- die Wahrscheinlichkeit für Frauen und Männer im Beruf auf einen gleich- oder gegengeschlechtlichen Berufskollegen zu treffen und
- die vertikale Dimension der Berufssegregation.

Die ungleichmäßige Verteilung auf Berufe wird meist mit dem von Duncan und Duncan (1955) zur Bestimmung der sozialräumlichen Segregation von Bevölkerungsgruppen entwickelten *Dissimilaritätsindex D* abgebildet, der folgendermaßen definiert ist:[13]

$$D = \sum_{i=1}^{n} |(F_i/F) - (M_i/M)|/2$$

---

12 Für eine Vertiefung siehe James und Taeuber (1985), Massey und Denton (1988) und Flückinger und Silber (1999). Empirische Anwendungen mit deutschen Arbeitsmarktdaten finden sich bei Busch (2013a), Hinz und Schübel (2001) sowie bei Falk (2002).

13 Legende für die Formeln: F_i: Anzahl von Frauen im Beruf i; M_i: Anzahl von Männern im Beruf i; F: Anzahl Frauen in allen Berufen; M: Anzahl Männer in allen Berufen; PF_i: Frauenanteil des i-ten Berufes; PM_i: Männeranteil des i-ten Berufes; m_i: Männeranteil im Beruf i; f_i: Frauenanteil im Beruf i; $Score_i$: Status- oder Prestige-Skalenwert für Beruf i; P: Anzahl konkordanter und Q: Anzahl diskordanter Paare; N: Anzahl der Berufe.

Der Index erreicht den Wert 0, wenn Frauen und Männer gleichmäßig über alle Berufe verteilt sind und den Wert 1, wenn in allen Berufen ausschließlich eine Geschlechtergruppe vertreten ist. Er wird als der Anteil von Frauen (oder Männern) interpretiert, die ihren Beruf wechseln müssten, um eine ausgewogene Berufsstruktur zu erreichen, die in jedem Beruf dem Frauenanteil auf dem Arbeitsmarkt entspricht. Laut Busch (2013a) beträgt beispielsweise der Dissimilaritätsindex für den Arbeitsmarkt in Deutschland im Jahr 2010 den Wert 0,56 (West 0,56; Ost rund 0,59).[14] Um eine Gleichverteilung der Geschlechter über die Berufe zu erreichen, müssten demnach 56 Prozent der Frauen (oder Männer) den Beruf wechseln. Neben dieser anschaulichen Interpretation als Prozentwert liegt der Vorteil von D in seiner häufigen Anwendung in empirischen Arbeiten. Ein wesentlicher Nachteil besteht allerdings darin, dass der Indexwert von der Anzahl und der Besetzung der jeweiligen Berufskategorien abhängt.[15] Aufgrund dieser Eigenschaft ist D insbesondere für vergleichende Analysen von Arbeitsmärkten mit unterschiedlichen Berufsstrukturen oder für die Analyse von Veränderungen über die Zeit weniger gut geeignet, da im Zuge des strukturellen Wandels einzelne Berufe zahlenmäßig an Bedeutung gewinnen oder verlieren können. Der Dissimilaritätsindex wird deshalb oft um ein größenstandardisiertes Maß SD ergänzt, in das alle Berufskategorien mit dem gleichen Gewicht eingehen (Gross 1968):

$$SD = \sum_{i=1}^{n} \left| \left(PF_i / \sum_{i=1}^{n} PF_i \right) - \left(PM_i / \sum_{i=1}^{n} PM_i \right) \right| / 2$$

Die Maßzahl SD gibt ebenfalls den Anteil von Frauen oder Männern an, die ihren Beruf wechseln müssten, um eine ausgewogene Berufsstruktur zu erreichen, hier jedoch unter der Annahme, dass alle Berufe von der gleichen Anzahl der Beschäftigten ausgeübt werden. In Trendstudien können somit Veränderungen des Ausmaßes der Geschlechtersegregation abgebildet werden, die unabhängig von der

---

14 Die Indexwerte wurden auf der Grundlage des Mikrozensus anhand der Berufsklassifikation des Statistischen Bundesamts aus dem Jahr 1992 für 369 Berufe (Dreisteller) berechnet.

15 Es existiert eine umfassende methodologische Diskussion über weitere Vor- und Nachteile einzelner Indizes. Aus Platzgründen sei hier neben den bereits erwähnten noch auf folgende Veröffentlichungen von Cortese et al. (1976), Karmel und MacLachlan (1988), Hutchens (1991) und Watts (1992) verwiesen sowie auf die Zeitschrift *Work, Employment and Society* (September 1994) und die *European Sociological Review* (Dezember 1993).

relativen Besetzung der Berufe sind. Der Wert des größenstandardisierten Index ist allerdings immer noch abhängig von den verfügbaren Berufskategorien, die in die Berechnung eingehen.

Auch die berufliche Konzentration von Frauen und Männern kann mit einer einzelnen Maßzahl abgebildet werden (Jacobs 1999). Die relative Konzentration von Frauen im gesamten Berufsspektrum im Vergleich zu Männern ist definiert durch:

$$RC = \sum_{i=1}^{n} \left[|(F_i/F) - (1/N)| - |(M_i/M) - (1/N)| \right] / 2$$

Busch (2013a) ermittelte in der bereits erwähnten Studie, dass im Jahr 2010 Frauen um 15 Prozentpunkte mehr auf Berufe konzentriert waren als Männer (Indexwert 0,15). Ein negatives Vorzeichen würde nach dieser Berechnung auf ein engeres Berufsspektrum für Männer hinweisen.

Die Chance für Frauen und Männer, im Beruf auf Kollegen des gleichen oder des anderen Geschlechts zu treffen, wird mit dem Index für den Intergruppenkontakt P erfasst, der sowohl das Niveau der Segregation als auch die Repräsentanz jeder Gruppe misst (Jacobs 1999). Die Wahrscheinlichkeit für Frauen, im Beruf auf andere Frauen (P_{WW}) zu treffen, wird folgendermaßen berechnet:

$$P_{WW} = \sum_{i=1}^{n} (F_i/F)(PF_i)$$

Die Wahrscheinlichkeit für Männer, auf männliche Berufskollegen zu treffen, errechnet sich analog. Die Wahrscheinlichkeit für Frauen, den Beruf mit Männern zu teilen (P_{WM}), ergibt sich aus der Differenz $(1 - P_{WW})$, da gilt: $(P_{WW} + P_{WM} = 1)$. Entsprechendes gilt für die Kontaktwahrscheinlichkeit für Männer auf Frauen zu treffen ($P_{MW} = 1 - P_{MM}$). Die Indexwerte variieren wiederum zwischen null und eins. Ein Anwendungsbeispiel findet sich bei Hinz und Schübel (2001), welche die Wahrscheinlichkeit für Frauen, im westdeutschen Arbeitsmarkt in einer Berufsgruppe auf andere Frauen zu treffen, mit 67 Prozent angeben. Jacobs (1999) weist darauf hin, dass die Chancen für die beiden Geschlechtergruppen, den Beruf mit gleich- oder gegengeschlechtlichen Kollegen zu teilen, unterschiedlich hoch sind. Die gestiegene Arbeitsmarktpartizipation von Frauen hat dazu geführt, dass die Chance für Frauen, den Beruf mit Männern zu teilen, gesunken ist. Für Männer hingegen ist diese Konstellation wahrscheinlicher geworden. Ein Vorteil des Intergruppenkontaktindexes liegt somit darin, solche gruppenspezifischen Auswirkungen von Veränderungen im Arbeitsmarkt abbilden zu können.

Um ein umfassenderes Bild sowohl des Ausmaßes der beruflichen Geschlechtertrennung als auch der Konzentration von Frauen und Männern auf das geschlechtsspezifische Berufsspektrum zu erhalten, schlägt Jacobs (1999) vor, jeweils mehrere Indizes zur Beschreibung der Arbeitsmarktstrukturen heranzuziehen. Eine Schwäche der bisher dargestellten Maßzahlen liegt allerdings darin, dass sie zwar das Ausmaß der beruflichen Segregation insgesamt erfassen, jedoch nicht über die horizontalen und vertikalen Komponenten informieren (Hakim 1996). In welchem Umfang die berufliche Trennung in Geschlechterungleichheit übersetzt wird, ist jedoch für die Arbeitsmarktforschung von zentralem Interesse, da ungleiche Einkommens- und Berufschancen das Ergebnis von Geschlechterdiskriminierung sein können. Zudem ist die Assoziation zwischen horizontaler und vertikaler Segregation noch wenig erforscht. So zeigen international vergleichende Studien, dass unter länderspezifischen, institutionellen Rahmenbedingungen eine hohe Arbeitsmarktsegregation teils mit einer ausgeprägten Geschlechterungleichheit, teils aber auch mit eher egalitären Einkommenschancen einhergeht (Rosenfeld et al. 1998; Blackburn et al. 2000; McCall 2001; Dolado et al. 2002; Jarman et al. 2012; Steinmetz 2012).

Neuere Arbeiten ergänzen deshalb die Analyse der Geschlechtersegregation mit Maßen zur Abbildung der vertikalen Segregation. Seibert et al. (1997) und Baunach (2002) ziehen berufsbezogene Status- und Prestigeskalen[16] heran, um die vertikale Komponente mit einem Einzelindex zu messen. Ein einfach zu konstruierendes Maß ist das Status-Differenzial, das als Differenz aus den mit dem jeweiligen Geschlechteranteil gewichteten, summierten Skalenwerten von Berufsbezeichnungen gebildet wird (Fossett und South 1983; Fossett 1991)[17].

$$StatusD = \sum_{i=1}^{n} m_i Score_i - \sum_{i=1}^{n} f_i Score_i$$

Das Maß erfasst sowohl die Richtung als auch die Stärke der beruflichen Ungleichheit auf der Basis von sozioökonomischen Aspekten wie dem Einkommen oder der

---

16 Beschreibungen verschiedener Skalen finden sich bei Wolf (1995) sowie bei Hoffmeyer-Zlotnik und Geis (2003).

17 Ein weiteres Maß, das Gruppenvorteile in der beruflichen Rangordnung erfasst, ist der Index der Nettodifferenz, der unter anderem von Semyonov und Jones (1999) und Baunach (2002) verwendet wird.

Stellung (Status) oder nach dem gesellschaftlich verbreiteten Ansehen (Prestige) der Berufe. Der Indexwert legt offen, welche Geschlechtergruppe vorrangig in den prestigereicheren oder statushöheren Berufen konzentriert ist. Ein Wert von null kennzeichnet dabei eine nach Geschlecht ausgewogene berufliche Statusverteilung, die nicht mit einer Gleichverteilung von Frauen und Männern über die Berufe einhergehen muss. Positive Werte belegen insgesamt höhere Statuspositionen für Männer, negative für Frauen.

Eine alternative Variante zur Erfassung der vertikalen Komponente der beruflichen Segregation beruht auf dem Assoziationsmaß Somers D (Blackburn et al. 2001, 2002; Bridges 2003). Dazu werden in einem ersten Schritt die verfügbaren Berufsbezeichnungen vom höchsten bis zum niedrigsten Frauenanteil geordnet. Die so gereihten Berufskategorien lassen sich in einer nach Geschlecht differenzierten Kreuztabelle darstellen. Die Gesamtsegregation[18] wird dann nach folgender Formel berechnet.

$$D_{Somers} = (P - Q) \, / \, MF$$

Nach dem üblichen Berechnungsverfahren wird die Differenz aus konkordanten (Wertepaare mit gleichsinnigen Rangwerten) und diskordanten (Wertepaare mit gegensinnigen Rangwerten) Paaren gebildet und im vorliegenden Anwendungsfall durch das Produkt der Anzahl von Frauen und Männer in den Randverteilungen der Tabelle dividiert. Konkordante Paare (P) bestehen aus einer Frau und einem Mann, bei denen der Frauenanteil im Beruf der Frau höher ist als im Beruf des Mannes; somit also mit einer beruflichen Segregation in Einklang steht. Für Q gilt der umgekehrte Fall. Im zweiten Schritt werden die Berufe nach einer vertikalen Dimension wie Einkommen, Status oder Qualifikationsniveau geordnet; anschließend wird Somers D auf Basis dieser Rangordnung berechnet. Wie Blackburn et al. (2001) zeigen, variiert Somers D zwischen -1 und +1, wobei ein positives Vorzeichen einen Vorteil für die Gruppe der Männer signalisiert. Im Vergleich zum Dissimilaritätsindex besitzt Somers D aber keine ähnlich anschauliche Interpretation. Ein wesentlicher Vorteil des beschriebenen Verfahrens liegt aber darin, dass damit der Anteil der vertikalen Segregation an der Gesamtsegregation bestimmt und daraus wiederum das Ausmaß der horizontalen beruflichen Segregation als

---

18 Blackburn et al. (2001) bilden die Gesamtsegregation mit dem Gini-Koeffizienten ab, der, wie die Autoren zeigen, einen Grenzfall von Somers D darstellt und im Falle einer 2 x N Tabelle (2 Geschlechtergruppen, N Berufe nach dem Frauenanteil geordnet) dem Wert von Somers D entspricht.

difference without inequality (Blackburn et al. 2001, S. 513) hergeleitet werden kann. Bridges (2003) zeigt beispielsweise mit Daten des *International Social Survey Program*, dass sowohl die Gesamtsegregation als auch der Anteil der einkommensbasierten vertikalen Komponente zwischen den einbezogenen Ländern stark schwanken. Die mit dem Assoziationskoeffizienten Somers *D* erfasste Gesamtsegregation in 19 Berufsgruppen beträgt in Deutschland 0,58, im Nachbarland Schweiz 0,55 und in den USA 0,51. Während die vertikale Segregation in Deutschland nur etwas weniger als ein Drittel der Gesamtsegregation ausmacht, sind dies in der Schweiz fast vier Fünftel (0,77) und in den USA immerhin drei Fünftel (0,60).[19]

Ein Nachteil von Somers *D* besteht darin, dass die Berufe jeweils nur nach einer Ungleichheitsdimension geordnet werden können und die Berücksichtigung komplexerer Maße eine weitere Reduktion der Daten erfordert. Ferner ist auch dieses Maß von den Randverteilungen der jeweiligen Tabelle abhängig. Segregationsmaße, die auf Status- und Prestigeskalen basieren, sind zudem mit den mit der jeweiligen Skalenkonstruktion verbundenen Schwächen behaftet (Wegener 1988). Prestigewerte von einzelnen Berufen können sich im Zeitverlauf ändern. Außerdem liegen oft nicht für alle Berufskategorien Prestigemessungen vor.

Zusammenfassend kann festgehalten werden, dass beide Vorgehensweisen – tabellarische Darstellung einerseits und Indexmaße andererseits – sowohl Vor- als auch Nachteile mit sich bringen. Tabellarische Darstellungen der Merkmale von segregierten und integrierten Berufen informieren über substanzielle Unterschiede zwischen diesen Berufssparten: welche Tätigkeiten diese Berufsklassifikationen beinhalten, welche Beschäftigtengruppen diese vorrangig ausüben und auch an welchen Standorten etwa verstärkt integrierte oder segregierte Berufe zu finden sind (Hakim 1998). Geschlechterstrukturen im Arbeitsmarkt können auf dieser Grundlage anschaulich dargestellt und auch Veränderungen über die Zeit aufgezeigt werden. Indizes haben hingegen den Vorteil, spezifische Struktureigenschaften des Arbeitsmarktes komprimiert mit einer einzelnen Maßzahl erfassen zu können. Über die Kombination mehrerer Maßzahlen können zudem verschiedene Facetten der geschlechtsbasierten Verteilungsmuster abgebildet und – vor dem Hintergrund der neueren Entwicklung in der Segregationsforschung – nunmehr auch zwischen der horizontalen und vertikalen Komponente der beruflichen Tren-

---

19 Einschränkend sei hier darauf hingewiesen, dass der errechnete Anteil der vertikalen Komponente an der Gesamtsegregation mit verschiedenen Verfahren unterschiedlich hoch ausfällt. Bridges vermutet die Ursache für diese Diskrepanzen in großen Differenzen in den Varianzen des Einkommens zwischen den Ländern (vgl. Bridges 2003, S. 564).

nung unterschieden werden. Zudem können Indexmaße herangezogen werden, um mit Verfahren der Komponentenzerlegung Veränderungen der Segregation über die Zeit zu analysieren, die zum einen auf Veränderungen der Geschlechterkomposition innerhalb von Berufen und zum anderen auf Veränderungen der Berufsstruktur zurückzuführen sind (z. B. Flückinger und Silber 1999; Blau et al. 2013).

Sollen Indexmaße für ländervergleichende Analysen oder für die Untersuchung des beruflichen Wandels herangezogen werden, so setzt dies einheitliche Berufsklassifikationen voraus.[20] Abschließend sei deshalb noch auf die Bedeutung der verfügbaren Berufsklassifikationen für die Segregationsforschung hingewiesen. Die berufliche Segregation fällt umso höher aus, je differenzierter die Berufe abgrenzt werden (Hakim 1996; Jacobs 1999). Wird beispielsweise der Dissimilaritätsindex für den deutschen Arbeitsmarkt für das Jahr 2010 anhand des stärker aggregierten zweistelligen Berufsklassifikationssystems berechnet, dann liegt er „um 5 Prozentpunkte unter dem Wert, der sich anhand des ausdifferenzierten Dreistellers ergibt" (Busch 2013a, S. 152). Ferner wird die tatsächlich ausgeübte Tätigkeit nur unzureichend durch die Berufsbezeichnung beschrieben. Wie sich gezeigt hat, weisen Berufe sehr unterschiedliche Tätigkeitsprofile auf (Parmentier 2001). Werden heterogene Tätigkeitsfelder in nur wenigen Berufskennziffern zusammengefasst, dann können auch die Muster der beruflichen Segregation nicht mehr adäquat abgebildet werden. Die in offiziellen Statistiken verwendeten älteren Berufsklassifikationssysteme sind überholt, da neu entstehende Berufsbilder und Tätigkeiten nicht enthalten sind (Cramer und Majer 1991). So fand sich beispielsweise in der Berufsklassifikation der Bundesagentur für Arbeit 1988 (KldB 1988) noch der Beruf des Kutschers, nicht aber der Beruf eines Systemadministrators. Ferner waren ältere Klassifikationen häufig selbst *gender biased*, da frauentypische Tätigkeiten oft weniger differenziert erfasst wurden als männertypische (Jacobs 1993). Die älteren Berufsklassifikationssysteme für Deutschland wurden mittlerweile durch eine völlig neu systematisierte Berufsklassifikation (KldB 2010) abgelöst (Bundesagentur für Arbeit 2011), die nunmehr die Berufsstruktur zeitgemäß abbildet und auch an internationale Berufsklassifikationen wie ISCO 08 anschlussfähig ist (Paulus und Matthes 2013).[21]

---

20   Vor- und Nachteile der Re-Klassifikation von Berufskategorien und der Größenstandardisierung diskutiert England (1981).

21   Umsteigeschlüssel von den älteren auf neuere Berufsklassifikationssysteme stehen auf der Webseite der Bundesagentur für Arbeit zur Verfügung:

11.4 Empirische Befunde zur beruflichen Geschlechter-segregation

Wie entwickelt sich die berufliche Geschlechtersegregation über die Zeit, über welche Mechanismen wird sie erzeugt und welche erhalten sie aufrecht? Was sind die Folgen für Berufschancen und Erträge von Frauen und Männern? Dieser Fragenkanon steht im Mittelpunkt der Segregationsforschung und er ist nach wie vor für eine Reihe von neueren Studien erkenntnisleitend.

Erste empirische Analysen zur Entwicklung der beruflichen Konzentration und Segregation in Deutschland stammen bereits aus den 1980er Jahren und decken den Zeitraum von 1925 bis 1982 ab. Willms-Herget (1985) zeigt, dass sich die asymmetrische Verteilung von Frauen und Männern auf das betrachtete Spektrum von 102 Berufsfeldern über 60 Jahre hinweg kaum verändert hat. Der Dissimilaritätsindex schwankte auf dieser Grundlage im Laufe der Jahre geringfügig um einen Wert von annähernd 58 Prozent (Willms-Herget 1985, S. 220).[22] Bereits diese Studie konnte zeigen, dass sich segregierte Berufsstrukturen in Zusammenhang mit strukturellen Veränderungen auf dem Arbeitsmarkt wandeln. Durch die beruflichen Umschichtungen im Zuge des Tertiarisierungsprozesses verloren hochgradig typisierte Berufe zahlenmäßig an Bedeutung und wurden von weniger stark typisierten Berufen abgelöst (Willms-Herget 1985, S. 228f.). Es waren vor allem die qualifizierten Dienstleistungsberufe, insbesondere im Bildungs- und Gesundheitswesen, in die Frauen verstärkt einmünden konnten. Zieht man neuere empirische Ergebnisse heran, so zeigt sich, dass die Kernaussagen aus dieser Studie auch noch die Entwicklung der letzten drei Dekaden recht gut beschreiben. So besteht weiterhin eine ausgeprägte Persistenz der beruflichen Segregation. In Westdeutschland geht der Dissimilaritätsindex D im Bereich der sozialversicherungspflichtigen Beschäftigung von 66 Prozent im Jahr 1976 auf 58 Prozent im Jahr 2010 zurück (Hausmann und Kleinert 2014, S. 5).[23] Für alle Beschäftigungssegmente in Deutschland ermittelte Busch (2013a, S. 153) ebenfalls einen nur mar-

---

https://statistik.arbeitsagentur.de/Navigation/Statistik/Grundlagen/Klassifikation-der-Berufe/KldB2010/Arbeitshilfen/Umsteigeschluessel/Umsteigeschluessel-Nav.html

22 Da bei einer stark aggregierten Erfassung von Berufen die Segregation tendenziell unterschätzt wird, dürfte der Dissimilaritätsindex auf der Grundlage einer stärker differenzierten Berufsklassifikation tatsächlich höher ausfallen (vgl. z. B. Busch 2013a, S. 152).

23 Einen ähnlich hohen Wert von 63 Prozent errechnete auch Brückner (2004) mit den Daten der Beschäftigtenstichprobe des Instituts für Arbeitsmarkt- und Berufsforschung (330 Berufsordnungen, nur Westdeutschland) für den Zeitraum von 1975-1995.

ginalen Rückgang des Dissimilaritätsindex von 58 Prozent im Jahr 1993 auf 56 Prozent im Jahr 2010, wobei die Segregation in Ostdeutschland zu Beginn des Beobachtungszeitraums mit 64 Prozent stärker ausgeprägt war als in Westdeutschland (58 Prozent). Nach einem zunächst leichten Anstieg näherte sich der Index nach 1996 allmählich dem westdeutschen Niveau an. In Folge des institutionellen Transformationsprozesses kam es in Ostdeutschland zu einem stärkeren Zustrom von beiden Geschlechtergruppen in geschlechtsgemischte Berufe. Während allerdings Männer auch stärker in frauendominierten Berufen (Sozialarbeit, Bankangestellte) Fuß fassen konnten, wurde es für Frauen schwieriger, in männerdominierte Berufe wie auch in qualifizierte Dienstleistungsberufe einzumünden (Falk 2002; Rosenfeld und Trappe 2002).

Die berufliche Geschlechtersegregation veränderte sich allerdings trotz der stark ausgeprägten Persistenz im Aggregat aller Berufe in einigen hochqualifizierten Berufsbereichen etwas deutlicher. In Deutschland zeichnet sich zwischen 1993 und 2010 im Bereich der hochqualifizierten Professions- und Managementberufe eine moderate Desegregation ab (Busch 2013a; vgl. auch Rosenfeld und Trappe 2002).[24] Dagegen hat sich in diesem Zeitraum die Segregation in hochqualifizierten mathematisch-technischen Berufen sogar noch vertieft (Busch 2013a). Zusammenfassende Indexmaße der beruflichen Geschlechtersegregation auf dem gesamten Arbeitsmarkt maskieren solche gegenläufigen Entwicklungen in einzelnen Berufsbereichen ebenso wie die ausgeprägten Unterschiede der Segregationstiefe zwischen Betrieben (Hinz und Schübel 2001; Beblo et al. 2008).

Auch die neueren Studien verweisen auf den Einfluss des berufsstrukturellen Wandels. Das Ausmaß der beruflichen Geschlechtersegregation verändert sich in Deutschland überwiegend aufgrund des weiteren Ausbaus des Dienstleistungssektors und des Rückgangs des verarbeitenden industriellen Produktionssektors (Beblo et al. 2008; Busch 2013a). Im Zuge dieser Entwicklung arbeiten zunehmend weniger Erwerbstätige in hypersegregierten Berufen, wobei die stark männerdominierten mathematisch-technischen Berufe mit einem hohen Qualifikationsniveau eine Ausnahme bilden.

Veränderungen der beruflichen Segregation verlaufen über die Zeit nicht gleichförmig, wie die Entwicklung in Ostdeutschland nach der Wiedervereinigung und die unterschiedlichen Trends in Berufsfeldern belegen. Am Beispiel der USA wird deutlich, dass ein über einen längeren Zeitraum (1970 bis etwa 1990) einsetzender Rückgang der beruflichen Segregation in den nachfolgenden Dekaden (1990 bis

---

24   Dieser Befund wird auch im internationalen Vergleich bestätigt: In Ländern mit einer hohen Gesamtsegregation üben Frauen häufiger statushohe Berufe aus (Semyonov und Jones 1999).

2009) wieder stagnieren kann (Blau et al. 2013). Im Unterschied zur skizzierten Entwicklung in Deutschland veränderte sich die berufliche Geschlechtertrennung allerdings hauptsächlich aufgrund von Veränderungen der Geschlechterkomposition von Berufen (vgl. auch Huffman et al. 2010), insbesondere durch den Zugang von Frauen in ursprünglich mehrheitlich von Männern ausgeübte wie auch in stärker geschlechtergemischte Berufe, wohingegen Männer kaum in frauendominierte Tätigkeiten strebten. Auch in den USA erwies sich die Geschlechterkomposition in den von Männern dominierten hochqualifizierten mathematisch-technischen Berufen wie auch in gewerblichen Arbeitertätigkeiten als ausgesprochen veränderungsresistent. Im Eintritt jüngerer Kohorten mit einem höheren Bildungsniveau, insbesondere von zunehmend mehr Frauen mit Collegeabschlüssen, und einer stärkeren Arbeitsmarktbindung vermuten die Autoren einen zentralen Mechanismus, über den sich die Verteilung von Frauen und Männern auf Berufe stärker ausbalancieren kann.[25]

Die skizzierten Ergebnisse werfen Fragen nach den Ursachen des über die Zeit diskontinuierlichen und zwischen den Berufsfeldern asymmetrischen Wandels der beruflichen Segregation auf. Das Phänomen, dass eine stärkere Durchmischung von Berufen wieder in einer Resegregation münden kann, wird in der Segregationsforschung seit längerem diskutiert. Es gibt Hinweise, dass sich durch den Zustrom einer Geschlechtergruppe auf lange Sicht neue berufliche Ghettos herausbilden (Reskin und Roos 1990; Charles und Grusky 2004). Vertiefende Analysen der Dynamik der Geschlechtersegregation auf Berufsebene sind bislang noch selten. Pan (2015) befasst sich mit dem Phänomen von kritischen Wendepunkten in der zeitlichen Entwicklung der Geschlechterzusammensetzung von Berufen. Wendepunkte sind durch den Zeitpunkt, ab dem ein beschleunigter Zustrom des Minderheitengeschlechts einsetzt, gekennzeichnet, sodass sie zu einem Wechsel der Geschlechtstypik des Berufs führen. Im Ergebnis wird eine ausgeprägte nichtlineare Dynamik der Veränderung der Geschlechterkomposition von geschlechtstypisierten Berufen festgestellt. Demnach würde sich die Feminisierung von ursprünglich männerdominierten Berufen beschleunigen, sobald der Frauenanteil kritische Schwellenwerte erreicht, die in nicht-manuellen Berufen zwischen 25 und 45 Prozent und in manuellen Berufen zwischen 13 und 30 Prozent liegen. Bezugnehmend auf das soziale Interaktionsmodell von Schelling (1971) wird angenommen,

---

25 Ähnlich argumentiert auch Blossfeld (1987), der ebenfalls zu dem Schluss kommt, dass ein zunehmender Arbeitskräftebedarf und die Angleichung der Bildungsniveaus zwischen den Geschlechtern maßgeblich dazu beitragen, dass sich langfristig die Geschlechtstypik von einzelnen Berufen ändert und Frauen verstärkt Zugang zu qualifizierten Berufsfeldern erhalten.

dass vor dem Hintergrund von gesellschaftlich verankerten Überzeugungen von geschlechtstypischen Eignungen und Passungen für berufliche Tätigkeiten beide Geschlechtergruppen eher vermeiden, geschlechtsatypische Berufsrollen zu übernehmen. Dies würde dazu beitragen, dass sich Männer aus Berufen zurückziehen, wenn der Frauenanteil den kritischen Wert übersteigt.

Aus den empirischen Befunden zu Persistenz und Wandel der beruflichen Geschlechtersegregation über die Zeit können zwei Schlussfolgerungen gezogen werden: Zum einen bestätigen auch neuere Befunde die enorme Stabilität des Ausmaßes der beruflichen Segregation im Aggregat aller Berufe, wobei sich die Geschlechterkomposition von einzelnen Berufen und Berufsfeldern im Zuge des sozioökonomischen Wandels durchaus verändert. Der sektorale Wandel und die Angleichung der Bildungsniveaus zwischen den Geschlechtern haben maßgeblich dazu beigetragen, dass sich die Geschlechterzusammensetzung von einzelnen Berufen langfristig gewandelt hat und insbesondere Frauen verstärkt in qualifizierte Berufsfelder einmünden konnten (Handl 1986; Blossfeld 1987; Dolado et al. 2002). Die Geschlechtstypik von Tätigkeiten ist somit flexibel und mit sehr verschiedenen Arbeitsinhalten kompatibel. Dies spricht für Theorieansätze, welche die Frauen- und Männerberufe als Ergebnis einer sozialen Konstruktion betrachten.

Im Folgenden werden nicht mehr Veränderungen der Geschlechtstypik von Berufen betrachtet, sondern die Berufsentscheidungen und beruflichen Platzierungschancen von Individuen im Erwerbsverlauf in den Blick genommen. Aus dieser Perspektive erschließen sich Mechanismen der beruflichen Selektion und Selbstselektion. In der einschlägigen Literatur wird die Erklärungskraft der humankapitaltheoretischen Annahmen zum Prozess der beruflichen Selbstselektion immer wieder in Frage gestellt (Kreimer 1999; Busch 2013a, 2013b), da die empirische Evidenz zu den Annahmen der Humankapitaltheorie nicht eindeutig ist. Demnach führen Erwerbsunterbrechungen in männer- wie auch in frauendominierten Berufen zu Lohneinbußen und die Lohnentwertungsrate ist nach einer Erwerbsunterbrechung in Frauenberufen nicht geringer als in Männerberufen (England 1982; Corcoran et al. 1984; England et al. 1988). Im Unterschied dazu zeigen Görlich und De Grip (2009), dass in Deutschland die Humankapitalentwertung während familienbedingter Erwerbsunterbrechungen in hochqualifizierten Frauenberufen signifikant geringer ausfällt als in hochqualifizierten Männerberufen. In geringqualifizierten Berufen bestehen hingegen keine Unterschiede. Im Gegensatz zu den theoretischen Annahmen haben erwartete Erwerbsunterbrechungen zudem keinen Einfluss auf die Geschlechterzusammensetzung des später tatsächlich ausgeübten Berufes (Okamoto und England 1999). Annahmen zu den von Frauen bevorzugten Lohnprofilen werden nur teilweise belegt. Theoriegemäß tendieren Frauen eher zu Jobs mit relativ höheren Eintrittsgehältern und flacheren Lohnprofilen. Empirisch unterscheiden sich männliche und weibliche College-Absolventen nicht hinsichtlich ihres erwarteten Anfangsgehalts. Absolventinnen rechnen aber mit einer niedrigeren Lohnentwicklung, selbst wenn sie eine kontinuierliche Erwerbstätigkeit planen (Blau und Ferber 1991). Außerdem werden Frauen häufiger auf Arbeitsplätzen mit niedrigen Eintrittsgehältern eingestellt (Baron und Newman 1989, 1990; England 1992; Engelbrech und Nagel 2002). Empirische Ergebnisse lassen somit Zweifel daran aufkommen, ob Frauen durch die Entscheidung für bestimmte Tätigkeitsbereiche tatsächlich das Lebenseinkommen maximieren können.[26] Trappe und Rosenfeld (2004) stellen in einer Studie zum Berufseintritt in geschlechtstypische Berufe[27] und die nachfolgenden Berufswechsel mit Daten über junge Erwachsene vor der Vereinigung der beiden deutschen Teilstaaten fest, dass Arbeitnehmerinnen ihre Tätigkeit häufig nach Eheschließungen und der Geburt von Kindern wechseln, wenn also familiäre und berufliche Belange stärker aufeinander abgestimmt werden müssen. Familiäre Ereignisse sind aber für sich genommen kein Anlass für die Einmündung in einen geschlechtstypischen Beruf. Aus Sicht der Autorinnen widersprechen diese Befunde ebenfalls der humankapitaltheoretischen Argumentation, wonach die Familienbildung und eine Rollenspezialisierung auf Erwerbsarbeit einerseits und Familienarbeit andererseits Entscheidungen für geschlechtstypische Berufe begünstigt, da Personen, die mehr familiäre Verpflichtungen übernehmen oder erwarten, diese in Zukunft zu übernehmen, Tätigkeiten anstreben, die weniger Bildungsinvestitionen oder weniger Arbeitseinsatz erfordern (Polachek 1981; Becker 1985).

Sozialisationstheoretisch begründete Annahmen, wonach sich geschlechtsspezifische berufliche Neigungen und Orientierungen in der Jugendphase herausbilden und Entscheidungen für einen geschlechtstypischen Beruf bedingen, finden in der Forschung etwas mehr Unterstützung. Dennoch ergibt sich auch aus der umfassenden Forschung zu diesem Thema kein kohärentes Bild. So weisen empirische Studien nicht nur Geschlechterunterschiede, sondern auch zahlreiche Ähnlichkeiten in den Berufsvorstellungen von Frauen und Männern nach, beispielsweise hinsichtlich der Bewertung von beruflichen Erträgen (u. a. Marini et al. 1996; Xie und Shauman 1997), im Streben nach beruflichem Fortkommen (Cassirer und

---

26 Zwar untermauern einige Ergebnisse von Okamoto und England (1999) die These der kompensierenden Lohndifferenziale. So üben Frauen, die verheiratet sind, Kinder haben oder Teilzeit arbeiten, eher Berufe mit höheren Frauenanteilen aus als ledige, kinderlose oder vollzeitbeschäftigte Frauen. Jedoch bestätigt sich der Zusammenhang nicht für alle ethnischen Gruppen. Im Unterschied zu Müttern anderer ethnischer Herkunft üben afro-amerikanische Mütter eher männerdominierte Berufe aus.

27 Die Berufswahl wurde als geschlechtstypisch definiert, wenn im Erstberuf mindestens 80 Prozent der Berufsinhaber derselben Geschlechterkategorie angehörten.

Reskin 2000) oder hinsichtlich der Berufsbindung (Lorence 1987). In Einklang mit sozialisationstheoretischen Annahmen findet Busch (2013b) bei Berufseinsteigern mit mittlerer beruflicher Ausbildung eine im Vergleich zu jungen Männern stärker ausgeprägte Präferenz junger Frauen für soziale Berufswerte (wie anderen helfen, Kontakte zu anderen Menschen), die das Aufgabenprofil von vielen frauendominierten Berufen charakterisieren. Junge Männer zeigen hingegen eine etwas stärkere Präferenz für extrinsische Berufswerte (hohes Einkommen, gute Aufstiegsmöglichkeiten) während entgegen der sozialisationstheoretischen Annahmen keine Geschlechterunterschiede bei der Wertschätzung einer guten Work-Life-Balance und bei intrinsischen Berufswerten (interessante Tätigkeit, selbständig arbeiten können) bestehen. Diese Berufswerte können allerdings die Geschlechterunterschiede in der Berufswahl von jungen Berufseinsteigern nur zum Teil erklären. Zwar leisten die sozialen Berufswerte „einen bedeutsamen Erklärungsbeitrag für die Wahl unterschiedlicher Berufe von Frauen und Männern" (Busch 2013b, S. 174). Jedoch sind die anderen Berufswerte nicht mit einem geschlechtstypischen Berufseinstieg assoziiert. Dagegen erhöht die Berufsorientierung der Mütter und auch eine eher egalitäre elterliche Hausarbeitsteilung die Wahrscheinlichkeit, dass Töchter einen weniger geschlechtstypisierten Beruf ergreifen. Weitere, aus der Sozialisationstheorie hergeleitete Hypothesen, konnten allerdings empirisch nicht belegt werden. Insgesamt wurden mit den im Schätzmodell berücksichtigen Variablen[28] 23 Prozent des Berufsdifferenzials von jungen Frauen und Männern beim Berufseinstieg erklärt, dabei sind lediglich 3 Prozent auf die Berufswerte zurückzuführen.

Darüber hinaus haben sich geschlechterstereotype Begabungszuschreibungen der Eltern als einflussreich für die geschlechtstypische Selbstselektion in eine Ausbildung erwiesen (Buchmann und Kriesi 2012). So erhöht beispielsweise die Zuschreibung manueller Fähigkeiten bei jungen Männern die Chance, einen Handwerksberuf zu ergreifen, während die Attribution von weiblich konnotierten Sozialkompetenzen bei jungen Frauen die Chance steigert, einen haushaltsnahen oder einen administrativ-verwaltenden Beruf zu erlernen.

Dass die berufliche Geschlechtersegregation nur teilweise aus subjektiven beruflichen Präferenzen von Frauen und Männern resultiert, spricht für weitere Einflussfaktoren, die in den vorrangig arbeitsangebotsseitigen empirischen Mo-

---

28   Zusätzlich zu den Berufswerten wurden im Modell Informationen zur Humankapital-
      ausstattung, Familienverpflichtungen, Betriebsmerkmale, die elterlichen Ressourcen
      und weitere Kontrollgrößen berücksichtigt. Es wurde eine *Oaxaca-Blinder*-Dekom-
      position des Differenzials einer geschlechtstypischen Berufswahl von jungen Frauen
      und Männern beim Berufseinstieg durchgeführt.

dellen nicht oder nur unzureichend beachtet werden. Eine Erweiterung dieser Perspektive stellt die Berücksichtigung der institutionellen Einbettung von Ausbildungsentscheidungen am Beginn des Erwerbslebens dar (vgl. Imdorf et al. 2015). International vergleichende Analysen haben eine stärker ausgeprägte berufliche Geschlechtersegregation in Ländern mit dualen betrieblichen Ausbildungssystemen im Vergleich zu Ländern mit rein schulischen Ausbildungssystemen ermittelt (vgl. Estévez-Abe 2012). Wie Imdorf et al. (2015) auch am Beispiel Deutschlands zeigen, sind Berufsbildungsangebote für nichtakademischen Berufe stärker geschlechtlich segregiert als universitäre Bildungsgänge. Aus dieser Perspektive ist die berufliche Geschlechtersegregation bereits in Berufsbildungssystemen konstitutiv angelegt, da spezifischen Qualifikationsbündeln und Anforderungsprofilen von Ausbildungsberufen eher geschlechtsbezogene Konnotationen anhaften als generellen Qualifikationen, die über schulische und akademische Abschlüsse erworben werden. Weiterhin ist in den dualen Ausbildungsgängen ein vergleichsweise früher Zeitpunkt der Entscheidung für einen konkreten Beruf institutionalisiert, der in eine Entwicklungsphase der intensiven Auseinandersetzung mit der eigenen Geschlechtsidentität fällt. Dies erschwert Jugendlichen, „Geschlechtergrenzen zu überschreiten und geschlechtsuntypische Berufe zu wählen" (Buchmann und Kriesi 2012, S. 256). Insofern kann die Geschlechterstruktur der Bildungs- und Ausbildungsangebote im Sinne eines Rückkopplungseffekts zur Selbstselektion in geschlechtstypisierte Berufe beim Erwerbseintritt beitragen und in Ländern mit einer engen Verknüpfung von Berufsausbildungs- und Beschäftigungssystem den Weg in dauerhafte geschlechtsspezifische Berufsverläufe bahnen (vgl. Trappe 2006).

Darüber hinaus ist der Zugang zu weniger segregierten oder sogar geschlechtsatypischen Berufen von den Opportunitätsstrukturen, die sich Frauen und Männern im Berufsbildungs- und Beschäftigungssystem bieten, begrenzt. So erweist sich das schulische Leistungsniveau als ein geschlechtsunabhängiges Selektionskriterium, das sich indirekt auf die Platzierungschancen in geschlechtsgemischten Berufsausbildungen auswirkt. Abraham und Arpagaus (2008) stellen auf der Grundlage einer Befragung von Auszubildenden in der Schweiz fest, dass junge Frauen und Männer mit schlechten Schulnoten eher eine Ausbildung in einem geschlechtstypischen wie auch in einem geschlechtsatypischen Beruf im Vergleich zu einem stärker durchmischten Beruf absolvieren.[29] Die Autoren folgern, dass stärker segregierte Ausbildungsberufe weniger attraktive Bedingungen bieten als

---

29 Helbig und Leuze (2012, S. 112) kommen in einer Auswertung der deutschen PISA-Ergänzungsstudie zu dem Ergebnis, dass Schülerinnen mit schlechten Noten in Mathematik und Deutsch eher Frauenberufe priorisieren, während solche mit guten Mathematiknoten eher Männerberufe anstreben.

Mischberufe, und dass leistungsschwächere Schüler aufgrund begrenzter Wahl-
möglichkeiten in Ausbildungsberufe mit schlechteren Einkommensmöglichkeiten
gelenkt werden.

Die empirische Forschung zu strukturellen Barrieren des Zugangs zu weniger
segregierten oder geschlechtsatypischen Berufen nimmt in erster Linie Rekrutie-
rungs- und Stellenbesetzungsverfahren in den Blick. Am Beispiel einer qualitativen
Studie über die Besetzung von Ausbildungsstellen im männerdominierten Auto-
gewerbe beschreibt Imdorf (2012), wie Personalverantwortliche bei der Bewerbung
junger Frauen die Geschlechtszugehörigkeit als Auswahlkriterium heranziehen.
Die vielfältigen Begründungsmuster bringen zum Teil stereotypisierte Annahmen
über Geschlechterunterschiede in berufsrelevanten Fähigkeiten zum Ausdruck,
zum Teil können sie aber auch als Diskriminierungsneigung interpretiert werden.
Ablehnende Haltungen werden zum Beispiel mit generellen Erwartungen begründet, dass junge Frauen nicht in den Betrieb mit ausschließlich männlichen Kollegen
passen oder dass sie nicht die erforderlichen körperlichen Voraussetzungen für eine
derartige Ausbildung mitbringen. Doch auch grundsätzlich befürwortende Haltungen sind zum Teil an Bedingungen wie die Akzeptanz männlicher Betriebskulturen
geknüpft. Die begrenzten Zugangschancen in geschlechtsatypische Ausbildungen
dürften dazu beitragen, dass junge Frauen ihre beruflichen Ambitionen im Laufe
des Bewerbungsprozesses anpassen und sich für einen vermeintlich geschlechts-
konformen oder weniger geschlechtlich konnotierten Beruf entscheiden (vgl. Gottfredson 2002). Die skizzierten qualitativen Befunde stehen in Einklang mit quantitativen Ergebnissen, wonach junge Frauen auch unter Kontrolle der Schulleistungen
bessere Chancen auf eine betriebliche Ausbildung haben, wenn sie einen Beruf mit
einem hohen Frauenanteil anstreben (Beicht und Walden 2014). Ferner erfahren
auch Hochschulabsolventinnen mit einem Abschluss in einem männerdominierten
Fach Nachteile beim Zugang in fachadäquate Berufe, was sich beim Erwerbseintritt
in höheren Arbeitslosigkeitsrisiken im Vergleich zu männlichen Absolventen entsprechender Fächer zeigt (Reimer und Steinmetz 2009).

Ergänzend zu den Analysen von Zugangsbarrieren beim Eintritt in geschlechtsatypische Berufe widmen sich weitere Studien der Frage, ob der eingeschlagene
Weg im Berufsverlauf auch beibehalten wird. Nach einer Analyse von Busch (2013a,
ebenso Busch-Heizmann 2015) auf der Grundlage des Sozio-oekonomischen Panels wechseln abhängig beschäftigte Frauen wie auch Männer überproportional
häufig aus geschlechtsatypischen in gemischtgeschlechtliche oder geschlechtstypische Berufe. Im beobachteten 10-Jahres-Zeitraum[30] traf dies auf knapp 15 Prozent

---

30   Der Beobachtungszeitraum erstreckte sich von 2000 bis 2010. Für die Analyse wurde
      die Berufsklassifikation KldB-92 verwendet.

der Frauen und 18 Prozent der Männer in geschlechtsatypischen Berufen zu. Die gegenläufige Wechselwahrscheinlichkeit aus einem geschlechtstypischen in einen anderen Beruf betrug hingen bei Frauen lediglich 7 Prozent und bei Männern 4 Prozent (Busch-Heizmann 2015, S. 575). Die in Anlehnung an Jacobs (1989) mit der Metapher der *Drehtür* beschriebene erhöhte Wechselwahrscheinlichkeit aus geschlechtsatypischen Berufen kann wesentlich zur Aufrechterhaltung der Geschlechtersegregation im Aggregat aller Berufe beitragen. Insofern ist eine Analyse der Ursachen für Abgänge aus geschlechtsatypischen Berufen auch von hoher arbeitsmarktpolitischer Relevanz, um das Ausmaß der beruflichen Geschlechtersegregation reduzieren zu können (Torre 2014). Als wesentliche Triebkraft der segregationsbedingten Mobilität verweist Busch (2013a) ebenfalls auf Mechanismen der Diskriminierung und Stereotypisierung in Zusammenhang mit geschlechtlich konnotierten Leistungs- und Kompetenzerwartungen, welche die Integration am Arbeitsplatz erschweren können (u. a. Bygren 2004; Makarova et al. 2016). Torre (2014) zeigt für den amerikanischen Arbeitsmarkt, dass das Abgangsrisiko von Frauen in männerdominierten Tätigkeiten insbesondere dann erhöht ist, wenn sie zuvor schon einmal in einem frauendominierten Berufsbereich tätig waren. Geschlechtstypische erwerbsbiografische Phasen können somit die beruflichen Mobilitätschancen längerfristig beeinträchtigen. Weitere empirische Evidenz aus der internationalen Literatur verweist zudem auf den Einfluss von Informations- und Ausbildungsdefiziten von Frauen für männerdominierte Tätigkeiten (Kmec et al. 2010) und auf hohe zeitliche Anforderungen in statushohen Berufen (Cha 2013), die sie dazu veranlassen, aus männerdominierten Berufsfeldern zu wechseln.

Der Zusammenhang der beruflichen Geschlechtersegregation mit Arbeitsmarktungleichheiten zwischen Frauen und Männern ist ein weiteres Kernthema der Segregationsforschung. Die empirische Forschung dazu zeigt mehrheitlich, dass die ungleiche Verteilung auf Berufe mit schlechteren Berufschancen für Frauen einhergeht, was sich beispielsweise in einer geringeren Entlohnung, schlechteren Aufstiegsmöglichkeiten und in Statusunterschieden niederschlägt. Allerdings gelangen vertiefende Analysen und auch die internationale Forschung jüngeren Datums gleichwohl zu differenzierteren Aussagen. So zeigt Trappe (2006) in einem innerdeutschen Vergleich der beruflichen Entwicklung der Geburtskohorte 1971, dass eine Ausbildung in einem frauendominierten Beruf im Kontext unterschiedlicher institutioneller und ökonomischer Rahmenbedingungen unterschiedliche erwerbsbiografische Folgen nach sich ziehen kann. Während ein Berufseinstieg in einen Frauenberuf in Ostdeutschland mit Statuserhalt und berufsfachlicher Kontinuität einherging, war dies für Frauen in Westdeutschland zwar geringer mit der Aufnahme von ausbildungsfremden, dafür aber stärker mit der Aufnahme von unterwertigen Erwerbstätigkeiten assoziiert.

Neben der Frage, wie sich die horizontale berufliche Geschlechtersegregation in berufliche Vor- und Nachteile für die Geschlechtergruppen übersetzt, ist die Analyse der vertikalen beruflichen Segregation als eigenständige Dimension der beruflichen Geschlechtertrennung ein vieldiskutiertes Forschungsthema von hoher arbeitsmarktpolitischer Relevanz. Galten Frauen in Führungspositionen in Deutschland lange Zeit als Ausnahmeerscheinung, zeichnet sich seit 2001 eine positive Entwicklung des Frauenanteils in Leitungsfunktionen und in hochqualifizierten Tätigkeiten ab, die im Bereich des öffentlichen Dienstes deutlich stärker ausgeprägt ist als in der Privatwirtschaft (Holst et al. 2015).[31] In der Privatwirtschaft stieg der entsprechende Frauenanteil von 22 Prozent im Jahr 2001 auf 29 Prozent im Jahr 2013 an. Bei den Beamten ist eine Zunahme von 28 Prozent auf 43 Prozent und bei Angestellten im öffentlichen Dienst von 42 Prozent auf 55 Prozent zu verzeichnen. Dabei sind Frauen in Führungspositionen überwiegend in geschlechtsuntypischen Berufen beschäftigt. „So war 2013 nur gut jede fünfte Frau in einer Führungsposition in einem typischen Frauenberuf tätig, im Unterschied zu 64 Prozent der anderen weiblichen Angestellten" (Holst et al. 2015, S. 8). Unterschiede in der Implementation von gleichstellungspolitischen Regelungen und in den sektorspezifischen Berufsstrukturen dürften wesentlich zu den beobachteten Veränderungen beitragen. Allerdings fehlen für Deutschland vertiefende Analysen zu den Bedingungsfaktoren dieser Veränderungen.

Weiterhin ist in der Forschungsliteratur der Zusammenhang zwischen dem Frauenanteil im Beruf und der geschlechtsspezifischen Lohnungleichheit umfassend belegt. Forschungsleitend ist hier die Frage, ob die Lohnunterschiede auf eine gesellschaftliche Entwertung von Frauenberufen oder auf andere Mechanismen zurückzuführen sind (z. B. Levanon et al. 2009; Busch 2013a; Magnusson 2013; Hausmann et al. 2015; Murphy und Oesch 2016). Hausmann et al. (2015) kommen in einer Längsschnittanalyse zu dem Ergebnis, dass eine zunehmende Feminisierung von Berufen ein Absinken des Lohnniveaus nach sich zieht, was in erster Linie darauf zurückzuführen ist, dass zunehmend „mehr weibliche Personen mit niedrigeren Löhnen dort arbeiten" (ebd., S. 236). Auch zeigt sich, dass Frauen unabhängig von der Geschlechterzusammensetzung im Beruf generell weniger verdienen als Männer. Allerdings ist die Analyse auf den westdeutschen Arbeitsmarkt und auf sozialversicherungspflichtige Vollzeitbeschäftigte beschränkt. Im Unterschied dazu kommt Busch (2013a) zu dem Ergebnis, dass in Deutschland beide

---

31   Die Analyse beruht auf Auswertungen des Sozio-oekonomischen Panels des DIW. Aufgrund eingeschränkter Fallzahlen wurden Führungsfunktionen in dieser Studie weit definiert. In den Spitzengremien der Wirtschaft ist der Frauenanteil deutlich geringer.

Geschlechtergruppen, die in Berufen mit weiblich konnotierten Arbeitsinhalten tätig sind, Verdienstnachteile haben, was mit der These einer gesellschaftlichen Entwertung dieser Berufe in Einklang steht.

Nicht alle Studien finden einen linear negativen Zusammenhang des Frauenanteils im Beruf mit dem Lohnniveau und auch die Interpretation des Zusammenhangs ist nicht eindeutig. Magnusson (2013) belegt für Schweden einen nichtlinearen Zusammenhang zwischen der Geschlechterkomposition des Berufs und der Entlohnung, was der Vorhersage der Entwertungsthese widerspricht. Demnach erzielen Frauen wie Männer in gemischtgeschlechtlichen Berufen die höchsten Löhne, wenngleich eine Beschäftigung in einem frauendominierten Beruf oder ein Wechsel in diese Berufe für beide Geschlechtergruppen mit Lohneinbußen einhergeht. Auch eine vergleichende Studie für Großbritannien, Deutschland und die Schweiz bestätigt einen nichtlinearen Effekt der beruflichen Feminisierung auf das Lohnniveau (Murphy und Oesch 2016). Berufswechsel ziehen dann Lohneinbußen nach sich, wenn der Frauenanteil im Beruf über 60 Prozent beträgt. Während der Effekt für Frauen und Männer in Großbritannien und für Frauen in der Schweiz besonders deutlich ausfällt, ist er für Frauen und Männer in Deutschland und auch für Männer in der Schweiz eher zu vernachlässigen.

Wie die zuletzt dargestellten Befunde zeigen, korrespondiert die berufliche Segregation auf komplexe Weise mit der Geschlechterungleichheit auf dem Arbeitsmarkt. Während die ausgewählten Beispiele aus der deutschen Forschung stärker die Persistenz der beruflichen Geschlechtersegregation und die ungleichheitsverstärkenden Folgen betonen, werden in der internationalen Forschung stärker Facetten des Wandels und der Angleichung von beruflichen Geschlechterungleichheiten zum Thema. Insgesamt ist festzustellen, dass das empirische Profil der Segregationsforschung nicht eindeutiger, sondern vor dem Hintergrund des strukturellen Wandels auf den Arbeitsmärkten eher vielschichtiger geworden ist.

11.5 Forschungsausblick und arbeitsmarktpolitische Implikationen

Die berufliche Geschlechtersegregation ist ein wesentliches Strukturprinzip von Arbeitsmärkten, über das Vorteile und Nachteile im Erwerbsleben verteilt werden. Die umfassende Forschung zu diesem Thema hat viel zum Verständnis der Entstehung, der Aufrechthaltung und der Folgen der beruflichen Trennlinien beigetragen. Ob und in welche Richtung sich die Geschlechtersegregation auf lange Sicht verändert, ist angesichts des berufs- und wirtschaftsstrukturellen Wandels eine empirische Frage, die von der internationalen Arbeitsmarktforschung verstärkt aufgegriffen wird.

Werden Segregationsindizes herangezogen, um die Entwicklung der beruflichen Geschlechtersegregation zu beschreiben, so bestätigt sich der Eindruck der vielzitierten ausgeprägten Persistenz des Phänomens. Indexbasierte Analysen können allerdings Prozesse der De- und Resegregation von einzelnen Berufen und deren Bestimmungsgründe nicht sichtbar machen. Analysen der Zu- und Abgangsdynamik innerhalb von Berufen und deren Implikationen für die Geschlechtstypisierung von Berufen sind insofern ein noch zu wenig beachtetes Forschungsthema (vgl. Krymkowski und Mintz 2008; Pan 2015). Zudem weisen Analysen des Wandels der beruflichen Geschlechtersegregation darauf hin, dass sich die Geschlechterverteilung vor allem in hochqualifizierten Berufen stärker ausbalanciert. Dies spricht für stärker differenzierte Analysen, die Berufe in Verbindung mit den jeweiligen Qualifikationsniveaus in den Blick nehmen.

Aus der Forschungsliteratur wird außerdem deutlich, dass individuelle Entscheidungen für geschlechtstypische Berufe institutionell und strukturell eingebettet sind. Somit stellt sich für die zukünftige Forschung weniger die vielfach diskutierte Frage, ob individuelle Neigungen oder strukturelle Barrieren mehr zu geschlechtstypischen Berufsentscheidungen beitragen, sondern wie die Einflussfaktoren zusammenwirken. Empirische Anknüpfungspunkte sind beispielsweise Veränderungen im Berufsbildungssystem oder betriebliche Personalstrategien und Praktiken der Rekrutierung und Stellenbesetzung (z. B. Kmec 2005).

Die Förderung von Geschlechtergleichheit im Erwerbsleben ist ein national wie auch international anerkanntes arbeitsmarktpolitisches Ziel (z. B. European Commission 1997; Tondorf 2001; OECD 2002). Der empirische Nachweis des Zusammenhangs von Geschlechtersegregation und Geschlechterungleichheit zum Nachteil von Frauen hat sicher dazu beigetragen, dass der Abbau der beruflichen Segregation auf die politische Agenda gleichstellungspolitischer Bemühungen gesetzt wurde. Implikationen dieser politischen Zielsetzungen sind allerdings strittig. So argumentieren beispielsweise Blackburn et al. (2001), dass Frauen in Arbeitsmärkten mit einer ausgeprägten beruflichen Segregation in einigen der von ihnen dominierten Bereiche bessere berufliche Chancen haben als in Berufen, in denen sie mit Männern konkurrieren und in denen sie eher mit Ab- und Ausgrenzungsmechanismen rechnen müssen (vgl. hierzu Kanter 1977; Bygren 2004).

Aus den Forschungsarbeiten zur beruflichen Geschlechtersegregation wird hingegen gefolgert, dass die berufliche Desegregation eine Vorbedingung für die Erreichung der Gleichstellung von Frauen und Männern im Arbeitsmarkt darstellt. Die Bemühungen, mehr junge Frauen in gewerblich-technischen Berufen auszubilden, waren bislang allerdings wenig erfolgreich (z. B. Schwiter et al. 2014). Umgekehrt bestehen für Männer nur geringe Anreize, sich stärker in die bislang frauentypischen Berufsfelder zu integrieren, da diese hinsichtlich Status und Gratifikationen meist geringere Erträge versprechen (Blau et al. 2013). Eine in diesem Zusammenhang in der Gleichstellungspolitik geführte Diskussion um die Aufwertung von Frauenberufen könnte nicht beabsichtigte Nebeneffekte mit sich bringen. Empirische Fallstudien über den Geschlechtswechsel einzelner Berufsfelder zeigen, dass der durch eine berufliche Aufwertung in Gang gesetzte Zustrom von Männern in frauentypische Berufsfelder nur vorübergehend zu einer ausgewogenen Geschlechterbesetzung führen kann (Milkman 1987; Reskin und Roos 1990).[32] Langfristig entwickelten sich solche Berufe dann oft wieder zu einem männerdominierten Berufsfeld. Frauenberufe können für Männer wie ein *glass escalator* wirken (Williams 1992), in denen ihnen im Vergleich zu ihren Berufskolleginnen ein Aufstieg in Führungsfunktionen oder qualifizierte Tätigkeitsfelder schneller gelingt (Heintz et al. 1997). Der Abbau der horizontalen Segregation kann also durchaus mit dem Fortbestand einer ausgeprägten hierarchischen Segregation Hand in Hand gehen. Insofern sind Zweifel berechtigt, dass eine berufliche Integration die arbeitsmarktbezogene Geschlechterungleichheit dauerhaft beseitigt (Reskin 1988).

Auch die Frage nach geeigneten gleichstellungspolitischen Instrumenten kann auf der Grundlage der vorliegenden Forschungsergebnisse kaum beantwortet werden, da dies nach Einschätzung von Blau et al. (2013) ein besseres Verständnis von Ursachen und Konsequenzen der skizzierten Entwicklungen wie auch der Wirksamkeit von politischen Interventionen voraussetzt. Auch diese Einschätzung dürfte Anreize für die Weiterführung der Forschung zur beruflichen Geschlechtersegregation geben.

---

32 Eine Aufwertung von Berufsfeldern ist häufig die Folge technologischer Innovationen, welche die Arbeitsbedingungen verbessern oder die qualifikatorischen Voraussetzungen und damit das Lohnniveau erhöhen.

Literatur

Abraham, M., & Arpagaus, J. (2008). Wettbewerb, soziales Umfeld oder gezielte Lebensplanung? Determinanten der horizontalen Geschlechtersegregation auf dem Lehrstellenmarkt. *Soziale Welt, 59*, 205-225.

Aigner, D. J., & Cain, G. G. (1977). Statistical Theories of Discrimination in Labor Markets. *Industrial Labor Relations Review, 30*, 175-187.

Allmendinger, J., & Hackman, J. R. (1995). The More, the Better? A Four-Nation Study of the Inclusion of Women in Symphony Orchestras. *Social Forces, 74*, 423-460.

Allport, G. W. (1954). *The Nature of Prejudice.* Cambridge: Wesley.

Alvesson, M., & Billing, Y. D. (1997). *Understanding Gender and Organizations.* London: Sage.

Anker, R. (1997). Theories of Occupational Segregation by Sex: An Overview. *International Labour Review, 136*, 315-339.

Arrow, K. J. (1973). The Theory of Discrimination. In O. Ashenfelter, & A. Rees (Hrsg.), *Discrimination in Labor Markets* (S. 3-33). Princeton: Princeton University Press.

Baron, J. N., & Newman, A. E. (1989). Pay the Man: Effects of Demographic Composition on Prescribed Wage Rates in the California Civil Service. In R. T. Michael, H. I. Hartmann, & B. O'Farrell (Hrsg.), *Pay Equity: Empirical Inquiries* (S. 107-130). Washington, DC: National Academy Press.

Baron, J. N., & Newman, A. E. (1990). For What It's Worth: Organizations, Occupations, and the Value of Work Done by Women and Nonwhites. *American Sociological Review, 55*, 155-175.

Baunach, D. M. (2002). Trends in Occupational Sex Segregation and Inequality, 1950 to 1990. *Social Science Research, 31*, 77-98.

Beblo, M., Heinze, A., & Wolf, E. (2008). Entwicklung der beruflichen Segregation von Männern und Frauen zwischen 1996 und 2005 – Eine Bestandsaufnahme auf betrieblicher Ebene. *Zeitschrift für ArbeitsmarktForschung, 41*, 181-198.

Becker, G. S. (1971). *The Economics of Discrimination.* Chicago: University of Chicago Press (2. Aufl.).

Becker, G. S. (1985). Human Capital, Effort, and the Sexual Division of Labor. *Journal of Labor Economics, 3*, S33-S58.

Becker, G. S. (1993). *A Treatise on the Family.* Cambridge: Harvard University Press (erw. Aufl.).

Beicht, U., & Walden, G. (2014). *Berufswahl junger Frauen und Männer: Übergangschancen in betriebliche Ausbildung und erreichtes Berufsprestige* (BIBB Report 4/2014). Bonn: BIBB.

Bielby, W. T., & Baron, J. N. (1986). Men and Women at Work: Sex Segregation and Statistical Discrimination. *American Journal of Sociology, 91*, 759-799.

Blackburn, R. M., & Jarman, J. (2006). Gendered Occupations. Exploring the Relationship between Gender Segregation and Inequality. *International Sociology, 21*, 289-315.

Blackburn, R. M., Jarman, J., & Brooks, B. (2000). The Puzzle of Gender Segregation and Inequality: A Cross-National Analysis. *European Sociological Review, 16*, 119-135.

Blackburn, R. M., Brooks, B., & Jarman, J. (2001). The Vertical Dimension of Occupational Segregation. *Work, Employment and Society, 15*, 511-538.

Blackburn, R. M., Brown, J., Brooks, B., & Jarman, J. (2002). Explaining Gender Segregation. *British Journal of Sociology*, 53, 513-536.

Blau, F. D. (1984). Occupational Segregation and Labor Market Discrimination. In B. F.
Reskin (Hrsg.), *Sex Segregation in the Workplace: Trends, Explanations, Remedies*
(S. 117-143). Washington, DC: National Academy Press.

Blau, F. D., & Ferber, M. A. (1991). Career Plans and Expectations of Young Women and
Men. The Earnings Gap and Labor Force Participation. *Journal of Human Resources*,
26, 581-607.

Blau, F. D., Simpson P., & Anderson, D. (1998). Continuing Progress? Trends in Occupational Segregation in the United States over the 1970s and 1980s. *Feminist Economics*,
4, 29-71.

Blau, F. D., Brummund, P., & Yung-Hsu Liu, A. (2013). Trends in Occupational Segregation
by Gender 1970-2009: Adjusting for the Impact of Changes in the Occupational Coding
System. *Demography*, 50, 471-492.

Blau, F. D., Ferber, M. A., & Winkler, A. E. (2014). *The Economics of Women, Men, and
Work*. Boston: Pearson (7. Aufl.).

Blossfeld, H.-P. (1987). Labor-Market Entry and the Sexual Segregation of Careers in the
Federal Republic of Germany. *American Journal of Sociology*, 93, 89-118.

Bosch, G. (2002). Auf dem Weg zu einem neuen Normalarbeitsverhältnis? – Veränderung
von Erwerbsverläufen und ihre sozialstaatliche Absicherung. In K. Gottschall, & B.
Pfau-Effinger (Hrsg.), *Zukunft der Arbeit und Geschlecht. Diskurse, Entwicklungspfade
und Reformoptionen im internationalen Vergleich* (S. 107-137). Wiesbaden: VS Verlag
für Sozialwissenschaften.

Bridges, W. P. (2003). Rethinking Gender Segregation and Gender Inequality: Measures
and Meanings. *Demography*, 40, 543-568.

Britton, D. M. (2000). The Epistemology of the Gendered Organization. *Gender and Society*, 14, 418-434.

Brückner, H. (2004). *Gender Inequality in the Life Course. Social Change and Stability in
West Germany, 1975-1995*. New York: De Gruyter.

Brynin, M., & Perales, F. (2016). Gender Wage Inequality: The De-gendering of the Occupational Structure. *European Sociological Review*, 32, 162-174.

Buchmann, M., & Kriesi, I. (2012). Geschlechtstypische Berufswahl: Begabungszuschreibungen, Aspirationen und Institutionen. In R. Becker, & H. Solga (Hrsg.), *Soziologische
Bildungsforschung. Sonderheft 52 der Kölner Zeitschrift für Soziologie und Sozialpsychologie* (S. 256-280). Wiesbaden: Springer VS.

Bundesagentur für Arbeit (Hrsg.). (1988). Klassifizierung der Berufe 1988. Systematisches
und alphabetisches Verzeichnis der Berufsbenennungen. https://statistik.arbeitsagentur.
de/Statischer-Content/Grundlagen/Klassifikation-der-Berufe/KldB1975-1992/Generi-
sche-Publikationen/KldB1988-Die-Klassifikation.xls.

Bundesagentur für Arbeit (Hrsg.). (2011). Klassifikation der Berufe 2010 – Band 1: Systematischer und alphabetischer Teil mit Erläuterungen. https://statistik.arbeitsagentur.
de/Statischer-Content/Grundlagen/Klassifikation-der-Berufe/KldB2010/Printausgabe-
KldB-2010/Generische-Publikationen/KldB2010-Printversion-Band1.pdf. Zugegriffen:
18.08.2017.

Busch, A. (2013a). *Die berufliche Geschlechtersegregation in Deutschland. Ursachen, Reproduktion, Folgen*. Wiesbaden: Springer VS.

Busch, A. (2013b). Die Geschlechtersegregation beim Berufseinstieg – Berufswerte und ihr Erklärungsbeitrag für die geschlechtstypische Berufswahl. *Berliner Journal für Soziologie, 23*, 145-179.

Busch-Heizmann, A. (2015). Frauenberufe, Männerberufe und die „Drehtür" – Ausmaß und Implikationen für West- und Ostdeutschland. *WSI-Mitteilungen, 8*, 571-582.

Bygren, M. (2004). Being Different in the Workplace: Job Mobility into Other Workplaces and Shifts into Unemployment. *European Sociological Review, 20*, 199-219.

Cassirer, N., & Reskin, B. (2000). High Hopes: Organizational Position, Employment Experiences, and Women's and Men's Promotion Aspirations. *Work and Occupations, 27*, 438-463.

Cejka, M. A., & Eagly, A. H. (1999). Gender-Stereotypic Images of Occupations Correspond to the Sex Segregation of Employment. *Personality and Social Psychology Bulletin, 25*, 413-423.

Cha, Y. (2013). Overwork and the Persistence of Gender Segregation in Occupations. *Gender and Society, 27*, 158-184.

Charles, M., & Grusky, D. B. (2004). *Occupational Ghettos. The Worldwide Segregation of Women and Men.* Stanford: Stanford University Press.

Corcoran, M. E., & Courant, P. N. (1987). Sex-Role Socialization and Occupational Segregation: An Exploratory Investigation. *Journal of Post Keynesian Economics, 9*, 330-346.

Corcoran, M. E., Duncan, G. J., & Ponza, M. (1984). Work Experience, Job Segregation, and Wages. In B. F. Reskin (Hrsg.), *Sex Segregation in the Workplace: Trends, Explanations, Remedies* (S. 171-191). Washington, DC: National Academy Press.

Correll, S. J. (2004). Constraints into Preferences: Gender, Status, and Emerging Career Aspirations. *American Sociological Review, 69*, 93-113.

Cortese, C. F., Falk, R. F., & Cohen, J. K. (1976). Further Considerations on the Methodological Analysis of Segregation Indices. *American Sociological Review, 41*, 630-637.

Cramer, U., & Majer, W. (1991). Ist die Beschäftigtenstatistik revisionsbedürftig? *Mitteilungen aus der Arbeitsmarkt- und Berufsforschung, 24*, 81-90.

Cyba, E. (1995). Grenzen der Theorien sozialer Schließung? Die Erklärung von Ungleichheiten zwischen den Geschlechtern. In A. Wetterer (Hrsg.), *Die soziale Konstruktion von Geschlecht in Professionalisierungsprozessen* (S. 51-70). Frankfurt a. M.: Campus.

Deaux, K., & LaFrance, M. (1998). Gender. In D. T. Gilbert, S. T. Fiske, & G. Lindzey (Hrsg.), *The Handbook of Social Psychology. Vol. 1* (S. 788-827). New York: McGraw-Hill (4. Aufl.).

Dolado, J. J., Felgueroso, F., & Jimeno, J. F. (2002). *Recent Trends in Occupational Segregation by Gender: A Look Across the Atlantic* (IZA Discussion Paper 524). Bonn: IZA.

Duncan O. D., & Duncan, B. (1955). A Methodological Analysis of Segregation Indexes. *American Sociological Review, 20*, 210-217.

Eckes, T. (1997). *Geschlechterstereotype. Frau und Mann in sozialpsychologischer Sicht.* Pfaffenweiler: Centaurus.

Engelbrech, G., & Nagel, E. (2002). *Einkommen von Männern und Frauen beim Berufseintritt. Betriebliche Ausbildung und geschlechtsspezifische berufliche Segregation in den 90er Jahren* (IAB Werkstattbericht 17). Nürnberg: IAB.

England, P. (1981). Assessing Trends in Occupational Sex Segregation, 1900-1976. In I. E. Berg (Hrsg.), *Sociological Perspectives on Labor Markets* (S. 274-295). New York: Academic Press.

England, P. (1982). The Failure of Human Capital Theory to Explain Occupational Sex Segregation. *Journal of Human Resources*, 17, 358-370.

England, P. (1992). *Comparable Worth: Theories and Evidence*. New York: Aldine.

England, P. (2005). Gender Inequality in Labor Markets: The Role of Motherhood and Segregation. *Social Politics*, 12, 264-288.

England, P., Farkas, G., Stanek Kilbourne, B., & Dou, T. (1988). Explaining Occupational Sex Segregation and Wages: Findings from a Model with Fixed Effects. *American Sociological Review*, 53, 544-558.

Estévez-Abe, M. (2012). Gendered Consequences of Vocational Training. In M. R. Busemeyer, & C. Trampusch (Hrsg.), *The Political Economy of Collective Skill Formation* (S. (259-283). Oxford: Oxford University Press.

European Commission (Hrsg.). (1997). *Equal Opportunities for Women and Men in the European Union 1996* (Annual Report from the Commission). Brüssel: Commission of the European Communities.

Falk, S. (2002). Geschlechtsspezifische berufliche Segregation in Ostdeutschland zwischen Persistenz, Verdrängung und Angleichung. Ein Vergleich mit Westdeutschland für die Jahre 1991-2000. *Mitteilungen aus der Arbeitsmarkt- und Berufsforschung*, 35, 37-59.

Filer, R. K. (1985). Male-Female Wage Differences: The Importance of Compensating Differentials. *Industrial and Labor Relations Review*, 38, 426-437.

Filer, R. K. (1989). Occupational Segregation: Compensating Differentials, and Comparable Worth. In R. T. Michael, H. Hartmann, & B. O'Farrell (Hrsg.), *Pay Equity: Empirical Inquiries* (S. 153-170). Washington, DC: National Academy Press.

Flückinger, Y., & Silber, J. (1999). *The Measurement of Segregation in the Labor Force*. Heidelberg: Physica.

Fossett, M. A. (1991). *Measures of Intergroup Occupational Inequality. A Conceptual and Empirical Review* (TPRC Paper 10.06). Austin: Texas Population Research Center.

Fossett, M. A., & South, S. J. (1983). The Measurement of Intergroup Income Inequality: A Conceptual Review. *Social Forces*, 61, 855-871.

Gmür, M. (2004). Was ist ein ‚idealer Manager' und was eine ‚ideale Managerin'? Geschlechtsrollenstereotypen und ihre Bedeutung für die Eignungsbeurteilung von Männern und Frauen in Führungspositionen. *Zeitschrift für Personalforschung*, 18, 396-417.

Görlich, D., & De Grip, A. (2009). Human Capital Depreciation during Hometime. *Oxford Economic Papers*, 61, i98-i121.

Gottfredson, L. S. (2002). Gottfredson's Theory of Circumscription, Compromise, and Self-Creation. In D. Brown (Hrsg.), *Career Choice and Development* (S. 85-148). San Francisco: Jossey-Bass (4. Aufl.).

Gross, E. (1968). Plus ça change...? The Sexual Structure of Occupations over Time. *Social Problems*, 16, 198-208.

Hakim, C. (1993). Segregated and Integrated Occupations: A New Approach to Analysing Social Change. *European Sociological Review*, 9, 289-314.

Hakim, C. (1996). Theoretical and Measurement Issues in the Analysis of Occupational Segregation. In P. Beckmann (Hrsg.), *Gender Specific Occupational Segregation: Beiträge zur Arbeitsmarkt- und Berufsforschung 188* (S. 67-88). Nürnberg: IAB.

Hakim, C. (1998). *Social Change and Innovation in the Labour Market*. Oxford: Oxford University Press.

Hakim, C. (2000). *Work-Lifestyle Choices in the 21st Century: Preference Theory*. Oxford: Oxford University Press.

Handl, J. (1986). Führt die Angleichung der Bildungschancen zum Abbau geschlechtsspezifischer beruflicher Segregation? Eine einfache Frage, aber kontroverse Antworten. *Zeitschrift für Soziologie*, 15, 125-132.

Hartmann, H. I. (1976). Capitalism, Patriarchy, and Job Segregation by Sex. *Signs*, 1, 137-169.

Hausmann, A.-C., & Kleinert, C. (2014). *Berufliche Segregation auf dem Arbeitsmarkt. Männer- und Frauendomänen kaum verändert* (IAB-Kurzbericht 9/2014). Nürnberg: IAB.

Hausmann, A.-C., Kleinert, C., & Leuze, K. (2015). „Entwertung von Frauenberufen oder Entwertung von Frauen im Beruf?" Eine Längsschnittanalyse zum Zusammenhang von beruflicher Geschlechtersegregation und Lohnentwicklung in Westdeutschland. *Kölner Zeitschrift für Soziologie und Sozialpsychologie*, 67, 217-242.

Heilmann, M. E. (1995). Sex Stereotypes and Their Effects in the Workplace: What We Know and What We Don't Know. *Journal of Social Behavior and Personality*, 10, 3-26.

Heintz, B., Nadai, E., Fischer, R., & Ummel, H. (1997). *Ungleich unter Gleichen. Studien zur geschlechtsspezifischen Segregation des Arbeitsmarktes*. Frankfurt a. M.: Campus.

Helbig, M., & Leuze, K. (2012). Ich will Feuerwehrmann werden! Wie Eltern, individuelle Leistungen und schulische Fördermaßnahmen geschlechts(un-)typische Berufsaspirationen prägen. *Kölner Zeitschrift für Soziologie und Sozialpsychologie*, 64, 91-122.

Hellerstein, J. K., Neumark, D., & Troske, K. R. (2002). Market Forces and Sex Discrimination. *Journal of Human Resources*, 37, 353-380.

Hinrichs, K. (1996). Das Normalarbeitsverhältnis und der männliche Familienernährer als Leitbilder der Sozialpolitik. *Sozialer Fortschritt*, 45, 102-107.

Hinz, T., & Schübel, T. (2001). Geschlechtersegregation in deutschen Betrieben. *Mitteilungen aus der Arbeitsmarkt- und Berufsforschung*, 34, 286-301.

Hoffmeyer-Zlotnik, J. H. P., & Geis, A. J. (2003). Berufsklassifikation und Messung des beruflichen Status/Prestige. *ZUMA Nachrichten* 52, 125-138.

Holst, E., & Kirsch, A. (2016). Spitzengremien großer Unternehmen: Mehr Schubkraft für eine ausgewogene Repräsentation von Frauen und Männern nötig. *DIW Wochenbericht*, 2/2016, 31-44.

Holst, E., & Maier, F. (1998). Normalarbeitsverhältnis und Geschlechterordnung. *Mitteilungen aus der Arbeitsmarkt- und Berufsforschung*, 31, 506-518.

Holst, E., Busch-Heizmann, A., & Wieber, A. (2015). *Führungskräfte-Monitor 2015. Update 2001-2013*. Berlin: Deutsches Institut für Wirtschaftsforschung.

Hook, J. L., & Pettit, B. (2016). Reproducing Occupational Inequality: Motherhood and Occupational Segregation. *Social Politics*, 23, 329-362.

Huffman, M. L., Cohen, P. N., & Pearlman, J. (2010). Engendering Change: Organizational Dynamics and Workplace Gender Desegregation, 1975-2005. *Administrative Science Quarterly*, 55, 255-277.

Hutchens, R. M. (1991). Segregation Curves, Lorenz Curves, and Inequality in the Distribution of People across Occupations. *Mathematical Social Sciences*, 21, 31-51.

Imdorf, C. (2012). Wenn Ausbildungsbetriebe Geschlecht auswählen. Geschlechtsspezifische Lehrlingsselektion am Beispiel des Autogewerbes. In M. M. Bergman, S. Hupka-Brunner, T. Meyer, & R. Samuel (Hrsg.), *Bildung – Arbeit – Erwachsenwerden. Ein interdisziplinärer Blick auf die Transition im Jugend- und jungen Erwachsenenalter* (S. 243-263). Wiesbaden: Springer VS.

Imdorf, C., Hegna, K., Eberhard, V., & Doray, P. (2015). Educational Systems and Gender Segregation in Education: A Three-Country Comparison of Germany, Norway and Canada. In C. Imdorf, K. Hegna, & L. Reisel (Hrsg.), *Gender Segregation in Vocational Education. Comparative Social Research* (S. 83-122). Bingley: Emerald.

Jacobs, J. A. (1987). The Sex Typing of Aspirations and Occupations: Instability During the Careers of Young Women. *Social Science Quarterly*, 68, 122-137.

Jacobs, J. A. (1989). *Revolving Doors. Sex Segregation and Women's Careers*. Stanford: Stanford University Press.

Jacobs, J. A. (1993). Theoretical and Measurement Issues in the Study of Sex Segregation in the Workplace: Research Note. *European Sociological Review*, 9, 325-330.

Jacobs, J. A. (1999). The Sex Segregation of Occupations. Prospects for the 21st Century. In G. N. Powell (Hrsg.), *Handbook of Gender & Work* (S. 125-141). Thousand Oaks: Sage.

James, D, R., & Taeuber, K. E. (1985). Measures of Segregation. In N. B. Tuma (Hrsg.), *Sociological Methodology 1985* (S. 1-32). San Francisco: Jossey-Bass.

Jarman, J., Blackburn, R. M., & Racko, G. (2012). The Dimensions of Occupational Gender Segregation in Industrial Countries. *Sociology*, 46, 1003-1019.

Jonung, C. (1996). Economic Theories of Occupational Segregation by Sex – Implications for Change over Time. In P. Beckmann (Hrsg.), *Gender Specific Occupational Segregation. Beiträge zur Arbeitsmarkt- und Berufsforschung 188* (S. 16-54). Nürnberg: IAB.

Kanter, R. M. (1977). *Men and Women of the Corporation*. New York: Basic Books.

Karmel, T., & MacLachlan, M. (1988). Occupational Sex Segregation – Increasing or Decreasing? *Economic Record*, 64, 187-195.

Kleinau, E., & Mayer, C. (Hrsg.). (1996). *Erziehung und Bildung des weiblichen Geschlechts. Eine kommentierte Quellensammlung zur Bildungs- und Berufsgeschichte von Mädchen und Frauen*. Weinheim: Deutscher Studien-Verlag.

Kmec, J. A. (2005). Setting Occupational Sex Segregation in Motion. Demand-Side Explanations of Sex Traditional Employment. *Work and Occupations*, 32, 322-354.

Kmec, J. A., McDonald, S., & Trimble, L. B. (2010). Making Gender Fit and "Correcting" Gender Misfits: Sex Segregated Employment and the Nonsearch Process. *Gender and Society*, 24, 213-236.

Kreckel, R. (1992). *Politische Soziologie der sozialen Ungleichheit*. Frankfurt a. M.: Campus.

Kreimer, M. (1999). *Arbeitsteilung als Diskriminierungsmechanismus. Theorie und Empirie geschlechtsspezifischer Arbeitsmarktsegregation*. Frankfurt a. M.: Lang.

Kreimer, M. (2009). *Ökonomie der Geschlechterdifferenz. Zur Persistenz von Gender Gaps*. Wiesbaden: VS Verlag für Sozialwissenschaften.

Krüger, H. (1996). Die andere Bildungssegmentation: Berufssysteme und soziale Ungleichheit zwischen den Geschlechtern. In A. Bolder, W. R. Heinz, & K. Rodex (Hrsg.), *Die Wiederentdeckung der Ungleichheit. Aktuelle Tendenzen in Bildung für Arbeit. Jahrbuch Bildung und Arbeit* (S. 252-274). Opladen: Leske + Budrich.

Krüger, H. (2001). Ungleichheit und Lebenslauf. Wege aus den Sackgassen empirischer Traditionen. In B. Heintz (Hrsg.), *Geschlechtersoziologie. Sonderheft 41 der Kölner Zeitschrift für Soziologie und Sozialpsychologie* (S. 512-537). Opladen: Westdeutscher Verlag.

Krymkowski, D., & Mintz, B. (2008). What Types of Occupations are Women Entering? Determinants of Changes in Female Representation: 1970-2000. *Research in Social Stratification and Mobility*, 26, 1-14.

Levanon, A., England, P., & Allison, P. (2009). Occupational Feminization and Pay: Assessing Causal Dynamics Using 1950-2000 Census Data. *Social Forces*, 88, 865-891.

Levine, P. D., & Zimmerman, D. J. (1995). A Comparison of the Sex-Type of Occupational Aspirations and Subsequent Achievement. *Work and Occupations*, 22, 73-84.

Lorber, J. (1999). *Gender-Paradoxien*. Opladen: Leske + Budrich.

Lorence, J. (1987). A Test of "Gender" and "Job" Models of Sex Differences in Job Involvement. *Social Forces*, 66, 121-142.

Magnusson, C. (2013). More Women, Lower Pay? Occupational Sex Composition, Wages and Wage Growth. *Acta Sociologica*, 56, 227-245.

Maier, F. (2004). *Volkswirtschaftliche Arbeitsmarktanalysen und -theorien und Frauenarbeit* (Discussion Paper 10). Marburg: GendA – Netzwerk feministische Arbeitsforschung.

Makarova, E., Aeschlimann, B., & Herzog, W. (2016). Why is the Pipeline Leaking? Experiences of Young Women in STEM Vocational Education and Training and Their Adjustment Strategies. *Empirical Research in Vocational Education and Training*, 8, 1-18.

Marini, M. M., & Brinton, M. C. (1984). Sex Typing in Occupational Socialization. In B. F. Reskin (Hrsg.), *Sex Segregation in the Workplace: Trends, Explanations, Remedies* (S. 192-232). Washington, DC: National Academy Press.

Marini, M. M., Fan, P., Finley, E., & Beutel, A. (1996). Gender and Job Values. *Sociology of Education*, 69, 49-65.

Massey, D. S., & Denton N. A. (1988). The Dimensions of Residential Segregation. *Social Forces*, 67, 281-315.

McCall, L. (2001). *Complex Inequality: Gender, Class, and Race in the New Economy*. New York: Routledge.

Meng, C. (2002). (Fe)Male Jobs and (Fe)Male Wages. Disentangling the Effect of Personal and Job Characteristics on Wages by Measuring Stereotypes. *Cahiers Économiques de Bruxelles*, 45, 143-167.

Milkman, R. (1980). Organizing the Sexual Division of Labor: Historical Perspectives on 'Women's Work' and the American Labor Movement. *Socialist Review*, 49, 95-150.

Milkman, R. (1987). *Gender at Work. The Dynamics of Job Segregation by Sex During World War II*. Chicago: Urbana.

Mittman, B. (1992). Theoretical and Methodological Issues in the Study of Organizational Demography and Demographic Change. *Research in the Sociology of Organizations*, 10, 3-54.

Murphy, E., & Oesch, D. (2016). The Feminization of Occupations and Change in Wages: A Panel Analysis of Britain, Germany, and Switzerland. *Social Forces*, 94, 1221-1255.

OECD (Hrsg.). (2002). *Employment Outlook*. Paris: OECD.

Okamoto, D., & England, P. (1999). Is there a Supply Side to Occupational Sex Segregation? *Sociological Perspectives*, 42, 557-582.

Olson, P. (1990). The Persistence of Occupational Segregation: A Critique of its Theoretical Underpinnings. *Journal of Economic Issues*, 24, 161-171.

Oppenheimer, V. K. (1968). The Sex-Labeling of Jobs. *Industrial Relations*, 7, 219-234.

Ott, N. (1993). Die Rationalität innerfamilialer Entscheidungen als Beitrag zur Diskriminierung weiblicher Arbeit. In G. Grözinger, R. Schubert, & J. Backhaus (Hrsg.), *Jenseits von Diskriminierung. Zu den institutionellen Bedingungen weiblicher Arbeit in Beruf und Familie* (S. 113-146). Marburg: Metropolis.

Padavic, I., & Reskin, B. F. (2002). *Women and Men at Work*. Thousand Oaks: Pine Forge Press (2. Aufl.).

Pan, J. (2015). Gender Segregation in Occupations: The Role of Tipping and Social Interactions. *Journal of Labor Economics*, 33, 365-408.

Parmentier, K. (2001). Fachkräfte in anerkannten Ausbildungsberufen – Verbleib nach der Ausbildung, Tätigkeitsschwerpunkte, Kenntnisse und Anforderungen am Arbeitsplatz. In Dostal, W., Parmentier, K., Plicht, H., Rauch, A., & Schreyer, F. (Hrsg.), *Wandel der Erwerbsarbeit. Qualifikationsverwertung in sich verändernden Arbeitsstrukturen. Beiträge zur Arbeitsmarkt- und Berufsforschung 246* (S. 31-70). Nürnberg: IAB.

Paulus, W., & Matthes, B. (2013). *Klassifikation der Berufe. Struktur, Codierung und Umsteigeschlüssel* (FDZ-Methodenreport 08/2013). Nürnberg: IAB.

Pfau-Effinger, B. (1998). Culture or Structure as Explanations for Differences in Part-Time Work in Germany, Finland and the Netherlands? In J. O'Reilly, & C. Fagan (Hrsg.), *Part-Time Prospects. An International Comparison of Part-Time Work in Europe, North America and the Pacific Rim* (S. 177-198). London: Routledge.

Pfau-Effinger, B. (2000). *Kultur und Frauenerwerbstätigkeit in Europa. Theorie und Empirie des internationalen Vergleichs*. Opladen: Leske + Budrich.

Pfeffer, J., & Davis-Blake, A. (1987). The Effect of the Proportion of Women on Salaries: The Case of College Administrators. *Administrative Science Quarterly*, 32, 1-24.

Phelps, E. S. (1972). The Statistical Theory of Racism and Sexism. *American Economic Review*, 62, 659-661.

Polachek, S. W. (1981). Occupational Self-Selection: A Human Capital Approach to Sex Differences in Occupational Structure. *Review of Economics and Statistics*, 63, 60-69.

Polachek, S. W. (2004). *How the Human Capital Model Explains Why the Gender Wage Gap Narrowed* (IZA Discussion Paper 1102). Bonn: IZA.

Polachek, S. W., & Siebert, W. S. (1994). Gender in the Labour Market. In D. B. Grusky (Hrsg.), *Social Stratification. Class, Race and Gender in Sociological Perspective* (S. 583-589). Boulder: Westview.

Power, M. (1975). Women's Work is Never Done by Men: A Socio-Economic Model of Sex-Typing in Occupations. *Journal of Industrial Relations*, 17, 225-239.

Rabe-Kleberg, U. (1987). *Frauenberufe – Zur Segmentierung der Berufswelt*. Bielefeld: Kleine.

Reich, M., Gordon D. M., & Edwards, R. C. (1973). Dual Labor Markets: A Theory of Labor Market Segmentation. *American Economic Review*, 63, 359-365.

Reimer, D., & Steinmetz, S. (2009). Highly Educated but in the Wrong Field? Educational Specialisation and Labour Market Risks of Men and Women in Spain and Germany. *European Societies*, 11, 723-746.

Reskin, B. F. (Hrsg.). (1984). *Sex Segregation in the Workplace. Trends, Explanations, Remedies*. Washington, DC: National Academy Press.

Reskin, B. F. (1988). Bringing the Men Back in: Sex Differentiation and the Devaluation of Women's Work. *Gender and Society*, 2, 58-81.

Reskin, B. F., & Roos, P. A. (1990). *Job Queues, Gender Queues: Explaining Women's Inroads into Male Occupations*. Philadelphia: Temple University Press.

Rosen, S. (1986). The Theory of Equalizing Differences. In O. C. Ashenfelter, & R. Layard (Hrsg.), *Handbook of Labor Economics. Vol. 1* (S. 641-692). Amsterdam: Elsevier.

Rosenfeld, R. A., & Trappe, H. (2002). Occupational Sex Segregation in State Socialist and Market Economies: Levels, Patterns and Change in East and West Germany, 1980s and 1998. In K. T. Leicht (Hrsg.), *The Future of Market Transition* (S. 231-267). Greenwich: JAI Press.

Rosenfeld, R. A., van Buren, M. E., & Kalleberg, A. L. (1998). Gender Differences in Supervisory Authority: Variation among Advanced Industrialized Democracies. *Social Science Research*, 27, 23-49.

Schelling, T. C. (1971). Dynamic Models of Segregation. *Journal of Mathematical Sociology*, 1, 143-186.

Schober, K., & Gaworek, M. (Hrsg.). (1996). *Berufswahl: Sozialisations- und Selektionsprozesse an der ersten Schwelle. Dokumentation eines Workshops des Instituts für Arbeitsmarkt- und Berufsforschung der Bundesanstalt für Arbeit in Zusammenarbeit mit dem Deutschen Jugendinstitut und dem Bundesinstitut für Berufsbildung, 13.-14. Juli 1995 in Nürnberg. Beiträge zur Arbeitsmarkt- und Berufsforschung 202.* Nürnberg: IAB.

Schwiter, K., Hupka-Brunner, S., Wehner, N., Huber, E., Kanji, S., Maihofer, A., & Bergman, M. M. (2014). Warum sind Pflegefachmänner und Elektrikerinnen nach wie vor selten? Geschlechtersegregation in Ausbildungs- und Berufsverläufen junger Erwachsener in der Schweiz. *Swiss Journal of Sociology*, 40, 401-428.

Seibert, M. T., Fossett, M. A., & Baunach, D. M. (1997). Trends in Male-Female Status Inequality, 1940-1990. *Social Science Research*, 26, 1-24.

Selk, M. (1984). *Geschlecht und Berufswahl. Ein Beitrag zur Theoriebildung und empirischen Erfassung geschlechtsspezifischen Berufswahlverhaltens.* Frankfurt a. M.: Lang.

Semyonov, M., & Jones, F. L. (1999). Dimensions of Gender Occupational Differentiation in Segregation and Inequality: A Cross-National Analysis. *Social Indicators Research*, 46, 225-247.

Shu, X., & Marini, M. M. (1998). Gender-Related Change in Occupational Aspirations. *Sociology of Education*, 71, 44-68.

Siltanen, J., Jarman, J., & Blackburn, R. M. (1995). *Gender Inequality in the Labour Market. Occupational Concentration and Segregation.* Geneva: ILO.

Solga, H., & Konietzka, D. (2000). Das Berufsprinzip des deutschen Arbeitsmarktes: Ein geschlechtsneutraler Allokationsmechanismus? *Schweizerische Zeitschrift für Soziologie*, 26, 111-147.

Steinmetz, S. (2012). *The Contextual Challenges of Occupational Sex Segregation. Deciphering Cross-National Differences in Europe.* Wiesbaden: VS Verlag für Sozialwissenschaften.

Strober, M. H. (1984). Toward a General Theory of Occupational Sex Segregation: The Case of Public School Teaching. In B. F. Reskin (Hrsg.), *Sex Segregation in the Workplace. Trends, Explanations, Remedies* (S. 144-156). Washington, DC: National Academy Press.

Tomaskovic-Devey, D. (1993). *Gender and Racial Inequality at Work: The Sources and Consequences of Job Segregation.* Ithaca: IRL Press.

Tomaskovic-Devey, D., & Skaggs, S. (2001). Führt Bürokratisierung zu geschlechtsspezifischer Segregation? In B. Heintz (Hrsg.), *Geschlechtersoziologie. Sonderheft 41 der*

Kölner Zeitschrift für Soziologie und Sozialpsychologie (S. 308-331). Wiesbaden: Westdeutscher Verlag.

Tondorf, K. (2001). Gender Mainstreaming – verbindliches Leitprinzip für Politik und Verwaltung. *WSI Mitteilungen*, 54, 271-277.

Torre, M. (2014). The Scarring Effect of "Womens's Work": The Determinants of Women's Attrition from Male-Dominated Occupations. *Social Forces*, 93, 1-29.

Trappe, H. (2006). Berufliche Segregation im Kontext. Über einige Folgen geschlechtstypischer Berufsentscheidungen in Ost- und Westdeutschland. *Kölner Zeitschrift für Soziologie und Sozialpsychologie*, 58, 50-78.

Trappe, H., & Rosenfeld, R. A. (2001). Geschlechtsspezifische Segregation in der DDR und der BRD. Im Verlauf der Zeit und im Lebensverlauf. In B. Heintz (Hrsg.), *Geschlechtersoziologie. Sonderheft 41 der Kölner Zeitschrift für Soziologie und Sozialpsychologie* (S. 152-181). Wiesbaden: Westdeutscher Verlag.

Trappe, H., & Rosenfeld, R. A (2004). Occupational Sex Segregation and Family Formation in the Former East and West Germany. *Work and Occupations*, 31, 155-192.

Walby, S. (1986). *Patriarchy at Work: Patriarchal and Capitalist Relations in Employment.* Oxford: Polity Press.

Walby, S. (1990). *Theorising Patriarchy.* Oxford: Blackwell.

Walby, S. (1997). *Gender Transformations.* London: Routledge.

Watts, M. (1992). How Should Occupational Sex Segregation Be Measured? *Work, Employment and Society*, 6, 475-487.

Weber, M. (1964 [1922]). *Wirtschaft und Gesellschaft. Grundriß der verstehenden Soziologie.* Tübingen: Mohr (4. Aufl.).

Wegener, B. (1988). *Kritik des Prestiges.* Opladen: Westdeutscher Verlag.

Wetterer, A. (2002). *Arbeitsteilung und Geschlechterkonstruktion. „Gender at Work" in theoretischer und historischer Perspektive.* Konstanz: UVK.

Willms-Herget, A. (1985). *Frauenarbeit: Zur Integration der Frauen in den Arbeitsmarkt.* Frankfurt a. M.: Campus.

Williams, C. L. (1992). The Glass Escalator: Hidden Advantages for Men in the 'Female' Professions. *Social Problems*, 39, 253-267.

Witz, A. (1992). *Professions and Patriarchy.* London: Routledge.

Wolf, C. (1995). Sozio-ökonomischer Status und berufliches Prestige. Ein kleines Kompendium sozialwissenschaftlicher Skalen auf Basis der beruflichen Stellung und Tätigkeit. *ZUMA Nachrichten*, 37, 102-136.

Xie, Y., & Shauman, K. A. (1997). Modeling the Sex-Typing of Occupational Choice. Influences of Occupational Structure. *Sociological Methods and Research*, 26, 233-261.

Arbeitsmarkt und Demografie

12

Christina Stecker und Sebastian Schnettler

12.1 Einleitung

Die Demografie oder Bevölkerungswissenschaft beschreibt Struktur und Dynamik von Bevölkerungen im Kontext von Politik, Wirtschaft, sozialen Sicherungssystemen und Umwelt. Die Analyse der Struktur von Bevölkerungen kann anhand der Kriterien Alter, Geschlecht, Nationalität, Haushaltsstruktur oder weiteren relevanten Kriterien, die zur Beschreibung einer bestimmten Bevölkerung dienen sollen, erfolgen. Fragen zu Bewegung und Entwicklung von Bevölkerungen betreffen *natürliche* Bevölkerungsbewegungen, also die Anzahl von Geburten und Sterbefällen, und *räumliche* Wanderungsbewegungen, wie die Anzahl der Zugezogenen und Fortgezogenen in einer Region. Diese Dynamik und der Wandel von Bevölkerungen stehen in einem engen Zusammenhang mit dem Arbeitsmarkt: Zum einen haben sie direkte und indirekte Auswirkungen, etwa wenn ein sinkender Anteil junger Menschen in der Bevölkerung zu Fachkräfteengpässen in regionaler, berufs- oder branchenspezifischer Hinsicht führt. Und zum anderen, wenn Lage und Dynamik des Arbeitsmarktes demografische Prozesse beeinflussen, zum Beispiel wenn antizipierte oder reale Veränderungen auf dem Arbeitsmarkt das Mobilitätsverhalten von Menschen verändern oder – wie in Ostdeutschland nach der Wende – wirtschaftliche Unsicherheit zu einem Aufschub eines möglicherweise vorhandenen Kinderwunsches führt und damit zu einer (vorübergehenden) Reduktion der Fertilität.

Diese politischen, ökonomischen und gesamtgesellschaftlichen Wechselwirkungen zwischen Bevölkerungsentwicklung und Arbeitsmarkt liegen im Fokus des vorliegenden Kapitels. Die Zusammenhänge sind multidimensional und erfor-

© Springer Fachmedien Wiesbaden GmbH, ein Teil von Springer Nature 2018
M. Abraham und T. Hinz (Hrsg.), *Arbeitsmarktsoziologie*,
https://doi.org/10.1007/978-3-658-02256-3_12

dern einen disziplinenübergreifenden Zugriff. Im ersten Abschnitt wird zunächst
ein kurzer Überblick über demografische Entwicklungen in Deutschland und Europa in den letzten Jahrzehnten gegeben, um Arbeitsmarktentwicklungen in Bezug auf die gesamtdemografische Lage einzuordnen und erste Handlungsoptionen
für Politik und Gesellschaft herauszuarbeiten. Im zweiten Abschnitt widmen wir
uns dem Zusammenhang von Bevölkerungsentwicklung und Arbeitskräftepotenzial anhand von theoretischen Erklärungsansätzen zu Bevölkerungsentwicklung
und wirtschaftlicher Prosperität sowie dem Einfluss von Humankapital auf die
Bildungsrendite und das Einkommen. Das Thema alternde Bevölkerung und Erwerbspersonenpotenzial und die Frage von institutionellen Anreizwirkungen und
Altersstrukturierung durch Institutionen wird anschließend auf Basis empirischer
und theoretischer Befunde näher skizziert. Der Beitrag schließt mit einem zusammenfassenden Fazit und offenen Forschungsfragen, wie beispielsweise zu regionalen Dynamiken, zum organisationsdemografischen Bezug zwischen Alterung von
Belegschaften und der Innovations- und Wettbewerbsfähigkeit der Unternehmen
und zu den komplexen Wirkungen der weiteren Digitalisierung auf Bevölkerung,
„Arbeitsmarkt 4.0" und soziale Absicherung.

12.2   Allgemeine demografische Trends in Deutschland und Europa

Auf Basis empirischer Daten zur Bevölkerungsentwicklung in verschiedenen Ländern – zunächst vor allem in Europa – beschreibt die Theorie des demografischen
Übergangs die demografische Langzeitentwicklung im Zuge gesellschaftlicher,
politischer und wirtschaftlicher Modernisierungsprozesse (Lee 2003). Laut dieser Theorie durchläuft eine idealtypische Population im Laufe des Modernisierungsprozesses vier Phasen, die von einem Bevölkerungsgleichgewicht mit hoher
Mortalität und Fertilität zu einem neuen Bevölkerungsgleichgewicht mit niedriger Mortalität und Fertilität führen. Ungeachtet der Unterschiede im Zeitpunkt
des Beginns sowie der Geschwindigkeit des demografischen Übergangs zwischen
Ländern ist der demografische Übergang ein universelles Phänomen (Willekens
2015).
    In Phase eins des demografischen Übergangs sind Mortalität und Fertilität
hoch, die Altersstruktur der Bevölkerung ist durch hohe Anteile junger Menschen
geprägt und die Bevölkerungsgröße auf lange Sicht stabil, mit höchstens kurzfristigen Schwankungen etwa aufgrund von Kriegen, Hungersnöten oder Epidemien. In Phase zwei des demografischen Übergangs sinkt die Mortalitätsrate bei
gleichbleibend hoher Fertilität, was ein exponentielles Bevölkerungswachstum zur

Folge hat. In Europa begann diese Phase etwa um 1800 und hat trotz unterschiedlicher ökonomischer Strukturen und Dynamiken letztlich ganz Europa erfasst (Lee 2003). Verantwortlich für die Reduktion der Sterblichkeit waren unter anderem Verbesserungen der Ernährungssituation durch erhöhte Produktivität der Landwirtschaft, der Hygiene und Wohnbedingungen sowie der staatlichen Organisation und damit auch einer Kontrolle von Epidemien (Bengtsson 2001; Meslé und Vallin 2005; siehe auch Abschnitt 12.3.1). In Phase drei des demografischen Übergangs ist die Mortalität auf einem niedrigen Niveau angekommen und die Fertilität sinkt, was zu einer Verlangsamung des Bevölkerungswachstums führt. Für Europa lässt sich der Beginn dieser Phase etwa auf das Ende des 19. bzw. den Beginn des 20. Jahrhunderts datieren. In Phase vier schließlich erreicht auch die Fertilität ein niedriges Niveau, sodass sich ein neues Gleichgewicht einstellt mit höchstens kurzfristigen Schwankungen der Fertilitäts- und Mortalitätsraten. Ursächlich für den Fertilitätsrückgang dürfte zum einen die vorangegangene Reduktion der Mortalität, vor allem der Säuglingssterblichkeit, sein. Denn um dieselbe Anzahl überlebender Kinder zu bekommen, ist nun eine geringere Anzahl an Geburten nötig. Zum anderen haben die wirtschaftliche Entwicklung im Übergang von der agrarisch zur industriell geprägten Ökonomie sowie die Schulpflicht und das expandierende Bildungswesen das Kosten- und Nutzenkalkül in Bezug auf Fertilitätsentscheidungen grundlegend verändert (Lee 2003; siehe auch Nauck und Klaus 2007).

Seit etwa den 1970er Jahren sind die Fertilitätsraten in den meisten Ländern Europas bis unter das Bestandserhaltungsniveau von aktuell durchschnittlich 2.1 Kindern pro Frau[1] gesunken. Forscher sprechen daher von einem zweiten demografischen Übergang bzw. einer fünften Phase des demografischen Übergangs (van de Kaa 1987; Lesthaeghe 2010). Die mittlere endgültige Kinderzahl – oder englischsprachig *cohort fertility rate* (CFR) – gibt die durchschnittliche Anzahl an Kindern pro Frau eines Geburtenjahrgangs von Frauen an. Da die CFR sich erst berechnen lässt, wenn alle Frauen einer Kohorte ihr gebärfähiges Alter überschritten haben[2], lassen sich mit der CFR zwar sehr zuverlässig historische Trends beschreiben, aber keine aktuellen Entwicklungen ausmachen. Etwas aktueller sind

---

1 Dieses Niveau ist nötig um die Bevölkerungsgröße unberücksichtigt etwaiger Wanderungsbewegungen konstant zu halten. In historischen Perioden und geografischen Regionen mit höherer Mortalität liegt das nötige Bestandserhaltungsniveau entsprechend höher (Espenshade et al. 2003; Smallwood und Chamberlain 2005).

2 Das gebärfähige Alter wird in der Regel als die Altersspanne 15 bis 45 bzw. 49 Jahren definiert, auch wenn bei einzelnen Frauen die Menarche früher beginnt bzw. die Menopause später einsetzt (Nichols et al. 2006; Schnettler 2008). Dies ist für die im Folgenden beschriebene TFR relevant, für die CFR – mit Ausnahme der CFR_{40} – werden aber alle Kinder einer Geburtskohorte von Frauen erfasst.

Angaben auf Basis der CFR_{40}, welche die durchschnittliche Anzahl der Kinder von Frauen einer Geburtskohorte bis zum Alter von 40 Jahren angibt. Die CFR_{40} ist in der Regel eine gute Annäherung an die CFR, da in den entsprechenden Kohorten von Frauen in der Praxis nur wenige Frauen Kinder nach dem vollendeten 40. Lebensjahr bekommen. In Abbildung 12.1a ist die CFR_{40} für Frauen der Geburtskohorten 1941 bis 1973 für Ost- und Westdeutschland bzw. die DDR und BRD getrennt dargestellt. In beiden Fällen sinkt die CFR_{40} für die genannten Geburtskohorten von ungefähr 1,9 auf 1,5 Kinder pro Frau. Während allerdings für Frauen im Westen ein fast kontinuierlicher Abfall der Fertilität zu beobachten ist, liegen die Werte für Frauen im Osten zum einen durchgängig höher und der Fertilitätsrückgang wird für die in den 1950er Jahren Geborenen durch eine Phase der Stagnation bzw. sogar des leichten Anstiegs der Fertilität unterbrochen. Dies lässt sich auf familienpolitische Maßnahmen der DDR ab circa Mitte der 1970er Jahre zurückführen (Gerlach 1996). Der leichte Anstieg der CFR für die jüngsten beobachteten Kohorten im Westen lässt sich darauf zurückführen, dass diese von einer großzügigeren Familienpolitik profitierten, zum Beispiel von einer besseren Verfügbarkeit von Kinderbetreuungsplätzen (Goldstein und Kreyenfeld 2011). Dass für diese Kohorten die CFR der ostdeutschen Frauen sogar unter der westdeutscher Frauen liegt, wird als vorübergehendes Phänomen gesehen, das sich durch den Geburtenaufschub infolge ökonomischer Probleme nach der Wende und durch die Umbruchsituation im Allgemeinen erklären lässt (ebd.).

Einen Blick auf die aktuelle Fertilitätsdynamik ermöglicht die zusammengefasste Kinderzahl (*total fertility rate*, TFR)[3]. Auch die TFR gibt die durchschnittliche Kinderzahl pro Frau an, allerdings handelt es sich im Gegensatz zur CFR um ein Querschnitts- bzw. Periodenmaß. Konkret werden für ein Kalenderjahr die altersspezifischen Fertilitätsziffern bzw. -raten (*age specific fertility rates*, ASFR) der Frauen aufsummiert, die in dem entsprechenden Kalenderjahr 15, 16, ... und 45 Jahre alt sind, das heißt die sich in definitorisch gebärfähigen Alter befinden. Die jeweilige ASFR für ein Jahr und eine Altersklasse gibt an, wie viele Kinder in dem Jahr pro 1000 Frauen dieser Altersklasse geboren werden. Die TFR ist somit ein synthetisches Maß, das angibt, wie viele Kinder eine Frau in ihrem Leben gebären würde, wenn ihr Fertilitätsverhalten während ihrer gesamten fruchtbaren Jahre dem Fertilitätsverhalten der im fokalen Kalenderjahr 15- bis 45-jährigen Frauen entspräche.

---

3   Die TFR und die CFR sind gegenüber einfacheren Maßzahlen als Trendindikatoren
     für die Fertilität zu bevorzugen, da sie robust gegenüber Effekten der Alters- und Ge-
     schlechterverteilung einer Bevölkerung sind (Mueller 2000).

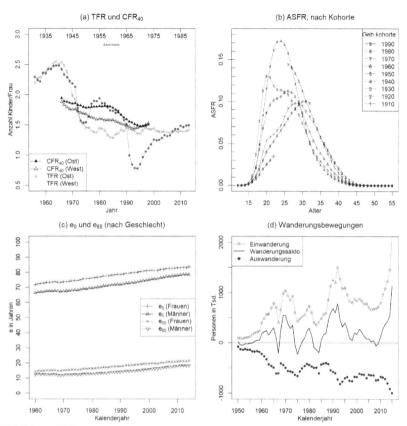

Abbildung 12.1

Quellen: Human Fertility Database (a und b), Statistisches Bundesamt (c und d). Anmerkungen: (a) Total Fertility Rate (TFR) und Cohort Fertility Rate bis zum Alter von 40 Jahren (CFR_{40}), ab 1990 für Ost- und Westdeutschland, davor für die DDR bzw. BRD; (b) Altersspezifische Fertilitätsraten (ASFR) nach Kohorte; (c) Lebenserwartung bei Geburt (e_0) und im Alter von 65 Jahren (e_{65}) für Männer und Frauen; (d) Einwanderung, Auswanderung und Wanderungssaldo in Tausend Personen

Die TFR für Deutschland ist in Abbildung 12.1a dargestellt. Auch sie zeigt eine Abnahme der Fertilität an, allerdings im Gegensatz zur CFR mit einigen kleineren und größeren Schwankungen. Diese Schwankungen erklären sich aus sogenannten Tempoeffekten, welche die TFR beeinflussen, das heißt das Vorziehen oder Aufschieben von Geburten über die Zeit. Ein markanter Aufschubeffekt zeigt sich

etwa in einem starken Einbruch der TFR nach der Wende in Ostdeutschland. Erklärt wird dieser durch das temporäre Aufschieben von Geburten aufgrund der
Unsicherheit der Umbruchsituation und ihrer ökonomischen Folgen und durch
einen nachgeholten Wertewandel, bei dem die Erhöhung des Alters der Mütter
bei Erstgeburt als eine beschleunigte Anpassung an Familienmuster in anderen
westlichen Ländern gesehen wird (Kreyenfeld 2003; Sobotka 2003; Goldstein und
Kreyenfeld 2011; Krätschmer-Hahn 2012). Tempoeffekte zeigen sich auch bei dem
langsameren und kontinuierlichen Anstieg des Alters bei Erstgeburt über die letzten Jahrzehnte in Westdeutschland. Während das Alter der Frauen bei Erstgeburt
dort 1960 noch bei knapp 25 Jahren lag, lag es 2012 im Durchschnitt circa fünf
Jahre höher (Bundeszentrale für politische Bildung 2016).

In Abbildung 12.1b zeigt sich auch im Kohortenvergleich der ASFR, wie die
Fertilität von den älteren zu den jüngeren Geburtsjahrgängen zum einen abgenommen und der Modalwert der ASFR sich zum anderen in höhere Altersgruppen verschoben hat. Seit etwa 1970 übersteigt daher die tempobereinigte TFR in
Westdeutschland die Werte der Standard-TFR. Zuletzt lag die tempobereinigte
TFR sowohl für Ost- als auch Westdeutschland bei knapp 1,7 Kindern pro Frau
(Luy und Pötzsch 2010). Europaweit gehörte Deutschland seit den 1970er Jahren
zusammen mit den anderen deutschsprachigen Ländern zu den Vorreitern sehr
niedriger Fertilität, wurde aber Ende der 1980er Jahre zunächst von den südeuropäischen und Mitte bis Ende der 1990er Jahre auch von den ost- und mitteleuro-
päischen Ländern eingeholt bzw. teils sogar mit noch niedrigeren TFR-Werten
unterboten (Sobotka 2008a). Dem steht eine Gruppe nord- und westeuropäischer
Länder gegenüber, die eine TFR nahe am Bestandserhaltungsniveau von ungefähr
1.9 Kindern pro Frau aufweisen (Rindfuss et al. 2016). Die niedrige Fertilität in
(West-)Deutschland erklärt sich zum Großteil durch die relativ hohe dauerhafte
Kinderlosigkeit in Deutschland (Schnettler und Wöhler 2014), die auf Vereinbar-
keitsprobleme zwischen Familie und Beruf sowie eine „strukturelle Rücksichts-
losigkeit" gegenüber der Familie zurückgeht (Kaufmann et al. 1997, 2002). Ein
Blick auf die intendierten Kinderzahlen zeugt davon, dass eine bessere Vereinbarkeit von Familie und Beruf unter anderem in Deutschland durchaus Potenzial für
eine höhere Fertilität birgt (Testa und Lutz 2007; Huinink 2016).

Dem Trend sinkender Fertilität steht ein Trend sinkender Mortalität bzw. steigender Lebenserwartung gegenüber. Ähnlich wie bei den Fertilitätsindikatoren
gibt es auch zur Schätzung der Lebenserwartung ein Längsschnitt- und ein Quer-
schnittmaß. Ersteres ist die kohortenbezogene Lebenserwartung, die auf Basis von
Kohortensterbetafeln berechnet wird. Hier muss für die Berechnung der durchschnittlichen Lebenserwartung gewartet werden, bis ein kompletter Geburtsjahrgang verstorben ist, weshalb das Maß in der Praxis selten verwendet wird (Statis-

tisches Bundesamt 2011). Aussagekräftiger für aktuelle Schätzungen ist eine auf Basis von Periodensterbetafeln berechnete durchschnittliche Lebenserwartung. Analog zur TFR werden hier die Sterblichkeitsverhältnisse der in einem Kalenderjahr im Alter von 0, 1, ... 100 und älter Verstorbenen berücksichtigt. Abbildung 12.1c zeigt für Deutschland auf dieser Basis einen kontinuierlichen Anstieg der Lebenserwartung bei einem gleichzeitig konstanten Vorteil für Frauen. Die neuere Forschung zeigt, dass die höchste Lebenserwartung bei Geburt, die weltweit in einem Land registriert wurde, jedes Jahr um ungefähr drei Monate ansteigt. Das heißt, neugeborene Mädchen können jedes Jahr im Durchschnitt mit drei Monaten mehr Lebenszeit rechnen (Oeppen und Vaupel 2002). Laut Weltgesundheitsorganisation haben im Jahr 2015 neugeborene Mädchen in Deutschland eine Lebenserwartung von 83.4 Jahren[4].

Während sich frühe Zugewinne bei der Lebenserwartung im Zuge der zweiten Phase des demografischen Übergangs vor allem durch die sinkende Säuglingssterblichkeit ergeben haben, hat es in den letzten Jahrzehnten auch bei der Lebenserwartung im höheren Alter Zugewinne gegeben. Abbildung 12.1c zeigt neben der Lebenserwartung bei Geburt (e_0) auch die Lebenserwartung im Alter von 65 Jahren (e_{65}). Diese gibt an, wie viele Lebensjahre eine durchschnittliche Person, die das 65. Lebensjahr bereits erreicht hat, noch erwarten kann. Demnach konnte etwa der durchschnittliche 65-jährige Mann 2014 in Deutschland noch 18.2 Lebensjahre erwarten und womöglich im Ruhestand verbringen. In diesem Kontext stellt sich die auch arbeitsmarktrelevante Frage nach der Lebenszeit, die die Menschen in Gesundheit verbringen. Laut Daten der Weltgesundheitsorganisation konnten Neugeborene in Deutschland im Jahr 2015 eine durchschnittliche gesunde Lebensdauer von 71.3 Jahren erwarten[5].

Zusammengenommen ergibt sich durch sinkende Fertilität und steigende Lebenserwartung eine „Alterung der Bevölkerung", das heißt eine Abnahme des

---

4   Die hier zitierte Zahl stammt aus der Datenbank *Global Health Observatory* der Weltgesundheitsorganisation ("WHOSIS_000001") und wurde mithilfe des R Pakets "WHO" (https://cran.r-project.org/web/packages/WHO/vignettes/who_vignette.html) direkt aus der Datenbank ausgelesen. Zugegriffen: 17.07.2017.

5   Datenquelle: Datenbank der Weltgesundheitsorganisation *Global Health Observatory*, Indikator "WHOSIS_000002"; Direktzugriff auf die Werte in der Datenbank durch das R Paket "WHO" (https://cran.r-project.org/web/packages/WHO/vignettes/who_vignette.html). Zugegriffen: 17.07.2017.

6   Neben der Altersstruktur untersucht die Forschung auch Verzerrungen der Sexualproportion in einer Bevölkerung (z. B. Kolk und Schnettler 2013, 2016; Schnettler 2013; Schnettler und Klüsener 2014), wobei der Fokus hier — im Hinblick auf mögliche Konsequenzen — vor allem auf Ungleichgewichten auf dem Partnermarkt liegt (Schacht

Anteils jüngerer und eine Zunahme des Anteils älterer Menschen an der Bevölkerung. Dieser Alterungsprozess zeigt sich ganz deutlich im Vergleich der Bevölkerungspyramiden aus den Jahren 1965 und 2015 (siehe Abb. 12.2): Neben krisen- und kriegsbedingten Geburtenrückgängen, die sich noch in beiden Bevölkerungsdiagrammen zeigen, sieht man hier deutlich, wie 1965 die Altersgruppe der Neugeborenen neben den 25-Jährigen den höchsten Anteil an der Bevölkerung ausmachen, während 2015 die „Babyboomer", die mittlerweile um die 50 Jahre alt sind, die stärkste Altersgruppe ausmachen. Alle anderen Altersgruppen treten anteilsmäßig deutlich in den Hintergrund.

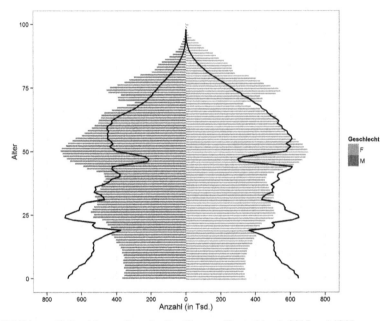

Abbildung 12.2 Altersaufbau der Bevölkerung Deutschlands 2015 und 1965
Quelle: Eurostat Database 2016 (Indikator: „demopjan"); eigene Darstellung mit dem ggplot2 Paket in R; dargestellt sind einjährige Altersintervalle mit Ausnahme des letzten Intervalls, das alle Personen umfasst, die 100 Jahre oder älter sind. Die Balken beziehen sich auf das Jahr 2015 und die Linien auf das Jahr 1965

---

et al. 2014; Schnettler und Filser 2015; Klein und Stauder 2016). Dabei werden in der Literatur auch arbeitsmarktrelevante Konsequenzen verzerrter Geschlechterproportionen diskutiert (z. B. Angrist 2002; Barber 2009; Durante et al. 2012; Griskevicius et al. 2012).

Zur Beschreibung des demografischen Alterns und der Belastung der Sozialversicherungssysteme wird oft auch der sogenannte Altenquotient (auch Altersabhängigkeitsquote) angeführt, der den Anteil der Bevölkerung im Alter von 65 Jahren und darüber an der Bevölkerung der 15- bzw. 20- bis 64-Jährigen bemisst (manchmal kommt stattdessen bereits das zukünftige Ruhestandsalter von 67 Jahren als Altersgrenze zum Einsatz). Die Idee dahinter ist, dass der Altenquotient ein grobes Maß dafür ist, wie viele Erwerbspersonen in der umlagefinanzierten Rente für wie viele Rentner aufkommen müssen. Beide Werte sind allerdings ungenau, da weder der Anteil Arbeitsloser noch die Anteile über 20-Jähriger in Ausbildung oder unter 65-Jähriger im Frühruhestand berücksichtigt werden (Mueller 2000). Während 1960 in Deutschland 19 Personen über 65 Jahre auf einhundert 20- bis 64-Jährige kamen, waren es 2013 bereits 34. Für 2060 wird im Rahmen der 13. koordinierten Bevölkerungsvorausberechnung des Statistischen Bundesamtes gar ein Verhältnis der beiden Altersgruppen von 65 zu 100 Personen prognostiziert (Statistisches Bundesamt 2015). Das heißt, grob gesagt, drei Erwerbspersonen würden dann für zwei Personen im Ruhestand aufkommen.

Neben der beschriebenen Alterung impliziert eine Fertilitätsrate unter dem Bestandserhaltungsniveau eine schrumpfende Bevölkerung. Die Anzahl der Sterbefälle liegt in Deutschland[7] seit den 1970er Jahren über der Anzahl an Geburten (Statistisches Bundesamt 2016b, S. 11). Ohne Einwanderung würde die Bevölkerung somit schrumpfen. In den meisten Jahren hat aber eine positive Wanderungsbilanz (bis 1990 im früheren Bundesgebiet und danach im vereinigten Deutschland) eine Schrumpfung verhindert. Allerdings war die Nettowanderung zwischen den Jahren 2002 bis 2011 so niedrig, dass es tatsächlich zu einer Bevölkerungsschrumpfung von circa 82,5 Millionen auf ungefähr 80,3 Millionen Personen kam (Statistisches Bundesamt 2016c, 2016d). Ein vollständiges Bild der Bevölkerungsdynamik erfordert somit auch einen Blick auf die Wanderungsbewegungen (Migration), die aber im Zeitverlauf viel stärker schwanken als die Fertilitäts- und Mortalitätsraten. In der deutschen Nachkriegsgeschichte gab es vier Phasen, in der die Wanderungsbilanz mittel bis stark positiv war (siehe Abb. 12.1d): Die ersten zwei Phasen in den 1960er Jahren und Ende der 1970er Jahre waren geprägt durch die massive Anwerbung von Gastarbeitern vor allem aus Südeuropa und später deren Familiennachzug. Eine weitere große Einwanderungswelle gab es Anfang der 1990er Jahre mit der Einwanderung aus Osteuropa und aus dem damals von Bürgerkrieg erschütterten ehemaligen Jugoslawien (Pötzsch 2016). Die vierte Welle begann circa 2010 und hat 2015 mit einem Wanderungsüberschuss von knapp über 1,1 Millionen Menschen – dem höchsten Wanderungsüberschuss seit Beste-

---

7   Vor 1990 nur bezogen auf das frühere Bundesgebiet.

hen der Bundesrepublik – ihren vorläufigen Höhepunkt erreicht. Neben der 2010 beginnenden Eurokrise ist vor allem die politische und wirtschaftliche Situation in Teilen Asiens und Afrikas für die aktuelle Wanderungswelle verantwortlich (Statistisches Bundesamt 2016a, 2016d).

Klassische Migrationstheorien erklären Wanderungsverhalten durch sogenannte Push- und Pull-Faktoren, also Faktoren, die dazu führen, dass Menschen aus ihren Herkunftsländern wegziehen und solche, die Menschen in ein bestimmtes Zielland anlocken. Es gibt zahlreiche Faktoren, die in diesem Sinne die Attraktivität von Regionen erhöhen oder reduzieren (Schneider et al. 2016). Aktuell stehen etwa Flucht vor Krieg und Verfolgung im Vordergrund, aber bei der ersten großen Wanderungswelle in der bundesrepublikanischen Geschichte und auch bei der durch die Eurokrise bedingten Migration dürfte die relative Arbeitsmarktlage der Herkunftsländer zum Zielland Deutschland im Vordergrund stehen. Neben den Push- und Pull-Faktoren verweisen neuere Migrationstheorien auch auf die Einbettung von Migrationsentscheidungen in Paarbeziehungen und Familien sowie die Rolle von Netzwerken bei Migrationsentscheidungen (Liu 2013; Schneider et al. 2016).

Migration beeinflusst neben der Bevölkerungszahl auch die Altersstruktur der Bevölkerung, da in der Regel besonders jüngere Menschen mobil sind (Zagheni und Weber 2015). Vergleicht man den Altersaufbau in Deutschland insgesamt und den der ausländischen Bevölkerung, so zeigt sich, dass letztere noch durch einen relativ höheren Anteil jüngerer Altersgruppen geprägt ist (Statistisches Bundesamt 2016e, S. 12). Das heißt, kurzfristig verjüngt Nettoeinwanderung meistens die Zielbevölkerung, aber langfristig altert natürlich auch die zugezogene Bevölkerung[8]. Sie trägt aber auch längerfristig zu einer Verjüngung der Altersstruktur des Ziellandes bei, wenn die Fertilität der Einwanderer höher ist als die der Bevölkerung im Zielland. Dies ist häufig der Fall, allerdings ist der Gesamteffekt meist moderat, wenn man den Anteil der ausländischen Bevölkerung an der Gesamtbevölkerung des Ziellandes berücksichtigt (Sobotka 2008b). Außerdem passt sich die Fertilität über die Generationen relativ schnell an die durchschnittliche Fertilität im Zielland an (ebd.). Ein Szenario der UN zeigt, dass Deutschland, um die Bevölkerungsgröße des Landes konstant zu halten, jährlich etwa einen Wanderungsüberschuss von knapp 350 Tausend Personen bräuchte. Um die absolute Größe der Altersgruppe zwischen 15 und 64 Jahren konstant zu halten, wäre sogar ein Wanderungsüberschuss von knapp

---

8   Im Gegenzug kann Nettoemigration in den betroffenen Ländern aber auch die demografischen Probleme verstärken. In Europa weisen gerade die durch sehr niedrige Geburtenzahlen und relativ hohe Mortalität geprägten osteuropäischen Länder eine negative Wanderungsbilanz auf (Kröhnert et al. 2008; Mau und Verwiebe 2009).

500 Tausend Personen, und um das Verhältnis der 15- bis 64-Jährigen zu den über 65-Jährigen konstant zu halten, von knapp 3,5 Millionen Personen pro Jahr nötig, was aber wiederum ein massives Bevölkerungswachstum implizieren würde (United Nations Population Division 2001).

Die genannten demografischen Prozesse haben in vielfältiger Hinsicht Implikationen für Arbeitsmarktprozesse. Sinkende Fertilität bedeutet mit einiger Verzögerung eine Verknappung des Arbeitsangebots, da immer weniger Jugendliche und Erwachsene für den Arbeitsmarkt zur Verfügung stehen. Demgegenüber bedeutet eine längere (auch gesunde) Lebenszeit und weniger Familienarbeit, dass erstens mehr ältere Menschen zumindest theoretisch dem Arbeitsmarkt zur Verfügung stehen könnten und zweitens auch Menschen, vor allem Frauen, dem Arbeitsmarkt auch im klassischen erwerbsfähigen Alter zur Verfügung stehen. Weiterhin hat auch die Nettoeinwanderung phasenweise das Arbeitskräfteangebot in Deutschland immer wieder vergrößert. Zusammengenommen lässt sich somit eine Veränderung der Anteile verschiedener Gruppen auf dem Arbeitsmarkt beobachten bzw. ist für die nahe Zukunft zu erwarten: Mehr erwerbstätige Frauen, mehr ältere Arbeitnehmer und mehr Personen mit einer Migrationserfahrung (einer eigenen oder der Eltern bzw. Großeltern) vergrößern die Diversität auf dem Arbeitsmarkt und in einzelnen Teams. Im Folgenden wird dargestellt, wie sich die theoretische und empirische Forschung den Implikationen der Bevölkerungsentwicklung für den Arbeitsmarkt sowie den zahlreichen Wechselwirkungen zwischen Bevölkerung und Arbeitsmarkt angenähert hat.

12.3 Bevölkerungsentwicklung und Arbeitskräftepotenzial

12.3.1 Bevölkerungsentwicklung und wirtschaftliche Prosperität

Der Zusammenhang zwischen Wirtschaftswachstum, der Verfügbarkeit von Arbeitskräften in der Bevölkerung, Einkommen, Investitions- und Sparneigung, Innovationen und technologischem Fortschritt, kurz gesagt: von Wohlstand und dem „guten Leben", hat mit Beginn der Industrialisierung eine Vielzahl an empirischen Untersuchungen und theoretischen Erklärungsansätzen hervorgebracht.

Für den Begründer der Nationalökonomie, den Moralphilosophen Adam Smith, „drückt sich die Prosperität eines Landes in der Zunahme der Bevölkerung aus" (Smith 1990 [1789], S. 61). Die unterschiedliche Prosperität zwischen dem Vereinigten Königreich und den ökonomisch und demografisch rascher wachsenden Vereinigten Staaten von Amerika lag nach Smith am Wirtschaftswachstum, welches zu mehr Fertilität beitrug, da der Bedarf an Arbeitskräften allein durch Immigration nicht gedeckt werden konnte. Kinderreichtum wurde in den USA dementsprechend als Nutzen und nicht als Last betrachtet (ebd., S. 61ff.). Historisch gesehen ist der Zusammenhang zwischen Wirtschaftswachstum und Fertilität demzufolge positiv: In wirtschaftlich prosperierenden Zeiten wurden mehr Kinder geboren und die Sterblichkeit sank (Doepke 2008, S. 8). Für Malthus (1798) ist – anders als für Smith – nicht der Produktionsfaktor Arbeit, sondern Boden im Sinne von agrarwirtschaftlich nutzbarem Land der limitierende Faktor, da sich der Zusammenhang von exponentiell steigenden Bevölkerungszahlen und lediglich linear wachsenden Nahrungsmittelproduktionen ins Negative umkehrt, sodass die Pro-Kopf-Produktion sinkt und Hungersnöte unausweichlich wären. Malthus „Bevölkerungsgesetz", nachdem steigende Bevölkerungsraten zu Armut in der Bevölkerung führen, wurde empirisch für die Industrieländer widerlegt, insbesondere auch aufgrund des dritten volkswirtschaftlichen Produktionsfaktors Kapital und des ökonomischen Zusammenhangs von Sparen, Investitionen und Konsum (Kuznets 1960), welcher technischen Fortschritt und damit einhergehend Produktivitätswachstum ermöglicht. Aber auch für die Entwicklungsländer weist Ester Boserup einen positiven Zusammenhang nach, da das Bevölkerungswachstum agrartechnische Innovationen bei der landwirtschaftlichen Produktion hervorrufe (Boserup 1965).

Die Kontroverse darüber, ob ein höheres Wirtschaftswachstum höhere Geburtenraten nach sich ziehe, oder ein mit der Bevölkerungsrate steigendes Arbeitsangebot die Ursache für niedriges Pro-Kopf-Einkommen und Armut darstelle, prägen seither sozialwissenschaftliche Theorieansätze und politische Schlussfolgerungen, beispielsweise zur malthusianisch begründeten Ein-Kind-Politik in China. Bis in die 1950er Jahre wurde in Modernisierungs- und Entwicklungstheorien das Modell des demografischen Übergangs favorisiert, wonach „Bevölkerungswachstum die abhängige Variable sei, deren Veränderung von der wirtschaftlichen und kulturellen Entwicklung einer Region abhinge" (Parnreiter 2011, S. 206). Den Hintergrund bildete die optimistische Annahme einer ähnlichen Entwicklung (Konvergenz) zwischen Wirtschaftswachstum und sinkender Fertilität, wie er für die industrialisierten Länder charakteristisch war. Diese Konvergenzhypothese bildete damit den Kern der älteren, neoklassischen Wachstumstheorie. Diese Sichtweise kehrte sich in den 1960er Jahren um, als zwar durch geförderte Gesundheitsprogramme die Sterblichkeit, nicht aber die Fertilität in den Entwicklungsländern abnahm. Zudem wurde das Bevölkerungswachstum nun als Grund für die niedrige Sparneigung und damit einer zu geringen Kapitalausstattung angesehen, durch die eine nachholende Industrialisierung verhindert würde. Seit Ende der 1960er Jahre wurden die Annahmen zwischen hoher Fertilität und geringer wirtschaftlicher Entwicklung revidiert, da zahlreiche ärmere Länder zwar ein hohes Bevölkerungswachstum, zugleich aber auch ein über dem Durchschnitt liegendes Wirtschaftswachstum aufwiesen und somit den empirischen Ansatz für die Theorie von Boserup legten. Damit verstärkte sich jedoch die Sorge, dass weiteres Wachstum aufgrund knapper Ressourcen nicht möglich sei und die Prognose des *Club of Rome* zu den ökologischen Grenzen des Wachstums (Meadows 1972; später Randers 2012) verfestigte insbesondere in der Öffentlichkeit seit den 1970er Jahren eine pessimistische Sichtweise. Zusammengefasst wurde für diese Ära die mangelnde empirische Evidenz eines positiven oder eines negativen Zusammenhangs zwischen Pro-Kopf-Einkommen und Bevölkerungswachstum prägend (dazu bereits Easterlin 1967). Auf politischer Ebene, etwa bei den Bevölkerungskonferenzen der Vereinten Nationen ab Mitte der 1980er Jahre, verschwanden damit Vorschläge zur Geburten- und Bevölkerungskontrolle und es rückten Aspekte des *empowerments* von Frauen durch Zugang zu Bildung und Lohnarbeit in die entwicklungspolitische Debatte, manifestiert spätestens mit den *Millenium Goals* der UN im Jahr 2000 (United Nations General Assembly 2000). Die Internationale Arbeitsorganisation (ILO) berücksichtigt seither in ihren Monitoringberichten regelmäßig die mit der Entwicklung von Jugend- und Frauenerwerbstätigkeit und Armut zusammenhängenden Milleniumsziele (International Labour Office 2014).

Tatsächlich ist die Frage nach den Effekten des Bevölkerungs- und Arbeitskräftewachstums auf die langfristige Wirtschaftsentwicklung und die Rolle des technologischen Fortschritts bis heute von Bedeutung. Anhand von Zeitreihentests zeigt etwa Birchenall (2016, S. 653ff.), dass sich die jeweiligen Annahmen von Malthus und Boserup je nach Betrachtung vormoderner oder industrieller Zeiten umkehren, was auch auf die mehr oder weniger große Bedeutung des (exogenen) technologischen Wandels in den jeweiligen Theorieannahmen zurückgeführt wird. Schließlich legen die neuen Wachstumstheorien seit den 1980er Jahren einen dritten Zusammenhang nahe, dass nämlich zwischen beiden keine empirisch feststellbare Interdependenz besteht, sondern dass das Humankapital einer Volkswirtschaft als ein eigenständiges Maß für Produktivität gelten kann, dem damit eine Schlüsselrolle für die Erklärung der großen Unterschiede im wirtschaftlichen Erfolg zwischen Industrie- und Entwicklungsländern zukomme. Der Zusammenhang von Humankapital und Wirtschaftswachstum sowie Auswirkungen auf Wachstumseffekte aufgrund des demografischen Wandels sind Gegenstand des nächsten Abschnitts.

12.3.2 Humankapital, Bildungsrendite und Einkommen

Bereits Adam Smith befürwortete aufgrund der positiven Effekte der Bildung für den Staat die staatliche Schulpflicht für alle – trotz des vorherrschenden Lais-sez-faire-Gedankens im englischen Liberalismus. Zudem erkannte er den öko-nomischen Wert einer Investition in Bildung (Smith 1990 [1789], S. 664f.) und unterschied zwischen „ungelernter Arbeit" als frei und offen für jedermann, „ge-lernter Arbeit" und „Künstlern und Freien Berufen", wobei letztere einer längeren Ausbildung bedürften als erstere (Smith 1990 [1789], S. 86ff.). Dennoch galt in der wirtschaftswissenschaftlichen Modellentwicklung Bildung bis in die 1960er Jahre als exogen gegeben, das heißt in der Theorie nicht erklärt. Bildung wurde als ein Konsumgut betrachtet, welches dem Haushalt einen spezifischen Nutzen stiftet und – wie andere Konsumgüter auch – nachgefragt und konsumiert wird. Da nach Solow reiche Länder über hohe Sparraten und ärmere Länder über (zu) hohes Bevölkerungswachstum verfügen (Solow 1956, 1957), konnte ein inter- und intranational unterschiedliches Wirtschaftswachstum nur auf den technologischen Fortschritt, die Sparneigung und das Bevölkerungswachstum des entsprechenden Landes oder der betrachteten Region zurückgeführt – aber selbst nicht erklärt – werden. Erst mit den Arbeiten zum Humankapital (Schultz 1961) und erweiter-ten Erklärungsansätzen für dauerhaftes Wirtschaftswachstum änderte sich diese Sichtweise, und Bildung wurde als allgemeines und (unternehmens-)spezifisches Humankapital interpretiert. Das spezifische Humankapital wird dabei als indivi-duelle (*schooling*) oder von Arbeitgeber und Arbeitnehmer gemeinsam getätigte Investition (*on-the-job-training*) zur Steigerung der Produktivität des Einzelnen betrachtet (Becker 1962, 1964; Mincer 1974, 1975; siehe dazu auch Kap. 2, Kap. 3 und Kap. 9 in diesem Band). Zusammengefasst liegt die wesentliche Neuerung darin, dass nun Bildung als Investition betrachtet wird, allerdings in den ersten Humankapitalansätzen nur auf der mikroökonomischen Ebene der Haushalte und Unternehmen. Erst später erfolgte die makroökonomische Betrachtung von Bil-dung als Summe des aggregierten Humankapitals der Bevölkerung, sodass Inves-titionen in den „Humankapitalstock" eine weitere Erklärung für den technischen Fortschritt eines Landes mit Auswirkungen auf den Arbeitsmarkt liefern konnten, wie weiter unten noch ausgeführt wird.

Die Humankapitaltheorie diente zunächst also zur mikroökonomischen Erklä-rung des Bildungsverhaltens von Individuen bzw. Haushalten und zur Erklärung von Löhnen anhand der Produktivität des Beschäftigten für das Unternehmen mit der Folge, dass Arbeit nicht mehr als homogenes Gut betrachtet werden konn-te. Aus Sicht des Haushaltes muss die Bildungsrendite aufgrund von Opportuni-tätskosten bei alternativer Investition höher sein, um letztlich dem Verhältnis des bildungsbedingt höheren Einkommens zu den Ausgaben und entgangenen Einnahmen der Bildungsinvestition zu entsprechen. Mit anderen Worten, das entgangene Einkommen während der für die Ausbildung aufgewendeten Zeit muss sich später – als Bildungsinvestition – in einem entsprechend höheren Einkommen widerspiegeln (zur Berechnung der Bildungsrendite Wienert 2006; zur empirischen Evidenz Schmillen und Stüber 2014).

Die Tatsache, dass nicht nur Renditeerwägungen ausschlaggebend für Bildung sind, sowie eine allgemeine Kritik am Humankapitalbegriff (zum Beispiel Pies und Leschke 1998)[9] gaben Anlass zu erweiterten ökonomischen und soziologischen Ansätzen. Die modelltheoretisch exogenen Annahmen führten zu endogenen makroökonomischen Wachstumstheorien für relevante Variationen des Realeinkommens. Erweiterte *Solow*-Modelle berücksichtigen daher neben Arbeit und Kapital die Produktivität des über die Beschäftigten akkumulierten Humankapitals als (weiteren)Produktionsfaktor. So misst Lucas dem Humankapital und der Bildung eine zentrale Bedeutung für das langfristige Wirtschaftswachstum auch ohne exogenen Produktivitätsfortschritt bei, insbesondere, da Bildung in Form des Humankapitals neben individuellen, privaten Erträgen auch gesamtgesellschaftliche, soziale Erträge aufweist (Lucas 1988, S. 18ff.). Somit tritt neben die Perspektive der individuellen Arbeitsmarktakteure eine makroökonomische Sichtweise: Bildung ist für den Staat mit positiven externen Effekten (*sozialen Erträgen*) verbunden. Da Bildung bzw. ein höheres Bildungsniveau in der Bevölkerung zumindest teilweise den Eigenschaften eines öffentlichen Gutes entspricht, begründet dies auch den Eingriff des Staates in den Markt, beispielsweise durch öffentliche Schulen und Bildungsprogramme für Erwachsene. Als positive Externalitäten (soziale Erträge) eines höheren Bildungsstandes sind weiterhin die kulturelle Entwicklung, geringere Kriminalitätsraten, bessere Gesundheit und ein höheres allgemeines Wohlstandsniveau der Bevölkerung zu nennen. Zurückgehende Geburtenraten bei gleichzeitig steigenden Investitionen in die Bildung der Kinder werden durch einen *trade-off* zwischen der Quantität und der Qualität bezüglich des Nachwuchses erklärt. Daneben wirkt Humankapital gerade in Entwicklungsländern als Motor für die politische Entwicklung und für langfristiges Wachstum. Denn die Einsicht in die Bedeutung von Humankapital für die wirtschaftliche Entwicklung liefert Anreize dazu, Kinderarbeit zu verbieten, mehr in öffentliche Bildung zu investieren

---

9 2004 wurde der Begriff „Humankapital" zum Unwort des Jahres erklärt, da es Menschen zu „nur noch ökonomisch interessanten Größen" degradiere; kritisch dazu Wienert (2006, S. 2).

und Frauenrechte zu stärken (Doepke 2008).[10] Zusammengefasst stieg durch die Berücksichtigung des Humankapitals als Produktionsfaktor in empirischen Arbeiten die Erklärungskraft für die theoretischen Modelle (Mankiw et al. 1992). Als Determinanten des langfristigen Wirtschaftswachstums und mithin steigender Produktivität einer Volkswirtschaft gelten nunmehr die Zuwächse bei der Bevölkerung (Arbeitskräfte), bei der Sparrate (Sachkapital), bei der Bildung (Bildungsniveau) und beim (realen) Durchschnittseinkommen.

In der angelsächsischen Forschungstradition wird Humankapital in Modellen zur Erklärung der Bildungsrendite durch die individuell in akademischer Bildung verbrachten Jahre operationalisiert (Becker 1964; Mincer 1974; Mankiw et al. 1992). Das allgemeine Bildungsniveau wie etwa in Deutschland, wo die Berufsabschlüsse über die duale Ausbildung von Betrieb und Berufsschule organisiert werden (Lehrberufe), wird durch eine solche Operationalisierung jedoch unterschätzt. In jüngeren Untersuchungen, beispielsweise des Forschungszentrums Ungleichheit und Sozialpolitik (*Socium*, vormals Zentrum für Sozialpolitik, ZeS) der Universität Bremen, wird aus diesem Grund der höchste Bildungsabschluss verwendet, um die fehlende Berücksichtigung von „Warteschleifen" beim Eintritt in den Arbeitsmarkt und die duale Ausbildung in Lehrberufen abbilden zu können. Der Nachteil dieser Methode ist allerdings, dass Zeiten ohne Abschluss, als Trainee oder bei betrieblicher Weiterbildung nicht erfasst werden. In einer Studie von Voges und Groh-Samberg (2014) wurden verschiedene Bevölkerungsgruppen untersucht, bei denen strukturbedingt ein höheres Risiko nicht bildungsadäquater Beschäftigung (jenseits konjunktureller Schwankungen) vermutet werden konnte. Bildungsentscheidungen erfordern aufgrund der haushaltsspezifischen Umverteilungs- und Verhandlungseffekte die Betrachtung im Haushaltskontext. Das Risiko einer mangelnden Bildungsrendite steigt demnach bei Frauen in Paarbeziehungen mit Kindern aufgrund des (teilweisen) Rückzugs vom Arbeitsmarkt, bei jungen Erwachsenen durch Praktika und geringerer Entlohnung für Berufseinsteiger sowie bei einigen Migrantengruppen wegen eines möglicherweise zu geringen spezifischen Humankapitals an.

---

10 Im Unterschied zur Humankapitaltheorie werden in der *Signaltheorie* nicht die gesellschaftlichen Produktivitätsgewinne (soziale Erträge) aus der Ausbildung betrachtet, sondern es erfolgen andere Vorhersagen zur Produktivität. So ist etwa für Spence (1973) die Informationsasymmetrie zulasten des Arbeitgebers ausschlaggebend für die Bildungsinvestition der Arbeitnehmerseite. Denn Bewerber senden durch ihre Ausbildungsabschlüsse ein Signal über ihre ansonsten für die Arbeitgeber nicht beobachtbaren individuellen Eigenschaften aus; zur *signaling-* und *screening*-Theorie auch Ammermüller und Dohmen (2004) sowie ausführlich Kapitel 2.

Mit Hilfe der gerade skizzierten Erweiterungen können nun individuelle Karrierechancen im Kontext des Wandels der Arbeitsmarktstruktur bevölkerungstheoretisch interpretiert werden. Dabei lassen sich demografische Prozesse grundsätzlich in Alters-, Kohorten- und Periodeneffekte aufschlüsseln. Der Einfluss des Alters auf die Berufs- und Erwerbslaufbahn wird als *Alters-* oder auch *Lebenslaufeffekt* bezeichnet. Bei einem *Kohorteneffekt* hingegen liegen verschiedene Bedingungen beim Eintritt in den Arbeitsmarkt vor, die die Erwerbskarriere bestimmter Geburtsjahrgänge oder Generationen beeinflussen. Und unter einem *Periodeneffekt* schließlich werden veränderte gesellschaftliche, zeitgeschichtliche oder strukturelle Bedingungen verstanden, wodurch die Karrierechancen aller betroffen werden. Ein Beispiel für den Alterseffekt (kalendarisches Alter) sind eine bestimmte berufliche Stellung aufgrund des Alters oder der Dauer der Betriebszugehörigkeit der Mitarbeiterinnen und Mitarbeiter, die zu unterschiedlichen Löhnen (sogenannte *Senioritätsentlohnung*) oder anderen Vergünstigungen führen können (zum Beispiel altersgestaffelte Urlaubsansprüche). Ein Beispiel für den Kohorteneffekt (Jahrgänge) ist die Bildungsexpansion der 1960er Jahre in Deutschland[11], die dazu geführt hat, dass bei gleichem Bildungsabschluss eine gewisse Benachteiligung derjenigen Kohorten vorlag, die die Bildungsexpansion bereits in der Phase ihrer Ausbildung erlebt haben (Blossfeld 1983; Schmidt 2010).[12] Beispiele für Periodeneffekte (Zeitperiode) sind der generelle Strukturwandel in Richtung Dienstleistungsgesellschaft (Schmidt 2010), konjunkturelle Phasen, wie etwa die *Great Depression* der 1930er Jahre in den Vereinigten Staaten, oder der Fall der Mauer, welcher aufgrund der ökonomischen Unsicherheit zu einem Rückgang der Fertilität in Ostdeutschland geführt hat. Um allerdings zusammengefasst die „zeitabhängige Struktur von Karriereprozessen" (Blossfeld 1987, S. 74) zu verstehen, müssen bei der Betrachtung intragenerationeller Mobilitätsprozesse alle

---

11 Wobei die durch die Bildungsexpansion ausgelöste höhere Bildungsbeteiligung in der Bevölkerung vor allem auf den gestiegenen Frauenanteil zurückzuführen ist.

12 Dem entgegen wird die seit den 1970er Jahren beobachtete Lohnungleichheit zwischen hochqualifizierten und niedrig qualifizierten Arbeitern für die USA und verschiedene OECD-Länder maßgeblich auf den qualifikationsverzerrenden technischen Fortschritt (*skill-biased technological change*, SBTC) zurückgeführt, wobei allerdings Kohorteneffekte vernachlässigt wurden. Gemäß diesem Ansatz ist die Nachfrage nach hochqualifizierten Arbeitskräften stets höher als das parallel dazu anwachsende Angebot an höherqualifizierten Arbeitskräften. Werden Kohorteneffekte bei der Analyse berücksichtigt, so treten Veränderungen in den Arbeitsmarktinstitutionen, wie z. B. die Abnahme der Tarifbindung oder Veränderungen des Mindestlohns als weitere Erklärungsansätze – zumindest für den deutschen Fall – für die Lohnspreizung hinzu (Antonczyk et al. 2010; ausführlich Haupt 2016).

drei Prozesse, die Kohorten- und Periodeneffekte sowie der Alterseffekt berücksichtigt werden (siehe auch Kap. 4).

Die skizzierte analytische Trennung von Alters-, Kohorten- und Periodeneffekten stellt hohe Anforderungen an die Datenlage. Die Verwendung sogenannter *Scientific-Use-Files* der amtlichen Statistik, ein in Deutschland relativ neuer Forschungszugang, der auf die um die Jahrtausendwende begonnene Förderung von Forschungsdatenzentren an öffentlichen Einrichtungen durch das Forschungsministerium zurückgeht, bietet hier neue Möglichkeiten zur detaillierten Quer- und Längsschnittanalyse, indem auf präzise Verlaufsdaten großer Stichproben zurückgegriffen werden kann. Konnten beispielsweise erste Analysen der relativen Entgeltposition im Lebensverlauf anhand von Entgeltpunkten bei der gesetzlichen Rentenversicherung zuvor nur über Sonderauswertungen erfolgen (Schmähl 1986; Fachinger 1991), erlauben Analysen auf Basis der prozessproduzierten Daten im Vergleich zu den bislang verwendeten Sterbetafeln nun präzisere Aussage zu Kohorteneffekten hinsichtlich der Lebenserwartung (Kühntopf und Tivig 2012), zu Erwerbsbiografien von Männern und Frauen (Fachinger und Himmelreicher 2012) oder auch zum Geburtsverhalten von Frauen mit und ohne Migrationshintergrund in den Mütter- und Tochtergenerationen (Kohls 2012), um nur einige Anwendungsbeispiele zu nennen (für einen Überblick zur komplexen Datenlage zur Alterssicherung und -vorsorge Bieber und Stegmann 2016).

Gesamtgesellschaftlich muss auch ohne Alters-, Kohorten- und Periodeneffekte schließlich der *Demografieeffekt* berücksichtigt werden, der beispielsweise aufgrund von unterschiedlich stark besetzten Geburtskohorten im Vergleich der Nachkriegs- und Babyboomer-Generationen auftritt, um etwa die Messung von altersspezifischen Erwerbstätigenquoten im Zeitablauf richtig zu erfassen (Kistler et al. 2007), wie im nächsten Abschnitt noch näher erläutert wird.

Bevölkerungsveränderungen haben aber nicht nur direkte Auswirkungen auf den Arbeitsmarkt, welche sich durch das zur Verfügung stehende Erwerbspersonenpotenzial erst nach 15 bis 25 Jahren zeigen, sondern auch indirekte. Bezogen auf die Gesamtnachfrage in einer Volkswirtschaft kann sich etwa aufgrund der demografischen Alterung die Konsumstruktur verändern, da andere Bedürfnisse von Jüngeren und Älteren zu einer anderen Güternachfrage führen. Aber auch im Hinblick auf Investitionen kann der steigende Bevölkerungsanteil der Älteren zu Veränderungen führen, etwa indem weniger in Bildung oder Kindertagesstätten und mehr in Alters- und Pflegeheime investiert wird oder indem generell ein Vorsichtsmotiv an Bedeutung gewinnt, das Investitionen in die Zukunft unwahrscheinlicher macht (Kurz 1982; Petersen 1989; Fachinger und Faik 2010). Auch die veränderte Größe und der Altersaufbau der Erwerbsbevölkerung kann negative Effekte auf das Wachstum von Bruttoinlandsprodukt, Pro-Kopf-Einkommen und Produktivität der verbleibenden Erwerbstätigen haben (Werding et al. 2008). Neben der Frage also, welche Vorsorge- und Anlageprodukte – Sparbriefe oder Aktienpakete, Immobilien oder Venture-Capital – eine ältere Bevölkerung nachfragt, um das wegfallende Erwerbseinkommen im Ruhestand zu kompensieren, gibt es Fragen zur Motivation in Hinblick auf die unternehmerische Initiative, wenn angenommen wird, dass die Risikobereitschaft jüngerer Menschen höher ist und somit weniger Unternehmensgründungen mit späterem Arbeitskräftebedarf erfolgen würden. Für die Unternehmen stellen sich Fragen hinsichtlich der regionalen Mobilität, sodass es zu einem räumlichen *mismatch* zwischen Arbeitsnachfrage und -angebot kommen kann, auch in Hinblick auf die Führungsstruktur.

Auf längere Sicht können sich Wachstumsschwächen oder ein Nullwachstum (Stagnation) ergeben, wenn der Bevölkerungsrückgang zu einem Nachfragerückgang führt und der Auslastungsgrad des volkswirtschaftlichen Produktionspotenzials sinkt, das heißt sich die Lücke zwischen tatsächlichem und potenziellem Nationaleinkommen zumindest temporär vergrößert. Nach Hansen (1939) ist mit der Bevölkerungsalterung in Industrieländern eine „säkulare Stagnation" verbunden, indem zu viel gespart und zu wenig investiert wird, was wiederum zu geringerer Nachfrage nach Arbeitskräften und einer stagnierenden Wirtschaft führt. Im Sinne der Keynesianischen Theorie (Keynes 1936) können privatwirtschaftliche Nachfrageausfälle durch eine Erhöhung der staatlichen Konsumquote ausgeglichen werden, wobei hier der Staat über seine Investitionsnachfrage, Steuererleichterungen oder Sonderprogramme den Konsum ankurbeln kann. Als Beispiele umfangreicher Konjunkturprogramme aus der jüngeren Vergangenheit können die sogenannten Konjunkturpakete der Bundesregierung zur Abfederung der Folgen der internationalen Finanz- und Wirtschaftskrise nach 2007 gelten (Deutscher Bundestag 2008, 2009). Neben Maßnahmen zur Entlastung der Wirtschaft und der Haushalte sorgten Sonderprogramme – beispielsweise der Bundesagentur für Arbeit (BA) – dafür, dass Entlassungen und Arbeitslosigkeit aufgrund der Rezession durch berufsbegleitende Weiterbildungen oder Kurzarbeitergeld vermieden wurden.

Den gerade skizzierten negativen Effekt der Bevölkerungsalterung auf das Wirtschaftswachstum konnten Acemoglu und Restrepo (2017) empirisch für Industrieländer jedoch nicht belegen. Die kontraintuitive Erklärung der Autoren fußt auf dem verstärkten Einsatz von Automatisierungsprozessen und technischem Fortschritt durch Digitalisierung, besonders in den Ländern, die sich in einem ausgeprägten demografischen Wandel befinden. Insgesamt ist sich die internationale Literatur zu den disruptiven oder inkrementellen Auswirkungen des durch die Automatisierung ausgelösten Strukturwandels auf die Wirtschaft und den Arbeitsmarkt uneins, dies sowohl in quantitativer wie auch in quali-

tativer Hinsicht (Stecker et al. 2018). Unterschiedliche Auswirkungen auf ge-
ring-, mittel- oder hochqualifizierte Arbeitnehmer werden besonders seit der
Polarisierungsthese von Brynjolfsson und McAfee (2011) kontrovers diskutiert,
wonach der Anteil der Beschäftigten mit mittlerer Qualifikation sinkt, da ihre
Tätigkeiten von programmierten Routinealgorithmen bei der medizinischen oder
juristischen Diagnostik übernommen werden. Gemäß dieser These benötigt der
Arbeitsmarkt beispielsweise hochqualifizierte Informatiker und Programmierer
sowie Geringqualifizierte mit feinmotorischen Fähigkeiten und für Care-Auf-
gaben im Erziehungs- und Pflegebereich. Empirisch kann allerdings von einer
Verdrängung des *Human*kapitals von mittel- und niedrig qualifizierten Arbeitskräften durch *Sach*kapital in Form von kapitalintensiven intelligenten Robotern
in Deutschland und in Österreich zusammengefasst nicht gesprochen werden
(Stecker 2017; Stecker et al. 2018).

12.3.3 Alternde Bevölkerung und Erwerbspersonenpotenzial

Die Interdependenzen und Entwicklungen von Bevölkerungswachstum, Arbeitskräftepotenzial und Produktion, Bildungsstand und Innovationsfähigkeit, Arbeitsmarkt und Wettbewerbsfähigkeit sowie die Rolle des Staates sind vielfältig. Für
die sozialen Sicherungssysteme sind Struktur und Dynamik einer Bevölkerung
(mit anderen Worten Fertilität, Mortalität und Migration) im Kontext des Erwerbspersonenpotenzials und der Prosperität einer Volkswirtschaft zur nachhaltigen Finanzierung der Lebensrisiken Verlust der Arbeit, Krankheit und Unfall, Pflege und
Langlebigkeit von zentraler Bedeutung (Lampert 1994; Allmendinger und Ludwig-Mayerhofer 2000). So hat die Arbeitsmarkt- und Beschäftigungspolitik über
die Schaffung von Arbeitsanreizen und die Bekämpfung von Diskriminierungen
zur Überwindung von Beschäftigungshemmnissen für Ältere, Geringqualifizierte,
Schwerbehinderte, Frauen und Migranten das Ziel, das Arbeits*angebot* einer Bevölkerung auszuschöpfen. In die gleiche Richtung zielen Steuererleichterungen,
Senkung der Sozialabgaben und Kita-Ausbau, aber auch Infrastrukturprogramme
und Investitionen in Forschung und Entwicklung, um damit die Arbeits*nachfrage*
seitens der Unternehmen zu erhöhen. Demgegenüber sind Frühverrentungen, Arbeitszeitverkürzung, begrenzte Zuwanderung oder andere Maßnahmen darauf ausgerichtet, das Arbeitsangebot der Haushalte bzw. das des Einzelnen zu verknappen
und damit die Arbeits- und Erwerbslosigkeit zu senken. Vor diesem Hintergrund
entstanden in den 1990er Jahren verschiedene Vorschläge zur Arbeitszeitverkürzung, auch als Kritik an der Marktwirtschaft, den akuten Arbeitsmarktproblemen
nach der Wiedervereinigung und der mit der Abkehr vom Keynesianismus seit

Ende der 1970er Jahre verfolgten angebotsorientierten Wirtschaftspolitik (exemplarisch Afheldt 1994; Lehndorf 1994; Klauder et al. 1996; Hickel 1998).

Wurde also in den 1970er und 1980er Jahren das Instrument des Vorruhestands angesichts steigender Arbeitslosenzahlen, der Zunahme der Jugendarbeitslosigkeit und der Umstrukturierung traditioneller Industriezweige insbesondere in Deutschland befürwortet, so wurde spätestens seit Beginn der 1990er Jahre aufgrund der Herausforderungen des demografischen Wandels eine Ab- und Umkehr von der Frühverrentungspraxis als notwendig erachtet und Maßnahmen zur Erhöhung des Erwerbsaustrittsalters und der Erwerbsquote der Älteren entwickelt. Im März 2001 hatte der Europäische Rat in Stockholm beschlossen, die Erwerbstätigenquote der Älteren – in der Altersabgrenzung 55 bis 64 Jahre – bis zum Jahr 2010 auf 50 Prozent zu erhöhen (Europäische Kommission 2002, 2003). Hierzu hat die Europäische Kommission beschäftigungspolitische Leitlinien erlassen und die Förderung des „aktiven Alterns" angeregt (Stecker 2004b). In den meisten europäischen Ländern wurden die mit der demografischen Veränderung einhergehenden Probleme der Bevölkerungsalterung und Finanzierung der Alterssicherung bereits antizipiert, in Schweden zum Beispiel 1994 über die Berücksichtigung der kohortenspezifischen Lebenserwartung bei der Berechnung der individuellen Rentenanwartschaften (Scherman 2004). In Deutschland wurden 1992 Rentenabschläge bei vorzeitigem Renteneintritt implementiert, 1997 ein demografischer Faktor ein- und 1999 wieder ausgesetzt und aufgrund des demografischen Drucks 2004 in Form des Nachhaltigkeitsfaktors in anderer Form wieder eingeführt. Weitere Rentenreformen erfolgten, darunter die Rentenreform 2007 mit der ab 2012 stufenweisen Anhebung der Regelaltersgrenze auf 67 Jahre (vgl. Eichenhofer et al. 2012; Schmähl 2014). Denn wie viele andere Länder der Europäischen Union sah sich Deutschland mit den Folgen der Alterung seiner Bevölkerung auf dem Arbeitsmarkt konfrontiert: Betrug der Anteil der unter 20-Jährigen im Jahr 1950 noch 31 Prozent, so ist dieser Wert auf 18 Prozent im Jahr 2013 gesunken; demgegenüber ist der Bevölkerungsanteil der über 64-Jährigen von neun Prozent auf 21 Prozent angestiegen. Verglichen mit dem Jahr 1950 hat sich der Anteil der über 64-Jährigen damit mehr als verdoppelt (Deutscher Bundestag 2014, S. 15). Erst im Jahr 2030 werden die am stärksten besetzten Geburtskohorten der Babyboomer ein Alter von 65 bis 75 Jahren erreicht und den Arbeitsmarkt verlassen haben (Abb. 12.3a).

In Deutschland führt die Bevölkerungsentwicklung in den nächsten eineinhalb Jahrzehnten neben der Alterung aufgrund einer seit den 1970er Jahren gesunkenen Geburtenrate somit zu einer deutlichen Reduzierung des Erwerbspersonenpotenzials. Darunter werden im engeren Sinne Personen subsumiert, die arbeiten, Arbeit suchen oder der sogenannten „stillen Reserve" zuzuordnen sind, also unter geeigneten Bedingungen eine Arbeit aufnehmen könnten. Zur Approximation des Erwerbspersonenpotenzials wird oft einfach der Anteil der 20- bis unter 65-Jährigen an der Gesamtbevölkerung herangezogen, mit all den damit zusammenhängenden Ungenauigkeiten, die im ersten Teil dieses Kapitels genannt wurden. Auf dieser Basis wird prognostiziert, dass das Erwerbspersonenpotenzial von etwa 49,2 Millionen im Jahr 2013 bis zum Jahr 2030 um 4,4 Millionen Menschen sinken wird. Der entsprechende Anteil der Erwerbspersonen an der Gesamtbevölkerung fällt somit laut Prognose von 61 Prozent auf 55,4 Prozent (Abb. 12.3b). Die Prognose bis 2060 geht von einem Erwerbspersonenpotenzial von 37,9 Millionen beziehungsweise einem Rückgang um 11,3 Millionen Personen aus. Durch eine Anhebung der gesetzlichen Regelaltersgrenze auf 67 Jahre betrüge der Rückgang des Erwerbspersonenpotenzials in den Altersgrenzen 20 bis unter 67 Jahre zwischen 2013 und 2030 nur noch 3,5 Millionen Personen, bis 2060 würde das Erwerbspersonenpotenzial auf 39,7 Millionen fallen, beziehungsweise um knapp 9,5 Millionen abnehmen[13] (Statistisches Bundesamt 2015, siehe dazu auch Abschnitt 12.2). Prozentual betrachtet würde der Rückgang um 2 bis 3 Prozent geringer ausfallen; dies verdeutlicht auch die gestrichelte Senkrechte in Abbildung 12.3a. Zusammengefasst wird das Erwerbspersonenpotenzial demnach zu einem erheblichen Teil aus Menschen bestehen, die älter als 50 Jahre sind.

Wie die Erläuterungen im ersten Teil dieses Kapitels gezeigt haben, ist nicht absehbar, dass sich die demografische Alterung in Deutschland durch die natürliche Bevölkerungsbewegung oder durch Migration in naher Zukunft aufhalten lässt. Somit bleibt als Mittel zur Anpassung an die Realität der demografischen Alterung eine Anpassung bestimmter Stellschrauben in den sozialen Sicherungssystemen. Dies wird allerdings mit mehr oder weniger deutlichen Einschnitten auf der Leistungsseite verbunden sein und umfassende Reformen der Alterssicherungssysteme erforderlich machen (Deutscher Bundestag 2002). Flankierend mit der ab 2012 eingeführte Anhebung des gesetzlichen Rentenalters auf 67 Jahre verpflichtete sich die Bundesregierung, alle vier Jahre einen Bericht zur Beschäftigungsentwicklung älterer Erwerbstätiger vorzulegen. Im zweiten Bericht der Bundesregierung wird ein Beschäftigungsanstieg bei den 55- bis 64-Jährigen zwischen 2000 und 2013 von 37,4 auf 63,5 Prozent ausgewiesen. Für das politisch angestrebte Ziel der Verlängerung der Lebensarbeitszeit und der faktischen Erhöhung des Renteneintrittsalters ist jedoch die Analyse des Beschäftigungsaufbaus nach spezifischen Altersgruppen von besonderem Interesse: Die größten Beschäftigungsgewinne sind demnach insbesondere in der Altersgruppe der 60- bis 64-Jährigen von 19,6

---

13   Diese Schätzung ergibt sich, obwohl die Altersgrenze von 67 Jahren erst ab dem Jahr
     2029 für die ab 1964 Geborenen vollständig greift.

auf 49,9 Prozent zu verzeichnen, während sich der Anteil bei den 55- bis 59-Jähri-
gen „nur" von 56,4 auf 75,9 Prozent erhöht hat (Deutscher Bundestag 2014, S. 37;
Datenbasis Eurostat auf Grundlage des Mikrozensus). Zu beachten ist hierbei,
dass Eurostat (und der deutsche Mikrozensus) die Definition der Erwerbstätigkeit
der Internationalen Arbeitsorganisation (ILO) verwendet, wonach Erwerbstätigkeit definitionsgemäß bei einer Stunde bezahlter Arbeit in der untersuchten Referenzwoche beginnt. Zusammengefasst war um die Jahrtausendwende trotz dieser
weiten ILO-Definition nur etwa ein Fünftel der 60- bis 64-Jährigen erwerbstätig,
hingegen bezogen 62 Prozent von ihnen bereits eine Rente (vgl. Deutscher Bundestag 2014, S. 38f.).

Der Trend einer zunehmenden Beschäftigung bei den Älteren bestätigt sich
auch im Vergleich der Geburtskohorten zwischen 1935 und 1959. Zu berücksichtigen ist allerdings, dass im Unterschied zum ILO-Konzept die Arbeitslosen- und
Beschäftigungsquoten in Deutschland über die Arbeitnehmerinnen und Arbeitnehmer erfasst werden, die in einer abhängigen Beschäftigung stehen. Das bedeutet, dass diese der *Sozialversicherungspflicht* in der gesetzlichen Arbeitslosen-,
Kranken-, Pflege- und Rentenversicherung nach dem Dritten Buch Sozialgesetzbuch (SGB III) unterliegen (darunter auch Auszubildende, Altersteilzeitbeschäf-
tigte, Praktikanten, Werkstudenten und andere). Dadurch fallen insgesamt die Anteile niedriger aus als im weiter gefassten *labour-force*-Konzept der ILO, in der
neben Selbständigen zum Beispiel auch gegen Entgelt tätige Rentner und Studen-
ten erfasst sind, sofern sie in der Referenzwoche mindestens eine Stunde gearbeitet
haben. Dennoch verdeutlicht die kohortenspezifische Betrachtung, dass der Anteil
der in der Statistik der gesetzlichen Rentenversicherung gemeldeten sozialversicherungspflichtigen Beschäftigten in Prozent der Bevölkerung im gleichen Alter
über die Geburtsjahrgänge hinweg zugenommen hat. So stieg beispielsweise der
Anteil der 60-jährigen Beschäftigten von knapp 15 Prozent bei den 1935 bis 1939
Geborenen auf etwa 25 Prozent bei den 1940 bis 1944 bzw. 30 Prozent bei den
1945 bis 1949 Geborenen. Für die jüngste Altersgruppe der zwischen 1955 und
1959 Geborenen liegen die Beschäftigtenanteile bei den 50- bis 54-Jährigen fast
durchgehend bei 55 Prozent, wobei sich diese Jahrgänge im letzten Berichtsjahr
2012 noch nicht alle im ruhestandsfähigen Alter befunden haben. Beispielsweise
waren die 1959 Geborenen in diesem Jahr erst 53 Jahre alt (Abb. 12.3c nach Kruse
2014; dazu Hoffmann 2007; Krickl und Hofmann 2013). Auch anhand der Stichprobe der Integrierten Erwerbsbiografien (SIAB) des Forschungsdatenzentrums
des Instituts für Arbeitsmarkt- und Berufsforschung (IAB) der BA in Nürnberg
wird der Trend eines späteren Austrittsalters der sozialversicherungspflichtig Beschäftigten für jüngere Kohorten bestätigt (Brussig 2015).

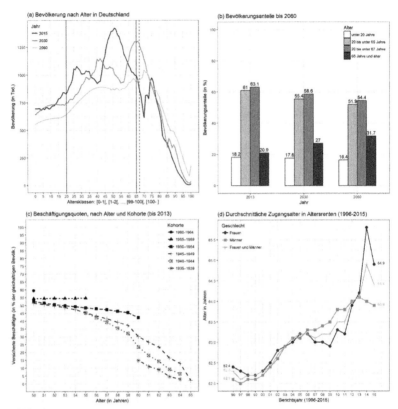

Abbildung 12.3

Eigene Darstellung; Datenquellen: 13. koordinierte Bevölkerungsvorausberechnung des statistischen Bundesamtes, Variante G1-L1-W 2, starke Zuwanderung (a und b); Statistik der Deutschen Rentenversicherung, Versicherte am Jahresende 1997-2013 mit Wohnort im Inland; zur Bevölkerung: Statistisches Bundesamt (c); Statistik der Deutschen Rentenversicherung: Rentenversicherung in Zeitreihen, Oktober 2016, DRV Schriften Band 22, 2016a (d); durch den Sondereffekt der „neuen Mütterrenten" haben viele Frauen ab 65 Jahren und älter 2014 und 2015 erstmalig einen Rentenanspruch erlangt; ohne diese Fälle liegt das Zugangsalter der Frauen 2014 bei 64.3 und 2015 bei 64.1 Jahren

Die Erfolge bei der Beschäftigung Älterer wurden allerdings demografisch unterstützt durch schwächer besetzte Nachkriegsjahrgänge, die aus dem Erwerbsleben ausgetreten und in den Ruhestand eingetreten sind. So folgen dem in Deutschland am schwächsten besetzten Geburtsjahrgang 1945 neunzehn Jahre lang deutlich stärker besetzte Kohorten um die Babyboomer. Am stärksten besetzt ist der Jahrgang 1964, der im Jahr 2015 die Gruppe der 51-Jährigen ausmacht (siehe Kurve für 2015 in Abb. 12.3a). Die Erwerbsquoten bei den Älteren sind, da sie eben teilweise von dem bereits erwähnten *demografischen Effekt* abhängen, möglicherweise nur bedingt auf politische oder betriebliche Maßnahmen zurückzuführen (Bellmann et al. 2003; Kistler et al. 2007; Brussig 2011). Folglich können Veränderungen in der Erwerbsbeteiligung Älterer durch diese Binnenstruktur und weniger durch die veränderte Erwerbsneigung begründet sein, da typischerweise die Erwerbsbeteiligung mit steigendem Alter sinkt.

Indem die unterschiedliche Besetzung der Kriegs- und Nachkriegskohorten gerade nach zwei Weltkriegen in Deutschland nicht unerheblich ist, muss bei einem europäischen Vergleich der Erwerbsbeteiligung anhand der ILO-Erwerbsstatistik die skizzierte Binnenstruktur insofern besondere Berücksichtigung finden, da in einem Land möglicherweise die „jungen Alten" dominieren, während in einem anderen die „alten Alten" die Erwerbsquote der 55- bis 64-Jährigen prägen. Aus diesem Grund wird die Veränderung der Erwerbstätigenquote der Älteren in einen kohortenspezifischen Altersstruktureffekt und in einen verhaltensbedingten Nettoeffekt zerlegt. Nach Berechnungen von Mümken und Brussig (2012) ist in den 28 EU-Ländern die Erwerbsbeteiligung der Älteren bis auf Island und Portugal gestiegen, in Dänemark, Norwegen und Schweden wäre sie ohne eine Verhaltensänderung in der Erwerbsneigung allein aufgrund des Altersstruktureffektes sogar gesunken. Für Deutschland können die Autoren den Anstieg in der definierten Altersgruppe von 38,4 auf 53,0 Prozent zwischen 2002 und 2008 auf diesen Altersstruktureffekt zurückführen, während immerhin 10,1 Prozentpunkte auf den Nettoeffekt der Verhaltensänderung entfallen (ebd., S. 10ff.). Schließlich korrespondiert der Anstieg der Beschäftigungsquote Älterer insofern mit der in den letzten Jahren für Deutschland verzeichneten nahezu kontinuierlichen Erhöhung des Rentenzugangsalters der sozialversicherungspflichtig Beschäftigten in Altersrenten (Abb. 12.3d). Bis zur vollständigen Anhebung des gesetzlichen Rentenalters auf 67 Jahre im Jahr 2029 wird erwartet, dass sich diese Entwicklung weiter fortsetzen wird. Ob die Annäherung des faktischen an das gesetzlich vorgesehene Renteneintrittsalter tatsächlich automatisch erfolgt oder politisch und ökonomisch flankiert werden muss, ist dabei eine offene Frage (siehe dazu Abschnitt 12.3.4).

Im Kontext der Zusammenhänge zwischen Demografie und Arbeitsmarkt bedürfen die skizzierten Beschäftigungserfolge der Älteren allerdings noch einer weiteren Präzisierung. So ist der Austritt aus dem Arbeitsmarkt und damit aus dem Erwerbsleben nicht gleichzusetzen mit dem Eintritt in den Ruhestand, da diese beiden erwerbsbiografischen Zustände zeitlich auseinander fallen können (Bäcker et al. 2009; Brussig 2011). Neben institutionellen Rahmenbedingungen und individuellen Entscheidungen im Haushaltskontext können als weitere Einflussfaktoren die Arbeitsbedingungen, die betrieblichen Personalstrategien und die Arbeitsmarktpolitik insgesamt aufgezählt werden. Dieser Sachverhalt ist bei der Interpretation der entsprechenden Quoten und Datensätze zum Übergang in den Ruhestand stets mit zu berücksichtigen. In der Literatur hat sich aufgrund verschiedener Zugangswege die Bezeichnung von „Pfaden in den Ruhestand" etabliert, wobei insbesondere drei verschiedenen Möglichkeiten des Übergangs skizziert werden (Brussig 2012, S. 12f.):

- „direkte Übergänge aus stabiler Beschäftigung", das heißt aus sozialversicherungspflichtiger zuvor mindestens dreijähriger Beschäftigung, wozu auch die Altersteilzeit zählt,
- „Langzeitarbeitslosigkeit vor Renteneintritt", das heißt aus prekären Übergängen, etwa aufgrund dauerhafter Arbeitslosigkeit oder Krankheit, und
- „Übergangsarbeitslosigkeit", die dadurch gekennzeichnet ist, dass im Unterschied zum vorhergehenden Zugangsweg die Betroffenen zuvor nicht dauerhaft beschäftigungslos waren, sondern höchstens bis zu zwei Jahren.

Diese kurze Zusammenstellung lässt vermuten, dass Menschen aus individuellen Motiven, ökonomischen Kalkülen oder institutionellen Gegebenheiten heraus ihre Arbeitsmarktpartizipation – hier am Beispiel der Ruhestandsentscheidung – treffen und treffen müssen. Die Wirkungen von institutionellen Anreizen für eine Erwerbsbeteiligung oder eine reguläre Beschäftigungsaufnahme – mithin der Zugang und der Verbleib im Arbeitsleben – sowie institutionelle Altersvorgaben und -regelungen sind Gegenstand des nachfolgenden Kapitels.

12.3.4 Institutionelle Anreizwirkungen und Altersstrukturierung durch Institutionen

Die für die Arbeitsmarktpartizipation der Bevölkerung vermutlich maßgeblichsten Politikfelder – Arbeitsmarkt und Alterssicherung – wurden in den letzten Jahrzehnten in Deutschland umfassend reformiert. Insofern ist die Frage, wie die Arbeitsmarkt- und Rentenreformen die (individuelle) Erwerbsbeteiligung begünstigen oder möglicherweise verhindern, von besonderer Bedeutung. Zur Erfassung von (Wechsel-)Wirkungen auf die Arbeitsangebotsentscheidung befassen sich Wirkungsanalysen zu negativen Arbeitsanreizwirkungen unter anderem mit dem Lohnniveau, Mindestlöhnen, Sozialleistungen (Arbeitslosengeld, Sozialhilfe und andere Transferleistungen) und der Besteuerung von Beschäftigten. Hinsichtlich der negativen Anreize auf das Arbeitsangebot von älteren Beschäftigten sind dies insbesondere das System der Alterssicherung, Sonderregelungen am Arbeitsmarkt für ältere Arbeitslose und bei Invalidität und Krankheit (Erwerbsminderungsrenten), Sonderregelungen für bestimmte Berufsgruppen oder für Personen mit langen Beitragszeiten. Dazu zählen aber auch Ab- bzw. Aufschläge beim früheren oder späteren Renteneinstieg sowie insgesamt eine Verschärfung der Anspruchsvoraussetzungen und gleichzeitige Aktivierung der älteren Arbeitnehmer durch Unterstützung bei der Suche nach Beschäftigung. Negative Anreize auf der Seite der Arbeitsnachfrage werden in diesem Zusammenhang bei den Kosten für die Einstellung älterer Arbeitnehmer (Senioritätsentlohnung) ausgemacht (Deutscher Bundestag 2000, S. 189-220). Dabei werden positive Anreizwirkungen von der Verringerung der Sozialversicherungsbeiträge bei Einstellung älterer Arbeitsloser erwartet (Stecker 2004b).

Während der Ausbau der westlichen Wohlfahrtsstaaten in den 1960er und 1970er Jahren in einer Phase erfolgte, die durch ein hohes Wirtschaftswachstum und eine niedrige Arbeitslosigkeit gekennzeichnet war, wurden in vielen europäischen Ländern seit Mitte der 1970er Jahre endogene wie exogene Krisen sichtbar. In Deutschland zeigte sich diese ökonomische Entwicklung in steigenden Arbeitslosenzahlen, auch bei Jugendlichen, sodass in den 1980er Jahren angesichts der Umstrukturierung traditioneller Industriezweige das Instrument des Vorruhestands als Lösung favorisiert wurde. In den 1990er Jahren galt der deutsche Arbeitsmarkt als stark verkrustet und unflexibel und es traten die Herausforderungen des demografischen Wandels allmählich in die politische und öffentliche Wahrnehmung. Eine Ab- und Umkehr von der Frühverrentungspraxis wurde nunmehr für erforderlich erachtet. Gerade in Phasen ökonomischer Stagnation und hoher Arbeitslosigkeit und angesichts der sich abzeichnenden Auswirkungen des demografischen Wandels verengen sich die Verteilungsspielräume des öffentlichen Budgets besonders; sozialstaatliche und sozialpolitische Schlussfolgerungen sind unter anderem die Erhöhung des Erwerbspersonenpotenzials und eine Verlängerung der Lebensarbeitszeit. Die seinerzeitige Bundesregierung unter Gerhard Schröder beschloss vor diesem Hintergrund die *Agenda 2010* und die sogenannten *Hartz-Gesetze* sowie das Prinzip des Förderns und Forderns. Deutschland folgte mit den Reformen der Arbeitsmarkt- und Sozialhilfepolitik damit der europaweiten Tendenz zu einer Aktivierungspolitik und zu Maßnahmen für eine Umkehr der Frühverrentungspraxis. Während der Austritt Älterer aus dem Erwerbsleben über eine vorherige Arbeitslosigkeit zunächst als besonders sozialverträgliche Variante des „goldenen Handschlags" galt, verdeutlichte sich die Umkehr nach den Reformen unter anderem durch eine Verkürzung der Bezugsdauer des Arbeitslosengelds für ältere Arbeitnehmer ab 55 Jahren von 32 auf 18 Monate. Ursprünglich vorgesehen war sogar eine Reduktion auf 12 Monate wie für alle anderen Arbeitslosen

(Stecker 2004a, S. 178f.). Neben marktwirtschaftlichen Anreizinstrumenten kamen auch Änderungen in den administrativen Zuständigkeiten und Instrumenten, gruppenspezifische Maßnahmen und Leistungen für Alleinerziehende, Familien, Jugendliche, Behinderte oder auch für ältere Arbeitnehmer zum Einsatz. Finanzielle Anreize erfolgten beispielsweise über Kürzungen bei (mehrfacher) Ablehnung von Beschäftigungsmöglichkeiten, die bis zum Wegfall der Leistungen bei unkooperativem Verhalten der (erwerbsfähigen) Fürsorgeempfänger führen konnten, aber auch über bessere Anrechnungsmöglichkeiten zusätzlichen Einkommens. Administrative Anpassungsmaßnahmen betrafen beispielsweise die (teilweise) Zusammenlegung der Arbeits- mit den Sozialverwaltungen sowie deren verstärkte Zusammenarbeit mit dem Finanzamt oder die Schaffung einer neuen Anlaufstelle für die Vermittlung von Stellen- und Weiterbildungsangeboten.

Der Einsatz von ökonomischen Anreizwirkungen wurde also spätestens mit den skizzierten Arbeitsmarktreformen politisch etabliert (Sesselmeier 2012). Das Beispiel der Arbeitsmarktreformen verdeutlicht, wie institutionelle Setzungen das Erwerbsverhalten der Bevölkerung beeinflussen (sollen), damit also intendiert sind. Manchmal entfalten sich aber auch nicht intendierte Wirkungen der Reformen, etwa, wenn bereits benachteiligte Gruppen wie etwa Alleinerziehende durch diese weiter benachteiligt werden. Die andauernden Hartz-IV-Reformen lassen sich als Indikator dafür sehen, dass es durchaus einige solcher nicht-intendierten Folgen gab. Welche positive intendierte Wirkung die institutionelle Setzung einer höheren Altersgrenze haben kann, zeigt die exemplarische Berechnung von Abhängigkeitsquotienten zwischen aktiver und nicht-aktiver Bevölkerung in den Altersgrenzen 20 bis 65 Jahre und 20 bis 67 Jahre. Neben dem im ersten Teil bereits eingeführten *Altenquotienten*, der als Anteil der 65-Jährigen und älteren im Verhältnis zu den 20- bis unter 65-Jährigen definiert ist, gibt es noch den *Jugend-* und *Gesamtquotienten*. Der erstgenannte gibt den Anteil der unter 20-Jährigen im Verhältnis zu den 20- bis unter 65-Jährigen an, und letztgenannter den Anteil der unter 20-Jährigen und der über 65-Jährigen und Älteren im Verhältnis zu den 20- bis unter 65-Jährigen. Der Gesamtquotient wird insbesondere für ökonomische Analysen verwendet und zeigt das quantitative Verhältnis der Bevölkerung im noch nicht oder nicht mehr erwerbsfähigen Alter zur Bevölkerung im erwerbsfähigen Alter. Zum Vergleich der intendierten Wirkungen einer Altersgrenzenanhebung sind die drei Quotienten in der Altersabgrenzung bis 65 Jahre und bis 67 Jahre für das Ausgangsjahr 2013 und prospektiv für 2030 und 2060 dargestellt (Abb. 12.4a). Wie die unterschiedliche Altersabgrenzung zeigt, mildert ein höheres Erwerbsaustrittsalter die ökonomische Belastung der aktiven zur inaktiven Bevölkerung in 2030 und 2060 um rund 10 Prozent. Das bedeutet, dass die Folgen der demografischen Alterung – eine sinkende Zahl Jüngerer und eine steigende

Anzahl Älterer – durch eine erhöhte Arbeitsmarktpartizipation, gerade auch der Älteren, abgefedert werden kann.

Die ökonomische und politische Notwendigkeit einer institutionellen Erhöhung des Erwerbsaustrittsalters bzw. des Renteneintrittsalters belegen Berechnungen zur Rentenbezugsdauer und der prognostizierten „ferneren" Lebenserwartung ab dem Alter 65, die angibt, welche Lebenserwartungen Männer und Frauen haben können, wenn sie bereits das 65. Lebensjahr erfolgreich erreicht haben (Abb. 12.4b). So ist die Rentenbezugsdauer im Vergleich zu 1960 um mehr als 10 Jahre gestiegen und die fernere Lebenserwartung ab dem Alter 65 deutet für Frauen auf über 25 und für Männer auf über 22 Jahre im Jahr 2060 hin.

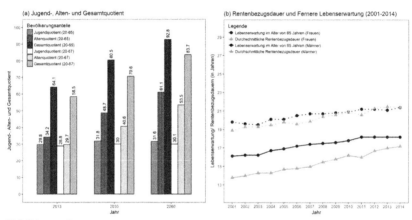

Abbildung 12.4

Anmerkungen: (a) Jugend-, Alten- und Gesamtquotient: Prozentualer Anteil der unter 20-Jährigen im Verhältnis zu den 20- bis unter 65-Jährigen, der 65-Jährigen und Älteren im Verhältnis zu den 20- bis unter 65-Jährigen, der unter 20- und über 65-Jährigen und Älteren im Verhältnis zu den 20- bis unter 65-Jährigen sowie jeweils im Vergleich in den Altersgrenzen bis 67 Jahre; Datenquellen: 13. Koordinierte Bevölkerungsvorausberechnung des statistischen Bundesamtes, Variante G1-L1-W2, starke Zuwanderung (a); Lebenserwartung (65 Jahre): Statistisches Bundesamt, Rentenbezugsdauer: Statistik der Deutschen Rentenversicherung: Rentenversicherung in Zeitreihen, Oktober 2016, DRV-Schriften Band 22, 2016a (b)

Zusammengefasst wird deutlich, dass die Wirkungen demografischer Veränderungen auf den Arbeitsmarkt auch von den arbeitsmarkt- und rentenpolitischen Setzungen abhängen, also anders ausgedrückt als Pull- und Push-Faktoren seitens der Arbeitsmarkt- oder Alterssicherungspolitik auf die (individuelle) Erwerbsbeteiligung wirken können. Unter Pull-Faktoren können (individuelle) Motive für einen vorzeitigen Austritt aus dem Erwerbsleben subsumiert werden, die vielfach im Haushaltskontext im Rahmen familiärer Entscheidungen, finanzieller Anreize oder der Freizeit- gegenüber der Arbeitsmarktorientierung entschieden werden. Das heißt es wird angenommen, dass die Haushalte den Eintritt in den Ruhestand als rationale Entscheidung zwischen Einkommen aus Erwerbsarbeit und Renteneinkommen abwägen. Als Push-Faktoren werden exogen vorgegebene Bedingungen bezeichnet, die dazu führen, dass die Beschäftigten das Erwerbsleben mehr oder weniger vorzeitig beenden, etwa bedingt durch (unfreiwillige) Arbeitslosigkeit, belastende oder gesundheitlich beinträchtigende Faktoren und Arbeitsbelastungen sowie fehlende Qualifikation oder Nachfrage seitens der Betriebe (Seyfried und Weller 2014). Im Szenario „Arbeiten bis 67" einer Studie der Prognos AG, würde der Arbeitsmarkt dauerhaft von einer höheren Zahl an Erwerbstätigen profitieren und es ergäbe sich gesamtwirtschaftlich ein positiver Wachstumseffekt. Die Finanzierungsbasis des Umlageverfahrens würde gestärkt und der Bundeshaushalt über geringere Bundeszuschüsse entlastet. Für die Versicherten würde dies mit höheren Rentenansprüchen und Renten einhergehen (Böhmer und Ehrentraut 2015). Seit dem Jahr 2000 ist dabei das Rentenzugangsalter in Altersrente von durchschnittlich 62,2 auf 64,1 Jahre und die Erwerbstätigenquote der 60- bis 64-Jährigen von 20 auf 53 Prozent (bei Männern von 27 auf 59 und bei Frauen von 12 auf 46 Prozent) in 2014 gestiegen, was einer Zunahme um das 2,65-fache entspricht (Bundesministerium für Arbeit und Soziales 2015, S. 70f.). Die Bundesregierung geht davon aus, dass die Erwerbsbeteiligung der Älteren auch in Zukunft weiter ansteigen wird.

Wie stark die gesetzlich und damit institutionell festgelegten Altersgrenzen die individuelle Erwerbsbeteiligung tatsächlich beeinflussen, ist im Grunde wie in einer Art Laborstudie an der im Juli 2014 eingeführten „Rente mit 63" abzulesen (RV-Leistungsverbesserungsgesetz, Deutsche Rentenversicherung Bund 2016b), die die Anhebung des Renteneintrittsalters auf 67 Jahre in gewisser Weise konterkariert hat. Nach Berechnungen von Reinhold Schnabel (2015), welche auf Erfahrungen mit der Rentenreform von 1972 basieren, bei der die damals schon einmal eingeführte abschlagsfreie Rente mit 63 von nahezu allen Anspruchsberechtigten genutzt wurde, hätten 2014 etwa 200.000 Personen die Voraussetzungen für diese Rentenart erfüllt, nach Abzug derjenigen Älteren, die auch ohne diese neue Rentenart früher – allerdings mit Abschlägen – in Rente gegangen wären, kommt die Schätzung auf 135.000 Zugänge. Tatsächlich haben fast alle, die die Voraussetzungen für diese Rentenart erfüllt haben, diese auch in Anspruch genommen: ab Juli 2014 rund 151.000 und 2015 rund 274.000 Personen (Deutsche Rentenversicherung Bund 2016a, S. 62). Damit hat sich neben der Anzahl der Zugänge auch die Zugangsstruktur in verschiedene Altersrenten verändert, da viele Personen zur Vermeidung von Abschlägen oder eines ansonsten erst später möglichen Renteneinritts in die Rente für besonders langjährig Versicherte gewechselt sind (Deutsche Rentenversicherung Bund 2016b). Allerdings ist der Anstieg im Rentenzugang der letzten Jahre auch demografisch bedingt, da zunehmend stärker besetzte Jahrgänge der 60- bis 65-Jährigen das Rentenalter erreichen. Insgesamt zeigt dies zum einen, wie stark institutionelle Setzungen individuelle Anreize hervorrufen. Zum anderen zeigt es aber auch, dass die gesellschaftliche Akzeptanz für die „Rente mit 67" oder einen möglicherweise noch späteren Erwerbsaustritt im Alter von 69 oder 70 Jahren vielfach nicht gegeben ist. Dies belegen regelmäßige Umfragestudien seit der Einführung der Rente mit 67.

12.4 Fazit und offene Forschungsfragen

Bevölkerungsprognosen um die Jahrtausendwende veranlassten einige Arbeitsmarktforscher zu der Annahme, dass die Schrumpfung des Erwerbspersonenpotenzials das Arbeitslosigkeitsproblem *von selbst* lösen würde. Schrumpfung, oder anders ausgedrückt, der Rückgang des Arbeitsangebotes ist aber nur ein Aspekt des demografischen Wandels. Neben den hier dargelegten Zusammenhängen von Bevölkerungs- und Arbeitsmarktprozessen betreffen demografische Fragen auch die Belegschaft von Organisationen und Unternehmen, die mit dem Arbeitsmarkt in Zusammenhang stehen. Die Bevölkerungsstruktur einer Organisation, das heißt die Zusammensetzung ihrer Belegschaft, ihres Kundenstamms oder ihrer Stakeholder-Gruppen kann selber mit den Konzepten und Maßen der Demografie untersucht werden und steht im Zusammenhang mit übergeordneten demografischen Trends. So ist zum Beispiel davon auszugehen, dass in alternden Gesellschaften auch das Durchschnittsalter von Belegschaften steigt, mit möglichen Auswirkungen auf die Innovationsfähigkeit und Produktivität von Organisationen. Insofern würde die Organisationsdemografie die demografische Struktur und den Wandel organisationaler Populationen eingehend beleuchten (Jans 2006; Rixgens und Badura 2011). Fragestellungen in diesem Teilbereich sind zum Beispiel, wie sich das durch Altern von Belegschaften erhöhte organisationale Turnover auf das Wissensmanagement von Organisationen auswirkt oder welche Konsequenzen sich durch den Wandel der Altersstruktur der Kundschaft ergeben. Oder allgemein: Was sind die Folgen der Bevölkerungsalterung für die Wettbewerbs- und Innovationsfähigkeit von Branchen und Unternehmen in ihrem regionalen Kontext (Buck et al. 2002; Jeschke 2013; Stecker 2013).

In Deutschland kann in absehbarer Zeit nicht von einem generellen Fachkräftemangel gesprochen werden, allerdings ergibt sich je nach Regionen, Berufen,

Branchen und Qualifikationen ein differenzierteres Bild (Böhmer und Ehrentraut 2015). Eine Studie zeigt, dass trotz gestiegenen Erwerbsverhaltens, insbesondere von Frauen und Älteren, und aufgrund des Trends zu höheren (akademischen) Bildungsabschlüssen, ein quantitativer Engpass auf der mittleren Qualifikationsebene in einigen Berufsbereichen erwartet wird (Helmrich et al. 2012). Auch regional variiert die Demografie- und Arbeitsmarktentwicklung sehr stark, was unter anderem durch die voraussichtliche Entwicklung der Erwerbspersonenzahl in den Bundesländern illustriert wird: Trotz Annahme einer steigenden Erwerbsbeteiligung insgesamt[14] steht Sachsen-Anhalt mit einem prognostizierten Rückgang des Erwerbspersonenpotenzials um ein Drittel zwischen 2005 und 2030 an der Spitze, gefolgt von Thüringen, Mecklenburg-Vorpommern, Brandenburg und Sachsen; das erste westdeutsche Bundesland mit einer zweistelligen Abnahme ist das Saarland mit einem Sechstel, gefolgt vom Land Berlin und Niedersachsen; für Hamburg wird sogar mit einem einprozentigen Zuwachs gerechnet (Statistische Ämter des Bundes und der Länder 2009, S. 13).

Folge dieser vorausgesagten unterschiedlichen Entwicklung der Erwerbspersonen wird ein regionaler Strukturwandel mit unterschiedlichen Auswirkungen und Anpassungsstrategien auf den regionalen Arbeitsmärkten sein. Hinzu kommt, dass sich auf Ebene der Landkreise und kreisfreien Städte etwa stark schrumpfende und wachsende Regionen gegenüberstehen können. Prominentes Beispiel hierfür ist Niedersachsen, welches mit Vechta und Cloppenburg deutschlandweit die jüngsten Landkreise sowie im Südharz mit Osterode und Goslar den höchsten Altersdurchschnitt der Bevölkerung in einem Bundesland vereint. Hinzu kommen branchenspezifische Altersstrukturen, wie etwa die stark alternde Textilbranche, die ohnehin traditionell eher in Süddeutschland angesiedelt ist. Für Unternehmen und Organisationen bedeutet dies, dass verschiedentliche Anstrengungen notwendig werden können, um spezifische Fach- und Nachwuchskräfte zu rekrutieren. Mit einem Fachkräftemangel bzw. -engpass ist vor allem dann zu rechnen, wenn es nicht gelingt, der zu erwartenden Lücke auf dem Arbeitsmarkt durch eine gezielte Einwanderungs- und Integrationspolitik und eine Arbeitsmarkt- und Beschäftigungspolitik entgegenzuwirken, die frühzeitig interveniert und nachqualifiziert, um das Erwerbspersonenpotenzial in der Bevölkerung voll auszuschöpfen.

---

14 Nach der sogenannten Primärvariante wird ein früherer Einstieg in das Berufsleben und ein späterer Übergang vom Erwerbsleben in den Ruhestand für die entsprechenden Altersgruppen bei Männern und bei Frauen als wahrscheinlichstes Szenario unterstellt (Datenbasis: 11. koordinierte Bevölkerungsvorausberechnung; Statistische Ämter des Bundes und der Länder 2009, S. 8).

Jenseits quantitativer Aspekte spielt auch hier das Bildungsniveau der Bevölkerung eine nicht unwesentliche Rolle. Da aus Sicht des Staates die positiven Externalitäten von Bildung jenseits der Arbeitsmarktrelevanz von Bedeutung sind, würde eine entsprechende Bildungspolitik auf Inklusion, soziale Teilhabe und Chancengleichheit für alle Bevölkerungsschichten abzielen. Seit 2008 engagieren sich Bund und Länder gemeinsam über eine Qualifizierungsinitiative für mehr Bildungsgerechtigkeit, größere Leistungsfähigkeit und verbesserte Durchlässigkeit im Bildungssystem (Bundesministerium für Bildung und Forschung 2014). Verfassungsrechtlich wurde mit der Reform des Artikels 91b Grundgesetz (GG) bei überregionaler Bedeutung die gemeinsame Förderung von Wissenschaft, Forschung und Lehre durch den Bund und die Länder ermöglicht (Neufassung des Artikels 91b Absatz 1 GG zum 01.01.2015). Die tiefgreifenden Implikationen für Wirtschaft und Gesellschaft aufgrund kollektiv alternder Belegschaften lassen Strategien zum Erhalt der Arbeits- und Beschäftigungsfähigkeit bis zum gesetzlichen Renteneintrittsalter an Bedeutung gewinnen (vgl. Stecker und Zierler 2018). Schließlich führt der generelle Strukturwandel hin zur Dienstleistungs- und Wissensgesellschaft zu einer qualitativen Veränderung des Arbeitsangebots aufgrund der Reduktion der körperlichen hin zur geistigen Leistungsfähigkeit der Arbeitnehmerinnen und Arbeitnehmer.

Forschungsfragen zu den empirischen Auswirkungen auf den Arbeitsmarkt in naher Zukunft ergeben sich mit Blick auf die Digitalisierung und „Industrie 4.0", wie die international kontrovers geführte Diskussion um die Folgen des Automatisierungsprozesses zeigt, die in Deutschland mit dem Dialogprozess „Arbeiten 4.0" um Gestaltungsoptionen zu guter Arbeit flankiert wird (Bundesministerium für Arbeit und Soziales 2016; Rump und Eilers 2017). Von praktischer Relevanz sind angesichts der großen Migrationsbewegung der letzten Jahre, auf deren Höhepunkt 2016 722.370 Erstanträge auf Asyl in Deutschland gestellt wurden (Bundesamt für Migration und Flüchtlinge 2017), Lösungsansätze zur Integration in den Arbeitsmarkt. Zu berücksichtigen ist dabei die Zusammensetzung der neu Hinzugezogenen. Unter den zugangsstärksten Ländern belegen Syrien und die Arabische Republik mit 36,9 Prozent 2016 den ersten Rang, gefolgt von Afghanistan (17,6 Prozent) und Irak (13,3 Prozent). Der Anteil von Männern liegt bei 65,1 Prozent. Die Altersstruktur der Asylantragsteller ist geprägt durch einen hohen Anteil junger Menschen (73,8 Prozent unter 30; 36,2 Prozent unter 18) und einen sehr geringen Anteil älterer Menschen (1,2 Prozent im Alter von 60 oder älter) (Bundesamt für Migration und Flüchtlinge 2017). Dies ist, wie eingangs bereits erläutert, für den Arbeitsmarkt und die demografische Bevölkerungsstruktur in Deutschland von Vorteil. Dennoch ist die *Integration* von Menschen mit Migrationshintergrund mit einem Bevölkerungsanteil von über einem Fünftel in den Arbeitsmarkt aufgrund multifaktorieller Problemlagen kein Selbstläufer und bedarf der intensiven Unterstützung aller wirtschaftlicher und politischer Akteure, der Bevölkerung und der Zivilgesellschaft. Seitens der Unternehmen erfordern diese Herausforderungen – ebenso wie Digitalisierung und Automatisierung – geeignete strategische Management- und Führungskonzepte für eine heterogener werdende Belegschaft (Franken 2016; Rump und Eilers 2017; Stecker und Zierler 2018).

Literatur

Acemoglu, D., & Restrepo, P. (2017). *Secular Stagnation? The Effect of Aging on Economic Growth in the Age of Automation* (MIT Working Paper Series 2). Cambridge: MIT.

Afheldt, H. (1994). *Wohlstand für niemand? Die Marktwirtschaft entläßt ihre Kinder.* München: Kunstmann.

Allmendinger, J., & Ludwig-Mayerhofer, W. (Hrsg.). (2000). *Soziologie des Sozialstaats. Gesellschaftliche Grundlagen, historische Zusammenhänge und aktuelle Entwicklungstendenzen.* Weinheim: Juventa.

Ammermüller, A., & Dohmen, D. (2004). *Individuelle und soziale Erträge von Bildungsinvestitionen* (Studien zum deutschen Innovationssystem 1-2004). Berlin: ZEW.

Angrist, J. (2002). How Do Sex Ratios Affect Marriage and Labor Markets? Evidence from America's Second Generation. *Quarterly Journal of Economics, 117,* 997-1038.

Antonczyk, D., DeLeire, T., & Fitzenberger, B. (2010). *Polarization and Rising Wage Inequality: Comparing the U.S. and Germany* (ZEW Discussion Paper 10-015). Mannheim: ZEW.

Bäcker, G., Brussig, M., Jansen, A., Knuth, M., & Nordhause-Janz, J. (2009). *Ältere Arbeitnehmer. Erwerbstätigkeit und soziale Sicherheit im Alter.* Wiesbaden: VS Verlag für Sozialwissenschaften.

Barber, N. (2009). Countries with Fewer Males Have More Violent Crime: Marriage Markets and Mating Aggression. *Aggressive Behavior, 35,* 49-56.

Becker, G. S. (1962). Irrational Behavior and Economic Theory. *Journal of Political Economy, 70,* 1-13.

Becker, G. S. (1964). *Human Capital. A Theoretical and Empirical Analysis, with Special Reference to Education.* New York: Columbia University Press.

Bellmann, L., Hilpert, M., Kistler, E., & Wahse, J. (2003). Herausforderungen des demografischen Wandels für den Arbeitsmarkt und die Betriebe. *Mitteilungen aus der Arbeitsmarkt- und Berufsforschung, 36,* 133-149.

Bengtsson, T. (2001). Mortality: The Great Historical Decline. In N. J. Smelser, & P. B. Baltes (Hrsg.), *International Encyclopedia of the Social & Behavioral Sciences* (S. 10079-10085). Oxford: Pergamon.

Bieber, U., & Stegmann, M. (2016). Alterssicherung und Altersvorsorge in Deutschland: Überblick über die Datenlage. *Deutsche Rentenversicherung, 1/2016,* 1-26.

Birchenall, J. A. (2016). Population and Development Redux. *Journal of Population Economics, 29,* 627-656.

Blossfeld, H.-P. (1983). Höherqualifizierung und Verdrängung – Konsequenzen der Bildungsexpansion in den Siebziger Jahren. In M. Haller, & W. Müller (Hrsg.), *Beschäftigungssystem im gesellschaftlichen Wandel* (S. 184-240). Frankfurt a. M.: Campus.

Blossfeld, H.-P. (1987). Karriereprozesse im Wandel der Arbeitsmarktstruktur. Ein dynamischer Ansatz zur Erklärung intragenerationaler Mobilität. *Mitteilungen aus der Arbeitsmarkt- und Berufsforschung, 20,* 74-88.

Böhmer, M., & Ehrentraut, O. (2015). *Rentenperspektiven 2040. Niveau und regionale Kaufkraft der gesetzlichen Rente für typisierte Berufe. Kurzstudie.* Basel: Prognos.

Boserup, E. (1965). *The Conditions of Agricultural Growth: The Economics of Agrarian Change under Population Pressure.* Chicago: Aldine.

Brussig, M. (2011). Zwischen Erwerbsaustritt und Renteneintritt: „Gelingende" und „prekäre" Altersübergänge. *Deutsche Rentenversicherung*, 2/2011, 143-160.

Brussig, M. (2012). *Weiter steigendes Renteneintrittsalter, mehr Renteneintritte aus stabiler Beschäftigung, aber zunehmend geringere Altersrenten bei Langzeitarbeitslosen* (Altersübergangsreport 2/2012). Düsseldorf: Hans-Böckler-Stiftung.

Brussig, M. (2015). *Alter beim Austritt aus sozialversicherungspflichtiger Beschäftigung ist gestiegen* (Altersübergangsreport 1/2015). Düsseldorf: Hans-Böckler-Stiftung.

Brynjolfsson, E., & McAfee, A. (2011). *Race Against the Machine: How the Digital Revolution is Accelerating Innovation, Driving Productivity, and Irreversibly Transforming Employment and the Economy*. Lexington: Digital Frontier Press.

Buck, H., Kistler, E., & Mendius, H. G. (2002). *Demographischer Wandel in der Arbeitswelt. Chancen für eine innovative Arbeitsgestaltung* (Broschürenreihe Demographie und Erwerbsarbeit). Stuttgart: Fraunhofer IRB.

Bundesamt für Migration und Flüchtlinge (Hrsg.). (2017). *Das Bundesamt in Zahlen 2016, Asyl*. Nürnberg: Bundesamt für Migration und Flüchtlinge.

Bundesministerium für Arbeit und Soziales (Hrsg.). (2015). *Rentenversicherungsbericht 2015*. Berlin: Bundesministerium für Arbeit und Soziales.

Bundesministerium für Arbeit und Soziales (Hrsg.). (2016). *Weißbuch. Arbeiten 4.0*. Berlin: Bundesministerium für Arbeit und Soziales.

Bundesministerium für Bildung und Forschung (Hrsg.). (2014). *Bildung und Forschung in Zahlen 2014. Ausgewählte Fakten aus dem Daten-Portal des BMBF*. Bonn: Bundesministerium für Bildung und Forschung.

Bundeszentrale für politische Bildung (Hrsg). (2016). *Datenreport 2016. Ein Sozialbericht für die Bundesrepublik Deutschland*. Bonn: Bundeszentrale für politische Bildung.

Deutscher Bundestag (Hrsg.). (2000). *Alter und Gesellschaft. Dritter Bericht zur Lage der älteren Generation in der Bundesrepublik Deutschland* (Drucksache 14/5130). Berlin: Deutscher Bundestag (14. Wahlperiode).

Deutscher Bundestag (Hrsg.). (2002). *Schlussbericht der Enquête-Kommission „Demografischer Wandel – Herausforderungen unser älter werdenden Gesellschaft an den Einzelnen und die Politik"* (Drucksache 14/8800). Berlin: Deutscher Bundestag (14. Wahlperiode).

Deutscher Bundestag (Hrsg.). (2008). *Entwurf eines Gesetzes zur Umsetzung steuerrechtlicher Regelungen des Maßnahmenpakets „Beschäftigungssicherung durch Wachstumsstärkung"* (Gesetzentwurf der Fraktionen CDU/CSU und SPD, Drucksache 16/10930). Berlin: Deutscher Bundestag (16. Wahlperiode).

Deutscher Bundestag (Hrsg.). (2009). *Entwurf eines Gesetzes zur Sicherung von Beschäftigung und Stabilität in Deutschland* (Gesetzentwurf der Fraktionen CDU/CSU und SPD, Drucksache 16/11740). Berlin: Deutscher Bundestag (16. Wahlperiode).

Deutscher Bundestag (Hrsg.). (2014). *Zweiter Bericht der Bundesregierung gemäß § 154 Absatz 4 des Sechsten Buches Sozialgesetzbuch zur Anhebung der Regelaltersgrenze auf 67 Jahre* (Unterrichtung durch die Bundesregierung, Drucksache 18/3261 (neu)). Berlin: Deutscher Bundestag (18. Wahlperiode).

Deutsche Rentenversicherung Bund (Hrsg.). (2016a). *Rentenversicherung in Zeitreihen* (DRV-Schriften Band 22). Berlin: Deutsche Rentenversicherung Bund.

Deutsche Rentenversicherung Bund (Hrsg.). (2016b). *Zentrale Ergebnisse des Rentenzugangs 2015*. Deutsche Rentenversicherung Bund. https://www.deutsche-rentenversicherung.de/Bund/de/Inhalt/4_Presse/medieninformationen/04_ reden/pressefachseminare/2016_7_14_berlin/14_07_datei_rentenzugang_2015.pdf?__ blob=publicationFile&v=3 Zugegriffen: 18.08.2017.

Doepke, M. (2008). Humankapital, politischer Wandel und langfristige Wirtschaftsentwicklung. *Perspektiven der Wirtschaftspolitik*, 9, 73-89.

Durante, K. M., Griskevicius, V., Simpson, J. A., Cantú, S. M., & Tybur, J. M. (2012). Sex Ratio and Women's Career Choice: Does a Scarcity of Men Lead Women to Choose Briefcase over Baby? *Journal of Personality and Social Psychology*, 103, 121-134.

Easterlin, R. A. (1967). Effects of Population Growth on the Economic Development of Developing Countries. *The Annals of the American Academy of Political and Social Science*, 369, 98-108.

Eichenhofer, E., Rische, H., & Schmähl, W. (2012). *Handbuch der gesetzlichen Rentenversicherung SGB VI*. Köln: Luchterhand (2. Aufl.).

Espenshade, T. J., Guzman, J. C., & Westoff, C. F. (2003). The Surprising Global Variation in Replacement Fertility. *Population Research and Policy Review*, 22, 575-583.

Europäische Kommission (Hrsg.). (2002). *Erhöhung der Erwerbsbeteiligung und Förderung des aktiven Alterns*. Brüssel: Europäische Kommission.

Europäische Kommission (Hrsg.). (2003). *Joint Report by the Commission and the Council on Adequate and Sustainable Pensions*. Brüssel: Europäische Kommission.

Fachinger, U. (1991). *Lohnmobilität in der Bundesrepublik Deutschland. Eine Untersuchung auf der Basis von prozessproduzierten Längsschnittsdaten der gesetzlichen Rentenversicherung* (Volkswirtschaftliche Schriften 409). Berlin: Duncker & Humblot.

Fachinger, U., & Faik, J. (2010). *Analysis of Expenditures for Germany and Lower Saxony – Empirical Results on the Basis of the Income and Expenditure Survey 2003* (Economics and Demography Working Paper 4/2010). Vechta: Zentrum Altern und Gesellschaft.

Fachinger, U., & Himmelreicher, R. K. (2012). Income Mobility – Curse or Blessing? Mobility in Social Security Earnings: Data on West-German Men since 1950. *Schmollers Jahrbuch*, 132, 175-203.

Franken, S. (2016). *Führen in der Arbeitswelt der Zukunft, Instrumente, Techniken und Best-Practice-Beispiele*. Wiesbaden: Springer Gabler.

Gerlach, I. (1996). *Familie und staatliches Handeln. Ideologie und politische Praxis in Deutschland*. Opladen: Leske + Budrich.

Goldstein, J. R., & Kreyenfeld, M. (2011). Has East Germany Overtaken West Germany? Recent Trends in Order-Specific Fertility. *Population and Development Review*, 37, 453-472.

Griskevicius, V., Tybur, J. M., Ackerman, J. M., Delton, A. W., Robertson, T. E., & White, A. E. (2012). The Financial Consequences of Too Many Men: Sex Ratio Effects on Saving, Borrowing, and Spending. *Journal of Personality and Social Psychology*, 102, 69-80.

Hansen, A. H. (1939). Economic Progress and Declining Population Growth. *American Economic Review*, 29, 1-15.

Haupt, A. (2016). *Zugang zu Berufen und Lohnungleichheit in Deutschland*. Wiesbaden: Springer VS.

Helmrich, R., Zika, G., Kalinowski, M., & Wolter, M. I. (2012). *Engpässe auf dem Arbeitsmarkt: Geändertes Bildungs- und Erwerbsverhalten mildert Fachkräftemangel* (BIBB Report 18). Bielefeld: BIBB.

Hickel, R. (1998). Bilanz eines Scheiterns: Angebotspolitik. *Gewerkschaftliche Monatshefte*, 49, 180-192.

Hoffmann, H. (2007). Wege in den Ruhestand. *Deutsche Rentenversicherung*, 62, 298-320.

Huinink, J. (2016). Kinderwunsch und Geburtenentwicklung in der Bevölkerungssoziologie. In Y. Niephaus, M. Kreyenfeld, & R. Sackmann (Hrsg.), *Handbuch Bevölkerungssoziologie* (S. 227-251). Wiesbaden: Springer VS.

International Labour Office (Hrsg.). (2014). *Key Indicators of the Labour Market*. Geneva: ILO (8. Aufl.).

Jans, M. (2006). Organisationsdemografie und Sozialkapital. Die Wirkungen von Vielfalt auf die betriebliche Sozialstruktur. In G. Krell, & H. Wächter (Hrsg.), *Diversity Management: Impulse aus der Personalforschung* (S. 135-166). München: Hampp.

Jeschke, S. (Hrsg.). (2013). *Innovationsfähigkeit im demografischen Wandel – Beiträge der Demografietagung des BMBF im Wissenschaftsjahr 2013*. Frankfurt a. M.: Campus.

Kaa, D. J. van de (1987). *Europe's Second Demographic Transition* (Population Bulletin 42). Washington, DC: Population Reference Bureau.

Kaufmann, F.-X., Kuijsten, A., Schulze, H.-J., & Strohmeier, K. P. (Hrsg.). (1997). *Family Life and Family Policies in Europe. Structures and Trends in the 1980s*. Oxford: Clarendon Press (1. Bd.).

Kaufmann, F.-X., Kuijsten, A., Schulze, H.-J., & Strohmeier, K. P. (Hrsg.). (2002). *Family Life and Family Policies in Europe. Problems and Issues in Comparative Perspective*. Oxford: Oxford University Press (2. Bd.).

Keynes, J. M. (1936). *The General Theory of Employment, Interest and Money*. London: Macmillan.

Kistler, E., Ebert, A., & Stecker, C. (2007). Steigende Beschäftigung Älterer – Sind wir wirklich auf dem richtigen Weg? *Deutsche Rentenversicherung*, 10, 651-665.

Klauder, W., Schnur, P., & Zika, G. (1996). *Wege zu mehr Beschäftigung. Simulationsrechnungen bis zum Jahr 2005 am Beispiel Westdeutschland* (IAB Werkstattbericht 05/1996). Nürnberg: IAB.

Klein, T., & Stauder, J. (2016). Der Partnermarkt und seine bevölkerungssoziologische Relevanz. In Y. Niephaus, M. Kreyenfeld, & R. Sackmann (Hrsg.), *Handbuch Bevölkerungssoziologie* (S. 253-276). Wiesbaden: Springer VS.

Kohls, M. (2012). *Demographie von Migranten in Deutschland*. Frankfurt a. M.: Lang.

Kolk, M., & Schnettler, S. (2013). Parental Status and Gender Preferences for Children: Is Differential Fertility Stopping Consistent with the Trivers-Willard Hypothesis? *Journal of Biosocial Science*, 45, 683-704.

Kolk, M., & Schnettler, S. (2016). Socioeconomic Status and Sex Ratios at Birth in Sweden: No Evidence for a Trivers-Willard Effect for a Wide Range of Status Indicators. *American Journal of Human Biology*, 28, 67-73.

Krätschmer-Hahn, R. (2012). *Kinderlosigkeit in Deutschland. Zum Verhältnis von Fertilität und Sozialstruktur*. Wiesbaden: VS Verlag für Sozialwissenschaften.

Kreyenfeld, M. (2003). Crisis or Adaptation – Reconsidered: A Comparison of East and West German Fertility Patterns in the First Six Years after the ‚Wende'. *European Journal of Population*, 19, 303-329.

Krickl, T., & Hofmann, J. (2013). Rentenzugang 2012: Die Anhebung der Regelaltersgrenze hat begonnen. *RVaktuell*, 9/2013, 222-230.

Kröhnert, S., Hoßmann, I., & Klingholz, R. (2008). *Europe's Demographic Future. Growing Regional Imbalances*. Berlin: Berlin Institute for Population and Development.

Kruse, E. (2014). *Statistik der Rentenversicherung – ausgewählte Trends* (Pressefachseminar am 8. und 9. Juli 2014). Berlin: Deutsche Rentenversicherung Bund.

Kühntopf, S., & Tivig, T. (2012). Early Retirement and Mortality in Germany. *European Journal of Epidemiology*, 27, 85-89.

Kurz, R. (1982). Wirtschaftswachstum bei stagnierender und schrumpfender Bevölkerung. *Jahrbücher für Nationalökonomie und Statistik*, 197, 235-250.

Kuznets, S. (1960). Population Change and Aggregate Output. In National Bureau of Economic Research (Hrsg.), *Demographic and Economic Change in Developed Countries* (S. 324-351). Princeton: Princeton University Press.

Lampert, H. (1994). *Lehrbuch der Sozialpolitik*. Berlin: Springer (3. Aufl.).

Lee, R. (2003). The Demographic Transition: Three Centuries of Fundamental Change. *The Journal of Economic Perspectives*, 17, 167-190.

Lehndorff, S. (1994). Notlösungen mit Zukunft: Die Renaissance der Arbeitszeitverkürzung. *Blätter für deutsche und internationale Politik*, 39, 566-576.

Lesthaeghe, R. (2010). The Unfolding Story of the Second Demographic Transition. *Population and Development Review*, 36, 211-251.

Liu, M.-M. (2013). Migrant Networks and International Migration: Testing Weak Ties. *Demography*, 50, 1243-1277.

Lucas, R. E. (1988). On the Mechanics of Economic Development. *Journal of Monetary Economics*, 22, 3-42.

Luy, M., & Pötzsch, O. (2010). Schätzung der tempobereinigten Geburtenziffer für West- und Ostdeutschland, 1955-2008. *Comparative Population Studies*, 35, 569-604.

Malthus, T. R. (1798). An Essay on the Principle of Population. London: Johnson.

Mankiw, N. G., Romer, D., & Weil, D. N. (1992). A Contribution to the Empirics of Economic Growth. *Quarterly Journal of Economics*, 107, 407-437.

Mau, S., & Verwiebe, R. (2009). *Die Sozialstruktur Europas*. Konstanz: UVK.

Meadows, D. L. (1972). *Die Grenzen des Wachstums. Bericht des Club of Rome ‚Zur Lage der Menschheit'*. Stuttgart: dva.

Meslé, F., & Vallin, J. (2005). The Health Transition: Trends and Prospects. In G. Caselli, J. Vallin, & G. Wunsch (Hrsg.), *Demography. Analysis and Synthesis. A Treatise in Population* (S. 247-259). Amsterdam: Elsevier (2. Bd.).

Mincer, J. A. (1974). *Schooling, Experience and Earnings*. New York: NBER.

Mincer, J. A. (1975). Education, Experience, and the Distribution of Earnings and Employment: An Overview. In T. F. Juster (Hrsg.), *Education, Income, and Human Behavior* (S. 71-94). New York: NBER.

Mueller, U. 2000. Die Maßzahlen der Bevölkerungsstatistik. In U. Mueller, B. Nauck, & A. Diekmann (Hrsg.), *Handbuch der Demographie 1: Modelle, Theorien und Methoden*, (S. 1-91). Berlin: Springer (Bd. 1).

Mümken, S., & Brussig, M. (2012). *Alterserwerbsbeteiligung in Europa. Deutschland im internationalen Vergleich* (Altersübergangs-Report 1/2012). Düsseldorf: Hans-Böckler-Stiftung.

Nauck, B., & Klaus, D. (2007). The Varying Value of Children: Empirical Results from Eleven Societies in Asia, Africa and Europe. *Current Sociology*, 55, 487-503.

Nichols, H. B., Trentham-Dietz, A., Hampton, J. M., Titus-Ernstoff, L., Egan, K. M., Willet, W. C., & Newcomb, P. A. (2006). From Menarche to Menopause: Trends among US Women Born from 1912 to 1969. *American Journal of Epidemiology*, 164, 1003-1011.

Oeppen, J., & Vaupel, J. W. (2002). Broken Limits to Life Expectancy. *Science*, 296, 1029-1031.

Parnreiter, C. (2011). Bevölkerungswachstum und wirtschaftliche Entwicklung. Ein kausales Verhältnis? In K. Husa, C. Parnreiter, & H. Wohlschlägl (Hrsg.), *Weltbevölkerung. Zu viele, zu wenige, schlecht verteilt?* (S. 191-210). Wien: Promedia.

Petersen, H.-G. (1989). *Sozialökonomik*. Stuttgart: Kohlhammer.

Pies, I., & Leschke, M. (Hrsg.). (1998). *Gary Beckers ökonomischer Imperialismus. (Konzepte der Gesellschaftstheorie, Band 4)*. Tübingen: Mohr Siebeck.

Pötzsch, O. (2016). Demographische Prozesse, Bevölkerungsstruktur und -entwicklung in Deutschland. In Y. Niephaus, M. Kreyenfeld, & R. Sackmann (Hrsg.), *Handbuch Bevölkerungssoziologie* (S. 91-119). Wiesbaden: Springer VS.

Randers, J. (2012). *2052: A Global Forecast for the Next Forty Years*. Cambridge: Chelsea Green Publishing.

Rindfuss, R. R., Choe, M. K., & Brauner-Otto, S. R. (2016). The Emergence of Two Distinct Fertility Regimes in Economically Advanced Countries. *Population Research and Policy Review*, 35, 287-304.

Rixgens, P., & Badura, B. (2011). Arbeitsbedingungen, Sozialkapital und gesundheitliches Wohlbefinden – Differenzen in den Einschätzungen von Führungskräften und Mitarbeitern. In B. Badura, A. Ducki, H. Schröder, J. Klose, & K. Macco (Hrsg.), *Fehlzeiten-Report 2011. Führung und Gesundheit* (S. 61-70). Berlin: Springer.

Rump, J., & Eilers, S. (Hrsg.). (2017). *Auf dem Weg zur Arbeit 4.0 – Innovationen in HR*. Berlin: Springer Gabler.

Schacht, R., Rauch, K. L., & Borgerhoff Mulder, M. (2014). Too Many Men: The Violence Problem? *Trends in Ecology and Evolution*, 29, 214-222.

Scherman, K. G. (2004). Sicherung der Altersversorgung in Schweden – Quo Vadis? In Verband Deutscher Rentenversicherungsträger (Hrsg.), *Generationengerechtigkeit – Inhalt, Bedeutung und Konsequenzen für die Alterssicherung. Jahrestagung 2003 des Forschungsnetzwerks Alterssicherung am 4. und 5. Dezember in Erfurt*. (DRV-Schriftenreihe Band 51) (S. 160-182). Bad Homburg: wdv.

Schmähl, W. (1986). Lohnentwicklung im Lebensablauf – zur Gestaltung der Alters-Lohnprofile von Arbeitern in Deutschland – Ergebnisse auf der Grundlage von Längsschnittdaten. *Allgemeines Statistisches Archiv*, 70, 180-203.

Schmähl, W. (2014). 125 Jahre ‚Gesetzliche Rentenversicherung': Aufstieg und Niedergang. *Wirtschaftsdienst*, 94, 382-383.

Schmidt, N. (2010). Auswirkungen des Strukturwandels der Wirtschaft auf den Bildungsstand der Bevölkerung. *Wirtschaft und Statistik*, 6/2010, 537-551.

Schmillen, A., & Stüber, H. (2014). *Lebensverdienste nach Qualifikation: Bildung lohnt sich ein Leben lang* (IAB-Kurzbericht 1). Nürnberg: IAB.

Schnabel, R. (2015). Das Rentenpaket 2014 – eine ökonomische Beurteilung. *Wirtschaftsdienst*, Sonderheft, 22-27.

Schneider, N. F., Rüger, H., & Ruppenthal. S. (2016). Mobilität und mobile Lebensformen. In Y. Niephaus, M. Kreyenfeld, & R. Sackmann (Hrsg.), *Handbuch Bevölkerungssoziologie* (S. 501-525). Wiesbaden: Springer VS.

Schnettler, S. (2008). *Ohne Kinder alt werden*. Saarbrücken: VDM.

Schnettler, S. (2013). Revisiting a Sample of U.S. Billionaires: How Sample Selection and Timing of Maternal Condition Influence Findings on the Trivers-Willard Effect. *PLOS ONE*, 8, e57446. doi.org/10.1371/journal.pone.0057446.

Schnettler, S., & Filser, A. (2015). Demographische Maskulinisierung und Gewalt. Ein Forschungsbericht aus evolutionstheoretischer und sozialwissenschaftlicher Perspektive. In

G. Hartung, & M. Herrgen (Hrsg.), *Interdisziplinäre Anthropologie. Jahrbuch 2/2014: Gewalt und Aggression* (S. 130-142). Wiesbaden: Springer VS.

Schnettler, S., & Klüsener, S. (2014). Economic Stress or Random Variation? Revisiting German Reunification as a Natural Experiment to Investigate the Effect of Economic Contraction on Sex Ratios at Birth. *Environmental Health*, 13, 117. doi.org/10.1186/1476-069X-13-117.

Schnettler, S., & Wöhler, T. (2014). On the Supporting Role of Friendship for Parents and Non-Parents in Later Life. A Comparative Analysis Using Data from Three Waves of the German Aging Survey. In M. Löw (Hrsg.), *Vielfalt und Zusammenhalt. Verhandlungen des 36. Kongresses der Deutschen Gesellschaft für Soziologie in Bochum 2012 (CD-Rom)*. Frankfurt a. M.: Campus.

Schultz, T. W. (1961). Investment in Human Capital. *American Economic Review*, 51, 1-17.

Sesselmeier, W. (2012). Widersprüche sozialer Integration in Zeiten der Ökonomisierung sozialer Sicherung. *Sozialer Fortschritt*, 61, 104-110.

Seyfried, B., & Weller, S. (2014). *Arbeiten bis zum Schluss oder gehen vor der Zeit?* (BIBB Report 1/2014). Bonn: BIBB.

Smallwood, S., & Chamberlain, J. (2005). Replacement Fertility, What Has it Been and What Does it Mean? *Population Trends*, 119, 16-27.

Smith, A. (1990 [1789]). *Der Wohlstand der Nationen* (Hrsg. von H. C. Recktenwald). München: dtv (5. Aufl.).

Sobotka, T. (2003). Re-Emerging Diversity: Rapid Fertility Changes in Central and Eastern Europe after the Collapse of the Communist Regimes. *Population*, 58, 451-485.

Sobotka, T. (2008a). Does Persistent Low Fertility Threaten the Future of European Populations? In J. Surkyn, P. Deboosere, & J. van Bavel (Hrsg.), *Demographic Challenges for the 21st Century. A State of the Art in Demography* (S. 27-89) Brüssel: VUBPRESS.

Sobotka, T. (2008b). Overview Chapter 7: The Rising Importance of Migrants for Childbearing in Europe. *Demographic Research*, 19, 225-248.

Solow, R. M (1956). A Contribution to the Theory of Economic Growth. *Quarterly Journal of Economics*, 70, 65-94.

Solow, R. M. (1957). Technical Change and the Aggregate Production Function. *Review of Economic and Statistics*, 39, 312-320.

Spence, M. (1973). Job Market Signaling. *Quarterly Journal of Economics*, 87, 355-374.

Statistische Ämter des Bundes und der Länder (Hrsg.). (2009). *Demografischer Wandel in Deutschland. Heft 4: Auswirkungen auf die Entwicklung der Erwerbspersonenzahl*. Stuttgart: Statistische Ämter des Bundes und der Länder.

Statistisches Bundesamt (Hrsg.). (2011). *Generationensterbetafeln für Deutschland. Modellrechnungen für die Geburtsjahrgänge 1896-2009*. Wiesbaden: Statistisches Bundesamt.

Statistisches Bundesamt (Hrsg.). (2015). *Bevölkerung Deutschlands bis 2060. 13. koordinierte Bevölkerungsvorausberechnung* (Broschüre und Tabellenband). Wiesbaden: Statistisches Bundesamt.

Statistisches Bundesamt (Hrsg.). (2016a). *2015: Höchststände bei Zuwanderung und Wanderungsüberschuss in Deutschland*. Wiesbaden: Statistisches Bundesamt.

Statistisches Bundesamt (Hrsg.). (2016b). *Bevölkerung und Erwerbstätigkeit 2013: Natürliche Bevölkerungsbewegung*. Wiesbaden: Statistisches Bundesamt.

Statistisches Bundesamt (Hrsg.). (2016c). *Bevölkerung und Erwerbstätigkeit 2014: Bevölkerungsfortschreibung auf Basis des Zensus 2011*. Wiesbaden: Statistisches Bundesamt.

Statistisches Bundesamt (Hrsg.). (2016d). *Bevölkerung und Erwerbstätigkeit 2014: Wanderungen*. Wiesbaden: Statistisches Bundesamt.

Statistisches Bundesamt (Hrsg.). (2016e). *Bevölkerung und Erwerbstätigkeit 2015: Ausländische Bevölkerung – Ergebnisse des Ausländerzählregisters*. Wiesbaden: Statistisches Bundesamt.

Stecker, C. (2004a). Die neue deutsche Aktivierungspolitik im europäischen Ländervergleich und Maßnahmen zur Verlängerung der Lebensarbeitszeit. *Deutsche Rentenversicherung*, 5/2004, 164-184.

Stecker, C. (2004b). Förderung des ‚aktiven Alterns' in Europa – Empirische Bestandsaufnahme und beschäftigungspolitische Strategien in der Europäischen Union. *Deutsche Rentenversicherung*, 11-12/2004, 750-777.

Stecker, C. (2013). Präventionsstrategien zur Sensibilisierung und Unterstützung der Betriebe – Erfahrungen aus ‚GeniAL'. In S. Jeschke (Hrsg.), *Innovationsfähigkeit im demografischen Wandel. Beiträge der Demografietagung des BMBF im Wissenschaftsjahr 2013* (S. 195-205). Frankfurt a. M.: Campus.

Stecker, C. (2017). Digitalisierung – Entwicklungen von Arbeits- und Erwerbsformen und Folgen für die Rentenversicherung. *RVaktuell*, 3/2017, 90-93.

Stecker, C., & Zierler, C. (2018). Erhalt der Arbeitsfähigkeit von Generationen – Die Bedeutung von Führung. *WSI-Mitteilungen*, 71, 36-43.

Stecker, C., Zierler, C., & Müller, L. (2018). Arbeitswelt im Umbruch – Verbreitung neuer Arbeitsformen. In H. Pechlaner, & E. Innerhofer (Hrsg.), *Temporäre Konzepte. Coworking und Coliving als Perspektive für die Regionalentwicklung*. Stuttgart: Kohlhammer.

Testa, M. R., & Lutz, W. (2007). Europäer zunehmend uneins beim Kinderwunsch. Divergierende Geburtenentwicklung nach Daten des Eurobarometers nicht ausgeschlossen. *Demografische Forschung aus erster Hand*, 4, 4.

United Nations General Assembly (Hrsg.). (2000). *United Nations Millennium Declaration* (Resolution Adopted by the General Assembly). New York: UN General Assembly.

United Nations Population Division (Hrsg.). (2001). *Replacement Migration: Is it a Solution to Declining and Ageing Populations? Executive Summary*. http://www.un.org/esa/population/publications/migration/execsum.pdf. Zugegriffen: 09.01.2016.

Voges, W., & Groh-Samberg, O. (2014). Armutsrisiko als Folge mangelnder Bildungsrendite? *ZeS-Report*, 19, 16-20.

Willekens, F. (2015). Demographic Transitions in Europe and the World. In K. Matthijs, K. Neels, C. Timmerman, J. Haers, & S. Mels (Hrsg.), *Population Change in Europe, the Middle-East and North Africa: Beyond the Demographic Divide* (S. 17-44). London: Routledge.

Werding, M., Munz, S., & Gács, V. (2008). *Fertility and Prosperity: Links between Demography and Economic Growth*. München: ifo.

Wienert, H. (2006). *Wie lohnend ist Lernen? Ertragsraten und Kapitalendwerte von unterschiedlichen Bildungswegen* (Beiträge der Hochschule Pforzheim 122) Pforzheim: Hochschule Pforzheim.

Zagheni, E., & Weber, I. (2015). Demographic Research with Non-Representative Internet Data. *International Journal of Manpower*, 36, 13-25.

Methoden der Arbeitsmarktforschung 13

Thomas Hinz[1]

13.1 Einleitung

Die Sozialwissenschaften und insbesondere die Soziologie sind bekanntlich durch einen Methodenpluralismus gekennzeichnet. Im Forschungsprozess ist es erst nach Festlegung der Forschungsfrage sinnvoll, ein adäquates Untersuchungsdesign zu bestimmen, welches die Methoden der Datenerhebung und der Datenauswertung umfasst. Da sich die Arbeitsmarktsoziologie, wie dieser Band eindrücklich belegt, mit einer enormen Vielfalt von Forschungsfragen befasst, stehen entsprechend viele methodische Ansätze und Untersuchungsinstrumentarien zur Verfügung. Eine basale Unterscheidung der sozialwissenschaftlichen Forschungsmethoden bezieht sich dabei auf die Erkenntnisziele: Geht es darum, die *generellen Mechanismen* des Arbeitsmarktgeschehens zu beschreiben oder zu *erklären*, bieten sich Designs mit quantifizierenden Methoden an. Solche Methoden erfordern nicht nur viele Fälle, sondern Stichprobenpläne, die eine Zufallsauswahl sicherstellen und außerdem ausreichende Varianz bei der abhängigen und vor allem der unabhängigen Variable erreichen.[2] Wenn jedoch Wahrnehmungen und Handlungen *einzelner* Arbeitsmarktteilnehmer oder organisationaler Akteure (etwa Arbeitsagenturen,

---

[1]   Der Autor dankt Katrin Auspurg, Justus Dreyling, Konstantin Mozer, Peter Preisendörfer, Sandra Walzenbach und Thomas Wöhler für hilfreiche Kommentare und Anmerkungen. Außerdem gilt Leonard Tholl Dank für die Berechnung einer Mobilitätstabelle.

[2]   Dies bedeutet etwa, dass man bei Interesse an Gruppenunterschieden zwischen einer kleinen und einer großen Gruppe die Repräsentation der Fälle aus der kleinen Gruppe in der realisierten Stichprobe bewusst vergrößert (geschichtete Zufallsstichprobe).

© Springer Fachmedien Wiesbaden GmbH, ein Teil von Springer Nature 2018
M. Abraham und T. Hinz (Hrsg.), *Arbeitsmarktsoziologie*,
https://doi.org/10.1007/978-3-658-02256-3_13

Gewerkschaften, Arbeitergeberverbände etc.) von Interesse sind, kommen eher sinnverstehende (d. h. interpretative oder qualitative) Methoden zum Einsatz; das Ziel ist dann eher eine Exploration, und es sind in solchen Studien Verallgemeinerungen der Ergebnisse nur eingeschränkt möglich. Auch wenn die Mehrzahl der in diesem Band referierten empirischen Studien überwiegend quantitative Methoden verwenden, gibt es einflussreiche qualitative Untersuchungen zum Arbeitsmarktgeschehen. Oft beinhalten solche Studien Verfahren der Typenbildung, wie schon die klassische Studie über „Die Arbeitslosen von Marienthal" (Jahoda et al. 1975 [1933]; siehe Kap. 5 in diesem Band). Solche Typologien können dann in weiteren quantitativ orientierten Studien herangezogen werden – als abhängige wie als unabhängige Variable.

Nachfolgend werden zunächst allgemeine Designfragen und Datenquellen der quantitativen Arbeitsmarktsoziologie diskutiert (Abschnitte 13.2 und 13.3), anschließend folgt ein Überblick zu den wichtigsten quantitativen Auswertungsmethoden, die sich in der einschlägigen Forschung etabliert haben (Abschnitt 13.4). Auch wenn sich die Darstellung des Kapitels auf die quantitative Seite der Arbeitsmarktsoziologie konzentriert, verweist der Ausblick (Abschnitt 13.5) auch auf einige qualitative Methoden. Das gesamte Kapitel behandelt zur Illustration eine gemeinsame Forschungsfrage: Warum unterscheidet sich die berufliche Mobilität nach Geschlecht? Damit steht ganz bewusst ein Gruppenunterschied (*gap*) im Mittelpunkt, wie dies in vielen Forschungsarbeiten der Arbeitsmarktforschung der Fall ist. Ziel sozialwissenschaftlicher Forschung ist es, den möglichen Gruppenunterschied nicht nur empirisch nachzuweisen, sondern ihn auch überzeugend (d. h. unter Verwendung von Kausalmodellen) zu erklären oder zu widerlegen. Die weiteren Ausführungen nehmen dazu insbesondere Bezug auf das Kapitel zu Geschlechtersegregation und Arbeitsmarkt (siehe Kap. 11 in diesem Band).

13.2   Forschungsdesigns

Unter einem Forschungsdesign versteht man eine systematische, transparente sowie dem jeweiligen Forschungsproblem angemessene Vorgehensweise, um zu einer belastbaren Antwort auf die Forschungsfrage zu gelangen. Forschungsfragen können beschreibenden oder erklärenden Charakter haben. Man kann fragen, ob sich die Beschäftigungsdauer bis zum ersten innerbetrieblichen Aufstieg in Arbeitsorganisationen für Frauen und Männer unterscheidet und wie groß solche Differenzen in den „Wartezeiten" sind (*Beschreibung*). Für die sozialwissenschaftliche Forschung wichtiger sind Fragen nach Ursachen (*Erklärung*). Im Anwendungsbeispiel könnten Forschende beispielsweise untersuchen, ob eventuelle

Unterschiede auf Diskriminierung durch die Arbeitgeber oder auf Selbstselektion zurückzuführen sind. Es liegt auf der Hand, dass die Untersuchung von kausalen Zusammenhängen in vielerlei Hinsicht höhere Ansprüche an das Forschungsdesign stellt als reine Deskriptionen (Überblick bei Gangl 2010).

Grundsätzlich kann man in den Sozialwissenschaften Beobachtungs- und Experimentaldesigns unterscheiden. Bei einem *Beobachtungsdesign* (Studien, die diesem Design folgen, werden *Beobachtungsstudien* genannt) handelt es nicht um einen Begriff, der eine Datenerhebungstechnik bezeichnet (teilnehmende/ nicht-teilnehmende bzw. offene/verdeckte Beobachtung), sondern eine Art der Forschungsstrategie im Allgemeinen. Man beobachtet mit dem Blick von außen das Geschehen, nimmt möglichst belastbare (d. h. reliable und valide) Messungen vor, dokumentiert die Datenerhebung und wertet die Daten anschließend aus. Der zu erforschende Prozess, etwa die Karrieremobilität von Frauen im Lebensverlauf, ist vom Forschungsprozess prinzipiell unabhängig.[3] Wenn ein solches Design zum Einsatz kommt, dann werden mögliche Zusammenhangsstrukturen in den Daten erst im Zuge des laufenden Forschungsprozesses – also bei der Auswertung (*ex post facto*) – aufgedeckt. Dagegen stehen *experimentelle Designs*, bei denen die Forschenden durch das Setzen eines Treatments den zu untersuchenden Prozess selbst aktiv manipulieren. Dies ist in anderer Weise als in Beobachtungsstudien sehr voraussetzungsreich, etwa muss mindestens eine geeignete Kontrollgruppe zur Verfügung stehen, in der das Treatment nicht (oder anders) gesetzt wird, und das Treatment (die experimentelle Bedingung) für belastbare Interpretationen rein zufällig auf die Experimental- und Kontrollgruppen zugewiesen werden (*Randomisierung*). Nur dann sind Schlussfolgerungen zur kausalen Wirkung des Treatments möglich. In der Arbeitsmarktforschung finden sowohl *observational* als auch *experimental designs* Verwendung, wobei allerdings die überwiegende Mehrzahl der Studien auf Beobachtungsdesigns aufbaut. Dies liegt an vielen methodischen Problemstellungen, auf die noch eingegangen wird, oft hat es auch forschungsethische Gründe.

Zu beachten ist weiterhin, dass nur in wenigen Ausnahmefällen Vollerhebungen realisiert werden (solche Fälle wären etwa Totalerhebungen aller Beschäftigten eines Betriebs). In der Regel stützt sich die Arbeitsmarktforschung auf Teilerhebungen, zumeist in Form von Zufallsstichproben. Nur wenn in Beobachtungsstudien Zufallsstichproben vorliegen, können die Ergebnisse aus der Stichprobe mit statistischen Fehlern für die jeweilige Grundgesamtheit verallgemeinert werden.

---

3 In Beobachtungsdesigns kann es gleichwohl zu ungewollter Reaktivität der Forschung auf den Forschungsgegenstand kommen, etwa wenn die Teilnahme an einer Befragungsstudie die Messungen bei einer wiederholten Befragungsstudie beeinflusst.

In der Forschungspraxis sind Zufallsstichproben allerdings oft schwer zu realisieren. Aufgrund von systematischen (nicht zufälligen) Ausfällen liegen oft verzerrte realisierte Stichproben vor – auch wenn ein Zufallsmechanismus zur Auswahl verwendet wird (wie etwa *random digit dialing* bei Telefonumfragen oder ein *random route* Verfahren bei persönlichen Interviews). So sind erfolgreiche Arbeitsmarktteilnehmer in Befragungsstudien, die auf Zufallsstichproben aufbauen, überrepräsentiert. In der Datenauswertung kann auf manche dieser Ausfallprozesse (*nonresponse*) durch den Einsatz von Gewichtungsfaktoren und Imputationsverfahren reagiert werden (Little und Rubin 2002). In experimentellen Studien spielt die Frage der Auswahl der Teilnehmenden ebenfalls eine wichtige Rolle. Mitunter werden Spezialpopulationen herangezogen (etwa Langzeitarbeitslose), um dann unter ihnen eine geeignete Auswahl zu treffen. Für die Forschungslogik von Experimenten ist – wie noch dargestellt wird – eine Zufallsauswahl nicht unbedingt erforderlich, aber oft dennoch sinnvoll. Wichtiger ist die Randomisierung, die sich allerdings in vielen Fällen schon aufgrund von ethischen Aspekten nicht realisieren lässt. Untenstehend werden daher auch die – speziell bei Evaluationsstudien – dann oft zum Einsatz kommenden quasi-experimentellen Verfahren diskutiert. Zunächst gilt aber der Fokus den Beobachtungsdesigns.

13.2.1 Beobachtungsdesigns

Das Grundkonzept von Beobachtungsdesigns besteht darin, den zu untersuchenden Arbeitsmarktprozess möglichst präzise und unverzerrt zu erfassen – zumeist werden dazu Befragungen über Arbeitsmarktaspekte durchgeführt oder prozessproduzierte Daten verwendet (vgl. Abschnitt 13.3). In den allermeisten Studien, die auf Beobachtungsdesigns basieren (nachfolgend: *Beobachtungsstudien*)[4], werden weit mehr Variablen erhoben, als es die eigentliche Forschungshypothese nahelegen würde. Dies hat mit der bereits erwähnten, erst im Zuge der Auswertung stattfindenden Kontrolle von Drittvariablen zu tun, welche aufgrund des Designs nur *ex post facto* stattfinden kann. Forschungsfragen sollten bei erklärenden Studien zunächst in konkrete Zusammenhangshypothesen übersetzt werden, im vorliegenden Beispiel könnte man etwa eine bei Frauen im Vergleich zu Männern verlangsamte Aufstiegsmobilität erwarten. Im nächsten Schritt ist, um eine angemessene Modellierung der Kausalstruktur zu ermöglichen, der (angenommene) kausale

---

4   Nochmals: Mit dem Begriff *Beobachtungsstudien* sind nicht Formen der Datenerhebungstechniken gemeint, sondern allgemeiner der „Versuchsaufbau" sozialwissenschaftlicher Forschung.

Mechanismus zu spezifizieren. Im Anwendungsbeispiel muss geklärt werden, aus welchen Gründen Frauen langsamer befördert werden als Männer und welche Drittvariablen den angenommenen Zusammenhang verzerren könnten. Angenommen seien hier Diskriminierungsprozesse durch Arbeitgeber – vereinfacht: eine ungleiche Behandlung bei gleicher Leistung.

Um eine solche Forschungsfrage beantworten zu können, stehen in Beobachtungsstudien verschiedene Strategien zur Verfügung, welche versuchen, Kausaleffekte möglichst unverzerrt zu identifizieren (Gangl 2010). Die einfachste Idee wäre natürlich, die Aufstiegsmobilität von Frauen und Männern, also etwa die Wartezeit bis zur ersten Beförderung, direkt miteinander zu vergleichen. Dieses Vorgehen ist in Beobachtungsstudien jedoch problematisch, wenn Frauen und Männern jeweils in anderen Positionen (z. B. Branchen, Tätigkeitsfeldern) ihre Erwerbskarriere beginnen und ein unterschiedlicher Karriereverlauf mit diesen organisationalen Einstiegspositionen verbunden ist. Weiterhin könnte es (zumindest prinzipiell) möglich sein, dass Frauen und Männer mit unterschiedlichen Qualifikationen in den Arbeitsmarkt eintreten und/oder in unterschiedlicher Weise an Weiterbildung teilnehmen. Somit könnte der nach Geschlecht unterschiedliche Karriereverlauf auch von den Qualifikationen abhängen. An zentraler Stelle sollte bei der Untersuchung der innerbetrieblichen Aufstiege – gemäß der Untersuchungshypothese – die gezeigte Leistung von Bedeutung sein. Man versucht in Beobachtungsstudien all diese zusätzlichen Umstände zu berücksichtigen, indem man die zusätzlichen Dimensionen zunächst erfasst und dann in die Auswertungen einbezieht. Dabei bestehen allerdings eine Reihe von Problemen: Wie angedeutet, sind solche Verfahren des Konstanthaltens von weiteren Einflussfaktoren etwa nur dann möglich, wenn diese Faktoren überhaupt beobachtet und in diesem Fall auch korrekt gemessen[5] wurden. Dies ist bei vielen Untersuchungen in der Arbeitsmarktforschung nicht selbstverständlich. Gerade Untersuchungen zur Diskriminierung setzen voraus, die Produktivität von Beschäftigten korrekt ermitteln zu können. Dies mag zwar in manchen Industriebetrieben noch leichter möglich sein als in Dienstleistungsbetrieben, oft stehen jedoch nur angenäherte Messungen zur Verfügung, etwa wenn es um latente Konstrukte wie die Arbeitsmotivation geht.

Noch wichtiger ist, dass bei Beobachtungsstudien der Einbezug von Drittvariablen theoretisch motiviert ist. Die Forschenden müssen sich über die zu untersuchende Kausalstruktur im Klaren sein, weil eine theoretisch unmotivierte und undurchdachte Aufnahme von Drittvariablen in das Modell auch dazu führen kann,

---

5   Unter bestimmten Voraussetzungen können auch unbeobachtete (nicht gemessene) Faktoren konstant gehalten werden, etwa in *fixed-effects*-Modellen, die Längsschnittdaten erfordern. Dies wird später genauer erläutert.

dass tatsächlich bestehende Kausaleffekte übersehen werden (*overcontrol bias*), etwa wenn Mediatoren, die nichts mit der Arbeitsleistung zu tun haben, kontrolliert werden. Umgekehrt kann die fehlende Berücksichtigung von *confounders*, also Variablen, welche eine gemeinsame Ursache für den untersuchten Auslöser und dessen Auswirkung darstellen, ebenso zu missverständlichen und falschen Schlussfolgerungen führen. Fehlt eine Kontrolle von ursächlichen Drittvariablen, spricht man von einem *omitted variable bias*. Werden etwa im Anwendungsbeispiel möglicher Diskriminierung von Frauen im Arbeitsmarkt zu wenige Variablen, welche Leistungsunterschiede messen, kontrolliert, wird das Ausmaß an Diskriminierung überschätzt. Werden dagegen Variablen kontrolliert, die mit dem Geschlecht zusammenhängen, und leistungsunabhängig das Entscheidungsverhalten der Arbeitgebenden beeinflussen (z. B. Kinder), wird aufgrund dieser *overcontrol* das eigentliche Diskriminierungsausmaß womöglich unterschätzt. Das in manchen Untersuchungen praktizierte Prinzip möglichst alle verfügbaren Drittvariablen in die Datenauswertung einzubeziehen, führt zu unübersichtlichen und im Hinblick auf die Kausalanalyse zu verzerrten und nicht belastbaren Ergebnissen.[6]

In diesem Zusammenhang ist auch auf Verzerrungen aufgrund einer *endogenous selection* zu verweisen (Elwert und Winship 2014). Die verschiedenen Formen des *endogenous selection bias* in der Arbeitsmarktforschung werden zu Beginn des Abschnitts zu Datenauswertungen (13.3) ausführlicher geschildert. An dieser Stelle soll der Hinweis genügen, dass der in vielen Beobachtungsstudien anzutreffenden Tendenz entgegenzutreten ist, zu wenige, aber auch zu viele Kontrollvariablen unmotiviert in die Analysen einzubeziehen.

Man unterscheidet Beobachtungsstudien danach, ob *Querschnittsdaten* oder *Längsschnittdaten* vorliegen. Bei Querschnittsdaten handelt es sich um Daten, die zumeist auf eine einmalige Datenerhebung zurückgehen und bei der sich die gemessenen Variablen auf einen Messzeitpunkt beziehen. Viele Studien der Arbeitsmarktforschung verwenden solche Querschnittsdaten, so etwa – als ein erstes Beispiel – die BIBB/BAuA-Erwerbstätigenbefragung[7], die sechsmal mit jeweils zwischen 20.000 und 30.000 Befragten erhoben wurde (Rohrbach-Schmidt 2009).

---

6   Man spricht bei solchen Auswertungsmodellen auch von der *kitchen-sink*-Methode. Ein zusätzlich zur Kausalitätsinterpretation solcher Modelle bestehendes Problem liegt darin, dass mit der Anzahl der unabhängigen (Kontroll-)Variablen auch die Wahrscheinlichkeit steigt, statistisch signifikante Koeffizienten zu schätzen, obwohl die Nullhypothese wahr ist.

7   Das Bundesinstitut für berufliche Bildung (BIBB) und das Institut für Arbeitsmarkt- und Berufsforschung (IAB) führten die Erwerbstätigenbefragung in den Jahren 1979, 1985/86, 1991/92 und 1998/99 durch. Für die Jahre 2005/06 war zusätzlich die Bundesanstalt für Arbeitsschutz und Arbeitsmedizin (BAuA) beteiligt. Eine sechste Er-

Damit liegt im Fall der BIBB/BAuA-Erwerbstätigenbefragung eine Zeitreihe von Querschnittsdaten vor (Trendstudie) In solchen Querschnittsbefragungen der Arbeitsmarktforschung wird jeweils eine Zufallsauswahl von aktiv am Arbeitsmarkt Teilnehmenden befragt. Längsschnittdaten liegen hingegen vor, wenn Informationen zu den interessierenden Variablen wiederholt bei den gleichen Untersuchungseinheiten gemessen werden. Meist sind dazu mehrere Erhebungszeitpunkte nötig, in seltenen Fällen können auch bei einer einmaligen Befragung Längsschnittdaten erhoben werden, etwa wenn in der Deutschen Lebensverlaufsstudie retrospektiv Erwerbskarrieren erfasst werden (Brückner und Mayer 1998). Im Normalfall werden bei Längsschnittdaten jedoch zu mehreren Zeitpunkten Daten erhoben (prospektives Panel). Das Sozio-oekonomische Panel (SOEP) gilt als das Standardbeispiel der Arbeitsmarktforschung für Längsschnittdaten in Deutschland, aber auch die Daten des Instituts für Arbeitsmarkt- und Berufsforschung (IAB) mit den Jahresmeldungen zur Sozialversicherung stellen typische Längsschnittdaten für den deutschen Arbeitsmarkt dar. Für die Arbeitsmarktforschung ist auch das vom IAB 2007 neu geschaffene Panel Arbeitsmarkt und soziale Sicherheit (PASS) von großem Interesse (Trappmann et al. 2013). Paneldaten sind oft die Voraussetzung dafür, Kausaleffekte in Beobachtungsstudien identifizieren zu können (vgl. Abschnitt 13.3).

13.2.2 Experimentelle Studien

Im Gegensatz zu Beobachtungsstudien fällt die Identifikation von Kausaleffekten in experimentellen Designs leichter. Dies hat mit dem Forschungsdesign zu tun, bei dem die Forschenden die „Beobachterrolle" verlassen und kontrolliert einen experimentellen Stimulus (oder auch mehrere Stimuli) – nachfolgend: Treatment – setzen. Zu den Minimalanforderungen an experimentelle Designs gehört, dass die Untersuchungsobjekte tatsächlich *zufällig* in Experimental- und Kontrollgruppen aufgeteilt werden. Die Experimentalgruppe wird auch als Treatmentgruppe bezeichnet, die Zufallsaufteilung in die Gruppen als *Randomisierung* des Treatments. Durch diese *Randomisierung* werden Drittvariablen per Design neutralisiert. Die Mitglieder der Experimentalgruppe werden dem Treatment ausgesetzt, während die Mitglieder der Kontrollgruppe kein Treatment oder zumindest ein

---

hebungswelle liegt ohne Beteiligung des IAB für das Jahr 2012 vor. Die Studie wird nun als BIBB/BAuA-Erwerbstätigenbefragung bezeichnet.

anderes Treatment erhalten.[8] Bei experimentellen Designs können ebenso wie bei Beobachtungsdaten Situationen einmaliger und mehrmaliger Messung unterschieden werden. Ein Vorzug von experimentellen Designs besteht darin, dass der durchschnittliche Effekt des Treatments durch einfache statistische Methoden (etwa Mittelwertunterschiede) auszumachen ist, während die *ex post facto* Kontrolle auf Drittvariablen (Konditionierung) in Beobachtungsstudien oft schwierig ist. In Experimenten werden nicht unbedingt Zufallsstichproben, sondern sehr häufig bewusste Auswahlen von Teilnehmern (*convenience sample*) herangezogen, etwa bei vielen Laborexperimenten aus dem Pool von registrierten Teilnehmenden. Für die Identifikation von Kausaleffekten ist die Randomisierung entscheidend, nicht die Frage, ob die Teilnehmer zufällig ausgewählt wurden. Im Hinblick auf die Verallgemeinerung der Forschungsbefunde auf andere Situationen, etwa reale Interaktionen außerhalb des Labors (externe Validität), ist es jedoch durchaus wichtig, dass die Teilnehmer nicht zu homogen sind. Idealerweise kann man sogar Zufallsauswahlen realisieren.

Die Durchführung von Experimenten geschieht gewöhnlich unter kontrollierten Bedingungen im Labor, mitunter auch im Feld, wobei bei *Laborexperimenten* der Grad der Kontrolle in der Regel höher ausfällt als bei Feldexperimenten (für die folgenden Ergebnisse vgl. Charness und Kuhn 2011; List und Rasul 2011), allerdings ist von einer geringeren externen Validität als bei Feldexperimenten und auch von Reaktivität auszugehen. Hierunter versteht man die Beeinflussung der Teilnehmenden durch deren Wissen, dass sie an einer Forschungsstudie teilnehmen, etwa in Form einer stärkeren Äußerung von sozial erwünschten Verhaltensweisen (*social desirability bias*). Falk und Fehr (2003) erwähnen als generelles Argument für einen Einsatz von Experimenten in der Arbeitsmarktforschung die leichtere Replikation von Forschungsergebnissen und betonen, dass die Haupteinwände gegen Experimente in der Arbeitsmarktforschung bei überlegtem Vorgehen ausgeräumt werden können. Diese Haupteinwände sind ein stark verzerrter Pool von Probanden (vor allem junge Studierende der Wirtschaftswissenschaft und der Psychologie; kritisch: Henrich et al. 2010), die oft als zu unrealistisch niedrig angesetzt Einsätze (Verhaltenskosten) für die Teilnehmenden, die geringen Fallzahlen sowie drohende Gefährdungen der internen wie externen Validität. Der Überblicksartikel von Charness und Kuhn (2011) benennt als Forschungsbereiche für Laborexperimente in der Arbeitsmarktforschung vor allem verschiedene Prinzipal-Agenten-Probleme, also Situationen asymmetrischer Information

---

8   Häufig gibt es zudem mehr als zwei Gruppen, womit sich mehrere Treatments testen lassen. Auch dann ist es essenziell, dass die Art des Stimulus (Treatments) randomisiert zugewiesen wird.

zwischen Arbeitgebern und Arbeitnehmenden, etwa die Analyse der Auswirkung von Entlohnungssystemen auf die Leistungen der Beschäftigten (fixes Einkommen, Stücklohn, Turniermodelle etc.). Weiterhin wurden viele Studien zu sozialen Präferenzen, eines der meist erforschten Themen der *behavorial economics*, durchgeführt. Prominent sind in diesem Zusammenhang die Experimente zur Arbeitnehmer-Arbeitgeber-Beziehung als *gift exchange* (Fehr et al. 1993). Weitere beispielhafte Themen von arbeitsmarktrelevanten Laborstudien sind die Teamproduktion aus der Perspektive der *public-good*-Literatur (etwa Dickinson 2001) oder die Verteilung von Tauschgewinnen (Braun und Gautschi 2006). Beispiele für Laborexperimente, welche auch die Forschungsfrage nach der geschlechtsspezifischen Aufstiegsmobilität betreffen, stammen von Gneezy et al. (2003), die bei Frauen ein weniger ausgeprägtes Wettbewerbsverhalten als bei Männern belegen.

Feldexperimente zeichnen sich dadurch aus, dass experimentelle Designs in natürlicher Umgebung realisiert werden, wobei das Treatment auch hier bewusst durch die Forscher gesetzt wird und wiederum eine Randomisierung verfolgt wird (List und Rasul 2011). Feldexperimente wurden in der Arbeitsmarktforschung ebenfalls mit einigem Erfolg durchgeführt (Überblick bei Riach und Rich 2002). Am bekanntesten sind die Experimente zur Diskriminierung von Bertrand und Mullainathan (2004). Die Autoren schickten Bewerbungen mit Lebensläufen von Personen mit Namen, die entweder Amerikaner weißer oder schwarzer Hautfarbe signalisierten (Emily und Greg versus Lakisha und Jamal). Im Ergebnis zeigte sich, dass Bewerbungen mit „weißen Namen" 50 Prozent mehr Rückrufe erhielten – dieses Ergebnis war über verschiedene Wirtschaftszweige, Betriebsgrößen und Regionen stabil. Kaas und Manger (2012) führten ähnliche Korrespondenztests in Deutschland durch, bei denen sich studentische Bewerber um ein Praktikum *de facto* nur durch einen deutschen bzw. türkischen Namen unterschieden. Die in solchen Studien nachgewiesenen Unterschiede werden oft als Nachweis von Diskriminierung im Sinne der Beckerschen Theorie zu *taste-based discrimination* gewertet, wobei dies nicht unumstritten ist. Mit Bezug auf das Anwendungsbeispiel dieses Kapitels konnten Riach und Rich (2006) in ähnlichen Experimenten in England zeigen, dass es bei der Rekrutierung Diskriminierung gegen Frauen in Männerberufen, aber auch Diskriminierung gegen Männer in Frauenberufen und in gemischten Berufen gibt. Insgesamt zeigen Feldexperimente zu vielen Themenkreisen durchaus uneinheitliche Ergebnisse und sind oft durch sehr spezielle Samples gekennzeichnet (Überblick bei Riach und Rich 2002).

In der Arbeitsmarktforschung spielen darüber hinaus *natürliche Experimente* eine Rolle. Hierbei macht man sich zu Nutze, dass exogene Ereignisse für eine faktische Randomisierung eines Treatments sorgen, das nicht vom Forschenden gesetzt wurde. Im Hinblick auf die Auswirkung der Versorgung mit Kinderbetreuungseinrichtungen auf die Frauenerwerbstätigkeit stellt etwa die große Varianz in den schweizerischen Kantonen zumindest an den Kantonsgrenzen eine natürliche Randomisierung dar, solange man davon ausgehen kann, dass die Familien nicht wegen der Kinderbetreuung umgezogen sind (Felfe et al. 2013). Im Ergebnis zeigte sich in dieser Studie, dass eine höhere Versorgung mit Ganztageskinderbetreuung die Arbeitsmarktteilnahme von Frauen positiv beeinflusst und die Arbeitsmarktteilnahme von Männern sogar reduziert. In dieser Studie wurde eine Kombination von Befragungsdaten und prozessproduzierten Daten herangezogen. Möglich ist in natürlichen Experimenten auch die alleinige Verwendung von Befragungsdaten im Zeitverlauf, wenn etwa ein exogenes Ereignis eine einschneidende Änderung der Rahmenbedingungen schafft. Gangl und Ziefle (2015) analysieren mit SOEP-Daten, wie sich Änderungen in der Gesetzgebung zur Gestaltung der Elternschaftsregeln auf die Erwerbsneigung von Frauen auswirken. Möglich wird dieses natürliche Experiment dadurch, dass man die Veränderung der Gesetzeslage als exogen modelliert, das heißt Frauen haben ihre Entscheidung für eine Schwangerschaft nicht an dieser Veränderung ausgerichtet. Konkret wurde in dieser Studie die Änderung des Erziehungsurlaubs 1992 untersucht, bei der dieser von eineinhalb Jahren auf drei Jahre ausgeweitet wurde. Es zeigte sich, dass Frauen durch die gesetzliche Änderung unter anderem ihre Einstellungen zur Erwerbsarbeit veränderten. In der Arbeitsmarktforschung haben weiterhin die Arbeiten von Card und Krueger (1994) zum Mindestlohn große Aufmerksamkeit erhalten. Im Vergleich von zwei benachbarten US-Bundesstaaten, wovon in einem der Mindestlohn angehoben wurde, während im anderen keine Änderungen erfolgten, zeigte sich keine Auswirkung auf die Beschäftigung in der untersuchten Branche (*fast food industry*). Die meisten anschließend erstellten Studien zu Auswirkungen des Mindestlohns auf den Arbeitsmarkt verwendeten ebenfalls Daten aus ähnlichen natürlichen Experimenten.

Bei vielen natürlichen Experimenten müsste man von *quasi-experimentellen Designs* sprechen, da die Randomisierung mitunter nicht wirklich gelingt beziehungsweise gelingen kann. Dieses Problem einer unvollständigen Randomisierung trifft insbesondere auf die weit verbreiteten Evaluationsstudien von arbeitsmarktpolitischen Maßnahmen zu (am bekanntesten: die Untersuchungen zur negativen Einkommenssteuer, eine Art Grundeinkommen in den USA). Während Ross (1970) keine negative Anreizwirkung für das Arbeitsangebot ermittelte, zeigten andere Autoren (etwa Ashenfelter und Plant 1990), dass der systematische Ausstieg von Teilnehmenden aus dem Experiment (*attrition*) diese Schlussfolgerung nicht rechtfertigt. Problematischer ist bei Evaluationsstudien wie angedeutet aber die fragliche Randomisierung auf Treatment- und Kontrollgruppe (*randomization bias*), etwa wenn die Teilnehmer an einer Maßnahme entgegen der Absicht der

Forscher doch selektiert sind.[9] Bei Programmevaluationen taucht weiterhin das Problem des Substitutionsfehlers auf, wenn Mitglieder der Kontrollgruppe einen Ersatz für das Treatment suchen, also etwa arbeitslose Personen in der Kontrollgruppe eigene Anstrengungen unternehmen, in den Arbeitsmarkt zurückzukehren. Auch die mangelnde Bereitschaft von Teilnehmenden, das experimentelle Treatment wie im Design vorgesehen wirken zu lassen (*compliance*), beeinträchtigt die möglichen Schlussfolgerungen auf Kausaleffekte.

Alles in allem: Der besondere Vorteil von Experimenten ist darin zu sehen, dass die Forschenden ein höheres Ausmaß an Kontrolle über die zu untersuchenden Prozesse haben als in Beobachtungsstudien, und der Einfluss unbeobachteter Faktoren in der Regel per Design ausgeschlossen wird. Allerdings bedeutet die Durchführung von Experimenten in der Arbeitsmarktforschung auch, dass man eine ganze Reihe von Herausforderungen zu bewältigen hat. In Laborexperimenten dürfte vor allem die externe Validität angezweifelt werden (im Hinblick auf die Probanden, auf die Höhe der Einsätze, um die in den Laborstudien gespielt wird, und den allgemeinen Realitätsgehalt der experimentellen Situation). Feldexperimente stellen besondere ethische Anforderungen an die Forschung, ebenso ist das bewusste Setzen von Treatmentfaktoren im Feld mitunter von anderen (oft unbeobachteten) Faktoren abhängig, etwa im Fall der Bewerbungsexperimente sicher auch vom jeweiligen Bewerberpool. Auch bei natürlichen Experimenten und Quasi-Experimenten sind – etwa wenn arbeitsmarktpolitische Maßnahmen evaluiert werden sollen – die Rahmenbedingungen von möglicher Randomisierung und Substitution zu beachten. Immer dann, wenn solche Verzerrungen zu erwarten sind, sollte dann zumindest versucht werden, diese *ex post facto* bei der Datenauswertung zu kontrollieren.

13.3 Datenquellen

In diesem Abschnitt werden die wichtigsten Datenquellen der Arbeitsmarktforschung knapp beschrieben. Zu beachten ist bei allen aufgeführten Datenquellen, dass die zugrundeliegenden Daten mit unterschiedlichen Designs korrespondieren können. Auch in Surveystudien können experimentelle Designs umgesetzt werden, dies gilt überdies für prozessproduzierte Daten, also Daten aus administrativen Prozessen, die nicht zum Zweck der Forschung entstanden, die – wie gerade ausgeführt – oft im Rahmen natürlicher Experimente Verwendung finden. Meistens

---

9 Die Randomisierung bei Programmevaluationen wird aus ethischer Sicht diskutiert (Burtless 1995, S. 74-75).

werden jedoch Surveydaten und prozessproduzierte Daten im Rahmen von Beobachtungsdesigns genutzt. Die meisten der beschriebenen Datensätze stehen als
Scientific-Use-Files (SUF) zur Verfügung.

13.3.1 Surveystudien

Die große Mehrheit der soziologischen Untersuchungen zum Arbeitsmarkt stützt
sich auf Surveys (Befragungen) – und zwar auf solche Surveys, die auf einer Zufallsstichprobe an Befragten beruhen. Wie mehrfach betont, stellt dies die Voraussetzung dafür dar, dass auf der Grundlage der Ergebnisse einer Studie Schlussfolgerungen für die jeweilige Grundgesamtheit gezogen werden können (Anwendung
von Inferenzstatistik). An mehreren Stellen dieses Bandes bildete etwa das SOEP
die Datengrundlage für die berichteten Ergebnisse. Das SOEP gilt allgemein als
eine zentrale Datenquelle der deutschen Arbeitsmarktforschung. In jährlichem
Rhythmus werden etwa 30.000 Personen in (nach bestimmten Kriterien zufällig ausgewählten) 11.000 Haushalten zu vielen Aspekten ihrer Erwerbsbiografie
und weiteren für die Arbeitsmarktforschung bedeutsamen Themen befragt (etwa:
Wagner 2008). Aus dem Bereich der amtlichen Statistik kann als Surveystudie
der Mikrozensus genannt werden. Hierbei handelt es sich um eine 1%-Zufalls-
stichprobe der deutschen Wohnbevölkerung (Haushalte), die relativ detailliert zu
arbeitsmarktrelevanten Aspekten (etwa zu Art und Umfang der Erwerbstätigkeit)
Auskunft gibt (Lüttinger und Riede 1997). Der Mikrozensus ist auch als *Scientific-Use-File* für die Arbeitsmarktforschung verfügbar (70%-Stichprobe aus dem
Mikrozensus). Seit 2007 wird auch das bereits erwähnte Panel Arbeitsmarkt und
soziale Sicherheit (PASS) für das IAB als Befragung von etwa 10.000 Haushalten
erhoben. Zugrunde liegt eine Zufallsstichprobe von Haushalten, in denen Beschäftigte und Bezieher von Sozialleistungen leben, welche zu arbeitsmarktrelevanten
Themen befragt werden. Auch die weiteren Haushaltsmitglieder werden befragt.
Das PASS zeichnet sich durch eine Reihe von methodischen Besonderheiten aus,
die auch viele methodisch ansetzende Artikel zu Themen der Surveyforschung
angeregt haben (als ein Beispiel: Trappmann et al. 2014; Überblick zum Datensatz
bei Trappmann et al. 2013).

Relativ häufig werden Mitarbeiterbefragungen in einzelnen Betrieben durch-
geführt, in denen die Beschäftigten etwa zu ihrer Arbeitszufriedenheit und der
Zusammenarbeit mit Kollegen und Vorgesetzten Auskunft geben (Domsch und
Ladwig 2013). Diese Surveystudien sind in der Regel als Totalerhebungen ange-
legt und werden primär als innerbetriebliches Informationssystem und weniger als
Quelle der Arbeitsmarktforschung verwendet.

Surveys richten sich zudem an die Nachfrageseite des Arbeitsmarktes, die Arbeitgeber. Im IAB-Betriebspanel antwortet eine repräsentative Zufallsauswahl von Betrieben mit sozialversicherungspflichtigen Beschäftigten auf Fragen unter anderem zur Belegschaft, zur Konkurrenzsituation, zu betrieblichen Strategien und umgesetzten und geplanten Veränderungen beim Personal (Ellguth et al. 2014). Ein Äquivalent aus den USA ist die National Organization Study bzw. der National Organizations Survey (NOS), die im Hinblick auf ihre Stichprobenziehung ein ungewöhnliches Design kennzeichnen (Kalleberg et al. 1996; Brown et al. 2013). So werden die Betriebe auf Grundlage der Angaben der Befragten in der vorher realisierten, repräsentativen Bevölkerungsbefragung General Social Survey zu ihren Arbeitgebern gezogen. In den aktuelleren Befragungswellen des NOS werden außerdem Betriebe aus einem Verzeichnis von Großunternehmen ergänzend herangezogen. Weiterhin können auch Spezialpopulationen von Betrieben zum Gegenstand von Befragungsstudien werden, so etwa neugegründete Betriebe auf der Grundlage von Gewerbeanmeldungen (Brüderl et al. 2007). Methodische Herausforderungen bei solchen Betriebsbefragungen bestehen darin, möglichst auskunftsbereite und informierte Befragte innerhalb der Betriebe zu gewinnen, was angesichts der großen Heterogenität von Betrieben keine leichte Aufgabe darstellt. Insbesondere bei Betriebsbefragungen hat *unit nonresponse* stark zugenommen. Bei Befragungen von Betriebsgründern besteht eine Herausforderung darin, auch weniger erfolgreiche oder sogar gescheiterte Fälle in die Datenerhebung aufzunehmen.

Bei Surveystudien geht man allgemein davon aus, dass durch eine nach den Regeln der Surveyforschung erfolgende Befragung die interessierende Information auch ermittelt werden kann; eine Annahme, die nicht in allen Fällen zutreffen wird – man denke nur daran, dass Befragte oft keine verlässlichen Angaben zu ihrem Einkommen machen wollen oder können –, aber doch in vielen Anwendungsfällen hinreichend erfüllt zu sein scheint (allgemein zur Methodik von Surveystudien: Groves et al. 2009; Schnell 2012). In Surveys können ganz verschiedene Datenarten (etwa auch Verlaufsdaten) erhoben werden. Ein unmittelbar einleuchtender Vorzug von Surveystudien besteht darin, auch Einstellungen und Überzeugungen der Befragten ermitteln zu können. Dies ist in der Arbeitsmarktforschung dann wichtig, wenn Aspirationen oder nicht direkt beobachtbare Konzepte wie der Reservationslohn erhoben werden sollen (siehe Kap. 2 in diesem Band). Allerdings sind Surveystudien auch in vielerlei Hinsicht problematisch: Häufig muss man mit verschiedenen Formen des *nonresponse* rechnen (Little und Rubin 2002). Als großes Problem gilt in vielen Ländern, dass – wie bereits angedeutet – die allgemeine Bereitschaft, an solchen Studien teilzunehmen, gesunken ist, was zu geringen Ausschöpfungsquoten führt. Weiterhin ist fraglich, ob Befragte tatsächlich wahrheitsgemäß antworten (*social desirability bias*). Die Durchführung von Surveys wird daher über die letzten Jahrzehnte immer kritischer gesehen, vor allem, weil mit enormem Aufwand eine letztlich oft fragwürdige Datenqualität erreicht wird. Nichtsdestotrotz gibt es bei vielen Fragestellungen der Arbeitsmarktforschung keine Alternative zu Befragungen – vor allem immer dann, wenn latente Eigenschaften wie Präferenzen, Meinungen und Einstellungen interessieren, oder auch Aussagen über Personen getroffen werden sollen, die nicht am Arbeitsmarkt teilnehmen. Zu diesem Personenkreis liegen oft keine oder nur unzureichende alternative Informationen vor. Insgesamt muss bei der Verwendung von Surveydaten darauf geachtet werden, entsprechend kritisch mit den Datenquellen umzugehen und gegebenenfalls Gewichtungs- bzw. Korrekturverfahren für verzerrte Stichproben einzusetzen, insbesondere wenn repräsentative Deskriptionen angestellt werden.

In jüngerer Zeit wurden Surveydaten auch in Kombination mit experimentellen Designs eingesetzt. Insbesondere bietet sich dies bei exogenen Veränderungen an, die eine verlässliche Randomisierung von Befragten in unterschiedliche Gruppen vornehmen. Zu denken ist an die bereits erwähnte regional und/oder zeitlich unterschiedliche Umsetzung von Arbeitsmarktgesetzen, beispielsweise an die bei Gangl und Ziefle (2015) thematisierte und oben dargestellte Veränderung der Elternschaftsfreistellungen. Weiterhin haben Surveyexperimente in der Arbeitsmarktforschung größere Beachtung gefunden. Solche Experimente integrieren experimentelle Elemente in Befragungsstudien. Es lassen sich faktorielle Surveys, Conjoint-Analysen und Choice-Experimente unterscheiden. (Auspurg und Hinz 2015). Bei all diesen Designs werden bei der Gestaltung des Erhebungsprogramms Fragemodule integriert, die den Anforderungen von Experimenten (kontrollierte Variation des Treatments und Randomisierung) genügen. Konkret handelt es sich meist um mehrfaktorielle Designs; so sind etwa, wenn Präferenzen der Beschäftigten für Arbeitsbedingungen ermittelt werden sollen, neben dem Lohn weitere Aspekte wie Arbeitszeiten, Aufstiegsmöglichkeiten und Pendelwege von Interesse. Im Surveyexperiment können diese Stellenmerkmale randomisiert zugewiesen werden, was es erlaubt, die sonst übliche Selektivität am Arbeitsmarkt (die ohnehin besser in den Markt integrierten Personen erhalten die attraktiveren Jobangebote) zu überwinden. Ein besonderer Anreiz, solche mehrfaktoriellen Designs mit einer reichhaltigen Kreuzung von mehrfachen experimentellen Stimuli bzw. Faktoren einzusetzen, besteht darin, dass zwischen interessierenden Variablen *trade offs* und Interaktionen bestimmt werden können. Beispielsweise kann mit Hilfe solcher Designs ermittelt werden, ab welchen Lohnzuwächsen berufliche Umzüge attraktiv erscheinen. Faktorielle Surveys wurden mit Erfolg in mehreren Studien zum Arbeitsmarkt eingesetzt. Abraham et al. (2010) untersuchten die Veränderungen der Verhandlungssituation bei Doppelverdienerpaaren im Fall von Jobangeboten, die ein Partner in der Paarbeziehung erhält. Ähnlich haben Abraham et al. (2013) die Stellenannahmebereitschaft von Arbeitslosen und Beschäftigten mittels fiktiver Stellenangebote verglichen: Zeigt sich etwa eine größere regionale „Trägheit" von Arbeitslosen auch dann noch, wenn diese ähnlich attraktive überregionale Jobangebote erhalten wie zum Befragungszeitpunkt Beschäftigte?

13.3.2 Prozessproduzierte Daten

Als Alternative zu Befragungsdaten werden in der Arbeitsmarktforschung schon seit langem prozessproduzierte Daten eingesetzt. In jüngerer Zeit fallen prozessproduzierte Daten im Zuge der Digitalisierung in großen Mengen und in fast allen Lebensbereichen an (*big data*, worunter man ganz unterschiedliche Datentypen versteht, die sich im Hinblick auf die Datenmenge, die Datenübertragungsgeschwindigkeit und die Variabilität des Dateninhalts auszeichnen). In der Arbeitsmarktforschung fallen prozessproduzierte Daten in administrativen Prozessen der Arbeitsverwaltung an, sie entstehen nicht im Zusammenhang mit dem Forschungsprozess. Klassisches Beispiel sind die in Deutschland üblichen Meldungen an die Sozialversicherungen, die auf Grundlage entsprechender Gesetze und nach Beachtung von Datenschutzregelungen auch für wissenschaftliche Analysen eingesetzt werden können. Die Beschäftigtenstichprobe des IAB ist ein prominentes Beispiel (Bender und Haas 2002; Dorner et al. 2010). Hierbei handelt es sich um eine 2%-Stichprobe der Historik-Datei aller sozialversicherungspflichtig Beschäftigten seit 1975 (ohne Selbständige und ohne Beamte). Es können auch noch regionale Informationen, etwa zum Ausmaß der Arbeitslosigkeit, zu diesen personenbezogenen Erwerbsbiografien hinzugefügt werden.

Selbstverständlich fallen prozessproduzierte Daten an sehr vielen weiteren Stellen im Arbeitsmarkt an, vor allem innerhalb von Teilarbeitsmärkten in Arbeitsorganisationen – etwa zu Arbeitsleistungen und Fehlzeiten von Arbeitnehmenden. Sie können bislang nur in seltenen Fällen für die Arbeitsmarktforschung genutzt werden, nämlich dann, wenn die erfassenden Betriebe der Nutzung für Forschungszwecke explizit zustimmen. Die „Südwerk"-Daten sind ein Beispiel aus den 1980er Jahren und umfassen die Beschäftigteninformationen eines großen süddeutschen Industriebetriebs, sodass betriebliche Aufstiegsprozesse und auch Austritte untersucht werden konnten (Brüderl 1991). Ähnlich konnten Achatz und Hinz (2001) die Personaldaten von über 1.600 Beschäftigten in elf Fraunhofer-Instituten für Untersuchungen zur Veränderungen der Organisationsdemografie und der Integration von Wissenschaftlerinnen heranziehen. Mitunter sind auch Datenbanken, wenn sie den interessierenden Sachverhalt brauchbar abbilden, von Interesse. Gorman (2006) war beispielsweise an den geschlechtsspezifischen Aufstiegschancen in US-amerikanischen Rechtsanwaltsfirmen interessiert. Konkret ging es darum, die Chancen, als Partner in eine Kanzlei aufgenommen zu werden, zu analysieren. Gorman verwendete dazu ein Nachschlagewerk, das „National Directory of Legal Employers", das von einer Non-Profit-Organisation (auf der Basis von Befragungen) zusammengestellt wird. Veränderungen in der Zusammensetzung der Partnerschaften können mittels des Nachschlagewerks für die anschließende Datenauswertung ermittelt werden. Sehr originell im Hinblick auf die verwendeten Daten ist die Arbeit von Lutter (2012) zum Arbeitsmarkt der deutschen Filmschauspieler. Auf der Grundlage der umfassenden Datenbank „Internet Movie Data Base" stellte er Karriereinformationen zu 3.488 Rollen von 8.146 Schauspielern (davon 2.811 Frauen) in über 20.000 Filmproduktionen zusammen.

Diese Beispiele verdeutlichen bereits, dass die Verwendung von prozessproduzierten Daten sich oft auf einen sehr speziellen Untersuchungsbereich bezieht, für den der Datenzugang durch die Forscher gesichert werden konnte. Der Vorteil prozessproduzierter Daten liegt darin, dass sie gleichsam objektiv sind, das heißt nicht durch Erinnerungsfehler oder soziale Erwünschtheit verzerrt werden. Trotzdem sind auch ihre Entstehungsbedingungen nicht frei von möglichen Messfehlern. So dürften die Berufs- und Bildungskodierungen der IAB-Daten beträchtliche Unschärfen enthalten, je nachdem wie genau die Betriebe die Daten erfassen, die sie an die Sozialversicherungen melden. Neben dem Ausschluss von bestimmten Beschäftigtengruppen und den berichteten Unschärfen haben diese Datenquellen noch weitere Besonderheiten, um die man in der Datenauswertung wissen muss. So ist etwa der Lohn der Beschäftigten nur bis zur Höhe der Sozialversicherungspflicht enthalten und man muss sich für diejenigen Beschäftigten, die mehr als die Beitragsbemessungsgrenze verdienen, mit imputierten Werten behelfen (Gartner 2005). Auch die erwähnten Datenbanken sind natürlich nur so gut wie die Informationen, mit denen sie gefüttert werden.

Als sehr ertragreich hat sich in der Arbeitsmarktforschung die Kombination verschiedener Datenquellen erwiesen. Dabei werden etwa Beschäftigteninformationen aus prozessproduzierten Quellen mit Surveydaten aus Betriebsbefragungen verbunden. Hierfür können die LIAB-Daten (*linked-employer-employee*-Daten des IAB) als Beispiel gelten (Alda et al. 2005). Für die Betriebe, die für die erwähnte IAB-Betriebspanel-Befragung ausgewählt wurden, werden die prozessproduzierten Informationen aus der Beschäftigten-Historik zugespielt. Der besondere Reiz solcher *linked-employer-employee*-Datensätze für die Arbeitsmarktforschung liegt darin, dass Angebots- und Nachfrageseite in einem Datensatz kombiniert werden (vgl. Abowd et al. 1999; für eine Anwendung im Bereich der Lohnbildung: Gürtzgen 2008). Unter Verwendung des so kompilierten Datensatzes konnten Gartner und Hinz (2009) Analysen zum geschlechtsspezifischen Lohnunterschied in Betrieben auf Ebene von Job-Zellen (also in gleichen Berufen innerhalb der gleichen Arbeitsorganisation) vornehmen. Die Lohnnachteile von Frauen in den Job-Zellen sind deutlich geringer als sie für den gesamten Arbeitsmarkt berichtet werden, was auf die Bedeutung von Selektionsprozessen auf Angebots- und Nachfrageseite hinweist. Auch die Befragungsdaten des SOEP können über Schlüsselvariablen mit weiteren Informationen, wie etwa der regionalen Arbeitsmarktlage, verbunden werden. Die Verknüpfung von Daten unterschiedlicher Provenienz über entsprechende Schlüsselvariablen (*record linkage*) schafft neue Erkenntnismöglichkeiten bei Verwendung unterschiedlichster Datenquellen. In einer Surveystudie zur Einkommensgerechtigkeit wurden etwa die erhobenen Berufe der Befragten als Schlüsselvariable verwendet, um Arbeitsmarktkenngrößen für diese Berufe aus anderen Quellen zuzuspielen (etwa die Anteile an weiblichen Beschäftigen; die bestehenden geschlechtsspezifischen Lohnunterschiede). Weiterhin wurden in diesem Fall experimentelle Daten aus einem faktoriellen Survey, in dem unter anderem die Berufe von fiktiven Beschäftigten und deren Einkommen als Treatment variiert wurden, mit externen Informationen über diese Berufe verbunden (Auspurg et al. 2017). Durch diese Verknüpfungen konnte aufgezeigt werden, dass für die Diskriminierung von Frauen hinsichtlich eines als gerecht empfundenen Einkommens (bei sonst gleichen Eigenschaften) vor allem die vorgängigen Erfahrungen der befragten Erwerbspersonen mit Geschlechterungleichheiten an ihrem Arbeitsplatz, etwa die bestehenden Lohnungleichheiten in den ausgeübten Berufen, verantwortlich sind.

13.4 Datenauswertung

In der folgenden Diskussion der Datenauswertung gilt die besondere Aufmerksamkeit zunächst dem Problem, kausale Effekte identifizieren zu können. Ein kausaler Effekt liegt vor, wenn eine Variation des Treatments (T) in der Tat ursächlich für die gemessene Veränderung der Ergebnisvariablen (Y) ist. Idealerweise ist T dabei tatsächlich eine Variable, die vom Forscher manipuliert und randomisiert werden kann. Das gewählte Anwendungsbeispiel des Geschlechterunterschieds bei beruflichen Karrieren fügt sich – sofort einsichtig – hier nicht ohne Weiteres ein, weil Geschlecht, wie viele andere Variablen (Alter, ethnische Zugehörigkeit, Beruf etc.), nicht experimentell variiert werden kann. Daher ist die Kausalanalyse in diesen Fällen von Beobachtungsstudien eine noch größere Herausforderung als in experimentellen Designs. Unabhängig davon, ob sie auf Survey- oder prozessproduzierte Daten zurückgreifen, besteht in Beobachtungsstudien das Problem der

„endogenen Selektivität", weil die zufällige Zuweisung des Treatments besonders problematisch beziehungsweise fraglich oder sogar unmöglich ist. Im Anschluss an die Diskussion der Kausalitätsproblematik werden in diesem Abschnitt verschiedene, weit verbreitete statistische Analyseverfahren der Datenauswertung knapp vorgestellt: von einfachen Assoziationstabellen, wie sie in der Mobilitätsforschung zum Einsatz kommen, bis hin zu Verfahren der Paneldatenanalyse, welche auch zur Kausalanalyse herangezogen werden.

13.4.1 Einleitende Anmerkungen zur Kausalanalyse

Was sollen Datenanalysen in der quantitativen Arbeitsmarktsoziologie leisten? Neben einer zutreffenden Beschreibung von erkennbaren Mustern in den Daten geht es wie erwähnt vor allem um die Erklärung von Sachverhalten. Das Ausgangsmodell vieler Datenauswertungen von Beobachtungs- und Experimentalstudien sind dabei (einfache) lineare Regressionsmodelle (OLS), bei denen der Einfluss eines Treatments (T_i) auf die Ergebnisvariable (Y_i) modelliert wird, wobei der Index i die einbezogenen Fälle $i = 1, 2, ..., n$ bezeichnet.

$$Y_i = b_0 + b_1 T_i + e_i \qquad (13.1)$$

Damit der durchschnittliche Effekt des Treatments b_1 korrekt geschätzt werden kann, darf der Fehlerterm eines Regressionsmodells e nicht mehr mit der Treatmentvariablen T korreliert sein. Weiterhin ist in Beobachtungsstudien wegen der fehlenden Randomisierung des Treatments auf konfundierende Variablen (*confounders*), die sowohl Treatment T als auch Outcome Y beeinflussen, zu kontrollieren. Die Standardauswertungen in der Arbeitsmarktforschung dürften OLS-Regressionsmodelle sein, bei denen die Wirkung von T (unabhängige Variable, z. B. Bildung) auf Y (abhängige Variable, z. B. Einkommen) unter Einbezug von konfundierenden Variablen (Kontrollvariablen) abgeschätzt werden soll. Elwert und Winship (2014) führen in einem Überblicksartikel aus, dass bei der Identifikation von Kausaleffekten vor allem auf eine endogene Selektion zu achten ist – und dies trifft praktisch in allen Beobachtungsstudien sowie auch auf einige quasi-experimentelle Designs zu. Hiermit ist gemeint, dass Selektionen in Kategorien von interessierenden unabhängigen Variablen (hier: Bildung) *per se* mit der abhängigen Variablen (hier: dem Einkommen) zusammenhängen. Personen, die auch unabhängig von ihrer Bildung höhere Einkommenschancen haben (etwa weil sie begabt sind und schnell lernen), selektieren sich womöglich eher in Bildung als andere Personen, was zu Scheinkorrelationen führt. Allgemeinere Situationen, bei denen es zu einem *endogenous selection bias* kommen kann, sind bei Elwert und Winship (2014) beschrieben.[10]

Allgemein kann man sagen: Immer dann, wenn man zusätzliche Informationen zu weiteren Variablen in die Analysen aufnehmen will (Elwert und Winship [2014] sprechen von *conditioning*), besteht die Gefahr einer solchen Verzerrung. Die Ursachen für solche Verzerrungen können vielfältig sein. In Beobachtungsstudien in der Arbeitsmarktforschung werden folgende Situationen als typisch für endogene Selektionsfehler beschrieben: Als ein markantes Beispiel gelten Untersuchungen, bei denen abhängige oder unabhängige Variable nur in einem begrenzten Wertespektrum erhoben werden. Dies läge vor, wenn ein Datensatz nur die Bezieher niedriger Einkommen enthielte, wie im inzwischen eingestellten Niedrigeinkommenspanel NIEP (Kortmann et al. 2002). Es wäre problematisch, wenn man auf der Basis solcher bewusst trunkierter Daten allgemeine kausale Effekte von Geschlecht auf das Einkommen oder die Beschäftigungs- und Aufstiegschancen schätzen wollte. Dies liegt daran, dass zwischen Geschlecht und weiteren nicht beobachteten Faktoren durch die Einschränkung auf niedrige Einkommen (Konditionierung der abhängigen Variablen) eine nicht-kausale Beziehung besteht. Auch der *nonresponse bias* in Surveystudien führt zu einer Konditionierung. Man kann nur diejenigen Fälle mit einer Antwort berücksichtigen, was zu einer nicht-kausalen Beziehung zwischen den eigentlich interessierenden Variablen und der Antwortwahrscheinlichkeit führt. Im Zusammenhang mit dem Anwendungsbeispiel der Karrieremobilität von Frauen kann die oft thematisierte *Heckman*-Selektion (Heckman 1974) ebenfalls in diesem Rahmen gedeutet werden. Man beobachtet nur eine Auswahl aller Frauen, nämlich die erwerbstätigen Frauen. Weil diese Selektion nicht zufällig ist (sie hängt beispielsweise von der Ausbildung und dem erwartbaren Einkommen ab), wird die Schätzung eines Kausaleffekts von Bildung auf den Arbeitsmarkterfolg beeinträchtigt. Auch die Aufnahme einer *collider*-Variablen in Regressionsmodelle ist hinsichtlich der Identifikation von Kausaleffekten zu unterlassen. Im Fall der Identifikation des kausalen Effekts von Bildung auf Einkommen, ist etwa eine Kontrolle auf ausgeübte Berufe nicht zielführend.

---

10 Es handelt sich um eine besondere Konstellation von Variablen, bei denen sog. *collider* Variablen sowohl mit der unabhängigen als auch der abhängigen Variablen (oder auch weiteren unabhängigen Variablen) zusammenhängen (im Beispiel wäre die Begabung eine *collider* Variable). Solche *collider*-Variablen sind bedingt durch mindestens zwei (beobachtete oder unbeobachtete) Variablen und sie sind – bei Kontrolle im Modell (*overcontrol bias*) – für (mitunter nicht sofort erkennbare) nicht-kausale Assoziationen verantwortlich, die eine Identifikation der eigentlich interessierenden Kausaleffekte verhindern.

Nach der Diskussion der mitunter problematischen Identifikation von kausalen Effekten in der Arbeitsmarktforschung seien nun einige wichtige statistische Analysestrategien dargestellt. Gemeinsam ist diesen statistischen Modellen, dass in der Regel Veränderungen von Arbeitsmarktpositionen im Zeitverlauf betrachtet werden und nach ihren Ursachen geforscht wird. Am Schluss des Abschnitts wird die Diskussion um Kausalanalysen nochmals aufgegriffen.

13.4.2 Kategoriale abhängige Variable: Mobilitätstabellen und log-lineare Modelle

Mobilitätstabellen und ihre Weiterentwicklung zu log-linearen Modellen werden zur Untersuchung der *intergenerationalen* und der *intragenerationalen* Mobilität im Arbeitsmarkt eingesetzt (vgl. eine Überblicksdarstellung bei Hout 1983). Die Tabellen werden an dieser Stelle etwas ausführlicher besprochen, weil sie das grundlegende Modell der Zusammenhangsanalyse und damit ein Standardinstrument jeder Datenanalyse darstellen. Assoziations- (oder Kreuz-)Tabellen sind sehr anschaulich, sie enthalten kategoriale Ausgangs- und Zielzustände der Mobilität jeweils in den Zeilen und Spalten der Tabelle, sie leisten in der Regel aber nicht mehr als eine bloße Beschreibung von Zusammenhängen. Gewöhnlich werden in Mobilitätstabellen die Ausgangszustände (also beispielsweise die Berufsklasse des Vaters oder die Klassenzugehörigkeit des ersten Berufs) in den Spalten verzeichnet, die Zielzustände in den Zeilen (also die Berufsklassen der Kinder oder die Klassenzugehörigkeit des gegenwärtigen Berufs). Tabelle 13.1 zeigt eine gebräuchliche Mobilitätsdarstellung mit sieben Klassenpositionen in Anlehnung an das in Kapitel 4 dieses Buches vorgestellte EGP-Schema (Erikson et al. 1979). Wollte man – wie es das Anwendungsbeispiel nahelegt – die für Frauen und Männer unterschiedlichen Mobilitätsmuster untersuchen, müsste man nach Geschlecht getrennte Tabellen erstellen.

In den Tabellenfeldern sind zunächst absolute Häufigkeiten (f_{ij}) angegeben. Wenn man davon ausgeht, dass die Berufsklassen im Großen und Ganzen eine Rangordnung aufweisen, lassen sich Mobilitätstabellen zunächst mit Assoziationsmaßen für ordinale Kreuztabellen (zum Beispiel Kendalls Tau-b) beschreiben. Positive Assoziationskoeffizienten würden für eine Reproduktion der Rangordnung bei Ausgangs- und Zielzustand sprechen. Im Extremfall ist nur die Hauptdiagonale ($f_{11} f_{22} f_{33} f_{44} f_{55} f_{66} f_{77}$) besetzt, das heißt es findet keine Aufstiegs- oder Abstiegsmobilität statt. Negative Koeffizienten würden für eine Umkehrung des Klassenaufbaus zwischen beiden Generationen sprechen: Die Kinder der Arbeiterklasse (im EGP-Schema: gelernte und ungelernte Arbeiter) finden sich in der oberen

Dienstklasse wieder und umgekehrt. Die Tabellenzellen unterhalb der Hauptdiagonalen enthalten die Fälle mit Abstiegsmobilität, die Tabellenzellen oberhalb der Hauptdiagonalen die Fälle mit Aufstiegsmobilität zwischen den Generationen. Je näher der Koeffizient gegen Null geht, desto weniger ist die Zielposition von der sozialen Herkunft abhängig.

Tabelle 13.1 Mobilitätstabelle (eigene Darstellung)

		Herkunftsklasse							
		OD	UD	BÜ	S	T	gA	ugA	*RV: Ziel*
Ziel-klasse	OD	f_{11}	f_{12}	f_{13}	f_{14}	f_{15}	f_{16}	f_{17}	$f_{1\bullet}$
	UD	f_{21}	f_{22}	f_{23}	f_{24}	f_{25}	f_{26}	f_{27}	$f_{2\bullet}$
	BÜ	f_{31}	f_{32}	f_{33}	f_{34}	f_{35}	f_{36}	f_{37}	$f_{3\bullet}$
	S	f_{41}	f_{42}	f_{43}	f_{44}	f_{45}	f_{46}	f_{47}	$f_{4\bullet}$
	T	f_{51}	f_{52}	f_{53}	f_{54}	f_{55}	f_{56}	f_{57}	$f_{5\bullet}$
	gA	f_{61}	f_{62}	f_{63}	f_{64}	f_{65}	f_{66}	f_{67}	$f_{6\bullet}$
	ugA	f_{71}	f_{72}	f_{73}	f_{74}	f_{75}	f_{76}	f_{77}	$f_{7\bullet}$
	RV: Herkunft	$f_{\bullet1}$	$f_{\bullet2}$	$f_{\bullet3}$	$f_{\bullet4}$	$f_{\bullet5}$	$f_{\bullet6}$	$f_{\bullet7}$	$f_{\bullet\bullet}$

Erläuterung der Abkürzungen: OD = obere Dienstklasse, UD = untere Dienstklasse, BÜ = einfache Büroberufe, S = Selbständige, T = Techniker, gA = gelernte Arbeiter, ugA = ungelernte Arbeiter, RV: Randverteilung

Das einfache Konzept einer Mobilitätstabelle nimmt Bezug auf eine wichtige Unterscheidung der Mobilitätsforschung. Die gesamte Mobilität (also die Summe aller Tabelleneinträge, die nicht auf der Hauptdiagonale liegen) lässt sich (gedanklich) zerlegen in strukturelle Mobilität und Zirkulationsmobilität. *Strukturelle Mobilität* geht auf unterschiedliche Randverteilungen bei Herkunfts- und Zielzuständen zurück. Wenn etwa in einem hypothetischen Extremfall bei den Zielkategorien nur noch die obere Dienstklasse und die Klassen der ungelernten Arbeiter besetzt wären, dann würde die Mobilität zwischen den Generationen durch die (bipolare) Verteilung strukturell stark bestimmt. *Zirkulationsmobilität* dagegen meint Bewegungen, die unabhängig von der gesamtgesellschaftlichen Struktur stattfinden (Henz 1996). Die Anwendung von Mobilitätstabellen kann an einem selbst berechneten Beispiel aufgezeigt werden. Tabelle 13.2 enthält nun Zahlen, die auf Berechnungen mit dem ALLBUS 2014 beruhen.

Tabelle 13.2 Beispielwerte für eine Mobilitätstabelle (ALLBUS 2014) (in der zweiten Zeile der Tabellenfelder sind die gerundeten Werte bei Unabhängigkeit verzeichnet, die Randverteilungen sind in Prozent der Herkunfts- und Zielklassen angegeben)

		Herkunftsklasse							
		OD	UD	BÜ	S	T	gA	ugA	*RV: Ziel*
	OD	87 40	54 41	16 18	36 34	35 43	28 68	29 43	285 17,4
	UD	70 59	86 61	35 28	50 50	61 63	79 101	44 63	425 25,9
	BÜ	27 42	39 43	27 19	35 35	54 45	82 71	36 45	300 18,3
Ziel-klasse	S	12 14	10 15	7 7	30 12	13 15	23 25	8 15	103 6,3
	T	13 19	17 20	7 9	15 16	27 20	40 33	18 20	137 8,4
	gA	7 32	21 33	8 15	17 27	39 34	86 55	53 34	231 14,1
	ugA	12 22	7 22	6 10	10 19	15 23	51 38	56 23	157 9,6
	RV: Herkunft	228 13,9	234 14,3	106 6,5	193 11,8	241 14,9	389 23,7	244 14,9	1.638 100

Quelle: Eigene Darstellung und Klassifizierung auf Basis der Daten des ALLBUS 2014 und unter Berücksichtigung von Trometer (1993)

Erläuterung der Abkürzungen: OD = obere Dienstklasse, UD = untere Dienstklasse, BÜ = einfache Büroberufe, S = Selbständige, T = Techniker, gA = gelernte Arbeiter, ugA = ungelernte Arbeiter, RV: Randverteilung

Von den insgesamt 1.638 Personen sind 399 (24,4 Prozent) immobil, in der Tabelle sind sie in der Hauptdiagonale zu finden. Unterhalb der Hauptdiagonale stößt man auf 410 Fälle, bei denen Abstiegsmobilität vorliegt (25,0 Prozent) und oberhalb der Hauptdiagonalen kommt man auf 829 Fälle von Aufstiegsmobilität (50,6 Prozent). Außerdem erkennt man, dass es strukturelle Mobilität geben muss, da sich die Randverteilungen von Herkunftsklasse und Zielposition verändert haben. Ein einfaches Konzept der Tabellenanalyse stellt der Vergleich mit der Verteilung bei Unabhängigkeit dar (Zahlen unterhalb der absoluten Häufigkeiten). Die Besetzung bei Unabhängigkeit kann aus den Randhäufigkeiten berechnet werden und repräsentiert den Fall, dass es keinen Zusammenhang zwischen Herkunftsklasse und Zielposition gibt. Das Unabhängigkeitsmodell beschreibt somit die Verteilung bei vollkommener Chancengleichheit. Über den χ^2-Wert als Maßzahl hat man die

Möglichkeit zu beurteilen, inwieweit sich die tatsächlichen Werte von den Werten bei Unabhängigkeit unterscheiden. Im Beispiel belaufen sich die Abweichungen von der Chancengleichheit (also von der Unabhängigkeitstabelle) auf einen Wert von 117,89 (χ^2-Wert) bei einer Anzahl von 36 Freiheitsgraden. Damit kann die Annahme der Chancengleichheit bei einer sehr kleinen Irrtumswahrscheinlichkeit abgelehnt werden (für die Berechnung des χ^2-Wertes: Hout 1983). Es ist einsichtig, dass Mobilitätstabellen nur zur Beschreibung von Zusammenhängen dienen, die Kontrolle von Drittvariablen ist zwar möglich, aber recht unübersichtlich. Ebenso werden oft Zeilen- oder Spaltenprozente gebildet, man erhält dann Zustrom- oder Abstromquoten.

Für die Tabellen lassen sich weiterhin einfache Mobilitätsquotienten bilden. Hierbei handelt es sich um das Verhältnis aus beobachteter Zellenbesetzung und der bei Unabhängigkeit erwarteten Besetzung (*absolute* Mobilitätsraten; siehe Kap. 4 in diesem Band). Beispielsweise ergibt sich für die Aufstiege aus der Herkunftskategorie „ungelernter Arbeiter" in die obere Dienstklasse ein Verhältnis von 29/43 (0,67), für den Verbleib in der identischen Zielkategorie (ungelernter Arbeiter) aber ein Verhältnis von 56/23 (2,43). Werte kleiner eins zeigen an, dass die Mobilitätschancen geringer sind als bei Unabhängigkeit, und umgekehrt zeigen Werte größer eins an, dass in diesen Fällen die Mobilitätschancen größer sind als bei angenommener Unabhängigkeit. Ein Aufstieg in die obere Dienstklasse ist, wenn die Eltern ungelernte Arbeiter sind, also relativ unwahrscheinlich. Da der Mobilitätsquotient von den Randverteilungen abhängt, sind Aussagen über die Intensität der Mobilität zwischen sozialer Herkunft und Zielkategorie nicht möglich. Sie werden allerdings möglich, wenn log-lineare Modelle eingesetzt werden (*relative* Mobilitätsraten; siehe Kap. 4 in diesem Band). Statt Häufigkeiten beziehungsweise Prozentanteilen werden nun Chancen, sogenannte *odds*, verglichen. Damit ist das Verhältnis von Wahrscheinlichkeiten gemeint, zum Beispiel der Wahrscheinlichkeit, in die obere Dienstklasse aufgestiegen zu sein, gemessen an der Wahrscheinlichkeit, dies nicht erreicht zu haben (die *odds* der abhängigen Variable *Ziel* sind dabei eine Funktion der unabhängigen Variable *Herkunft*). Man kann im Weiteren auch *odds ratios* betrachten, nichts anderes als das Verhältnis zweier *odds*: Man vergleicht also zum Beispiel die Chance von Kindern ungelernter Arbeiter mit den Chancen der Kinder gelernter Arbeiter in eine höhere Berufskategorie (z. B. in die untere Dienstklasse) aufzusteigen. Zur Berechnung des log-linearen Modells werden zunächst die Häufigkeiten in den Zellen logarithmiert, auf diese Werte wird dann ein lineares Modell angewendet (daher der Ausdruck log-lineare Modelle) und dadurch erhält man die dann zu interpretierenden Mobilitätskoeffizienten. Der Vorteil (etwa zum vorgestellten Mobilitätsquotienten) ist, dass in der Lineargleichung die Effekte der Stichprobengröße, die Effekte der

Randverteilungen der Variablen und die Interaktionseffekte zwischen den Merkmalen berücksichtigt werden. Man erhält somit Werte, die genauere Aussagen ermöglichen als eine Kreuztabelle.

Bei Analysen von beruflichen Aufstiegen und Abstiegen werden Mobilitätstabellen unter zusätzlicher Verwendung log-linearer Modelle häufig eingesetzt. Allerdings ist damit die oft beabsichtigte Trennung von struktureller Mobilität und Zirkulationsmobilität nicht wirklich trennscharf abzubilden, da die Veränderung der Positionsstruktur zwischen zwei Messpunkten durchaus auf die individuelle Mobilität von Personen zurückgehen kann. Außerdem ist bei einer retrospektiven Datenerhebung zur sozialen Herkunft zu bedenken, dass selbst bei repräsentativer Stichprobe der Kindergeneration wegen der herkunftsabhängig unterschiedlichen Fertilität keine repräsentative Stichprobe der Elterngeneration vorliegt. Weiterhin sind verschiedene Fragen zu den Messzeitpunkten bedeutsam, beispielsweise wie alt die Angehörigen der untersuchten Generationen zum Messzeitpunkt sind. Eine gemeinsame Betrachtung von unterschiedlichen Kohorten erschwert außerdem die Identifikation von struktureller Mobilität. Das hier vorgestellte Modell der Tabellenanalyse wurde in verschiedener Hinsicht noch weiterentwickelt, beispielsweise um weitere Erklärungsfaktoren einzubeziehen. Für entsprechende Erläuterungen sei auf spezielle Literatur wie Agresti (2013, Kapitel 8 und 9) oder Andreß et al. (2013) verwiesen.

Im Fall von kategorialen abhängigen Variablen (wie etwa der Klassenposition nach dem EGP-Schema oder der Arbeitsmarktbeteiligung mit den Ausprägungen: erwerbstätig/nicht erwerbstätig/arbeitslos) sind spezielle Regressionsmodelle, wie logistische Regressionen oder Probit-Schätzungen im Einsatz (Überblick bei Long 1997). Modelliert werden nun Wahrscheinlichkeiten, dass die abhängige Variable bestimmte Ausprägungen annimmt – als unabhängige Variable können kategoriale oder metrische Variable verwendet werden. Je nachdem, ob die abhängige Variable zwei oder mehr Ausprägungen besitzt, werden binäre oder multinomiale Verfahren eingesetzt. Auch für ordinales Skalenniveau gibt es entsprechende Modelle. Generell gilt, dass die Interpretation der Regressionskoeffizienten etwas komplexer ist als bei den OLS-Modellen. Wegen der Modelleigenschaften ist auch der direkte Vergleich von Regressionskoeffizienten aus Schätzungen, die auf verschiedenen Datengrundlagen oder auf Modellen mit unterschiedlichen erklärenden Variablen basieren, nicht sinnvoll. Man vergleicht entweder die bereits erwähnten *odds* oder durchschnittliche Marginaleffekte (Auspurg und Hinz 2011; Buis 2015).

13.4.3 Mehrere kontinuierliche abhängige Variable: Pfadanalysen

Die Pfadanalyse kommt ebenfalls vor allem bei der Untersuchung von intergenerationaler und intragenerationaler Mobilität in der Arbeitsmarktforschung zum Einsatz. Sie ergibt sich in technischer Hinsicht aus einem linearen Gleichungssystem (vgl. Olobatuyi 2006). Die Pfeile in der nachfolgenden Abbildung eines Statuszuweisungs- oder Statuserwerbsmodells zeigen die kausal angenommenen Einflüsse auf den erreichten beruflichen Status Y. So wird der Bildungsabschluss U von dem beruflichen Status des Vaters X und dem Bildungsabschluss des Vaters V beeinflusst. Der Bildungsabschluss U ist selbst eine erklärende Variable für den beruflichen Status im ersten Job W (gemeinsam mit dem beruflichen Status des Vaters X). Diejenigen Variablen, die im Modell nicht durch andere Variablen erklärt werden, bezeichnet man als exogene Variablen (im dargestellten Pfaddiagramm kommen sie nicht vor). Diejenigen, die durch andere Modellvariablen erklärt werden, bezeichnet man dagegen als endogen.

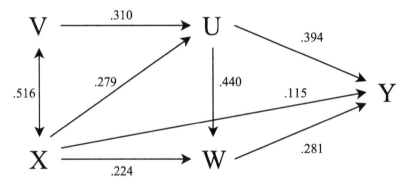

Abbildung 13.1 Klassische Pfadanalyse nach Blau und Duncan (1967, S. 170)

Es handelt sich um ein Simultanmodell, bei dem die standardisierten partiellen Regressionskoeffizienten geschätzt und als Pfadkoeffizienten verwendet werden. Dies ist allerdings nur unter Gültigkeit einer Reihe von Annahmen möglich, die an dieser Stelle nicht im Detail erläutert werden können. Die Koeffizienten – sofern sie in einem korrekt spezifizierten Modell ermittelt wurden – geben den linearen Zusammenhang zwischen den jeweiligen Variablen an. In inhaltlicher Hinsicht erkennt man an der Höhe der Koeffizienten, dass etwa der gegenwärtige berufliche Status (Y) am deutlichsten vom eigenen Bildungsabschluss (U) (Koeffizient: 0.394) und nur schwach vom Bildungsabschluss des Vaters (X) abhängt (0.115).

Die Pfadanalyse ist als Methode der Mobilitätsforschung weit verbreitet, sie wird auch bei international vergleichenden Studien und zum Kohortenvergleich herangezogen. Sie ist allerdings mit einigen methodischen und inhaltlichen Problemen behaftet. Es beginnt bei den als metrisch angenommenen abhängigen Variablen für den Berufsstatus, sie dürften wohl (je nach Statusskala) lediglich Rangskalen darstellen. Die anschauliche Interpretation der Pfadkoeffizienten wird dadurch eingeschränkt und eine Modellvoraussetzung nicht erfüllt. Die Pfadanalyse geht weiterhin davon aus, dass der Statuserwerb ein linearer Prozess ist. Aus den in Kapitel 4 diskutierten theoretischen Überlegungen zur Klassenstruktur kann jedoch gefolgert werden, dass bestimmte Mobilitätschancen blockiert sind (den Angehörigen der Arbeiterklasse fehlt es etwa systematisch an kulturellem Kapital, was ihnen auch bei Vorliegen entsprechender Ausbildung den beruflichen Statuserwerb erschwert) – ebenso bleiben unterschiedliche Arbeitsmarktsituationen in den Pfadanalysen unberücksichtigt. Statuserwerb ist demnach nur von individuellen Modellvariablen und nicht von unterschiedlichen sozialen Kontexten (z. B. Konjunkturlagen) abhängig. Im Hinblick auf die beanspruchte Kausalität der Prozesse wird das Statuserwerbsmodell außerdem stark überstrapaziert: Man geht davon aus, dass die im Modell nicht berücksichtigten (unbeobachteten) Größen mit den endogenen oder exogenen Variablen unkorreliert sind. Am Beispiel von kognitiven Fähigkeiten – die oft nicht gemessen werden – ist aber zu betonen, dass solche unbeobachteten *confounders* doch oftmals einflussreich sein dürften. Wenn nun die tatsächlichen realen Zusammenhänge aber nicht den im Modell spezifizierten Strukturen entsprechen, dann sind die geschätzten Parameter gehaltlos.

13.4.4 Zeit als abhängige Variable: Ereignisanalysen

Arbeitsmarktprozesse sind zeitbezogen und viele Datenquellen der Arbeitsmarktforschung enthalten Informationen dazu, wann Arbeitsmarktteilnehmer ein bestimmtes Ereignis (etwa den Eintritt in den Arbeitsmarkt oder die erste Beförderung) erlebt haben. Für den Fall, dass zu den Arbeitsmarktprozessen tatsächlich individuelle Verlaufsinformationen (mit Angaben zu den Zeitpunkten, an denen Ereignisse eingetreten sind) vorliegen, lassen sich diese Daten mit ereignisanalytischen Modellen auswerten. Anders als bei den gerade diskutierten Verfahren der Mobilitätstabellen und Pfadanalysen wird in Ereignisanalysen die Zeit (bis zum Eintritt des Ereignisses oder der Ereignisse) berücksichtigt. Man kann sich für unterschiedliche Aspekte interessieren: Zunächst kann die Zustandsdauer untersucht werden, dann die Anzahl der Ereignisse pro Zeitintervall oder auch die Überlebenswahrscheinlichkeit (womit die Wahrscheinlichkeit gemeint ist, im

Zeitraum kein Ereignis zu erleben, also etwa nicht arbeitslos zu werden). Zentrales Konzept ist die Schätzung von Übergangsraten („Wahrscheinlichkeit", von einem Zustand nach einem (datierten) Ereignis in einen neuen Zustand zu wechseln unter der Bedingung, bisher noch kein Ereignis erlebt zu haben), wobei die interessierenden Ereignisse – wie angedeutet – sehr unterschiedlich definiert sein können. Eine wesentliche Motivation für den Einsatz von ereignisanalytischen Modellen besteht darin, dass sie bei der Untersuchung zeitlicher Daten dem Problem von Zensierungen Rechnung tragen. Bei einem Teil der beobachteten Fälle weiß man lediglich, dass bis zum Beobachtungszeitpunkt das Ereignis noch nicht eingetreten ist, aber die eigentliche Dauer der Episode ist unbekannt (man spricht hier von *Rechtszensierungen*).[11] Ohne Berücksichtigung solcher Zensierungen würde man beispielsweise die Eintrittsdauer in den Arbeitsmarkt systematisch unterschätzen.

In der Arbeitsmarktforschung sind Jobwechsel, Gewinne oder Verluste von beruflichem Status, Klassenwechsel, Einkommensveränderungen, Unterbrechungen der Erwerbstätigkeit, Übergänge in Arbeitslosigkeit und der Wiedereinstieg in Beschäftigung nach Nicht-Erwerbstätigkeit von besonderem Interesse. In den Ratenmodellen wird der Einfluss von zusätzlichen Variablen (Kovariaten) auf den Übergangsprozess geschätzt. Zu unterscheiden sind dabei zeitunabhängige Kovariaten, wie beispielsweise Nationalität oder Geschlecht, von zeitabhängigen Kovariaten, wie beispielsweise Ereignisse im Familienbildungsprozess (Heirat, Geburt) oder die Teilnahme an Weiterbildungsmaßnahmen (siehe Kap. 9 in diesem Band).

Man unterscheidet verschiedene Modellklassen, bei denen die Zeitabhängigkeit des Prozesses selbst parametrisiert werden soll. Anders ausgedrückt: Als Forscher trifft man Annahmen darüber, wie sich die Übergangsrate im Zeitverlauf verhält. Dies ist durchaus voraussetzungsreich, aber mitunter aus den korrespondierenden Theorien abzuleiten. Beispielsweise gäbe es gute Gründe, für die berufliche Jobmobilität eine im Zeitverlauf abnehmende Übergangsrate zu modellieren (vgl. Jobsuchtheorien; Kap. 2 in diesem Band). Alternativ kann die Rate relativ flexibel als *piecewise constant*, also abschnittsweise konstant, modelliert werden (Blossfeld und Rohwer 2002). Weit verbreitet ist das Cox Modell, welches die zugrunde liegende Übergangsrate unspezifiziert lässt und lediglich für die Ausprägungen der Kovariaten proportionale Risiken über den Zeitverlauf annimmt. Gerade diese Annahme ist jedoch nicht unproblematisch, wie viele Untersuchungen von Übergangsraten zeigen. Daher ist das eben erwähnte *piecewise constant* Modell oft ein sinnvoller Kompromiss und in seiner explorativen Anlage dem theoretischen Wissensstand der Arbeitsmarktsoziologie angemessen.

---

11   Rechtszensierte Daten liegen vor, wenn die Dauer der Episode im Hinblick auf ihr Ende unbekannt ist. Bei linkszensierten Daten ist der Beginn von Episoden unbekannt.

Im Allgemeinen erhält man mittels der Ereignisanalysen Aussagen dazu, ob Arbeitsmarktteilnehmer mit bestimmten Merkmalskombinationen schneller oder langsamer bestimmte Ereignisse erleben als andere Arbeitsmarktteilnehmer und inwieweit parallel laufende Prozesse (etwa in der Familienbildung) die Arbeitsmarktprozesse beeinflussen. Zur Methode der Ereignisdatenanalyse gibt es eine Reihe von Lehrbüchern, auf die interessierte Leser hingewiesen werden, da an dieser Stelle die Vielfalt der unterschiedlichen Modelle nur angedeutet werden kann (Diekmann und Mitter 1984; Andreß 1985; Blossfeld et al. 1986; Blossfeld und Rohwer 2002).

Im Hinblick auf die Karrieremobilität liegen zahlreiche Analysen vor, die auf Grundlage von ereignisanalytischen Modellen gewonnen wurden und auf die hier nur sehr ausgesuchte Schlaglichter geworfen werden. So zeigt Jacobs (1999) für britische Daten, dass Männer und kinderlose Frauen deutlich eher berufliche Aufstiegsmobilität erleben als teilzeitbeschäftigte Frauen. Bender und Seifert (1996) lieferten auf Basis der IAB-Beschäftigtenstichprobe und unter Verwendung von (abschnittsweise konstanten) Ratenmodellen Anhaltspunkte dafür, dass insbesondere ausländische Absolventinnen der dualen Berufsausbildung eine schlechtere Karriereentwicklung nehmen als alle anderen Vergleichsgruppen.

Die Verwendung von Ereignisanalysen in der Arbeitsmarktforschung bedeutete in methodischer Hinsicht einen wichtigen Schritt nach vorne, da nun die Zeitlichkeit der Prozesse in den statistischen Modellen abgebildet werden konnte. In methodischer Hinsicht werden – wie erwähnt – zensierte Beobachtungen (d. h. solche ohne Ereignis bis zum Ende der Beobachtungszeit) mit in die Analyse einbezogen. Auch das Prüfen von Zusammenhangshypothesen ist durch die Aufnahme entsprechender Kovariaten in die Modelle möglich. Dennoch verbleiben auch bei Ratenmodellen eine Reihe von methodischen Problemen: An zentraler Stelle steht der Umgang mit unbeobachteter Heterogenität (*frailty*). Angenommen, Frauen und Männer hätten unterschiedliche, aber konstante Übergangsraten in einen statushöheren Job, im Modell würde jedoch die Variable Geschlecht nicht enthalten sein, dann ergäbe sich eine im Zeitverlauf fallende Übergangsrate, die aber in Wirklichkeit in beiden Gruppen konstant ist (der Grund ist, dass das Modell zunehmend durch die Gruppe mit der langsameren Übergangsrate dominiert wird). Weiterhin ist – wie bereits angedeutet – die konkrete Form der Zeitabhängigkeit des untersuchten Prozesses oft ungeklärt, obwohl gerade sie in theoretischer Hinsicht von besonderem Interesse ist. Zusätzlich wurde bei der Verwendung von mehreren Episoden pro Person, sogenannten *spells*, in vielen gängigen Modellen nicht berücksichtigt, dass die *spells* der Personen nicht unabhängig voneinander sind. Ein weiteres Problem ergibt sich daraus, dass hier immer nur „Wartezeiten" bis zu einzelnen (isolierten) Ereignissen betrachtet werden. Ein Gesamtüberblick zur Mobilitätsentwicklung einer Person wird mit den Ratenmodellen gewöhnlich nicht erzielt. Ein eher allgemeines Problem liegt weiterhin darin, dass der Einbezug der Arbeitsmarktstruktur in die Ratenmodelle nur über einen Kohortenvergleich oder die Verwendung von Makrovariablen im Kovariatensatz möglich ist. Mehrzustandsmodelle (*multistate models*) versuchen die isolierte Schätzung singulärer Übergänge zu überwinden (Steele et al. 2004). Steele (2008) hat mit ihren Arbeiten zur *discrete event history analysis* darauf verwiesen, dass Modelle der kategorialen Datenanalyse (wie etwa logistische Regressionen) auch im Kontext der Ereignisanalyse sinnvoll eingesetzt werden können.

13.4.5 Cluster von Verläufen: Sequenzanalysen

Seit einigen Jahren ist das aus der Biologie adaptierte Verfahren der Sequenzanalyse bei der Untersuchung von Mobilitätsprozessen im Einsatz. Hierbei wird die ganze Abfolge von Episoden untersucht, mit dem Ziel, typische zeitliche Muster von Sequenzen zu identifizieren, etwa Personen mit häufigen horizontalen Wechseln sowie kurzen Verweildauern in den Jobs und solche mit stetiger Aufwärtsmobilität sowie längerer Verweildauer im letzten Job (Abbott 1995; Aisenbrey und Fasang 2010). Der Vorteil von Sequenzanalysen besteht darin, dass nicht nur einzelne Übergangsraten geschätzt werden, sondern ein Gesamtbild von beruflichen Verläufen entsteht, wobei auch Phasen der Nichterwerbstätigkeit berücksichtigt werden. Als Grundlage der Datenanalyse benötigt man wie bei der Ereignisanalyse Verlaufsdaten, das heißt Beginn und Ende von Episoden einer bestimmten Art müssen bekannt sein. Die Wechsel von bestimmten Episoden in andere Episoden werden zunächst hinsichtlich ihrer Ähnlichkeit bzw. Unähnlichkeit kategorisiert. Aus diesen (mitunter arbiträren) Entscheidungen der Forscher werden explorative Cluster gebildet, welche Fälle mit ähnlichen Sequenzen zusammenfassen. Die ersten Anwendungen der Sequenzanalyse waren überwiegend beschreibend, inzwischen gibt es auch Verfahren, erklärende Variablen in die Sequenzanalyse zu integrieren (vgl. Studer et al. 2016). Die Visualisierung von Sequenzen ist oft sehr anschaulich und kann neue Forschungsfragen anregen (Fasang und Liao 2014).

Im Zusammenhang mit der Klassenmobilität wurden explorative sequenzanalytische Auswertungen von Halpin und Chan (1998) vorgelegt. Basierend auf irischen und britischen Daten demonstrieren die Autoren die Anwendbarkeit des Verfahrens in der Forschung zu intragenerationaler Mobilität. Ein weiteres Anwendungsbeispiel aus der Arbeitsmarktforschung stammt von Joseph et al. (2012), die Karriereverläufe in der IT-Industrie in den USA untersuchen. Ihren Analysen zufolge bestätigen sich Annahmen einer stark ausgeprägten betriebsübergreifen-

den Mobilität in diesem Industriezweig (*boundaryless careers*). Fuller und Stecy-Hildebrandt (2015) beschäftigen sich mit den Karrieremustern von befristet
Beschäftigten fünf Jahre nach Beginn des befristeten Arbeitsvertrags und zeigen
deutliche geschlechtsspezifische Unterschiede in den Sequenzmustern.

13.4.6 Mehrere Messzeitpunkte: Paneldatenanalysen

Das wichtigste Arbeitspferd der Arbeitsmarktforschung sind verschiedene Arten
der Paneldatenanalyse. Als Grundlage zur Auswertung dienen Längsschnittdaten,
bei denen für gleiche Untersuchungseinheiten mehrfache Messungen vorliegen.
Damit wird es möglich, anhand von ein- und denselben Fällen soziale Prozesse
im Arbeitsmarkt zu analysieren, die mit Veränderungen von Berufs- und Statuspositionen, mit Betriebswechseln und Einkommensmobilität zu tun haben, was
besonders gute Möglichkeiten eröffnet, den Problemen von Selektivität und unbeobachteter Heterogenität zu begegnen. Man unterscheidet in der Paneldatenanalyse allgemein verschiedene Modellklassen, für deren Anwendung jeweils
unterschiedliche Voraussetzungen bzw. Annahmen gelten. Eine grundsätzliche
Unterscheidung besteht darin, wie der Fehlerterm der Regressionsmodelle zu modellieren ist (Halaby 2004). Im Unterschied zum OLS-Modell (13.1) gibt es nun
zwei Indizes i und t und vor allem zwei Fehlerkomponenten ($u_i + e_{it}$).

$$Y_{it} = b_0 + b_1 T_{it} + u_i + e_{it} \qquad (13.2)$$

Der Index i bezeichnet die Analyseeinheiten $i = 1, 2, ..., n$ und der Index t die
Messzeitpunkte $t = 1, 2, ..., m$. Der Fehlerterm enthält zwei Teile: u_i steht für einen
individuenspezifischen Anteil und e_{it} für den Residualterm. Der Unterschied zu
dem oben verzeichneten, allgemeinen Modell liegt in dieser zusätzlichen Berücksichtigung eines individuenspezifischen Fehleranteils, über dessen Eigenschaften
unterschiedliche Annahmen gemacht werden. Nimmt man an, dass dieser Teil der
Fehlervarianz zufällig ist und unabhängig von allen in das Modell explizit aufgenommenen (beobachteten) Variablen, spricht man von *random-effects*-Modellen
(RE). Falls dies nicht angenommen werden kann, sollten *fixed-effects*-Modelle
(FE) bevorzugt werden, bei denen die individuenspezifische Fehleranteile als „fix"
geschätzt werden. Nur RE Modelle erlauben den Einbezug von zeitkonstanten Variablen (etwa Geschlecht), denn FE Modelle modellieren ausschließlich Veränderungen zwischen Messzeitpunkten innerhalb von Untersuchungseinheiten. Solche
FE Modelle werden unter der Annahme, dass die unbeobachtete Heterogenität
zeitkonstant ist, für die Kausalanalyse in der Arbeitsmarktforschung vorgeschla-

gen (Allison 2009). Eine Anwendung von FE Modellen zu dem hier gewählten Anwendungsfeld findet sich in Budig und England (2001), welche die Lohnentwicklung von Frauen nach Mutterschaft (*motherhood penalty*) untersuchen. Bei Anwendung von FE Modellen kann ausgeschlossen werden, dass Lohnabschläge für Mütter auf die Selektion bestimmter Frauen in Mutterschaft zurückzuführen sind. Anders gesagt: Es ist tatsächlich die Mutterschaft, die eine anschließend ungünstige Lohnentwicklung auslöst. Einen Spezialfall der FE Modelle stellen die *difference-in-difference*-Modelle (DiD) dar. Hierbei werden – wie der Name nahelegt – Differenzen der abhängigen Variablen auf Differenzen der unabhängigen Variablen regressiert. Unter der Annahme, dass unbeobachtete Faktoren über die Zeit konstant bleiben, können dann Kausalanalysen zur Wirkung eines Treatments (genauer: zur Differenz des Treatments zu zwei und mehr Messzeitpunkten) durchgeführt werden. In jüngster Zeit werden auch hybride Panelanalysen vorgeschlagen, welche die Restriktionen der zwei üblichen Modellklassen (FE und RE) vermeiden (Bollen und Brand 2010).

13.4.7 Weitere Regressionsmodelle: Hierarchische Regressionen/Wachstumskurven

Genauso wie Paneldatenmodelle setzen Mehrebenenmodelle an der Modellierung des Residualterms von Regressionen an (Snijders und Bosker 2012). Mehrebenenmodelle bzw. hierarchische Modelle sind strukturgleich zu Panelmodellen, nur kommt die Motivation der Zerlegung der Fehlervarianz nun nicht von wiederholten Messungen bei gleichen Fällen, sondern von einer hierarchischen Clusterung der Daten. So etwa teilen Arbeitnehmende, die im gleichen Betrieb arbeiten, (unbeobachtete) Eigenschaften, welche dafür verantwortlich sind, dass die einzelnen Fälle nicht als unabhängig gelten können (was zu einer Verzerrung der Standardfehler in OLS-Regressionen führen würde). Entsprechend lassen sich solche Mehrebenenmodelle etwa bei der Analyse von Beschäftigten aus unterschiedlichen Arbeitsmarktregionen einsetzen. Man kann in die Analyse dann Eigenschaften dieser Regionen einbeziehen und Hypothesen zu ihrer Wirkung auf die abhängige Variable testen. Wichtige Voraussetzung zur Schätzung der den Panelanalysen äquivalenten Mehrebenenmodelle (RE Modelle) ist, dass die entsprechenden Untersuchungseinheiten auf allen Hierarchiestufen eine Zufallsauswahl darstellen. Eine Variante von Mehrebenenmodellen stellen Wachstumskurvenmodelle dar, bei denen für jeden Fall etwa der erreichte berufliche Status in jedem Jahr nach Abschluss einer Berufsausbildung betrachtet wird (Rabe-Hesketh und Skrondal 2008). Ein Anwendungsbeispiel für ein Wachstumskurvenmodell liefert Stawarz (2013). Er zeigt, dass bei

Frauen, obwohl sie mit im Durchschnitt gleichem beruflichem Status wie Männer in den Arbeitsmarkt eintreten, der Statusgewinn geringer ausfällt.

13.4.8 Relationale Daten: Netzwerkanalysen

Schon bei der Diskussion, was die Soziologie zum besseren Verständnis von Arbeitsmärkten beitragen kann, spielte die Perspektive sozialer Netzwerke eine besondere Rolle. Arbeitsmarktakteure sind häufig durch spezifische soziale Kontakte miteinander bekannt oder verknüpft (siehe Kap. 2 in diesem Band) – und diese „soziale Einbettung" gilt als folgenreich für das Arbeitsmarktgeschehen. Die Erfassung und Analyse von solchen relationalen Daten (oder Netzwerkdaten) erfordert besondere Erhebungstechniken und stellt spezifische Herausforderungen an die Stichprobenziehung (Scott 2013). Auswertungsmethoden erfordern oft Techniken der relationalen Datenanalyse (für eine Einführung: Hennig et al. 2012). In der Arbeitsmarktforschung werden häufig Eigenschaften des auf eine Befragungsperson bezogenen (ego-zentrierten) Netzwerks auf Aspekte des Arbeitsmarktgeschehens untersucht, etwa bei der Jobsuche (Montgomery 1992; Granovetter 1995). Dabei muss darauf geachtet werden, dass man zwischen den eingesetzten Suchstrategien und der letztlich erfolgreichen Suchstrategie differenziert. Andernfalls unterliegt man deutlichen Fehleinschätzungen zur Wirkung von sozialen Kontakten bei der Jobsuche, wie die Arbeit von Krug und Rebien (2012) unterstreicht. Manche Netzwerkdaten (etwa Beziehungen von *ego* zu mehreren *alteri*) lassen sich auch im Kontext der Mehrebenenanalyse modellieren (Snijders et al. 1995). Mit Blick auf die Beispielfrage der geschlechtsspezifischen Karriereentwicklung zeigt Burt (1998) in einer auf Betriebsdaten basierenden Studie, dass bei Managerinnen der Zusammenhang von der Netzwerkstruktur und innerbetrieblichen Beförderung anders ausfällt als bei Managern. Während bei den Männern gilt, dass ein heterogenes Netzwerk mit vielen „strukturellen Löchern" karriereförderlich ist, ist dies bei Frauen anders: Es ist hier der Kontakt zu wenigen statushohen Personen, der mit erhöhten Chancen auf den innerbetrieblichen Aufstieg einhergeht.

Bei Netzwerkanalysen in der Arbeitsmarktforschung muss auf das Identifikationsproblem von kausalen Effekten in besonderer Weise geachtet werden. Die oft festgestellte Homophilie sozialer Netzwerke („gleich zu gleich gesellt sich gern") ist dabei besonders kritisch (Elwert und Winship 2014). Personen, die in sozialen Netzwerken miteinander verbunden sind, beeinflussen sich in ihren Einstellungen nicht unbedingt, weil sie miteinander verbunden sind, sondern umgekehrt: Sie sind Verbindungen eingegangen, weil sie ähnliche Einstellungen haben. Unbeobachtete Homophilie kann also eine Quelle für endogene Selektion darstellen.

13.4.9 Kausalanalyse revisited

Einleitend zum Abschnitt über Datenauswertungen stand die Frage nach dem Ziel von sozialwissenschaftlicher Forschung: Identifikation von Ursache und Wirkung. Dieser Anspruch ist für die Arbeitsmarktforschung von akademischem, aber auch herausragendem praktischen Interesse. Oft werden basierend auf Ergebnissen empirischer Forschung arbeitsmarktpolitische Maßnahmen im Hinblick auf ihre Effektivität bewertet. In diesem Fall kommt es besonders darauf an, tatsächlich die Auswirkung einer Maßnahme belastbar identifizieren zu können. Die bislang referierten, häufig verwendeten Methoden der Datenauswertung sind mehr oder weniger gut geeignet, dies zu erreichen. Wie oben ausgeführt: nur im (echten) experimentellen Design (Randomisierung) ist man auf der relativ sicheren Seite, Kausaleffekte identifiziert zu haben und braucht dazu keine aufwändigen ökonometrischen Modelle. In allen anderen Designs (also bei Beobachtungsstudien und bei quasi-experimentellen Studien ohne „echte" Randomisierung, mit *compliance* Problemen, mit *substitution bias* etc.) versucht man die bestmögliche Annäherung an eine experimentelle Situation durch eine dem Daten generierenden Prozess angemessene statistische Modellierung. Für die Arbeitsmarktforschung ist also von elementarer Bedeutung, dass sich die Forschenden über den jeweiligen Daten generierenden Prozess im Klaren sind.

Im Fall der weit verbreiteten Regressionsmodelle ist die Grundidee, *alle* konfundierenden Variablen zwischen T und Y in die Regression einzubeziehen und damit künstlich und *ex post facto* Treatment- und Kontrollgruppen zu schaffen (bei gleichzeitigem Verzicht der Kontrolle von *collider*-Variablen). Dies ist bei Querschnittsanalysen sehr voraussetzungsreich, weil unbeobachtete Heterogenität in der Regel nicht ausgeschlossen werden kann. Bei Paneldaten können – wie ausgeführt – FE Modelle geschätzt werden, die den Einfluss von (zeitkonstanter) unbeobachteter Heterogenität ausschließen. Welche Strategien stehen in der Arbeitsmarktforschung in Ergänzung dieser Ansätze zur Verfügung? Die drei aktuell wichtigsten seien im Folgenden noch skizziert.

13.4.10 Propensity Score Matching

Zunächst kann man in Beobachtungsstudien oder Quasi-Experimenten versuchen, die Verteilungen der *beobachteten*, möglicherweise ebenfalls erklärenden Variablen in Treatment- und Kontrollgruppen einander anzupassen.[12] Eine Möglichkeit,

---

12   Man spricht von Selektion hinsichtlich beobachteter Variablen (*selection on observables*).

dies zu erreichen, stellt das *propensity score matching* (PSM) dar. Das Ziel dieses Verfahrens ist, eine statistische Aufteilung in beide Gruppen vorzunehmen. Dabei werden die Fälle hinsichtlich der Verteilung der bekannten *confounders* einander angeglichen. Praktisch wird dies erreicht, indem man die Wahrscheinlichkeit, das Treatment zu erhalten, schätzt (*propensity score* PS), und dann Fälle mit ähnlichen *propensity scores* vergleicht. Dadurch soll sichergestellt werden, dass die ermittelten Effekte des Treatments nicht Ergebnis einer endogenen Selektion sind – also beispielsweise höhere Einkommen nach Weiterbildungen allein der Tatsache geschuldet sind, dass vor allem motivierte und leistungsbereite Personen an Weiterbildungen teilnehmen (siehe Kap. 9 in diesem Band). Anders als bei FE Regressionen benötigt man für die Anwendung von PSM Informationen über die *confounders*, ähnlich wie bei den Voraussetzungen im OLS-Modell. Allerdings werden keine Annahmen über die funktionale Form des Zusammenhangs von *confounders* und *Y* benötigt.

In der praktischen Umsetzung werden (im Fall eines binären Treatments) logistische Regressionen von *T* auf bekannte *confounders* geschätzt, um die „Wahrscheinlichkeit" des Treatments (PS) zu bestimmen. Anschließend werden basierend auf den geschätzten Werten des PS Fälle der Treatment- und Kontrollgruppe gematcht, das heißt man vergleicht Fälle mit ähnlichen PS Werten. An dieser Stelle muss geprüft werden, ob das *matching* im Hinblick auf die einbezogenen *confounders* zu balancierten Gruppen geführt hat. Abschließend werden für beide Gruppen die interessierenden Unterschiede in *Y* untersucht (beispielsweise: einfacher Mittelwertunterschied), um die Wirkung von *T* festzustellen.

Es lassen sich einige Vorteile des Ansatzes gegenüber einer einfachen OLS-Regression benennen. So sind – wie erwähnt – keine Annahmen über die funktionale Form des Zusammenhangs nötig. Die Schlussfolgerungen werden nur für wirklich vergleichbare Fälle gezogen (vorausgesetzt, man kann nach den entscheidenden *confounders* matchen) und die Interpretation von Ergebnissen ist relativ einfach. Allerdings bleibt das Problem der unbeobachteten Heterogenität in Form einer möglichen Korrelation von *unbeobachteten* Variablen mit dem Treatment bestehen. PSM ist nur sinnvoll, insoweit es gelingt, die Verteilung auf Experimental- und Kontrollgruppe durch die logistische Regression auch zu erklären. Oft besteht jedoch das Problem, dass dafür relevante Variablen (im Beispiel der Weiterbildung: Motivation, Begabung etc.) eben nicht beobachtet wurden (*selection on unobservables*). Bei hinreichend guter Schätzung des PS kann das PSM jedoch dazu beitragen, die Modellabhängigkeit der Schätzung des Treatmenteffekts zu verringern.

13.4.11 Instrumentenvariablen-Schätzungen

Im Fall von Beobachtungsstudien kann man versuchen, *ex post facto* eine partielle Zufallszuweisung vorzunehmen (Angrist und Krueger 2001). Dies geschieht mittels Instrumentenvariablen (*IV*). Ausgangspunkt ist wiederum das Problem von endogener Selektion, das heißt das Treatment ist nicht unbeeinflusst von der unbeobachteten Heterogenität. In *IV*-Schätzungen wird nun zusätzlich die Wahrscheinlichkeit, Teil der Treatmentgruppe zu sein, berücksichtigt. Im Nachhinein modelliert man also das Kausalmodell ergänzt um eine *IV*, welche die Zuweisung des Treatments *T* möglichst kausal „verursacht", aber sicher nicht die Ergebnisvariable *Y* beeinflusst. Anders gesagt: Die Anforderung an eine *IV* lautet, die Zugehörigkeit zur Treatmentgruppe möglichst gut zu prognostizieren, aber mit der Ergebnisvariablen unkorreliert zu sein. Die Suche nach solchen Instrumentenvariablen ist in vielen Anwendungsfällen nicht einfach. Ein Standardbeispiel für eine *IV*-Schätzung ist die in diesem Band mehrfach thematisierte Beziehung zwischen Bildung und Arbeitsmarkteinkommen (vgl. Angrist und Pischke 2015). Bekanntermaßen können viele unbeobachtete Faktoren den Zusammenhang beeinflussen und sind überdies mit „Bildung" korreliert (z. B. Motivation, Fleiß). Um den Kausaleffekt von Bildung auf Einkommen zu isolieren, wird eine *IV* gesucht, welche „Bildung" (etwa in Form von ausgesuchten, besonders guten Bildungseinrichtungen) prognostiziert. In verschiedenen Studien konnte die Teilnahme an und der Ausgang von Bildungslotterien als *IV* genutzt werden. Die Gewinner haben nach einer Lotterie unabhängig von den unbeobachteten Eigenschaften (also Motivation, Fleiß etc.) Zugang zu Bildung (in diesem Fall zu besonders attraktiven Schulen), der Ausgang der Lotterie hat aber per Design keinerlei kausalen Einfluss auf das Einkommen. Integriert man diese zusätzliche Information in das Modell wird die Schätzung des Kausaleffekts möglich. Technisch wird dies oft dadurch erreicht, dass man eine mehrstufige Prozedur anwendet. Zunächst ist zu identifizieren, wie die *IV* das Treatment *T* beeinflusst. Dann wird der Effekt der *IV* auf die Ergebnisvariable *Y* geschätzt (reduzierte Form). Der „lokale" durchschnittliche Treatmenteffekt (*local average treatment effect*, LATE) ergibt sich aus der Kombination beider Schätzungen. Häufig werden dazu 2SLS (*two stage least squares*) Modelle eingesetzt (Angrist und Pischke 2015). Die Möglichkeit, durch *IV* den Kausaleffekt zu identifizieren, ist nur „lokal" gegeben, weil dazu nur diejenigen Fälle im Datensatz beitragen, die durch das Instrument tatsächlich randomisiert wurden. Mit Blick auf das Beispiel: Einige Lotteriegewinner werden nicht auf die besondere Schule gehen (wollen oder können), umgekehrt werden einige Lotterieverlierer trotzdem den Weg an diese Bildungseinrichtung finden, dessen Einfluss auf das spätere Einkommen erforscht werden soll. Nur die *compliers* tragen zur Ermittlung des LATE bei.

13.4.12 Regression Discontinuity (RD)

Eine letzte, knapp darzustellende Methode der Kausalanalyse ist der Ansatz des *regression discontinuity* (RD; grundlegend: Lee und Lemieux 2010). Hierzu macht man sich ein natürliches Experiment zunutze. Häufig werden durch Regelungen und Gesetze Diskontinuitäten geschaffen, die einer Randomisierung entsprechen. Wenn man die Auswirkung der gerade geschilderten „besonders guten" Bildung auf eine Ergebnisvariable untersuchen will, wird der Zugang zu dieser Bildung sicher öfter als durch Lotterien durch das Abschneiden in Eignungstests geregelt. Nur Personen, die in einem Test eine bestimmte Mindestpunktzahl erreichen, werden zugelassen. Personen mit schlechterem Testergebnis erhalten keinen Zugang, obwohl sie eine sehr ähnliche Eignung (Begabung) aufweisen. Die Idee des RD besteht nun darin, gerade die Diskontinuität an dem Schwellenwert auszunutzen, indem die Wirkung der Bildung für Personen knapp über und knapp unter des Schwellenwerts verglichen wird: Gibt es am Schwellenwert einen Sprung im Einkommen? Wenn ja, würde das für eine kausale Wirkung der Bildungseinrichtung unabhängig von der ursprünglichen Eignung sprechen. Auch hier handelt es sich – wie das Beispiel verdeutlicht – um „lokale" Schätzungen. Es gibt *sharp designs* (mit einem festen Schwellenwert) und *fuzzy designs* (mit Wahrscheinlichkeiten kleiner als 1 der Zuweisung in Treatment- und Kontrollgruppe; Angrist und Pischke 2015). Letztere sind mit der Methode der *IV*-Schätzungen identisch. In der Arbeitsmarktforschung können mittels RD arbeitsmarktpolitische Maßnahmen, zu denen man nach einem bestimmten Punktesystem Zugang erhält, überzeugend evaluiert werden. Problematisch ist, dass die „lokalen" Regressionen versagen, wenn die funktionale Form des Zusammenhangs der Variable, welche die Bruchstelle aufweist (*running variable*), mit der Ergebnisvariable nicht linear ist. Man behilft sich in solchen Fällen mit der zusätzlichen Berücksichtigung von Polynomen.

13.5 Ausblick

Der Arbeitsmarktsoziologie steht ein sehr umfangreiches Spektrum an Forschungsmethoden zur Verfügung. Die Überblicksdarstellung hatte den Schwerpunkt auf quantitative Methoden gesetzt und insbesondere die Problematik von Kausalanalysen hervorgehoben. Arbeitsmarktprozesse sind – und darin liegt eine wesentliche Herausforderung der Datenanalyse – durch vielfältige Selektionsprozesse zu beschreiben, welche mit Entscheidungen von Arbeitsmarktakteuren auf der Angebots- und Nachfrageseite zu tun haben. Bereits wenn es um die Wahl einer Berufsausbildung oder die Teilnahme am Arbeitsmarkt, aber auch um den Arbeitsumfang und die akzeptierten Arbeitsbedingungen geht, führen die damit verbundenen Entscheidungen zu Fallselektionen, die in der Datenauswertung bedacht werden müssen, um Kausaleffekte korrekt identifizieren zu können. Oft liegen in der Arbeitsmarktforschung aber auch bereits selektive Datenquellen vor, die es erschweren, über diese Stichproben hinaus zu verallgemeinern. Die Berücksichtigung all dieser Aspekte macht die Arbeitsmarktforschung zu einer oft komplexen Aufgabe. Viele veröffentlichte Ergebnisse dürften einer genaueren Prüfung hinsichtlich belastbarer Kausaleffekte nicht standhalten. Besonders wichtig ist der sorgfältige Blick bei Beobachtungsstudien (also dann, wenn die verwendeten Daten nicht das Ergebnis eines Experiments mit bewusster Manipulation eines Treatments sind), und damit bei der überwiegenden Anzahl der Studien.

Im Bereich der ökonometrischen Werkzeuge, die im Fall von Beobachtungsstudien eine Kausalanalyse annähern, wurden in den letzten Jahrzehnten deutliche Fortschritte erzielt. So können etwa Regressionsmodelle unter Verwendung von Instrumentenvariablen, *matching*-Verfahren und Regressionsmodelle, die sich eine Diskontinuität der Datenstruktur zu Nutze machen (RD), zu besser belastbaren Aussagen über Kausalbeziehungen gelangen als herkömmliche Regressionsansätze. Weiterhin hat die Diskussion ergeben, dass experimentelle Ansätze in Form von Labor- oder Feldexperimenten, in natürlichen Experimenten oder auch in Form von Surveyexperimenten, herkömmlichen Designs in Beobachtungsstudien oft vorzuziehen sind. Neuere Forschungsprojekte im Bereich der Arbeitsmarktforschung können diese Fortschritte im Hinblick auf die theoretische Diskussion von Kausalstrukturen, die Identifikation der Effekte in statistischen Modellen und die Umsetzung oder Annäherung experimenteller Designs nicht mehr ignorieren.

Die Arbeitsmarktforschung profitiert auch von neueren Entwicklungen im Bereich der qualitativen Forschung, die nicht Gegenstand dieses Kapitels waren. Allerdings ist in Deutschland der Blick auf qualitative Forschungsgegenstände in der Arbeitsmarktforschung eine eher seltene Ausnahme. Der Überblicksband von Schittenhelm (2012) führt eine Reihe von Verfahren auf, die mit Gewinn in der Arbeitsmarktforschung eingesetzt werden: biografische Interviews, ethnografische Studien am Arbeitsplatz, komparative Verfahren. Weiterhin zeichnet sich insbesondere die deutsche Industriesoziologie durch (mitunter kontrastierende) Fallstudien von Betrieben und Arbeitnehmertypen aus (Pongratz und Trinczek 2010). Allerdings erscheinen die meisten dieser Beiträge – ganz anders als in der qualitativen, vergleichenden (politikwissenschaftlichen) Institutionenanalyse (beispielsweise zu den *varieties of capitalism*) – wenig in einen kumulativen und internationalen Forschungszusammenhang eingebunden. In den USA sind in der soziologischen Arbeitsmarktforschung qualitative Beiträge deutlich prominenter als in Deutschland. Zur Fragestellung, die dieses Kapitel durchzog, nämlich zu den geschlechtsspezifischen Karriereverläufen, legte etwa Pamela Stone (2007) eine viel beachtete Studie zu der Frage nach dem „Opting Out?" nach der Geburt von Kindern vor. Es ging der Autorin darum, auf der Grundlage von Tiefeninterviews mit gut ausgebildeten und ebenso vielversprechend in die Berufskarriere gestarteten Frauen herauszufinden, was die tatsächlichen Gründe für ihren Ausstieg aus der Berufswelt und eine Konzentration auf die Familientätigkeit sind (jenseits oberflächlicher Motive, die womöglich von sozialer Erwünschtheit verzerrt sind). Die Studie versucht die Rolle der sozialen Umgebung, Familienverhältnisse einerseits und der Bedingungen am ehemaligen Arbeitsplatz andererseits, zu eruieren. Die Ergebnisse der Studie sprechen dafür, dass die untersuchten Frauen eher aus der Berufswelt verdrängt wurden als für den Ausstieg optiert hatten. Natürlich sind auch bei solchen Studien diverse methodische Probleme zu beachten, etwa die Objektivität der Interpretationen. Detailreiche und durchdachte Fallanalysen können die Arbeitsmarktforschung sicherlich in sehr produktiver Weise anregen. So verweist das genannte Beispiel eindrücklich auf die in der Partnerschaft bestehende Verhandlungsmacht; oder anders ausgedrückt, sensibilisiert es dafür, dass Mobilitäts- und Karriereforschung angemessenerweise auch Partner und die Familiensituation miteinbeziehen müssen. Nach einer ersten Exploration können abgeleitete Thesen dann mittels quantitativer Methoden auf eine stärkere Generalisierbarkeit geprüft werden – als prominentes Beispiel für eine mögliche Bereicherung qualitativer und quantitativer Forschung sei hier abschließend nochmals auf die Marienthalstudie verwiesen.

In welche Richtung werden sich die Methoden der Arbeitsmarktforschung entwickeln? Neben einer fragestellungsspezifischen, besseren Integration von quantitativen und qualitativen Methoden, die oft gefordert, aber bislang selten überzeugend umgesetzt wurde, und neben der laufenden Weiterentwicklung von statistischen Auswertungsverfahren steht die rigorosere Identifikation von kausalen Effekten auf dem Programm. Auspurg und Brüderl (2016) sprechen davon, dass quantitative Arbeiten auf klar definierte Forschungsprobleme zugespitzt werden und nicht länger ein ganzes Bündel von teilweise widersprüchlichen theoretischen Hypothesen mit unübersichtlichen und mitunter unreflektierten Tests (unter Einbezug aller „verdächtigen" Kontrollvariablen) abarbeiten. Gefordert wird eine bewusste Ausrichtung an den noch ungeklärten Problemen der Arbeitsmarktforschung. Auch die in diesem Kapitel angesprochene Forschungsfrage nach den geschlechtsspezifischen Arbeitsmarktchancen müsste stärker mit Bezug auf die zugrundeliegenden sozialen Mechanismen bearbeitet werden, das heißt es reicht nicht länger aus, die entsprechenden Fakten eines wie immer gearteten *gaps* vorzulegen, sondern es geht um eine kumulative Strategie der Erklärung der Unterschiede. Zusätzlich zur stärkeren Fokussierung und Konzentration auf graduellen Wissensfortschritt, die eher den Charakter eines Desiderats haben, sind vier allgemeine Tendenzen bzw. Herausforderungen absehbar:

- Die Verwendung von Surveydaten wird sich in Zukunft wohl noch mehr auf sehr wenige, entsprechend breit ansetzende Projekte konzentrieren, bei denen die Datenqualität entsprechend hoch ist bzw. sein sollte. Solche Studien werden immer aufwändiger, insbesondere wenn idealerweise Längsschnittdaten angestrebt werden. Dadurch wird auch die Abhängigkeit der Forschung von solchen qualitativ hochwertigen Datensätzen immer größer.
- Der Aufschwung der auf Laborexperimente abstellenden *behavorial economics* stellt auch die Arbeitsmarktsoziologie vor neue Herausforderungen. Viele soziologische Fragestellungen sind inzwischen in der ökonomischen Forschung angekommen. Die Arbeitsmarktsoziologie wird im Hinblick auf ihre Methoden unter anderem verstärkte Kompetenzen zur Durchführung von Experimenten – im Labor und im Feld – ausbilden müssen. Noch wichtiger wird aber sein, die soziologischen Kernkonzepte, etwa Normen, soziale Netzwerke, Mobilitätsbarrieren zwischen Klassen oder soziale Ungleichheit aufgrund von sozialer Schließung, in entsprechende experimentelle Forschungsformate zu übersetzen. Die Integration von experimentellen Modulen in die zuvor erwähnten Qualitätssurveys erscheint für verschiedene Fragen der Arbeitsmarktforschung ebenfalls sehr sinnvoll.
- Der soziologische Zugriff auf den Arbeitsmarkt wird stärker auf makrosoziologische Fragestellungen und Konzepte wie etwa soziale Ungleichheit oder die Ausprägung von *belief systems* zugeschnitten werden müssen. Darin liegt schließlich die Existenzberechtigung der Soziologie als eigene Disziplin. Die in den letzten Jahrzehnten zunehmende Tendenz, die Soziologie in das Konzert der Verhaltenswissenschaften zu integrieren, hat zu einer gewissen Differenzlosigkeit der Disziplinen geführt, die, wenn sich die Arbeitsmarktsoziologie mit eigenen Forschungsprojekten im Wettbewerb mit der Ökonomik behaupten will, entweder zur Abschaffung der Arbeitsmarktsoziologie führen könnte, oder eben eine Rückbesinnung auf speziell soziologische Konzepte erfordert.
- Schließlich werden neue Datenquellen auch in der Arbeitsmarktforschung eine herausragende Rolle spielen. Die Möglichkeiten von *big data* werden auch die Forschungen zum Arbeitsmarkt prägen – in Form einer großen und schwer überschaubaren Menge an prozessproduzierten Daten, etwa zu Suchprozessen im Arbeitsmarkt, zu den Arbeitsleistungen von Beschäftigten oder zu Kommunikationsprozessen der Arbeitsmarktakteure, aber auch im Hinblick auf neue Techniken, welche Informationen für die Forschung sammeln sowie aufbereiten können und es dann auch ermöglichen, die enormen Datenmengen sinnvoll für Auswertungen zu nutzen (etwa

die Lasso Techniken, Tibshirani 1996). Bei einer eventuellen Neuauflage dieses Kapitels in zehn Jahren werden sicher erhebliche methodische Fortschritte in diesem Bereich zu berichten sein.

Literatur

Abbott, A. (1995). Sequence Analysis. New Methods for Old Ideas. *Annual Review of Sociology*, 21, 93-113.

Abowd, J. M., Kramarz, F., & Margolis, D. N. (1999). High Wage Workers and High Wage Firms. *Econometrica*, 67, 251-333.

Abraham, M., Auspurg, K., & Hinz, T. (2010). Migration Decisions within Dual-Earner Partnerships: A Test of Bargaining Theory. *Journal of Marriage and Family*, 72, 876-892.

Abraham, M., Auspurg, K., Bähr, S., Frodermann, C., Gundert, S., & Hinz, T. (2013). Unemployment and Willingness to Accept Job Offers: Results of a Factorial Survey Experiment. *Journal for Labour Market Research*, 46, 283-305.

Achatz, J., & Hinz, T. (2001). Wandel einer Wissenschaftsorganisation und die Integration von Frauen. *Zeitschrift für Soziologie*, 30, 323-340.

Agresti, A. (2013). *Categorical Data Analysis*. Hoboken: Wiley (3. Aufl.).

Aisenbrey, S., & Fasang, A. E. (2010). New Life for Old Ideas: The "Second Wave" of Sequence Analysis Bringing the "Course" Back into the Life Course. *Sociological Methods and Research*, 38, 420-462.

Alda, H., Bender, S., & Gartner, H. (2005). The Linked Employer-Employee Dataset Created from the IAB Establishment Panel and the Process-Produced Data of the IAB (LIAB). *Schmollers Jahrbuch*, 125, 327-336.

Allison, P. D. (2009). *Fixed Effects Regression Models*. Thousand Oaks: Sage.

Andreß, H.-J. (1985). *Multivariate Analyse von Verlaufsdaten. Statistische Grundlagen und Anwendungsbeispiele für die dynamische Analyse nicht-metrischer Merkmale* (ZUMA Methodentexte 1). Mannheim: ZUMA.

Andreß, H.-J., Hagenaars, J. A., & Kühnel, S. (2013). *Analyse von Tabellen und kategorialen Daten: Log-lineare Modelle, latente Klassenanalyse, logistische Regression und GSK-Ansatz*. Berlin: Springer (3. Aufl.).

Angrist, J. D., & Krueger, A. B. (2001). Instrumental Variables and the Search for Identification: From Supply and Demand to Natural Experiments. *Journal of Economic Perspectives*, 15, 69-85.

Angrist, J. D., & Pischke, J.-S. (2015). *Mastering 'Metrics. The Path from Cause to Effect*. Princeton: Princeton University Press.

Ashenfelter, O., & Plant, M. W. (1990). Nonparametric Estimates of the Labor-Supply Effects of Negative Income Tax Programs. *Journal of Labor Economics*, 8, S396-S415.

Auspurg, K., & Brüderl, J. (2016). *From "Theory-Driven" towards "Problem-Driven" Social Research: Some Notes on the New Style of Causal Analysis*. Präsentation am Institut für Soziologie der LMU München.

Auspurg, K., & Hinz, T. (2011). Gruppenvergleiche bei Regressionen mit binären abhängigen Variablen – Probleme und Fehleinschätzungen am Beispiel von Bildungschancen im Kohortenverlauf. *Zeitschrift für Soziologie*, 40, 62-73.

Auspurg, K., & Hinz, T. (2015). *Factorial Survey Experiments*. Thousand Oaks: Sage.

Auspurg, K., Hinz, T., & Sauer, C. (2017). Why Should Women Get Less? Evidence on the Gender Pay Gap from Multifactorial Survey Experiments. *American Sociological Review*, 82, 179-210.

Bender, S., & Haas, A. (2002). Die IAB-Beschäftigtenstichprobe. In G. Kleinhenz (Hrsg.), *IAB-Kompendium Arbeitsmarkt- und Berufsforschung* (BeitrAB 250) (S. 3-12). Nürnberg: IAB.

Bender, S., & Seifert, W. (1996). Zuwanderer auf dem deutschen Arbeitsmarkt. Nationalitäten- und geschlechtsspezifische Unterschiede. *Zeitschrift für Soziologie*, 25, 473-495.

Bertrand, M., & Mullainathan, S. (2004). Are Emily and Greg More Employable than Lakisha and Jamal? A Field Experiment on Labor Market Discrimination. *American Economic Review*, 94, 991-1013.

Blau, P. M., & Duncan, O. D. (1967). *The American Occupational Structure*. New York: Wiley.

Blossfeld, H.-P., & Rohwer, G. (2002). *Techniques of Event History Modeling: New Approaches to Causal Analysis*. Hillsdale: Erlbaum (2. Aufl.).

Blossfeld, H.-P., Hamerle, A., & Mayer, K. U. (1986). *Ereignisanalyse: Statistische Theorie und Anwendung in den Wirtschafts- und Sozialwissenschaften*. Frankfurt a. M.: Campus.

Bollen, K. A., & Brand, J. E. (2010). A General Panel Model with Random and Fixed Effects: A Structural Equations Approach. *Social Forces*, 89, 1-34.

Braun, N., & Gautschi, T. (2006). A Nash Bargaining Model for Simple Exchange Networks. *Social Networks*, 28, 1-23.

Brown, C., Sturgeon, T., & Cole, C. (2013). *The 2010 National Organizations Survey: Examining the Relationships between Job Quality and the Domestic and International Sourcing of Business Functions by United States Organizations* (IRLE Working Paper No. 156-13). Berkeley: University of California.

Brüderl, J. (1991). *Mobilitätsprozesse in Betrieben. Dynamische Modelle und empirische Befunde*. Frankfurt a. M.: Campus.

Brüderl, J., Preisendörfer, P., & Ziegler, R. (2007). *Der Erfolg neugegründeter Betriebe: Eine empirische Studie zu den Chancen und Risiken von Unternehmensgründungen*. Berlin: Duncker und Humblot (3. Aufl.).

Brückner, E., & Mayer, K. U. (1998). Collecting Life History Data. Experiences from the German Life History Study. In J. Z. Giele, & G. H. Elder (Hrsg.), *Methods of Life Course Research: Qualitative and Quantitative Approaches* (S. 152-181). Thousand Oaks: Sage.

Budig, M. J., & England, P. (2001). The Wage Penalty for Motherhood. *American Sociological Review*, 66, 204-225.

Buis, M. (2015). *Logistic Regression: Why We Often Can Do What We Think We Can Do*. Präsentation 19. UK Stata Users Group Meeting September 2015, London.

Burt, R. S. (1998). The Gender of Social Capital. *Rationality and Society*, 10, 5-46.

Burtless, G. (1995). The Case for Randomized Field Trials in Economic and Policy Research. *Journal of Economic Perspectives*, 9, 63-84.

Card, D., & Krueger, A. B. (1994). Minimum Wages and Employment. A Case Study of the Fast-Food Industry in New Jersey and Pennsylvania. *American Economic Review*, 84, 772-793.

Charness, G., & Kuhn, P. J. (2011). Lab Labor: What Can Labor Economists Learn from the Lab? In O. Ashenfelter, & D. Card (Hrsg.), *Handbook of Labor Economics. Vol. 4A* (S. 229-330). Amsterdam: Elsevier.

Dickinson, D. L. (2001). The Carrot vs. the Stick in Work Team Motivation. *Experimental Economics*, 4, 107-124.

Diekmann, A., & Mitter, P. (1984). *Methoden zur Analyse von Zeitverläufen. Anwendungen stochastischer Prozesse bei der Untersuchung von Ereignisdaten.* Stuttgart: Teubner.

Domsch, M. E., & Ladwig, D. (Hrsg.). (2013). *Handbuch Mitarbeiterbefragung.* Berlin: Springer (3. Aufl.).

Dorner, M., Heining, J., Jacobebbinghaus, P., & Seth, S. (2010). *Sample of Integrated Labour Market Biographies (SIAB). 1975-2008* (FDZ Methodenreport 09/10). Nürnberg: FDZ.

Ellguth, P., Kohaut, S., & Möller, I. (2014). The IAB Establishment Panel – Methodological Essentials and Data Quality. *Journal for Labour Market Research*, 47, 27-41.

Elwert, F., & Winship, C. (2014). Endogenous Selection Bias: The Problem of Conditioning on a Collider Variable. *Annual Review of Sociology*, 40, 31-53.

Erikson, R., Goldthorpe, J. H., & Portocarero, L. (1979). Intergenerational Class Mobility in Three Western European Societies: England, France and Sweden. *British Journal of Sociology*, 30, 415-441.

Falk, A., & Fehr, E. (2003). Why Labour Market Experiments? *Labour Economics*, 10, 399-406.

Fasang, A. E., & Liao, T. F. (2014). Visualizing Sequences in the Social Sciences: Relative Frequency Sequence Plots. *Sociological Methods and Research*, 43, 643-676.

Fehr, E., Kirchsteiger, G., & Riedl, A. (1993). Does Fairness Prevent Market Clearing? An Experimental Investigation. *Quarterly Journal of Economics*, 108, 437-459.

Felfe, C., Lechner, M., & Thiemann, P. (2013). *After-School Care and Parents' Labor Supply* (IZA Discussion Paper 7768). Bonn: IZA.

Fuller, S., & Stecy-Hildebrandt, N. (2015). Career Pathways for Temporary Workers: Exploring Heterogeneous Mobility Dynamics with Sequence Analysis. *Social Science Research*, 50, 76-99.

Gangl, M. (2010). Causal Inference in Sociology. *Annual Review of Sociology*, 26, 21-47.

Gangl, M., & Ziefle, A. (2015). The Making of a Good Woman: Extended Parental Leave Entitlements and Mothers' Work Commitment in Germany. *American Journal of Sociology*, 121, 511-563.

Gartner, H. (2005). *The Imputation of Wages above the Contribution Limit with the German IAB Employment Sample* (FDZ Methodenreport 2/2005). Nürnberg: FDZ.

Gartner, H., & Hinz, T. (2009). Geschlechtsspezifische Lohnungleichheit in Betrieben, Berufen und Jobzellen (1993–2006). *Berliner Journal für Soziologie*, 19, 557-575.

Gneezy, U., Niederle, M., & Rustichini, A. (2003). Performance in Competitive Environments: Gender Differences. *Quarterly Journal of Economics*, 118, 1049-1074.

Gorman, E. H. (2006). Work Uncertainty and the Promotion of Professional Women: The Case of Law Firm Partnership. *Social Forces*, 85, 865-890.

Granovetter, M. (1995). *Getting a Job. A Study of Contacts and Careers.* Chicago: University of Chicago Press (2. Aufl.).

Groves, R. M., Fowler, F. J. Jr., Couper, M. P., Lepkowski, J. M., Singer, E., & Tourangeau, R. (2009). *Survey Methodology.* Hoboken: Wiley (2. Aufl.).

Gürtzgen, N. (2008). Das Forschungspotenzial von Linked-Employer-Employee-Daten am Beispiel von Lohneffekten der Tarifbindung. *AStA Wirtschafts- und Sozialstatistisches Archiv*, 29, 223-240.

Halaby, C. N. (2004). Panel Models in Sociological Research. Theory into Practice. *Annual Review of Sociology*, 30, 507-544.

Halpin, B., & Chan, T. W. (1998). Class Careers as Sequences: An Optimal Matching Analysis of Work-Life Histories. *European Sociological Review*, 14, 111-130.

Heckman, J. (1974). Shadow Prices, Market Wages, and Labor Supply. *Econometrica*, 42, 679-694.

Hennig, M., Brandes, U., Pfeffer, J., & Mergel, I. (2012). *Studying Social Networks: A Guide to Empirical Research*. Frankfurt a. M.: Campus.

Henrich, J., Heine, S. J., & Norenzayan, A. (2010). The Weirdest People in the World? *Behavioral and Brain Sciences*, 33, 61-135.

Henz, U. (1996). *Intergenerationale Mobilität. Methodische und empirische Untersuchungen*. Berlin: Max-Planck-Institut für Bildungsforschung.

Hout, M. (1983). *Mobility Tables*. Beverly Hills: Sage.

Jacobs, S. (1999). Trends in Women's Career Patterns and in Gender Occupational Mobility in Britain. *Gender, Work and Organisation*, 6, 32-46.

Jahoda, M., Lazarsfeld, P. F., & Zeisel, H. (1975 [1933]). *Die Arbeitslosen von Marienthal. Ein soziographischer Versuch über die Wirkung langandauernder Arbeitslosigkeit. Mit einem Anhang zur Geschichte der Soziographie*. Frankfurt a. M.: Suhrkamp.

Joseph, D., Boh, W. F., Ang, S., & Slaughter, S. A. (2012). The Career Paths Less (or More) Traveled: A Sequence Analysis of IT Career Histories, Mobility Patterns, and Career Success. *MIS Quarterly*, 36, 427-452.

Kaas, L., & Manger, C. (2012). Ethnic Discrimination in Germany's Labour Market: A Field Experiment. *German Economic Review*, 13, 1-20.

Kalleberg, A. L., Knoke, D., Marsden, P. V., & Spaeth, J. L. (1996). *Organizations in America: Analyzing their Structures and Human Resource Practices*. Thousand Oaks: Sage.

Kortmann, K., Sopp, P., & Thum, M. (2002). *Das Niedrigeinkommens-Panel (NIEP)* (Methodenbericht, Wellen 1 bis 5). München: TNS-Infratest.

Krug, G., & Rebien, M. (2012). Network-Based Job Search. An Analysis of Monetary and Non-Monetary Labor Market Outcomes for the Low-Status Unemployed. *Zeitschrift für Soziologie*, 41, 316-333.

Lee, D. S., & Lemieux, T. (2010). Regression Discontinuity Designs in Economics. *Journal of Economic Literature*, 48, 281-355.

List, J. A., & Rasul, I. (2011). Field Experiments in Labor Economics. In O. Ashenfelter, & D. Card (Hrsg.), *Handbook of Labor Economics. Vol. 4A* (S. 103-228). Amsterdam: Elsevier.

Little, R. J. A., & Rubin, D. B. (2002). *Statistical Analysis with Missing Data*. Hoboken: Wiley (2. Aufl.).

Long, J. S. (1997). *Regression Models for Categorical and Limited Dependent Variables*. Thousand Oaks: Sage.

Lutter, M. (2012). Anstieg oder Ausgleich? Die multiplikative Wirkung sozialer Ungleichheiten auf dem Arbeitsmarkt für Filmschauspieler. *Zeitschrift für Soziologie*, 41, 435-457.

Lüttinger, P., & Riede, T. (1997). Der Mikrozensus: Amtliche Daten für die Sozialforschung. *ZUMA-Nachrichten*, 41, 19-43.

Montgomery, J. D. (1992). Job Search and Network Composition: Implications of the Strength-of-Weak-Ties Hypothesis. *American Sociological Review*, 57, 586-596.

Olobatuyi, M. E. (2006). *A User's Guide to Path Analysis*. Lanham: University Press of America.

Pongratz, H. J., & Trinczek, R. (Hrsg.). (2010). *Industriesoziologische Fallstudien. Entwicklungspotenziale einer Forschungsstrategie.* Berlin: edition sigma.

Rabe-Hesketh, S., & Skrondal, A. (2008). *Multilevel and Longitudinal Modeling Using Stata.* College Station: Stata Press (2. Aufl.).

Riach, P. A., & Rich, J. (2002). Field Experiments of Discrimination in the Market Place. *Economic Journal,* 112, F480-F518.

Riach, P. A., & Rich, J. (2006). An Experimental Investigation of Sexual Discrimination in Hiring in the English Labor Market. *B.E. Journal of Economic Analysis and Policy,* 5, 1-22.

Rohrbach-Schmidt, Daniela (2009). *The BIBB/IAB- and BIBB-BAuA Surveys of the Working Population on Qualification and Working Conditions in Germany* (BIBB-FDZ Daten- und Methodenberichte 1/2009). Bonn: Bundesinstitut für Berufsbildung.

Ross, H. (1970). *An Experimental Study of the Negative Income Tax* (MIT-Thesis). http:// hdl.handle.net/1721.1/13874. Zugegriffen: 18.03.2017.

Schittenhelm, K. (Hrsg.). (2012). *Qualitative Bildungs- und Arbeitsmarktforschung. Grundlagen, Perspektiven, Methoden.* Wiesbaden: Springer VS.

Schnell, R. (2012). *Survey-Interviews. Methoden standardisierter Befragungen.* Wiesbaden: Springer VS.

Scott, J. (2013). *Social Network Analysis.* Los Angeles: Sage (3. Aufl.).

Snijders, T. A. B., & Bosker, R. J. (2012). *Multilevel Analysis: An Introduction to Basic and Advanced Multilevel Modeling.* London: Sage (2. Aufl.).

Snijders, T. A. B., Spreen, M., & Zwaagstra, R. (1995). The Use of Multilevel Modeling for Analysing Personal Networks: Networks of Cocaine Users in an Urban Area. *Journal of Quantitative Anthropology,* 5, 85-105.

Stawarz, N. (2013). Inter- und intragenerationale soziale Mobilität. Eine simultane Analyse unter Verwendung von Wachstumskurven. *Zeitschrift für Soziologie,* 42, 385-404.

Steele, F. (2008). Multilevel Models for Longitudinal Data. *Journal of the Royal Statistical Society: Series A (Statistics in Society),* 171, 5-19.

Steele, F., Goldstein, H., & Browne, W. (2004). A General Multilevel Multistate Competing Risks Model for Event History Data, with an Application to a Study of Contraceptive Use Dynamics. *Statistical Modelling,* 4, 145-159.

Stone, P. (2007). *Opting Out? Why Women Really Quit Careers and Head Home.* Berkeley: University of California Press.

Studer, M., Struffolino, E., & Fasang, A. E. (2016). *A New Tool for Old Questions: The Sequence-Analysis Multistate Model to Study Relationships Between Time-Varying Covariates and Trajectories* (Working Paper). Berlin: WZB und University of Geneva.

Tibshirani, R. (1996). Regression Shrinkage and Selection via the Lasso. *Journal of the Royal Statistical Society. Series B (Methodological),* 58, 267-288.

Trappmann, M., Beste, J., Bethmann, A., & Müller, G. (2013). The PASS Panel Survey after Six Waves. *Journal for Labour Market Research,* 46, 275-281.

Trappmann, M., Krumpal, I., Kirchner, A., & Jann, B. (2014). Item Sum: A New Technique for Asking Quantitative Sensitive Questions. *Journal of Survey Statistics and Methodology,* 2, 58-77.

Trometer, R. (1993). *Die Operationalisierung des Klassenschemas nach Goldthorpe im ALLBUS* (ZUMA-Arbeitsbericht 1993/06). Mannheim: ZUMA.

Wagner, G. G. (2008). Die Längsschnittstudie Sozio-oekonomisches Panel (SOEP) – Die Jahre von der Wende zur Jahrtausendwende. *Vierteljahrshefte zur Wirtschaftsforschung*, 77, 43-62.

Autorinnen und Autoren

Abraham, Martin, Prof. Dr.; Friedrich-Alexander-Universität Erlangen-Nürnberg, Fachbereich Wirtschaftswissenschaften, Lehrstuhl für Soziologie und empirische Sozialforschung. Forschungsschwerpunkte: Arbeitsmarkt-, Wirtschafts- und Organisationssoziologie, Familie und Haushalt, Sozialstruktur. E-Mail: martin.abraham@fau.de

Achatz, Juliane, Dipl.-Soz.; Wissenschaftliche Mitarbeiterin am Institut für Arbeitsmarkt- und Berufsforschung der Bundesagentur für Arbeit (IAB), Nürnberg. Forschungsschwerpunkte: Geschlecht und Arbeitsmarkt, Grundsicherung für Arbeitsuchende, Arbeitsmarktübergänge von Jugendlichen und jungen Erwachsenen. E-Mail: juliane.achatz@iab.de

Becker, Rolf, Prof. Dr.; Abteilung Bildungssoziologie, Universität Bern. Forschungsschwerpunkte: Bildungssoziologie, Sozialstrukturanalyse, Lebensverlaufsforschung, Mobilitätsforschung, Methoden empirischer Sozialforschung. E-Mail: rolf.becker@edu.unibe.ch

Damelang, Andreas, Dr.; Friedrich-Alexander-Universität Erlangen-Nürnberg (FAU). Forschungsschwerpunkte: Arbeitsmarktsoziologie, Berufsforschung, Migration und Integration. E-Mail: andreas.damelang@fau.de

Dietrich, Hans, Dr.; Institut für Arbeitsmarkt- und Berufsforschung der Bundesagentur für Arbeit (IAB), Nürnberg. Forschungsschwerpunkte: Bildungssoziologie, Arbeitsmarktforschung, Lebensverlaufsforschung. E-Mail: hans.dietrich@iab.de

© Springer Fachmedien Wiesbaden GmbH, ein Teil von Springer Nature 2018
M. Abraham und T. Hinz (Hrsg.), *Arbeitsmarktsoziologie*,
https://doi.org/10.1007/978-3-658-02256-3

Gangl, Markus, Prof. Dr.; Goethe-Universität Frankfurt am Main und University of Wisconsin-Madison. Forschungsschwerpunkte: Sozialstrukturanalyse, Arbeitsmärkte, Einkommensungleichheit, Lebensverläufe, Wohlfahrtsstaatsforschung, Wirtschaftssoziologie, Rational Choice-Modelle, Methoden der kausalen Inferenz, Modelle zur Analyse von Panel-, Längsschnitt- und Ereignisdaten, Methoden der international vergleichenden Sozialforschung. E-Mail: mgangl@soz.uni-frankfurt.de, mgangl@ssc.wisc.edu

Granato, Nadia, Dr.; Universität Mannheim, MZES. Forschungsschwerpunkte: Ethnische Ungleichheit, Arbeitsmarktforschung, Sozialstrukturanalyse. E-Mail: nadia.granato@mzes.uni-mannheim.de

Haupt, Andreas, Dr.; Leiter der Nachwuchsgruppe „Economic Inequality and Labor Markets" am Karlsruher Institut für Technologie (KIT). Forschungsschwerpunkte: Ökonomische Ungleichheit, Arbeitsmarktsoziologie, Berufsforschung, Quantitative Methoden. E-Mail: andreas.haupt@kit.edu

Hinz, Thomas, Prof. Dr.; Universität Konstanz. Forschungsschwerpunkte: Arbeitsmarktforschung, Methoden der empirischen Sozialforschung, Surveymethodologie, Diskriminierung auf Märkten. E-Mail: thomas.hinz@uni-konstanz.de

Kalter, Frank, Prof. Dr.; Universität Mannheim, Lehrstuhl für Allgemeine Soziologie. Forschungsschwerpunkte: Migration, Integration ethnischer Minderheiten, formale Theoriekonstruktion. E-Mail: kalter@uni-mannheim.de

Ludwig-Mayerhofer, Wolfgang, Prof. Dr.; Universität Siegen, Philosophische Fakultät. Forschungsschwerpunkte: Soziale Ungleichheit, Arbeitsmarkt, Sozialpolitik, Bildungssoziologie, Familiensoziologie. E-Mail: ludwig-mayerhofer@soziologie.uni-siegen.de

Pointner, Sonja, Dr.; Versicherungskammer Bayern (Abteilung Marketingstrategie & Data). Forschungsschwerpunkte: Methoden der empirischen Sozialforschung, soziale Normen, Sozialkapital- und Netzwerkforschung, Spieltheorie. E-Mail: sonja.pointner@vkb.de

Schnettler, Sebastian, Prof. Dr.; Universität Oldenburg, Institut für Sozialwissenschaften, Arbeitsgruppe Methoden der empirischen Sozialforschung. Forschungsschwerpunkte: Netzwerkforschung, Familien- und Lebensverlaufsforschung, Demografie. E-Mail: sebastian.schnettler@uol.de

Stecker, Christina, Prof. Dr.; Professorin für Volkswirtschaftslehre an der SRH Hochschule Berlin. Forschungsschwerpunkte: Erhalt der Arbeits- und Beschäftigungsfähigkeit im demografischen und digitalen Wandel, Arbeitsmarkt und Sozialpolitik, Alterssicherung und vergleichende Wohlfahrtsstaatsforschung, Schottische Moralphilosophie. E-Mail: christina.stecker@srh-hochschule-berlin.de

Struck, Olaf, Prof. Dr.; Professor für Arbeitswissenschaft an der Universität Bamberg. Forschungsschwerpunkte: Arbeits-, Wirtschafts-, Sozialstruktur- und Lebensverlaufsanalyse, Bildungs- und Organisationsforschung. E-Mail: olaf.struck@uni-bamberg.de

Register

© Springer Fachmedien Wiesbaden GmbH, ein Teil von Springer Nature 2018
M. Abraham und T. Hinz (Hrsg.), *Arbeitsmarktsoziologie*,
https://doi.org/10.1007/978-3-658-02256-3

Printed by Printforce, the Netherlands